JN434271

<제3판>

사회복지법제론

조추용·조석연·신창식·변보기·노병일·김준환

교육과학사

제3판에 즈음하여

국민생활수준의 향상과 사회환경의 변화로 국민들의 욕구수준은 날로 높아가고, 이러한 욕구를 반영한 사회복지법제의 제정과 개정이 계속되고 있다. 본 교재는 2006년에 전정판을 발간하고 겨우 4년이 경과되었음에도 불구하고 제3판을 발간해야 할 만큼 사회복지법은 빠르게 변화하고 있어서 대폭 개정을 시도했지만 펼쳐놓고 보니 오십보백보인 것 같다.

특히 이번 개정에는 용어설명을 본문의 내용과 연관시켜서 박스로 처리하여 정리하였다. 이러한 기획은 사회복지학을 공부하는 학생들이 사회복지법제를 이해하는 데 도움이 되고 자칫 어려울 수도 있는 본문의 이해를 돕기 위한 것이다.

또 하나는 법언(法諺)을 중간에 정리하여 넣었다. 딱딱하다고 하는 사회복지법제론을 가르치거나 공부할 때 여유를 가지고 한번 쯤 법언을 되새겨 보라는 의미에서 추가하여 두었다. 많은 도움이 되기를 기대한다.

공동집필을 하다보니 다양한 영역에서 연구한 교수들로 구성되어 학문적인 깊이와 특색있는 책이 완성되었다. 본 교재는 6명의 저자가 집필에 참여하였는데, 모두가 한 자리에 모이기가 쉽지 않지만 개정된 법조항을 수정을 하고, 내용을 보충/보완하는 데 기꺼이 참석하여 주어서 고맙게 생각한다. 앞으로 더욱 나은 사회복지법제론으로 거듭날 수 있을 것으로 기대하며, 지면을 빌어 대표저자로서 감사의 뜻을 전한다.

본 교재가 완성되어 출판되기까지 온 정성을 다해서 협력해 주신 교육과학사의 사장님과 관계자 여러분들께 감사드린다.

2011년 1월 집필진 일동

전정판에 즈음하여

사회복지 중에서 가장 자주 많이 변하는 것이 사회복지법제일 것이다. 이렇게 자주 변하는 것은 우리 인간들이 살아 있다는 증거일 뿐만 아니라 사회도 변화한다는 것이다. 따라서 그 변화에 적응하기 위하여 노력하지 않으면 금방 도태되어 버린다. 따라서 이번에 전정판이 출판되었다.

사회복지법제론이 사회복지사 1급 시험과목에 포함되고부터 그 중요성이 더욱 높아가고 있다. 일반적으로 사회복지법제론은 난해하고, 복잡하고, 이해하기 어렵다고 생각한다. 그러나 법을 이해하지 못하고서는 사회복지현장에서 일하기 어렵다. 법학에서는 〈권리위에 잠자는 자는 법이 보호해 주지 않는다〉는 격언이 있다고 한다. 사회적 약자에게 그 권리를 찾아주기 위해서는 사회복지사가 법을 잘 알아야 한다. 즉 사회복지사가 아는 것만큼 클라이언트의 권리를 찾아주고 지켜줄 수 있는 것이다. 따라서 본서는 사회복지법제를 가장 이해하기 쉽고, 전체적인 내용을 개괄적으로 망라할 수 있고, 또 각론과 실천론과의 연결을 염두에 두고 집필하였다. 이런 맥락으로 본서를 접근해 주기 바란다. 또 사회복지법제론은 사회복지에서 기초과목에 가깝고, 모든 과목의 토대가 되는 과목이다. 따라서 이 과목은 사회복지개론 다음으로 배우는 것이 바람직하다. 여기서 언급한 각 법들을 대부분 분야론에서 다시 다루게 된다.

사회복지법제론은 앞부분이 총론부분이고, 뒷부분이 각론부분인데, 총론은 모든 사회복지법제에서 공통되는 부분을 영역별로 나누어서 다루고, 각론은 총론에서 다루었던 부분을 부분별로 종합적으로 살펴보는 것이다. 그러나 사회복지와 관련된 모든 법을 언급할 수 없다.

본서의 특징은 크게 네 가지이다.

첫째, 여섯 명의 전공교수가 모여서 최대한 자기 전공을 찾아서 분담·집필하였기 때문에 내용의 정확성과 우수성을 기하려고 하였다.

둘째, 본서는 사회복지법제와 관련하여 본문 중에 다루기 어려웠던 것들을 용어해설을 통하여 각종 시험에 대비하도록 하고 있다.

셋째, 각론의 첫 부분에 각각의 특징과 분류를 제시하여서 본서에서 모두 다루지 못하는 법들을 이해하도록 하고 있다.

넷째, 총론의 맨 앞에 본 장과 사회복지법제의 관계를 간단하게 언급하여 전체적인 이해를 도모하고 있다.

본서의 근간은 1991년에 출판한 신섭중 외 한국사회복지법제개설로 거슬러 올라갈 수 있기 때문에 사회복지법제관련 교재 중에서 상당히 오래된 교재라고 할 수 있다. 그 이후에 2001년 개정 4판으로 사회복지법제로 출판되었다가, 출판사가 교육과학사로 바뀌어서 이번에 전정판 사회복지법제론으로 거듭나게 되었다.

본서를 기획하면서 이전의 다른 교재를 능가하는 최고의 책으로 거듭나고 싶었지만 만들어 놓고 보니까 거기가 거기 같아서 부끄럽다. 그러나 앞으로 연구와 개정을 거듭하면서 더욱 좋은 책으로 발전할 것을 믿어 의심치 않는다.

집필하는 과정에서 모두 열심히 집필회의에 참여해 주고, 기탄없이 의견을 교환하여 준 집필진에게 감사한다. 모두의 노력의 결과이다. 이것을 계기로 유대가 더욱 강화되고 많은 연구 성과가 있기를 바란다.

본서는 사회복지사를 목표로 사회복지법제를 공부하는 학생의 교재로서, 법치국가인 우리나라 사회복지현장에서 지침서로서 활용할 수 있고, 사회복지법제를 연구하는 대학원생·교수·전문가에게 활용할 수 있을 것이다. 그러나 본서가 질적으로 더욱 높아지고 완성도를 더하기 위해서는 많은 분들의 질책과 비판이 더해지기를 기대한다.

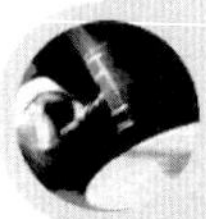

끝으로 본서가 출판될 때까지 독려해 주고, 연락해 주고, 많은 시간을 같이한 교육과학사 정경식 부장님께 감사드리고, 출판을 기꺼이 맡아준 교육과학사 김동규 사장님께 감사드린다.

2006년 불같이 더운 여름에 집필진 일동

차 례

| 제1부 총론 |

▎제 2 부 각론 ▎

제 1 부

총 론

제 1 장

사회복지법의 개관

본장은 본서 전체의 가장 기본이 되는 부분을 다루고 있다. 먼저 가장 기본이 되는 법이란 무엇인가에 대한 정의를 하고, 법의 접근방법에서 형식적 및 실질적 접근방법을 설명하고, 이를 토대로 사회복지법의 개념을 정의하고 있다. 다음으로 사회복지법이 가지고 있는 목적과 유형을 설명하고 있다. 마지막으로 사회복지법의 근본이 되는 법원에 대하여 성문법과 불문법으로 나누어서 설명하고 있다.

제 1 절 사회복지법의 개념

1 법의 개괄

1) 법의 의의

법이란 인간의 공동생활에서 행위의 준칙으로서 조직에 의해 강행되는 사회규범이다. 이 정의를 토대로 그 동안 많은 학자들에 의해 사회적, 실증적으로 연구된 학설을 종합해서 정의하면 법이라 함은 국가 또는 정치적으로 조직된 사회에서 정립되고 그 구성원에 대하여 물리적 강제력을 가지고 스스로를 실현하는 것으로 정의를 이념으로 한 사회규범이라고 할 수 있다. 이것을 구체적으로 설명하면 다음과 같다(박차상 외, 2003: 17-19).

(1) 법은 사회규범이다.

법은 규범이다. 규범이란 사회적 목적을 달성하기 위하여 사회구성원이 준수해야 할 준칙 내지는 법칙을 의미하며, 인류의 공동생활에서는 이 법칙에 의해 사회가 유지되고 보전된다. 이것을 우리는 규범법칙 또는 당위법칙이라고 한다.

> **규범(norm)법칙과 당위(sollen)의 법칙**
>
> 규범이란 인간이 사회생활을 함에 있어 구속되고 준거하도록 강요하는 일정한 행동양식으로 강제의 강도에 따라 관행→도덕적 관습→법으로 발전하는 법칙이다. 당위는 반드시 있어야 하는 것을 뜻하는 것으로 사실 그것이 일어날지 안 일어날지 여부를 불문하고 반드시 생겨나야 한다고 요구되는 법칙이다.

자연법칙은 "모든 사람은 죽는다", "물은 높은 곳에서 낮은 곳으로 흐른다", "겨울이 가고 봄이 온다"와 같이 자연계에 나타나는 법칙으로 예외가 인정되지 않고 필연적인 현상이며, 대상은 자연의 현상이다. 자연법칙에 대하여 규범법칙은 "살인하지 말라", "네 부모를 공경하라" 등과 같이 규정, 명령, 금지에 관한 법칙이며, 대상은 인간의 사회이다. 규범에는 법규범 외에도 사회규범으로서 도덕규범, 관습규범, 종교규범 등이 있다. 법은 사회규범의 하나로서 마땅히 해야 할 또는 해서는 아니 될 당위규범이다.

(2) 법은 강제규범이다.

사람들은 법이나 관습을 지켜야 된다는 인식하에 규범을 준수한다. 그러나 의식적으로나 무의식적으로 규범을 준수하지 아니하는 경우도 발생한다. 이러한 경우 형벌로써 제재를 가하거나 채무불이행자에 대하여 강제집행을 한다.

강제가 있다는 점에서 법은 도덕이나 관습과 구별된다. 원래 법은 사회질서의 유지 및 권력의 통제의 기술로서 작용한다. 즉 사회질서의 유지와 인간자유의 보장 임무가 그것이다.

(3) 법은 문화규범이다.

법은 정의 그 자체는 아니지만 정의라는 가치를 추구하려고 노력하고 있다는 점에서 법이 법다운 것으로 인식할 수 있다. 즉 법은 정의를 지향하지만 정의 그 자체는 아니라는 것이다. 현실의 법에는 정의로운 법만 있는 것이 아니라 정의롭지 못한 악법도 있고 불법도 있다. 그래서 악법이 정의 그 자체는 아니지만 정의를 향하여 개선하고 노력하여야 한다는 점에서 법은 정의라는 법이념을 향한 하나의 문화개념으로서 '문화규범'이라고 할 수 있다.

2) 법의 목적

법에 추구하는 최종적인 목적은 사회질서의 유지와 사회정의의 실현이라는 두 구절로 요약할 수 있다. 즉 법의 목적은 질서유지가 기본이념이 되고, 질서는 선의 기준에서 정의라고 판단되어야 할 것이다. 독일의 법철학자 라드부르흐(Radbruch, 1878-1949, 박차상 외, 2003: 20-24; 김훈, 2004: 37-41 재인용)는 정의의 실현, 합목적성, 법적 안정성의 세 가지를 말하고 있다.

(1) 정의(正義)의 실현

정의는 법의 이념이며, 법은 정의의 실현을 기본적 사명으로 하는 사회규범이다. 법은 정의를 기본이념으로 하므로 정의의 개념을 명확히 할 필요가 있다. 정의의 이념이 없는 법은 단순한 폭력에 불과할 뿐이다. 그러므로 법은 정의실현의 수단이다. 따라서 법과 정의는 불가분의 관계에 있다.

정의는 다양하게 개념 정의할 수 있다. 그리스의 철학자 아리스토텔레스(Aristoteles, BC 384-322)는 정의를 일반적 정의로서 광의의 개념과 특수적 정의(다시 평균적 정의와 배분적 정의로 나눔)로서 협의의 정의로 나누어서 살펴보았다.

일반적 정의란 완전한 덕, 여러 덕의 총체 내지 사회생활과 관련된 모든 덕이라는 것이다. 인간의 심정과 행동을 공동생활의 일반원칙에 적합하게 하는 것이다. 즉 개인이 단체에 대하여 지는 의무를 말한다.

특수적 정의로서 평균적 정의는 개인 상호간의 거래에서 급부와 반대급부, 손해와 배상, 범죄와 형벌 등이 공정한 균형을 이루도록 손해득실을 평균화하여 조정하는 것이다. 이는 개인적 구별을 도외시한 객관적 이해 그 자체의 조정의 평등이므로 산술적 비례에 의한 평등이다. 이는 절대적 평등 내지 형식적 평등을 그 본질로 한다.

특수적 정의로서 배분적 정의는 단체가 개인 각자의 능력 및 공적에 상응하여 공정하게 명예와 재산을 분배하는 것이다. 배분적 정의는 각자의 가치, 능력에 따른 개인차를 인정하고 그 개인차는 국가, 사회에 공헌하는 비율에 따라 결정하게 된다는 것이다. 즉 빈부에 따른 차등과세, 능력과 책임에 상응하는 보수지급 등과 같이 상대적 평등, 비례적 평등으로서 실질적 평등을 그 목표로 이루어진다.

(2) 합목적성(合目的性)

합목적성이란 구체적으로 합치되는 것을 말한다. 즉 정의의 내용을 정하는 실정법의 가치기준이다. 합목적성은 정의와 함께 법의 이념이다. 합목적성은 그 사회가 가지는 가치관이 어떠한가에 따라 정의를 평가하는 기준이 다른 상대적인 개념이다.

법의 목적은 사회적·정치적·사상적 배경에 의해 구체적 내용이 결정되는 것이므로 정의가 법의 내용을 일반화 하는 데 반하여 합목적성은 법이 요구하는 가치관에 따라 법의 목적을 현실화하는 데 있다.

가치관의 종류에 따라 합목적성은 개인주의에서는 모든 개인이 평등하게 존중되도록 평균적 정의가 강조되며, 법의 목적은 국가의 목적에 직결되는 것이기 때문에 법의 합목적성은 결국 국가의 목적에 의하여 결정되는 것이다. 따라서 법은 정의의 실현만이 아니고 복지국가의 요청에서와 같이 합목적적인 것 즉 기술적인 것도 포함된다.

(3) 법적 안정성

법적 안정성이란 법에 따라 인심하고 생활할 수 있는 상태, 즉 법에 의하여 보호되는 사회생활의 질서와 안정을 말한다. 사회질서를 형성하고 유지하는 것이 법의 목적, 기능, 가치이기 때문에 사회는 법을 필요로 한다.

어떤 행위나 행사가 정당한 것이면 법으로부터 보호를 받고, 그렇지 않으면 처벌과 손해배상과 같은 형벌을 받게 되는 것이 명백함으로써 우리들이 안심하고 생활하는데 이것을 법적 안정성이라고 한다.

한편 법이 자체적으로도 실효성 확보를 위하여 안전성이 확보되어야 한다. 이것은 법의 내용이 명확하여야 하고, 쉽게 변경되어서는 안 되며, 실제로 실행 가능한 것이어야 한다. 또 법은 국민의 법의식에 합치되어야 한다. 예를 들면 소멸시효(민법 제162조), 취득시효(민법 제245조), 민법상의 점유(민법 제192조), 선의취득 및 국제 법에서의 현상유지 등도 법적 안정성을 위한 것이다. 그리고 법률불소급의 원칙이나 일사부재리의 원칙 등은 법적 안정성의 요청에 의한 것이라고 할 수 있다.

② 사회복지법의 접근방법

1) 형식적 의미의 사회복지법

> **형식적/실질적 의미의 사회복지법**
>
> 형식적 의미의 사회복지법은 사회보험, 공공부조, 사회복지서비스를 말한다. 실질적 의미의 사회복지법은 형식적 의미의 사회복지법+최저임금법, 보호관찰 등에 관한 법률 등을 말한다.

형식적 의미의 사회복지법이란 법의 존재 형식을 갖춘, 즉 사회복지법전이라고 하는 외적 형식을 갖춘 제반 법규를 사회복지법으로 보는 개념파악 방법으로, 주요 각국의 실정법상 사회복지와 연관된 모든 개별법률 등이 여기에 포함된다. 사회복지법전이 없을 경우 개별 법률의 명칭이 사회복지를 나타내고 있다면 이러한 개별 법률 등은 사회복지법으로 보아야 한다는 입장이다.

그러나 사회복지법은 역사적 생성과정이 산발적이고 복합적이며 또한 매우 최근에 변화하고 있는 법이므로 민법전과 형법전과 같이 통일법전의 형식을 갖추지 못하고 있다(신섭중 외, 1993 : 14).

그러나 최근에 이르러 독일에서는 난립하는 사회법규를 통일된 사회법전 속에 통합·재구성하려는 어려운 작업이 수행되고 있고, 일본의 복지 8법 등의 예에서처럼 점차 고유의 법전형식을 갖추어 가려는 모습에서 형식적 의미의 사회복지법 개념파악 방법의 의의를 발견할 수 있을 것이다. 우리나라에서도 형식적 의미의 사회복지법의 개념에 동의하는 학자도 있다.

2) 실질적 의미의 사회복지법

실질적 의미의 사회복지법이란 법의 존재형식이나 명칭에 관계없이 법규범의 내용·규범목적·기능에 따라 그 법규범에 내재하는 공통된 법원리를 도출하고 그 법원리에 근거하여 사회복지법의 개념을 파악하는 방법이다.

사회복지법이 담당하고 있는 기능의 관점에서 사회복지법의 독자적 개념과 특성을 추출하고자 하는 견해를 살펴보면 다음과 같다(장동일, 1999 : 22).

첫째로 자본주의 시장경제가 불완전하므로 시장에서 얻는 소득은 불평등할 수밖에 없음을 지적하고 이를 해소하기 위해서 소득재분배가 이루어져야 사회정의가 실현된다고 주장하였다. 그러나 이러한 사회정의의 실현기능은 사회복지법의 주된 기능은 아니다. 사회구성원의 사회적 위험이나 요보호상태로부터의 사회적 보호가 사회복지법의 주된 기능임을 생각할 때, 사회정의의 실현은 그 결과적 현상이므로 사회복지법의 주된 기능이 될 수 없다. 따라서 사회복지법의 기능을 사회정의의 실현으로 보는 것은 사회복지법의 일면만을 본 것이라 할 수 있다.

둘째로 사회복지법의 규범목적이 사회정책 실현에 있다고 보는 견해로 이 견해에 의하면 사회정책 실현의 수단으로 사회복지법을 이해하고 있다. 사회복지법의 규범목적이 사회정책 실현의 일익을 담당하고 있는 것은 사실이지만 사회복지법 이외에도 여러 법 분야가 사회정책을 실현하고 있다. 예컨대 조세법, 경제법, 노동법, 민법 기타 많은 법 분야가 사회정책의 실현을 위하여 기여하고 있으므로 사회복지법만이 사회정책 실현을 위한 법이라고 말할 수 없다.

셋째로 사회복지법을 헌법상의 사회적 기본권을 실현하는 법이라고 이해하는 견해가 있다. 이 견해 역시 사회권적 기본권의 실현이 사회복지법 분야뿐만 아니라 경제법, 노동법 등 다른 법 분야에서도 다루어지고 있으므로 사회복지의 일면만을 고찰한 것에 불과하다 하겠다.

그렇지만 우리나라 대부분의 사회복지법학자들은 사회복지법의 개념을 실질적 의미의 사회복지법 개념으로 파악하고 있다.

3) 접근방법의 평가

이상과 같이 형식적 의미의 사회복지법 개념파악 방법과 실질적 의미의 사회복지법 개념파악 방법 중에서 어느 방향으로 사회복지법의 개념을 도출할 것인가에 대해서는 많은 어려움이 있을 것이다.

두 가지 개념파악 방법의 장단점을 비교하여 봄으로써 두 개념 파악방법에 관한 논의를 더욱 진전시킬 수 있을 것이다. 형식적 의미의 개념파악 방법은 사회복지법규에 속하는 법규의 범위를 형식적으로 확립할 수 있어서 사회복지법의 범위와 고유성을 분명히 할 수 있고, 입법·행정·사법의 관점에서 사회복지법의 명료한 한계를 지어 주어 실제상의 편의를 더해줄 수 있다는 장점이 있다(신섭중 외, 1993 : 14).

그리고 사회복지법의 개념을 형식적으로 파악하는 방법의 단점은 실제상의 편의성에도 불구하고 변화하고 움직이는 법으로서의 사회복지법의 특성을 고려한다면 현재와 같은 사회복지법의 발전단계에 있어서는 사회복지법의 개념을 오히려 너무 경직시켜서 사회복지법의 발전에 방해가 될 수 있다는 것이다. 또한 너무 형식에 치중하여 기준의 불명확성과 사회복지법의 개념규정에서 빠지거나 불필요하게 포함되는 점도 있다.

형식적 의미의 개념파악 방법의 장점은 실질적 의미의 개념파악 방법의 단점이 될 수 있고 반대의 경우로 전자의 단점은 후자의 장점이 될 수 있다.

3 사회복지법의 개념

1) 사회복지법의 다양한 견해

사회복지법은 사회적 기본권사상의 대두와 함께 사회법의 일환으로 등장하게 되었다. 따라서 사회복지법은 사회문제와 사회경제적 약자의 사회생활문제를 해결하기 위해서 발달해 왔다. 사회복지법 개념의 접근에서 가장 먼저 고찰해야 할 것이 사회복지법의 개념을 어떻게 규정하는 일이다. 이러한 이유는 사회복지법의 개념이 먼저 규정되어야만 사회복지법의 연구대상과 연구범위를 확정할 수 있기 때문이다.

사회복지법이 민법전이나 형법전과 같이 형식적 개념을 유도할 수 있는 법 체제가 성립되어 있는 경우에는 형식적 개념 규정이 명확하지만 일반적인 법전이 제정되어 있지 않는 사회복지법에서는 형식적 개념정의를 정립하기가 곤란하다. 따라서 형식적 의미의 사회복지법 개념이 없기 때문에 어떤 특정의 기준을 제시하여 사회복지법의 개념을 파악하여야 할 것이다.

쿠와하라(桑原洋子, 1982 : 9)는 사회복지법규의 개념을 사회복지와 법규라는 용어가 복합된 개념으로 파악하고 있다. 즉 사회복지법규는 사회복지가 하나의 국가제도로서 법의 형태를 취하고 있는 것을 말한다. 이에 따라 국가제도로서 사회복지를 이해하고 설명하기 위해서는 사회복지법의 개념 규정이 필요하다고 보고 있다.

또 다른 견해는 사회복지가 국가와 국민간의 권리와 의무의 관계로 등장하고 있음을 국가가 인정하고 또 사회복지를 구현하고자 하는 구체적인 사업들을 공익에 맞게 보호하고자 하는 뜻으로, 국가가 이를 법의 형태로 제도화한 것이 사회복지법규라고 정의하기도 한다. 사회복지의 법적 제도적 장치가 사회복지법이라고 한다면, 사회복지를 구현하고자 하는 개별법률들을 사회복지법으로 파악하여 개념을 규정해야 한다는 것이다(박석돈, 1994 : 48). 즉 사회복지법은 사회복지를 구체적으로 실천하는 제도·기구·기관 및 시설·권리·의무 등을 규정한 개별 법률이라 할 수 있다. 따라서 오늘날 수많은 법규들 가운데 어떤 법규가 사회복지를 구현하기 위한 개별 법률들인가를 해결하기 위해서 필요한 작업이 사회복지법의 개념 파악이라 할 수 있다(장동일 1999 : 19).

사회복지법을 하나의 연구대상으로 분석하기 위해서는 무엇보다도 사회복지법이라고 하는 어떤 현상으로 사회복지법과 연관된 모든 사회현상에 관한 체계적인 개념 정의가 필요하다. 그러나 사회현상은 지역과 시대에 따라 통일적이고 체계적이며 일원론적인 개념 정의가 곤란하다. 왜냐하면 사회현상은 사람·시대·사회에 따라 그 개념파악이 다르기 때문이다. 따라서 사회복지현상도 시간적·공간적 제약요인에 의해 현상규정이 다르기 때문에 사회복지법의 개념도 합의를 도출하기가 어려운 것이다. 사회현상의 개념 정의가 유동성을 갖는 한, 사회복지법의 개념도 이러한 한계 내에 존재할 수밖에 없는 것이다(장동일, 1999 : 20). 즉 사회복지법의 개념파악의 파악이 어려운 것은 최근에 빠른 속도로 발전하고 있고, 국가의 여러 가지 상황에 따라 다양하게 전개되기 때문이다. 또한 사회복지법은 매우 급속하게 변화하고 있는 법규범일 뿐만 아니라 그 내용이 다른 법과는 달리 추상적이고 전문기술적인 사회복지의 성격을 지니고 있어 개념을 규정하기가 곤란하다(신섭중 외, 1993 : 13).

비록 사회복지법의 개념 규정이 여러 가지 곤란성 때문에 통일적이고 합의된 개념을 규정하기가 불가능하다 할지라도 사회복지학계에서 사회복지법에 대한 연구의 필요성이 제기되고 있고 그 중요성이 새롭게 인식되고 있음에 비추어 볼 때 사회복지법의 개념 규정은 필수불가결한 연구과제가 아닐 수 없다.

2) 현대 사회복지법 개념의 특징

> 사회보장의 범위
>
> 사회보장기본법 제3조에 의하면 사회보장은 사회보험, 공공부조, 사회복지서비스 관련복지 제도로 이루어져 있다.

사회복지법을 사회보장법이라는 용어로 대체하여 사용하고 있는 경우도 있다. 그러나 사회보장의 구조에서 사회보험, 공공부조, 사회복지를 사회보장의 구성요소라는 주장이 강하고, 대부분 우리나라의 사회복지법은 이러한 분류방법을 채택하고 있다.

넓은 의미의 사회복지법은 사회정책 혹은 사회복지정책의 실현과 관련된 제반 법률을 의미한다. 이때 사회복지의 개념은 넓은 의미로 해석되고 이와 관련된 법규범을 사회복지법이라 한다. 다시 말하면 넓은 의미의 사회복지법이란 전국민의 물질적·정신적·사회적 기본욕구를 해결함으로써 인간다운 생활을 영위케 하는 공사의 제반 사회적 서비스와 관련된 법률을 말한다. 물론 이러한 제반 서비스는 사회복지정책이나 사회정책에 의해 추상적이지만 지침과 기준이 설정되며 이의 구체적 모습이 바로 사회복지법으로 표현된다. 그리고 사회복지법의 규정에 따라 사회복지서비스와 실천이 이루어진다(장동일, 1999 : 29). 즉 현대 사회복지법의 개념은 최근에 형성된 법으로서 급속하게 변하는 국민들의 요구에 맞추어 빠르게 변화하는 법이다. 그리고 자본주의의 구조적 모순이나 불평등을 완화하기 위하여 여러 가지 법적 장치를 마련해야 하는 법이다. 그러나 사회복지법이 추상적이고 개념규정이 어려운 측면이 많다.

그리하여 현대 사회복지의 개념은 실질적으로 국민의 생존권을 보장하기 위하여 광범위하고 실질적인 개념으로 파악되는 것이 일반적이다.

> **생존권의 기원**
>
> 헌법은 국가와 국민 간의 권리-의무에 관한 기본법으로서 사회복지에 대한 국가의 의무, 즉 생존권 조항을 1919년 비이마르(Weimar)헌법에서 최초로 규정함으로써 더욱 중요한 사회복지법의 법원이자 기본 근거가 되었다.

3) 본서에서 사회복지법의 개념

사회복지법은 사회복지사업의 행위에서 구성원간 즉 국가와 국가, 국가와 국민, 국민과 국민 사이에 강행되는 약속된 규범이다. 이를 학자에 따라 또는 대상의 범위에 따라 사회법, 사회보장법, 사회복지법, 사회복지서비스법, 사회복지법규, 사회복지관련법, 사회보험법, 공공부조법 등으로 다양하게 쓰이고 있다.

이와 같은 다양한 포괄적 의미의 사회복지관련법을 본서에서는 사회복지법으로 규정하고, 사회보험법, 공공부조법, 사회복지서비스법을 사회복지법 구성의 요소로 분류하며, 사회복지와 직접적으로 관련이 있는 법률인 최저임금법, 환경기본법, 보호관찰 등에 관한 법률 등은 사회복지관련법으로 용어를 규정하여 사회복지법의 한 구성요소로 보고자 한다.

특히 현대사회는 복지급여의 확대로 사회복지의 대상을 전체 국민으로 확대하고 있고, 사회보험 등에서는 급여주체도 전체 국민을 대상으로 하고 있고, 현대사회의 사회복지 노력이 법치주의에 근거하고 있음을 볼 때 사회복지법의 정의는 매우 중요하다고 볼 수 있다.

본서에서는 사회복지법 개념의 범위와 내용을 확정함에 있어 다른 법분야, 다른 학문분야와 구별되는 사회복지법만의 고유한 목적, 고유한 법 기능을 기초로 하여 규정하고 있다. 그리고 본서의 사회복지법 개념파악 방법은 실질적 의미의 사회복지법 개념파악 방법과 넓은 의미의 사회복지법 개념을 수용하여 사회복지법 개념을 규정하였다. 즉 사회복지법 개념이란 공공과 민간조직을 포함하여 사회적 위험에 직면한 국민 또는 사회적 약자를 대상으로 소득보장, 보건의료보장, 주택, 교육, 심리사회적 서비스, 그리고 사회복지관련서비스 등을 포함하여 규정하여 인간다운 생활을 보장하기 위한 제도적 장치로서 제반 법규를 포함한다.

제 2 절 사회복지법의 목적과 유형

① 사회복지법의 목적

1) 최저생활의 보장

사회복지법의 일차적인 목적은 개인을 사회적 위험으로부터 보호하고 최저수준의 생활을 할 수 있도록 보장함에 있다. 그러므로 국가는 생존권 규정에 의하여 생활이 어려운 국민은 여러 가지 사회복지법을 통하여 보장할 의무가 있는 것이다. 최저생활의 보장을 국가나 사회가 개입하여 해결하여야 하는 이유는 사회적 위험이나 개인적 원인에 의하여 발생한 것이 아니라, 자본주의 사회의 형성과 발전에 기인하였다고 보는 사회성, 보편성의 원리에 근거하고 있다는 데 있으며 이러한 사회적 위험이나 요보호 상태는 개인과 가족만의 능력으로서는 해결할 수 없기 때문에 국가와 사회가 개입하여 해결하여야 한다.

인간다운 생활의 보장은 소득보장만으로는 불가능할 뿐만 아니라 불완전할 수밖에 없다. 인간은 누구나 건강한 삶을 유지하고 싶은 욕구를 가지고 있으며 이는 매우 보편적인 것이다. 따라서 국가와 사회는 모든 국민이 필요로 하는 복지욕구를 충족시킬 수 있도록 공적인 보장을 해주어야 한다.

또한 여기서 말하는 최저생활의 보장은 고용보장, 최저임금보장, 의료보장 등을 통하여 광범위하게 보장해야 한다. 최저생활 보장은 사회보험법, 공공부조법, 사회복지서비스법, 사회복지관련법 등을 통하여 건강하고 문화적인 삶을 영위할 수 있도록 최저수준이 충족될 수 있도록 하는 데 사회복지법의 목적이 있다.

2) 사회복지의 증진과 복지권의 보장

각국에서 사회복지를 얼마나 적극적으로 실천하느냐는 어느 정도의 사회복지법에 관심을 많이 가지느냐와 밀접한 관계를 가진다. 그리고 실제로 국민들이 복지권을 구체적으로 실현하기 위해서도 입법과정이 전제되어야 한다.

그리고 헌법 제34조제1항에서 모든 국민은 인간다운 생활을 할 권리를 가지며, 국가도 이를 보장해야 한다고 규정하고 있지만 실제로 하위 사회복지법이 제정되어야 만이 국민들에게 복지서비스를 제공할 수 있기 때문이다. 그러므로 사회복지법은 헌법에서 규정하고 있는 사회복지의 욕구를 사회복지법을 통해서 실현하는 목적이 있다.

3) 소득재분배

오늘날 시장경제의 조직하에 있어 개인간의 소득과 부(富)의 분배는 상속에 관한 법제, 능력과 교육기회의 평등, 사회에 있어서의 직업의 이동가능성 등의 다수에 의하여 결정된다. 사람들의 소득은 소유하는 경제적 자원의 가격과 수량에 따라 결정되지만, 여러 가지 요인으로 말미암아 소유하는 자원의 종류와 수량에 차이가 있으며 또한 자원의 가격도 그 종류 내지 질에 따라 상이하므로, 그 결과 소득의 분배에는 특정의 불평등도(不平等度)를 갖는 상태가 나타난다.

그리고 국민소득의 분배의 평등화를 통하여 최저생활을 보장함으로써 빈곤의 예방 또는 방지하고, 나아가서는 국민의 경제생활과 심리적 안정을 도모하기 위하여 소득의 공정분배 내지 소득재분배의 문제가 제기되지 않을 수 없는 것이다. 이런 소득재분배는 각종 사회복지법에서 나타나고 있다.

4) 사회형평과 통합

모든 국민에게 인격의 존중과 행복한 생활을 전제로 출발한 평등주의가 제대로 실현하려고 하면 배분의 형평과 이러한 형평을 통한 통합이 이루어져야 한다. 사회복지법의 목적에 있어 부의 불평등의 해소가 소득재분배의 기능에서 이루어진다면 비금전적인 소득급여를 통하여 사회형평과 통합이 이루어져야 할 것이다.

2 사회복지법의 유형

1) 보험법의 유형

일반적으로 사회보험이란 보험적 기술을 이용하여 사회적으로 발생한 문제의 해결을 위해 미리 사고를 예상하고 갹출을 통하여 사고발생시 급여를 제공하는 방식이다. 그리고 사보험과의 차이는 사회적으로 조직되었고, 강제보험의 성격을 지니고 있다는 것이다.

그리고 각종 사회보장제도에 있어서 보험의 원리가 적용된다고 하는 것은 사회보장제도에 사보험의 보험원리, 기술, 방식이 원용되고 있는 것이지 특정 국가의 사회보장제도가 사보험 방식에 의하여 실현되고 있다는 것을 의미하는 것은 아니다. 보험의 원리에 근거하여 입법된 사회복지법이 바로 사회보험법이다. 사회보험법은 역사적으로 볼 때 임금노동자를 대상으로 하였으나 점차 대상을 확대하여 전국민을 대상으로 하고 있다.

보험법 유형으로서 사회보험법의 특징은 다음과 같다.
첫째, 국가가 피보험자의 급여액을 지급하기 위하여 재원조달을 할 때에는 통상의 정부수입에 의한 것이 아니고 사용자나 근로자가 지불한 갹출금을 근거로 하며 국가는 일부를 부담하는 형태를 취한다.
둘째, 가입을 임의로 하지 않고 가입단체가 강제적인 특성을 지니고 있다.
셋째, 비영리적 사업이다.
넷째, 사회보험은 소득재분배기능을 한다.
다섯째, 사회보험은 정부정책이기 때문에 입법을 통해서만 그 규정을 변경할 수 있다.

이러한 보험법의 유형에 근거한 사회보험법은 국민연금법, 특수직역연금법, 국민건강보험법, 산업재해보상보험법, 고용보험법, 등이 있다.

2) 보상법의 유형

보상법의 유형은 국가와 민족을 수호하기 위하여 활동한 사람이(예컨대, 군경 기타 국가유공자 등) 상해를 입거나, 사망하거나, 근로능력을 상실함으로써 본인이나 가족, 그리고 유족의 생활이 빈곤하게 될 때 그와 같은 공익을 위하여 헌신한 사람에게 국가가 그들 본인과 가족 또는 유족의 생활을 보장하기 위하여 국가의 재정을 재원으로 하여 급여하는 유형을 말한다(장동일, 1999 : 70).

보상법 유형의 근본원리는 인과성의 원리에 바탕을 두고 있다. 보상의 원리는 원래 군사원호 보상 및 독립유공자나 기타 국가유공자 보상의 기초가 되는 사회복지법의 기본원리가 되어 왔는데 현대국가에 있어서 이 원리는 내·외적 확장의 경향을 보이고 있다. 이 원리의 내적 확장은 그 법정 원인인 구성요건의 확장을 의미한다. 즉 국가유공자의 개념은 특정시대의 국가기본질서에 의하여 그 내용이 구체화되는 실정법상의 개념으로 시대에 따라 그 개념이 확대되어 오고 있다. 보상의 원리의 외적 확장은 이미 실정법화된 법정 원인의 확장이 아니라 새로운 법정 원인의 실정법화를 위한 새로운 종류의 법정 원인의 확장을 의미한다(이상광, 1988 : 263).

보상법의 원리에 기초하고 있는 사회복지법에는 군사원호보상법, 북한이탈주민의 보호와 정착지원에 관한 법률, 의사상자 예우에 관한 법률, 독립유공자 예우에 관한 법률, 국가유공자 예우 등에 관한 법률, 일제하 일본군위안부에 대한 생활안정지원법 등이 있다.

3) 부조법의 유형

부조란 도움을 필요로 하는 사람들에 대한 가족이나 민간에 의한 원조인 사적부조와 국가나 지방자치단체와 같은 공공부조를 포함한 것이다. 부조에는 이 이외에도 사회부조, 국민부조 등으로 나누고 있다. 그리고 사회복지법에서 말하는 부조란 공공부조를 주로 말한다. 이러한 부조는 보험의 원리에 의해 실시되는 사회보험과는 달이 부조가 필요하다는 증명과 자산조사를 조건으로 지급하고 소득능력의 회복과 조치에 필요한 재원은 국가가 책임진다. 즉 보험의 원리와 중요한 차이는 국민의 갹출(기여금)에 의하지 않고 국가의 공적 비용에서 지급한다는 것이다.

그러므로 공공부조란 국가책임하에 도움을 필요로 하는 사람들에게 법적 기준에 의해 급여를 제공하는 것이다. 이러한 유형의 사회복지법으로 공공부조법으로서 국민기초생활보장법, 의료급여법, 재해구호법 등이 있다.

4) 원조법의 유형

사회복지법의 유형으로서 원조법이란 사회적 욕구를 충족시키지 못하거나 사회문제로 인하여 어려움을 겪게 된 사람들의 생활상의 장애를 제거·경감시켜 사회생활능력을 향상시킬 목적으로 이들에게 제공하는 사회복지서비스를 말한다. 원조법의 유형에는 상담, 심리사회적 치료, 생활지도, 직업훈련, 재활서비스 등인데 이러한 서비스를 통하여 자기의 생활을 스스로 책임질 수 있도록 능력을 배양하여 사회에 복귀시키기 위한 서비스 등을 포함한다.

원조법의 유형은 주로 치료, 상담, 생활지도 등 서비스이며, 기여금의 납부와 관계없이 국가의 재정에 의하여 제공된다. 원조의 원리는 궁극적으로 사회기능을 정상화시켜 사회복귀를 목적으로 하고 있으며 사회복귀를 통하여 인간다운 생활을 보장하려는 원리이다.

원조법은 우리나라의 사회복지사업법 제2조에 21개 개별법률이 규정되어 있는데 구체적으로는 국민기초생활보장법, 아동복지법, 노인복지법, 장애인복지법, 한부모가족지원법, 영유아보육법, 성매매방지및피해자보호등에관한법률, 정신보건법, 성폭력범죄의처벌및피해자보호등에관한법률, 입양촉진및절차에관한특례법, 일제하일본군위안부피해자에대한생활안정지원및기념사업등에관한법률, 사회복지공동모금회법, 장애인·노인·임산부등의편의증진보장에관한법률, 가정폭력방지및피해자보호등에관한법률, 농어촌주민의보건복지증진을위한특별법, 식품기부 활성화에 관한 법률 의료급여법, 기초노령연금법, 긴급복지지원법, 다문화가족지원법, 장애인연금법이 있다(김익균 외, 2005: 9-13 참조).

法諺

나간 놈의 몫은 있어도, 자는 놈의 몫은 없다.

적극적으로 활동하고 노력하는 이에게 몫이 돌아간다는 뜻.

제3절 사회복지법의 법원(法源)

1 사회복지법원의 개념

일반적으로 법원(法源)이란 법이 어떤 방식으로 존재하는가에 대한 것을 의미한다. 사회복지법에 있어서 법원이라 할 때에는 사회복지에 관한 실정법의 인식근거 내지 그 존재형식을 말하는 것으로 사회복지와 관련한 급여서비스의 내용, 조직과 관리 등에 의하여 어떠한 형식으로 표현되고 있는가 하는 것으로 사회복지법의 원천과 존재양식을 의미한다.

그리고 법의 존재형식으로서의 법원에는 표현형식에 따라 성문법과 불문법으로 분류할 수 있다. 성문법에는 헌법, 법률, 명령, 규칙, 자치법규와 국제조약, 국제법규 등이 있고, 불문법에는 자연법, 관습법, 판례법, 조리법 등이 있다. 사회복지법의 법원도 법의 일반론에 근거하여 일반 법원과 마찬가지로 헌법을 비롯하여 각종 법률 등에 연결되어 있다. 그리고 사회복지라는 명칭을 사용하고 있지 않은 법률 중에도 그 내용이 사회복지를 나타내는 것들이 있고, 다른 법률의 규정 중 몇 개의 조항이 사회복지에 관련된다면 사회복지법의 법원으로 보아야 한다(김익균 외, 2005: 59-63 참조).

> **국제조약**
>
> 국제조약이란 국제적 권리의무의 발생을 목적으로 국제법상의 주체인 국가 간에 맺은 문서에 의한 합의이다. 조약이라는 이름을 가지는 것뿐만 아니라 협정, 협약, 의정서, 헌장 등으로 불리는 것도 포함된다.

> **성문법**
>
> 입법기관에 의해 특별한 절차를 따라 만들어지고, 문자의 형식을 갖추어 문서로 규율된 법을 성문법이라 한다.

> **상위법과 하위법**
>
> 법규범은 수직적으로 체계화되어 있는데, 그 순서는 헌법-법률-명령-조례-규칙의 순으로 되어 있다. 법의 해석에서 하위법의 해당 사항이 상위법을 위반해서는 안 된다. 즉 하위법은 상위법을 초과할 수 없다.

2 성문법으로서의 법원

1) 헌법

헌법은 국가와 국민간의 권리·의무에 관한 기본법이다. 따라서 하위의 법체계인 법률, 명령, 규칙 등은 헌법에 위배해서는 아니 된다.

그리고 사회복지법을 지도하고 있는 최고의 규범은 타영역의 법과 마찬가지로 헌법이고 헌법의 구성은 전문과 총강(總綱)을 제외하면 기본권에 관한 규정과 통치기구에 관한 조항 그리고 경제에 관한 조항으로 구성되어 있다(윤찬영, 1998 : 121).

> **법의 우선적용**
>
> 특별법은 일반법에 우선하여 특별법에 규정이 없으면 보충적으로 일반법이 적용된다. 일반법은 사람, 장소, 사항 등에 관하여 특별한 제한이 없이 일반적으로 넓은 효력범위를 갖는 법이고, 특별법은 일정하게 한정된 장소, 사람, 사항에 관하여 특수적인 좁은 효력범위를 갖는 법이다. 민법보다도 사회복지사업법이 우선하여 적용되고, 사회복지관련 기본법보다는 각 법이, 조례보다는 명령이, 명령보다는 법률이, 법률보다는 헌법이 상위법규범이고, 두 법이 충돌할 때 상위법이 우선한다는 원칙이다. 적용의 하위법이 먼저이다.

법의 시행기간

성문법은 시행일로부터 폐지일까지 효력을 갖는다. 그 기간을 시행기간이라고 하고, 법은 그 기간 중에 발생한 사항에 대하여만 적용되고, 그 전후에 발생한 사항에는 적용되지 않는 것이 원칙이다.

법실증주의

법실증주의는 법의 이론이나 해석·적용에 있어서 어떠한 정치적·사회적·윤리적 요소도 고려하지 않고, 오직 법 자체만을 형식 논리적으로 파악하려는 입장이다. 따라서 실정법을 초월하는 자연법의 존재를 인정하지 않는다는 점에서 자연법사상과 대립된다.

오늘날 사회복지급여가 복지국가행정, 사회국가행정을 표방하고 있고 국가나 지방자치단체의 국민에 대한 의무로서 특히 행정에 의해서 서비스가 행하여지는 시대에 그러한 의무를 규정해 놓은 헌법의 관계조항의 전체 의미는 지극히 중요하다(신섭중 외, 1999: 34).

우리나라 헌법 전문을 비롯하여 제10조 인간의 존엄성 보장과 행복추구권, 제31조 교육을 받을 권리, 제32조 근로의 권리, 제33조 노동기본 3권, 제34조 인간다운 생활을 할 권리, 제35조 환경권 및 주거권, 제36조 혼인과 가정생활의 보호, 모성의 보호 및 보건권 등의 헌법 규정은 사회복지의 범위와 내용을 규정한 최상위의 규범이다. 또한 헌법 제94조, 제95, 제96조의 사회복지행정조직 규정과 제2장 국민의 권리와 의무, 제4장 제2절 행정부, 제8장 지방자치, 제9장 경제의 사회복지작용규정은 사회복지법의 법원으로서 핵심을 이루고 있다.

헌법 제31조에서 제36조에 이르는 조항은 넓은 의미의 생존권적 기본권(복지권, 사회권) 규정으로서 사회복지법의 기본방향이자 기본근거가 되고 있으며 사회복지를 국민의 권리라는 입장에서 볼 때 이러한 규정은 매우 중요한 의미를 갖게 된다.

그러나 헌법에 규정되어 있는 생존권적 기본권의 법적 성격이 추상적 권리설(대부분의 헌법학자들이 동의하는 통설임)에 의해 해석된다 하더라도 헌법에 규정된 생존권 조항은 국가의 도덕적 책임을 선언한 것이므로 국가가 사회복지 노력을 회피 내지 방임해서도 안 될 뿐만 아니라 국민의 생존권을 보장하는데 소홀해서도 안 된다. 20세기를 맞이하여 국가의 적극적인 개입이 국민의 인간다운 생활을 보장할 수 있다는 점을 고려해 볼 때 헌법에 규정된 생존권은 구체적 법적 권리설에 입각해서 그 법적효력을 인정해야 할 것이다(장동일, 1999 : 79).

2) 법률

입법 절차

법률안의 제안→법률안 심의→법률안 의결→의결된 법률안 정부로 이송→대통령의 서명과 공포

법률은 법규범의 위계에서 헌법 다음 단계의 규범이다. 이것은 헌법상 입법권을 갖는 국회에서 제정하거나 행정부에서 제출하여 국회의 의결을 거쳐서 만들어진다. 대부분의 법률은 재적의원 과반수의 출석과 출석의원 과반수의 찬성으로 법률안이 의결되며, 헌법에 위반되어 제정될 수 없고, 하위법인 명령, 규칙을 지배한다. 법률은 국회와 행정

부, 대통령의 권력관계에 많은 영향을 받기 때문에 국민의 욕구에 부응하는 사회복지법의 제정이 어려운 실정이다.

사회복지법의 법원으로서의 법률인 사회보장기본법, 국민연금법 등 사회복지에 관한 개별 법률은 실질적으로 사회복지의 구체적 내용을 규정하고 있고 개별 사회복지법을 통해서 국민의 생존권이 실현된다.

따라서 사회복지법의 법원으로서 법률은 실질적으로 국민의 사회복지의 실시에 중요한 영향을 미친다. 그리고 개별 법률에 의하여 수급권의 주체, 대상자, 서비스의 종류, 서비스의 수준과 내용, 사회복지서비스 행정조직 등이 구체적으로 규정되어 있기 때문에 복지국가의 실현에 있어 매우 중요한 의미를 지니고 있다.

3) 명령(시행령)과 시행규칙

우리 법률은 대륙법계에 속하기 때문에 각종 법률이 입법의 제정 또는 개정되어야 만이 현실적으로 적용되기 때문에 법률이 실효성을 갖기 위해서는 법률의 하위규범인 시행령과 시행규칙이 중요한 역할을 한다.

이러한 면에서 시행령과 시행규칙은 사회복지 실천과정에서 매우 중요한 위치를 차지하고 있는 사회복지법의 법원이다. 시행령은 국회의 의결을 거치지 아니하고 권한 있는 행정기관에 의하여 제정된 법규로서 자치법규에 속하지 않는 성문법규를 말한다. 즉 시행령은 대통령의 명령으로서 대통령령을 말하고 시행규칙은 국무총리나 행정 각부 장이 법률이나 대통령령의 위임에 의한 위임명령이며 직권에 의한 직권명령을 의미한다.

일반적으로 국회에서 법률을 제정하는 경우에는 근본적인 중요한 점만을 정하고 세부적인 부분은 각 행정기관으로 하여금 실제로 법률을 집행하는 데 필요한 사항을 정하게 하는 것이 보통이다. 이 경우 행정기관이 제정하는 명령을 집행명령이라고 한다.

현대사회에서 사회복지는 복잡성·다양성·전문성·기술성·임기응변성의 특성을 갖고

법률의 개정

법률은 제정된 이후 일반적으로 변경되는 조문의 수가 전체 조문의 2/3 이상이면 전부개정이라 하고, 그렇지 않은 경우에는 일부개정이라 한다. 다만 전부개정과 일부개정은 개정되는 내용의 양에 의한 구분에 불과하여 둘 사이에 질적인 차이가 있는 것이 아니다. 또 사회보장에관한법률이 사회보장기본법으로, 생활보호법이 국민기초생활보장법처럼 새로 제정하는 경우도 있고, 모부자복지법에서 한부모가족지원법처럼 일부개정하는 경우도 있다.

법의 범위

사회복지법은 지역적인 적용범위를 기준으로 할 때 국내법이며, 일반 법체계 하에서 실정법에 속한다. 또한 내용이 문서로 작성되어 일정한 형식과 절차를 거쳐 공표된 성문법이다.

제정일과 공포일

사회복지법은 지역적인 적용범위를 기준으로 할 때 국내법이며, 일반 법체계 하에서 실정법에 속한다. 또한 내용이 문서로 작성되어 일정한 형식과 절차를 거쳐 공표된 성문법이다.

시행령과 시행규칙

사회복지법은 지역적인 적용범위를 기준으로 할 때 국내법이며, 일반 법체계 하에서 실정법에 속한다. 또한 내용이 문서로 작성되어 일정한 형식과 절차를 거쳐 공표된 성문법이다.

있기 때문에 이 모두를 만족시킬 수 있는 입법능력에는 한계가 있기 마련이다(김근조, 1994 : 44). 따라서 사회복지법률 등은 기본적인 사항만 정하고 세부적인 사항은 명령에 위임하게 된다.

사회복지법의 법원으로서의 명령은 보통 개별법률의 시행령 및 시행규칙이란 존재양식으로 표현된다. 예컨대 국민연금법시행령, 국민연금법시행규칙 또는 노인복지법시행령, 노인복지법시행규칙 등으로 표현되는 것이 시행령·규칙이다.

행정규칙(고시·통첩)을 법원에 포함시킬 것인가에 대하여는 견해가 대립되고 있는데 일반적으로는 법원으로 인정하고 있지 않지만 그 내용이 법률에 위배되지 않고 사회복지 목적을 달성하기 위한 내용이라면 법원성을 인정해야 할 것이다.

4) 조례와 규칙

조례 및 규칙은 지방자치단체가 정하는 법규범이다. 자치법규에는 조례와 규칙이 있는데 조례는 지방의회의 의결을 거쳐 제정되고 규칙은 자치단체의 장이 제정한다. 그리고 자치법규는 그 지방자치단체의 지역 내에서만 효력을 발생한다.

지방자치단체가 제정하는 조례와 규칙이 사회복지에 관한 내용을 규정한 것이라면 이러한 자치법규는 마땅히 사회복지법의 법원으로 인정되고 사회복지법에서는 중요한 위치를 차지하고 있다.

특히 조례의 경우에는 사회복지가 점차적으로 지역사회를 중시하고 지방자치단체별로 특성화하는 방향으로 전개되기 때문에 그 중요성이 증가할 것이다. 즉 법률이나 중앙정부의 시행령과 시행규칙은 지역주민들의 욕구와는 차이가 나므로 조례가 보다 더 구체적이기 때문이다.

그러나 아직까지 우리나라의 경우는 조례제정이 미흡하고 지방자치단체도 아직까지 그 중요성을 인식하지 못하고 있으며, 조례 제정에 필요한 전문인력과 재원도 부족한 실정이다.

시행규칙과 규칙

시행규칙은 해당부서의 장관의 명령을 말하는 것이고, 규칙은 자치법규에서 지방자치단체장이 제정한 법규범이다.

조례의 특성

조례는 법질서 유지적 특성, 원칙적으로 지방자치단체의 지방 내에서만 효력을 갖는 지역제한적인 특성, 그리고 특정분야에 한해서 제정되는 것이 아닌 자치업무의 수행에 필요한 모든 분야를 포함하고 있다는 점에서 내용상 포괄성을 갖는다.

조례제정권

지방자치단체는 조례제정권을 갖고 있으며, 법령의 범위 안에서 그 사무에 관하여 조례를 제정할 수 있다. 반드시 법률의 위임이 있어야만 하는 것은 아니다. 단, 주민의 권리제한 또는 의무부과에 관한 사항이나 벌칙에 한해서는 법률의 위임이 있어야 한다.

5) 관리운영기구의 규칙 · 지침(정관)

사회복지 사무를 국가기관이 아닌 공공단체, 즉 관리운영주체가 제정·공고한 제반 규칙이 사회복지법의 법원으로 인정될 수 있는가 하는 문제가 있다.

사회복지법 집행상 제정·공고되는 제반 규칙이나 지침은 관리운영주체에 의한 사회복지법 집행의 통일과 그의 명확한 집행을 위하여 매우 중요한 역할을 담당하고 있는데 그러한 제반규칙이나 지침들이 사회복지법의 내용을 보충하거나 그 내용을 명확하게 하여 주는 경우에는 법규적 성질을 가진 것으로서 사회복지법의 중요한 법원으로 인정된다(이상광, 1988 : 248).

결론적으로 관리운영주체가 그의 관할에 관한 사항에 대하여 내린 결정도 그것이 사회복지법의 내용을 보충하거나 또는 명확히 하는 것일 때에는 그가 작성, 공고하는 기본지침과 마찬가지로 법규적 성질을 가지고 있으며 사회복지법의 법원성이 인정된다.

즉 관리운영주체가 사회복지법 집행상 제정, 공고한 규칙이나 기본지침 그리고 그 관할에 속한 사항에 대하여 내린 결정이 관리운영주체를 구속하고 있고, 피보험자와 수급권자를 구속하는 등 법규적 성질을 가지고 있으며 사회복지법 제반 법령에 위배되지 않으며 또한 감독관청으로부터 승인을 받은 경우에는 사회복지법의 법원으로 인정된다(장동일, 1999 : 82).

그래서 의료보험조합, 국민연금관리공단 등은 재단법인으로서 정관을 가지고 사후적으로 위법이 발생하면 정관은 무효로 해야 할 것이다.

6) 국제법

국제법에는 국제조약과 국제법규가 있는데 국제조약은 그 명칭이 어떠하더라도 국가와 국가간, 국가와 국제기관 사이에 법적 효력이 있는 합의를 말하며, 국제법규는 우리나라가 당사국이 아닌 조약으로서 국제사회에서 일반적으로 규범성이 승인된 것과 국제관습법을 말한다. 우리나라 헌법은 제6조제1항에 헌법에 의해 체결·공포된 조약과 일반적으로 승인된 국제법규는 국내법과 같은 효력을 가진다고 규정하고 있어 사회복지와 관련된 것이면 사회복지법의 법원으로 인정해야 한다.

3 불문법으로서의 법원

불문법

불문법이란 문서의 형식으로 표현되지 않은 법이다. 입법기관에 의해 일정한 절차에 따라 제정·공포되지 않고 존재하므로 비제정법이라고도 한다.

성문법과 불문법

사회복지법의 법원은 사회복지와 관련하여 법률이 어떠한 형식으로 표현되는가를 의미하는 법의 존재방식이며, 표현방식에 따라 성문법과 불문법으로 나뉘며, 우리나라는 성문법을 따르고 있다.

자연법

자연법이란 시간과 공간을 초월하는 영구불변의 초경험적이고 이상적인 법을 말하며, 우주의 존재질서를 규율하는 보편타당한 원칙으로서, 정의의 이념을 그 내용으로 하고 있기 때문에 법의 근원이 된다.

1) 자연법

국회가 제정한 실정법이 사회정의와 모순되는 경우 그 실정법은 부정되어야 하는데 이때 사회정의의 기준으로서 자연법이 승인된다. 일반적으로 자연법의 정의는 인간의 인격의 자유와 인간의 존엄성을 확보하는 것에 있다고 파악되고 있다(김만두, 1991 : 67).

사회복지법의 이념이 생존권을 보장하여 인간다운 생활을 보장하려는 데 있다면 사회복지법의 내용은 자연법의 이상과 당위를 기초로 하여 규정되어 있다고 볼 수 있는 것이다. 이러한 의미에서 자연법은 사회복지법을 제정하는 기준이 되고 사회복지법을 해석하는 기준이 되는 것이다. 자연법이 실정법처럼 법적 효력을 명확히 갖는 것은 아니지만 사회정의의 실현과 실정법의 이념적 기초가 된다는 점에서 그 법철학적 의의가 있다 하겠다(장동일, 1999 : 83).

2) 관습법

관습법이란 사회적 관행으로 장기적으로 준수된 생활규범이 불문의 형태로서 국가에 의하여 승인되어진 법률의 형태인 불문법을 말 한다. 그리고 관습법의 법적 효력은 성문법이 존재하지 않는 경우이다.

그리고 사회복지법에 있어서도 성문법규가 없을 경우 관습법의 내용이 사회복지법을 보충하는 것이라면 마땅히 사회복지법의 법원으로 인정되어야 한다.

특히, 우리나라의 경우 사회복지법의 역사가 짧아 사회복지의 실시에 있어 관습이나 관행이 적은 편이다. 그러나 사회복지법의 체계가 미흡하고 사회복지사업의 전문성의 부족과 아직까지 정부의 재량권이 많은 편이라고 볼 때 관습법도 사회복지법원으로 중요한 위치를 점하게 될 것이다.

3) 판례법

판례법은 한 사건의 판결이 특정 사건에 관해서만 구속력을 가지는 것이나 동종의 사건이 발생한 경우에는 사실상 동종의 사건에도 구속력을 가지게 되는 법률이다. 이와 같이 재판의 선례, 즉 판례가 그 후의 재판을 구속할 때 판례는 법원이 되며 이러한 판례를 판례법이라 한다.

우리나라의 경우 법원 조직법 제18조에 "대법원의 심판에서 판시한 법령의 해석은 당해 사건에 관하여 하급심을 기속한다"라고 규정하고 있어 하급 법원은 상급 법원의 판례에 따르게 되어 있다.

또한 우리나라는 사회보험을 제외하고는 사회복지법상 판례는 거의 없는 실정이다. 이와 같이 아직까지 사회복지법에서 판례가 적다는 것은 국민의 사회복지에 대한 인식부족과 생존권에 대한 지식이 부족한 것에 기인한다. 또한 사회복지행정의 경직성과 국가의 홍보부족도 중요한 요인이다. 그러나 사회복지법 관련 소송은 현행 소송법상 개인에게만 효력이 미치는 것이지만, 그것이 가지는 공익적 의미 때문에 재판결과를 떠나서 사회복지법의 발전에 중요한 영향을 미친다.

4) 조리법

조리란 건전한 상식으로 판단할 수 있는 사물, 자연의 본성에 적합한 원리를 말한다. 조리법의 필요성은 성문법과 기타 불문법 등이 완비되어 있다 하더라도 급변하는 현대사회에서는 모든 사회문제와 사회현상을 포함할 수 없다.

특히 사회복지법에서 조리법은 중요한 위치를 점하고 있는데 그것은 현행 사회복지법이 대상자들의 욕구를 적절히 수렴하지 못하고 있고, 또 법체계가 미비한 점이 많아 조리에 의해 판단 내지 해석할 수밖에 없는 법령이나 조항 또는 용어가 많기 때문이다.

제 2 장

사회복지법의 역사

이 장은 사회복지법이라는 것이 어떠한 과정을 거쳐서 발달하여 왔는지를 알아본다. 사회복지법의 역사는 영국, 독일, 미국 등 서양의 역사와 우리나라의 역사를 구분하여 고찰한다. 이러한 법들이 현재 사회복지법의 형성에 어떠한 영향을 미치고 있는지를 살펴보는 것도 흥미로운 일이다.

제 1 절 서구 사회복지법의 역사

1 빈민법 시대

(1) 엘리자베스 빈민법 이전

「빈민법」은 중세봉건제도가 붕괴하고 절대주의 국가의 성립과 함께 등장했는데, 절대주의 시대인 14~17세기 노동력에 대한 국가 통제에 기본적 초점을 둔 여러 법들로 구빈민법이라고도 한다. 이는 특히 봉건사회의 농촌 노동력과 농촌사회로부터 이탈한 부랑자에 대한 억압적 성격의 대책이었다.

1348~1349년에 발생한 흑사병으로 유럽인구의 3분의 1이 사망하였다. 이 당시 영국은 노동력 과잉상태였는데, 흑사병으로 인해 노동력 부족상태가 되어서 근로 빈민들의 임금이 상승되었다. 지주들의 입장에서는 임금통제가 필요하였는데, 이에 대한 대책으로 1351년 「노동자규제법」이 제정되었다. 이 법은 걸식과 부랑을 금지하고, 임금억제를 위해 임금에 상한선을 두어, 지주 상호간의 노동력쟁탈을 억제하는 것이었다.

그러나 경제적 곤궁으로 부랑자가 대량 발생하자 이들의 억제와 노동의 강제 및 통제를 목적으로 한 억압적 구빈 정책은 한계가 있을 수밖에 없었다.

1531년 헨리 8세의 「걸인·부랑자 처벌법」은 타인의 자선에 의지하여 생활하는 사람들을 조사하여 등록시킨 후 노인과 노동무능력자들에게만 구걸을 허용하는 규정을 만들었다. 1536년에는 노동력을 상실한 빈민을 구제하기 위하여 교구에 구빈세의 징수권을 부여하였다. 이는 국가가 노동력이 없는 빈민을 교구가 책임지도록 한 것이었다.

1536년에는 건강하지만 나태한 부랑자를 처벌하기 위해 다시 건장한 「부랑자·걸인 처벌법」이 제정되었다. 자선이나 시여는 공적으로 처리하며, 이를 어길 시 벌금을 부과하였다.

1547년 헨리 8세 사망 이후 의회는 부랑자를 처벌하기 위해 「농노법」을 제정하였다. 이 법은 매우 가혹하였는데, 노동력이 있는 자가 3일 이상 노동을 거부하면 뜨거운 인두로 가슴에 V자 낙인을 찍어 노예로 삼고, 도망치면 이마에 S자 낙인을 찍고 평생토록 노예가 되도록 만들었다.

1576년 빈민을 강제로 일을 시키는 법이 제정되었다. 노동능력자는 작업장에 보내어 일을 강제로 시키고, 노동무능력자는 자선원에 입소시켜 보호하며, 나태한 빈민은 교정원에 보내어 처벌을 하는 것을 골자로 하는 「빈민구제법」(the Poor Relief Act)이었다.

(2) 엘리자베스 빈민법

절대주의 국가의 성립과 함께 국가의 노동력통제를 목적으로 한 여러 빈민법들은 1601년 「엘리자베스 빈민법」으로 집대성되었다. 「엘리자베스 빈민법」은 부랑의 원인을 보다 깊이 인식하였다. 당시 부랑자의 증가 요인은 첫째, 인클로저 운동과 1594~1597년의 계속된 흉작이다. 둘째, 신세계로부터 은의 대량 유입으로 인한 극심한 인플레이션이었다. 따라서 국가는 대규모 빈민발생과 부랑의 원인이 단지 게으름뿐만 아니라는 사실을 알게 되었다. 진짜 빈민과 나태한 자를 구별해야 한다는 인식이 생기기 시작하였다.

엘리자베스 여왕은 빈민의 문제가 억압과 교구의 구빈만으로 해결되지 않는다는 것을 인정하고 보다 합리적인 조치를 취하기 시작하였다. 「엘리자베스 빈민법」은 노동력이 없는 빈민은 구빈원 또는 자선원에 수용하고, 노동력이 있는 빈민은 교정원인 작업장에서 강제로 일을 시키며, 빈곤아동은 도제로 삼았다. 「엘리자베스 빈민법」은 구빈의 책임을 최초로 교구가 아닌 국가에게 부여했다는 점에서 커다란 의의가 있다.

(3) 정주법

1600년대부터 농촌인구 특히, 빈민들이 대규모로 도시로 유입되자 구빈을 자체적으로 해결해야 할 입장에 있던 도시의 교구들은 위기의식을 갖게 되었다. 왜냐하면 각 교구는 자체적으로 교구민에 대한 구빈을 책임지게 됨으로써, 재정적 부담을 지게 되었고, 이러한 상황에서 거주지가 불분명한 빈민을 어떤 교구가 책임지는가 하는 문제가 대두되었다.

> 정주법
>
> 정주법은 찰스 2세가 빈민의 소속교구를 분명히 하고, 빈민들의 도시유입을 막기 위해 1662년 교구에 정착해 거주할 수 있는 자격을 규정한 법이다.

교구와 귀족의 압력을 받은 찰스 2세는 1662년 「정주법」(the Settlement Act)을 제정했으며 1795년까지 시행되었다. 이 법은 빈민의 소속 교구를 명확히 하고 도시 유입 빈민을 제한하기 위해 제정되었다. 이 법에 의해 법적인 정주는 출생, 결혼, 도제, 상속에 따라 결정되었다.

(4) 길버트법

> 길버트법
>
> 1782년에 제정된 법으로 노동능력이 있는 근면한 빈곤자들이 자신의 집에서 공공부조를 받게 되는 원외구제 제도를 창시하여 거택보호제도의 효시가 됨으로써 구빈민법과 차이를 보이고 있으며 오늘날 인도주의적 구빈제도를 실시한 법으로 평가되고 있다.

1696년 브리스톨의 교구들은 빈민공장을 공동으로 운영하였다. 이는 빈민들의 노동으로 구빈비용을 충당하기 위한 수단이었다. 빈민들의 노동을 이용해 영리를 추구하려는 의도는 1722년의 「내치블법」(the Knatchbull's Act), 「작업장법」(the Workhouse Test Act)에 의해 구체화되었다.

재정적으로 영세한 교구들은 교구연합을 만들어 빈민구제 비용을 분담하였는데, 이는 대규모 교구만이 빈민공장을 운영할 수 있었기 때문에 교구들이 연합하여 이를 설립한 것이다. 1782년 「길버트법」(the Gilbert Act)은 이를 허가한 법이다.

길버트법에 따라 노동능력이 있는 빈민과 실업자에게 일자리 또는 구제가 제공되었으며, 구호물품과 금품이 주어졌다. 이것은 노동능력이 있는 빈민에 대한 일자리 제공, 노동무능빈민에 대한 현금급여, 나태한 자에게 대한 교정을 원칙으로 한 「엘리자베스 빈민법」의 커다란 변화를 의미한다. 이 제도는 새로운 인도주의적 성격의 구빈제도였다.

> 스핀햄랜드법
>
> 1795에 제정된 스핀햄랜드법은 영국에서 빈곤노동자들의 임금을 생존할 수 있는 최저한의 수준까지 그 부족분을 보충해주는 임금보충제도이다.

(5) 스핀햄랜드법

1780년대부터 일부 지방정부는 노동자의 임금을 보충하는 수당을 지불하였는데,

1795년 지방정부가 주도적으로 참여한 스핀햄랜드에서 개최된 회의에서 경제적 혼란과 최저생계 수준 이하의 빈곤을 수습하기 위한 대책이 강구되었다. 여기서 직접적인 임금규제 대신 저임금을 보전하기 위한 일시적인 수당이 권장되었다.

이에 따라 1795년 「스핀햄랜드법」(the Speenhamland Act)이 제정되어 생계비와 가족 수에 연동시킨 수당으로 저임금 노동자의 임금을 보전해주었으며, 노령자·불구자·장애인에 대한 원외구호가 확대되었다.

스핀햄랜드제도도 중상주의적 구빈정책이었다. 빈민은 구빈원에 수용되어 구제와 보호를 받았다. 그러나 급격한 농업혁명에 의한 빈민의 대량 발생과 「정주법」으로 인한 농촌에서의 강제적 생활은 빈민의 문제를 보다 심각하게 만들었다. 중상주의적 구빈정책은 노동력의 자유로운 이동을 막는 결과를 가져왔다.

(6) 신빈민법

> **신빈민법**
>
> 신빈민법은 빈곤구제의 책임을 국가에 있다고 인정하기는 하였지만, 근본적으로 빈곤의 원인이 개인의 도덕적 문제나 나태에 있다고 보았다. 따라서 사회통제적이고 잔여적인 빈곤구제법이었다.

> **열등처우의 원칙**
>
> 열등처우의 원칙이란 국가의 보조를 받는 사람이 그 사회의 최저임금을 받는 사람보다 더 많은 급여를 받아서는 안 된다는 것으로, 이후 공공부조의 기본이 되었다.

18세기 들어 빈민의 수는 계속 증가 되었다. 이는 심화되는 인클로저 운동과 농업혁명에 기인하였다. 「구 빈민법」은 잠재적인 범죄자로 간주된 부랑자를 통제하기 위한 법이었다. 그러나 18세기에 부랑자들은 직업적인 빈민보다는 진정으로 일자리를 찾아 헤매게 되었다.

또 18세기 말부터 자본주의의 발전으로 도시의 노동자 계급이 등장하였고 이들의 열악한 생활조건, 만성적이고 주기적인 실업, 극도의 저임금, 열악한 위생과 보건 등 이전과는 질적으로 다른 새로운 사회문제가 발생하였다. 그러나 정부는 빈민법을 대체하는 새로운 사회입법의 수립보다는 기존의 빈민법을 수정하고자 했다. 그러나 여전히 내용적으로는 구 시대적인 「신빈민법」이다. 「신빈민법」의 주요목적은 구빈세의 경감이었다.

「신빈민법」의 세 가지 원칙 : 「신빈민법」의 세 가지 주요 내용은 열등처우의 원칙, 작업장 입소자격 조사, 행정의 중앙집권화와 통일이다.
열등처우의 원칙은 빈민구제의 수준은 노동자의 최저생활수준을 결코 상회해서는 안 된다는 것이다.
작업장 입소자격 조사는 열등처우의 원칙의 실현을 위한 전제이다. 극빈자는 구빈의 대상이 되어도 좋지만, 빈곤은 노동을 하는 동기가 되어야 했다. 엘리자베스 빈민법은 부

적절하게도 빈민에게 구제를 제공하도록 만들었다고 비판받았다. 따라서 원외구호를 중단하고 작업장 내 구제만 주어지도록 했다.
행정의 중앙집권화와 통일원칙에 따라 지방의 구빈 행정을 감독하고 빈민법을 운영하기 위한 중앙기구의 설립이 제안되었다. 또 대상을 분류하여 처우하고, 교구를 연합하여 적정규모 작업장의 공동 운영을 권고하였다. 이로써 교구의 지배권과 스핀햄랜드 제도는 사라지게 되었으며, 빈민법이 비로소 중앙정부가 빈민법의 시행을 담당하게 되었다.

「신빈민법」은 많은 문제점을 안고 있었으나 20세기 초반까지 지속되었다. 2차 세계대전 후인 1948년 영국의 노동당 정부가 「국민부조법」을 제정함으로써 「빈민법」은 완전히 폐지되었는데, 1601년 「엘리자베스 빈민법」 제정 이후 실로 350년만의 일이다. 「국민부조법」은 그 부제를 '기존의 빈민법을 종료시키는 법'이라고 했을 정도로 「빈민법」의 폐지를 강조하였다. 여기에는 과거 「빈민법」에 대한 노동자 계급의 거부감이 반영되어 있었다.

> **국민부조법**
>
> 국민부조법의 제정으로 빈민법은 350년 만에 해체되고, 국가적 최소한이란 이념에 기반을 둔 공적부조제도로 전환하게 되었다. 1966년 사회보장성법이 제정되면서 국민부조청이 폐지되고 새로운 보충급여 위원회가 만들어 지면서 국민부조는 보충급여(Supplementary Benefie)로 명칭이 바뀌었고 보충급여는 1988년 소득보호(Income Support)로 대체되었다.

② 사회보험법 시대

19세기 말 사회보험의 시대가 시작되었다. 사회보험은 자본주의의 발전과 함께 발생한 새로운 사회적 위험, 즉 주로 실업과 산업재해에 대응하기 위해 만들어졌으며, 그 주된 대상자가 노동자계급이었다. 또 재정을 자본가, 노동자, 국가가 공동으로 부담한다는 점에서 전형적인 자본주의적 사회복지정책이다.

사회보험은 19세기 말 당시 자본주의가 가장 발전한 영국이 아니라 후발 공업국이었던 독일에서 가장 먼저 출현하였다. 1880년대의 비스마르크의 사회입법(산재보험, 의료보험, 연금)이 그것이다. 1911년에 영국의 국민보험(의료보험과 실업보험)이 제정되었고, 1935년 미국의 「사회보장법」이 제정되었다.

> **국민보험법**
>
> 1911년 영국 최초의 사회보험법인 국민보험법이 제정되어 전국 단일 국가보험 형태로 정착하였다. 국민보험은 제1부 의료보험과 제2부 실업보험으로 구성되어 있고, 각각 로이드 조지(Lloyd George)와 처칠(Winston Churchill)이 큰 역할을 하였다. 보험료는 기여제로 노동자와 고용주, 국가가 부담하였고, 보험금 지급은 보험료를 완납한 자에 한하였다.

> **사회주의자탄압법**
>
> 1978년 사회주의자탄압은 사회주의운동 가담자들을 엄하게 진압하기 위한 법으로, 사회복지와 관련된 내용을 포함하고 있지 않지만 이 법은 비스마르크의 사회보장입법의 계기가 되었다.

(1) 독일의 사회복지입법

1) 질병보험법

> **독일의 사회보험법**
>
> 독일의 사회보험법 제정 연혁으로는 1883 질병보험법(의료) → 1884 재해보험법(산재) → 1889 폐질 및 노령보험법(연금) 순으로 사회보험제도를 도입했다.

1883년 「질병보험법」이 제정되었다. 생산직 노동자의 질병보험에 관한 법은 사회보험입법 가운데 가장 먼저 제정된 사회보험법으로 노동자에 대한 무료치료와 질병수당을 지급하는 내용이었다. 세계 최초의 사회보험으로 볼 수 있는 「질병보험법」은 광산, 공장, 철도, 수공업 등에 종사하면서 일정소득 미만의 모든 저소득 노동자를 강제 적용대상으로 하였다. 이 법은 〈질병금고〉를 설치할 것을 의무화하였다.

2) 재해보험법

1884년 「재해보험법」이 제정되었다. 광산, 공장, 건설업 등에 종사하는 저소득 생산직 노동자를 의무적 가입대상으로 하여, 노동자에게 발생하는 업무상 재해에 사용자가 전적으로 책임질 것을 규정함으로써 사용자 책임제도를 확립하였다. 이는 이후 1911년에 「제국보험법」에 통합되었으며, 1996년 사회법전에 편입되었다.

3) 폐질 및 노령보험법

1889년 「폐질 및 노령보험법」이 제정되었다. 이 법은 공무원과 일부 직종의 도제를 제외한 일정소득 미만인 모든 저소득 노동자를 의무가입대상으로 하였다. 이들 가운데 70세에 달한 노동자에게는 노령연금을 지급하고, 자신의 과오가 아닌 이유로 노동이 불가능하게 된 노동자에게는 폐질연금을 지급하도록 하였다.

4) 제국보험법

1911년 「질병보험법」, 「재해보험법」, 「노령 및 폐질보험법」이 통합된 「제국보험법」이 제정되었다. 개혁적인 성격의 이 법은 세 개의 법을 단일화시켰지만 적용대상의 범위나 조직 및 재정면에서의 일원화는 이루지 못하였다. 그러나 개별보험 상호간의 조정을 가능하게 하고, 세 가지 법률에서 공통되는 부문을 추출하여 통합적인 법률을 제정하였다. 또한 이 법으로 적용대상자의 범위가 확대되고 새로운 제도들이 도입되었다. 질병보험의 경우 가입대상이 농촌피고용자, 가사보조원, 가내공업 종사자로까지 확대되었고, 폐질 및 노령보험의 경우 강제가입이 아닌 임의가입형태의 부가연금제도를 도입하였으며, 과부 및 고아를 대상으로 한 유족보험이 도입되었다.

5) 사무직노동자보험법, 아동청소년법

1911년 사무직·기술직 노동자의 노령, 질병, 재해, 사망시에 보험금을 지급하는 「사무직노동자보험법」이 제정되었다.

1922년 「아동청소년법」이 제정되었다. 이 법은 청소년의 능력을 계발하여, 자율적이고 책임감을 지닌 인격체로 발전시킴으로써 사회화과정에서 발생할 수 있는 여러 문제점들을 예방하는 것을 목적으로 한다.

6) 공공부조법

1924년 「공공부조법」이 제정되었다. 이 법은 기존의 각종 빈민구제제도를 재조정하여 단순화시켰으며 부정적 이미지를 갖고 있던 종전의 빈민구호라는 용어 대신 공공부조라는 표현을 사용하였다. 이 공공부조에는 소액연금수령자, 산재피해자, 구호가 필요한 미성년자까지도 새로운 보호대상으로 추가하였다.

(2) 영국의 국민보험법

1906년 집권한 자유당은 이전의 「빈민법」과는 질적으로 다른 사회복지정책들을 도입함으로써 복지국가의 기초를 닦았다. 1906년 「교육법」, 1907년 사용자의 산재보상책임을 규정한 「노동자보상법」, 1908년의 「아동법」, 「보호관찰법」, 국가가 전국적인 직업소개망을 갖도록 규정한 「직업소개소법」, 최초로 노인들에게 무갹출 연금을 지급하도록 한 「노령연금법」, 1911년 의료보험과 실업보험으로 구성된 영국 최초의 사회보험법인 「국민보험법」의 제정 등이 자유주의적 개혁의 산물이었다.

의료보험은 공제조합, 보험회사, 의사협회 등과 같은 강력한 기득권 집단들과의 협상을 거쳐 탄생하였다. 협상 끝에 저소득 사무직 노동자가 의료보험의 대상자가 되었다.

실업보험은 실업사태에 직면할 가능성이 많은 특정한 산업 분야에 한정하고, 갹출방식으로 하며, 국가가 재정을 보조하였다. 당시 직업 소개소법에 의해 신설된 각 지역의 직업소개소들이 실업수당 지급실무를 담당했고, 실업수당 청구인에게 적절한 일자리를 제공함으로써 청구인의 진실성을 조사할 권한을 부여하였다.

1906년부터 1911년까지 제정된 사회복지입법들은 노동자 계급의 국가에 대한 인식을 변화시켰다. 통제적 국가가 아닌 시혜적 국가의 가능성을 인식하면서 복지국가로 향하는 길이 열리게 되었다. 노동당은 국가권력을 사회개혁에 사용할 수 있다고 확신하게 되었다.

자유당이 사회보험을 도입하려 한 주요 동기는 노동자 계급을 체제 내로 포섭하려는 데 있었다는 점에서 독일의 경우와 흡사하다. 그러나 독일의 사회보험이 토착지주계급이 주도했고 그 재정을 주로 자본계급에게 전가해 이에 대해 자본계급들의 저항이 적지 않았던 반면, 영국의 국민보험은 자유주의자들과 자본계급이 도입을 주도했고 그 재정을 토지개혁을 통해 지주계급에게 부담지우려 했다.

(3) 미국의 사회보장법

1935년 제정된 미국의 「사회보장법」은 미국 사회복지의 역사에서 아주 특별한 위상을 차지한다. 그 이전까지 미국은 자유주의와 개인주의를 신봉하여 국가가 국민 개개인의 사회·경제생활에 관여한다는 것은 상상할 수 없었다.

그러나 1920년대 말 대공황은 국민들의 생존권을 심각하게 위협하였다. 그러나 국가의 사회보장적 대응책은 매우 미미하였다. 노동자들은 노동자 보호법 외에는 별다른 보호를 받지 못했으며, 여전히 자선원이 요보호자 구빈의 주된 주체였다. 이런 총체적 위기에 대응함에 있어 자유주의적 자본주의 체제는 매우 무기력하다는 사실이 명확해졌다.

1933년 집권한 민주당은 뉴딜정책이라는 위기 극복정책을 폈다. 정부는 대기업의 독점을 막고 노동자들의 권익을 보다 적극적으로 보호하는 방향으로 정책을 선회하였다. 다시 말해 정부의 산업정책이 경기회복과 함께 노동자보호를 지향한 개혁정책을 추구하는 방향으로 정책기조가 전환되었다.

뉴딜정책에서 가장 중요한 것이 「와그너법」과 「사회보장법」이었다. 특히 「사회보장법」은 미국 최초의 연방정부 차원의 복지법이었으며, 미국 사회보장제도의 근간이 되었다. 그 구성은 연방정부가 관장하는 노령보험, 주정부가 관장하고 연방정부가 재정을 보조하는 실업보험 그리고 주정부가 관장하고 연방정부가 재정을 보조하는 공적부조와 사회복지서비스로 되어 있다.

3 복지국가 시대

제2차 세계대전이 끝난 후 영국의 노동당 정부는 1945년 말 국민보험법안(the National Insurance Bill)을 의회에 제출하였고, 「국민보험법」은 1946년에 의회를 통과하였다. 이에 따라 실업보험, 의료보험, 출산급여, 미망인연금, 보호수당, 장제비 등 각종 국민보험급여가 확대되었다.

1948년에는 「국민부조법」이 제정되었다. 이 법은 그 부제가 '기존의 빈민법을 종료시키는 법(An Act to terminate the existing Poor Law)이었을 뿐더러 법 제1장 첫머리에 "기존의 빈민법을 폐지하는 효과를 갖게 된다."고 명기함으로써 빈민법에 대한 대체입법임을 분명히 하고 있었다. 노동당은 1930년대부터 사용되어온 공적부조란 용어를 폐기하였다.

개별사회복지서비스(personal social service)에 대한 노동당 정부의 관심은 상대적으로 적었다. 1940년대의 개별사회복지서비스는 정치적 무관심 속에서 약간의 개선이 이루어졌다.

1942년 영국에서 발간된 베버리지 보고서(Social Insurance and Allied Services)에서 베버리지는 퇴치해야 할 5대악을 제시하면서 국민보험 등의 사회보장 프로그램의 도입을 주장하였다. 이에 따라 1946년 국민보건서비스법(NHS)이 제정되었다. 이에 따라 병원을 국영화하였으며 의료서비스가 무상으로 제공되어 베버리지 보고서를 근거로 한 의료의 사회화가 이루어졌다.

> **베버리지 레포트 (Beveridge Report)**
>
> '요람에서 무덤까지'의 새로운 사회보장의 원리와 체계를 내세우고, 국민생활의 재건도상에 잠복하고 있는 결핍, 질병, 무지, 불결, 나태라는 5대악의 퇴치를 강조하였다. 그 기본적 목적은 국민의 최저생활을 보장한다는 것이다. 사회보장의 원칙으로는 정액급여의 원칙, 정액기여의 원칙, 행정통합의 원칙, 적절성(충분성)의 원칙, 포괄성의 원칙을 제시하였다.

1980년대 들어서는 1979년 이후 장기집권에 성공한 대처정부는 영국병의 원인이 과도한 사회보장급여에 있다고 보고 '1986년 사회보장법(the 1986 Social Security Act)'를 제정하였다. 이에 따라 장기적 재정안정이라는 명분하에 연금의 삭감과 함께 직역연금과 개인연금과 같은 사적 연금의 장려가 시도되었다. 1992년에는 '사회보장 기여와 급여법(Social Security Contribution and Benefits Act)'이 제정되었다. 이에 따라 몇몇 예외를 제외하고 6세 이상 65세(여자는60세) 미만의 영국거주 모든 국민에게 이법이 적용되면서 보험료 납부의 의무가 발생하였다. 1999년에는 복지개혁과 연금법(Welfare Reform and Pension Act) 그리고 2001년에는 사회보장기여법이 제정되었다. 이법은 기여금 부담의 선택과 피고용자/사용자의 권리에 대해 규정하였다.

독일의 경우 2차대전이 끝난 후 패전국으로서 전후의 복구와 난민문제를 해결하기 위해 1949년 긴급원조법을 제정하였다. 1954년에는 아동수당법을 제정하여 동일세대 내에서 양육되고 있는 아동들에게 수당을 지급하였다. 1957년에는 연금법을 개정하여 연금지급수준을 임금인상과 연동시키는 슬라이드제를 채택하여 연금의 실질가치를 확보할 수 있었다. 연금재정방식도 적립방식에서 부과방식으로 변경하였다. 1961년에는 연방사회부조법이 제정되어 사회부조(Sozial Hilfe)의 근거가 마련되었다. 이 법에는 사회부조급여권의 청구권적 성격이 명시되었다. 1969년 고용촉진법이 제정되어 실업급여 뿐만 아니라 실업의 방지, 전직훈련, 직업재활교육 등의 적극책 정책이 도입되었다. 1969년에는 학업장려법이 제정되었다가, 1971년 연방학업장려법에 통합되었다. 급여의 종류에는 무상으로 지급되는 취학조성금과 무이자로 빌려주는 대여금 등이 있다. 1978년에는 연금조정법을 제정하여 연금슬라이드 제도의 운용을 일시 중지시키고 연금인상율을 법정화하였다. 1990년 통일을 앞두고 체결된 '통화 및 경제·사회 통합에 관한 조약'에 따라 동독에 서독에서 시행하고 있는 사회보장의 원칙과 제도에 그대로 도입하기로 명시하였다. 따라서 1991년 통일 후 구서독의 사회보장법규가 구 동독 주민들에게도 적용되었다. 1994년 요양보험제도가 도입되어 질병보험가입자가 동시에 요양보험가입자가 되었다. 1999년에는 '사회적 간병 및 보호보험'제도가 도입되어 기존의 질병보험과는 다른 사회보험이 탄생하게 되었다.

독일의 수발보험법

독일은 1994년 "자신의 일상적인 삶의 유지가 자신의 신체적 능력만으로는 불가능한 사람들을 위한 간병 및 보호를 필요로 하는 상태"를 사회적 위험으로 간주하고, 기존의 의료보험과 다른 사회보험으로 수발보험법을 제정하였다.

미국은 1965년 노인법(Old American Act)를 제정하였다. 이 법은 60세 이상 모든 노인에게 연방정부와 주정부 그리고 지방정부가 협력하여 의료, 주거, 시설수용 등 포괄적 서비스의 제공을 명시하였다. 1967년에는 연령에 의한 고용차별금지법(Age Discrimination in Employment Act : ADEA)이 제정되었다. 이에 따라 기업은 65세 이하의 정년을 정할 수 없으며, 65세 미만의 사람을 연명을 이유로 해고할 수 없게 되었다. 이후 차별금지 연령을 1978년에는 70세로 올렸으며 1986년에는 연령의 상향을 폐지하였다. 1972년에는 보충적 소득보장제도(Supplemental Security Income for the Aged, Blind and Disabled)가 도입되어 주로 사회적 약자인 대상자들에게 최저수준의 생활부조를 제공하는 연방프로그램이 시행되었다. 1973년에는 재활법이 제정되어 노동능력이 있는 장애인을 적극적으로 고용해야 하는 의무를 기업들은 지게 되었다. 1975년에는 장애아동교육법이 제정되어 3~18세 장애아동에 대해 공교육을 무상으로 제공하게 되었다. 1990년에는 장애인기본법이라 할 수 있는 미국 장애인법(American with Disability Act :

ADA)가 제정되었다. 1996년에는 개인책임과 근로기회조정법(Personal Responsibility and Work Opportunity Reconciliation Act : PRWORA)가 제정되었고 이를 시행하기 위해 일시적 빈곤가정원조프로그램(Temporary Assistance for the Needy Families : TANF)가 도입되었다. 이 프로그램은 국가의 복지급여를 일정기간동안 제한적으로 제공하며 급여대상자는 반드시 노동을 제공할 것을 요구하고 있다.

法諺

가난 구제는 나라도 어렵다.

가난 구제는 나라의 힘으로도 어려우니 개인의 힘으로는 더욱 어렵다는 뜻.

제 2 절 한국 사회복지법의 역사

① 일제하의 사회복지입법

일제하인 1937년에 「모자보호법」과 「군사부조법」, 1941년에 「의료보호법」이 제정되었다. 그리고 1938년에는 국민체력의 향상과 국민복지의 증진을 위하여 후생성이 신설되어 사회사업의 지도, 통제의 강화를 위한 사회사업법도 제정하였다.

> **조선구호령**
>
> 일본에서 1929년 제정되어 1932년 실시하던 구호법을 원용하여 1944년 3월 조선구호령을 실시하여 국민기초생활 보장법의 전신인 생활보호법의 모태가 되었다. 급여는 신청주의에 의해 실시되었으며, 신청대상자에게는 자산조사를 실시하였다.

일제시대의 대표적 사회복지입법은 1944년 제정된 〈조선구호령〉이다. 조선구호령은 구호기관, 구호 내용, 구호방법 내지 구호비 분담 등을 규정하였다. 조선구호령은 65세 이상의 노약자, 13세 이하의 유아, 임산부, 질병, 상병, 심신장애 때문에 노무에 지장이 있는 자를 대상으로 제한적 부조의 입장을 취하였다. 일제시대의 조선구호령은 1961년에 「생활보호법」이 제정되기까지 한국의 공공부조의 기본법으로서의 위치를 가지고 있었으며, 「생활보호법」의 모태가 되었다는 점에서 중요한 역사적 의미를 부여할 수 있다.

일제의 한국에 대한 사회복지정책은 식민지정책의 일부로서 일본에 충성하도록 정치적 목적에서 이루어진 시해 또는 자선의 의미로 실시되었다(하상락, 1989 : 77-78).

② 미군정하의 사회복지입법

> **후생국보3C호**
>
> 공공구호를 규정하고 있는데, 이는 조선구호령과 유사하게 구호의 대상으로 i) 65세 이상 된 자, ii) 6세 이하의 부양할 소아를 가진 모, iii) 13세 이하의 소아, iv) 불치의 병자, v) 분만 시 도움을 요하는 자, vi) 정신적·육체적 결함이 있는 자로서 구호시설에 수용되지 않고, 가족이나 친척의 보호가 없고 노동할 수 없는 자로 규정하였다. 구호내용으로는 식량, 주택, 연료, 의류, 의료, 매장으로 분류된다.

식민통치로 인한 경제적 피폐와 궁핍화, 해방 후 정치적 갈등과 사회적 소요 등의 시대적 배경에서 전개된 미군정하의 사회복지입법은 빈곤과 사회적 혼란에 대처하기 위한 응급적 성격을 가진다. 구호정책과 연관된 미군정의 사회복지입법으로는 「후생국보 제3호」와 「후생국보 3A호」 및 「후생국보 3C호」를 들 수 있다. 미군정은 1946년 「아동노동법규」를 발표하여 아동의 노동을 보호하였다. 그 후 1947년 전문 12조로 된 과도정부 법령 제4호로 「미성년자노동보호법」을 공포하여 미성년자를 유해, 위험한 직업 또는 과중한 노동으로부터 보호하고 아동의 건전한 성장과 정당한 이익을 보장하도록 하였다. 미군정기의 사회복지입법은 「구호법규」, 「아동노동법규」 혹은 「미성년자노동보호법」 등과 같이 당시의 시대적 환경에 대응하는 구호정책이 주류를 차지하고 있었고, 이 역시 일제시대의 조선구호령이 가진 기본적인 성격의 연장선상에서전개된 것으로 이해할 수 있으므로, 계획적이고 창의적인 정책이나 입법은 발견할 수 없다(현외성, 2001 : 99).

3 한국전쟁과 1950년대의 사회복지입법

이 시기에는 한국 전쟁으로 발생한 엄청난 사회적 욕구를 해결하기 위하여 많은 외국 원조기관이 물자를 제공하였는데 이를 효과적으로 배분하여 빈곤을 해결하는 문제가 중요한 과제였다. 1952년 전쟁고아의 수용보호시설을 비롯하여, 전란으로 인해 혼란에 빠진 기존의 각종 구호 시설들을 지도·감독할 필요에 의해 사회부장관 훈령으로 후생시설운영요령이 제정되어 시설운영과 그 지도감독의 준칙으로 삼았다(구자헌, 1984 : 203). 그리고 1953년 「근로기준법」을 제정하여 노동자보호의 기틀을 마련하였다. 1956년에는 「어린이헌장」을 제정, 공포하여 어린이들을 건전하게 육성하려는 정책의지를 밝혔다. 1950년대 중반 이후의 시기는 사회적인 혼란이 종결되고 외원기관으로부터 제공된 물자를 통해 빈곤과 고통을 해결해 가는 시기로 볼 수 있다. 그때까지 정부가 독자적인 사회복지정책을 시행할 수 있는 경제적·사회적 기반을 마련하는 것은 불가능하였다.

노동3법 : 현행 노동법규중에서 가장 중요하고 기본이 되는 「노동조합법」·「노동쟁의조정법」·「근로기준법」을 말한다.
현행 「노동조합법」은 1945년 이후의 「노동조합법」을 폐기하고 1963년에 제정된 뒤 몇 차례 개정을 거쳐 왔으며, 헌법에 의한 노동자의 단결권·단체교섭권 및 단체행동권의 보장을 규정하고 있고, 노동조합의 조직과 그 법인격의 취득, 설립에 필요한 제반규정, 노동조합의 관리·운영·해산, 그리고 단체협약의 권한과 구속력, 부당노동행위의 정의, 구제절차, 벌칙 등을 규정하고 있다. 「노동쟁의법」 역시 1963년에 제정된 것으로 그동안 몇 차례의 개정을 하였고, 상당한 부분의 내용이 수정되어 왔다. 이 법은 쟁의행위의 제한과 금지에 대한 규정과 냉각기관, 노동쟁의의 신고 및 알선과 그에 따른 조정에 관한 규정과 중재, 긴급조정, 벌칙 등에 관한 규정으로 이루어져 있다. 1953년에 제정된 「근로기준법」은 노동조건 및 노동기준에 관하여 광범위하게 규정된 노동자 보호를 위한 법률이다.

④ 1960~1970년대의 사회복지입법

1961년 「공무원 연금법」이 제정되었다. 이 법은 한국 사회보험법의 효시로서 의미를 찾을 수 있다. 같은 해 「갱생보호법」이 제정되었다. 이 법은 징역, 또는 가석방자, 선고유예, 가퇴원자 등을 대상으로 재범의 위험을 방지하고 자립을 위한 경제적 기반을 조성시켜 사회를 보호하고 공공의 복리 증진을 목적으로 하고 있다. 또 1961년에는 「군시원호보상법」이 제정되었는데, 이는 한국전쟁으로 인한 상이군경, 전몰군경, 그리고 그 유족을 보호하기 법적 장치였다. 과거의 조선구호령을 폐지하고 새로운 시대상황에 요청되는 「생활보호법」도 1961년 제정되었다. 이 법은 2000년 「국민기초생활보장법」의 제정까지 약 40여 년간 공공부조의 기본법으로서 중요한 역할을 수행하였다고 볼 수 있다. 「아동복지법」도 1961년 제정되었는데 이는 앞에서 보았던 미군정기의 〈어린이헌장〉과 「미성년자노동보호입법」 등에서 아동복지에 대한 관심이 독립적 입법으로 형성되었다. 1962년에는 「재해구호법」이 제정되었다. 1963년에는 「군인연금법」, 「산업재해보상보험법」, 「사회보장에 관한 법률」 및 「의료보험법」이 각각 제정되었다. 「산재보험법」은 국가의 산업화정책과 연계된 사회보험 입법으로서 노동자의 업무상 재해에 대하여 신속하고 공정한 보상을 행하는 것이 목적이다. 사회보장에 관한 법은 입법과정에서 실제적인 내용은 빠지고 형식적인 법으로 모습을 갖추고 있었다. 하지만 이 법은 1995년 「사회보장기본법」이 확대·개편됨으로써 폐지되었다. 「의료보험법」은 1963년에 제정되었으나, 재정적 이유 등으로 시행되지 못하다가 1977년 500인 이상 사업장을 중심으로 강제적용을 하는 사회보험제도로 실시되었다. 1970년에는 사회복지서비스법의 기본법이라고 할 수 있는 「사회복지사업법」이 제정·시행되었다. 이 법은 사회복지사업을 효과적으로 운영할 수 있는 법적 근거를 제공하는 역할을 수행하고 있다. 제 4공화국하의 한국 사회는 급격한 경제적 성장으로 야기된 지역간·계층간 빈부 격차, 상대적 빈곤감, 그리고 정치적 불안이 심각하였기 때문에 정부도 이와 같은 사회적 변화에 대응하여 새로운 사회복지입법의 수립과 제 3공화국 때에 제정된 「사회복지법」을 시행하게 된다. 정부는 「의료보험법」을 1976년 전면 개정하여 1977년부터 시행하게 되었다. 「의료보험법」의 개정과 시행을 계기로 다른 사회보험입법을 촉진하는 계기가 되었다.

> **산재보험**
>
> 1963년 제정된 산업재해보상보험법은 우리나라 사회보험 제도 중 가장 먼저 제정되었다.

> **의료보험법의 역사**
>
> 의료보험법은 1963년 제정되어 임의적용으로 실시된 이후 1976년 개정으로 최초로 강제적용방식을 도입한 직장의료보험으로 실시되었다. 1989년에서야 전국민 의료보험체제를 확립했고, 1999년에서야 직장과 지역 의료보험이 완전 통합되었다.

또 1977년에는 「공무원 및 사립학교교원의료보험법」이 제정·실시되어, 사업장과 함께 의료보험의 대상계층이 확대되었다. 같은 해 「의료보호법」이 제정되어 기존의 「생활보호법」에 규정되어 있던 의료보호의 내용을 구체화하였다. 1973년에는 「사립학교교원연금법」이, 그리고 같은 해에 「국민복지연금법」이 제정되었다. 「국민복지연금법」 역시 「의료보험법」과 유사하게 경제적·기술적여건의 미비로 인해 시행되지 못하였는데 1988년에 와서야 「국민연금법」으로 개정되어 비로소 실시되었다.

국민연금법

국민연금법은 1973년 국민복지연금법으로 제정되었으나 석유파동 등으로 시행이 무기한 연기되었다가, 1986년 국민연금법으로 제정되어 1988년 시행되었다. 사업장가입자와 지역가입자로 구분하였으나 지역가입자는 강제가입이 아니었고, 1999년부터 전국민 강제가입 보험이 되었다.

5 1980년대의 사회복지입법

이 시대의 사회복지입법은 새로운 사회복지법의 도입과 변화된 사회경제적 여건에 따라 사회복지법들의 개정이 이루어졌다. 1980년 「사회복지사업기금법」이 제정되어 사회복지사업의 기금조성에 법적 기틀을 마련하였다. 그리고 1981년에는 사회복지서비스법 중 「노인복지법」과 「심신장애인복지법」이 독립된 법으로 입법화되고 「아동복리법」이 「아동복지법」으로 전면 개정되었다. 1983년에는 「사회복지사업법」과 「생활보호법」이 개정되었고, 1986년에는 「갱생보호법」도 개정되었다. 1987년 민주화 운동의 결과 사회복지부분에도 적지 않은 변화가 이루어졌다. 예를 들면 국가의 사회영역에서의 과제를 보다 세분화하고, 노동질서의 자율화를 꾀하는 시도가 나타났다. 예를 들어 적정한 소득분배, 시장지배력의 제한 그리고 경제주체간의 조화를 통해 경제민주화를 이루려는 시도들이 이루어졌다. 같은 맥락에서 노동조건에 대한 헌법적 요청으로 최저임금제도가 제정되었다(박차상 외, 2003 : 185).

사회복지사

1983년 5월 사회복지사업법이 전부개정되면서 '사회복지사'라는 용어가 첫 등장했고, 등급을 1급-3급으로 구분하였다.

최저임금법

최저임금법은 노동자에 대하여 임금의 최저수준을 보장하는 것을 목적으로 하며, 법의 제정으로 근로자의 복지를 증진시키는 계기가 되었다.

이 시기의 주목할 만한 것은 「국민연금법」의 제정·실시이다. 1973년에 제정되었지만 시행이 계속 지체되어 왔던 「국민연금법」이 1986년에 개정되어 1988년에 비로소 실시되었다. 또 「의료보험법」에 의해서 보호 대상이 점차 확대되어서 1988년 7월 이후 5인 이상 사업장에 고용되어 있는 노동자에게 당연 적용되게 되었다. 1988년 1월 1일부터는 농어촌주민에게, 1989년 7월 1일부터는 도시지역 자영인들에게 의료보험 당연적용대상이 확대되었다. 이로써 의료보험시행 13년 만에 전 국민 의료보험화시대를 맞이하게 되었다. 한편 「최저임금법」도 1986년 제정되어 1988년 시행되기에 이르렀다. 이 법은 노동자의 최저생활보장을 위한 소득보장정책의 실현이라는 점과 노동자의 생존권을 실현하기 위한 강제적 성격의 법이라는 점에서 그 의의를 찾을 수 있다. 또한 「보호관찰법」이 1988년에, 「모자복지법」이 1989년에 각각 입법되었다.

⑥ 1990년대 이후의 사회복지입법

1990년대에 들어와서 소위 신보수주의적 정책기조가 세계적인 정치경제적 변화의 경향으로 자리잡게 되면서, 한국도 여러 부분에서 영향을 받기 시작하였다.

이 시기의 사회복지입법으로 1991년 「영유아보육법」이 제정되어, 영유아를 건전하게 보육할 책임을 보호자와 함께 국가 사회가 공동으로 갖고 있음을 명시하였다. 같은 해 「청소년기본법」을 제정하여 청소년에 대한 정책을 체계화하였다. 또 이 해에는 기존의 「사회복지사업법」을 개정하여 사회복지전담공무원과 복지사무전담기구 규정을 마련하였다. 동시에 이 해에는 「고령자고용촉진법」을 입법화하여 급격하는 고령자문제에 대응하기 위한 법적 체계를 수립하였다. 1993년은 그동안 실업과 고용촉진 등의 문제를 취급하던 기구를 집대성하여 「고용보험법」을 마련하였다. 1990년대에 들어오면서 성폭력문제가 사회적 쟁점으로 되면서, 드디어 1994년에 「성폭력 범죄의 처벌 및 피해자 보호 등에 관한 법률」이 제정되었다. 1995년에는 농어민연금의 시행, 「사회보장기본법」의 제정 및 「정신보건법」 제정 등이 이루어졌다.

1997년에는 「사회복지공동모금법」이 제정되었는데, 이 법은 사회복지사업을 지원하기 위한 국민의 자발적인 성금 등으로 모금된 재원을 효과적으로 관리 운용하여 사회복지증진에 이바지하기 위한 목적을 가지고 있다. 같은 해 「청소년보호법」과 「가정폭력방지 및 피해자 보호 등에 관한 법률」이 제정되었다.

1997년 말 금융위기를 맞아 노동시장의 유연성을 제고하는 수단들의 반대급부로서 노동기본권의 보장이 추구되었다. 이러한 변화는 사회보장제도개선의 문제가 이제 정부의 일방적인 정책결정의 대상이 아니라 노·사·정의 참여 속에서 비로소 정당성을 갖게 되었음을 의미한다.
이 시기 「고용보험법」의 인적 적용대상이 급격히 확대되었다. 실업급여의 경우 30인 이상 근로자를 사용하는 사업장을 대상으로 하여 출발한 「고용보험법」은 1998년부터는 전체 사업장 및 임시, 시간제 근로자에게까지 고용보험사업을 실시하게 되었다.

1999년에는 「국민건강보험법」이 제정되었는데 이는 기왕의 국민의료보험제도에 여러 가지 문제점이 나타났기 때문이다. 예를 들면 조합주의 의료보험제도로 인한 조합간 불평등한 서비스제공과 이로 인한 사회적 갈등이 발생, 의료보험 관리운영의 방만함에서 오는 행정적·재정적 낭비, 그리고 다양한 의료서비스 급여제공의 약화,

일부 보험조합의 막대한 재정적자 등을 지적할 수 있다. 이러한 기존의 의료보험제도가 가진 문제점을 해결하고, 종래의 의료보험이 상병을 치료하기 위해 소요되는 비용 및 의료서비스를 주된 내용으로 하는 한편, 건강진단과 재활 및 예방의 범위까지 포함하는 적극적이고 포괄적인 특성을 가진 「국민건강보험법」을 도입하였다

> **국민기초생활보장법**
>
> 국민기초생활보장법은 인구학적 기준을 철폐하고, 소득인정액이 최저생계비 이하인 국민은 누구나 국가의 지원을 받을 수 있도록 대상자를 확대하였다. 국민기초생활보장법은 1997년 외환위기로 인한 대략 실업사태에 대처하기 위한 사회안전망으로, 소득을 기준으로 생활이 어려운 국민은 누구나 국가로부터 지원을 받을 수 있도록 했다는 데 의의가 있다.

1999년에는 국민에게 최저생활을 보장하기 위한 법적 근거였던 「생활보호법」을 대처한 「국민기초생활보장법」의 제정이 이루어졌다. 「국민기초생활보장법」은 기존의 「생활보호법」의 문제점을 개선한 것으로 우리나라 공공부조정책에 있어서 획기적인 개선을 의미한다. 그 주요내용을 보면 첫째, 연령·신체상태 등 노동능력이 없다고 인정되는 조건을 충족시키는 자에 한하여 보호대상자로 하였던 기존의 규정이 폐지되었고, 2003년부터는 소득인정액을 기준으로 대상자를 선정하도록 하였다. 둘째, 근로능력이 있는 자에게 대해서는 자활관련사업과 연계하는 조건으로 급여를 지급하도록 하여, 근로 유인을 강화하였다. 셋째, 주거에 대한 수요를 반영하여 이에 대한 급여를 보충하였다. 이 밖에 생계급여조건을 충족시키지 못 하는 경우에는 빈곤상태에 처하게 되는 것을 방지하기 위해서 예방적인 급여를 하는 가능성을 마련하는 등 기존의 「생활보호법」이 가지고 있었던 문제점이 대폭 개선되는 효과가 있었다(박차상 외, 2003:194).

2000년 장애인의 고용촉진과 직업재활 및 직업안정을 도모하기 위해 기존의 「장애인 고용촉진 등에 관한 법률」은 「장애인 고용촉진 및 직업재활법」으로 명칭이 변경되었다. 같은 해 정신보건법이 일부 개정되었다. 개정을 통해 정신의료기관에 자의로 입원한 정신질환자에 대해 퇴원중지제도를 폐지하여 당사자의 자율성을 보장하고 인권침해소지를 없애도록 하였다. 2001년에는 의료보호법을 의료급여법으로 명칭을 변경하였다. 이 법에서는 저소득 국민의 건강향상을 위해 의료급여 수급기간의 제한을 폐지하여, 연중 기간제한 없이 의료급여를 받을 수 있도록 하고 예방, 재활 등에 대해서도 급여가 가능하도록 하였다. 같은 해 아동복지법이 개정되어 아동학대에 대한 신고를 의무화하였다. 2003년에는 장애인복지법이 개정되어 장애범주를 10개에서 15개로 확대하였고, 사회복지사업법도 개정되어 시·군·구 지역사회복지협의체의 설치가 의무화되었다. 2004년에는 건강가족지원법이 제정되었고, 2007년에는 모·부자 복지법의 명칭이 한부모가족지원법으로 명칭이 바뀌었다. 2007년에

는 노인장기요양보험법이 제정되었다. 인구의 노령화와 치매·중풍 등 일상생활이 어려운 노인의 수가 급증하고, 사회적 구조의 변화 등으로 장기요양을 필요로 하는 노인을 집에서 돌보는 것이 어렵고, 비용도 과중해 사회문제로 대두되자 그 대응책으로 도입되었다. 2008년에는 다문화가족지원법이 제정되었다. 이는 다문화가족 구성원이 안정적인 가족생활을 영위하여 이들의 삶의 질 향상과 사회통합을 목적으로 하고 있다.

제 3 장

사회복지법의 구성 체계

사회복지법의 영역을 결정하고 법의 체계를 분류하고 법을 구분할 때 사용할 기준을 결정하기 위해서는, 사회복지법의 법적 위치에 관해 규정하여야 한다. 그리고 사회복지법이 수행하는 고유한 역할을 이해하기 위해서는 사회복지와 관련된 법이 사회복지법과 어떤 관계를 가지는지를 살펴보아야 한다. 또한 이와 관련해, 법의 일반적 성격에 근거해 사회복지법의 특성을 파악하여야 한다.

제 1 절 사회복지법의 법적 지위

① 사회복지법의 법적 지위가 가지는 의의

사회복지법 이외의 다른 법들과는 다르게, 사회복지법은 최근에 들어서 매우 빠른 속도로 변하고 있다. 이에 따라서 사회복지법이 차지하는 법적 위치에 대해 분명하게 규정할 필요가 있다. 왜냐하면 사회복지법의 법적 위치에 대해 명확하게 규정할 경우에만, 사회복지법의 영역에 어떤 법률이 포함되고, 법의 체계(legal system)를 어떻게 분류하고, 법을 분류할 때 어떤 기준을 사용할 것인지를 결정할 수 있기 때문이다.

일반적으로 법의 체계에는 다양한 입장이 존재하고 있다. 예를 들어 법의 체계에는 법일원론(法一元論), 공법·사법 양분론(兩分論), 공법·사법과 함께 존재하는 사회법 독자체계설(獨自體系說), 공법·사법·노동법·경제법·사회복지법 각각의 독자체계설 등의 여러 관점이 존재하고 있다.

법의 체계에 대해서 구체적으로 가지는 입장은 매우 중요한 의미를 갖는다. 왜냐하면 구체적인 법률관계가 공법 관계 또는 사법 관계인지

> **공법(公法, public law)과 사법(私法, private law)**
>
> 사회복지의 법률관계는 사회복지의 주체와 사회복지의 객체 간의 권리-의무관계를 말하며, 크게 공법과 사법관계로 나눌 수 있다. 공법은 국가적, 공익적, 윤리적, 타율적, 권력적, 비대등적 관계를 규율하는 법이며, 사법은 개인적, 사익적, 경제적, 자율적, 비권력적, 대등적 관계를 규율하는 법이다. 헌법·형법·소송법·행정법·국제법 등은 공법에 속하며, 민법·상법 등은 사법에 속한다. 공법은 행정소송의 대상이 되고, 사법은 민사소송의 대상이 된다.

여부에 따라서, 재산을 관할하는 권리에서 차이가 나고 구체적으로 적용될 법의 원리와 법규를 선정하는 데에서 차이가 나기 때문이다. 예를 들어 공공부조와 관련된 법의 하나인 의료급여법을 공법으로 인식하느냐 또는 사법으로 인식하느냐에 따라서 법률구제의 성격이 달라지게 된다. 만약에 의료급여법을 공법으로 인식할 경우에는, 행정소송법에 따라서 법률구제를 받게 된다. 하지만 의료급여법을 사법으로 인식할 경우에는, 민사소송법에 따라서 법률구제를 받게 된다.

그러므로 사회복지법이 가지는 법적 성격을 잘 이해하고 국가가 개인의 생활에 개입하는 것이 정당한지 여부와 관련된 문제를 잘 이해하기 위해서는, 사회복지법이 법의 체계에서 차지하는 위치와 사회복지법이 다른 법과 관련해 가지는 관계에 관해 자세히 살펴볼 필요가 있다(신섭중 외, 2004 ; 현외성, 2003).

2 사회복지법의 위치

1) 사법의 공법화와 사회복지법

> **사법의 공법화**
>
> 공법적 요소가 사법적 요소의 속으로 들어가는 현상을 말한다. 사법의 공법화 현상은 '공법에 의한 사법의 지배' 또는 '공법과 사법의 혼합'이라고도 불린다.

근대 국가에서 자본주의 체제가 처음으로 형성되고 그 후에 자본주의 체제가 계속해서 확대됨에 따라서, 자본주의 체제 내에서 여러 가지 성격의 다양한 문제가 등장하였다. 그리고 자본주의 체제에서 생긴 이런 여러 문제들을 해결하려는 과정에서, 순수하게 국가 문제도 아니고 순수하게 국민 문제도 아닌 중간 형태의 문제가 점점 많이 나타났다. 특히 자본주의 체제 내에서 사적 권리와 관련해 소유권과 계약의 자유를 새롭게 공법적으로 제한하는 사회정책 관련 법률, 노동정책 관련 법률, 경제정책 관련 법률이 증가하였다. 그 결과, 공법에도 속하지 않고 사법에도 속하지 않는 독자적인 법의 영역이 나타났다. 이런 영역과 관련된 법률에서는 사회복지법, 노동법, 경제법 등이 사회법 체계를 형성하게 되었다.

사회복지법은 현실적으로 존재하면서 구체적으로 사회화되는 인간이라는 인식에 토대를 두어서 형성된 법이다. 이에 따라서 예전에는 전적으로 사법이 영향을 미치던 사적인 경제 관계에 국가가 개입하는 것과 관련된 법이 사회복지법이라고 볼 수 있다. 이렇게 국가가 사적 영역에 관여하게 됨에 따라서, 공법적 요소가 사법적 요소의 속으로 들어가게 되는 현상이 나타났다. 이런 현상을 '사법의 공법화'라고 부르며, 어느 경우에는 '공법에 의한 사법의 지배' 또는 '공법과 사법의 혼합'이라고 부르고 있다(박상필, 1993).

그리고 과거에는 법의 영역을 공법과 사법으로 구분하였는데, 사회복지법은 이런 방식으로는 분류하기 어려운 중간 형태의 성격을 지니는 법 영역이라고 볼 수 있다(신섭중 외, 2004).

2) 공법 · 사법의 구분 기준에 관한 학설

공법과 사법을 구분하는 기준에 관한 학설은 여러 가지가 있다. 이와 관련된 대표적인 학설로 의사설, 주체설, 법률관계설, 이익설을 들 수 있다. 각 학설을 좀 더 구체적으로 살펴보면 다음과 같다(신섭중 외, 2004 ; 장동일, 1999 ; 이상광, 1988).

(1) 의사설

의사설의 경우, 당사자가 가지는 계약의 자유로서 사법적인 개인 의사를 법률관계를 형성하는 기준으로 삼을 것인지, 아니면 공법적인 국가의 의사를 법률관계를 형성하는 기준으로 삼을 것인지에 근거해서 공법과 사법을 구분한다.

(2) 주체설

주체설의 경우, 법률관계의 주체가 무엇인지에 근거해 공법과 사법을 구분한다. 즉 주체설에서는 법률 관계의 권리와 의무를 가지는 주체의 성격을 기준으로 해서 공법과 사법을 구분한다.

따라서 공법은 국가·공공기관이 법률관계의 주체가 되는 법을 말하고, 사법은 사적 인간이 법률관계의 주체가 되는 법을 말한다. 그러므로 공법은 국가와 국가 사이의 관계, 국가와 공공기관 사이의 관계, 국가·공공기관과 사적 인간 사이의 관계를 규제하는 법을 말한다. 이에 비해서 사법은 사적 인간들 사이의 관계를 규제하는 법을 말한다.

(3) 법률관계설

법률관계설은 귀속설 또는 권력설이라고도 불린다. 법률관계설의 경우, 법률관계의 성격이 무엇인지에 따라 법을 공법과 사법으로 나눈다. 구체적으로, 법률관계설에서는 법률관계의 상하(上下) 관계에 근거해 공법과 사법을 구분한다.

따라서 공법은 권력 관계를 규제하는 법이다. 즉 공법은 법률상의 불평등 관계를 규제하는 법이다. 그리고 사법은 평등 관계를 규제하는 법이다. 즉 사법은 수평적 평등의 생활 관계를 규제하는 법이다.

그러나 법률관계설에서는, 부모와 자식 사이의 관계를 규제하는 친족법이 속해 있는 민법을 공법으로 분류해야 하는 모순이 나타나게 된다. 왜냐하면 친족법에서는 부모와 자식 사이에 나타나는 관계를 완전히 평등한 관계로 규정하고 있지 않기 때문이다. 또한 법률관계설에서는, 국가들 사이의 평등을 추구하는 국제법은 사법이 된다는 모순이 나타나게 된다.

(4) 이익설

이익설은 로마의 법학자인 울피아누스가 로마 자신의 지위에 관한 법은 공법이고 개인의 이익에 관한 법은 사법이라고 주장한 데에서 등장하였다. 이익설의 경우, 법의 목적인 이익을 근거로 공법과 사법을 구분한다. 따라서 공법은 공공의 이익(공익)을 추구하는 법을 말하고, 사법은 사적 이익을 추구하는 법을 말한다.

그러나 이익설의 경우, 공적 이익과 사적 이익을 구별하기 어려울 수 있기 때문에 문제가 될 수 있다. 예를 들어 어디까지가 공적 이익이고 어디까지가 사적 이익인지를 분명하게 구분할 수 없는 상황이 생길 수 있다.

3) 학설에 따른 사회복지법의 위치

위에서 제시한 여러 학설들은 법의 체계를 공법과 사법으로 구분하고 있다. 이럴 경우에, 사회복지법이 공법에 속하는 것인지 아니면 사법에 속하는 것인지의 쟁점이 등장하게 된다. 위에 제시한 각 학설의 입장에서 사회복지법이 차지하는 위치를 좀더 구체적으로 살펴보면 다음과 같다(신섭중 외, 2004; 이상광, 1988).

(1) 의사설

의사설의 경우, 사회복지법은 분명하게 공법에 속한다고 본다. 왜냐하면 사회복지법에서 나타나는 관계는 계약 당사자의 사법적 자치(自治)에 의해 성립되는 것이 아니라, 법률에 의해 성립된다고 보기 때문이다. 예를 들어 피보험자에게 불리한 합의를 못하게 하는 것이나 사회보장급여를 받을 수 있는 권리를 양도하지 못하게 하는 것은 강제법규적 성격을 지니기 때문에, 이 경우의 법률관계는 공법 관계를 구성한다고 본다.

(2) 주체설

주체설의 경우, 사회복지법은 공법에 속한다고 본다. 왜냐하면 사회복지법의 관계에서는 국가·공공기관이 공적 권력을 행사하는 주체라고 보기 때문이다.

(3) 법률관계설

법률관계설의 경우, 사회복지법은 공법과 사법의 속성을 모두 가지고 있다고 본다. 왜냐하면 사회복지법에서의 관계가 어느 경우에는 평등 관계를 나타내고, 어느 경우에는 불평등(지배와 복종) 관계를 나타낸다고 보기 때문이다. 사회복지법에서의 관계가 평등 관계를 나타내는 예로서 조언(助言)하는 것, 상담하는 것, 급여를 지급하는 것이 있다.

(4) 이익설

이익설의 경우, 사회복지법은 공공 이익뿐만 아니라 사적 이익도 목적으로 추구한다고 본다. 그러나 이익의 개념이 가지는 의미가 모호하므로, 이익을 기준으로 삼아서 사회복지법이 공법적 성격을 지니는지 사법적 성격을 지니는지를 판단하기 어려울 수 있다.

(5) 정리

사회복지법이 공법에 속하는지 아니면 사법에 속하는지 여부에 대해서는, 각 학설에 따라서 다소의 차이를 보이고 있다. 그러나 위에서 논의한 바를 전반적으로 종합해 볼 경우, 사회복지법은 사법의 공법화 현상에 따라 등장하는 공법이라고 정리할 수 있다.

4) 사회복지법 독자체계설

앞에서 제시한 바와 같이, 사회복지법은 공법이나 사법과는 구분되는 특성을 가지고 있다. 이에 따라서 등장한 학설이 사회복지법 독자체계설이다. 사회복지법 독자체계설에서는 사회복지법은 공법의 영역에도 속하지 않고 사법의 영역에도 속하지 않는 독자적인 영역을 갖는다고 본다.

> **사회복지법 독자체계설**
>
> 사회복지법은 공법의 영역에도 속하지 않고 사법의 영역에도 속하지 않는 독자적인 영역을 가진다고 주장하는 학설을 말한다. 사회복지법 독자체계설은 공법 체계와 사법 체계를 분명히 구분하는 것이 어려워지는 경향과 밀접한 관련이 있다.

사회복지법 독자체계설은 공법 체계와 사법 체계를 분명하게 구분하는 것이 점점 어려워지는 경향과 관련된다고 볼 수 있다. 구체적으로 이런 경향을 사법의 공법화 현상, 민주화가 제한되고 또한 사법적 자치가 제한되는 현상, 경제적으로 약한 위치에 놓인 사람들을 보호하는 현상에서 찾아볼 수 있다.

사회복지법은 단순하게 사적 생활에 관한 법이라고 볼 수도 없고, 또한 공적 생활에 관한 법이라고 볼 수도 없다. 이에 따라서 사회복지법 독자체계설의 경우, 사회복지법은 공법적 영역에도 속하지 않고 사법적 영역에도 속하지 않으면서, 동시에 공법적·사법적 성격을 함께 가지는 제3의 법 영역으로 보고 있다.

법의 역사·이념·원리의 측면에서 볼 경우, 사회복지법 독자체계설은 아직은 이론적으로 부족한 면이 있다. 그러나 앞으로 사회복지가 확대되고 이와 더불어 사회복지법이 확대되는 방향으로 나가기 때문에, 사회복지법 독자체계설은 향후에 복지국가를 실현하는 것과 밀접하게 관련된다고 볼 수 있다(신섭중 외, 2004).

法諺

No one is above the law.

어느 누구라도 법 위에 있는 자는 없다.

제 2 절 사회복지법의 상호관련성

1 사회복지법과 관련법의 중요성

사법이 공법화되는 경향이 나타남에 따라 새롭게 등장한 법이 사회복지법이라고 볼 경우에, 사회복지법이 수행하는 역할은 매우 크다. 그러므로 사회복지법이 수행하는 고유한 역할을 잘 이해하기 위해서는, 사회복지와 관련된 법이 사회복지법과 어떤 관계를 가지는지를 잘 살펴볼 필요가 있다.

사회복지와 관련된 법으로 노동법, 행정법, 민법, 조세법, 경제법을 들 수 있다.

2 사회복지법과 관련법의 비교[1)]

사회복지법과 관련된 법이 사회복지법과 어떻게 관련되며, 또한 사회복지법과 관련된 법과 사회복지법 사이에 어떤 차이가 있는지를 구체적으로 살펴보면 다음과 같다(윤찬영, 2001 ; 김훈, 2004 ; 신섭중 외, 2004).

1) 사회복지법과 노동법

(1) 관련성

넓은 의미에서 볼 경우, 사회복지법과 노동법은 사회법에 포함된다. 사회복지법과 노동법은 근대 시민법에서 보이는 개인주의적 원리를 수정하여 국가가 시민사회에 관여하는 형태로 표현된 새로운 법이다. 그러므로 사회복지법과 노동법의 경우, 인간의 생존을 보장해 주기 위해 사회적으로 약한 사람들을 권리와 의무의 관계 속에서 보호하고 지원하고자 한다. 이에 따라서 사회복지법과 노동법은 규범적 목적에서 같다고 볼 수 있다.

그리고 사회복지법과 노동법은 근로자를 대상으로 삼는다는 점에서 공통점이 있다. 사회복지법과 노동법이 서로 관련되는 측면을 좀 더 자세히 살펴보면 다음과 같다.

---

1) 이 부분은 윤찬영(2001)을 참조하였다.

첫째, 사회보험법에서 보장하는 여러 가지의 사회적 위험들(social risks) 가운데, 산업재해와 실업은 근로관계와 관련해 나타나는 사회적 위험이다. 이런 사회적 위험은 노동법에 의해 형성되었지만, 사회복지법에서도 이런 사회적 위험에 대해 보장하고 있다.

둘째, 일반적으로 근로자가 사고를 겪을 때 받는 급여의 수준은 근로자가 노동시장에 참여하면서 받는 임금에 토대를 두어 결정된다. 그러므로 사회복지법에 근거해 받는 사회복지급여의 수준과 노동시장에 직접 참여하는 것에 근거해 근로자가 실제로 얻는 임금의 수준은 서로 밀접히 관련되어 있다.

(2) 차이점

그러나 사회복지법과 노동법은 법의 목적에서 서로 차이가 난다. 노동법의 목적은 근로자를 대상으로 근로자의 권익을 보호해줌으로써, 궁극적으로 근로자가 인간다운 생활을 누리도록 보장하는 데 있다. 이에 비해서 사회복지법의 목적은 근로자들뿐만 아니라 어려움에 있는 모든 국민을 대상으로 사회복지급여를 제공함으로써, 근로자와 모든 국민이 인간다운 생활을 누리도록 보장하는 데 있다.[2)]

따라서 노동법이 노동계약 관계를 매개로 하여 근로자의 생존권을 실현하는 데 그 목적이 있다면, 사회복지법(특히 사회보장법)은 모든 국민의 생존권을 직접적으로 실현하는 데 그 목적이 있다. 구체적으로, 노동법은 노동력의 거래 관계를 토대로 삼고 사회복지법은 모든 국민에게 최저생활을 보장해주는 것을 토대로 삼는 점에서, 사회복지법과 노동법은 기본적으로 서로 차이가 난다.

(3) 과제

사회복지법과 노동법은 생존권 이념에 토대를 두고 있고 또한 생존권을 실현하는 것을 목표로 삼는다는 점에서 서로 공통점이 있다. 하지만 사회복지법과 노동법은 이런 목표를 달성하고자 하는 법적 수단에서는 서로 차이점이 있다.

그러므로 사회복지법과 노동법은, 한편으로는 각기 나름의 독특한 독자성을 가지고 있고, 다른 한편으로는 서로 중복되는 부분을 가지고 있다. 이에 따라서 사회복지법과

2) 즉 노동법에서 근로자의 권익을 보장해주기는 하지만, 노동법에서는 일반인의 의료 보장과 건강 보장은 제외시켰다. 이에 따라서 근로자 이외의 일반 국민을 보호할 수 있는 법이 필요하게 되었다. 이런 필요성 때문에 나타난 법이 사회보장법이다(김훈, 2004).

노동법은 서로 협조할 필요가 있다. 특히 우리나라의 경우에, 국민기초생활보장법이 제정되어 시행되면서 이런 문제가 더 중요한 위치를 차지하는 방향으로 나가고 있다.

실제로 최근 들어서 노동법과 사회복지법을 혼합한 입법들이 나타나고 있다. 향후에는 노동법과 사회복지법에 대해서 학제간 연구를 실시할 필요성이 더 커질 것으로 보인다.

2) 사회복지법과 행정법

(1) 관련성

행정법은 사회법과 밀접하게 관련되어 있다. 그러므로 사회복지법은 행정법과 아주 밀접하게 관련되어 있다. 사회복지법과 행정법이 서로 관련되는 점을 구체적으로 살펴보면 다음과 같다.

첫째, 행정 부서는 사회법의 대부분을 국가의 주요 행정의 일부로서 실시하고 있다. 이런 사실 때문에, 사회복지법은 행정법과는 긴밀한 관계를 맺지 않을 수 없다.

둘째, 현대의 국가는 복지국가로 나가려는 경향을 가지기 때문에, 현대 사회에서는 국가의 개입이 정당화되고 소극적 국가가 적극적인 개입 국가로 변하게 되었다. 이에 따라서 사회복지법은 행정법적 속성을 기본적으로 지닌다고 볼 수 있다.

(2) 차이점

그러나 사회복지법과 행정법은 여러 가지 특성에서 차이가 난다. 무엇보다도 행정법은 급여를 제공하는 주체와 급여를 받는 대상자 사이에서 급여를 전달하는 과정을 다루는 측면이 강한 법이다. 이에 비해서 사회복지법은 사회적 자원을 할당하는 원칙을 준수하고 급여를 받는 대상자를 보호하는 것을 다루는 측면이 강한 법이다.

그리고 사회복지법이 확대되는 방향으로 나가고 있고 또한 사회복지행정이 점점 독립성을 지니는 방향으로 나가면서, 사회복지법과 행정법을 구분할 필요가 있게 되었다. 그리고 사회복지법이 가지는 고유한 특성 때문에라도, 사회복지법과 행정법을 구분할 필요가 있게 되었다.

(3) 과제

사회복지법의 측면에서 볼 경우, 행정법은 국가의 조직과 급여·서비스를 전달하는 절차에 관한 법이라는 데 그 의의가 있다. 하지만 이런 경우에도 급여를 받는 사람이 놓인 상황을 반드시 우선적으로 고려하여야 한다. 왜냐하면 사회복지와 관련된 행정법은 국가가 국민의 생존권을 보장하려는 규범적 목적을 달성하기 위한 기술적이고 절차적인 법일 경우에 그 존재 의의가 있기 때문이다. 다른 말로 하면, 행정법은 사회복지법의 목적에 봉사하여야 한다.

우리나라의 경우에, 사회복지행정과 일반 행정은 서로 긴밀한 관계를 가지고 있다. 사회복지행정도 일반 행정에서 분류되어 나온 것이다. 하지만 사회복지법의 특성을 고려할 때, 행정법의 원리를 사회복지법의 원리에 그대로 적용하지 말아야 한다.

3) 사회복지법과 민법

(1) 민법과의 관련성

사법은 사회복지법에 여러 가지로 영향을 미쳤다. 무엇보다도 사회보험법은 사법상의 제도를 공법적으로 수정한 법이라고 볼 수 있는데, 사회보험법이 형성된 초기나 현재까지도 사법적 원리는 사회보험법에 영향을 미치고 있다. 이것은 사법의 기초가 되는 민법의 경우에도 그렇다. 예를 들어 사회보험법에서 나타나는 급여 관계를 일종의 채권과 채무의 관계로 파악하고, 이에 따른 특별한 법이 존재하지 않을 경우에는 민법의 규정을 적용할 수 있다.

한편 민법이 사회복지법에서 나타나는 관계에 적용되는 방법을 다음과 같이 정리할 수 있다.

첫째, 유추(類推)를 통하는 경우가 있다. 즉 사회복지법에 민법과 다른 규정이 있을 경우에는 큰 문제가 없으나, 사회복지법에 규정이 없을 경우에는 사회복지법이 가지는 본질적 특성과 규범적 목적의 범위 내에서 민법의 규정을 유추하여 활용할 수 있다. 예를 들어 우리나라의 사회복지사업법에서는 민법에서 법인에 관해 규정한 바를 활용하도록 하고 있다.

둘째, 민법에서 언급되는 일반적 원칙들이 사회복지법에서도 일반적 원칙으로 직접적으로 적용되는 경우가 있다. 이런 원칙의 예로 권리남용금지의 원칙을 들 수 있다.

셋째, 민법에서 나타나는 개념이 사회복지법의 기초가 되는 경우가 있다. 이 경우에 민법에서 규정한 바는 사회복지법을 해석하는 데 중요하게 영향을 미친다. 예를 들어 상속과 관련된 법에 나타난 규정에서 친족의 범위가 다르게 될 경우에, 사회복지법은 기존에 사용하던 친족의 개념과 범위를 그대로 사용할 것인지 여부와 관련해 논란이 생길 수 있다.

(2) 친족관련 법과 사회복지법

민법의 영역 중에서도, 사회복지법과 아주 밀접하게 관련이 있는 법은 친족과 관련된 법이다. 특히 친족관련 법들 중에서 부양 관계에 대한 법은 사회복지법과 크게 관련된다.

일반적으로 친족관련 법에서는 부양의무자가 피부양자를 부양하도록 규정하고 있다. 친족관련 법의 이런 특성은 사회복지법과 서로 중복되는 측면을 가지고 있다. 친족관련 법에서 제시된 부양은 부양자와 피부양자 사이에 나타나는 채권과 채무 관계이다. 이에 비해서 사회복지법에서 제시된 급여는 보호가 필요한 상태를 규정하고, 이에 따라서 국가가 급여를 제공하는 것이다. 그러므로 사회복지법은 친족관련 법에서 나타난 부양 관계와는 별도로 부양에 관해 언급하고 있다.

무엇보다도 현대사회에서는 구조적·기능적 측면에서 가족이 붕괴하고 해체되는 현상이 발생하고 있다. 이에 따라서 부양의 문제는 사회적 성격을 지니게 된다. 그 결과, 개인적으로 부양하는지 여부와는 별도로, 사회복지법은 사회적 차원에서 부양하는 것을 규정하게 된다. 이것은 '부양 의무의 사회화' 경향을 가리킨다. 그러므로 부양 의무가 사회화되는 경향을 사회복지법에 반영하기 위해서는, 부양하는 사람에게 자산조사를 실시하지 않고 보편적으로 제공하는 사회수당제도를 도입하여야 한다.

> **부양의무의 사회화**
> 부양의 문제가 사회적 성격을 지니게 되는 경향을 말한다. 현대사회에서 가족의 구조적·기능적 측면에서 가족이 붕괴되고 해체되는 현상이 나타나고 있고, 그 결과로 개인적으로 부양하는지 여부와는 별도로 사회복지법은 사회적 차원에서 부양하는 것을 규정하게 된다.

한편 사회복지법과 민법은 상속의 경우에 더 크게 차이가 난다. 왜냐하면 사회복지급여를 받을 수 있는 권리는 일반 재산권처럼 소유권이 인정될 수 없기 때문이다. 따라서 상속법의 경우에는 사망하는 사람이 유언을 통해 재산을 상속시킬 수 있지만, 사회복지법의 경우에는 사망하는 사람이 자신이 가지는 수급권을 유언을 통해 상속시킬 수 없다.

4) 사회복지법과 조세법

(1) 관련성

사회복지법과 조세법은 본래 목적에서 차이가 있지만, 수행하는 기능적 측면에서는 유사한 점이 있다. 티트머스(Titmuss)는 개인의 욕구를 충족하기 위해서 집합적으로 개입하는 것은 사회의 분화에 따라서 사회복지와 직업복지와 재정복지로 나누어진다고 주장한 바 있다. 이에 따라서 재정복지(fiscal welfare)를 의미하는 조세복지도 사회복지학에서 중요한 영역이 된다.

이런 맥락에서, 사회복지법과 조세법이 서로 관련되는 점을 몇 가지 제시하면 다음과 같다.

첫째, 최저소득 보장의 기능을 수행하거나 소득 재분배의 기능을 수행한다는 측면에서 볼 경우, 조세법을 통해 실시되는 소득공제제도, 조세감면제도, 역 소득세(부의소득세, negative income tax) 제도 등은 비록 소극적이기는 하지만 사회복지법에서 나타나는 급여 제도와 비슷한 기능을 수행한다. 왜냐하면 소득공제제도와 조세감면제도는 특정한 조건을 갖춘 납세 의무자에게 소득을 실질적으로 보조하는 기능을 수행하기 때문이다.

구체적으로 조세제도에는 소득을 재분배하는 프로그램, 소득 불평등을 감소시키는 프로그램, 소득이 낮은 국민을 보호하는 역 소득세 프로그램이 있는데, 이런 프로그램은 사회보장제도와 같은 기능을 수행한다고 볼 수 있다.

둘째, 사회복지정책을 실행하는 데 필요한 재원은 조세제도를 통해 충당하는 경우가 많다. 이에 따라서, 사회복지법을 포함한 사회법은 조세법과 매우 밀접하게 관련된다고 볼 수 있다.

(2) 차이점

그러나 사회복지법과 조세법은 서로 차이가 난다. 사회복지법에 속하는 사회보험법을 예로 들면서, 조세법과 사회복지법 사이의 차이점을 살펴보면 다음과 같다.

첫째, 사회복지법과 조세법은 법을 제정한 목적에서 차이가 난다. 조세법은 국가가 법에 의해서 구체적인 대가가 없이 강제로 세금을 징수하고, 여기서 얻어진 자금을 다수 국민을 위해 국가의 일반 사업에 사용하는 것과 관련이 있다. 이에 비해서 사회보험법은 사회보험에 가입한 사람, 사용자, 정부로부터 사회보험 기여금(보험료)을 부과하고, 여기서 얻어진 자금을 특정한 사람에게 급여를 제공하기 위해 사용하는 것과 관련이 있다.

둘째, 조세법에 의한 조세와 사회보험법에 의거한 사회보험 기여금은 국가가 개인이 가진 재산권을 합법적으로 침해하여 비용을 강제로 징수하는 것이라는 점에서 공통점이 있다. 하지만 반대 급부의 측면에서는 조세법과 사회보험법은 명백하게 서로 차이가 난다. 사회보험법에 근거한 사회보험은 어느 정도의 쌍방적 교환(bilateral exchange)의 성격을 가진다. 따라서 사회보험에 가입한 사람이 일정한 조건을 갖추기만 하면, 이 사람은 사회보험급여를 받을 수 있는 권리를 가진다. 이에 비해서, 조세법에 근거한 조세는 일방적 이전(unilateral transfer)에 해당된다. 따라서 개인은 자신이 납부한 세금에 대해 국가에게 반대 급부를 구체적으로 청구할 수 있는 권리를 가지지 못한다.

5) 사회복지법과 경제법

(1) 관련성

사회복지법과 경제법이 서로 관련되는 점을 구체적으로 살펴보면 다음과 같다.

첫째, 경제법은 근로자에게 경제적·사회적으로 최저생활을 보장하는 기능을 한다. 이렇게 최저생활을 보장한다는 측면에서 경제법은 사회복지법과 관련이 있다.

둘째, 사회복지법과 경제법은 국가의 적극적인 개입을 추구해, 공법 영역과 사법 영역이 함께 연관된다는 점에서 서로 유사한 측면이 있다.

(2) 차이점

경제법은 경제정책적 법으로서의 성격이 강하고, 사회복지법은 사회정책적 법으로서의 성격에 강하다. 따라서 경제법과 사회복지법이 서로 유사한 점을 가지고 있지만, 경제법과 사회복지법은 법 체계의 이념과 대상에서 차이가 난다. 그러므로 경제법과 사회복지법은 각기 독자성을 지니는 법이라고 볼 수 있다.

6) 사회보험법과 책임보험법

(1) 책임보험의 개념과 특징

> 책임 보험
>
> 특정한 사고를 경험하여 생기는 인적·물적 손실에 대해서 가해자가 피해자에게 개별적으로 배상하는 대신에, 가해자가 될 가능성이 있는 주체들을 의무적으로 보험에 가입하게 해서 손해 배상을 집단화시키는 대응 방법을 말한다.

사회보험법은 넓게는 사회복지법에 속하고 좁게는 사회보장법에 속하는 법률이다. 이런 사회보험법과 유사한 기능을 수행하면서도 차이가 있는 법이 책임보험에 관한 법이다.

여기서 책임보험은 특정한 사고를 경험해 생기는 인적·물적 손실에 대해 가해자가 피해자에게 개별적으로 배상하는 대신에, 가해자가 될 가능성이 있는 주체들을 의무적으로 보험에 가입하게 해서 손해 배상을 집단화시키는 대응 방법을 말한다.

그러므로 책임보험법이 직접적으로 추구하는 것은 피해자가 겪은 피해를 보상해주는 데 있는 것이 아니다. 오히려 책임보험법의 일차적 목적은 가해자의 책임을 보험 방식으로 보장하는 데 있다. 그러므로 책임보험법에서는 피해자에 대해서는 간접적으로 보호한다고 볼 수 있다.

현재의 경우, 산업재해보상보험법과 자동차손해배상보장법이 여기에 속한다. 일정한 규모를 갖춘 사업장의 사용자는 산업재해가 발생하였을 경우에 가해자로서의 손해배상 책임비용을 보장받을 수 있도록 의무적으로 책임보험에 가입하여야 한다. 그리고 이와 마찬가지로, 자동차를 소유한 사람은 자동차 사고가 발생하였을 경우에 가해자로서의 손해배상 책임비용을 보장받을 수 있도록 의무적으로 책임보험에 가입하여야 한다.

(2) 관련성

사회보험과 책임보험은 다음과 같은 측면에서 서로 유사하다.

첫째, 법에서 정한 일정한 조건을 갖춘 사람은 의무적으로 책임보험에 가입해야 하는데, 이런 점에서 책임보험은 사회보험과 유사하다. 즉 책임보험에 나타난 강제가입 규정은 사회보험에 나타난 강제가입 요건과 유사한 성격을 지닌다.

둘째, 궁극적으로 책임보험은 피해자에게 보상이나 보호를 제공하고자 한다는 점에서, 책임보험은 사회보장의 성격을 지니고 있다. 즉 보험에 가입한 사람은 산업재해를 경험한 근로자·가족에게, 그리고 자동차 사고 때문에 피해를 경험한 개인·가족에게 손해 배상을 해 주는 것이다.

(3) 차이점

책임보험법이 사회보험법이 수행하는 기능을 가지고는 있지만, 책임보험법과 사회보험법은 다음과 같은 점에서 서로 차이가 난다.

첫째, 사회보험은 국가의 책임 아래 국가 기관이나 공공 기관이 운영하고 있다. 이에 비해서 책임보험은 민간 보험업자가 운영하고 있다.

둘째, 사회보험에서는 근로자와 사용자와 정부라는 3자 부담으로 재원을 충당하고, 경우에 따라서는 2자 부담이나 1자 부담으로 재원을 충당하기도 한다. 이에 비해서 책임보험에서는 가입자 부담으로 재원을 충당하고 있다.

이런 측면에서 볼 경우 책임보험은 사회보험과 사보험(민간보험)의 중간 형태를 지닌다. 책임보험에서는 피해자를 보호하기 위해서 잠정적인 가해자를 의무적으로 보험에 강제로 가입시키는데, 이런 점에서 보면 책임보험은 사회보험의 성격을 가진다. 그렇지만 책임보험은 민간 보험업자가 운영하고 있고 또한 책임보험에서는 피해자의 생활을 보장하는 것보다는 사고·재해의 인과 관계를 밝혀서 책임을 확인하고 그에 따라 손해 배상을 하는데, 이런 점에서 보면 책임보험은 사보험적 성격을 가진다.

法諺

Specialis degorat(legi) generali.

특별법은 일반법에 우선한다.

제 3 절 사회복지법의 특성

1 법의 일반적 성격과 사회복지법의 특성

일반적으로 법의 성격은 다음과 같은 측면에서 독자적인 성격을 논의할 수 있다(김훈, 2004). 첫째, 법이 예정하고 다루려는 사회적 현상의 측면에서 법의 성격을 살펴볼 수 있다. 둘째, 법이 추구하는 이념의 측면에서 법의 성격을 살펴볼 수 있다. 셋째, 법이 적용되는 범위의 측면에서 법의 성격을 살펴볼 수 있다.

위와 같은 세 가지 측면에서 사회복지법을 살펴볼 경우에, 사회복지법은 사회복지에 특유한 국내법이라고 결론을 내릴 수 있다. 다른 말로 하면, 사회복지법은 다음과 같은 세 가지 특성을 지닌다고 볼 수 있다. 첫째, 법이 다루는 사회적 현상의 측면에서 보면, 사회복지법은 사회복지에 관한 법이다. 둘째, 법이 추구하는 이념의 측면에서 보면, 사회복지법은 사회법이다. 셋째, 법이 적용되는 범위의 측면에서 보면, 사회복지법은 국내법이다.

2 사회복지법의 구체적 특성

위에서 언급한 것처럼, 사회복지법은 사회복지에 관한 법이고 사회법이고 국내법이라는 특성을 지닌다. 사회복지법이 가지는 이런 세 가지 특성을 좀더 자세히 살펴보면 다음과 같다(김훈, 2004).

1) 사회복지에 관한 법

사회적 현상의 측면에서 볼 경우, 사회복지법은 사회복지에 관한 법이다. 사회복지법은 국가·지방기관·민간이 주체가 되어 국민이 요구하는 바와 여러 가지 사회문제를 해결함으로써, 국민에게 인간다운 생활을 보장해 주는 것을 기본 원리로 삼고 있다.

구체적으로 사회복지법은 사회복지의 조직과 작용에 대한 법이다. 즉 사회복지법은 사회복지와 관련된 모든 급여와 재정에 관한 법이고, 또한 권리를 구제하는 것과 관련된 법이다.

사회복지법이 예상하고 다루는 구체적인 사회적 현상은 사회복지 현상이다. 그러므로 사회복지법은 사회복지 현상을 다루는 법이다. 여기서 사회복지 현상은 인간이 사는 사회에 나타나는 여러 가지 현상의 하나이다. 구체적으로 사회복지 현상은 인간이 현재 또는 향후에 인간다운 삶을 누리는 데 부정적으로 영향을 미치는 여러 문제들, 이런 문제들 때문에 고통을 경험하는 사람들, 이런 문제들을 해결하려는 모든 사회적 노력들과 관련된다.

이에 따라서 사회복지 현상은 해결하려고 하는 문제, 이런 문제를 해결하는 방법, 이런 문제를 해결하는 주체, 이런 문제를 해결하는 데 필요한 재원, 권리 구제 등 여러 측면과 관련된 사회적 현상이라고 볼 수 있다.

2) 사회법

추구하는 이념의 측면에서 볼 경우, 사회복지법은 생존권을 보장하는 것을 이념으로 삼는 사회법이다. 생존권은 국민이 인간다운 생활을 누리는 것을 보장받기 위해서, 국민이 국가에게 일정한 조치를 취해달라고 요구할 수 있는 헌법적 권리를 말한다.

공법이나 사법은 시민에게 자유권을 보장해 주는 것을 기본으로 삼는다. 하지만 사회법의 성격은 공법이나 사법이 지니는 이런 성격과는 차이가 난다. 시민의 자유를 보장하는 사법의 원리에는 소유권 절대의 원칙과 계약 자유의 원칙이 있는데, 사회법은 사법의 이런 원칙에 대해서 공법적으로 제한할 수 있도록 한 법이다. 이런 공법적 요소는 국가가 국민의 생존권을 보장하는 책임을 진다는 것을 의미한다. 그러므로 사법이 공법화되는 과정에서, 중간 형태의 법 영역인 사회법이 발달하게 되었다고 볼 수 있다.

사법의 원칙에 대해 공법적인 제한을 하는 것을 보여주는 강제적 간섭의 예로 다음과 같은 것이 있다. 첫째, 우리나라의 사회보험과 관련된 법에서는 사회보험 제도에 강제로 가입하도록 규정하고 있다. 둘째, 우리나라의 아동복지법에서는 아동을 일반 대중에게 부당하게 보여 주어 이익을 취하는 것을 처벌하도록 규정하고 있다.

한편 자본주의 체제가 가진 모순 때문에 사회적으로 취약한 사람들이 나타났는데, 사회복지법은 이런 사람들을 보호하는 데 일차적으로 관심을 가지고 있다. 그리고 사회복지법은 이런 일차적 관심에서 더 나아가서, 국민의 생활을 위협하는 사회적 위험과 이런 위험을 예방하는 정책에도 관심을 가지고 있다. 그러므로 사회복지법이 근본적으로 추구하는 목적은 모든 국민이 삶의 질을 증진시키는 데 있다.

3) 국내법

법 범위의 측면에서 볼 경우, 사회복지법은 사회복지에 관한 국내법이다. 여기서 국내법은 한 국가에 존재하는 통일된 법 체계에 속하는 전체 법 규범을 일컫는다. 이에 비해서 국제법은 주권 국가를 기본 구성원으로 하는 국제사회에 존재하는 전체 법 규범을 가리킨다. 한마디로, 국내법은 한 국가의 법을 말하며, 국제법은 국제사회의 법을 말한다.

국적의 측면에서 볼 경우에 국내법은 대한민국의 국적을 가지는 국민을 대상으로 하는 법을 말하고, 지리적 측면에서 볼 경우 국내법은 대한민국의 영토 안에서 적용되는 법을 말한다. 여기서 대한민국의 영토는 한반도와 그 부속 도서이고, 경우에 따라서는 대한민국의 국적을 가지고 해외에 나가 있는 선박이나 비행기도 대한민국의 영토에 해당된다.

국내법은 현재 대한민국이라는 시간적 한계와 공간적 한계를 가지고 있는 법이다. 즉 사회복지법은 대한민국에 존재하는 법의 체계 속에서 사회복지 현상을 다루는 모든 국내법 규범이라고 볼 수 있다.

하지만 경우에 따라서는, 국제사회의 한 구성원으로 존재하는 대한민국은, 국제사회에서 서로 합의해 정해진 국제 법규도 국내 법규로서의 효력을 가지게 하고 있다.

제 4 장

사회복지법의 법적 이념

인생에 삶의 목적 내지 이념이 있듯이, 모든 법에도 그 법의 제정 이유가 있으며, 그 적용 목적이 있으며, 그 추구하는 이념이 있다. 사회복지법도 예외가 아니다. 이념과 현실 사이에는 항상 갭(gap)이 있기 마련이지만, 사회복지법이 추구하는 헌법적 이념은 〈생존권의 보장〉이라는 데 이론이 없다.

이 장 제1절에서는 생존권의 개념이 무엇이며, 자유권과의 차별성에 따른 노동법, 사회복지법의 등장에 관해서 설명하고 있으며, 제2절에서는 생존권에 관한 현행법상 헌법이나 사회복지법에 규정된 내용과 생존권의 헌법적 성질을 소개하고 있으며, 제3절에서는 생존권 보장을 위한 국제적 동향을 살펴본다.

제 1 절 사회복지법과 생존권 보장

① 법의 이념

일반적으로 추상적인 법의 이념을 정의(正義)라 하고, 구체적인 법의 이념을 법적 안정성과 합목적성이라고 한다. 그리고 각 개별법에서 각각의 개별적인 이념 내지 목적을 규정하고 있다.

사회복지법의 이념이란 사회복지법이 추구하고자 하는 목표 또는 사회복지법이 구현하고자 하는 규범이나 가치의 총체를 말한다. 이 이념은 사회복지와 관련된 개별 법률들이 사회복지법의 범주에 포함되는 여부의 기준이 되며, 사회복지법의 입법과정에서 사회복지법의 정당성 여부의 전제조건이 된다는 점에서 매우 중요하다.

사회복지법의 이념을 실정법의 최고법인 헌법에서 찾는다면, 〈생존권적(사회권적) 기본권의 보장〉이라고 할 수 있겠다.

> **자유권**
>
> 1215년 영국의 대헌장[Magna C(h)arta]에서 유래한 가장 오래된 기본권이며, 헌법상에 자유권적 기본권으로 규정되어 있다. 개인의 신체, 정신 및 사회적 활동의 자유에 대하여 국가 등으로부터 침해나 간섭을 받지 아니할 자유를 말한다. 야경국가적·방어적·소극적 권리라고 한다.

> **기본권**
>
> 기본권이란 국민이 향유하는 기본적인 권리로서 헌법에 의해 보장되는 권리를 말한다. 인권이란 인간이기 때문에 당연히 갖는 생래적 자연권을 말한다.

> **법적 안전성 (Rechtssicherheit)**
>
> 법에 따라 안심하고 안정되게 생활할 수 있도록 하려는 법이념의 하나이다. 이를 위해서는 ① 법 내용이 명확하여야 하고, ② 법이 수시로 변경되어서는 아니 되고, ③ 입법예고, 공포기간을 통한 공지기간이 필요하다.

현대사회가 사회복지법의 이념을 국민의 기본권 중의 하나인 생존권의 보장에 두고 있다는 것은 누구도 부인할 수 없으며 현대 복지국가에서는 모든 국가가 이를 공통으로 인정하고 있다. 인간의 문화적 생명을 존중, 보장한다는 의미에서의 생존권을 사회복지법이나 사회복지정책에 있어서 하나의 지도이념(이재환, 1988 : 77)으로 보는 것이다.

생존권의 내용은 산업사회가 발전함에 따라 한층 복잡하고 광범위해질 것으로 전망된다. 생존권의 구조가 개인의 생활상 문제를 내용으로 하고 있으며, 사회변동에 따라 생활상 문제의 구조와 내용이 다르게 되므로, 생존권 보장의 이념 및 법제도도 달라질 수밖에 (신섭중 외, 1999 : 59) 없기 때문이다. 그러므로 산업사회가 발전함에 따라 여기에 대처하는 사회복지법의 이념과 내용도 상당한 변화를 보게 될 것이다.

② 생존권의 개념

생존권의 개념은 다양할 수 있지만, 인간으로 태어나서 최소한도의 건강하고 문화적인 생활, 즉 인간다운 생활을 할 권리임에는 틀림없다.

> **생존적 기본권**
>
> 생존권적 기본권은 국민이 국가 기관에 대하여 인간다운 생활과 최저한의 생활보장을 적극적으로 요구할 수 있는 권리를 말한다. 우리나라 헌법에서는 사회권적 기본권을 인간다운 생활을 할 권리, 교육을 받을 권리, 근로에 대한 권리, 근로3권, 환경권 등으로 규정하고 있다.

세계 최초로 생존권적 기본권이 헌법에 규정된 것은 1919년 독일의 「바이마르 헌법」이다. 동 헌법은 제151조 1항에 "경제생활의 질서는 모든 사람들에게 인간다운 생활을 보장하려는 목적을 갖는 정의의 원칙에 적합하지 않으면 안 된다."는 조항을 비롯하여, "소유권(소유물의 사용·수익·처분)은 의무를 수반한다."는 조항 및 "노동력에 대한 국가보존"의 조항 등 생존권적 기본권 관련규정을 두고 있다.

즉 바이마르 헌법상의 이 생존권적 기본권 규정은 시민법의 전통적 기본원리인 개인주의, 자유주의에 바탕을 둔 소유권의 신성불가침성과 계약자유주의 원칙 등을 통제하려는 데 그 목적을 둔 것이다(장동일, 2003 : 38). 이러한 생존권적 기본권은, 자본주의의 발전에 따라 생활이 어려워 소외된 계층의 생존문제 해결을 위하여, 국가가 적극 개입할 수 있다는 사상에 바탕을 둔 것이다.

따라서 생존권이란 국민이 최저생활의 유지를 위하여 필요한 여러 조건의 확보를 국가에 대하여 요구할 수 있는 권리라고 할 수 있다. 필요한 여러 조건이란 국민이 생존하는데 필요한 기본적 조건을 말하며 기본적 조건이란 의, 식, 주와 일상생활 용품 등을 의미한다. 이러한 기본적 조건은 국가가 책임지고 확보해주어야 하는 바 국가의 신성한 의무이며 책임이라고 볼 수도 있다.

그리고 생존권적 기본권이 보장되기 위해서는 인간이 살아가기 위한 기본적 조건, 즉 소득의 보장, 의료의 보장은 물론 손상된 사회적 기능의 회복을 위한 사회적 서비스의 보장 등이 충족되어야 한다. 의, 식, 주의 생활조건은 물론이고 심리적, 사회적 욕구도 기본적인 것은 충족될 수 있어야 한다.

따라서 인간다운 생활의 보장을 국가의 의무로 하는 생존권은 다음과 같은 세 가지의 특징을 지니고 있다(신섭중, 1996 : 70).

첫째, 생존권은 사회적 약자에 대한 국가의 온정주의적 은혜가 아니라 사회에서 생을 향유하는 자의 당연한 권리라는 점

둘째, 생존권은 단지 살아간다는 정도가 아니라 문화적 인간에 상응하는 정도의 것이어야 한다는 점

셋째, 생존권은 소득의 보장, 의료의 보장뿐만 아니라 사회복지서비스를 통한 재활과 사회복귀까지 보장하는 것이어야 한다는 점 등이다.

생존권의 핵심을 이루고 있는 것은 〈인간다운 생활의 보장〉이며, 〈건강하고 문화적인 생활의 보장〉을 의미한다. 생존권의 역사는 자유권에 비하여 짧으며, 그 내용은 추상적이고 전문기술적인 성격을 지니고 있으며, 사회변화와 관련하여 형성되는 계속적이고 다양한 의미를 지니고 있기 때문에, 완전하고 통일적인 개념규정을 하기는 어렵다고 하겠다.

③ 자유권과 생존권

(1) 시민법과 자유권

1) 시민법

시민법과 사회법

시민법은 신분제적 질서를 중시했던 봉건제를 탈피하고자하는 법체계이므로 기본적으로 자유와 책임을 중시하는 반면 사회법은 자유를 중시하는 자본주의 사회의 시장 실패를 수정하려는 법체계이므로 자유(계약의 자유, 소유권 절대 중시 등)의 원칙들을 수정한다.

근대 시민법과 현대 사회법의 3대 원칙

시민법은 소유권 절대의 원칙, 계약자유의 원칙, 과실책임의 원칙이며, 현대 사회법은 소유권공공의 원칙, 계약공정의 원칙, 무과실책임의 원칙이다.

시민사회에서는 개인적 경제생활 질서에 대하여 국가는 가능한 한 간섭을 하지 않으려 한다. 시민사회의 원활한 유지와 발전을 도모하려는 근대의 시민법 체계는 개인의 자유경쟁과 이윤추구를 최대한도로 허용하고 이를 권리로서 보장하려는 사법(私法)이었다. 이 시민법은 시민사회의 정치적 지도원리가 되었을 뿐만 아니라 자본주의 경제 질서의 규범체계이기도 하였다.

근대의 시민법은 개인의 자유와 평등의 이념을 구현하고 자본주의의 원활한 발전을 도모하기 위하여 다음과 같은 원칙을 지도 원리로 삼았다(정영석, 1989 : 154).

첫째는 소유권 절대의 원칙으로서 이 원칙은 사유재산 존중의 원칙이라고도 말하는 것으로 근대 시민사회에 있어서 개인생활의 안정은 사유재산의 보장 없이는 불가능하다는 이념에서 비롯되었다. 따라서 각 개인의 사유재산권에 대한 절대적 지배를 인정하여 소유권의 행사 및 처분을 소유자 개인의 절대적 자유에 맡기고 국가와 다른 개인은 이에 간섭하거나 제한을 가할 수 없었다.

둘째는 계약자유의 원칙으로 이 원칙은 개인의 자유의사에 의한 계약에서 가장 많이 나타나므로 '계약자유의 원칙'이라고도 하며 이 원칙에 의해서 자유롭게 교환관계가 형성되었다. 사법상의 법률관계에서 개인의 자유로운 의사에 의해 발생하는 것을 '개인의사 자치의 원칙', '사적 가치의 원칙' 또는 '법률행위 자유의 원칙'이라 하며, 이러한 이념에서 계약자유의 원칙이 확립되었던 것이다.

셋째는 과실 책임의 원칙으로 이 원칙은 개인이 타인에게 준 손해에 대해서 그 행위가 고의 또는 과실에 기인하는 경우에만 손해배상책임을 지고 고의나 과실이 없을 때에는 어떠한 책임도 지지 않는다는 원칙을 말한다. 과실이나 고의의 입증 책임은 피해 당사자가 지도록 하고 있다.

이러한 3대 원칙에 의해서 근대 시민사회의 구성원인 각 개인은 생존과 인권을 동시에 확보할 수 있을 것으로 예상하였다. 사실상 근대 자본주의 사회는 인간을 전근대적(前近代的)인 봉건적 신분관계로부터 해방시켜 기본적 인권이 존중되는 이른바 법 앞에 있어 만인의 평등을 실현시켰던 것이다 또한 시민법은 자본주의제도의 법적 지주가 되어 근대 자본주의 경제를 발전시키는 원동력이 되었다(신섭중 외, 2004 : 48-49).

그러나 시민법적 사상의 자유스럽고 완전한 경쟁은 궁극적으로 사회전체의 복지를 증진시키기도 하였지만, 국가의 소극적인 시민법적 규율의 한계로 인하여, 국가의 적극적 개입을 통한 생존권 형성의 원인이 되기도 하였다.

2) 시민법의 한계

가. 자유·평등사상에 대한 인식의 변화

20세기의 여러 상황의 변화는 자유주의 사상에 영향을 주기 시작하였다. 형식적 자유 대신에 〈실질적 자유〉를 보장하려는 사회정의를 실현하기 위하여 자유권에 대한 사회적 제약이 나타났고, 결핍으로부터의 자유를 보장하기 위하여 생존권적(사회권적)기본권이 대두하였다. 특히 바이마르 헌법 이후 생존권적 기본권을 보장하기 위해 경제적 자유권에 대한 사회적 제약을 강조하였다. 그리고 형식적인 자유의 보장이 사회적·경제적 불평등을 심화시키게 되자, 〈실질적 평등〉을 내용으로 하는 사회정의의 실현을 위해 "자유와 더불어 평등", 또는 "자유보다는 평등"을 강조하기도 하였다.

나. 계약의 공정성(公正性)

〈계약자유의 원칙〉은 중세의 신분 구속적 사회로부터 근대의 자유로운 시민사회의 형성 및 초기 자본주의의 발전에는 긍정적인 역할을 하였으나 계약의 자유가 내재적으로 갖고 있는 남용의 가능성이 현실화됨으로써 계약자유에 의한 인간의 불평등을 초래하는 부정적인 역기능도 하게 되자, 계약자유의 원칙은 〈계약 공정의 원칙〉에 의한 일부 수정이 불가피하게 되었다.

다. 소유권존중과 공공복지

자유권을 기초로 한 근대시민법의 질서는 사적 소유권을 존중하고 개인주의 사상을 바탕으로 하였기 때문에, 개인의 생활은 개인의 책임이라는 원칙 아래서 빈곤문제도 개인의 책임이며 빈곤층에 대한 구제를 은혜적인 것으로 파악하였으므로, 가진 자에 대한 소유권보호라는 점만을 중시하였다. 이러한 결과로 초래된 부익부 빈익빈이라는 부의 불평등에 대한 시정요구가 강력해지고, 절대적 자유권으로서의 소유권에 대한 비판이 전개되었다(신섭중 외, 2004 : 49-50).

따라서 〈소유권 절대의 원칙〉은 〈소유권 공공(公共)의 원칙〉에 의하여 일부 수정을 받게 되었다.

(2) 시민법과 노동법

「시민법」은 계약자유의 원칙, 소유권절대의 원칙과 과실 책임의 원칙을 기본원칙으로 하였기 때문에, 사용자와 근로자 사이의 고용계약은 경제적 약자인 근로자에게 불리한 측면이 있을 수밖에 없었다. 이를 보완하기 위하여 근로자보호의 법인 노동법이 등장하게 되었다.

19세기 후반 근로자계층이 새로운 사회세력으로 등장하자, 자본가계층은 종래의 자본축적과 시장경쟁에만 집중하던 시각을 근로자계층의 노동력에 대해서도 돌아보는 새로운 인식의 변화를 하게 되었다. 그 결과 노동과정에서 발생하는 업무상 재해 등 각종 사회적 위험에 대한 사용자의 무과실 책임원칙이 도입되고, 위험책임론을 논의하게 되었으며, 시민법상의 계약자유의 원칙, 과실 책임의 원칙이 수정을 받게 되었다(신섭중 외, 2004 : 50).

그러나 노동3권을 비롯한 노동관계법만으로는 근로자의 생존권이 확실하게 보장될 수 없었다. 왜냐하면 근로자는 노동자인 동시에 생활인이란 양면성을 갖고 있으므로, 노동자 외에 또한 생활인인 근로자로서의 생존권을 보호해 줄 사회복지법 입법의 필요성이 남아 있었기 때문이다

(3) 사회보험법과 생존권

근대 산업자본주의의 발달과 더불어 산업재해와 실업이라는 새로운 형태의 사회적 위험이 나타나면서, 새로운 해결방법이 필요하게 되었다. 그 해결방법은 종래의 신분사회와는 다르게, 점진적으로 고용주 및 근로자단체의 상부 상조적 공제기능에 의존하게 되었다. 그 대표적인 것이 후일 현대적 사회보험의 모태로 평가받는 영국의 우애조합과 유럽 여러 국가의 상호보험제도이다.

유럽에서는 비스마르크의 사회보험법이 등장하고, 계속적으로 영국의 국민보험법이 사회보험법으로서 생존권에 접근하고 있었다. 그러나 이 시기에는 국가의 재정지원을 당연시 하였고, 사회급여는 구호적 성격이 강하였기 때문에 그 수준은 매우 낮았다.

제1차 대전과 2차 대전 후의 사회보험법은 적용범위를 보편화시켰고, 급여에 대한 권리성을 인정함으로써 생존권이 한층 더 강화되었다. 사회보험법은 「산업재해보상보험법」, 「질병보험법」, 「노령연금법」, 「실업보험법」의 순으로 발전하게 되었다(신섭중 외, 2004 : 51).

그리하여 각국의 사회보험법의 적용범위는 산업재해, 실업 등에서부터 출산, 사망 등에 이르기까지 확대되어 왔으며, 근로자와 그 가족의 모든 생활사고가 수급대상으로 확장되어 가고 있다

사회보험은 〈보험방식〉으로 국민의 생존권을 보장하려는 것이기 때문에, 사용자 기타 개인에 의한 보호에 비하여, 생존권 보호가 더욱 확실하게 보장된다는 장점이 있다고 하겠다.

(4) 공공부조법과 생존권

일반적으로 각국의 헌법에는 국가가 국민에 대하여 "건강하고 문화적인 최저한도의 생활보장"을 하여야 할 의무가 있고, 어려운 상태에 있는 자를 대상으로 일정의 법적 요건에 기하여 그 부조를 행할 것을 규정하고, 공공부조법의 형태로 이를 보장하고 있다.

영국은 「엘리자베스 빈민법」을 시초로 하여 여러 가지 변화 속에서 빈곤의 재인식과 구빈법의 재검토를 하다가, 1929년의 대공황 때문에 실업보험에서 누락된 자를 위하여 1934년에 실업부조제도를 창설하였다. 그 후 베버리지 구상의 결과, 1948년 국가부조법이 제정되어, 구빈법의 역사는 마무리되고 공공부조제도로 전환되었다(신섭중 외, 2004 : 52).

공공부조법은 빈곤한 자 등을 대상으로 그들의 생활이 어렵다는 이유 때문에, 사회보험과는 달리 보험료의 징수 없이, 법정요건에 해당하는 경우 그 정도에 따라, 국가 등 행정주체가 정한 최저한도의 생존권을 보장해 주려는 법이라고 하겠다.

(5) 사회복지서비스법과 생존권

사회복지서비스법은 기존의 공공부조법과는 달리 개인을 단순한 빈민으로만 보는 것이 아니고, 개인을 기능적이고 자립적이고 생산적인 능력을 갖도록 하기 위하여, 다양한 전문 기술적 방법으로 그들의 니드(need)를 충족시키려는 법이다. 즉 사회복지서비스법은 사회보험법, 공공부조법과 더불어 인류사회가 산업화, 도시화, 정보화 사회로 전환됨에 따라 발생하는 제반 사회문제를 해결함으로써 사회복지서비스의 수요에 부응하기 위한 법규로 볼 수 있다(신섭중외, 2004 : 52).

그러나 다른 사회복지법보다는 생존권의 권리성은 상대적으로 약한 편이므로, 이에 대한 법적 보완장치가 지속적으로 요구된다고 하겠다.

(6) 사회복지관련법과 생존권

사회변동에 따르는 개인의 욕구의 변화도 다양하고 광범위하므로 이에 부응하는 사회복지법적 장치도 복잡하고 광범위하게 수립되지 않을 수 없다.

욕구의 변화를 살펴보면, 직접적·개인적인 욕구로부터 간접적·사회적인 욕구로 확대되고 있다. 이러한 욕구들은 종래의 소위 기본적 욕구(basic needs)로서는 충족되지 못하는 보다 광범위하고 추상적인 욕구들인 것이다. 직접적으로 개인에게 영향을 미치지 않더라도 간접적 또는 환경적인 요소로서 개인의 사회생활에 영향을 미치기 때문에, 결국은 한 개인의 사회생활에 있어서 매우 중요한 측면을 차지하고 있는 셈이다.

또한 이러한 배경과 함께 기존의 개별 사회복지법으로서는 이들 사회복지 관련영역에 적절하게 대처하지 못하는 한계로 인하여, 새로운 욕구를 충족시키기 위한 새로운 사회복지법의 제정이 요구된다고 볼 수 있다(신섭중 외, 2004 : 53).

여기서 우리는 '움직이는 법'으로서의 사회복지법의 성격을 발견할 수 있으며, 동시에 새로운 관련법 영역에서 전화(轉化)·발전해가는 경향을 살펴 볼 수 있다. 이와 같이 생존권의 개념을 광의적 또는 최광의적으로 파악한다면, 생존권과 관련된 사회복지관련법의 영역은 더욱 확대되어 갈 것이다.

제2절 생존권에 관한 법적 규정

1 법적 규정

(1) 헌법

헌법은 국가 권력구조와 국민의 기본권을 규정한 기본법이다. 자유권적 기본권과 생존권적 기본권은 기본권 중 핵심적인 것들이지만, 그 성격은 대조적이며, 상호 보완적이다. 전자가 야경(夜警)국가적, 소극적 권리라면, 후자는 복지국가적, 적극적 권리성이 강하다. 생존권적 기본권은 하위법인 사회복지법의 제정근거가 되고, 하위법의 제정방향을 제시해 주는 최고법의 기능도 하고 있다.

헌법상 생존권 이념은 헌법 전문(前文), 동법 제10조, 제31조~제36조에 규정되어 있다. 헌법에 규정되어 있는 생존권에 관한 내용은 다음과 같다.

① 자유민주주의 이념에 입각한 기회의 균등 및 생존권 보장(헌법 전문)
② 인간의 존엄성 확보와 행복을 추구할 권리(동법 제10조)
③ 교육을 받을 권리(동법 제31조)
④ 근로의 권리·의무 등(동법 제32조)
⑤ 근로자의 노동기본권 등(동법 제33조)
⑥ 인간다운 생활을 할 권리(동법 제34조)
⑦ 환경권 및 주거권(동법 제35조)
⑧ 혼인과 가족 및 보건에 관한 권리(동법 제36조)

(2) 사회복지법 및 사회복지관련법

헌법에 근거한 국민의 생존권을 〈구체적으로〉 법률로 보장하려는 것이 사회복지법 내지 사회보장법이며, 그 개별법에서 국민의 복지증진에 관한 법적 목적을 각 법의 제1조에 규정하고 있다. 이 목적 조항은 각 개별법의 이념이라고 볼 수 있겠다. 아동복지법이나 노인복지법 등은 목적 조항 외에 다시 법적 이념조항을 특별히 규정해 두기도 한다.

① 사회보장기본법은 사회복지관련기본법으로서 사회보장에 관한 국민의 권리와 국가 및 지방자치단체의 책임을 정하고 사회보장제도에 관한 기본적인 사항을 규정함으로써 국민의 복지증진에 기여함을 목적으로 한다고 규정하고 있다.
② 국민연금 등 5대 사회보험법
③ 국민기초생활보장법 등 공공부조법
④ 아동복지법 등 사회복지서비스법
⑤ 최저임금법 등 사회복지관련법의 법적 목적 등은 각 개별법에서 살펴보기로 한다.

② 생존권의 헌법적 효력

(1) 학설

기술한 바와 같이 헌법에는 생존권에 관한 규정이 있는데, 이에 근거한 구체적인 법률의 입법이 없는 경우에도 헌법상 규정만으로써 국민에게 생존권을 요구할 수 있는 법적 효력이 발생하는가 여부에 관하여 학설상 대립이 있다.

1) 프로그램 규정설

이 학설은 헌법상 생존권적 기본권 규정을 구체적인 법률의 입법을 해야 한다는 순수한 도의적인 의무를 규정하고 있는데 불과한 것으로 본다. 구체적인 내용을 가진 청구권이 아니며, 재판상 청구할 수 없는 것으로 프로그램의 성격이 강한 것으로 본다. 즉 이 규정은 구체적·현실적인 권리를 부여하는 것이 아니라, 입법에 의해서만 효력이 발생한다고 본다. 이에 대한 근거로 헌법규정의 추상성, 현실적인 생활보장의 한계 등을 들고 있다.

2) 법적 권리설

가. 추상적 권리설

이 학설은 헌법상 생존권적 기본권 규정이 비록 추상적일지라도 국민에게는 법적 권리이며, 또 국가의 의무이행이 재판에 의하여 강제될 수 없을지라도, 국가의 생존권 보장 의무는 헌법에 의거한 법적의무라고 본다(권영성, 1986 : 374).

그리하여 생존권적(사회권적) 기본권에 관한 헌법규정에 따라, 국민은 국가에 대하여 추상적 권리를 가지며, 국가는 입법 기타 국정 상 필요한 조치를 강구할 추상적 의무를 가진다고 보는 것이다. 이렇게 본다면 프로그램 규정설과 큰 차이가 없는 것 같지만, 법적 권리의 측면에 관해서, 프로그램 규정설은 권리성을 부정하나, 추상적 권리설은 인정하고 있다는 점에 차이가 있다고 하겠다.

나. 구체적 권리설

이 학설은 생존권에 관한 헌법규정은 그 규정을 구체화하는 법률규정이 존재하지 않는 경우에도 현실적 효력을 갖는 규정이고, 완전한 권리로서의 생존권을 보장하는 것이라고 본다(권영성, 1986 : 375).

즉 헌법 제34조제1항 자체가 국민의 생존권에 대한 청구권을 보장하는 것이라고 보고, 생활보장에 관한 법률이 제정되지 않았거나 결함이 있는 경우에는 제34조의 생존권규정을 〈직접 근거〉로 하여 생활보장에 관한 국가의 적극적인 보장책을 〈권리로서〉 청구할 수 있으며, 따라서 소송으로 입법조치를 요구하거나 사회복지 급여를 청구할 수 있다고 본다.

(2) 우리나라의 다수설과 판례

우리나라의 다수설은 추상적 권리설이다. 헌법심판례를 보면, "1994년 생계보호기준 위헌확인 헌법소원심판"에 대한 헌법재판부의 전원일치 심판결과(김기원, 2000 : 43)가 있는데, 헌법재판소는 공공부조수급권이 구체적 권리로서 인정될 수 없으며, 프로그램 규정적인 권리로서 또는 추상적 권리로서 인정된다고 판시하고 있다.

판시내용 중에서 주목할 것은 생계보호기준이 청구인들의 인간다운 생활을 보장하기 위하여 국가가 실현해야 할 객관적인 내용의 최소한도의 보장에 이르지 못하였다거나 헌법상 용인될 수 있는 재량의 범위를 명확히 일탈하였다고 보기 어렵고, 따라서 생계보호의 수준이 최저생계비에 미치지 못하더라도 그 사실만으로 곧 그것이 헌법에 위반된다거나 청구인의 행복추구권이나 인간다운 생활을 할 권리를 침해한 것이라고 볼 수 없다는 내용이다(신섭중 외, 2004 : 60).

(3) 사회복지법상 생존권 규정의 전개방향

생존권의 내용은 현대산업사회와 관련하여 급속하게 변화되고 있으며, 또한 생존권의 개념도 협의의 개념에서 광의의 개념으로 바뀌고 있다. 그러나 우리나라는 사회복지법의 제정이 정치적인 요인과 밀접한 관련을 가지고 있으며, 생존권에 대한 인식정도도 점점 높아지고 있는 편이다.

그리고 생존권의 보장이 자본주의가 발전한 국가에서는 실질적으로 잘 보장되어 있고 소득이 낮은 국가에서는 그렇지 않다고 생각하기 쉽지만, 그러나 국민과 국가의 실천의지에 따라 생존권의 실현이 영향을 받는다고 생각한다면, 사회경제적인 약자 등의 인간다운 생활 보장을 위한 생존권의 제도화를 더욱 발전시켜 나가야 할 것이다.

반사적 수익권

사회복지법상 사회복지서비스 수급권을 인정하고 있다할 지라도 그 이익을 향유할 수 있는 상황이 존재할 때에만 법적 권리로서 인정받을 수 있다는 것을 의미한다. 여기에서 이익을 향유하기 위한 상황이란 특정 사회복지서비스를 생산하고 급여하기 위한 예산의 확보와 예산의 뒷받침을 받아 행정행위가 전개되는 조건을 의미한다.

사회복지법상 생존권이 개별적, 구체적 권리인가 또는 반사적 수익권인가 하는 문제에 대해서는 아직도 논쟁 중에 있으나, 생존권이 올바르게 실현되기 위해서는 생존권을 구체화할 수 있는 입법조치 및 행정절차가 뒤따라야 할 것이다(신섭중 외, 2004 : 61).

사회복지법상 생존권 규정의 법적 효력은 국가나 지방자치단체의 예산의 확보문제나 관심, 정치적인 상황과 밀접한 관련이 있음은 물론이며, 점차 관심도가 높아가고 있는 것은 다행스럽다고 하겠다.

法諺

The safety of the people and the state is the supreme law.

최상의 법은 국민의 안녕과 국가의 안전이다.

제 3 절 생존권 보장의 국제적 동향

1 국제노동기구(ILO)의 생존권 보장노력

> 국제노동기구(ILO)
>
> 우리나라는 1991년에 152번째 회원국으로 가입하였다.

제1차 세계대전이 끝난 후부터 제2차 세계대전 사이에, ILO를 통하여 체결된 사회보장에 관한 조약 및 권고는 상당수에 달하였으며, 이들은 각국의 사회보장 발전에 커다란 기여를 하였다(이상광, 2002 : 232).

이러한 조약은 각 국가의 비준을 통하여 비준 국가의 사회복지 입법에 중요한 영향을 미치게 되는 것이다.

생존권 보장을 위한 국제노동기구의 활동 중 가장 중요한 활동 몇 가지를 들어보면 다음과 같다(장동일, 2003 : 47).

첫째, 1942년 국제노동기구 사무국이 발표한 연구물로서 「사회보장에의 길」은 사회보장에 대한 새로운 개념을 불러 일으켰고, 제2차 세계대전 이후 사회보장제도의 발전에 큰 역할을 수행했다. 이 보고서의 기본이념은 사회보장이 모든 인간의 권리가 되어야 한다는 점이었다.

둘째, 1944년 필라델피아에서 개최된 제26차 국제노동기구총회에서 「필라델피아 선언(국제노동기구의 목적에 관한 선언)」을 채택하였는데, 동 선언은 모든 인간이 경제적 보장을 받을 권리를 확인하였을 뿐만 아니라, 보호를 필요로 하는 모든 사람들에게 기초적 수입과 포괄적 의료를 확보하는 사회보장의 조치를 확장하는 것이 국제노동기구의 엄숙한 의무라고 표명하고, 구체적 조치로서 「소득보장에 관한 권고」와 「의료보호에 관한 권고」를 채택하였다.

「소득보장에 관한 권고」는 소득보장이 사회보장에 있어 그 본질적 요소임을 지적하면서 가맹국이 소득보장을 발전시켜 나감에 있어 준수해야 할 지도원칙을 제시하였다.

「소득보장에 관한 권고」는 생존권 보장을 위하여 사회보험방식과 사회부조방식으로 대처할 것을 권고하였고 생존권 보장의 대상은 빈민을 비롯한 사회적 약자를 포함하여 전 국민을 포괄하는 보편성 원칙을 천명하였다.

「의료보호에 관한 권고」는 적절한 의료를 부여하는 것이 사회보장의 본질적 요소라고 보기 때문에, 의료서비스의 개선과 그 정비 및 통합을 통하여 의료서비스의 범위를 농민과 자영자를 포함하는 전 피용자와 그 가족으로 확대하고 있고, 의료서비스는 치료는 물론 예방사업인 보건까지 포함시켜야 하고, 정부가 의료 인력과 시설, 장비를 책임지고 설치하여야 하며, 의료비용은 기여금이나 조세 또는 양자의 부담금으로 할 수 있다는 등 융통성을 부여하고 있다는 점에서 그 특징을 발견할 수 있다.

셋째, 1952년 국제노동기구 총회는 「사회보장의 최저 기준에 관한 조약」을 채택하여 각국의 사회보장법 제정의 기준으로 제시하였다.

「사회보장의 최저기준에 관한 조약」을 채택하게 된 동기는 제2차 세계대전 후 미·소의 군비강화, 전후의 사회복구, 사회혼란 등으로 사회보장이 정체, 후퇴하고 있음을 인식하고, 각국이 사회보장제도를 도입함으로써 국민의 생존권을 보장하려는 데 있었다.

구체적으로 1952년 이후 국제노동기구의 사회보장 관련 조약과 권고는 〈표 2-1〉과 같이 나타난다.

〈표 2-1〉 국제노동기구의 사회보장 관련 조약 및 권고

		조약 및 권고의 명칭
일반 기준		• 사회보장의 최저기준에 관한 조약, 1952(No.102), 39개국 • 사회보장의 내외국인 균등처우에 관한 조약, 1962(No.118), 38개국 • 사회보장의 권리유지 조약, 1982(No.157) • 사회보장의 권리 유지 권고, 1983(No.167)
분야별 기준	출산	• 출산보호에 관한 조약, 1952(No.102), 33개국 • 출산보호에 관한 권고, 1952(No.95)
	고용재해	• 고용재해급여에 관한 조약, 1964(No.121), 21개국 • 고용재해급여에 관한 권고, 1964(No.121)
	노령, 장애, 유족	• 출산보호에 관한 조약, 1952(No.102), 33개국 • 출산보호에 관한 권고, 1952(No.95)
	의료, 상병	• 장애, 노령, 유족급여에 관한 조약, 1967(No.128), 16개국 • 장애, 노령, 유족급여에 관한 권고, 1967(No.131)

분야별 기준	실업	• 고용촉진 및 실업보호에 관한 조약, 1988(No.168), 6개국 • 고용촉진 및 실업보호에 관한 권고, 1988(No.176)
	기타	• 고령노동자에 대한 권고, 1982(No.167)

비고 1) 조약명칭 옆의 개국 수는 해당 조약을 비준한 국가 수를 의미함.

출처 ILO, International Labour Conventions and Recommendations 1919-1991, Vol. I and Vol. Ⅱ, ILO:Geneva, 1992. 기타 91년 이후의 조약·권고 문서(신섭중 외, 한국사회복지법제개설, 1999, 대학출판사, p.54에서 재인용).

② 국제연합(UN)의 생존권 보장노력

국제연합(UN)은 1948년의 제3차 총회에서 「세계인권선언」을 채택하였다. 그 중에서 생존권과 밀접하게 관련된 세계인권선언 제22조에는 "인간은 누구나 사회의 일원으로서 사회보장을 받을 권리를 가지며, 또한 국가적 노력 및 국제적 노력을 통하여 나아가서는 각국의 조직 및 자원에 따라 자기의 존엄과 자기의 인격의 자유로운 발전에 있어 없어서는 안 될 경제적·사회적 및 문화적 권리를 실현할 권리가 있다."고 규정하고 있다. 그리고 제23조제3항에는 "노동하는 사람은 누구나 인간의 존엄에 상응한 생활을 본인과 그 가족에 대해서 보장하고 필요한 경우에는 다른 사회적 보장수단에 의해서 공정, 유리한 보수를 받을 권리를 갖는다."고 규정하고 있다.

> 세계인권선언
> (the Univercial Declaration of Human Rigths)
>
> 국제연합(UN) 제3회총회(1948년)에서 채택함. 그 중에서 생존권과 밀접하게 관련된 세계인권선언은 그 제22조이며, "인간은 누구나 사회의 일원으로서 사회보장을 받을 권리를 가지며"라고 규정하고 있다.

국제연합은 1966년 제21차 총회에서 세계인권선언(1948년)을 구체화 시킨 국제인권규약(International Conduct on Human Rights)을 제정 하였다. 이 규약에서는 자유권보장에 관한 것과 아울러 사회복지 및 사회보장에 관련된 구체적 규정을 많이 포함하고 있다. 특히 인권규약 제10조는 가정복지, 아동, 부인 및 근로여성 등의 복지서비스보장에 대하여, 이 규약의 체약국은 다음의 것을 인정하도록 하고 있다(신섭중 외, 1999 : 52).

① 가능한 한 광범위한 보호 및 원조가 사회의 자연적이고 기초 적인 단위인 가족(가정)에 대해서 주어져야 하며, 특히 가족의 형성과 부양 아동의 양육 및 교육에 대한 책임을 갖는 자에게 주어져야 한다.
② 산전·산후의 합리적인 기간에, 특별한 보호가 산모에게 주어 져야 한다. 일하는 산모에게는 그 기간에 유급휴가 또는 상당한 사회보장급여를 수반하는 휴가가 주어져야 한다.

③ 보호 및 원조를 위한 특별한 조치는 출생 기타의 사정에 관계없이 모든 아동 및 연소자를 위한 것이어야 한다. 아동 및 연소자를, 그 정신 또는 건강에 유해하며, 그 생명에 위험이 있으며, 또는 그의 정상적인 발육을 방해할 우려가 있는 노동에 종사시키는 것은 법률로 처벌해야 한다. 또한 국가는 연령 제한을 두어 그 연령에 도달하지 않은 아동을 고용하는 것은 법률로 금지하고 동시에 처벌해야 한다.

또한 국제연합은 「아동권리선언」(1959년), 「여성차별철폐선언」(1967년), 「정신지체자의 권리선언」(1971년), 「장애자의 권리선언」(1975년) 등을 대상별로 채택하여 생존권의 확립에 큰 공헌을 하였다.

3 세계노동조합

1945년 2월 런던에서 개최된 세계노동조합회의에서는 생존권과 관련하여 노동자와 그 가족을 위한 사회보장의 권리성과 사회보장의 발전을 위해서 노력할 것을 합의하였고, 이것은 세계노동조합연맹 결성의 기초가 되었다.

세계노동조합연맹의 주최 하에 1961년 비엔나에서 사회보장을 옹호, 개선, 확대하기 위한 국제회의가 개최되었다. 이 회의 참가자는 각국 노동조합의 대표뿐 아니라 의사, 국회의원, 법률가, 사회보장 실무자 등도 있었는데, 이들은 이 회의에서 「사회보장강령」을 만장일치로 채택하였다. 「사회보장강령」은 1961년 12월 모스크바에서 개최된 제5차 「세계노동조합대회」에서 채택한 「국제사회보장헌장」의 기초가 되었다. 이 헌장에서는 사회보장의 기본원칙 다섯 가지를 밝히고 있는데 그것은 다음과 같다(신수식, 1988 : 101-102).

① 근로자 무갹출의 원칙

참다운 사회보장제도는 자신의 노동으로 생활하고 있는 자, 일할 수 없는 자, 일시적 또는 영구히 노동능력을 상실한 모든 사람들 및 그 가족들에게 본인에 의한 어떤 재정적 부담 없이 법률로서 보장된 기본적인 사회적 권리를 확인하는 것을 토대로 해야 한다는 원칙이다.

② 의료의 사회화 원칙

사회보장제도는 현금 및 현물의 급여에 의하며, 근로자들에게 정상의 생활수단을 보장해야 한다. 현금급여는 생활비, 임금의 증가, 근로자 및 그의 가족이 절대로 필요로 하는 금액에 따라 재조정되지 않으면 안 된다. 국가적 보건제도 또는 사회보장제도 나름에 따라 모든 근로자와 그 가족 성원에 대하여 전액 무료의 의료가 보장되지 않으면 안 된다는 원칙이다.

③ 적용사고의 포괄성 원칙

사회보장은 그 원인과 이유에 구애됨이 없이 질병, 출산, 신체장애, 노령, 근로재해, 직업병, 가족수당, 실업 및 사망 등을 포함하는 일체의 사회적 책임과 재앙에 대하여 적용되지 않으면 안 된다는 원칙이다.

④ 피보장자의 포괄성의 원칙

사회보장은 모든 임금근로자, 소농민, 소작인, 농민, 직인, 자유직업 종사자, 학생 및 자영자 그리고 육체적으로 일할 수 없는 모든 사람들에 대하여 적용되어야 한다는 원칙이다.

⑤ 무차별의 원칙

사회보장에 대한 권리는 인종, 국적, 종교, 성별 및 연령에 의하여 차별하지 아니하며, 모든 사람에 대하여 평등하지 않으면 안 된다. 직업에 의한 차별도, 경제의 공적 및 사적 부분간의 차별도 있어서는 안 된다는 원칙이다.

4 유럽회의

유럽회의는 유럽지역의 사회보장 도입과 발전 및 생존권보장을 위하여 1953년에 「노령·폐질·유족의 사회보장에 관한 임시협정」, 「노령·폐질·유족 이외의 사회보장에 관한 협정」, 「사회원조, 의료원조에 관한 조약」과 1961년에는 「유럽사회헌장」을 채택하였고, 1964년에는 「사회보장의 급여에 관한 조약」을 1972년에는 「사회보장에 관한 조약」을 체결하였다.

이 중 1961년에 채택된 「유럽사회헌장」 제11조부터 제17조에는 건강의 보호를 받을 권리, 사회보장을 받을 권리, 사회적 및 공적부조를 받을 권리, 사회복지사업으로부터 급여를 받을 권리, 직업훈련, 사회복귀, 사회정책에 관한 신체적 또는 정신적 장애자의 권리, 사회적·법률적 및 경제적 보호를 받을 가족의 권리, 그리고 사회적 및 경제적 보호를 받을 모자의 권리 등이 규정되어 있는데 여러 권리 중 사회복지서비스를 받을 권리를 강조하고 있다는 점이 특징이라고 하겠다(장동일, 2003 : 52).

제 5 장

사회복지의 주체와 법률관계

사회복지법의 법률관계란 사회복지법상의 당사자가 가지는 권리와 의무관계를 말한다. 사회복지법의 실행과정에서 구현하려는 권리의 핵심은 각 사회복지법상의 대상자가 향유하는 사회복지수급권이므로 이를 중심으로 법률관계를 살펴볼 필요가 있다. 이에 제1절에서는 사회복지수급권의 개념과 보호, 제한 및 소멸에 대해 검토한다.
제2절에서는 사회복지법의 적용, 의무, 벌칙에 대해 다룬다. 사회복지법은 그 목적 달성을 위하여 일정한 의무를 부과하고 있으며, 의무위반에 대해서 일정한 벌칙을 가하도록 규정하고 있다. 이는 제7장 실효성 확보에서 보다 자세히 다룰 것이다.
제3절에서는 국가, 지방자치단체, 공공기관, 법인, 종교단체, 개인 등 다양하게 구성되어 있는 사회복지의 주체를 공적사회복지주체와 민간사회복지주체로 구분하여 살펴본다.
제4절에서는 전문가로서 전문적인 개입기술과 지식은 물론 다양하고 많은 경험을 필요로 하는 사회복지사에 대해 그 법적 지위, 권한, 책임을 중심으로 논의한다.

제 1 절 사회복지수급권

① 사회복지수급권의 개념과 의의

사회복지수급권(혹은 사회복지급여수급권)이란 사회복지법상 사회복지서비스를 받을 권리를 말하며, 사회복지 서비스를 받을 권리는 금전적 급여를 통한 최저한도의 생활보장과 자립을 목적으로 하는 생활보호, 비금전적 급여를 통한 재활, 생활의 안정과 복지의 증진을 목적으로 하는 사회복지서비스에 대한 급여청구권을 말한다.

> 사회복지급여수급권
>
> 사회복지법상 사회복지서비스를 받을 권리를 말하며, 사회복지 서비스를 받을 권리는 금전적 급여를 통한 최저한도의 생활보장과 자립을 목적으로 하는 공공부조, 비금전적 급여를 통한 재활, 생활의 안정과 복지의 증진을 목적으로 하는 사회복지서비스에 대한 급여청구권을 말한다.

사회복지급여가 단순히 국가행정의 반사적 이익이거나 또는 구빈·자선의 관점에서 부여된 시혜적인 것이라고 한다면, 사회복지급여수급권은 과거의 법제도 하에서 법적으로 실현할 수 있는 청구권으로 이해할 수 없었다. 그러나 자유권 사상을 기초로

반사적 이익

사회복지 입법은 서비스를 시행함에 있어서 클라이언트의 신청을 기다려서 공급/제공하는 것이 일반적이다. 이것을 신청주의라고 한다. 그러나 경우에 따라서는 복지실시기관이 적극적으로 지역사회 내에서 잠재적 실제적 클라이언트를 파악하여서 복지를 조치를 취하는 직권조치주의가 있다. 이것은 클라이언트의 서비스를 받을 권리를 인정한 것이 아니고 법이 공적기관에 조치의무를 부과한 것에서 파생되는 반사적 이익이라고 해석한다. 즉 반사적 이익이란 법이 공익의 보호·증진을 위해 일정한 규율을 행하는데 따르는 반사적 효과로서 특정 또는 특정의 사인(私人)에게 생기는 일정한 이익을 말한다. 그러나 현대국가의 행정은 모든 국민이 이것을 향유할 권리가 있기 때문에 행정으로부터 생기는 이익은 특별한 예외를 제외하고서는 반사적 이익에 의해서가 아니고 국민의 권리로서 추인되지 않으면 안 될 것이다.

한 시민법체계가 한계에 부딪힘에 따라 국민의 생존권확보를 위한 노동법, 사회보장법, 사회복지서비스법이 입법됨에 따라 법적 청구권으로 인정받게 되었다. 현대사회의 대부분 국가들은 사회복지급여수급권을 법적 권리로 인정하고 있고, 이를 보장하기 위한 입법조치들을 강구하고 있으며 적극적으로 이의 실현을 강구하고 있다. 국가사회구성원의 생존권을 구체적으로 보장하기 위하여 법적 권리로 인정된 사회복지급여수급권이란 공법 주체인 사회급여 관리운영 주체와 수급권자 간에 존재하는 사회법 관계에서 발생하는 사회복지급여의 지급을 청구할 수 있는 권리로서 공법상의 쟁송을 통하여 실현 가능한 수급권자의 개인적 공권이다. 사회복지급여수급권의 법적 성질은 공법상의 쟁송방법을 통하여 실현할 수 있는 법적 청구권이다(이상광, 1988 : 491).

사회복지급여수급권이 법적권리로 인정받게 된 배경은 정치적, 사회적, 경제적 변화에 따른 것이다. 자유방임주의 사상에 토대한 근대시민사회의 이념이 현재는 집단주의 혹은 사회민주주의로, 경제체제는 독점자본주의나 수정자본주의체제로, 법체제는 공법 또는 사회법으로 변화함에 따라, 개인의 권리는 사회권, 혹은 생존권이 중시되는 상황으로 변모하였다. 동시에 국가 형태의 측면에서는 국가가 개인의 사생활에 적극적으로 개입하여 불평등을 해소하고 국민 모두의 복지를 증진시키려는 복지국가에로 전환하는 역사적 경향을 가져왔다. 결론적으로 사회복지법은 시민사회의 발전에 따른 결과로 생겨난 것이며, 국민의 생존 혹은 생활에 필요한 여러 가지 조건의 확보를 국가에 대하여 요구할 수 있는 권리인 생존권 혹은 복지권(사회권)을 핵심으로 삼고 있다고 볼 수 있다.

② 사회복지수급권의 보호

권리구제

급여대상자인 사회적 약자의 생존권을 신속하게 확보하려는 입법상의 의의나 목적을 위한 것으로 대부분 사회복지법의 수급권자나 요호보대상자는 사법적 판단과정에 소요되는 재정적·시간적 여유를 가지지 못하는 현실을 반영하여, 인간다운 생활을 보장하려는 노력을 의미한다.

(1) 사회복지수급권의 취약성

사회복지수급권은 기본적 권리의 하나로서 파악된다고 할지라도 그 실현을 위해서는 여전히 장애요소가 존재하고 있다. 우리나라의 경우 헌법에서 명시되고 있는 생존권 조항과 하위법인 생활보호법이나 아동복지법 등에서 사회복지급여 수급권에 대한 규정이 있음에도 불구하고 사회복지급여 수급권이 하나의 기본적 권리로서 인정받지 못하는 취약성이 있으므로 일정한 보호가 필요하다. 즉, 사회복지수급권이 그 보장에 대한 명문규정이 있음에도 불구하고 국민의 기본적이고 구체적인 권리로서 인정받지 못하고 있는 것은 그것의 구체적 실현을 위한 청구권을 행사할 수 없기 때문이며, 다음과 같은 이유에서 권리로서의 취약성을 갖는다.

그것은 첫째, 헌법상의 규정을 하나의 프로그램 규정으로 인식하고 있으며 따라서 사회복지급여 수급권은 국가 행정행위의 반사적 이익으로 파악하기 때문이다. 특히 우리나라와 같이 사회복지의 역사가 짧은 경우에는 더욱 그러하다.

둘째, 사회복지급여 수급권이 권리로서 취약성을 지닐 수밖에 없는 이유는 사회복지급여 수급권 내용 자체에서 찾아볼 수 있다. 법은 항상 보수성을 지니며 현실 사회의 표준화된 사항을 중시하는 특성에서 사회복지급여는 항상 유동적이며 개별적이고 계량화·표준화가 쉽지 아니한 성격을 대상으로 하는 것이므로 그만큼 권리성이 약화되는 점을 지니게 된다.

셋째, 사회복지급여 수급권의 법적 성격에서 볼 때 이것이 갖는 사적 측면의 존재가 권리성을 어렵게 하고 있다. 사회복지급여 수급권은 자기의 생활유지라고 하는 수급자의 사적 이익에 관한 측면이 대사회적 청구권으로서의 생존권의 공적 성격과 불가분하게 결합되어 있다. 그러므로 사회복지급여 수급권이 지닌 이러한 이중성으로 인하여 사적 측면에 대해서는 국가가 끊임없이 개인 책임으로 돌리려는 한편, 공적 측면으로는 사회복지행정의 급여행정적 측면이 지닌 재량권의 소극적 특성이 사회복지급여 수급권을 하나의 권리로서 확립되기 어려운 것으로 만들게 된다.

마지막으로 사회복지급여 수급권과 행정조직, 즉 사회복지행정기관의 각종 행정행위와 관련하여 권리로서의 허약성이다. 이런 점에서 행정기관의 재량권이 적절하게 실행되어야 하고 사회복지 전문인력의 배치를 위한 법적·제도적 장치 또한 요구되고 있다. 현재 우리나라의 실정에서 이러한 측면에서 볼 때, 사회복지 전문인력의 배치와 자격, 임용, 교육, 훈련, 그리고 사회복지 전달체계의 개선 등에 대한 재검토가 요구된다고 하겠다.

이상과 같이 사회복지수급권은 기본권으로서 취약성을 띠고 있기 때문에 국가적 차원에서 수급권 보호를 위한 정책적 노력이 필요하다. 또한 사회복지수급권은 수급자 개인의 생활보장뿐만 아니라 모두가 인간다운 생활을 할 수 있는 사회공동체를 구현하고, 사회적 형평을 실현하기 위한 국가적 차원의 노력이기 때문에 국가는 수급권자가 누릴 수 있는 권리를 부당하게 침해받지 않도록 적극적으로 노력하여야 하며, 수급권을 실행하는 과정에서 장애가 되는 요인들을 사정에 제거함으로써 사회복지수급권을 보호해 주어야 한다. 그러나 국가는 과잉보호를 받게 되거나, 남용되거나, 악용되는 경우 이를 제한하여야 한다.

(2) 사회복지수급권의 보호

> **수급권**
>
> 사회보장수급권은 포기할 수 있고, 포기를 취소할 수 있다. 다만, 타인에게 피해가 가거나 관계법령에 위반되는 경우에는 포기할 수 없다. 양도·담보·압류는 할 수 없으며, 제3자의 불법행위로 인하여 사회보장수급권을 가질 수 있고, 이 때 사회보장을 행한 주체는 제3자에게 구상권을 행사할 수 있다.

사회복지급여를 받을 권리는 사회권(생존권)으로서 이미 여러 나라에서 하나의 권리로서 인정하고 있다. 그러나 앞서 논의한 바와 같이 사회복지수급권이 취약하므로, 국가는 개인의 권리실현에 장애가 되는 요소를 제거해야 할 뿐만 아니라, 법적으로 권리실현을 할 수 있도록 사회복지수급권을 보호해야 한다.

1) 수급권의 처분 · 압류 · 상계의 금지

사회복지급여 수급권자는 자기가 가지고 있는 사회복지급여 수급권을 타인에게 양도하거나 또는 담보로 제공할 수 있는가, 또한 사회복지급여 수급권자의 채권자는 자기 채무자의 사회복지급여 수급권을 압류할 수 있는가 혹은 수급권자에 대한 자기의 채무와 상계할 수 있는가라는 문제가 발생한다.

민법상 채권은 일반적으로 법률행위에 의하여 양도할 수 있음에 반하여, 공법상의 권리는 법률행위에 의하여 양도할 수 없다. 공법상 권리·의무는 일신전속권에 기인하고 있기 때문에 양도할 수 없는 것이다. 따라서 사회복지급여수급권도 공법상의 권리 중의 하나로 보기 때문에 수급권의 처분(양도·담보제공), 압류 및 상계를 사회복지법에서 금지하고 있다. 이를 금지하고 있는 근본적인 이유는 사회복지급여수급권의 개인적·사회적 보호를 통해 인간다운 생활을 보장하는 데 목적을 두고 있기 때문이다(장동일, 1999 : 140).

> **일신전속권**
>
> 일신전속권(一身專屬權)이란 어떤 권리를 그 주체만이 가질 수 있고 행사할 수 있는 권리로, 해당하는 당사자에게만 인정하는 권리를 말한다.

사회복지관련법률의 기본법이라고 할 수 있는 「사회보장기본법」 제12조(사회보장수급권의 보호)의 "사회보장수급권은 관계법령에서 정하는 바에 따라 타인에게 양도하거나 담보로 제공할 수 없으며, 이를 압류할 수 없다"는 규정에 입각하여 수급권의 보호가 이루어지고 있다. 우리나라의 수급권의 보호 규정은 「국민기초생활보장법」 제35조

(압류금지)와 제36조(양도금지), 「국민연금법」 제58조(수급권의 보호), 「국민건강보험법」 제54조(수급권의 보호) 등과 같이 개별법에서 보호규정을 두고 있다.

2) 조세, 기타 공과의 금지

각종 사회복지급여에 대하여 각국의 사회복지 입법례에서는 거의 공통적으로 조세나 기타의 공과금을 금지하고 있다. 이것은 사회복지급여를 통하여 최소한의 삶을 영위하게 하는 데 목적이 있으므로, 조세나 기타 공과금을 부과하는 것은 바람직하지 않기 때문이다(신섭중 외, 1999 : 159).

우리나라의 사회복지법도 이와 같은 금지규정을 두고 있다. 공공부조급여의 경우 인간다운 최소한의 삶을 영위하도록 보장하기 위하여 공공부조급여에 대해서는 조세나 공과금을 부여하지 않는다. 그리고 「국민연금법」 제60조(조세와 그 밖의 공과금 면제)와 「산업재해보상보험법」 제91조(공과금의 면제)에서도 조세나 공과금을 부여하지 않는다는 규정을 명시하여 생존권을 보장하기 위한 수급권을 보호하고 있다.

3) 불이익 변경의 금지

사회복지급여가 결정된 경우, 그것은 일종의 기득권적인 성격을 지니므로 정당한 이유 없이 불이익하게 변경될 수 없다. 이러한 규정은 가능한 한 피보호자인 사회복지급여 수급자를 보호하려는 취지에서 만들어진 내용이다. 사회복지수급권의 목적은 수급권자의 복지수준의 유지 또는 개선이다. 그러나 때로 수급권자의 상태를 악화시키는 조건이 발생할 수 있으므로 이를 법으로 금지하고 있다. 「국민기초생활보장법」 제34조(급여변경의 금지)에는 "수급자에 대한 급여는 정당한 사유 없이 이를 불리하게 변경할 수 없다"고 하여 불이익변경의 금지를 규정하여, 수급권을 보호하고 있다.

3 사회복지수급권의 제한 및 소멸

(1) 수급권 제한의 의의

사회복지급여 수급권은 스스로 사회생활을 유지할 수 없는 상태에 처한 사회적 약자에게 인간다운 생활을 영위할 수 있도록 하는 사회복지의 제도적 장치로써 구체적으로 실현된다. 그러나 이러한 사회복지급여가 필요한 상태 즉, 사회적 요보호상태가 사회복지수급권자의 책임으로 돌릴 수 있는 행위로 인하여 발생하거나 또는 그로 인하여 그 상태가 악화되거나 또는 호전되는 것을 방해할 때, 또는 사회복지급여지급에 필요한 여러 가지 협조 의무에 응하지 않는 경우에도 사회적 보호만을 고려하여 그에게 사회복지급여를 지급하여야 하는가의 문제가 대두된다(이상광, 1988 : 599).

사회복지급여 수급권의 제한은 여러 가지 사정이 있을 경우, 수급을 받을 권리가 타당하나 정의로움에 반대된다는 인식을 하게 될 때, 형식적으로 수급요건이 있다고 보여지는 경우에도 급여를 행하지 않는 것을 의미한다(신섭중, 1999 : 160-161). 이와 같이 사회복지수급권의 제한은 여러 가지 사정에 의하여 수급권이 적정하지 않다고 인식될 때, 여러 가지 형식으로 제한을 한다. 공공부조수급자의 경우 수급조건에 따른 의무를 성실하게 이행하여야 하는데, 공공부조수급 사유 및 조건을 고의 또는 악의 있는 행위를 통해 발생시키거나 수급사유 및 조건이 허위로 판명된 경우 등은 수급권을 제한하거나 금지한다.

(2) 수급권의 제한

1) 중복급여의 조정

> **중복급여의 조정**
>
> 과잉사회복지급여의 제한 및 금지하는 원칙으로, 수급권자가 다른 급여를 받게 되는 때에는 급여를 지급하지 않거나 지급이 정지되는 것을 말한다. 이것은 수급권자가 동일급여 수급사유에 대하여 중복수급을 하거나 민법 또는 타법과의 연관에서 이중으로 보상 또는 배상함으로써 사회적 형평의 원칙에서 위배되는 것을 방지하기 위한 것이다.

중복급여의 조정이란 과잉사회복지급여의 제한 및 금지하는 원칙으로, 수급권자가 다른 급여를 받게 되는 때에는 급여를 지급하지 않거나 지급이 정지되는 것을 말한다. 이것은 수급권자가 동일급여 수급사유에 대하여 중복수급을 하거나 민법 또는 타법과의 연관에서 이중으로 보상 또는 배상함으로써 사회적 형평의 원칙에서 위배되는 것을 방지하기 위한 것이다.

사회복지급여는 수급권자가 스스로 자신의 생활을 영위할 수 있도록 사회적 보호를 하는 데 목적을 두고 있으므로 수급권자가 자립하게 되면 바로 그 상태에서 급여지급을 종결하게 된다. 왜냐하면 사회복지급여는 최저한의 생활보장이고 보충성의 원칙 하에서 제공되는 사회보장이므로 개인의 존엄성이나 자활의지를 손상시켜서는 안 되기 때문이다. 그러므로 사회복지 급여 수준과 내용은 수급권자의 자립조장에 기여할 수 있도록 적정한 것이어야 한다. 따라서 사회복지 급여 내용은 너무 적지도 많지도 않아야 하며, 중복된 급여를 지양해야 한다. 「국민연금법」 제56조(중복급여의 조정) 규정이 이러한 원칙에 해당한다.

2) 사회복지급여의 남용금지

사회복지급여는 국민의 세금이나 사회보험, 기여금 등에 의존하고 있으므로 다른 구성원들에게 부당하게 불이익을 가져오는 행위가 배제되어야 한다. 사회복지급여수급권자는 사회복지수급 조건에 따른 의무를 성실하게 이행함은 물론, 사회복지수급 사유 및 조건을 인위적으로 직·간접으로 발생케 하거나, 연기시키는 행위 등에 대하여 수급권을 제한·금지하는 것이 마땅하기 때문이다.

이러한 내용들은 「국민연금법」 제82조(급여의 제한) 제2항과 제86조(지급의 정지 등) 제1항, 「국민건강보험법」 제48조(급여의 제한) 제1항, 「공무원연금법」 제62조(고의 또는 중과실 등에 의한 급여의 제한) 제3항과 제63조(진단 불응 시의 급여의 제한) 등에 규정되어 있다.

3) 수급권의 악용의 제한

사회복지급여 지급사유가 발생하지 않았음에도 불구하고 급여를 지급받기 위한 목적으로 고의로 지급사유를 발생시킬 경우, 낮은 정도의 급여사유가 발생하였음에도 높은 정도의 급여 사유가 발생한 것처럼 하여 부당하게 급여를 받는 경우, 고의의 범죄행위에 의하여 지급사유를 발생시킨 경우, 중과실의 경우 등에는 사회복지급여 수급권을 제한한다.

「국민연금법」 제82조(급여의 제한) 제1항, 「국민건강보험법」 제48조(급여의 제한) 제1항, 「공무원연금법」 제62조(고의 또는 중과실 등에 의한 급여의 제한), 「군인연금법」 제34조(고의 또는 중과실 등에 의한 급여 제한), 「고용보험법」 제61조(부정행위에 따른 급여의 지급 제한) 등에 이러한 원칙이 적용되어 있다.

4) 부당이득의 징수

위법하게 사회복지급여를 받은 자는 그 급여를 반환할 의무가 발생한다. 허위 기타 부정한 방법으로 급여를 받은 경우 그 부정수급자는 그 급여액 즉, 부당이익을 반환 또는 배상해야 한다. 예를 들면 「산업재해보상보험법」 제84조(부당이득의 징수) 제1항에는 거짓이나 그 밖의 부정한 방법으로 보험급여를 받은 경우 그 급여의 2배에 해당하는 금액을 징수하도록 규정하고 있으며, 국민건강보험법 제52조(부당이득의 징수) 제1항에는 사위(詐僞) 또는 기타 부당한 방법으로 보험급여를 받은 자 또는 보험급여비용을 받은 요양기관에 대하여 그 급여 또는 급여비용에 상당하는 금액의 전부 또는 일부를 징수하도록 규정하고 있다.

제 2 절 사회복지법의 적용, 의무, 벌칙

① 사회복지법의 적용

사회복지법은 생존권·복지권의 제도적이고 구체적인 실현을 위한 사회적 장치로서의 위치를 차지하고 있는 법체계로서 사회복지급여를 받는 자가 그 대상이지만, 법 자체는 모든 국민에게 적용되는 법이다.

> **일반법과 특별법**
>
> 일반법이란 사람이나, 장소, 사항 등에 관하여 특별한 제한이 없어 일반적으로 넓은 효력범위를 갖는 법을 말하며, 특별법은 일정하게 한정된 사람, 장소 또는 사항에 관하여 특수적인 좁은 효력범위를 갖는 법을 말하고 일반법에 우선하여 적용한다.

사회복지법의 적용이란 어디에 적용이 되느냐의 문제, 즉 사회복지법이 어떠한 범위에서 관계자를 구속하는 힘을 가지는가의 문제이다. 이는 사회복지법의 효력의 범위를 말하는데 이에는 시간, 사람, 장소에 관한 효력 및 범위가 문제된다.

(1) 시간에 관한 효력

사회복지법의 시간적 효력은 원칙적으로 시행일부터 폐지일까지 효력을 갖는다. 법률 및 대통령령, 총리령, 부령은 그 시행일에 관하여 특별한 규정이 없으면 공포한 날로부터 20일이 경과함으로써 효력을 발생한다(「헌법」 제53조제7항, 「법령등 공포에 관한 법률」 제13조). 그러나 일반적으로 각 개별법의 부칙에 시행일이 규정되는 경우가 많다.

> **공포(公布, Promulgation)**
>
> 새로 제정된 법령이나 조약 등을 국민에게 알리는 공식적인 절차로서 이를 위하여 「법령등공포에관한법률」이 제정되어 새로 제정되는 모든 법령은 이 법에 정한 절차에 따라 국민에게 공포된다. 모든 법령이나 조약은 공포되어야 효력이 발생되므로 공포는 효력발생요건이 된다. 따라서 공포절차나 공포일시는 중요한 의미를 갖는다.

조례와 규칙도 그 시행에 관하여 특별한 규정이 없는 한 공포일로부터 20일을 경과함으로써 효력을 발생한다(지방자치법 제26조제7항). 그러나 사회복지법령은 그 자체가 대중성과 공익성이 강하므로 이를 국민에게 주지시키기 위한 기간이 필요함으로 인하여 공포와 시행일 사이에 상당한 기간을 두고 있다. 예를 들면 「사회보장기본법」은 1995년 12월 30일 제정·공포 후 6개월이 경과한 날부터 시행이 되었고, 「국민기초생활보장법은」은 1999년 9월 7일 제정·공포되었고 약 1년 후인 2000년 10월 1일부터 시행되었다.

법률은 시행 이후의 사항에만 적용되고 특별한 규정이 없는 한 시행 전 사항에 대하여는 소급적용하지 못한다. 따라서 사회복지법의 효력은 시행일 이전의 사항에 관하여는 소급하여 적용하지 못한다. 다만 예외적으로 법규시행 당시에 진행 중인 사실이나 국민의 기득권을 침해하지 않거나 국민에게 권익을 부여하는 경우에는 소급시행도 가능하다. 그러나 사회복지법의 벌칙에 관한 규정은 소급적용이 허용되지 않는다.

법률불소급원칙에 의하여 구법 적용 시에 발생한 사항에 대해서는 구법이 적용되고 신법 시행 후에 발생한 사항에 대해서는 신법이 적용된다. 그러나 어떤 사항이 신법과 구법 모두에 걸쳐 있을 경우 구법, 신법 중 어느 법을 적용할 것인가에 관하여는 그 법령의 부칙 또는 시행령에 특별규정을 두고 있는데, 이를 경과규정이라고 한다.

> **법률불소급(法律不遡及)의 원칙**
>
> 법의 효력은 시행이전에 발생한 사항에 대해서는 소급하여 적용하지 않는다는 원칙을 말한다.

(2) 사람에 관한 효력

사람에 관한 법의 효력은 법이 적용되는 인적 범위의 문제, 즉 법의 효력이 누구에 대하여 미치는가의 문제이다.

사람에 관한 법의 효력은 속지주의를 원칙으로 하면서 이를 보충하기 위하여 속인주의를 채택한다. 따라서 사회복지법은 원칙적으로 대한민국 국민에게 평등하게 적용되며, 외국인의 경우에는 상호주의의 원칙에 의하여 내국인과 동등한 대우를 하고 있다(「사회보장기본법」 제8조). 일시체류자나 불법체류자에 대해서는 적용되지 않는다. 다만 사회복지법은 사회복지 정책적인 사유로 자격요건을 한정하는 경우가 있는데, 예를 들면 사회보험법상의 보험가입자의 제한, 국민기초생활보장 수급자의 제한, 시설수용자의 제한 등이 이에 해당한다.

> **외국인의 법적 지위**
>
> 외국인은 대한민국의 국적을 갖지 않고, 외국국적을 가진 자이며 무국적자까지 포함되며, 현행헌법은 외국인의 기본권에 대해 상호주의에 입각하여 헌법 제6조에서 '외국인은 국제법과 조약이 정하는 바에 의하여 그 지위가 보장된다'고 정하고 있다.

(3) 장소에 관한 효력

장소에 대한 법의 효력은 법이 실제로 적용되는 영역적 범위의 문제이다. 사회복지법은 속지주의에 입각하여 국내에 거주하는 내외국인 모두에게 적용 된다. 그러나 지방자치단체가 제정한 조례 및 규칙은 그 자치단체의 지역 내에서만 적용된다. 또한 재해구호법에 의한 재난지역 선포는 그 재난지역에서만 효력이 발생된다.

② 사회복지법의 의무

사회복지법의 의무로는 사회복지급여를 요하는 비용부담 의무와 사회복지운영을 원활하게 하기 위하여 사회복지급여수급권자 등에게 부과하는 신고 등의 의무가 있다.

(1) 비용부담의무

1) 보험료부담의무

사회보험의 가입자 및 사용자는 보험료납부 의무가 있다. 「국민건강보험법」에는 직장가입자가 근로자인 경우에는 사용자와 근로자가 각각 보험료액의 100분의 50씩을 부담한다. 직장가입자가 사립학교 교직원인 경우의 보험료액은 그 직장가입자가 100분의 50을, 사립학교설립·운영자가 100분의 30을, 국가가 100분의 20을 각각 부담하고, 직장가입자가 공무원인 경우에는 그 공무원이 소속되어 있는 국가 또는 지방자치단체와 공무원 본인이 각각 100분의 50씩을 부담하도록 규정하고 있다. 한편 지역가입자의 보험료는 그 가입자가 속한 세대의 지역가입자 전원이 연대하여 납부한다(「국민건강보험법」 제68조). 산업재해보상보험법의 경우 보험료는 사업주가 부담한다(「산업재해보상보험법」 제4조[1]). 국민건강보험법에는 보험료를 체납한 지역가입자에 대하여 보험료를 완납할 때까지 보험급여를 실시하지 아니할 수 있다(「국민건강보험법」 제48조제3항)고 명시되어 있다.

국민연금법상에는 보험가입자에게 보험료를 납부할 것을 기대할 수 없는 상황으로서 법률에 정한 경우에 보험료납부의무가 면제되는 경우가 있다. 즉 사업중단, 실직 또는 휴직 중인 경우, 병역의무를 수행하는 경우, 재학 중인 경우, 교정시설에 수용 중인 경우, 행방불명된 경우, 재해·사고 등으로 소득이 감소되거나 그 밖에 소득이 있는 업무에 종사하지 아니하는 경우에는 이 기간이 보험가입 기간에 포함되지 않으며, 따라서 급여수준에 영향을 미치지 않는다(「국민연금법」 제91조). 다만 가입자에게 추후에 보험료를 납입하여 급여수준을 증가시킬 수 있는 기회를 부여한다(「국민연금법」 제92조).

---

1) 「산업재해보상보험법」에 의한 보험사업에 소요되는 비용에 충당하기 위하여 징수하는 보험료 그 밖의 징수금에 대하여는 「고용보험및산업재해보상보험의보험료징수등에관한법률」이 정하는 바에 따른다.

2) 이용자부담금의 부담의무

이용자부담은 의료나 복지서비스 등 현물급여를 이용하는 자에게 부과하는 금전부담을 말한다. 이용자부담금에는 의료보험의 피보험자 등이 의료기관에서 검진한 때에 그 창구에서 지급하는 환자부담과 복지서비스의 수급자 등에 대하여 행정청에 의한 비용징수 등이 있다. 건강보험의 경우 피보험자 등은 원칙적으로 의료기관에서 의료의 현물급여를 받지만, 그 때에 환자는 의료기관에게 그 비용의 일부를 지급하는데 이를 본인 일부부담금이라고 한다(「국민건강보험법」 제41조).

「국민기초생활보장법」에 의한 비용의 징수는 수급자에게 부양능력을 가진 부양의무자가 있을 때, 보장비용을 지급한 보장기관은 부양의무자로부터 부양의무의 범위 안에서 징수할 수 있으며, 만약 이의 불이행에 대하여는 국세 또는 지방세체납처분의 예에 의하여 징수한다(「국민기초생활보장법」 제46조). 복지조치에 필요한 비용을 부담한 지방자치단체의 장 또는 기타 시설을 운영하는 자는 그 혜택을 받은 본인이나 그 부양의무자로부터 그가 부담한 비용의 전부 또는 일부를 징수할 수 있다(「사회복지사업법」 제44조).

(2) 사무협력 등의 의무

사회복지법은 사회복지사무가 원활하고 적정하게 이루어지도록 피보험자, 수급권자, 세대주, 사업주 등에게 각종 의무를 과하거나, 행정청에 일정한 권한을 부여하며 이들 피보험자 등은 이에 따를 것을 규정하고 있다.

사무협력 등의 의무는 신고·보고의무, 징수·문서제출명령·출석명령 등에 따를 의무, 조사·질문·지시 등의 수인의무, 진단명령 등의 수인의무 등이다(「국민연금법」 제121조-제123조, 「국민건강보험법」 제82조-제84조, 「고용보험법」 제108조-제110조, 「산업재해보상보험법」 제114조-제119조).

> **수인(受忍)의무**
> 다른 사람이 나에게 어떤 행위를 하는 것을 "참아야 하는 의무"를 말한다.

이들 의무에 위반한 경우에는 즉시강제에 의해 직접 신체 또는 재산에 실력을 행사할 수는 없지만, 사회복지급여의 지급정지, 일시금지 등이나 벌칙이 규정되어 있어 그 실효성을 간접적으로 담보하고 있다(이학춘·위성종, 2000 : 290-291).

3 사회복지법의 벌칙

사회복지법은 그 목적 달성을 위하여 일정한 의무를 부과하고 그 의무 위반에 대하여 일정한 벌칙을 과하도록 규정하고 있다. 이 벌칙은 행정법에서 말하는 행정벌과 동일한 개념으로 사회복지법의 의무위반에 대하여 과하는 제재로서의 처벌을 말하며, 여기에는 행정형벌과 행정질서벌이 있다. 이는 형사벌과 구별되는 개념인데, 형사벌은 그 자체가 반도덕성, 반사회성, 범죄성을 가지고 있으므로 처벌되는 행위임에 반하여, 사회복지법은 그 자체가 반사회성을 가진 것이 아니라 사회복지목적을 실현하기 위하여 국가가 명령하거나 금지한 처분에 위반하였기 때문에 처벌되는 것이라는 그 차이가 있다. 사회복지법에는 법의 실효성을 높이기 위해 행위자 이외에 법인도 병행하여 처벌하는 양벌규정을 두어 법인과 그 법인의 대표자를 처벌하는 규정이 많다.

(1) 사회복지법상의 행정형벌

행정형벌은 형법에 규정되어 있는 벌(사형, 징역, 금고, 벌금, 구류)이 가해지는 행정벌을 의미한다. 이 행정형벌에는 형법총칙과 형사소송법이 적용된다.

사회복지법상 규정된 행정형벌은 징역 또는 벌금이다. 예를 들어 사회복지사업법 제6조제1항에는 "누구든지 정당한 이유 없이 사회복지시설의 설치를 방해하여서는 아니된다"는 시설설치 방해금지규정을 두고, "이를 위반한 자는 1년 이하의 징역 또는 300만원 이하의 벌금에 처한다"(제54조제1항)고 규정하고 있다. 대부분의 사회복지 관련법률들은 이와 같은 징역 또는 벌금을 과하는 규정을 두어 실효성을 확보하고 있다.

그런데 이와 같은 행정형벌은 보통 행위자뿐만 아니라 법인도 함께 처벌하는 〈양벌규정〉(사회복지사업법 제56조, 국민연금법 제130조, 산업재해보상보험법 제128조, 고용보험법 제117조)의 형태를 갖추고 있어서, 법률상 의무위반의 실질적 책임이 있다고 생각되는 법인뿐만 아니라 행위자 개인도 함께 처벌하도록 규정하여 법집행의 실효성을 높이고 있다.

(2) 사회복지법상의 행정질서벌

행정질서벌이란 행정상의 무질서를 야기할 우려가 있는 경미한 의무위반에 대해서 행해지는 제재로, 형법상의 벌(형벌)이 아닌 〈과태료〉가 부과되는 것을 말한다. 즉, 신고불이행, 허위신고, 질문에 답변하지 않은 경우, 허위답변의 경우 부정행위에 의해 보험료 기타 징수금의 징수를 면한 경우, 의사가 진단 기록 등의 제시요구에 따르지 않은 경우에 피보험자, 사업주, 의사 등에게 과태료가 과해진다(사회복지사업법 제58조, 국민연금법 제131조, 산업재해보상보험법 제129조, 고용보험법 제118조).

예를 들어 사회복지사업법의 경우 법인의 재산 취득 시 보건복지부장관에의 보고의무(제24조), 사회복지법인이 아닌 자의 사회복지법인용어사용 금지(제31조) 등의 규정을 위반한 자에게 300만원 이하의 과태료에 처한다(제58조)는 행정질서벌 규정을 두고 있다.

과태료는 다른 법령에 특별히 정하고 있는 경우 이외에는 「비송사건절차법」이 정하는 바에 따른다(국민건강보험법 제100조제3항) 과태료를 납부하지 아니한 때에는 국세체납처분의 예에 의하여 징수한다(국민건강보험법 제100조제4항).

> **비송사건(非訟事件)**
>
> 법원이 다루는 사건 중에서 소송사건 이외의 민사에 관한 모든 사건을 말하며, 비송사건절차법은 비송사건의 절차를 규정하기 위한 법률이다(전문개정 1991. 12. 14, 법률 제4423호). 비송사건의 심문은 비공개로 진행되고, 서면주의가 채택되며, 엄격한 증명보다는 자유로운 증명에 의하므로, 탄력적이고 간이·신속한 절차적 특징이 있다.

法諺

Fraud and justice never dwell together.

사기와 정의는 결코 동거하지 않는다.

제 3 절 공적 및 민간 사회복지주체

오늘날 사회복지의 주체는 국가, 지방자치단체, 공공기관, 법인, 종교단체, 개인 등 다양하게 구성되어 있다. 사회복지는 국민의 인간다운 생활을 보장한다는 취지에 따라 공공성이 매우 높은 영역이기 때문에, 그 운영은 공정하게 이루어져야 한다. 따라서 사회복지의 법률관계를 수행하는 사회복지주체에 관한 논의는 국민들의 인간다운 생활을 보장함에 있어 큰 의미가 있다. 사회복지법에서는 사회복지의 주체를 크게 공적인 사회복지주체와 민간사회복지주체로 구분할 수 있다.

1 공적 사회복지주체

> **공적 사회복지주체**
>
> 사회복지의 법률관계에 있어 복지행정권을 행사하고, 그의 법적 효과가 궁극적으로 귀속되는 당사자를 공적 사회복지주체(또는 사회복지행정권의 주체)라고 한다. 일반적으로 공적 사회복지주체에는 국가와 공공단체(지방자치단체, 공공조합, 공법상의 사단법인, 영조물법인, 무자산 특수공법인)가 있다.

사회복지의 공적인 법률관계는 주로 국가나 지방자치단체 또는 공공단체가 법률관계의 주체로서 사회복지와 관련하여 국민과 갖게 되는 권리·의무관계이다. 사회복지의 법률관계에 있어 복지행정권을 행사하고, 그의 법적 효과가 궁극적으로 귀속되는 당사자를 공적 사회복지주체 또는 사회복지행정권의 주체라고 한다. 일반적으로 공적 사회복지주체에는 국가와 공공단체(지방자치단체, 공공조합, 공법상의 사단법인, 영조물법인, 무자산 특수공법인)가 있다. 공적 사회복지주체는 행정권을 행사하는 지위에 있으므로 보통 상대방인 일반 국민보다 우월한 지위에 선다. 경우에 따라서는 공적 사회복지주체가 상대방과 대등한 입장에서 사법관계의 당사자가 되는 경우도 있다. 예를 들면 국가가 민간기관과 외부계약(contract-out)을 맺어 민간기관으로 하여금 복지서비스를 제공하는 경우에 국가는 민간기관과 대등한 입장에서 사법관계의 당사자가 된다(김기원, 2004 : 164).

(1) 국가

국가란 공식적인 통치조직을 가지고 일정한 영토에 정주하는 다수인으로 이루어진 단체를 말한다. 국가는 법률상 하나의 인격을 가지는 공법인으로서, 법률관계에서의 주체가 된다. 국가가 행정주체가 되는 경우, 그 권한은 대통령을 정점으로 하는 국가행정조직을 통해 행사된다. 그리고 그 국가를 위해 실제로 행정사무를 담당·수행하는 역할을 하는 것이 행정기관이다. 행정기관은 어떠한 권한을 행사하느냐에 따라 행정관청, 집행기관, 의결기관, 자문기관, 보조기관 등으로 분류된다(김기원, 2004 : 164-166참조).

첫째, 행정관청은 행정에 관한 국가의 의사를 결정·표시·집행하는 권한을 가진 행정기관이다. 행정기관 가운데 보건복지부, 행정안전부, 고용노동부와 같이 그 권한이 전국에 미치는 것을 중앙관청이라 하고, 광역자치단체기관 등과 같이 특정 지역에 미치는 것을 지방관청이라고 한다. 사회복지관련법에서 '국가나 지방자치단체'라는 용어가 자주 등장하는데, 이때 국가는 중앙관청을 의미한다.

둘째, 집행기관은 행정의사를 결정할 뿐만 아니라 그것을 외부에 표시하여 집행하는 권한을 가진 기관을 말한다. 집행기관은 의결기관 또는 의사기관에 대하여 그 의결 또는 의사결정을 집행하는 기관이나 행정기관, 그리고 채권자의 신청에 의하여 강제집행을 실시할 직무를 가진 국가기관으로, 일반적으로 행정기관과 지방자치단체를 의미한다. 사회복지의 주된 집행기관으로는 보건복지부가 있다.

셋째, 의결기관은 어떤 단체의 의사를 결정하는 합의제기관으로, 그 결정이 법률상 당해 행정관청을 기속(羈束)하는 힘을 가진 기관을 말한다. 의결기관은 그 단체의 의사를 결정하는 것이므로 의사기관(意思機關)이라고도 한다. 공법상 공법인(公法人)인 국가나 지방자치단체의 의결기관은 국회와 지방의회이다. 의결기관은 내부적으로 국가·공공단체의 의사를 결정할 수 있을 뿐 그것으로써 외부에 대하여 국가·공공단체를 대표할 수 없는 점에서 행정관청과 구별된다. 사회복지관련 행정기관 내에도 의결기관이 존재하는데, 「국민기초생활보장법」에 의한 생활보장위원회가 그 예이다.

넷째, 자문기관은 조직체에서 집행기관이 집행할 안의 내용과 방법, 기타 문제의 자문에 대하여 답신하는 기관으로 집행기관(행정관청)이나 의결기관에 대응하는 개념이다. 자문기관은 당해 집행기관의 요구가 있을 때 또는 자진하여 어떤 사항에 대한 의견을 제출하는 기관을 말한다. 법률에 규정된 복지관련 자문기관으로는 사회보장심의위원회, 국민연금심의위원회와 같은 각종 심의위원회를 들 수 있다.

다섯째, 보조기관은 국가 또는 공공단체의 의사를 결정·표시할 수 있는 권한을 가지는 행정관청을 보조하는 기관이다. 보조기관은 행정관청에 예속하여 자기의 의사를 결정하고 선고하는 권리나 능력은 없고, 다만 관청의 의사결정에 대하여 준비하고 또는 이미 결정된 의사를 실현함에 그치는 기관을 말한다. 예를 들면 보건복지부의 경우 보건복지부차관, 연금보험국장, 사회복지정책실장, 보건정책국장 등이 보조기관이다.

그러나 국가는 모든 행정을 스스로 행하지 않고 그로부터 독립한 공법인을 설치하여 그로 하여금 일정한 범위의 행정을 행하게 한다. 예를 들면 국가가 모든 복지행정을 스스로 수행하지 않고 국민연금공단, 국민건강보험공단, 근로복지공단 등과 같은 국가로부터 독립한 특수한 공법인을 설립하여 그로 하여금 일정한 범위의 복지행정을 수행하도록 하고 있다.

(2) 지방자치단체

지방자치단체는 주민의 복리에 관한 사무를 처리하고 재산을 관리하며 법령의 범위 안에서 자치에 관한 규정을 제정할 수 있다(「헌법」 제117조). 지방자치단체는 국민기초생활보장제도와 같은 공공부조나 사회복지서비스를 직접 국민들의 삶의 현장에서 집행하는데 중요한 역할을 하고 있다. 지방자치가 발전되어 가면서 오늘날 공적 사회복지주체로서 지방자치단체는 그 역할이 점차 증가하고 있다.

지방자치단체는 국가 영토의 일부를 자기구역으로 하여, 그 구역 내의 모든 주민에 대하여 법률이 정하는 범위 내에서 지배권을 행사하는 단체이다. 지방자치단체는 그의 지배권이 지방자치단체에 고유한 것이 아니고, 국가로부터 부여된다는 점에서 국가와 구별되고, 일정한 구역에 대해 지배권을 가지는 지역단체인 점에서 다른 공법인과 구별된다.

지방자치단체는 자치행정의 주체로서 국가로부터 행정권의 일부를 부여받은 공공 단체이며 공법인이다. 공적 사회복지주체로서 지방자치단체는 전형적인 지방자치단체인 보통지방자치단체(서울특별시, 광역시, 도, 시, 군, 구)와 특별한 목적을 위해 설치되는 특수한 지방자치단체인 특별지방자치단체(지방자치단체조합)가 있다.

(3) 공공조합(공법상의 사단법인)

공공조합은 일정한 자격을 가진 사람(조합원)에 의해 구성된 공법상의 사단법인이다. 지방자치단체와 같이 일반적인 공공사무를 처리함을 목적으로 하는 것이 아니라, 한정된 특수한 사업을 수행함을 목적으로 한다. 공공조합의 설치목적은 동업자의 이익을 도모하는 것, 보험과 같은 공제사업, 그들의 사업을 위한 국가적 공권행사 등이 있다. 공공조합의 예를 들면 과거 의료보험법상의 의료보험조합(직장국민건강보험공단, 지역국민건강보험공단)을 들 수 있다.

(4) 영조물법인

영조물법인(營造物法人, public institution)은 영조물이 독립된 법인격을 취득한 공공단체이다. 영조물이란 국가 및 공공단체 또는 그로부터 특허를 받은 자가 특정한 공공목적을 위하여 계속적으로 봉사하도록 정해진 인적·물적 시설을 말한다. 영조물법인은 독립채산제를 지향하고 있으나, 기업으로서의 영리보다는 공익적인 사업을 목적으로 하는 데 특징이 있다. 영조물에는 이용자는 있으나 구성원은 없으며, 영조물의 운영자 내지는 직원 역시 구성원은 아니다. 이와 같이 구성원이 없는 점이 영조물과 공공조합이 다른 점이다.

영조물에는 일반 공중의 이용에 제공되는 병원, 학교, 철도 등과 같은 공공용 영조물과 행정주체의 사용에만 제공되는 교도소, 시험장과 같은 공용영조물이 있다. 사회복지분야의 영조물법인의 예로는 서울대학교 부설 국가중앙병원인 서울대학교병원, 대한적십자사에서 경영하는 적십자병원, 그리고 보호소년 등의 처우에 관한 법률 및 소년원법에 따라 가정법원 및 지방법원 소년부의 보호처분에 의해 송치된 소년을 수용하여 교정교육을 목적으로 설립된 법무부 산하 특수교육기관인 소년원 등 교정시설 등이 있다.

(5) 공재단(공법상 재단)

공재단 혹은 공법상 재단이라 함은 재단설립자에 의해 출연된 재산(기금, 물건 등)을 관리하기 위해 설립된 공공단체를 말한다. 공재단에도 그 운영자 내지 직원 및 수급자는 있으나 구성원은 없기 때문에 자치단체로 부를 수는 없다. 한국학술진흥재단, 한국정신문화연구원이 이에 속한다. 사회복지분야에서 공재단의 예를 들면 한국보건사회연구원과 한국노동연구원 등이다.

(6) 무자산 특수공법인

무자산 특수공법인이라 함은 국가가 공익을 목적으로 특별법을 제정하여 비영리로 운영되는 법인을 말한다. 재산을 전제로 설립되는 공재단과 달리 '무자산'으로 설립되는 것이 특징이다. 설립 이후 운영과정에서 해당법의 목적에 따라 기금을 조성하거나 자산을 취득·운영하는 것이 일반적이다. 예를 들면 국민연금공단, 국민건강보험공단, 근로복지공단, 한국산업인력공단, 한국보훈복지의료공단이 이에 해당된다.

② 민간 사회복지주체

오늘날 개인이나 사회복지법인, 각종비영리법인들도 사회복지의 주체로서 역할을 하고 있다. 이 중 민간 사회복지주체의 중심은 사회복지법인이다. 다음에서는 사회복지법인과 각종 비영리법인의 법리적 구조에 대하여 살펴본다(김기원, 2004 : 171-175 참조).

(1) 법인의 의의

법인(法人)이란 자연인 이외로서 법률상의 권리-의무의 주체가 되는 것이다. 법인이란 일정한 목적하에 결합된 사람의 집단 또는 재산에 대하여 법인격(재단, 사단)이 부여된 것을 말한다.

권리의 주체로서 사람인 자연인이 있다. 사람은 사회생활을 하면서 일정한 공동목적의 달성을 위해 단체를 결성할 수 있다. 그런데 단체의 구성원 모두를 권리-의무의 주체로 삼는 것도 생각해 볼 수 있지만, 이것은 거래관계에서 매우 불편하다. 그래서 독립된 주체로서 단체 자체를 인정하고, 여기에 권리-의무의 주체로서의 지위를 부여하는 것이 법인제도이다. 그것은 법에 의하여 비로소 창출되었다는 점에서 또 의인화(擬人化)한 점에서, 자연인에 대하여 법인이라 부른다. 그러나 양자는 권리-의무의 주체라는 점에서 아무 차이가 없으므로 공통으로 인격(人格)을 가진다.

단체에는 그 단체가 구성원과 어느 정도로 독립되어 있느냐에 따라 사단(社團)과 조합(組合)의 두 종류가 있다. 사단은 구성원과는 독립하여 단체 자체가 그 주체가 되는데 비해, 조합은 구성원의 집합으로써 구성원 모두가 그 주체가 된다는 데에 근본적인 차이가 있다. 그래서 민법은 조합을 법인제도로 규율하지 않는다.

한편 사회사업이나 장학사업과 같이 일정한 목적에 바쳐진 재단도 독립적인 법인격을 가질 필요성이 있다. 이와 같이 어느 재산을 일정한 목적을 위하여 출연(出捐)하여 이를 바탕으로 일정한 조직을 갖추어 그 목적을 영위하는 경우, 법인격을 가진 결합된 재산의 집단을 재단(財團)이라고 한다.

일정한 단체가 법률에 의해 인격을 승인 받아 권리-의무의 주체가 되는 즉, 법인이 된다는 의미는 다음과 같은 특징을 갖는다. 첫째, 법인은 권리의무의 주체가 될 수 있지만, 자연인처럼 스스로 행동할 수는 없기 때문에, 대표 이사와 같은 기관을 설정하고,

기관의 행위는 곧 법인의 행위로 간주하는 방식을 취한다. 둘째, 법인은 구성원의 가입-탈퇴가 있더라도 그에 영향을 받지 않고 그 동일성이 유지된다. 셋째, 법인의 재산은 구성원의 재산과는 독립된 법인 자체의 재산이다.

(2) 법인제도의 목적

법인격을 취득할 수 있는 단체로는 사단과 재단이 있다. 사회복지법은 물론 민법 전반의 분야에서 사단 또는 재단에 법인격을 부여하는 목적은 법률관계의 처리와 책임의 분리를 위해서이다.

첫째, 법률관계의 처리를 편리하기 위해서이다. 법률관계의 명확성을 기하기 위해서는 권리-의무 당사자가 누구인지를 명확히 하고, 또 그 법률관계가 계속적으로 유지되어야 할 필요가 있기 때문에, 단체의 구성원과는 독립하여 단체 자체가 그 주체가 되는 것이 필요하다.

둘째, 책임의 분리이다. 법인격이 인정되는 경우에는 구성원의 개인재산과는 구별되는 단체 자체의 재산이 인정된다. 단체 자체의 이름으로 재산을 가지고 부동산의 경우에는 등기할 수 있다. 단체에 대한 채권자는 단체의 재산에 대해서만 집행할 수 있고, 구성원의 개인재산에 대하여는 할 수 없다.

(3) 사회복지법인 · 비영리법인에 관한 법적 규율

민법총칙편의 적용을 받는 법인은 영리를 목적으로 하지 않는 비영리법인으로서의 사단법인과 재단법인이다. 이것은 주무관청의 허가를 얻어 설립등기를 함으로써 법인격을 취득하게 된다. 영리법인에 대하여는 「상법 또는 특별법」이, 공익법인에 관하여는 「공익법인의 설립·운영에 관한 법률」이, 의료법인에 대하여는 「의료법」이 우선적으로 적용되며, 그에 정함이 없는 경우 민법의 법인에 관한 규정이 보충적으로 적용된다.

사회복지법인은 사회복지사업을 목적으로 한 공익법인으로, 사회복지사업법의 우선적용을 받는다. 사회복지법인, 기타 비영리법인 가운데 보건복지가족부장관의 허가를 받아 정신요양시설을 설치·운영하는 정신의료법인은 「정신보건법」의 우선적용을 받는다.

사회복지법인에 관한 법적 규율 적용은 특별법 우선적용의 원칙에 따라 사회복지사업법을 우선적으로 적용받고, 그에 정함이 없는 경우에는 공익법인의 설립·운영에 관한 법률의 공익법인에 관한 규정이 보충적으로 적용되고, 그에 정함이 없는 경우 민법의 법인에 관한 규정이 보충적으로 적용된다.

(4) 법인의 종류

> 법인
>
> 우리나라는 사회복지법인과 기타 비영리법인의 설립에 대해 허가주의를 채택하고 있으며, 허가주의는 법인의 설립에 관하여 행정관청의 자유재량에 의한 허가를 필요로 한다는 것이다.

법인의 종류는 기준에 따라 몇 가지로 나뉜다. 사회복지와 관련된 법인은 공법인과 사법인 가운데 비영리법인(재단법인과 사단법인)이 있고, 사회복지사업법상 사회복지법인으로 특정되어 있는 경우도 있다. 상당수의 법인들이 민법상 재단법인과 사단법인으로 설립되었다가 사회복지법인으로 법인격을 변경하였다.

〈그림 5-1〉 **법인의 유형**

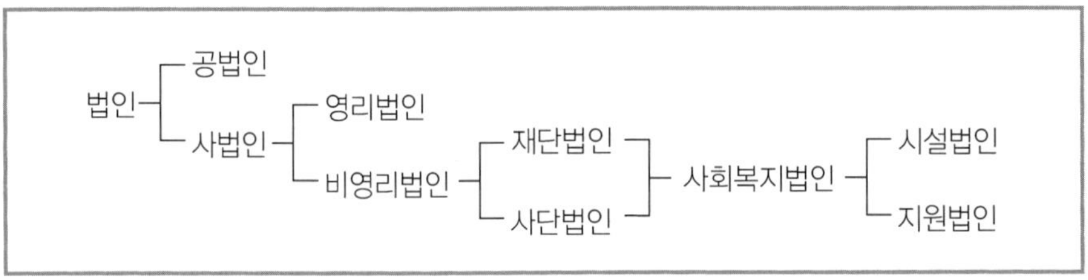

1) 내국법인과 외국법인

한국법에 준거하여 설립된 법인이 내국법인이고, 외국법에 준거하여 설립된 법인이 외국법인이다. 우리나라의 사회복지사업법에서 규정하고 있는 사회복지법인이나 민법에서 구정하고 있는 비영리법인이나 공익법인은 내국법인에 대해서만 규정하고 있다.

2) 공법인과 사법인

공법인(公法人)은 특정한 공공 목적을 위하여 특별한 법적 근거에 따라서 설립된 법인으로, 목적이 법률로 정해져 있고 그 필요한 한도에서 행정권이 부여되고, 여러 특혜가 인정되며, 또한 국가의 특별한 지도감독을 받고 있다. 공법인은 광의로는 국가와 공공단체 모두를 포함하고, 협의로는 공공단체와 같은 의미로 사용되며, 최협의로는 지방자치단체를 제외한 공공단체를 의미한다. 사회복지분야에서는 국민연금공단, 국민건강보험공단, 근로복지공단, 한국장애인고용공단 등이 공법인이다.

사법인(私法人)은 사법에 의해 설립되고 규율되는 법인으로, 민법상의 비영리사단법인과 비영리재단법인, 그리고 상법상의 영리법인이 대표적이다. 그 내부의 법률관계에 따라 국가 또는 지방자치단체의 강제적 권력작용이 가해지지 않는 법인을 말한다. 한국사회복지사협회, 한국복지재단 등과 같은 사회복지사업법상 사회복지법인은 사법인이다. 사법인은 내부조직의 차이에 따라서 사단법인과 재단법인으로 나누어지고, 그 목적에 따라 비영리법인과 영리법인으로 나누어진다.

3) 영리법인과 비영리법인

사법인 중에서도 상법상의 법인은 영리법인이고, 민법상의 법인은 비영리법인이다. 영리법인은 사원의 경제적 이익을 도모함을 궁극적 목적으로 하여 설립된 법인으로 사단법인만이 영리법인이 될 수 있고, 재단법인은 영리법인이 될 수 없다. 반면 공익을 위한 사업이나 학술, 종교, 자선, 기예, 사교, 기타 영리가 아닌 사업을 목적으로 하는 법인을 비영리법인이라 한다, 대부분의 사회복지법인은 비영리법인이지만, 유료노인복지시설은 영리법인이 운영할 수도 있다.

> **영리법인**
>
> 영리법인에 있어서 사단법인만이 영리법인이 될 수 있고, 재단법인은 영리법인이 될 수 없다.

4) 사단법인과 재단법인

민법은 비영리법인으로서 사단법인과 재단법인의 두 가지만을 인정한다. 사단법인(社團法人)은 일정한 목적을 위하여 결합한 사람의 단체에 법인격이 부여된 것으로, 단체의사에 의해 자율적 활동한다. 반면에 재단법인(財團法人)은 일정한 목적에 바쳐진 재산이라는 실체에 법인격이 부여된 것으로 설립자의 의사에 의하여 타율적으로 운영된다.

사회복지법인은 사단법인과 재단법인 모두를 포함하고 있다. 사회복지법인 중 사단법인은 한국사회복지사협회가 있으며, 재단법인으로는 홀트아동복지회, 한국복지재단, 삼성복지재단 등이 있다.

> **사단법인**
>
> 사단법인이란 일정한 목적을 위하여 결합한 사람의 단체에 법인격이 부여된 것으로서, 단체의사에 의하여 자율적으로 활동하며 대표적인 예로 한국사회복지사협회를 들 수 있다.

> **재단법인**
>
> 재단법인이란 일정한 목적에 바쳐진 재산이라는 실체에 법인격이 부여된 것이며, 설립자의 의사에 의하여 타율적으로 운영되며 대표적인 예로는 홀트아동복지, 한국복지재단 등이 있다. 사회복지법인은 사단법인과 재단법인 모두를 포함하고 있다.

③ 사회복지법인

사회복지법인이라 함은 사회복지사업법에 규정한 사회복지사업을 수행할 것을 목적으로 설립된 법인을 말한다(사회복지사업법 제2조 2). 즉, 사회복지법인은 사회복지사업법 제2조에서 규정한 21개 법률에 의한 사회복지사업을 수행하기 위하여 설립된 공익·비영리·특수법인을 말한다. 따라서 사회보험분야와 관련된 사업을 제외한 공공부조, 사회복지서비스 및 사회복지 관련제도와 관련된 사업을 위해 설립된 법인이다.

1970년 사회복지사업법이 시행되기 이전까지 사회복지사업을 행할 목적으로 설립된 법인은 민법 제32조의 비영리법인에 해당하는 사단법인 또는 재단법인만으로 한정되어 설립되었다. 그러나 사회복지사업의 내용이 민법상의 비영리법인이 행하는 사업과는 다르고, 사회복지법인은 일반 비영리사업에 비해 공익성과 자주성이 더욱 강조되기 때문에 국가의 원조·육성과 더불어 지도·감독이 요구되는 것이다. 이와 같은 연유로 민법에 대한 특별법으로서 사회복지사업법이 제정되면서 사회복지법인은 민법상의 비영리법인과 다른 특별법인으로서 법인격을 부여받았다. 사회복지법인 제도는 설립목적이 사회복지사업을 행하는 것이기 때문에 그만큼 공익성이 강조된다고 할 수 있다.

일반적으로 자연인과 더불어 법적으로 인격이 부여된 법인은 법률의 규정에 의거하여 정관으로 정한 목적의 범위 내에서 권리와 의무의 주제가 된다(민법 제34조). 그리고 사회복지법인은 사회복지법에 규정된 것을 제외하고는 민법과 공익법인의 설립운영에 관한 법률을 준용한다(제32조).

사회복지법인은 민간사회복지사업의 공공성과 안정성을 높이기 위한 것으로 사회복지시설법인과 지원법인으로 구분된다. 시설법인은 시설의 설치 및 운용을 목적으로 하는 법인인데 비해, 지원법인은 시설의 설치 및 운용을 목적으로 하지 아니하고 사회복지사업을 지원하는 것을 목적으로 하는 법인을 말한다.

> **법인의 수익사업**
>
> 법인은 목적사업의 경비를 충당하기 위하여 필요한 때에는 법인의 설립 목적 수행에 지장이 없는 범위 안에서 수익사업을 할 수 있으며, 수익사업으로부터 생긴 수익은 사회복지시설 운영 외의 목적에 사용할 수 없으므로 회계는 법인의 다른 회계와 구분하여 계리(計利)하여야 한다.

사회복지법인은 기본적인 사업, 공익사업, 수익사업을 행한다. ① 기본적인 사업 : 아동복지사업, 노인복지사업, 여성복지사업, 장애인복지사업, 기타사회복지사업 등. ② 공익사업 : 각종 법령에서 비영리법인이 수행할 수 있는 것으로 의료법에 의한 의료사업, 특수교육진흥법에 의한 특수학교설치, 기타 저소득층 및 지역주민에 대한 생활보조금·학자금·의료비지원 등의 사업. ③ 수익사업 : 사회복지법인이 고유의 목적사업재원에 충당키 위한 사업으로 사회복지법인의 명예나 신용을 손상하지 않는 사업(부동산 임대료수입, 농수산물 및 축산수익, 주식의 배당이익, 사회교육프로그램 운영수익 등)

(1) 사회복지법인 관련법규

사회복지법인에 관한 사항은 「사회복지사업법(제2장)」에서 규정하고 있다. 사회복지사업법 규정에 정하고 있지 아니한 사항은 「민법」(제3장 제31조-제97조)의 법인에 관한 규정과 법인의 설립운영에 관한 민법 규정을 보완하는 법률인 「공익법인의설립·운영에관한법률」을 준용한다.

사회복지법인과 관계법령의 적용관계를 살펴보면 사회복지법인은 원칙적으로 「사회복지사업법」의 적용을 받음과 동시에 목적사업에 따라 관련법률의 적용도 받게 된다. 예를 들면 아동복지사업을 하는 사회복지법인의 경우 「사회복지사업법」, 「아동복지법」, 「영유아보육법」, 「입양촉진및절차에관한특례법」, 「국민기초생활보장법」 등의 적용을 받는다. 또한 노인복지사업을 행하는 사회복지법인의 경우 「사회복지사업법」, 「노인복지법」, 「국민기초생활보장법」 등의 적용을 받는다. 이러한 경우 특별법 우선의 원칙에 따라 특별법이 일반법보다 우선 적용된다. 일반적으로 사회복지법인에 대한 법적용의 우선순위는 ① 「사회복지사업 관련 특정 법률」 ⇒ ② 「사회복지사업법」 ⇒ ③ 「공익법인의설립·운영에관한법률」 ⇒ ④ 「민법」의 법인에 관한 규정 순이다.

(2) 사회복지법인의 설립절차

사회복지법인의 설립은 기본재산의 출연과 정관의 작성, 보건복지가족부장관(또는 시·도지사)의 허가 및 설립등기의 절차를 거쳐 법인으로 유효하게 성립될 수 있다.

1) 재산의 출연

사회복지법인은 사회복지사업의 운영에 필요한 재산을 소유하여야 한다. 따라서 재단법인의 성격을 가진 사회복지법인을 설립하고자 하는 자는 법인설립의 필수적 요건일 뿐만 아니라 기본적인 목적사업의 수행에 필요한 기본재산을 출연하여야 한다.

사회복지법인의 재산은 기본재산과 보통재산으로 구분하며, 기본재산은 목적사업용 기본재산과 수익용 기본재산으로 구분된다. 다만, 사회복지법인이 사회복지시설의 설치운영을 목적으로 하지 아니하고, 일정한 출연재산에서 얻어지는 과실 등으로 다른 시설이나 보호대상자 등 사회복지사업법 제2조제1항의 규정에서 정한 사회복지사업을 지원하는 것을 목적으로 하는 경우, 즉 지원법인인 경우에는 목적사업용 기본재산과 수익용 기본재산으로 구분하지 아니할 수도 있다.

법인의 기본재산규모는 사회복지시설의 설치운영을 목적으로 하는 시설법인과 지원법인으로 구분하여 적용하고 있다. 시설운영법인의 경우 목적사업용 기본재산은 개별 사회복지관계법령의 규정에서 정하고 있는 시설 종류별 규모 이상의 시설(건물)과 부지를 갖추어야 하며, 원칙적으로 시설 운영비를 조달할 수 있는 수익용 기본재산을 갖추어야 한다. 지원법인(사회복지사업법시행규칙 제13조제2항)의 기본재산 규모는 법인 운영경비의 전액을 충당할 수 있는 규모의 기본재산을 갖추도록 하고 있다.

2) 정관의 작성

사회복지법인을 설립하는데 있어서 가장 중요한 것은 설립자가 재산을 출연하고 법인의 근본규정이 되는 정관을 서면으로 작성하는 것이다. 정관의 기재사항에는 필요적 기재사항과 임의적 기재사항이 있다. 정관의 필요적 기재사항은 ① 목적, ② 명칭, ③ 주된 사무소의 소재지, ④ 사업의 종류, ⑤ 자산 및 회계에 관한 사항, ⑥ 임원의 임면에 관한 사항, ⑦ 회의에 관한 사항, ⑧ 수익을 목적으로 하는 사업이 있는 경우 그에 관한 사항, ⑨ 정관변경에 관한 사항, ⑩ 존립시기와 해산사유를 정한 때에는 그 시기와 사유 및 잔여재산의 처리방법, ⑪ 공고 및 그 방법에 관한 사항 등이다(사회복지사업법 제17조제1항). 필요적 기재사항은 그 하나라도 빠지면 정관으로서의 효력을 발생할 수 없다.

그러나 필요적 기재사항과 임의적 기재사항은 일단 정관에 규정되면 그 효력의 차이가 없으며, 그 변경절차도 동일하다. 정관을 변경할 때에는 보건복지가족부장관의 인가를 받아야 하나 보건복지가족부령으로 정하는 경미한 사항의 경우, 예를 들면 정관의 공고 및 그 방법에 관한 사항 변경하고자 할 때에는 보건복지가족부장관의 인가를 받지 않아도 된다(사회복지사업법 제17조제2항). 사회복지법인은 정관변경을 위해 〈사회복지법인 정관변경인가신청서〉에 정관의 변경을 결의한 이사회 회의록 사본, 정관변경안, 사업의 변동이 있는 경우에는 사업변경계획서와 예산서 및 재산의 소유를 증명할 수 있는 서류, 그리고 재산평가조서 및 재산수익조서를 주무관청에 제출해야 한다.

3) 법인설립의 허가

사회복지법인을 설립하고자 하는 자는 대통령령이 정하는 바에 의하여 보건복지가족부장관의 허가를 받아야 한다(「사회복지사업법」 제16조제1항)고 명시하여 사회복지법인의 설립에 대해 허가주의를 채택하고 있다. 법인설립에는 허가주의와 인가주의가 있다. 허가주의는 법인설립에 관하여 행정관청의 자유재량에 의한 허가를 필요로 하는 주의로 사회복지사업법에 의한 사회복지법인뿐만 아니라, 민법에 의한 비영리법인에도 준용되고 있다. 따라서 허가권자의 허가는 전적으로 자유재량에 속하는 것이다. 인가주의는 법률이 정하는 요건을 갖추고 주무부장관의 인가를 얻음으로써 법인으로서 성립할 수 있게 하는 주의로, 과거 사회복지법인도 여기에 속했었다. 인가주의는 허가주의와 달라서 법률이 정하는 요건을 갖추고 있으면 인가권자는 반드시 인가해 주어야 한다. 따라서 구법에서는 사회복지법인이 요건을 갖추어 인가신청을 하면 주무장관은 반드시 인가를 해 주어야 했었다.

사회복지법인 설립허가에 필요한 서류는 법인설립허가신청서·정관·자산에 관한 서류 기타 대통령령이 정하는 서류를 첨부하여 관할 시장·군수·구청장을 거쳐 시·도지사에게 제출한다(사회복지사업법시행령 제8조제1항). 다만, 법인의 목적사업의 범위가 2개 시·도 이상에 걸치는 법인을 설립하고자 하는 자는 주된 사무소의 소재지를 관할하는 시·도지사를 거쳐 보건복지가족부장관에게 제출하여야 한다.

설립신청서에 첨부할 서류는 ① 설립취지서 1부, ② 정관 1부, ③ 재산출연증서 1부, ④ 재산의 소유를 증명할 수 있는 서류(부동산 등기부등본 등) 1부, ⑤ 재산의 평가조서(토지감정평가서 등) 1부, ⑥ 재산수익조서 1부, ⑦ 임원의 취임승낙서(인감증명서 첨부) 및 이력서 각 1부, ⑧ 임원 상호간의 관계에 있어 대통령령이 정하는 특별한 관계에 있는 자가 이사 현원의 5분의 1을 초과할 수 없다는 규정에 저촉되지 아니함을 입증하는 각서 1부, ⑨ 설립 당해연도 및 다음 연도의 사업계획서 및 예산서 각 1부 등이다(사회복지사업법시행규칙 제7조). 이 때 법인설립허가신청서를 받은 경유기관은 자산에 관한 실지조사와 법인설립 필요성에 관한 검토를 하여 의견서를 첨부, 주무관청에게 송부해야 한다(사회복지사업법시행령 제8조제2항).

4) 설립등기

설립허가를 받은 사회복지법인은 주된 사무소의 소재지에서 설립등기를 하여야 한다(사회복지사업법 제16조제2항). 설립등기는 법인의 성립요건이므로 설립허가 후 소장기간

(3주) 내에 설립등기를 하지 않으면 법인으로서 성립할 수 없다. 법인으로 하여금 이러한 등기를 하게 하는 의의는 거래 상대방으로 하여금 법인의 조직을 알도록 하여 불의의 손해를 입지 않게 하기 위해서 등기하여 널리 알리게 하는 데 있다.

(3) 임원

사회복지법인으로서 구체적 활동을 하는 것은 실제로 자연인인 임원들이다 사회복지법인은 고도의 공익성이 요청되기 때문에 동법 제18조에 임원에 대해서 구체적인 규정을 하고 있다. 법인은 대표이사를 포함한 이사 5인 이상과 감사 2인 이상을 두어야 한다. 이사회의 구성에 있어서 대통령령이 정하는 특별한 관계에 있는 자가 이사현원의 5분의 1을 초과할 수 없다. 여기서 특별한 관계에 있는 자란 법인의 출연자 또는 이사와 상속권을 가진 친족과 상속인에 의해 생계를 유지하는 자를 의미한다(동법 시행령 제9조 참조). 이사의 임기는 3년으로 하고 감사의 임기는 2년으로 하되, 각각 연임할 수 있다. 외국인 이사는 이사현원의 2분의 1 미만이어야 한다.

法諺

By too much altercation truth is lost.

너무 많은 논쟁은 그 진실성을 상실한다.

제 4 절 사회복지사의 법적 지위, 권한, 책임

「사회복지사업법」이 사회복지사 제도를 규정한 것은 사회복지사업이 오늘날 하나의 전문직업분야로 그 자리를 확립해 가고 있으며, 현실적으로 이러한 전문인이 충분히 양성되어 있음을 법제도로서 인정한 것이다.

사회복지사업은 고도의 개인적 책임을 수반하는 지적 활동이다. 사회복지사업은 심리학, 사회학 등을 비롯해서 의학, 생물학, 철학, 정치학, 법학, 경제학, 정신분석학 등 여러 인접학문의 지식을 바탕으로 해서 개인, 집단, 지역사회를 실제로 다룰 수 있는 고유한 이론과 기술을 가지고 있다. 이러한 업무를 수행하는 사회복지사는 구체적으로 서비스를 제공함에 있어서 최선을 다해야 하고 클라이언트에 대한 직무수행상의 책임을 지는 것이다.

오늘날 사회복지사업의 대상이 되는 불우계층의 사람들이 가지고 있는 여러 가지 사회적 심리적 문제는 단순한 선의나 동정심만으로 접근해서 진단하고 대응책을 모색할 수 없는 영역이 너무나 많다. 이러한 점을 고려할 때 사회복지사업의 전문직성 인정은 큰 의의가 있다고 하겠다.

이러한 문제를 전문가에 의해서 계획하고 집행해야 한다는 것이 오늘날의 시대적인 요청인 것이다. 이러한 시대적 요청에 따라 사회복지사제도는 다음 〈표 5-1〉의 변천과정을 거쳐 종전의 '사회복지사업종사자'를 '사회복지사'로 격상하고 그 자격요건을 강화했을 뿐만 아니라 사회복지사 1급은 국가시험을 거치도록 하여 그 전문성을 더욱 높였다. 그리고 사회복지법인 및 사회복지시설을 설치 운영하는 자는 일정 수 이상의 사회복지사를 의무적으로 채용토록 했다.

〈표 5-1〉 사회복지사제도의 변천과정

연 도	내 용
1970. 4	사회복지사업종사자 자격제도 신설
1983. 5	사회복지사로 명칭 변경
1999. 4	2003년부터 1급은 국가시험으로 전환 ※ 자격요건을 사회복지학과 졸업에서 이수과목(필수 10, 선택 4) 기준으로 변경
2003. 4.27	제1회 사회복지사 1급 국가고시 시행

1 사회복지사의 의의 및 자격관리

(1) 사회복지사의 정의

사회복지사란 사회복지에 관한 전문지식과 기술을 가진 자로서, 사회복지사업법에 의거하여 보건복지가족부장관으로부터 자격증을 교부받은 자를 말한다. 사회복지사는 문제나 욕구를 가진 개인이나 집단을 대상으로 그들의 문제를 해결하거나 욕구를 충족시키기 위하여 구체적인 실천계획을 체계적으로 수립·집행·평가·환류하고, 개별적·집단적 상담 등을 통하여 정신적·육체적·경제적 원조를 제공한다.

(2) 사회복지사의 자격

1) 자격기준

사회복지사 자격제도는 사회복지에 관한 소정의 전문지식과 기술을 가진 자에게 사회복지사 자격을 부여하고, 이들에게 복지업무를 담당토록 함으로써 아동·청소년·노인·장애인 등 보호가 필요한 사람들에게 전문적이고 체계적인 복지서비스를 제공하기 위해 마련되었다.

〈표 5-2〉 사회복지사의 등급별 자격기준

등 급	자 격 기 준
사회복지사 1급	사회복지사업법 제11조제3항의 규정에 의한 국가시험에 합격한 자
사회복지사 2급	㉮ 고등교육법에 의한 대학원에서 사회복지학 또는 사회사업학을 전공하고 석사학위 또는 박사학위를 취득한 자. 다만, 대학에서 사회복지학 또는 사회사업학을 전공하지 아니하고 동 석사학위를 취득한 자는 보건복지가족부령이 정하는 사회복지학 전공교과목과 사회복지관련 교과목 중 사회복지현장실습을 포함한 필수과목 6과목 이상(대학에서 이수한 교과목을 포함하되, 대학원에서 4과목 이상을 이수하여야 한다), 선택과목 2과목 이상을 각각 이수한 경우에 한하여 사회복지사 자격을 인정한다. ㉯ 고등교육법에 의한 대학에서 보건복지가족부령이 정하는 사회복지학 전공교과목과 사회복지관련 교과목을 이수하고 학사학위를 취득한 자 ㉰ 고등교육법에 의한 대학을 졸업한 자와 동등이상의 학력이 있다고 인정하는 자로서 보건복지가족부령이 정하는 사회복지학 전공교과목과 사회복지관련 교과목을 이수한 자

사회복지사 2급	㉣ 고등교육법에 의한 전문대학에서 보건복지가족부령이 정하는 사회복지학 전공교과목과 사회복지관련 교과목을 이수하고 졸업한 자 ㉤ 법령에서 고등교육법에 의한 대학을 졸업한 자와 동등 이상의 학력이 있다고 인정하는 자로서 보건복지가족부령이 정하는 사회복지학 전공과목과 사회복지관련 교과목을 이수한 자 ㉥ 고등교육법에 의한 대학을 졸업하거나 이와 동등이상의 학력이 있는 자로서 보건복지가족부장관이 지정하는 교육훈련기관에서 12주 이상 사회복지사업에 관한 교육훈련을 이수한 자 ㉦ 사회복지사 3급자격증 소지자로서 3년 이상 사회복지사업의 실무경험이 있는 자
사회복지사 3급	㉮ 고등교육법에 의한 전문대학을 졸업한 자 또는 법령에서 이와 동등 이상의 학력이 있다고 인정하는 자로서 보건복지가족부장관이 지정하는 교육훈련기관에서 12주 이상 사회복지사업에 관한 교육훈련을 이수한 자 ㉯ 고등학교를 졸업하거나 이와 동등이상의 학력이 있는 자로서 보건복지가족부장관이 지정하는 교육훈련기관에서 24주 이상 사회복지사업에 관한 교육훈련을 이수한 자 ㉰ 3년 이상 사회복지사업의 실무경험이 있는 자로서 보건복지가족부장관이 지정하는 교육훈련기관에서 24주 이상 사회복지사업에 관한 교육훈련을 이수한 자 ㉱ 사회복지사업법 제2조제1항의 규정에 의한 업무에 8급 또는 8급 상당 이상으로 3년 이상 종사한 공무원으로서 보건복지가족부장관이 지정하는 교육훈련기관에서 4주 이상 사회복지사업에 관한 교육훈련을 이수한 자

비고 외국의 대학 또는 대학원에서 사회복지학 또는 사회사업학을 전공하고 학사학위 이상의 학 위를 취득한 자로서 등급별 자격기준과 동등한 학력이 있다고 보건복지가족부장관이 인정하는 경우에는 당해 등급의 사회복지사 자격증을 교부할 수 있다.

사회복지사의 등급은 1급·2급·3급으로 하며, 등급별 자격기준은 서로 다르다. 보건복지가족부장관은 사회복지에 관한 전문지식과 기술을 가진 자로서, 대통령령이 정하는 결격사유에 해당되지 아니한 자에게 사회복지사의 자격증을 교부할 수 있다(사회복지사업법 제11조).

사회복지사 자격에는 일반적 자격기준과 학력을 기준으로 한 등급별 자격기준이 있다. 첫째 일반적 자격기준은 사회복지사의 등급에 관계없이 모두 적용되는 자격기준이다. 사회복지사업법 제11조의 2에 따르면 ① 금치산자 또는 한정치산자, ② 금고이상의 실형의 선고를 받고 그 집행이 종료되지 아니하였거나 그 집행을 받지 아니하기로 확정되지 아니한 자, ③ 법률 또는 법원의 판결에 의하여 자격이 상실 또는 정지된 자, ④ 마약·대마 또는 향정신성의약품의 중독자는 사회복지사가 될 수 없다.

둘째, 학력을 기준으로 한 등급별 자격기준이다. 이는 사회복지사가 사회복지에 관한 전문지식과 기술을 갖추어야 하기 때문에 설정한 기준으로, 1998년 사회복지사업법 개정을 통하여 반영되었다. 개정법령의 주요 내용은 사회복지사의 전문성을 높이기 위하여 2003년부터 사회복지사 1급은 국가시험에 합격한 자에게 부여하며, 2급 이하는 학부제나 복수전공제 등 교육제도의 변화에 따라 사회복지사 자격요건을 학과 중심에서 이수교과목 중심으로 조정하는 것이었다.

2) 사회복지사 1급 국가시험

2003년부터 사회복지사 1급의 자격증을 교부받고자 하는 자는 국가시험에 합격하여야 한다. 국가시험은 보건복지가족부장관이 매년 1회 이상 시행하되, 시험의 관리는 대통령령이 정하는 바에 의하여 시험관리능력이 있다고 인정되는 관계전문기관에 위탁할 수 있다고 규정하고 있다(사회복지사업법 제12조). 과거에는 한국사회복지사협회가, 현재는 한국산업인력공단이 국가시험을 위탁받아 관리하고 있다.

2005년부터 시행된 시험과목은 다음의 〈표 5-3〉과 같다. 교육내용을 위주로 사회복지기초, 사회복지실천, 사회복지정책과 제도로 구분하여 이수과목명과 동일하지 않게 하였으며, 이로 인한 혼돈을 최소화하기 위해 각 응시과목별로 가장 중심이 될 수 있는 내용의 과목명을 표기하였다.

〈표 5-3〉 사회복지사 1급 국가시험 응시과목·교육내용·문항수

응시과목명	응시과목에 포함되는 교육내용	문항수	시간	비고
사회복지기초	• 인간행동과 사회환경 • 사회복지조사론	60개	50분	• 배점 : 1점 / 1문제 (총점 240점) • 객관식 5지 선다형 • 합격자는 전 과목 총점의 60%이상, 매 과목 만점의 40%이상 득점한 자를 결정 한다.
사회복지실천	• 사회복지실천론 • 사회복지실천기술론 • 지역사회복지론	90개	75분	
사회복지정책과 제도	• 사회복지정책론 • 사회복지행정론 • 사회복지법제론	90개	75분	
합 계		240개	200분	

3) 사회복지학 전공교과목과 사회복지관련 교과목

사회복지사자격증 취득의 전제요건이 되는 보건복지가족부령이 정하는 사회복지학 전공 교과목과 사회복지관련 교과목이라 함은 다음 〈표 5-4〉의 내용과 같다.

〈표 5-4〉 사회복지관련 교과목

필수과목(10)	사회복지개론, 인간행동과 사회환경, 사회복지정책론, 사회복지법제, 사회복지실천론, 사회복지실천기술론, 사회복지조사론, 사회복지행정론, 지역사회복지론, 사회복지현장실습
선택과목(4)	아동복지론, 청소년복지론, 노인복지론, 장애인복지론, 여성복지론, 가족복지론, 산업복지론, 의료사회사업론, 학교사회사업론, 정신건강론, 교정복지론, 사회보장론, 사회문제론, 자원봉사론, 정신보건사회복지론, 사회복지지도감독론, 사회복지발달사, 사회복지자료분석론, 프로그램개발과 평가, 사회복지윤리와 철학 중 4과목 이상

비고 과목명의 명칭이 동일하지 아나하더라도 교과의 내용이 동일하다고 보건복지가족부장관이 인정하는 경우에는 동일 교과목으로 본다.

(3) 사회복지사의 채용

사회복지법인 및 사회복지시설을 설치·운영하는 자는 대통령령이 정하는 바에 의하여 사회복지사를 그 종사자로 채용하여야 한다. 다만, 대통령령이 정하는 사회복지시설은 그러하지 아니하다(동법 제13조제1항). 이 조항에 따라 동법 시행령에 사회복지법인 및 시설에서 사회복지 프로그램의 개발 및 운영업무, 시설거주자의 생활지도업무, 사회복지를 필요로 하는 사람에 대한 상담업무에 종사하는 자를 사회복지사로 채용하여야 한다고 규정하고 있다(동법 시행령 제6조제1항).

그러나 노인복지법에 따른 노인여가복지시설(노인복지회관 제외), 장애인복지법에 따른 점자도서관과 점서 및 녹음서 출판시설, 영유아보육법에 따른 보육시설, 성매매방지 및 피해자보호 등에 관한 법률에 따른 성매매피해자 등을 위한 지원시설 및 성매매피해상담소, 정신보건법에 의한 정신질환자사회복귀시설 및 정신요양시설, 성폭력범죄의 처벌 및 피해자보호 등에 관한 법률에 의한 성폭력피해상담소는 제외된다(동법 시행령 제6조제2항).

2007년 12월 사회복지사업법 개정을 통해 사회복지사의 전문성 향상을 도모할 목적으로 보수교육이 법제화 되었고, 2009년부터 시행되기 시작했다. 보건복지부장관은 사회복지사의 자질향상을 위하여 필요하다고 인정하는 경우 사회복지사에 대하여 교육받을 것을 명할 수 있다(사회복지사업법 제13조제2항). 사회복지법인 또는 사회복지시설에 종사하는 사회복지사는 연간 8시간 이상의 보수교육을 받아야 하며, 보수교육에는 사회복지윤리, 사회복지정책 및 사회복지실천기술 등의 내용이 포함되어야 한다(사회복지사업법 시행규칙 제5조).

(4) 한국사회복지사협회

> **사회복지사 보수교육**
>
> 사회복지법인 또는 사회복지시설에 종사하는 사회복지사는 연간 8시간 이상의 보수교육을 받지 않을 경우 20만원의 과태료를 내야 한다.

사회복지사는 사회복지에 관한 전문지식과 기술을 개발·보급하고 사회복지사의 자질향상을 위한 교육훈련 및 사회복지사의 복지증진을 도모하기 위하여 한국사회복지사협회를 설립한다(동법 제46조제1항). 사회복지사업법에 근거한 법정 단체로서 사회복지사협회는 사회복지사의 전문지식과 기술을 개발하여 보급함으로써 전문적 자질을 향상시키는 동시에 사회복지사의 복지증진을 위한 이익단체로서의 성격을 갖고 있다. 협회는 법인으로 설립하며, 협회의 회원은 사회복지사 자격증을 교부받은 자로 한다. 그 밖에 협회의 조직과 운영 등에 관하여 필요한 사항은 대통령령으로 정한다. 협회에 관하여 이 법에 규정된 것을 제외하고는 민법 중 사단법인에 관한 규정을 준용한다.

사회복지사협회는 대통령령에 의하여 ① 사회복지사에 관한 전문지식 및 기술의 개발·보급, ② 사회복지사의 전문성 향상을 위한 교육훈련, ③ 사회복지사제도에 대한 조사연구·학술대회개최 및 홍보·출판사업, ④ 국제사회복지사단체와의 교류·협력, ⑤ 보건복지부장관이 위탁하는 사회복지사업에 관한 업무, ⑥ 기타 협회의 목적달성에 필요한 사항 등의 업무를 수행한다(동법 시행령 제22조).

1999년 10월 30일 사회복지사업법 시행령 개정 이전에는 사회복지사 자격증 교부 및 신고업무를 한국사회복지협의회에서 해 왔는데, 그 이후 한국사회복지사협회에 위탁하도록 개정되면서 이 업무를 사회복지사협회에서 실시하고 있다.

② 사회복지사의 법적 지위

사회복지사의 법적 지위 또는 신분은 공공기관의 사회복지사와 민간기관의 사회복지사로 구분하여 규정하여야 한다.

(1) 공공기관 사회복지사의 법적 지위

공공기관에 근무하는 사회복지사는 주로 사회복지전담공무원을 의미한다. 사회복지전담공무원에 대한 법적 신분에 대해 현행법에서는 별도로 직접 규정한 내용은 없다. 다만, 국가공무원법 제2조 및 지방공무원법 제2조의 공무원 구분에 따르면, 공무원은 경력직 공무원과 특수경력직 공무원으로 나누는데, 사회복지전담공무원은 이 가운데 경력직 공무원에 속한다.

그리고 경력직 공무원 가운데 일반직 공무원에 속하며, 일반직 공무원 가운데 사회복지직렬에 속한다. 또한 일반직 공무원 가운데 국가공무원, 즉 중앙공무원이 아니라 지방공무원에 속한다. 국가공무원은 행정자치부 국가직 시험에 임용되어 각급(중앙) 산하기관에서 공무원에 근무하는 공무원을 말하며, 반면 지방공무원은 지방자치단체, 즉 특별시·광역시 및 도청에서 주관하여 임용된 자로 지방사무를 담당하는 공무원을 말한다. 국가직 공무원과 지방직 공무원의 차이는 시험을 시행하는 기관이 다르며, 근무하는 곳이 다를 뿐 업무나 보수 면에서 별다른 차이가 없다.

> **경력직 공무**
>
> 사회복지전담공무원은 경력직 공무원으로서 법적 지위를 갖는다. 경력직 공무원이란 실적과 자격에 의하여 임용되고 그 신분이 보장되어, 평생토록 공무원으로서 근무할 것이 예정되는 공무원을 말한다.

> **사회복지전담공무원의 법적 권한**
>
> 사회복지전담공무원의 법적 권한은 신분상의 권리(소청제기권, 소송제기권), 직무집행과 관련되는 권리(직무수행권, 직위보유권), 재산상의 권리(보수청구권, 연금청구권, 실비변상을 받을 권리), 교육을 받을 권리가 있다.

(2) 민간기관에 종사하는 사회복지사의 법적 지위

민간기관에 종사하는 사회복지사의 법적 지위는 근로자로서 갖는 지위와 전문가로서 갖는 지위로 나눌 수 있다.

1) 근로자로서의 사회복지사

민간기관에 종사하는 사회복지사는 무보수로 봉사하는 자원봉사자와 달리 사회복지 관련 민간사업장에서 임금을 목적으로 근로를 제공하는 근로자로서의 법적 지위는 갖는다. 따라서 민간기관에 종사하는 사회복지사는 사용자와 원칙적으로 대등한 관계

> **사회복지사의 신분**
>
> 사회복지전담공무원은 경력직 공무원 가운데 일반직 공무원이며, 지방공무원, 사회복지직렬에 속하며, 시·도, 시·군·구, 읍·면·동 또는 복지사무전담기구에서 사회복지사업에 관한 업무를 담당한다.

에서 근로계약을 체결하며, 조직구성원의 지위에서 업무를 수행하며, 공동의사결정에 참여한다. 근로자로서의 사회복지사는 사회복지노동시장에서 노동의 공급자로서 노동의 수요자인 법인이나 기관과 노사관계를 형성한다.

2) 전문가로서의 사회복지사

민간사회복지기관에 종사하는 사회복지사는 사회복지에 관한 전문지식과 기술을 갖추고, 보건복지가족부장관으로부터 자격증을 교부받은 자를 말한다. 따라서 사회복지사는 국가가 인정한 전문가로서의 지위를 누린다. 사회복지사업법에서도 사회복지법인이나 시설의 일정 업무는 반드시 사회복지사로 하여금 전문성을 발휘하도록 하고 있다(사회복지사업법 제13조 및 동법 시행령 제6조).

3 사회복지사의 권한과 책임

사회복지사의 법적 권한과 책임은 공공기관에 근무하는 사회복지전담공무원과 민간복지기관이나 시설에 근무하는 사회복지사 간에 차이가 있다(유지태, 2001 : 611-628 참조).

(1) 사회복지전담공무원의 법적 권한

사회복지전담공무원은 경력직 공무원으로서 그 신분이 보장되며 평생토록 근무할 수 있음이 예정된 공무원이다. 따라서 그에 따른 법적 권한과 책임은 공무원으로서의 법적 권리에 준하고 있으며 크게 신분상의 권리, 직무집행과 관련된 권리, 재산상의 권리, 그리고 기타 권리로 나눌 수 있다.

1) 신분상의 권리

사회복지전담공무원은 공공기관에서 사회복지사의 신분을 가지고 복지관련 업무에 종사함으로써 인정되는 신분상의 권리들이 있다. 대표적인 것이 직업공무원 하에서의 신분보장이다. 신분보장에 관한 개별적 내용으로서 공무원의 신분보장에 영향을 주는 처분에 대해서 공무원에게 인정되는 권리를 들 수 있다.

첫째, 공무원의 신분변동에 관한 처분은 법으로 정한 사유에 의해서만 가능하다.

둘째, 처분 시에는 그 사유를 기재한 처분사유설명서를 교부하여야 한다. 징계처분,

강임(降任), 휴직, 직위해제 또는 면직처분을 행할 때에는 당해 공무원에게 처분의 사유를 기재한 설명서를 교부하여야 한다(국가공무원법 제75조).

셋째, 소청(所請)제기권을 갖는다. 소청이란 국가 또는 지방자치단체의 위법한 명령이나 처분에 의하여 불이익을 입은 자가 관할 소청심사위원회에 심사를 청구하는 것이다(국가공무원법 제76조, 지방공무원법 제13조, 제67조).

넷째, 소송제기권이다. 공무원의 신분에 관한 위법한 처분이 행해지는 때에는 행정소송을 제기할 수 있는 권리를 갖게 된다.

2) 직무집행과 관련되는 권리

사회복지전담공무원은 직무집행과 관련하여 직무수행권과 직위보유권을 갖는다.

① **직무수행권** : 사회복지전담공무원은 그 관할지역 안의 사회복지를 필요로 하는 사람 등에 대하여 항상 그 생활실태 및 가정환경 등을 파악하고, 사회복지에 관하여 필요한 상담과 지도를 행하는 업무를 수행한다. 그 직무의 공익적 성격으로 인해 사회복지전담공무원은 자신의 직무를 집행할 정당한 권리를 갖게 된다. 직무집행을 방해하는 경우에는 형법상의 공무집행방해죄를 구성하게 된다.

② **직위보유권** : 직위보유권은 자신에게 적합한 일정한 직위를 부여받을 권리와 자기에게 부여된 직위가 법이 정한 일정한 이유와 절차에 의하지 아니하고는 박탈당하지 않을 권리이다. 사회복지사업법 제14조에서는 시·도, 시·군·구 및 읍·면·동 또는 복지사무전담기구에서 사회복지사업에 관한 업무를 사회복지전담공무원이 담당하도록 명시하고 있다.

3) 재산상의 권리

공무원으로서의 사회복지사는 다음과 같은 보수청구권, 연금청구권, 실비변상을 받을 권리 등 경제적 의미의 권리를 갖는다.

① **보수청구권** : 사회복지전담공무원은 자신의 직무수행의 대가로 국가를 상대로 보수를 청구할 권리를 갖는다.

② **연금청구권** : 사회복지전담공무원은 공무원연금을 청구할 권리를 갖는다. 사회복

지전담공무원은 재직기간 동안 기여금 납부하고, 기여에 상응하여 구체적 권리로서 연금청구권을 갖는다.

③ 실비변상을 받을 권리 : 사회복지전담공무원은 보수를 받는 이외에 규칙 또는 대통령령이 정하는 바에 따라 직무수행에 소요되는 실비를 변상 받을 권리가 있다. 이러한 실비로는 직무수행을 위한 회의참석수당, 자가운전수당, 여비규정에 의한 운임, 숙박료, 식비 등을 지급받는 경우이다.

4) 기타권리

① 교육을 받을 권리 : 사회복지전담공무원은 전문가로서의 자질을 향상시키기 위하여 필요한 지도와 훈련받을 권리가 있다. 이 권리는 구체적 권리라기보다는 프로그램 규정적 권리로 보건복지가족부의 예산이 허락하는 범위 내에서 누릴 수 있는 권리이다.

② 사생활의 비밀과 자유의 권리 : 사회복지전담공무원은 헌법상 보장된 사생활의 비밀과 자유를 침해받지 아니할 권리를 갖는다.

(2) 민간사회복지기관 사회복지사의 법적 권한

민간사회복지기관에 종사하는 사회복지사의 법적 권한은 국가의 법으로 명확히 규정되어 있지 않으며, 각 복지기관의 정관이나 기관운영규정에 의해 부여받고 있다. 또한 이는 개별적으로 사회복지사가 법인이나 시설과 맺은 근로계약의 내용에 따라 차이가 있어 이들의 법적 권한을 규정하기 어렵다. 다만, 이들 모두가 근로자이기 때문에 근로자로서 근로기준법에 보장된 법적권한과 사회복지전담공무원이 갖고 있는 법적 권한 등을 참고하여 법적권한을 논할 수 있다.

1) 신분상의 권리(신분보장과 관련된 권리)

민간사회복지기관에 종사하는 사회복지사의 신분보장은 주로 법인의 정관에 따라 신분보장을 받는다. 민간사회복지기관에 종사하는 사회복지사의 신분보장을 위한 권리로는 ① 자신의 의사에 반하여 신분조치를 받지 않을 권리(사회복지사는 형의 선고나 징계처분 또는 정관이나 기관운영규정에 정한 사유가 아닌 의사에 반하는 휴직, 정직, 강임, 면직 등의 신분조치를 당하지 않을 권리), ② 면직예고를 받을 권리(기관으로 면직 받을 시 일정기일 전 사전에 예고

받을 권리), ③ 이의신청의 권리(직권면직, 직권휴직, 징계처분 등 본인의 의사에 반하여 불리한 처분을 받은 경우에 이의신청을 하고 심사결과를 통보받을 권리)가 있다.

2) 직무집행과 관련된 권리

사회복지사는 자신에게 적합한 일정한 직무와 책임(직위)을 부여받을 권리를 가지며, 부여된 직무를 수행할 권리를 가진다. 단 직무수행능력이 부족하거나, 근무성적이 극히 불량하거나, 직원으로서 근무태도가 심히 불성실할 경우에는 직위를 부여하지 않을 수 있다.

3) 재산상의 권리

① **보수청구권** : 사회복지사는 자신이 제공한 직무수행의 대가로 보수를 청구할 권리를 갖는다. 보수는 직무수행대가만이 아닌 생활보장적인 성격과 공무수행의 공정성 확보차원에서 고려되어야 한다.

② **연금청구권** : 사회복사는 국민연금에 당연가입하고, 재직기간 동안 기여금을 납부한 후 기여에 상응하여 구체적인 권리로서 연금을 청구할 권한을 갖는다.

③ **실비를 변상을 받을 권리** : 보수를 받는 이외에도 규칙 또는 대통령령이 정하는 바에 따라 직무 수행에 소요되는 실비를 변상 받을 권리가 있다.

4) 기타의 권리

① **노동3권** : 민간사회복지기관에 종사하는 사회복지사는 헌법상 보장된 노동3권을 갖는다. 헌법 제33조는 근로자는 근로조건의 향상을 위하여 자주적인 단결권·단체교섭권 및 단체행동권을 갖는다고 규정하고 있다. 따라서 근로조건의 유지, 개선, 기타 근로자의 경제적·사회적 지위의 향상을 도모하기 위해 노동조합을 조직할 권리가 있다(예 사회복지노동조합).

> **사회복지사와 노동운동**
>
> 사회복지전담공무원은 직급에 관계없이 단체행동권에 제약을 받으며, 6급 이하 공무원에 한해서 노동조합 결성(단결권) 및 단체교섭권이 인정되고, 5급 이상 공무원은 근로 3권이 모두 불가능하다. 다만 민간기관에 종사하는 사회복지사는 근로 3권을 모두 갖는다. 그러나 공무원은 소청심사위원회에 소청제기권이 있고, 민간 사회복지사에게는 없다.

② **사생활의 비밀과 자유의 권리** : 사회복지사는 사생활의 비밀과 자유를 향유할 수 있는 권리를 갖는다. 또한 사회복지사는 헌법상 보장된 사생활의 비밀과 자유를 침해받지 아니할 권리를 갖는다.

4 사회복지사의 법적 의무

(1) 사회복지사업법상 사회복지사의 의무

사회복지사업법상 사회복지사의 의무로는 무차별 최대봉사의 원칙과 비밀누설금지의 의무가 있다. 첫째, 복지업무에 종사하는 사람은 그 업무를 행함에 있어서 사회복지를 필요로 하는 사람을 위하여 차별 없이 최대로 봉사하여야 한다(사회복지사업법 제5조)는 최대봉사의 원칙을 규정하고 있다.

둘째, 비밀누설금지의 의무이다. 사회복지사업 또는 사회복지업무에 종사하였거나 종사하고 있는 자는 그 업무수행의 과정에서 알게 된 다른 사람의 비밀을 누설하여서는 아니 될 의무가 있다(사회복지사업법 제47조).

(2) 사회복지전담공무원의 의무

사회복지전담공무원은 공무원으로서 부여된 의무가 있으며, 이는 크게 일반적 의무와 직무상 의무로 나뉜다.

1) 일반적 의무

① **선서의무** : 취임할 때에 소속기관장 앞에서 대통령령이나 규칙이 정하는 바에 따라 선서를 하여야 한다.

② **성실의무** : 사회복지공무원은 자신의 전인격과 양심을 바쳐서 성실히 직무를 수행하여야 한다.

③ **품위유지의무** : 직무의 내외를 불문하고 그 품위를 손상하는 행위를 하여서는 안된다.

④ **청렴의무** : 직무와 관련하여 직접 또는 간접을 불문하고 사례, 증여 또는 향응을 수수할 수 없으며, 직무상의 관계여하를 불문하고 그 소속상관에게 증여하거나 소속공무원으로부터 증여를 받아서는 안 된다.

2) 직무상 의무

① **법령준수의무** : 직무집행에 있어서 법령을 준수하여야 한다.

② **복종의무** : 직무를 수행함에 있어서 소속상관의 직무상의 명령에 복종하여야 한다.

③ **친절공정의무** : 국민 전체에 대한 봉사자로서 친절하고 공정하게 집무하여야 한다.

④ **직무에의 전념을 보장하기 위한 의무들** : 직장이탈금지의무, 영리업무 및 겸직금지의무, 정치운동의 금지의무, 집단행위의 금지의무, 비밀엄수의무, 전문성개발의무

(3) 민간사회복지기관의 사회복지사 의무

민간사회복지사의 의무도 사회복지전담공무원의 의무와 유사하나 일부 차이가 있다. 민간사회복지기관에 종사하는 사회복지사도 성실의 의무, 품위유지의무, 청렴이무와 같은 일반적 의무가 있으며, 사회복지공무원과 같이 선서 의무도 있으나 그 내용은 차이가 있다.

직무상 의무도 법령준수의무, 복종의무, 친절공정의무, 직장이탈금지의무, 비밀엄수의무가 있으나 노동3권이 보장되므로 집단행위금지의무는 없다.

민간사회복지기관에 종사하는 사회복지사의 책임은 새로이 개정된 한국사회복지사협회에서 2001년 12월 15일 공포한 사회복지사윤리강령에 나타나 있다.

法諺

Every man's house is his castle.

각 사람의 주거는 각 사람의 성(城)과 같다.

제 6 장

국제법과 사회복지법

최근 국가 간의 활발한 노동력 이동으로 인하여 외국에 파견된 우리나라 근로자들과 우리나라에 파견된 외국근로자들의 권리보호와 복지증진과 관련된 이슈들에 많은 관심이 모아지고 있다. 이러한 상황 속에서 이전보다 더 많은 사회복지관련 국제법규와 조약 · 협정들에 대한 이해가 필요하게 되었다. 이에 본 장에서는 국제법이 왜 필요하게 되었고, 국제법이 국내에서 어떻게 효력을 미치고 있으며, 어떠한 구속력을 행사하는지 살펴보도록 하겠다. 아울러 우리나라가 비준한 국제조약은 무엇이고 다른 나라와 체결하고 있는 사회복지관련 협정 내용들을 살펴보도록 하겠다.

> **국제조약의 기능**
>
> 국제 사회복지 조약 중 근로조약 및 권고는 주로 국제노동기구(ILO)에 의해 주도되고 있으며, 1944년 사회보장법 체계의 3대 기본요소로 소득보장, 의료보장, 고용서비스 권고를 채택하였다.

제 1 절 국제법과 사회복지법

국제법에서 정하는 규정은 개별 국가의 사회복지정책의 입안 및 시행과정에 상당한 영향력을 발휘하고 있다. 우리나라 헌법 제6조 1항에 따르면 「헌법」에 의하여 체결·공포된 조약과 일반적으로 승인된 국제법규는 국내법과 동일한 효력을 발휘한다. 이는 국제기구에 의한 조약과 규약 등은 각각의 기구에 가입한 경우 국내법과 동일한 법적 효력을 갖게 된다는 것을 의미한다. 만일 가입을 하지 않더라도 국제사회의 이러한 동향이 개별 국가의 사회복지에 상당한 영향력을 미친다는 점에서 국제기구에 의한 조약과 규약 등의 기능은 중요하다(조원탁 외, 2004; 현외성 외, 2005). 아울러 사회복지국제화, 인간다운 생활보장의 보편화, 근로자의 국제적 이동, 국제적인 노동조합의 사회복지운동, 그리고 국제적 사회복지기준의 설정 등과 같은 이유들로 인해 사회복지관련국제법의 중요성이 더욱 부각되게 되었다.

> **국제법(인정)**
>
> 1. 비준 [批准, ratification] : 전권위원(全權委員)이 체결·서명한 조약을 조약체결권자(국가원수 또는 내각)가 최종적으로 확인하며, 동의하는 행위.
> 2. 가입 [加入] : 조직이나 단체 따위에 들어가거나 참석함.
> 3. 체약국 [締約國] : 서로 조약을 맺은 나라.
> 4. 승인 [承認, recognition] : 일반적으로 타인의 행위에 대하여 긍정적 의사를 표시하는 일.
> 5. 인준[認准] : 입법부가 법률에 지정된 공무원의 임명과 행정부의 행정 행위를 인정하는 일. '승인'으로 순화. 예) 총리 인준, 개정안을 인준하다. 총리를 인준하다.

주권국가와 국제적 인격을 가지는 그 밖의 단체들 사이에서 적용되는 법규·국제법은 서로 다른 나라들의 자치, 즉 내정을 위한 법률들 사이의 차이를 다루는 국제사법(國際私法)과 구별되는 의미에서의 국제공법(國際公法)을 뜻한다. 국제법은 국가들 사이의 평화공존의 필요성에서 발전해왔으며, 상식, 자익, 다양한 실무적 고려에 바탕을 둔다. 유효하게 국제법을 집행하는 기관은 없지만, 개별 국가들은 점점 상호협력이라는 법 원칙에 충실히 따르며 사실상 현재 많은 국가들이 국제법에서 합의된 원칙들을 각자의 국내법에 받아들이고 있다.

한편 국제법은 조약에 의해 창출되기도 한다. 조약과 기타 상호협정은 국제법 주체들이 기존의 국제법을 자신들이 적합하다고 생각하는 대로, 또는 거래행위에서 합의하는 바대로 천명·수정하거나 발전시키는 법적 구속력을 가지는 약속이다. 조약 및 기타 합의에 의해 결정된 국제법규집 가운데 특히 중요한 것은 영토·외교법·면책, 재외국민(在外國民)의 보호, 통상 및 항해의 자유, 범죄인 인도와 난민보호, 국제권리와 의무의 승계에 관한 것 등 5가지이다.

또한 국제연합과 같은 세계적인 다목적 기구들은 국제법 발전에 중요한 역할을 한다. 이들 기구는 상호협정과 동맹이라는 기초 위에 세워진 국제관습법의 조직적 상부구조라고 할 수 있다. 이들 기구가 국제법에 미치는 영향은 매우 크다. 왜냐하면 국제법의 기본원칙을 이루는 규칙들의 명시적 합의에 의한 수정, 회원국들의 묵인에 따라 입법기능을 행사할 권한이 실제로 주어지지 않은 기관들에 의해 이루어지는 규칙들의 간접 수정, 국제법의 법전화 및 발전의 주도가 이들 기구에서 이루어지고 있기 때문이다. 아울러 국제사회복지와 관련된 기관은 사회복지에 관해 국제적으로 연대하여 대처하기도 하고, 보편적인 사회보장기준을 제시함으로써 개별국가의 사회복지법 제정 및 개정에 영향을 미치고 있다.

국제법(약속)

1. 조약 (條約, treaty) : 국제법 주체간에 국제법률 관계를 설정하기 위한 명시적(문서에 의한) 합의. 국제적 합의에 한정하는 좁은 의미로 사용되기도 하지만, 국제법 주체간의 모든 형태의 명시적 합의를 총칭하는 넓은 뜻으로 쓰인다.
2. 규약 (規約, convenant) : 조직체 안에서, 서로 지키도록 협의하여 정하여 놓은 규칙. 규약국제연맹의 기초조약에서 사용된다.
3. 협약 (協約) : 협상조약. 〈법률〉단체와 개인, 또는 단체와 단체 사이에 협정을 체결한다. 국제회의에서 성립된 다수국가간의 입법적 성격의 조약에 사용된다.
4. 협정 (協定, agreement) : 주로 정부가 행정권에 속하는 사항에 대하여 입법부의 동의 없이 단독으로 외국정부와 맺는 약정(約定:정부간협정). 민간단체와 국제기구 간의 합의에는 협정이라는 용어가 자주 사용된다.
5. 권고 (勸告) : 어떤 일에 관하여 상대방이 어떤 조치를 취할 것을 권유하는 일.
6. 선언 (宣言) : 널리 펴서 말함. 또는 그런 내용. 국가나 집단이 자기의 방침, 의견, 주장 따위를 외부에 정식으로 표명함.
7. 의정서 (議定書, protocol)특정조약의 수정 ·보완을 목적으로 할 때 흔히 채택된다.

사회보장의 적용

사회보장제도는 기본적으로 속인주의 원칙을 가지고 있지만, 외국인에 대해서는 해당국과의 상호주의에 입각한 사회보장협약과 같은 조약을 체결한 경우 우리나라 사회보장법의 적용을 받는다.

제2절 사회복지관련 국제 선언 및 원칙

사회복지관련 국제 선언 중 대표적인 것은 공적구조는 국가의 신성한 책무이고 그 범위와 적용범위는 법률로 정한다고 1793년 선언한 인권선언문(1793년)이 있다. 1941년 미국의 루스벨트 대통령과 영국의 처칠 수상이 「대서양헌장」을 선언하면서 '공포와 결핍으로부터의 자유'(freedom from fear and want)라는 슬로건을 제시하였고, 서방국가들로 하여금 사회보장에 관한 권리를 국민의 기본권으로 인정하였다. 그 후 1944년 「필라델피아선언」은 국제노동기구(ILO) 필라델피아 총회에서 채택된 「ILO의 목적에 관한 선언」이다. 「필라델피아선언」은 사회보장원칙 및 전쟁에서 생기는 제문제를 심의하여 결과적으로 소득보장에 관한 권고, 의료보호에 관한 권고, 군대 및 전시고용으로부터 풀려난 자에 대한 소득보장 및 의료에 관한 권고를 채택하였다.

1948년 제9차 미주국제회의(the Ninth International Conference of American States)는 「인간의 권리와 의무에 관한 미주선언(the American Declaration of the Rights and Duties of Man)」에서 생명권, 신체의 자유와 안전의 권리, 법 앞의 평등, 자의적인 구속으로부터의 자유, 적법절차, 국적 및 종교를 가질 권리, 종교의 자유, 표현의 자유, 집회 및 결사의 자유, 사생활보호권, 사유재산을 가질 권리, 건강 및 교육을 받을 권리, 문화적 혜택을 나누어 받을 권리, 일할 권리, 휴식과 여가를 가질 권리, 사회보장을 받을 권리와 사회에 대한 의무, 어린이와 부모에 대한 의무, 지도를 받을 의무, 법질서 존중의 의무, 이웃과 국가에 봉사할 의무, 납세의무, 일할 의무 등 인간이 지켜야 할 기본적인 의무와 권리를 선포하였다.

아울러 국제연합(UN) 「세계인권선언」(1948.12.10, 5차 총회) 제22조에 의하면 "모든 인간은 사회보장을 받을 권리를 가지며, …… 그 존엄성과 인격의 자유로운 발달에 불가결한 경제적·사회적 또는 문화적 제권리를 실현하는 권리를 가진다."

각종 세계적인 선언문들은 사회복지에 관해 언급한 것이 많다. 특히 2차 대전 후의 국제적 선언에는 전쟁에 의한 피폐된 국가경제로부터 국민들의 생존권을 보편적으로 보장하기 위한 내용들이 자주 등장한다. 국제연합은 회원국들이 여론과 관심방향을 표현하고자 하는 수단으로 〈선언(declaration)〉을 채택하는데, 이 선언은 '인간이 준수하여야 할 최고의 진실'을 나타내며, 매우 강력한 도덕적, 윤리적 및 정치적 비중을 가지는 문서이지만, 법적 구속력을 가지지 않는다(Cooper & Veron, 1996: 34). 보편적인 「세계인권선언」(1948)부터 시작하여, 「정신지체인권리선언」(1971)과 「장애인권리선언」(1975) 등이 장애인의 인권과 존엄성에 관한 대표적 선언이다. 국제연합 이외에도 장애인의 고용보장과 관련하여 국제노동기구(ILO)는 1955년에 「장애인직업재활권고」(제99호), 1983년에 「직업재활과 장애인고용권고」(제168호)를 채택하였다.

그러나 이러한 선언은 제한적 효력을 가지고 있다는 데 그 한계가 있다. 왜냐하면, 선언은 조약의 형태로 채택된 것이 아니므로 참여당사국간에 법적 의무를 부여하지 않으며, 단지 각 국가가 인권문제에 관하여 추구해야 할 표준을 선언한 것에 불과하다. 따라서 그 실현은 각 국가의 내적·외적 조건과 정책 및 선의에 달려 있는 것이다.

1 세계인권선언

1948년 「세계인권선언」(Universal Declaration of Human Rights)은 1948년 12월 제3차 국제연합총회에서 채택되었다. 이 선언은 보편적으로 사회보장을 받을 권리를 선언하였고, 보충급여로서의 사회보장방법을 제시하였다. 또한 자신 및 그 가족의 건강과 안녕을 유지함에 충분한 생활수준을 보유할 권리를 가지며, 생활의 곤궁을 받을 때에 생활보장을 받을 권리를 가지며, 모성과 유약은 특별한 보호와 원조를 받을 권리가 있다고 천명하였다. 제2차 세계대전 전야의 인권 무시, 인권의 존중과 평화 확보 사이의 깊은 관계를 고려하여 기본적 인권 존중을 그 중요한 원칙으로 하는 국제연합헌장의 취지에 따라 보호해야 할 인권을 구체적으로 규정할 것을 목적으로 하여 채택되었다. 1948년 12월 10일 UN 제 3차 총회에서 만장일치로 채택된 「세계인권선언」(Universal Declaration of Human Rights)은 조직화된 국제사회가 인권 및 기본적 자유에 대한 선언을 한 최초의 경우로서, 세계여론을 반영한 '도덕적 권위'(moral authority)를 갖고 인권의 국제적 보호에 많은 영향을 끼쳐왔다. 전문과 본문은 30개조로 되어 있는데, 그 중 제21조까지는 시민적·정치적 성질의 자유, 즉 자유권적 기본권에 관한 규정이다. 그리고 경제적·사회적·문화적 성질의 자유, 즉 생존권적 기본권에 관해서도 상당한 배려가 있으며, 사회보장에 대한 권리(22조), 노동권과 공정한 보수를 받을 권리 및 노동자의 단결권(23조) 등에 관해서도 규정이 마련되어 있다. 그러나 세계인권선언은 실정법으로 법적 구속력을 가지는 것이 아니며, 모든 국가와 국민이 달성해야 할 공통의 기준을 선언한 데 불과하다. 이를 법적 구속력과 도덕적 권위를 아울러 갖춘 조약으로 만들어 그 실시를 의무화하고자 한 것이 1966년 12월 16일 UN 총회의 결의로 채택된 「국제인권규약」(International Convent on Human Rights)이다.

이로써 마침내 「국제인권장전」(International Bill of Human Rights)이 이 세상에 그 모습을 드러내게 되었다.

② 아동의 권리에 관한 국제 선언

(1) 아동의 권리에 관한 제네바 선언

1924년 국제연맹 총회에서 「아동의 권리에 관한 제네바 선언」을 채택함으로써 공식화 되었다. 이 선언은 전문과 5개항의 본문으로 되어 있는데, 그 전문에서 "모든 나라의 남녀와 인류가 아동에 대하여 최선의 것을 주어야 할 의무를 진다는 것을 인정하고, 인종·국적 또는 신념에 관한 어떠한 사유에도 관계없이 모든 아동에게 다음과 같은 사항을 보장할 것을 선언하고 또한 자기의 의무로서 수락한다"고 그 기본이념을 분명히 하였다. 국제연맹 회의에서 채택된 제네바 선언 5개항의 내용은 다음과 같다.

① 어린이는 신체적으로 정신적으로 정상적인 발달을 위해 요구되는 모든 수단을 강구해야 한다.
② 굶주린 어린이에게 먹을 것을, 병든 어린이에게 치료의 혜택을, 지능발달이 뒤늦은 어린이에게는 도움을, 불량한 어린이에게는 감화를, 고아와 부랑아에게는 주거를 마련하여 보호해 주어야 한다.
③ 위기에 직면하였을 때, 최우선적으로 어린이를 구해야 한다.
④ 어린이에게 장래 설계를 세울 수 있는 지위로 이끌며, 모든 종류의 착취에서 보호를 받을 수 있어야 한다.
⑤ 어린이에게 자기의 능력을 인류동포에게 봉사하기 위한 것이라는 자각을 주며 교육을 해야 한다.

이상의 5개항에서 제1항은 아동의 생존권 보장, 제2항은 아동보호의 접근방법, 제3항은 아동보호의 최우선 원칙, 제4항은 자립과 착취에서의 보호, 제5항은 아동육성의 궁극적 목표를 제시하고 있다.

(2) 아동의 권리선언

> 아동권리선언
>
> 1959에 유엔에서 채택된 '아동권리선언(1959)'은 아동을 보호의 대상으로서 뿐만 아니라 인권이나 자유의 주체로 파악하여, 아동과 청소년의 권리신장에 획기적으로 기여한 국제문서이다.

1959년 유엔에서 채택된 「아동의 권리선언」은 아동과 청소년의 권리신장에 획기적으로 기여한 국제문서로서 유엔헌장과 세계인권선언(1948년)의 원칙과 정신에 입각해서 작성되었다. 이 선언은 전문과 10개조의 본문으로 구성되고, 제네바 선언과 비교할 때 한층 상세하고 넓은 관점에서 그 내용을 확대, 개선한 것이다. 기본 정신은 성장 도상에 있는 아동, 즉 사회적 약자의 입장에 있는 사람에 대하여, 그 인권의 보장과 실현을 가능하게 하기 위하여 특별한 조치와 배려를 해야 할 필요성을 선언하는 데 있었다. 아울러 이 선언은 아동을 단순히 구제나 보호의 대상으로서 뿐 아니라 인권이나 자유의 주체로서 파악하려고 하였던 것은 주목할 만하다.

③ 장애인 권리선언

「장애인 권리선언」은 장애인 권리를 선언하고 이것이 장애인들의 권리보호를 위한 공통된 기초와 준거틀로 사용되도록 국가적·국제적 노력을 요청하기 위해서 1975년 12월 9일 UN총회에서 채택되었다. 권리선언의 내용들은 다음과 같다.

① '장애인(disabled person)'이라 함은 신체적 혹은 정신적 능력면에서 선천적이나 후천적 결함으로 인하여 정상적인 개인적 혹은 사회적 생활을 스스로는 완전히 혹은 부분적으로 영위할 수 없는 사람을 의미한다.
② 장애인들은 이 선언에 제시된 모든 권리를 향유할 수 있어야 한다.
③ 장애인은 인간으로서 존엄성이 존중받을 권리를 타고 난다.
④ 장애인들은 다른 사람과 동등한 시민권과 정치권을 가진다.
⑤ 장애인들은 자립하도록 하기 위해서 만들어진 시칙을 활용할 자격을 가지고 있다.
⑥ 장애인들은 필요한 모든 치료, 서비스, 교육, 훈련, 기술적 원조를 받을 권리를 가진다.
⑦ 장애인들은 경제적·사회적 보장을 받을 권리가 있다.
⑧ 장애인들은 국가계획에서 고려될 특별 요구를 가진다.
⑨ 장애인들은 가족생활을 할 권리가 있다.
⑩ 장애인들은 착취와 규제와 처우에서 보호되어야 한다.
⑪ 장애인들은 적절한 법적 원조를 받을 수 있어야 한다.
⑫ 장애인들과 그들의 가족들 및 지역 사회에게 모든 적절한 수단을 통해 이 선언에 포함된 권리를 충분히 알릴 수 있어야 한다.

4 정신지체인 권리선언(The Declaration of the Rights of Mentally Retarded Persons)

1971년 12월 20일 UN총회에서 채택된 이 선언은 정신지체를 가진 장애인이 다른 사회구성원과 더불어 일반적인 사회생활을 영위하고, 이들에게도 사회정의와 평등의 규범이 관철되어야 한다는 권리사상의 표현이었다. 또한 정신지체인에 대한 제반 권리의 보장을 각국이 정책으로 전개하여야 한다는 방향을 제시하였다. 이 선언은 총 7개조로 구성되어 있는데 그 내용은 다음과 같다.

① 정신지체인은 국민으로서 일반시민과 동등한 기본적 권리를 가진다.
② 정신지체인은 그 상태가 아무리 심하다 할지라도 그의 능력과 가능성을 최대한도로 발전시킬 수 있도록 적절한 의학적 조치와 교육, 훈련, 재활 및 지도를 받을 권리를 가진다.
③ 정신지체인은 안정된 경제생활을 보장받을 권리가 있다. 또한 생산적이며 뜻있는 직업에 종사할 권리를 가진다.
④ 정신지체인은 가족들과 함께 살 권리가 있다. 또한 모든 사회생활에 참가하며 여가를 즐길 수 있는 조치가 마련되어야 한다. 정신지체인과 동거하는 가족들은 부조를 받아야 한다. 만일 시설에서의 양호가 필요한 자라면 그 시설은 최대한도로 가정적 분위기가 조성되어야 한다.
⑤ 정신지체인은 자기의 개인적인 복지나 이익을 보호하기 위해 필요할 때는 자격 있는 후견인을 가질 권리가 있다.
⑥ 정신지체인은 착취와 남용과 학대로부터 보호받을 권리가 있다. 만일 고소를 당한다면 그의 심신상의 책임능력을 충분히 인정하여 공정한 재판을 받게 해야 한다.
⑦ 정신지체인이 중증으로 그 모든 권리를 유용하게 행사할 수 없을 경우 또는 그 권리의 일부나 전부가 제한되거나 배제되어야 할 필요가 생겼을 경우에 이에 적응하는 절차가 남용되지 않도록 법적으로 보장되어야 한다.

5 유엔 노인의 권리원칙

유엔은 1991년 12월 「노인을 위한 유엔원칙」을 채택하여 정부가 고려해야 할 독립, 참여, 보호, 자아실현, 존엄의 5개영역의 18개 원칙을 제시하였다.

(1) 독립(Independence)

① 노인은 소득의 보장과 가정 및 지역사회의 지원과 자조를 통해서 충분한 식량, 물, 주거, 의류, 건강의 케어를 받아야 한다.
② 노인은 일하는 기회 또는 다른 소득을 얻는 기회를 가져야 한다.
③ 노인은 직장으로부터 은퇴 또는 퇴직하는 시기의 결정에 참여할 수 있어야 한다.
④ 노인이 적절한 교육·훈련계획을 이용할 수 있도록 원조한다.
⑤ 노인은 안전하고 또한 개인의 선택이나 변화하는 능력에 적합한 환경에서 생활해야 한다.
⑥ 노인은 가능한 오랫동안 자택에서 살 수 있도록 해야 한다.

(2) 참여(Participation)

① 노인은 사회적 관계망을 유지해야 하고, 노인의 복지에 직접 관계하는 정책 입안 및 실시에 적극적으로 참여해야 한다. 또한 노인의 지식이나 기능을 젊은세대와 공유하여야만 한다.
② 노인은 지역사회에 도움이 되는 기회를 찾아 넓혀 나갈 수 있어야 하고, 노인의 관심이나 능력에 알맞은 자원봉사로 의미있는 일을 할 수 있어야 한다.
③ 노인은 노인의 운동 혹은 단체를 만들 수 있다.

(3) 케어(Care)

① 노인은 문화적 가치에 관한 각 사회의 제도에 따라서 가족이나 지역사회의 케어와 보호로부터 이익을 얻지 않으면 안된다.
② 노인은 신체적·정신적 및 정서적으로 최고 수준의 상태를 유지·회복하여 질환을 예방하는, 노인을 원조하는 건강에 대한 케어를 받을 수 있어야 한다.
③ 노인은 독립성, 보호 및 케어를 증진하는 사회나 법률에 의한 서비스를 받을 수 있어야 한다.
④ 노인은 안전한 환경에서 보호나 재활 서비스 등을 케어 받아야 하고, 사회적·정신적 자격을 제공하는 적절한 수준의 시설 케어를 이용할 수 있어야 한다.
⑤ 노인은 케어 시설이나 치료시설 등 어느 곳에 살든지 그 존엄과 신념, 욕구와 프라이버시 그리고 자신이 받는 케어와 생활의 질에 대해 결정할 권리를 최대한 존중받을 수 있는 것을 포함하는 인권과 기본적 자유를 누려야 한다.

(4) 자기실현(Self－fulfilment)

① 노인은 자기의 가능성을 최대한 신장할 수 있는 기회를 추구할 수 있어야 한다.
② 노인은 사회적 교육적·문화적·정신적 그리고 여가에 관한 자원을 이용할 수 있어야 한다.

(5) 존엄(Dignity)

① 노인은 착취, 신체적·정신적 학대를 당하는 일이 없어야 하고 존엄을 가지며 안심하고 생활할 수 있어야 한다.
② 노인은 연령이나 성별, 인종적 또는 민족적 배경이나 장해 또는 그밖에 지위에 구애됨 없이 공정하게 대하며 노인의 경제적 기여와는 관계없이 평가되어져야 한다.

6 정신질환자의 보호 및 정신보건관리 향상을 위한 국제연합의 원칙

1991년 국제연합은 「정신질환을 가진 자의 보호 및 정신보건관리의 개선을 위한 원칙(the protection of person with mental illness and the improvement of mental health care)」을 채택하였다. 이 원칙의 주요 내용은 다음과 같다.

(1) 정신질환자의 권리보장에 관한 원칙

① 모든 정신질환자는 인간적으로 대우받고, 정신질환으로 법적 능력이 결여되었다는 결정 및 법적 능력의 결여로 대리인이 지명된다는 결정은 모두 국내법이 규정하는 독립되고 공평한 기구에 의해 공정한 청문을 거쳐야 한다고 명시하고 있으며, 이성적 판단 능력의 유무가 문제되어 있는 자는 변호인을 선임할 권리를 가질 수 있도록 규정하고 있다(원칙 1의 6).
② 법원이나 권한을 갖는 다른 결정기관이 정신질환을 가진 자가 자기에 관한 모든 일을 관리할 능력이 결여되어 있다고 판단한 경우에는 필요하고 적절한 범위 내에서 그 자의 이익의 보호를 보장하는 수단을 강구하도록 하고 있다(원칙 1의 7).
③ 환자는 불복신청 또는 소송에서 변호인을 선임할 권리를 가지며, 더 나아가 환자가 무자력자일 경우에는 일체의 소요비용 없이 무상으로 변호인을 선임할 수 있도록 하고 있다(원칙 18의 1).

(2) 정신질환의 판정(원칙 4)

① 정신질환의 판정은 국제적으로 승인된 의학적 기준에 의하여야 한다.
② 정신질환의 판정에 있어서 정치적·경제적· 사회적 지위 등 환자의 정신 상태와 직접 관계가 없는 다른 어떠한 이유를 근거로 하여서는 안 된다.
③ 환자가 과거에 정신과 치료 또는 입원하였던 경력만으로 정신질환의 판정을 받고 이 결정이 정당화하여서는 안 된다고 규정하고 있다.

(3) 입원에 관한 원칙(원칙 15)

정신보건시설에서의 치료를 필요로 하는 때에는 강제입원을 피하기 위하여 노력하여야 하고, 입원을 할 때에는 일반적인 질병치료를 위한 입원과 동일한 방법으로 입원이 이루어지도록 하여야 한다고 규정하고 있다. 강제입원이 수반하고 있는 인권침해의 위험을 예방하려는 노력의 차원으로 강제입원에 대한 원칙을 강조하였다.

① 정신질환 때문에 환자 자신과 타인에게 심각한 위해를 가할 가능성이 높은 것으로 판단될 때 강제입원의 조치가 취해질 수 있다.
② 정신질환이 심하여 환자가 이성적으로 판단할 수 없는 판단장애가 있을 때 강제입원 조치가 실시될 수 있다.
③ 환자를 입원시키거나 수용하지 않으면 심각한 악화가 초래되었을 때 강제적인 입원이 이루어질 수 있다.
④ 입원 이외에는 다른 적절한 치료를 할 수 없다고 판단될 때 강제입원을 시행할 수 있다.

法諺

Priata est hostis humani generis.

海賊은 인류의 적이다.

제 3 절 사회복지관련 국제규약·조약 및 협약

1 국제인권규약 A · B(International Convents on Civil and Political Rights)

1966년 12월 16일 제21차 국제연합(UN) 총회에서 인권의 국제적 보장을 위하여 채택된 조약으로, 경제적·사회적·문화적 권리에 관한 규약(A규약), 시민적·정치적 권리에 관한 규약(B규약), B규약의 부속선택의정서로 되어 있다. 그리고 A규약은 1976년 1월에, B규약과 B규약의 부속선택의정서는 그해 3월에 각각 발효하였다. 세계인권선언이 개인과 국가가 달성해야 할 공통의 기준으로서 채택되어 도의적인 구속력은 지녔으나 법적 구속력이 없었던 것에 반해, 국제인권규약은 조약으로서, 체약국을 법적으로 구속하는 것이 특징이다.

이 규약은 UN인권위원회가 원안을 작성하였으며, UN총회는 A·B 두 규약을 만장일치로, 의정서를 66 대 2 와 기권 38로 가결하였다. A·B 두 규약은 모두 제1조에 민족자결권과 자연의 부 및 자원에 대한 영구적 권리에 관해서 규정해 놓고 있는 점이 특징적이다. A규약은 이른바 생존권적 기본권을 대상으로 노동기본권·사회보장권·생활향상·교육권 등을 각 체약국이 그들의 입법조치로써 실현 달성할 것을 내용으로 하며, 이의 실시상황을 UN에 보고할 것을 의무화하였다. B규약은 이른바 자유권적 기본권의 존재를 전제로 하여, 체약국이 이를 존중할 것을 의무화하였으며, 이것의 실시 확보를 위하여 인권심사위원회와 그리고 필요에 따라 특별조정위원회를 설치할 것과, 선택의정서 참가국에 대해서는 개인이 인권심사위원회에 직접 청원할 수 있는 길을 열어놓았다.

> **국제인권규약**
>
> 국제인권규약은 도의적인 구속력만을 지닌 세계인권선언과 달리 체약국을 법적으로 구속할 수 있으며, 제1조에 민족자결권과 자원에 대한 영구적 권리를 규정한 것이 특징이다. 우리나라는 국제인권규약에 가입하면서 상소권 보장, 결사의 자유, 일사부재리의 원칙에 대한 가입을 유보하였다.

> **국제인권규약의 내용**
>
> 경제적, 사회적, 문화적 권리에 관한 규약(국제인권규약A)은 사회권 규약이라고도 불리는 국제조약으로 노동권, 사회보장권, 교육권 등을 포함한다. 제1조 자결권, 제6조~8조 노동권, 제10조~제11조 사회보장수급권, 제12조 건강권, 제13조 교육권 등을 규정하고 있다. 또 생명권, 신체의 자유와 안전에 대한 권리 등은 시민적 권리에 대한 내용으로 정치권과 함께 시민적 및 정치적 권리에 관한 규약(국제인권규약B)에 규정되어 있다.

> **국제연합과 사회복지**
>
> 국제연합(UN)은 총회에서 아동의 권리에 관한 협약, 장애인권리협약 등 주요 선언이나 권고협약을 채택함으로써 사회복지 분야뿐만 아니라 여러 분야에 국제적인 기준을 설정하고 있다.

국제인권규약은 "인류사회의 모든 구성원의 고유한 존엄과 평등과 양도할 수 없는 권리" 즉 공포와 결핍으로부터의 자유를 향유하는 이상은 시민적·정치적 권리, 경제적·사회적·문화적 권리를 향유할 수 있는 상태가 창출되는 경우에 있어서만 달성될 수 있다고 한다. 먼저 각 규약은 제1조제1항에서 "모든 인간은 자기결권정권을 가지며, 그 권리에 의하여 자유로이 자신들의 정치적 지위를 결정하고 그들의 경제적, 사회적 및 문화적 개발을 추구한다"고 규정하고 있다. 나아가 A규약 제26조는 모든 인간의 법 앞의 평등과 차별금지를 선언하고, B규약

제9조는 모든 국가는 사회보험을 포함한 사회보장을 받을 권리를 보장하도록 하고 있다.

각 규약은 모든 비준국가에게 국제연합에 규약조항이행에 관한 정기보고서를 제출하도록 하고 있다. B규약의 경우에 보고는 인권분야에서 높은 도덕성과 승인된 능력을 갖춘 18명의 선출된 위원으로 구성된 유엔인권위원회에 제출하도록 되어 있다. A규약의 경우에 보고서는 경제적·사회적·문화적 권리위원회를 경유하여 유엔 산하기구인 경제사회이사회에 직접 제출된다. 우리나라는 1990년 4월 A·B 규약에 가입하였고, 공무원 및 사립학교 교사의 집단행동의 금지를 유보한 결사의 자유, 비상계엄하의 단심제를 규정한 상소권 보장, 일사부재리의 원칙 등 3가지 규정을 유보하였다.

A규약은 경제적·사회적·문화적 권리에 관한 규약으로 1976년 1월에 발효가 되었고, 생존권적 기본권을 대상으로 노동기본권·사회보장권·생활향상·교육권 등을 각 체약국이 그들의 입법조치로써 실현 달성할 것을 내용으로 하며, 이의 실시상황을 UN에 보고할 것을 의무화하였다.

한편, B규약은 시민적·정치적 권리에 관한 규약으로 1976년 3월에 발효가 되었으며, 자유권적 기본권의 존재를 전제로 하여, 체약국이 이를 존중할 것을 의무화하였으며, 이것의 실시 확보를 위하여 인권심사위원회와 그리고 필요에 따라 특별조정위원회를 설치할 것과 선택의정서 참가국에 대해서는 개인이 인권심사위원회에 직접 청원할 수 있는 길을 열어놓았다. 또한 B규약의 부속선택의정서가 1976년 3월에 발효되었다.

A규약과 B규약의 특징으로는 첫째, 법적 구속력이 있다는 점이다. 세계인권선언이 개인과 국가가 달성해야 할 공통의 기준으로서 채택되어 도의적인 구속력은 지녔으나 법적 구속력이 없었던 것에 반해, 국제인권규약은 조약으로서, 체약국을 법적으로 구속하는 것이 특징이다. 두 번째 특징으로는 A·B 두 규약 모두 제1조에 민족자결권과 자연의 부 및 자원에 대한 영구적 권리에 관해서 규정해 놓고 있다는 점이다.

② 유럽인권협약

1950년 "유럽인권협약(The European Convention of Human Rights, 1950)"에서는 생명권, 비인도적 대우나 형벌을 받지 않을 권리, 노예제도로부터의 해방, 신체의 자유와 안전, 소급형법과 처벌의 금지, 사생활과 가정생활의 불간섭 보장, 양심의 자유, 종교의 자유, 표현의 자유, 집회 결사의 자유, 혼인의 자유를 인간의 보편적인 인권으로 채택하였다.

③ 모든 형태의 인종차별 철폐에 관한 국제협약(International Convention on the Elimination of Racial Discrimination 1966)

세계인권선언이 만인은 존엄과 권리에 있어 태어날 때부터 자유롭고 평등함을 선언하고 또한 특히 인종, 피부색 또는 출생지에 대하여 어떠한 종류의 구별도 하지 않고 동 선언에 언급된 모든 권리와 자유를 누구나 향유할 수 있음을 선언하였다.

1963년 11월 20일자 모든 형태의 인종차별 철폐에 관한 국제연합 선언이 전 세계에서 모든 형태와 양상의 인종차별을 신속히 철폐하고 인간의 존엄성에 대한 이해와 존중을 확보할 필요성을 엄숙히 확인하고, 인종차별에 근거한 어떠한 우수 인종 학설도 과학적으로 허위이며 도덕적으로 규탄받아야 하며 사회적으로 부당하고 위험하며 또한 어느 곳에서든 이론상으로나 실제상으로 인종차별에 대한 정당화가 있을 수 없다는 것을 확신하였다.

이에 이 협약은 인종, 피부색 또는 종족의 기원을 근거로 한 인간의 차별은 국가간의 우호적이고 평화적인 관계에 대한 장애물이며 국민간의 평화와 안전을 그리고 심지어 동일한 단일 국가 내에서 나란히 살고 있는 인간들의 조화마저 저해할 수 있다는 것을 재확인하고, 인종적 장벽의 존재가 어떠한 인류사회의 이상과도 배치됨을 확신하여 1966년 3월 7일 협약이 체결되고 1969년 1월 4일 발효되었다. 우리나라는 1979년 1월 4일 이 협약을 적용하게 되었다.

④ 고문 및 잔인하고, 비인도적인 혹은 굴욕적인 처우 및 형벌의 방지에 관한 협약(The Convention Against Torture and Other Inhuman or Degrading Treatment or Punishment 1984)

이 협약은 국제연합 헌장에 천명된 원칙에 따라, 인류사회의 모든 구성원이 향유하는 평등하며 불가양한 권리를 인정하는 데서 세계의 자유·정의 및 평화의 기초가 이룩됨을 고려하여 1984년 12월 10일 채택되었다. 이러한 권리는 인간의 고유한 존엄성으로부터 유래함을 인정하며, 국제연합 헌장 특히 제55조에 따라 인권 및 기본적 자유를 보편적으로 존중하고 이의 준수를 촉진하여야 하는 국가의 의무를 고려하였다.

어느 누구도 고문 및 잔혹한·비인도적인 또는 굴욕적인 대우나 처벌의 대상이 되어서는 아니된다고 규정한 세계인권선언 제5조와 시민적 및 정치적 권리에 관한 국제규약 제7조에 유의하며, 1975년 12월 9일 국제연합 총회에서 채택된 고문 및 그 밖의 잔혹한·비인도적인 또는 굴욕적인 대우나 처벌로부터 만인의 보호에 관한 선언에 유의하고, 세계적으로 고문 및 그 밖의 잔혹한·비인도적인 또는 굴욕적인 대우나 처벌을 방지하기 위한 투쟁이 더욱 실효를 거둘 수 있도록 하는 데 그 목적이 있다. 이 협약은 1987년 발표되었고 우리나라는 1995년 2월 8일 적용하게 되었다.

⑤ 아동권리협약(Convention on the Rights of the Child 1989)

> **아동권리협약**
>
> 아동권리협약은 18세 미만의 모든 아동에게 평등하게 적용되고, 아동의 최선의 이익과 차별금지를 주요 골자로 하며, 우리나라는 1991년에 비준하였다.

아동의 권리를 '선언'에서 '협약'으로 바꾼 '아동의 권리에 관한 국제협약'(약칭 아동권리협약)은 오랫동안 논쟁을 거쳐서 UN총회에서 채택되었다. 특징으로는 아동권리협약은 18세 미만의 모든 아동에게 평등하게 적용되고, 아동의 최선의 이익을 지향하면서도 부모의 지도를 존중한다는 점이 특징이다. 아동의 최선의 이익, 차별금지는 아동권리협약의 가장 큰 이념이고, "당사국은 이 협약에서 인정된 권리를 실현하기 위한 모든 적절한 입법적, 행정적 및 여타의 조치를 취하여야 한다"(협약 제4조)는 의무가 있다. 주요 내용으로는 아동의 생존권, 보호받을 권리, 발달권, 참여권 등을 규정하고 있다.

⑥ 그 밖의 국제인권협약

앞서 살펴본 협약들 외에 다양한 국제인권협약들이 있다. 크게 차별과 착취로부터의 보호를 위한 협약, 반인도적 행위로부터의 보호를 위한 협약, 여성 및 어린이의 보호를 위한 협약, 난민 및 무국적자의 보호를 위한 협약, 그리고 이주노동자의 보호를 위한 협약들로 나뉜다.

(1) 차별과 착취로부터의 보호를 위한 협약

① 아파르트헤이트 범죄의 진압 및 처벌을 위한 국제협약(International Convention on the Suppression and Punishment of the Crime of Apartheid)

② 교육상의 차별금지 협약(Convention against Discrimination in Education)

③ 인신매매금지 및 타인의 매춘행위에 의한 착취금지에 관한 협약(Convention for the Suppression of the Traffic in Persons and of the Exploitation of the Prostitute)

(2) 반인도적 행위로부터의 보호에 관한 협약

① 집단살해죄의 방지와 처벌에 관한 협약(Convention on the Prevention and Punishment of the Crime of Genocide)
② 전쟁범죄 및 인도에 반하는 죄에 대한 공소시효 부적용에 관한 협약(Convention on the Non-Applicability of Statutory Limitations to War Crimes and Crimes Against Humanity)

(3) 여성 및 어린이의 보호를 위한 협약

① 여성에 대한 모든 형태의 차별철폐에 관한 협약(Convention on the Elimination of All Forms of Discrimination against Women)
② 부녀자의 정치적 권리에 관한 협약(Convention on the Political Rights of Women)
③ 아동의 무력분쟁 관여에 관한 선택의정서(Optional Protocol to the Convention on the Rights of the Child on the involvement of children in armed conflict)
④ 아동매매, 아동매춘 및 아동포르노그라피에 관한 선택의정서(Optional Protocol to the Convention on the Rights of the Child on the sale of children, children prostitution, and child pornography)

(4) 난민 및 무국적자의 보호에 관한 협약

① 난민의 지위에 관한 협약(Convention relating to the Status of Refugees)
② 무국적자의 지위에 관한 협약(Convention relating to the Status of Stateless Persons)
③ 무국적자의 감소에 관한 협약(Convention on the Reduction of Statelessness)

(5) 이주노동자의 보호를 위한 협약

모든 이주노동자와 그 가족의 권리보호에 관한 국제협약(International Convention on the Protection of the Rights of All Migrant Workers and Members of their family)

그 외에 지역적 인권협약으로 인권 및 기본적 자유의 보호에 관한 유럽협약, 미주인권협약, 그리고 인간과 인민의 권리에 관한 아프리카 헌장 등이 있다.

⑦ 우리나라의 국제협약 비준 현황

우리나라는 앞서 살펴보았던 다양한 국제인권협약들에 비준하였다. 그 중에서도 국제노동기구의 협약에의 비준이 두드러지게 나타난다. 〈표 6-1〉에서 볼 수 있듯이 20여개의 협약에 비준하여 고용정책과 산업재해 그리고 장애인의 직업재활과 고용에 이르기 까지 노동과 관련된 국제적인 협약의 이행을 위해서 노력을 하고 있고, 이러한 국제노동기구에 가입해 비준한 협약들로 인하여 우리나라의 노동정책의 결정과 집행에 있어서 많은 영향력을 발휘하고 있음을 알 수 있다.

〈표 6-1〉 우리나라 비준 ILO 협약 현황

협약번호	협약명	비준일
제73호	선원의 건강진단에 관한 협약	1992년 12월
제81호	공업 및 상업부문에서 근로감독에 관한 협약	1992년 12월
제122호	고용정책에 관한 협약	1992년 12월
제142호	인적자원의 개발에 있어서 직업지도 및 훈련에 관한 협약	1994년 1월
제100호	동일가치 근로에 대한 남녀근로자의 동등보수에 관한 협약	1997년 12월
제150호	노동행정(역할·기능·조직)에 관한 협약	1997년 12월
제160호	노동통계에 관한 협약	1997년 12월
제111호	고용 및 직업에 있어서 차별대우에 관한 협약	1998년 12월
제138호	취업의 최저연령에 관한 협약	1999년 1월
제144호	국제노동기준의 이행을 촉진하기 위한 3자 협의에 관한 협약	1999년 11월
제159호	장애인 직업재활 및 고용에 관한 협약	1999년 11월
제19호	산업재해로 인한 보상에 있어서의 내·외국인 평등대우에 관한 협약	2001년 3월
제156호	가족부양의 의무가 있는 근로자의 고용 및 기회균등에 관한 협약	2001년 3월
제182호	가혹한 형태의 아동노동 철폐에 관한 협약	2001년 3월
제26호	최저임금의 결정제도에 관한 협약	2001년 12월
제131호	최저임금제도 수립에 관한 협약	2001년 12월
제88호	고용서비스 기관에 관한 협약	2001년 12월
제135호	근로자 대표에 관한 협약	2001년 12월
제170호	작업장에서 화학물질 사용상 안전에 관한 협약	2003년 3월
제53호	상선에 승무하는 선장과 직원에 대한 직무상 자격의 최저요건에 관한 협약	2003년 3월

제 4 절 사회복지관련 국제 조약 및 권고

1 ILO의 사회보장 관련조약(Convention) 및 권고(Recommendation)

1952년 사회보장의 최저기준에 관한 조약 이후 사회보장과 관련된 조약 및 권고는 15개가 개정되었다. 조약은 102호 조약을 비롯하여 일반기준이 3개, 출산보호에 관한 조약 등 분야별 조약이 5개 등 총 8개가 제정되었다. 권고는 일반조약에 관한 권고 1개 등 총 7개가 제정되었다. 102호 조약 이후 각 분야별로 제정된 조약은 102호 조약의 사회보장 관련 국제기준을 상향시키는 내용이며, 권고는 분야별 조약의 기준을 다시 상향조정한 것이다(이인재 외, 2005). 국제노동기구의 사회보장 관련조약과 권고사항은 다음과 같다.

① 사회보장 최저기준 조약(102호, 1952년)
② 분만보호조약(개정) (103호, 1952년)
③ 분만보호 권고(95호, 1952년)
④ 치료의 평등에 관한 조약(118호, 1962년) : 내국인 및 외국인의 균등한 치료에 관련된 조약
⑤ 직장 상해급여 조약(121호, 1964년)
⑦ 폐질·노령·유족급여 조약(128호, 1967년)
⑧ 폐질·노령·유족급여 권고(131호, 1967년)
⑨ 의료 및 질병급여 조약(130호, 1969년)
⑩ 의료 및 질병급여 권고(134호, 1969년)
⑪ 노령 근로자 권고(162호, 1980년)
⑫ 사회보장 수급권 유지에 관한 조약(157호, 1982년)
⑬ 사회보장 수급권 유지에 관한 권고(167호, 1983년)

② 사회보장 최저기준에 관한 조약(Social Security Minimum Standards, 102호 조약)

102호 조약은 1952년 채택되었으며, 이전의 조약과는 달리 사회보험을 유일한 보호방식으로 고집하지 않으며, 공공부조 등 다양한 접근방식을 인정하고 있다. 102호 조약의 의의는 적용범위 및 급여의 종류와 수준, 사회보장의 비용부담, 기여자와 수급자의 권리보호 그리고 행정관리문제 등에 대해 회원국이 준수해야 할 최저기준을 제정하고 있다는 점이다. 102호 조약은 1952년 국제노동기구 총회에서 채택되었고, 1995년 6월 현재 39개국이 비준하였다(이인재 외, 2005).

한편 이 조약에서는 현대 산업사회에서 국가가 보장해야할 9가지 사회적 위험들 제시하였는데 그 내용은 다음과 같다.

① 의료 - 의료보호
② 질병 - 상병급여
③ 실업 - 실업급여
④ 노령 - 노령급여
⑤ 산업재해 - 산재급여
⑥ 자녀양육 - 가족급여
⑦ 직업능력의 상실 - 폐질 급여
⑧ 임신과 분만 - 모성급여
⑨ 가장의 사망 - 유족급여

法諺

Good faith is to be preserved ;
the simplicity of the law of nations should prevail.
신의는 보호되어야 하며, 국제법상의 신의는 법률상의 효과가 있다.

제5절 우리나라와 외국과의 사회보장협정

(1) 사회보장협정의 의의

사회보장협정은 사회보장보험료의 납부의무에 관하여 협정 당사국간에 서로 협력할 것을 결의한 것이다. 즉 협정 체결 양국의 영역 간에 이동이 있거나 그들 각자의 영역 안에서 근로활동을 하고 있는 자의 복지증진과 체결 양국의 국민들이 그들 각자의 사회보장법령에 따라 동등한 권리를 누릴 수 있도록 보장하도록 합의한 것이다. 이에 사회보장협정은 협정 체결당사국간에 사회보장분야를 규정하는 조약으로서 협정이 발효되면 국내법과 같은 효력 유지한다는 데 그 의의가 있다고 하겠다.

> 사회보장협정
>
> 사회보장협정이란, 사회보장에 관해 상호주의에 입각하여 정부가 주로 입법부의 동의 없이 단독으로 외국정부와 맺는 약정 또는 정부간의 협정을 말한다. 이는 국제법상 실질적 의의를 갖는 조약의 하나이다.

> 협정내용
>
> 사회보장협정 형태로 사회보험료 이중부담방지와 양국 연금가입기간 합산규정을 포함한 가입기간 합산협정이 있고, 양국 가입기간 합산규정은 제외하고 연금보험료 이중적용 방지만을 규정한 보험료 면제 협정이 있다.

(2) 사회보장협정 체결 목적

협정당사국의 연금제도간에 서로 다른 점을 상호 조정하여 양 당사국 국민에게 이중가입 배제, 가입기간 합산, 동등대우, 급여송금보장이란혜택을 부여하기 위한 목적을 갖고 있다. 그 주요 목적은 다음과 같다.

1) 보험료 이중 부담 방지

사회보장협정 체결로 파견근로자 등 단기간 내 협정상대국에서 근로 또는 자영활동을 하는 사람들에게 양국 중 어느 한쪽 국가의 사회보장제도에만 가입하도록 함으로써 재정적 부담을 덜어주는 데 그 목적이 있다고 하겠다. 아울러 사회보장협정 체결로 해외진출 기업 및 파견근로자의 연금보험료 이중부담 방지는 물론 사회보험료 부담 면제를 통한 외국기업의 국내 투자환경 조성과 같은 효과를 기대할 수 있다. 최근 한국과 필리핀간에 체결된 사회보장협정에서는 한국의 재정부담 절감액을 연간 약 44억 5천만 원으로 추정하고 있다. 구체적으로 필리핀 파견 우리 근로자의 필리핀 연금보험료 납부 면제는 연간 약 1억 5천만 원으로 추정되며, 한국 내 필리핀 송출근로자의 국민연금보험료 면제로 국내 영세사업장의 재정부담 경감이 연간 약 43억 원 정도로 추정되고 있다. 한편 체결 상대국은 필리핀도 국내 근로 필리핀근로자의 국민연금보험료 및 고용보험료 납부면제를 통한 재정부담 절감액이 연각 약 43억 8천 만원 정도로 추정되고 있다(보건복지부, 2006).

2) 연금 혜택 기회의 확대

이민자와 같이 장기체류하는 사람들이 양국으로부터 연금 혜택을 받을 수 있는 기회를 확대하는 데 사회보장협정의 목적이 있다. 이는 양국간 가입기간 합산하여 수급권을 결정함으로써 양국 국민의 급여수급권 개선, 양국 연락기관간 자료협조로 사후관리 업무도 원활하게 되는 효과가 기대된다. 그러므로 사회보장협정체결은 급여수급권의 보호하는 제도적 장치로써 체결 대상국의 장기체류 교민의 연금수급권보장을 통한 체결대상국간의 상호협력관계를 확대시키고 있다.

(3) 사회보장협정의 종류

협정의 유형으로는 적용범위에 따라 가입기간합산 협정과 보험료면제 협정으로 구분된다.

1) 가입기간합산 협정

사회보장협정 체결 당사국간에 이중적용방지와 가입기간 합산규정을 포함한 포괄적인 사회보장 협정 형태로, 파견근로자와 같이 단기간 협정당사국을 왕래하면서 근로 또는 자영 활동을 하는 경우 그 기간 동안 한 국가의 사회보장제도에만 가입하는 것이다. 만일 연금가입기간이 양국으로 분리되어 있어 양국 또는 어느 한 국가로부터 연금수급권을 취득하지 못한 경우 양국 가입기간을 합산하여 수혜권을 부여하게 된다.

2) 보험료 면제협정

사회보장협정 체결 당사국간에 가입기간 합산규정을 제외한 사회보장제도 이중적용방지만을 규정한 협정형태로 파견근로자와 같이 단기간 협정당사국을 왕래하면서 근로 또는 자영활동을 하는 자들은 그 기간 동안 한 국가의 사회보장제도에만 가입하게 되어 있다.

(4) 사회보장협정 체결 현황

우리나라는 현재 일본을 포함한 16개 국가〈표 6-2 참조〉와 사회보장협정을 체결하여 사회보험료 이중 부담 방지와 양국 연금기간 합산규정을 포함한 협정 사항들이 이행되고 있다 (외교통상부, 2010년 4월 1일 현재).

〈표 6-2〉 우리나라의 사회보장협정체결 현황

체결대상국	협정 내용	서명일	발효일
이란	사회보장에 관한 협정: 보험료 면제 협정	1977년 5월 11일	1978년 6월 10일
캐나다	국민연금법: 가입기간 합산 협정	1997년 1월 10일	1999년 5월 1일
영국	국민연금법: 보험료 면제 협정	1999년 4월 20일	2000년 8월 1일
미국	국민연금법, 산업재해보상보험법: 가입기간 합산 협정	2000년 3월 13일	2001년 4월 1일
독일	국민연금법 및 고용보험법 일부: 가입기간 합산 협정	2000년 3월 10일	2003년 1월 1일
네덜란드	국민연금법: 보험료 면제 협정	2002년 7월 3일	2003년 10월 1일
일본	국민연금법: 보험료 면제 협정	2004년 2월 17일	2005년 4월 1일
이탈리아	국민연금법: 보험료 면제 협정	2000년 3월 3일	2005년 4월 1일
우즈베키스탄	국민연금법: 보험료 면제 협정	2005년 5월 10일	2006년 5월 1일
몽골	국민연금법, 고용보험법, 보험료징수법률 그리고 이 법률과 관련된 규정들: 보험료 면제 협정	2006년 5월 8일	2007년 3월 1일
헝가리	국민연금법 및 고용보험법 일부: 가입기간 합산 협정	2006년 5월 12일	2007년 3월 1일
프랑스	국민연금법: 가입기간 합산 협정	2004년 12월 6일	2007년 6월 1일
벨기에	국민연금법: 가입기간 합산 협정	2005년 7월 5일	2009년 7월 1일
호주	국민연금법: 가입기간 합산 협정	2006년 12월 6일	2008년 10월 1일
체코	국민연금법: 가입기간 합산 협정	2007년 12월 14일	2008년 11월 1일
아일랜드	국민연금법: 가입기간 합산 협정	2007년 10월 31일	2009년 1월 1일

제 7 장

사회복지법상의 실효성 확보와 권리구제

사회복지법은 공법관계와 사법관계로 구분해 볼 수 있다. 공법관계의 당사자에는 행정주체와 행정객체가 있는데, 사회복지행정의 경우, 행정주체(예: 국가 등)는 복지행정의 목적, 즉 국민의 복지증진 등을 달성하기 위하여 노력한다. 이 목적을 달성하기 위한 노력이 〈실효성확보〉의 문제이며, 예컨대 사회복지법상 이행강제금, 징역, 벌금, 시정명령 등은 이 실효성확보의 수단으로 동원되고 있다.

행정객체(예: 국민 등 청구인)의 경우, 사회복지행정조치 등 행정작용의 과정에서 사회복지수급권 등 권리・이익의 침해 받은 때에는 이들의 권익을 보호하고 구제받을 필요가 있는데, 이에 관련된 수단이 〈권리구제〉의 문제이며, 예컨대 사회복지법상 이의신청, 심사청구 등 행정심판, 행정소송, 국가배상청구 등은 이 권리구제 수단으로 동원되고 있다.

이 장에서는 사회복지법상의 실효성확보와 권리구제에 관하여, 원론적으로 그 체계를 구성해봄으로써 좀 더 폭 넓은 그리고 자세한 법적 이해를 도우려고 한다.

제 1 절 사회복지법상의 실효성 확보

사회복지법상의 법률관계를 보면, 단순한 평등적, 사익적(私益的)인 단순한 개인 간의 사법(私法) 관계가 아닌 경우도 있다. 즉 국가 등 행정주체와 국민 등 행정객체 사이의 법률관계로서, 행정주체가 우월한 지위에서 행정처분(복지조치, 복지처분)을 하는 경우가 있는데, 이 경우에는 당사자 간의 지위가 부대등(不對等) 하며, 국가 등이 행정 주체가 되고, 공익목적을 추구한다는 점에서 공법(公法) 관계라고 할 수가 있다.

> **행정행위의 확정성**
>
> 행정행위는 위법한 것이라도 그 하자가 중대하고 명백하여 무효가 되는 경우를 제외하고는 일정한 기간이 지나면 사인(私人)은 그 효력을 더 이상 다툴 수 없는 불가쟁력(不可爭力), 그리고 행정청 스스로도 당해 행위의 성질 또는 법적 안정성 등의 견지에서 행정행위를 취소・회피・변경할 수 없는 불가변력(不可變力)이 있는데 이와 같은 성질을 말함.

행정주체가 행정처분(복지처분)을 하는 경우에는 공익목적을 달성하여야 하기 때문에, 그 실효성(實效性)을 확보하기 위하여, 인가・허가 등 행정행위에는 사법(私法)상 법률행위에서 볼 수 없는 〈특성〉이 인정된다. 그리고 보험료

미납 등의 행정행위 위반에 대하여는 행정벌 등 〈제재수단〉이 동원되고 있다.

① 행정행위의 특성

> **실효성**
>
> 행정행위에 의해 부과된 의무를 이행하지 않을 시에는 행정청이 법률의 정하는 바에 의하여 〈스스로〉 그 이행을 강제적으로 실현시킬 수 있고, 또한 의무위반에 대하여 일정한 제재를 가하여 그 의무이행을 확보할 수 있는 특성을 말함.

행정행위에는 그 실효성 확보를 위하여 ① 공정성 ② 확정성 ③ 실효성 등이 인정되고 있다. 특히 공정성(公定性)이라 함은 행정행위에는 직권 또는 쟁송에 의하여 취소될 때까지는 일단 상대방과 제3자를 구속하는 성질이 있다는 것이다. 따라서 보험료 의 납부명령 등 행정처분을 받은 때에는, 비록 그 처분에 취소원인이 있는 것으로 보일지라도, 일단 그 처분은 유효한 것으로 인정하여 보험료 등을 납부하여야 하며, 행정쟁송 등 권리구제수단은 별도로 동원하여야 한다.

② 실효성 확보 수단의 종류

행정의 실효성 확보수단은 전통적으로, 직접적 의무 확보 수단으로서 〈행정강제〉와 간접적 수단으로서 〈행정벌〉이 논의되어 왔으나, 오늘날에는 가산금, 공급거부, 위반사실공표 등 새로운 수단이 논의되고 있다(김동희, 2006 : 505). 구체적으로 설명하면 다음과 같다.

(1) 직접적 강제수단(행정강제)

직접적 강제수단인 행정강제는, 〈행정상 강제집행〉과 〈행정상 즉시강제〉로 구분된다.

1) 행정상 강제집행

> **직접강제**
>
> 행정법상 의무불이행에 대하여 〈직접〉 의무자의 신체·재산에 실력을 가하여 일정한 상태를 실현하는 작용(예: 강제예방접종)

그 의무 유형에 따라 ① 행정대집행(예 강제철거), ② 집행벌(예 강제금), ③ 직접강제(예 강제수용, 강제예방접종), ④ 행정상 강제징수(예 보험료 징수)로 나누어진다.

특히 사회복지법상의 주요사항을 살펴보면 다음과 같다. 〈행정대집행〉은 예컨대, 무허가 건물의 철거명령을 받고도 그 의무를 이행하지 않는 자에 대하여, 당해 행정청이 무허가건물을 스스로 철거하거나 제3자로 하여금 철거하게하고, 그 비용을 의무자로부터 징수하는 행위를 말한다.

〈집행벌〉이라 함은 부작위의무 또는 비대체적작위의무의 불이행시, 이행강제를 위하여 부과하는 금전부담으로서, 강제금이라고도 한다. 예컨대, 이행강제금을 부과하는 경우이다(「건축법」 제83조 「장애인·노인·임산부 등의 편의증진보장에 관한 법률」 제28조).

> **작위(作爲)·부작위(不作爲)**
>
> 법률상 행위는 작위와 부작위로 나눌 수 있다. 작위는 어떤 행위를 적극적으로 하는 경우이고, 부작위는 어떤 법률상 행해야 할 의무가 있는데도 불구하고 소극적으로 하지 않는 경우를 말한다.
> 〈비대체적작위의무(非代替的作爲義務)〉라 함은 어떤 작위의무를 지고 있는 경우, 이 의무를 다른 사람이 대신 해줄 수 없는 경우를 말한다. 예컨대, 특정 유명화가가 초상화를 그려줄 계약상 의무를 지고 있는 경우.

행정강제의 일반법으로서 「행정대집행법」, 「국세징수법」, 「국세기본법」 등이 있다.

2) 행정상 즉시강제

목전의 급박한 행정상 장해를 제거해야할 필요가 있는 경우에, 미리 의무를 명할 시간적 여유가 없거나, 그 성질상 의무를 명해서는 목직달성이 곤란할 때, 직접 국민의 신체 또는 재산에 실력을 가하여 행정상 필요한 상태를 실현하는 작용을 말한다(김동희, 2006 : 544).

그 수단에는 ① 대인적 강제(예 강제수용), ② 대물적 강제(예 물건의 임시영치), ③ 대가택 강제(예 가택출입, 수색)가 있다.

즉시강제의 경우, 국민의 권리를 침해할 우려가 크기 때문에, 그 수단은 필요한 최소한도에 그쳐야 하며, 이로 인하여 발생하는 손실이나 손해는 법에 의하여 구제되어야 할 것이다.

(2) 행정벌

1) 의의

행정벌이란 행정법상의 의무위반, 즉 행정법규에 의한 명령 또는 금지 위반에 대하여 일반통치권에 기하여 과하는 제재로서의 벌을 말한다.

2) 종류

① **행정형벌** : 형법에 형명(刑名)이 있는 형벌(사형·징역·금고·자격상실·자격정지·벌금 등)이 과하여지는 행정벌이다. 특별한 규정이 있는 경우를 제외하고는 형법총칙이 적용되고 형사소송법의 절차에 따라 형사범으로 처리된다.

비송사건절차법

민사소송에서 공익에 관한 것이나 신속한 결정을 원하는 것이어서 정규소송에 의하지 않는 사건을 비송사건이라고 하며, 이에 관한 절차법을 말함. 비송사건에는 ① 민사비송사건－공탁, 법인등기, 부부재산약정의 등기, 법인·신탁법상의 사건에 관한 관할 등 ② 상사비송사건－상업등기, 회사의 청산, 사채, 상법에 관련된 사건의 관할 등이 있다. 그 특징은 다음과 같다. ① 당사자의 신청이나 법원의 직권에 의해 시작한다. ② 법원이 직권으로 사실이나 증거 등을 조사할 수 있다. ③ 비공개로 행해진다. ④ 권리관계는 판결이 아닌 결정으로 확정된다. ⑤ 재판을 한 뒤에도 그 취소나 변경이 인정된다.

② **행정질서벌** : 행정상의 질서유지를 위하여 행정법상의 신고나 보고, 장부비치의 태만행위 등 일정한 행정상의 경미한 의무위반행위에 대하여 〈과태료〉를 부과하는 벌칙이며, 형벌은 아니다. 과벌절차(科罰節次)는 비송사건절차법에 따라 관할 지방법원이 결정으로써 정하고, 집행은 검사의 명령으로 하되 원칙적으로 민사소송법에 의한다.

③ **조례에 의한 과태료** : 지방자치단체는 조례로써, 일반적으로 조례위반행위에 대하여 천만원 이하의 과태료 벌칙을 정할 수 있고, 또한 사기 기타 부정수단으로 사용료·수수료·분담금의 징수를 면한 자 및 공공시설을 부정사용한 자에 대하여 일정액의 과태료의 벌칙을 정할 수 있다(김동희, 2006 : 557-564).

3) 사회복지법상의 행정벌

① 사회복지법에서는 행정형벌로서 주로 징역 또는 벌금을 규정하고 있고, 행정질서벌로서 과태료를 규정하고 있다.

② 사회복지법에서는 형벌을 과할 때, 행위자를 벌하는 외에 법인등도 처벌하는 〈양벌규정〉을 두고 있는 경우가 많다. 사회복지행정의 실효성을 더욱 확보하려는 것이 그 목적이다.

③ 특별한 경우, 사회복지관련기관이나 단체의 임·직원은 형법 제129조-제133조(뇌물죄 등)의 적용을 받을 때에는 공무원으로 본다고 규정하고 있다(「사회복지사업법」 제57조 참조). 그 업무를 수행하는 과정에 있어서 부정한 금전의 수수를 금지하려는 것이 그 목적이다.

法諺

권리 위에서 잠자는 자를 법은 보호하지 않는다.

제 2 절 사회복지법상의 권리구제

1 권리구제의 의의

〈행정법상 권리구제〉란 행정작용으로 자기의 권리·이익이 침해되었거나 침해될 것으로 주장하는 자가 행정기관이나 법원에 손해전보·원상회복 또는 당해 행정작용의 취소·변경을 청구하거나, 기타 피해구제 또는 예방을 청구하고, 이에 대해 행정기관 또는 법원이 심리하여 권리·이익보호에 관한 판정을 내리는 것을 말한다(김동희, 2006 : 561).

사회복지법상으로 권리구제의 문제가 일어나는 경우는, ① 사회복지급여대상자의 권리가 행정청의 위법행위 또는 급여거부 등으로 침해되거나, ② 사회복지시설주체의 권리가 행정청의 지도, 감독에 따른 행정처분으로 인해 침해되는 경우 등이다.

〈사전권리구제제도〉는 권익침해의 사전예방을 위한 것으로서, 이에는 ① 행정절차, ② 청원, ③ 민원처리, ④ 옴부즈만 등 제도가 있다.

〈사후권리구제제도〉는 권익침해의 시정이나 전보(塡補)를 위한 것으로서, 이에는 ① 행정상 손해전보(손해배상·손실보상), ② 행정쟁송제도(행정심판·행정소송)가 있다.

> **사전권리구제제도**
>
> 권익침해의 사전예방을 위한 것으로서, 이에는 ① 행정절차, ② 청원, ③ 민원처리, ④ 옴부즈만 등 제도가 있다.

> **사후권리구제제도**
>
> 권익침해의 시정이나 전보(塡補)를 위한 것으로서, 이에는 ① 행정상 손해전보(손해배상·손실보상), ② 행정쟁송제도(행정심판·행정소송)가 있다.

2 사전권리구제절차

구제절차는 사후권리구제절차 보다는 사전권리구제절차가 더 바람직하다. 그것은 국민의 권익침해를 〈사전에〉 예방하는 절차이기 때문이다. 그러나 그 권리구제의 효율성의 높고 낮음의 문제는 별개의 것이다.

(1) 행정절차

① **협의의 행정절차** : 여기서 말하는 행정절차는 광의의 것이 아니라 협의의 의미의 개념이다. 즉 보건복지가족부장관 등 행정청이 공권력을 행사하여 행정에 관한 결정을 함에 있어 요구되는 외부와의 일련의 교섭과정(제1차적 행정절차) 만을 의미한다(통설).

② **행정절차의 필요성** : 행정절차는 행정의 민주화·적정화·능률화를 위해서 뿐만 아니라 사법기능의 보완을 위해서, 즉 국민의 권익에 대한 사전구제적 기능을 한다는 점에서 필요한 제도이다.

③ **「행정절차법」** : 행정절차의 기본적 내용으로는 사전통지, 청문, 기록열람, 행정처분시의 근거 이유 부기(附記), 행정처분기준의 설정·공표, 국민·주민의 참가절차 등이 있다.

> 입법예고
>
> 법령을 제정·개정 또는 폐지하고자 할 때에는 당해 입법안을 마련한 행정청으로 하여금 원칙적으로 이를 예고하도록 하는 제도이다. 예고방법은 관보·공보 또는 신문·방송·인터넷 등에 공고하고, 예고기간은 특별한 사정이 없는 한 20일 이상이다. 예고된 입법안에 대해서는 누구든지 의견을 제출할 수 있으며, 행정청은 제출된 의견에 대해서는 제출자에게 그 처리결과를 통보하고, 경우에 따라서는 공청회를 개최할 수 있도록 하고 있다.

우리나라에는 행정절차에 관한 일반법으로서 「행정절차법」이 있으며, 총칙, 처분, 신고, 행정상 입법예고, 행정예고, 행정지도, 보칙의 총 7장 54개조로 구성되어 있다. 특히 〈입법예고〉제도는 법령을 제정·개정 또는 폐지하고자 할 때에는 당해 입법안을 마련한 행정청으로 하여금 원칙적으로 이를 예고하도록 하는 제도이다. 예고방법은 관보·공보 또는 신문·방송·인터넷 등에 공고하여야 하고, 특별한 사정이 없는 한 20일 이상의 예고기간을 두어야 한다. 예고된 입법안에 대해서는 누구든지 의견을 제출할 수 있으며, 행정청은 제출된 의견에 대해서는 제출자에게 그 처리결과를 통보하여야 하고, 경우에 따라서는 공청회를 개최할 수도 있도록 하고 있다(김동희, 2006 : 448-452).

(2) 청원

〈청원〉제도(헌법 제26조)는 국민이 국가기관에 대하여 문서로 국가에 대한 불만·희망을 개진하고, 그 시정을 요구하는 제도로서, 청원의 대상이 광범위하다는 장점이 있으나, 국가기관에 대하여 청원을 통한 행정처분을 취소·변경시키는 구속력은 비교적 약하다는 단점이 있다.

(3) 민원처리

우리나라의 민원처리기관으로는 ① 국민고충처리위원회, ② 감사원, ③ 대통령비서실, ④ 국무총리비서실 등이 있다.

특히 국민고충처리위원회는 「민원사무처리에관한법률」에 의하여 설치된 기관으로서, 이 위원회는 고충·민원 등을 접수·상담하고, 이를 조사·처리하며, 행정기관의 민원사무처리상황을 감시함으로써, 국민의 권익을 보호하기 위하여 국무총리 소속하에 설치되는 기관이다. 외국의 옴부즈만 제도에 상응하는 제도로서 설치된 것이다.

(4) 옴부즈만(Ombudsman) 제도

이 제도는 스웨덴의 1809년의 헌법에서 최초로 창설되어, 1960년대 이후 여러 국가에서 채택하였으나, 그 구체적 내용은 국가별로 차이가 있다.

이 제도는 일반적으로 의회에 의해 선출된 옴부즈만이, 공공기관이 법령상의 책무를 적정하게 수행하는지 여부를 감시함으로써, 부적정한 행정으로부터 국민의 권익을 보다 실효성 있게 보호하려는 제도이다. 옴부즈만 제도는 그 실질적 권한보다는 옴부즈만의 객관적 지위나 사회적 신망에 의거한 영향력에 의하여 실효성이 담보된다(김동희, 2006 : 581-582).

> **옴부즈만(Ombudsman) 제도**
>
> 이 제도는 스웨덴의 1809년의 헌법에서 최초로 창설되어, 1960년대 이후 여러 국가에서 채택하였으나, 그 구체적 내용은 국가별로 차이가 있다.
> 이 제도는 일반적으로 의회에 의해 선출된 옴부즈만이, 공공기관이 법령상의 책무를 적정하게 수행하는지 여부를 감시함으로써, 부적정한 행정으로부터 국민의 권익을 보다 실효성 있게 보호하려는 제도이다.

3 사후권리구제절차

(1) 행정상 손해배상제도

1) 의의 : 이 제도는 국가 또는 공공단체의 〈위법한〉 활동에 의하여 개인에게 가하여진 손해를 전보하여 주는 제도이다. 행정상 손실보상제도가 〈적법한〉 공권력의 행사에 의하여 개인의 재산에 가하여진 특별한 손실을 전보하여 주는 제도라는 점에서 그 차이가 있다.

2) 근거법 : 헌법 제29조제1항에는 공무원의 위법한 직무행위로 인한 손해배상에 관한 규정을 두고 있다. 이에 근거하여 「국가배상법」을 제정하고, 행정상 손해배상을 제도화 하였다. 손해배상법상의 배상제도에는 다음의 2가지가 있다.

3) 공무원의 위법한 직무행위로 인한 손해배상제도

국가 또는 지방자치단체는 공무원 또는 공무를 위탁받은 사인(私人, 이하 "공무원"이라 한다)이 그 직무를 집행하면서 고의 또는 과실로 법령에 위반

> **「국가배상법」 상의 공무원**
>
> 국가공무원, 지방공무원(입법, 행정, 사법 모두 포함) 그리고 널리 공무를 위탁받아 그에 종사하는 모든 자를 포함 한다(통설·판례).

> **행정상 손실보장의 기준**
>
> 이에 관해서는 완전보상설과 상당보상설이 대립하고 있는데, 판례는 〈완전보상설〉을 채택하고 있다. 즉 판례에 따르면, 헌법 제23조제3항에 따른 〈정당한 보상〉이란 원칙적으로 피수용재산의 객관적인 재산가치를 완전하게 보상하여야 한다는 완전보상을 뜻하고 있다.

하여 타인에게 손해를 입히거나, 자동차손해배상보장법에 따라 손해배상책임이 있는 때에는 그 손해를 배상해 주어야 한다. 공무원에게 고의 또는 중대한 과실이 있는 때에는 국가 또는 지방자치단체는 그 공무원에게 구상권을 행사할 수 있다(국가배상법 제2조).

여기서 〈공무원〉이라 함은 국가공무원, 지방공무원(입법, 행정, 사법 모두 포함) 그리고 널리 공무를 위탁받아 그에 종사하는 모든 자를 포함 한다 (통설·판례).

〈직무행위〉라 함은 권력작용+단순공행정작용(관리작용) 등의 행정행위를 의미하며(다수설·판례), 공무원의 사경제적 작용의 행정행위(예 잡종재산의 매각행위)는 제외된다. 직무행위 자체는 물론이고, 객관적으로 보아 직무행위의 외형을 갖추고 있는 행위를 포함한다(통설·판례). 〈위법성〉은 엄격한 의미의 성문법령 뿐만 아니라 인권존중·권력남용금지·신의성실과 같은 불문법상의 위반도 포함하여, 그 행위가 객관적으로 부정당함을 의미한다(통설·판례). 〈손해〉에는 재산적 손해, 비재산적 손해, 적극적 손해, 소극적 손해 등이 모두 포함되고, 가해행위와 손해와의 사이에 상당인과관계가 인정되어야 한다. 〈손해배상액〉은 가해행위와 상당인과관계에 있는 모든 손해를 정당한 가격으로 환산한 가액이다(김동희, 2006 : 590-599).

사회복지법상으로는 행정청이 사회복지수급권자에 대하여 행하여야 할 법적의무를 불이행하는 경우, 또는 사회복지시설에 대하여 감독의무를 불이행하는 경우 등이다.

4) 영조물의 설치·관리상의 하자로 인한 손해배상 제도

도로나 하천 그 밖의 공공의 영조물의 설치나 관리에 하자(瑕疵)가 있기 때문에 타인에게 손해를 발생하게 하였을 때에는 국가 나 지방자치단체는 그 손해를 배상하여야 한다. 손해의 원인에 대하여 책임질 자가 따로 있는 때에는 국가 나 지방자치단체는 그 자에 대하여 구상할 수 있다(동법 제5조).

본조는 민법 제758조에 상응하는 것이나, 점유자의 면책규정을 두지 아니하고, 그 대상이 공작물에 한정되지 아니한다는 점에서 차이가 있다. 여기서의 책임을 통설은 〈무과실책임 無過失責任 〉으로 보고 있다. 여기서 〈영조물 營造物〉은 인적·물적 종합시설이라는 본래의 의미의 영조물이 아니고, 국가 또는 지방자치단체에 의하여 특정 공공의 목적에 공여된 유체물(有體物) 또는 물적 설비(物的 設備)를 지칭한다(판례). 인공공물(예 도로, 수도, 하수도, 관공청사), 자연공물(예 하천, 호소), 동산, 동물 등도 모두 포함 된다. 〈설치 또는 관리의 하자〉라 함은 영조물이 통상 갖추어야 할 안전성을 결여한 것을 말한다. 〈하자의 유무〉는 객관적으로 판단하며, 관리자의 과실 유무는 문제 되지 아니한다(통설).

최종적 배상책임자가 누구인가와 관련하여 우리 학설상으로는 관리자 책임설이 다수설이다. 판례는 국영공비사업(國營公費事業)과 관련해 손해가 발생한 경우에는 국가는 설치관리자로서, 지방자치단체는 비용부담자로서 각각 배상책임을 진다고 하며, 각 책임은 부진정연대책임 관계에 있다고 한다(김동희, 2006 : 588-605).

사회복지법상 손해배상의 경우로는 국공영 사회복지시설 등의 설치·관리에 하자가 있어서 손해가 발생한 경우 등이 있다.

> **부진정연대책임관계**
>
> 예컨대, 여러 사람이 돈을 빌려 준 한 사람에게, 그 돈 전부에 대해 각자가 갚을 채무를 〈연대채무〉라 한다. 연대채무자 사이에 공동목적으로 연대채무 부담에 관한 의사표시가 있는 경우를 〈진정연대채무〉라 하고, 그러한 의사표시가 없는 경우를 〈부진정연대채무(不眞正連帶債務)〉라 한다. 부진정연대채무자 사이에는 연대채무부담에 관한 의사표시가 없었기 때문에, 채무를 갚은 후에도, 서로 구상권(求償權)을 행사할 수 없게 되는 것이다.

(2) 행정상 손실보상제도

1) 의의 : 이 제도는 공공필요 때문에, 〈적법한〉 공권력의 행사에 의하여, 개인의 재산에 가하여진 특별한 손해에 대하여, 전체적인 공평부담의 견지에서 조절적인 재산적 전보를 하는 제도이다.

2) 근거법 : 헌법은 공공필요에 의한 재산권의 수용·사용 또는 제한 및 그에 대한 보상은 법률로써 하되, 정당한 보상을 지급하여야 한다(헌법 제23조제3항)고 규정하고 있다.

이 헌법규정에 근거하여, 개별법은 「공익사업을위한토지등의취득및보상에관한법률」(이하 '토지취득보상법'이라 함) 제61조, 도로법 제79조, 하천법 제75조 등에서 관련 보상규정을 두고 있다.

그런데 위의 헌법상 규정 외에 개별법 예컨대 사회복지법에서, 손실보상 규정을 두고 있지 않은 경우, 재산권의 침해를 받은 개인이 보상을 청구할 수 있는지의 여부가 학설상 논의 되고 있다. 학설상 방침규정설, 직접효력설, 위헌무효설, 간접효력설(유추적용설), 보상입법 부작위 위헌설 등이 대립하고 있는데, 직접효력설과 간접효력설이 유력하다.

판례는 근거학설이 명확하지 않지만, 손실보상이나 손해배상을 인정하고 있으며, 헌법재판소는 위헌무효설 내지 보상입법의무의 부과를 통해 해결하고 있는 듯하다.

3) 손실보상의 내용

① 〈손실보상의 기준〉에 관해서는 완전보상설과 상당보상설이 대립하고 있는데, 판례는 〈완전보상설〉을 채택하고 있다. 즉 판례에 따르면 헌법 제23조제3항에 따른 〈정당한 보상〉이란 원칙적으로 피수용재산의 객관적인 재산가치를 완전하게 보상하여야 한다는 완전보상을 뜻하고 있다. 토지취득보상법은 보상액의 결정에 있어서는 재결시의 가격에 의한 보상을 원칙으로 하면서도, 지가(地價)의 적정성을 유지하기 위하여 공시지가를 기준으로 하고 있다.

② 손실보상과 관련하여 생활보상, 정신보상, 사업손실보상 등이 논의되고 있으며, 각 개별법에서 가능한 한 입법하고 있다. 생활보상이라 함은 당해 지역에서 누리는 생활이익의 상실로서, 재산권보상으로 메워지지 아니한 손실에 대한 보상을 말하는 바, 생활보상을 광의로 파악하여, 생활재건조치도 포함하는 것이 다수설의 입장이며, 판례의 입장이다.

③ 〈보상의 방법〉을 보면, 토지취득보상법에서는 현금보상이 원칙, 현물보상이 예외이며, 특정한 경우 채권보상도 가능하다.

④ 〈보상액의 결정방법〉은 개별법에서 규정하고 있는데, 당사자 간의 협의, 행정청의 재결·결정 또는 법원의 소송에 의하는 경우 등이 있다(김동희, 2006 : 606-619).

(3) 행정쟁송제도

1) 행정쟁송의 의의

〈행정쟁송〉이라 함은 행정법상 법률관계에 관한 다툼을 심리·판정하는 절차를 말한다. 법치주의와 국민의 기본권의 보장을 구현하려는 제도이다. 행정쟁송은 여러 가지 종류로 나눌 수 있으나, 여기서는 행정심판과 행정소송으로 나누어서 살펴보고자 한다. 전자는 심판기관이 행정부의 행정기관이고, 후자는 사법부의 법원이란 점에서 차이가 있다.

> **행정쟁송**
>
> 행정법상 법률관계에 관한 다툼을 심리·판정하는 절차를 말한다. 행정쟁송은 여러 가지 종류로 나눌 수 있으나, 행정심판과 행정소송으로 나누어 본다면, 전자는 심판기관이 행정부의 행정기관이고, 후자는 사법부의 법원이란 점에서 차이가 있다.
> 사회복지법에서는 주로 이의신청, 심판청구 등 행정심판에 관해서 규정하고 있으나, 행정소송을 제기할 수 있음은 물론이다. 행정쟁송 외에도 경우에 따라서 민사소송, 형사소송, 헌법소원을 제기할 수도 있다.

사회복지법에서는 주로 이의신청, 심판청구 등 행정심판에 관해서 규정하고 있으나, 행정소송을 제기할 수 있음은 물론이다. 행정쟁송 외에도 경우에 따라서 민사소송, 형사소송, 헌법소원을 이용할 수도 있다.

〈헌법소원(憲法訴願)〉이라 함은 공권력의 행사 또는 불행사로 인하여 헌법상 보장된 기본권이 위법하게 침해되었다고 주장하는 국민이 헌법재판소에 직접 권리구제를 청구할 수 있는 제도를 말한다. 다만, 법원의 재판은 헌법소원의 대상에서 제외된다. 헌법재판소법에 따라 청구한다.

2) 행정심판

① **행정심판의 의의** : 이는 널리 행정법상의 다툼에 대한 심리·판정이 〈행정기관〉에 의하여 이루어지는 약식쟁송절차를 말한다. 실정법상 이의신청·심사청구·심판청구 등의 여러 용어가 사용되고 있지만, 그 실질은 행정심판에 해당되는 것이다. 행정심판의 존재이유로는 자율적 행정통제·법원의 부담경감 외에 행정청이 가진 전문적 기술과 지식을 충분히 활용하여 간이·신속·합리적 해결을 할 수 있다는 점(사법기능의 보완)을 들고 있다.

행정심판에 관한 일반법으로서 「행정심판법」이 있다. 따라서 특별법인 사회복지법상의 이의신청·심판청구 등에 관한 규정이 우선적으로 적용되고, 일반법인 행정심판법의 규정이 보충 적용된다.

② **행정심판의 종류** : 「행정심판법」상 행정심판의 종류에는 ① 취소심판, ② 무효 등 확인심판, ③ 의무이행심판 등이 있다.

③ **행정심판기관**

사회복지법의 각 〈개별법〉에 따르면, 청구인이 복지실시기관 등 심판기관에 이의신청, 심사청구를 할 수 있다는 규정을 두고 있으며, 기타 심판절차도 규정하고 있다. 일반법으로서의 〈「행정심판법」〉 규정에 따르면, 재결청이 심판재결기관이 된다. 그러나 재결청은 그 재결 전에 행정심판위원회의 심리·의결을 거쳐야 하고, 그 위원회의 의결에 반드시 따라야 하는 법적 구속을 받는다. 재결청은 원칙적으로는 처분청의 직근상급행정기관(直近上級行政機關)이다.

> 직근상급행정기관
> (直近上級行政機關)
>
> 행정조직계층상의 소속상급행정기관 중 바로 위의 행정기관을 말한다. 예컨대, 행정각부직속기관(청)의 처분→각부장관이 직근상급행정기관이다.

④ **재결의 종류**

㉠ 각하재결 : 심판청구의 요건심리의 결과, 예컨대, 청구인 적격이 없거나, 심판청구기간이 경과한 경우 등에 내리는 재결이다.

㉡ 기각재결 : 본안심리의 결과, 심판청구에 이유가 없다고 하여, 그 청구를 배척하고, 원처분을 인정하는 재결이다.

㉢ 인용재결 : 본안심리의 결과, 심판청구가 이유 있다고 인정하여, 청구의 취지

를 받아들이는 재결이다. 인용재결에는 청구의 내용에 따라 취소·변경재결, 무효등확인재결 및 의무이행재결로 나누어진다.

㉣ 사정재결(事情裁決) : 재결 중에는 특별한 재결이 있다. 즉 심판청구가 이유 있는 경우인데도, 인용재결을 하는 것이 공공복리에 적합하지 않다고 인정하는 때에, 행정심판위원회의 의결에 의하여, 기각재결을 하는 경우를 말한다. 이 경우에는 청구인에게 입히는 손해를 최소화하기 위하여, 청구인에 대한 상당한 구제방법(예컨대, 손해배상)을 취하거나 피청구인에게 그러한 구제조치를 취하도록 명할 수 있다(「행정심판법」 제44조), (김동희, 2006 : 674-700).

3) 행정소송

> **행정심판임의주의**
>
> 행정소송을 제기하려면 반드시 행정심판을 거쳐야 한다는 원칙을 행정심판전치주의(行政審判前置主義)라고 하는데, 현행 행정소송법은 예외도 있기는 하지만, 〈행정심판임의주의(行政審判任意主義)〉를 원칙으로 채택하고 있으므로, 행정심판을 거치지 않고, 직접 행정소송을 제기할 수도 있다.

청구인은 사회복지법의 규정에 따라 이의신청 등 행정심판을 청구할 수 있지만, 행정소송법에 의거하여 소송을 제기할 수도 있다. 이 소송을 제기하려면 반드시 행정심판을 거쳐야 한다는 원칙을 행정심판전치주의(行政審判前置主義)라고 하는데, 현행 행정소송법은 예외도 있기는 하지만, 〈행정심판임의주의(行政審判任意主義)〉를 원칙으로 채택하고 있으므로, 행정심판을 거치지 않고, 직접 행정소송을 제기할 수도 있다.

가. 의의

〈행정소송〉이란 법원이 행정법상 법률관계에 관한 분쟁에 대하여, 당사자의 소(訴)의 제기에 의하여, 이를 심리·판단하는 정식재판절차를 말한다. 법원이 대심구조·구두변론 등 당사자의 권리보호절차를 거쳐 심판하기 때문에, 행정소송은 약식(略式)쟁송이 아니라 정식(正式)쟁송이라고 한다. 우리나라는 대륙법계처럼, 행정소송을 일반사법재판소가 관할하므로, 사법국가형(司法國家型)에 속한다고 한다. 행정소송은 「행정소송법」에 의거하여 다투게 된다.

나. 행정소송의 종류

〈주관적 소송〉에는 항고소송, 당사자소송이 있고, 〈객관적 소송〉에는 민중소송, 기관소송이 있다. 주관적 소송이라 함은 개인적·주관적 권리의 보호를 목적으로 하는 소송을 말하고, 객관적 소송이라 함은 주관적 소송과는 달리 다만 행정작용의 적법성을 보장하기 위한 목적의 소송을 말한다.

(가) 항고소송

취소소송, 무효등확인소송, 부작위위법확인소송 등을 항고소송이라 한다.
(「행정소송법」 제3조제1호).

> **항고소송**
> 행정청의 위법한 처분 등을 취소·변경을 구하는 소송으로서, 예컨대, 취소소송, 무효등확인소송, 부작위위법확인소송 등을 항고소송이라 한다.

① 취소소송

㉠ 의의 : 행정청의 위법한 처분 등을 취소 또는 변경하는 소송을 말한다.

㉡ 종류 : 다투는 대상과 판결의 내용에 따라 처분취소송·처분변경소송·재결취소소송·재결변경소송 및 판례상 인정되는 무효선언을 구하는 의미의 취소소송으로 나누어진다.

㉢ 판결의 종류 : 각하판결, 기각판결, 인용판결, 사정판결(事情判決) 등이 있다.

㉣ 취소판결의 효력 : 판결의 일반적 효력인 자박력(自縛力), 확정력이 있고, 취소판결의 고유 효력으로서 형성력, 기속력이 있다. 〈자박력〉은 선고법원에 대하여 발생하는 효력으로서, 판결이 선고되면 선고한 법원 자신도 그 선고한 내용을 취소·변경할 수 없게 되는 힘이며, 불가변력이라고도 한다. 확정력 중에서, 〈형식적확정력〉은 상소의 포기, 상소제기기간의 도과, 심급의 완료 등으로 더 이상 판결에 대해 다툴 수 없게 되는 효력으로, 불가쟁력이라고도 한다. 〈실질적 확정력〉은 취소소송의 판결이 확정되면, 확정된 판단내용은 당사자 및 법원을 구속하여, 뒤의 소송에서 동일사항에 대하여 이미 확정된 판결의 내용과 모순되는 주장·판단을 할 수 없는 바, 이를 〈기판력(旣判力)〉이라고도 한다.

> **기각판결**
> 원고의 청구가 이유 없다고 하여 배척하는 판결이다. 그 반대의 경우를 인용판결이라 한다.

② 무효등확인소송(無效等確認訴訟)

이 소송은 행정청의 처분 등의 효력 유무 또는 존재 여부를 확인 하는 소송이다. 이 소송에는 처분이나 재결의 무효확인소송·유효확인소송·부존재확인소송·존재확인소송 및 실효확인소송이 포함된다.

처분에 내재하는 하자(瑕疵)가 중대·명백한 것인 경우에는 곧 바로 무효 주장(예 부당이득반환청구)을 할 수도 있지만, 처분이 무효인 경우에도 처분으로서의 외관은 존재하고 또한 무효와 취소 원인의 구별이 상대적이기 때문에, 행정청이 당해 처분이 유효한 것으로 판단하여 집행할 우려가 있는 경우, 관계 당사자는 그 무효를 공적으로 확인 받을 필요가 있을 것이다. 여기에 이 소송이 필요한 이유가 있다.

③ 부작위위법확인소송(不作爲違法確認訴訟)

이 소송은 행정청의 부작위가 위법하다는 것을 확인하는 소송을 말한다. 행정소송법은 〈부작위〉를 '행정청이 당사자의 신청에 대하여 상당한 기간 내에 일정한 처분을 하여야 할 법률상 의무가 있음에도 불구하고, 이를 하지 아니하는 것'이라고 정의하고 있다.

(나) 당사자소송

이 소송은 행정청의 처분 등을 원인으로 하는 법률관계에 관한 소송, 그 밖의 법률상의 법률관계에 관한 소송으로서, 그 법률관계의 일방 당사자를 피고로 하는 소송이다(「행정소송법」 제3조제2호).
이 소송은 항고소송과는 달리, 행정청에 의한 공권력의 행사·불행사의 결과로 생긴 법률관계, 기타의 공법상의 법률관계에 관한 소송이며, 대등한 당사자 사이의 법률상의 분쟁을 해결하기 위한 소송을 말한다(김동희, 2006 : 726-769).

(다) 민중소송

이 소송은 국가 또는 공공단체의 기관이 법률에 위반되는 행위를 한 때에 직접 자기의 법률상 이익과 관계없이 그 시정을 구하기 위하여 제기하는 소송이다(「행정소송법」 제3조제3호).

(라) 기관소송

이 소송은 국가 또는 공공단체의 기관 상호간에 있어서의 권한의 존부 또는 그 행사에 관한 다툼이 있을 때에 이에 대하여 제기하는 소송이다. 다만, 헌법재판소법 제2조의 규정에 의하여 헌법재판소의 관장사항으로 되는 소송은 제외한다(「행정소송법」 제3조제4호).

法諺

One lawsuit begets another.

하나의 소송은 또 하나의 소송을 유발한다.

제 2 부

각 론

제 8 장

사회복지 관련 기본법

본장은 현재까지 제정된 기본법들만을 모은 장으로서 구체적 서비스를 제공하기 위한 각법은 아니다. 이 법들은 헌법에 규정된 넓은 의미의 생존권에 대한 규정을 실현하기 위한 구체적인 법들의 공통적인 내용만을 중심으로 제정된 법들이다.

제 1 절 사회복지 관련 기본법의 특성

1 사회복지 관련 기본법의 토대

1) 세계인권선언

1948년에 세계인권선언(Universal Declaration of Human Rights)이 채택되었다. 전문(前文)과 30개 조항으로 구성된 이 선언문은 각국이 인권을 준수하는지 여부를 판단하는 잣대로, 전 세계에서 두루 쓰이고 있다(Britannica, 2000). 따라서 선언적인 권리 수준에서 볼 때, 세계인권선언은 사회복지와 관련된 기본법의 내용과 밀접하게 관련되어 있다.

이 선언문에서 사회복지와 관련된 기본법과 연관해 특히 주목을 끄는 것이 제22조와 제25조이다. 세계인권선언 제22조의 경우, 모든 사람은 사회보장에의 권리가 있으며, 또한 모든 사람은 경제적·사회적·문화적 권리를 실현할 자격이 있음을 명시하고 있다. 즉 세계인권선언은 "사람은 누구나 사회의 구성원으로서 사회보장의 권리를 가지며, 또한 국가적 노력과 국제적 협력을 통해 그리고 각국의 조직과 자원에 따라 자기 존엄에 필수적이고 자기 개성의 자유로운 발전에 필수적인 경제적·사회적·문화적 권리를 실현할 자격이 있다"고 주장하고 있다.

또한 세계인권선언 제25조의 경우, 모든 사람은 인간다운 생활을 할 권리가 있음을 다음과 같이 구체적 상황과 연결시켜 설명하고 있다. 첫째, "모든 사람은 자신과 가족의 건강과 복리를 꾀하기에 충분한 생활수준을 누릴 권리가 있는데, 여기에는 의식주(衣食住), 의료보호,

필요한 복지서비스가 포함된다. 또한 모든 사람은 실업, 질병, 장애, 배우자 사망, 노령, 기타 자신 힘으로 어쩔 수 없는 상황에서 생계 부족을 경험할 경우에 보장을 받을 권리가 있다." 둘째, "모성 시기와 어린 시기에는 특별한 보호와 도움을 받을 권리가 있다. 모든 아동은 정상적인 결혼 상태에서 태어났는지 여부에 상관없이, 똑같은 사회적 보호를 받는다."

2) 사회적 위험

(1) 사회적 위험의 중요성과 분류

사회복지와 관련된 기본법과 구체적으로 연관되는 것은 사회구성원이 경험하는 사회적 위험(social risk)이다. 왜냐하면 사회복지와 관련된 기본법은 사회의 구성원을 사회적 위험에 대비해 보호하거나, 겪은 사회적 위험을 보상하거나, 사회적 위험을 경험한 후에 정상적인 생활로 복귀시키는 것과 관련되는 경우가 많기 때문이다.

> **사회보장의 최저기준 협약**
>
> 사회보장의 최저기준 협약은 사회복지 체계에서 사회적 위험을 정할 경우에 중요하게 등장하는 국제노동기구(ILO) 협약이다. 1952년에 채택된 이 협약은 의료보호, 질병급여, 실업급여, 노령급여, 산업재해급여, 가족급여, 모성(母性)급여, 폐질급여, 유족급여에 관해 자세히 설명하고 있다.

사회복지체계에서 사회적 위험을 정할 경우에 중요하게 등장하는 것은, 국제노동기구(ILO)의 102회 협약인 '사회보장의 최저기준 협약[Social Security(Minimum Standards) Convention]'이다. 1952년에 채택된 이 협약은 의료보호, 질병급여, 실업급여, 노령급여, 산업재해급여, 가족급여, 모성(母性)급여, 폐질급여, 유족급여에 대해 자세히 설명하고 있다(ILO, 1952). 국제노동기구의 위와 같은 분류를 근거로 하여, 아홉 가지의 사회적 위험으로 의료, 질병, 실업, 노령, 산업재해, 가족부양, 모성, 폐질, 사망을 도출해낼 수 있다.

그리고 피터즈(Pieters, 2006)는 다섯 가지의 사회적 위험으로 노령·폐질·실업에 따른 소득부족, 가장(家長) 사망에 따른 소득부족, 부양자녀·가족 양육비의 필요성, 의료비의 필요성, 빈곤에 따른 생계수단 부족을 제시하고 있다.

(2) 유의점

사회적 위험과 관련된 유의점으로 다음과 같은 점을 제시할 수 있다(노병일, 2009).

첫째, 노령이란 사회적 위험은 다른 사회적 위험에 비해 독특한 특성을 가지고 있다. 우선, 노령을 제외한 사회적 위험은 발생 시기를 확실하게 알 수 없지만, 노령은 발생 시기를 미리 확실하게 예측할 수 있다. 그리고 노령 이외의 사회적 위험에 대비하는 사회복지제도에서 제공하는 급여는 단기적인 측면을 많이 포함하나, 노령에 대비하는 사회복지제도에서 제공하는 급여는 장기적인 측면을 많이 포함한다.

둘째, 사회적 위험은 중복되는 경우가 많다. 사회적 위험이 중복되는 예로 조기퇴직 노인의 경우가 있다. 이 경우, 어느 때는 실업이란 사회적 위험에 해당되고, 어느 때는 노령이란 사회적 위험에 해당된다.

셋째, 새로운 사회적 위험이 등장할 수 있다. 예전에는 없었으나 현대에 들어 새로운 문제가 등장하고, 이에 따라 새로운 사회적 위험이 발생한다. 어떤 것을 사회적 위험으로 보는지 여부는 사회의 관례에 따르며, 이런 관례는 관련 사회복지법이 통과되면서 가시화(可視化)될 수 있다. 물론 어떤 것이 사회적 위험에 포함되는지 여부는 시대에 따라 다르다.

② 사회복지 관련 기본법과 사회복지법의 계통도

위와 같은 관점에서 볼 경우, 사회복지에서 중요한 법은 사회보장과 관련된 법이다. 그러므로 우리나라에서 사회복지와 관련해 가장 중요한 법적 의미와 무게를 갖는 법으로 사회보장기본법을 꼽을 수 있다. 우리나라의 사회보장기본법에서는 사회보장을 '사회보험, 공공부조, 사회복지서비스 및 관련복지제도'라고 정의하는데, 이것은 사회복지를 넓은 의미를 지니는 것으로 보는 셈이다. 따라서 적어도 법 제도의 차원에서 볼 경우, 사회보장과 사회복지는 같은 개념에 가깝다. 다만, 법 의미의 차원에서 볼 경우에, 사회복지는 학술적 성격을 가지는 개념이며 사회보장은 제도적 성격을 가지는 개념이라고 구분할 수 있다. 현재 사회복지법을 연구하는 학자들은 사회복지법을 이런 틀에서 인식하고 있다. 그리고 사회복지법과 관련된 연구에서는, 사회보장기본법의 범위 내에서 사회복지법을 취급하는 형식을 취하는 경우가 많다(김훈, 2004).

따라서 사회복지의 개념을 학문적 차원에서가 아니라 법제도적 차원에서 볼 경우, 사회복지는 사회보험, 공공부조, 사회복지서비스를 가리키는 것으로 인식되며, 사회복지법은 이런 세 가지 영역을 주로 취급하는 것으로 인식된다. 다만, 사회복지와 관련된 문제는 다차원적이고 복합적인 성격을 가지기 때문에, 국민들의 복지에 영향을 미치는 기타 관련제도도 사회복지법에서 취급하는 것이 바람직하다고 볼 수 있다(김훈, 2004).

이런 맥락에서, 사회복지와 관련된 기본법과 이에 따른 사회복지법의 계통을 도식으로 〈그림 8-1〉과 같이 제시할 수 있다.

〈그림 8-1〉 사회복지와 관련된 기본법과 이에 따른 사회복지법의 계통도

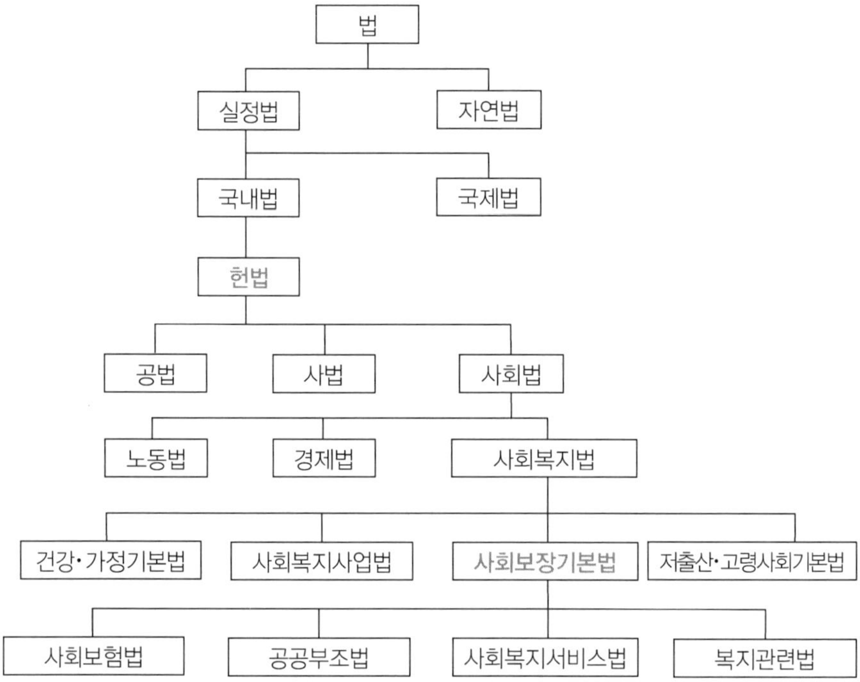

자료 김훈(2004 : 63)을 바탕으로 재구성함.

제2절 사회보장기본법

① 의의

세계의 모든 나라들이 자국의 사회보장제도 기본적인 틀을 유지하기 위하여 사회보장법을 제정하고 있다. 즉 미국은 사회보장법(Social Security Act, 1935), 영국은 연방사회보험법(National Insurance Act, 1945)을, 프랑스와 독일은 사회보장법전이라는 명칭으로 사회보장과 관련된 기본법을 제정하여 사회보장제도의 발전을 도모하고 있다.

우리나라는 1963년에 제정된 사회보장에 관한 법률을 제정하여 사회보장제도 전반에 걸친 기본법으로서 기능을 도모하였으나 그 내용이 너무 빈약하고 기본법으로 부족하였다. 따라서 1995년 변화된 사회·경제적 환경과 효율적인 복지제도의 부응하기 위하여 사회보장기본법이 제정되었다.

사회보장기본법은 그 동안에 이룩한 사회·경제적 발전과 거기에 적합한 사회보장제도의 운용에 합리성을 기하고 제도간 연계를 원활히 하여 국민의 사회보장에 기여하려는 의미를 가지며, 기본적인 골격은 소득보장과 의료보장을 중심으로 구성되어 있으며, 사회보장의 기본적인 방향을 제시하고 있다.

② 입법과정

우리나라의 개별 사회복지법은 사회복지기본법에 입각해서 제정된 것이 아니라 여러 가지 다른 요인들에 의해 제정되는 경우가 많아 사회복지법들이 생존권을 실현하기에는 미흡하였고 각 법률들 간의 연계성도 없었다. 따라서 개별사회복지법률들의 조정문제와 형평성 문제가 발생하였고, 사회보장사업의 균형유지와 발전을 위해서 개별 사회복지법률들의 통일성과 연계성이 필요하게 되었다. 이에 따라 사회보장에 관한 법률이 제정되었다.

사회보장에 관한 법률은 최초에는 사회보장의 기본계획 등이 포함되어 사회보장의 기본적인 성격이 포함되었으나 점차 정부의 사회보장의 의지가 약해지면서 상징적인 법률로 존속되었다.

즉 사회보장기본법이 제정되기까지 사회보장에 관한 법률은 사회보장에 관한 기본법으로서의 법적 지위에 있었으나 이는 명목적, 형식적인 기본법에 불과하였다. 따라서 1963년 이후에 제정된 사회복지법들은 사회보장에 관한 법률에 근거하여 제정되었다고 보기보다는 헌법상의 생존권 또는 복지권에 근거하여 제정되었다고 보는 것이 타당하다 할 것이다. 구체적인 연혁은 다음과 같다.

- 1959. 8 부산노동병원이 의료보장을 중심으로 한 한국사회보장제도 도입을 권고함.
- 1959. 10 보사부 목요연구회의 사회보장제도 도입을 위한 연구
- 1960. 12 전국종합경제회의 고용 및 생활수준 분과위원회에서 사보심 창설 건의
- 1961. 3 사회보장제도심의위원회 규정안 법제처 통과, 5·16 군사쿠테타로 중단
- 1962. 3 사회보장제도심의위원회 규정안의 국가재건 최고회의 통과
- 1962. 7 국가재건최고회의 의장의 사회보장제도 확립 지시각서
- 1963. 10 국가재건최고회의 상임위원회 질의 및 심의
- 1970. 2 사회보장심의위원회 규정제정
- 1991. 보사부의 주요시책으로 사회보장에 관한 법률 개정 제시(사회보험, 공공부조, 사회복지서비스 등을 포함하는 사회복지 분야의 종합적 기본법 제정제시)
- 1995. 12 사회보장기본법 공포 및 사회보장에 관한 법률 폐지
- 1996. 7 사회보장기본법 시행령 제정
- 2005. 1 사회보장심의위원회 위원의 확대 및 주요시책추진실적 평가제도의 도입으로 일부개정
- 2008. 2 정부조직법 개정으로 행정부서의 명칭변경
- 2009. 6 사회보장심의위원회의 사회보장정책에 대한 총괄기능을 강화하고, 법 문장의 한글, 쉬운 용어, 문장을 간결하게 함.
- 2010. 1 정부조직법 개정으로 보건복지가족부를 보건복지부로 하고, 여성부를 여성가족부로 하여 업무조정

3 내용

1) 목적과 이념

(1) 목적

사회보장기본법은 사회보장에 관한 국민의 권리와 국가 및 지방자치단체의 책임을 정하고 사회보장제도에 관한 기본적인 사항을 규정함으로써 국민의 복지증진에 기여함을 목적으로 한다고 규정하고 있다(동법 제1조). 이 규정에 의하면 헌법상의 생존권적 기본권을 실현하는데 기여함을 목적으로 하고 있음을 알 수 있고 구체적 수단으로 국가 및 지방자치단체의 의무와 책임을 명시하고 있다.

> **사회보장기본법**
>
> 사회보장기본법은 사회보장의 이념, 기본원칙, 범위 등을 규율하여 사회보장 입법의 지침으로 기능하게 하려는 목적으로 제정된 법으로 사회복지법 체계를 일관성 있게 정리하는 기능을 수행하며 법의 성격상 일반법에 해당하므로 법의 적용시 다른 개별적인 사회보장 관련 법률들이 사회보장기본법보다 상대적으로 우선하여 적용된다.

(2) 이념

사회보장은 모든 국민이 인간다운 생활을 할 수 있도록 최저생활을 보장하고 국민 개개인이 생활 수준을 향상시킬 수 있도록 제도와 여건을 조성하여, 그 시행에 있어 형평과 효율의 조화를 도모함으로써 복지사회를 실현하는 것을 기본 이념으로 한다고 규정하고 있다(동법 제2조). 이 규정은 사회보장의 이념이 무엇인지를 확실히 설명하고 있다.

(3) 법의 성격

동법은 헌법과 사회보장관련법의 연결핀으로서 중간법적 성격을 갖고 있는 것이다. 따라서 사회보장에 관한 다른 법률을 제정하거나 개정하는 경우에는 이 법에 부합되도록 하여야 한다고 규정하여(동법 제4조), 사회보장관련법의 기본법으로서의 법적 지위를 나타내고 있다.

2) 정의와 범위 및 주체와 책임

(1) 정의

사회보장이란 질병, 장애, 노령, 실업, 사망 등의 사회적 위험으로부터 모든 국민을 보호하고 빈곤을 해소하며 국민 생활의 질을 향상시키기 위하여 제공되는 사회보험, 공공부조, 사회복지서비스 및 관련복지제도를 말한다(동법 제3조제1항).

(2) 범위

동법은 사회보장의 범위를 4개 부문으로 나누고 각각의 정의를 명확하게 규정하고 있다(동법 제3조제2, 3 , 4, 5항).

첫째, 사회보험이란 국민에게 발생하는 사회적 위험을 보험의 방식으로 대처함으로써 국민의 건강과 소득을 보장하는 제도를 말한다.

둘째, 공공부조(公共扶助)란 국가와 지방자치단체의 책임 하에 생활 유지 능력이 없거나 생활이 어려운 국민의 최저생활을 보장하고 자립을 지원하는 제도를 말한다.

셋째, 사회복지서비스란 국가·지방자치단체 및 민간부문의 도움이 필요한 모든 국민에게 상담, 재활, 직업의 소개 및 지도, 사회복지시설의 이용 등을 제공하여 정상적인 사회생활이 가능하도록 지원하는 제도를 말한다.

넷째, 관련복지제도란 보건, 주거, 교육, 고용 등의 분야에서 인간다운 생활이 보장될 수 있도록 지원하는 각종 복지제도를 말한다.

(3) 주체와 책임

국가와 지방자치단체는 국가 발전의 수준에 부응하는 사회보장제도를 확립하고 매년 이에 필요한 재원을 조달하여야 하며, 또한 가정이 건전하게 유지되고 그 기능이 향상되도록 노력하여야 하며, 사회보장제도를 시행할 때에 가정과 지역공동체의 자발적인 복지 활동을 촉진하여야 하며, 모든 국민은 자신의 능력을 최대한 발휘하여 자립·자활(自活)할 수 있도록 노력하고 국가의 사회보장정책에 협력하여야 한다(동법 제5조-제7조). 즉 사회보장의 주체가 정부, 지방자치단체뿐만 아니라 민간조직, 가정과 지역사회, 개인까지 포함하며, 사회보장의 책임이 있다는 것을 규정한 내용이다.

사회보장의 범위

사회보장이란 질병, 장애, 실업, 사망 등의 사회적 위험으로부터 모든 국민을 보호하고 빈곤을 해소하며 국민생활의 질을 향상시키기 위하여 제공되는 사회보험·공공부조·사회복지서비스 및 관련복지제도를 말한다.

사회보험의 성격

사회보험이란 국민에게 발생하는 사회적 위험을 보험방식에 의하며 대처함으로써 국민건강과 소득을 보장하는 제도를 말한다. 사회보험의 적용범위는 모든 국민이며 주된 재원은 가입자가 의무적으로 납부하는 기여금으로 조달되고, 이를 재원으로 급여가 지급되기 때문에 가입자가 보험급여를 받을 권리성이 강하다.

공공부조의 성격

공공부조란 국가 및 지방자치단체의 책임하에 생활유지능력이 없거나 생활이 어려운 국민의 최저생활을 보장하고 자립을 지원하는 제도를 말한다. 공공부조는 법적으로 모든 국민을 대상으로 하지만, 실제 적용은 자산조사를 거쳐 대상자들을 선정하는 선별주의적 특징을 가지며, 공공부조 프로그램에 필요한 재원은 일반조세로 충당한다.

사회복지서비스의 성격

사회복지서비스란 국가·지방자치단체 및 민간 부문의 도움을 필요로 하는 모든 국민에게 상담·재활·직업소개 및 지도·사회복지 시설이용 등을 제공하여 정상적인 사회생활이 가능하도록 지원하는 제도를 말한다.

3) 사회보장수급권

(1) 급여수준

사회보장수급권은 사회보장의 급여를 받을 권리를 말하며 이 수급권은 모든 국민은 사회보장에 관한 관계 법령에서 정하는 바에 따라 사회보장급여를 받을 권리(이하 "사회보장수급권"이라 한다)를 가진다(동법 제9조). 사회보장수급권은 사회보험청구권, 공공부조청구권, 사회복지서비스청구권, 관련복지급여청구권으로 구성되는 실체적 권리로서 그 법적 권리를 인정하고 있음에도 이러한 권리의 실현은 관계 법령이 정하는 바에 의한다고 함으로써 수급권의 권리성을 약화시키고 있다.

그리고 사회보장급여의 수준은 모든 국민이 건강하고 문화적인 생활을 유지할 수 있는 정도의 것이어야 하는데 이러한 수준을 달성하기 위해서는 국가의 노력을 필요로 한다. 그리고 국가나 지방자치단체는 최저생계비와 최저임금법에 따른 최저임금을 고려하여 사회보장급여의 수준을 결정하여야 한다(동법 제10조제3항).

(2) 급여의 신청

사회보장급여를 받으려는 자는 관계 법령에서 정하는 바에 따라 국가나 지방자치단체에 신청하여야 하며(동법 제11조), 신청자가 다른 기관에 잘못 신청하였을 경우 해당기관은 지체없이 정당한 권한이 있는 기관에 이송하게 함으로써 신청자의 권리보호를 강화하고 있다.

그리고 사회보장수급권은 관계 법령에서 정하는 바에 따라 타인에게 양도하거나 담보로 제공할 수 없으며, 이를 압류할 수 없도록 하고 있다(동법 제12조).

(3) 수급권의 제한과 포기

사회보장수급권은 제한되거나 정지될 수 없다. 다만, 관계 법령에서 따로 정하고 있는 경우에는 제한되거나 정지될 수 있다(동법 제13조)고 규정함으로써 관계법률에 의해서만 최소한의 제한 또는 정지를 할 수 있도록 보호규정을 설정하고 있다. 사회보장

관련복지제도의 성격

관련복지제도란 보건·주거·교육·고용 등의 분야에서 인간다운 생활이 보장될 수 있도록 지원하는 각종 복지제도를 말한다.

사회보험의 대상

사회보장의 객체(대상)는 보편주의에 입각하여 국민 모두를 그 대상으로 하고 있으며 주된 주체는 국가, 지방자치단체이며 최근에는 복지다원주의에 따라 민간도 사회보장의 주체로서 역할을 할 수 있도록 적극적으로 조장하고 있다.

권리

권리는 실체적 권리와 절차적 권리(절차적 권리와 수속적 권리로 세분화)로 구분한다. 실체적 권리란 실질적인 급여청구와 관련된 권리로서 사회보험청구권, 공공부조청구권, 사회복지서비스청구권, 관련복지제도급여청구권이다. 절차적 권리는 절차와 관련된 권리로서 실체적 권리 이외에 모든 권리들은 절차적 권리로 이해할 수 있다.

수급의 신청

사회보장 급여의 신청에 관해서는 수급권자가 반드시 법에 따라 신청을 하여야 급여를 받을 수 있는 신청주의와 국가나 지방자치단체가 수급권자의 신청 여부와 관계없이 직권으로 수급자격 여부를 조사한 후 급여를 제공하는 직권주의가 있다. 현재 사회보장 급여는 신청주의를 원칙으로 하고 있으며, 예외로 국민기초생활 보장법에 의한 직권주의를 병행하고 있다.

수급권

사회보장수급권은 포기할 수 있고, 포기를 취소할 수 있다. 다만, 타인에게 피해가 가거나 관계법령에 위반되는 경우에는 포기할 수 없다. 양도·담보·압류는 할 수 없으며, 제3자의 불법행위로 인하여 사회보장수급권을 가질 수 있고, 이 때 사회보장을 행한 주체는 제3자에게 구상권을 행사할 수 있다.

구상권

구상권이란 제3자의 불법행위에 의하여 피해를 당한 국민이 사회보장수급권을 가지게 된 경우 사회보장제도를 운영하는 자가 사회보장을 실시하고 그것에 해당하는 비용을 불법행위를 한 제3자에게 청구할 수 있는 권리를 말한다.

수급권은 정당한 권한이 있는 기관에 서면으로 통지하여 포기할 수 있으며, 포기는 취소할 수 있다. 그러나 사회보장수급권을 포기하는 것이 타인에게 피해를 주거나 사회보장에 관한 관계 법령에 위반되는 경우에는 사회보장수급권을 포기할 수 없다(동법 제14조).

(4) 구상권

제3자의 불법행위에 의하여 피해를 입은 국민이 그로 인하여 사회보장수급권을 가지게 된 경우 사회보장제도를 운영하는 자는 그 불법행위의 책임이 있는 자에 대하여 관계 법령에서 정하는 바에 따라 구상권(求償權)을 행사할 수 있다(동법 제15조)고 규정함으로써 사회보장관련법률 등에서 제시하고 있는 구상권의 근거를 마련해 주고 있다.

4) 사회보장심의위원회

(1) 성격

사회보장에 관한 주요시책을 심의하기 위하여 사회보장심의위원회를 둔다(동법 제16조)고 함으로써 심의위원회는 심의기관으로서의 성격을 가진다.

(2) 구성(동법 제17조)

위원회는 위원장 1명과 부위원장 2명을 포함하여 위원 30명 이내로 구성하며, 위원장은 국무총리가 되고 부위원장은 기획재정부장관 및 보건복지부장관이 된다. 위원은 ① 대통령령으로 정하는 관계 중앙행정기관의 장[1] ② 근로자를 대표하는 사람 ③ 사용자를 대표하는 사람 ④ 사회보장에 관한 학식과 경험이 있는 사람 ⑤ 변호사의 자격이 있는 사람, 그리고 위원의 임기는 2년으로 하며, 공무원인 위원의 임기는 그 재임기간으로 하며, 보궐위원의 임기는 전임자 임기의 남은 기간으로 한다.

한편 위원회를 효율적으로 운영하고 위원회의 심의 사항을 보다 전문적으로 검토하기 위하여 위원회에 실무위원회를 둔다(동법 제16-17조). 실무위원회는 위원장 1명을 포함

---

1) 법 제17조제3항제1호에서 "대통령령으로 정하는 관계 중앙행정기관의 장"이란 교육과학기술부장관, 법무부장관, 행정안전부장관, 문화체육관광부장관, 농림수산식품부장관, 지식경제부장관, 환경부장관, 고용노동부장관, 여성가족부장관, 국토해양부장관 및 국가보훈처장을 말한다.

한 30명 이내의 위원으로 구성한다(동법 시행령 제5조). 실무위원회의 위원장은 보건복지부차관이 되고, 실무위원회의 위원은 보건복지부장관이 관계 중앙행정기관의 3급 공무원 또는 고위공무원단에 속하는 일반직공무원 중에서 임명·위촉하거나, 사회보장 분야의 전문가 중에서 위촉한다.

(3) 직무

위원회는 다음 각 호의 사항을 심의한다(동법 제18조).

① 사회보장 증진을 위한 사회보장 장기발전방향
② 사회보장 관련 주요 계획
③ 사회보장제도의 개선
④ 사회보장제도의 도입 또는 확대에 따른 우선순위의 조정
⑤ 둘 이상의 부처에 관련되는 주요 사회보장정책
⑥ 사회보장급여 및 비용 부담의 조정
⑦ 국가와 지방자치단체의 역할 및 비용 분담
⑧ 그 밖에 위원장이 심의에 부치는 사항

(4) 관계행정기관의 협력

위원회는 관계 행정기관에 사회보장에 관한 자료 제출과 위원회 업무에 필요한 협력을 요청할 수 있고, 관계 행정기관은 위원회로부터 요청을 받으면 협조하여야 한다(동법 제19조)고 규정함으로써 현재 우리나라 사회보장제도의 관리운영체계가 보건복지부, 노동부, 교육부, 국방부 등 여러 부처에서 분담하여 관장하고 있음으로써 나타날 수 있는 업무의 비연계성과 비효율성을 통합적으로 상호조정하고 협력적인 분위기로 바꿀 수 있는 위원회의 역할이 기대되어진다.

5) 사회보장장기발전계획

보건복지부장관은 관계 중앙행정기관의 장과 협의하여 위원회의 심의를 거쳐 사회보장 증진을 위한 장기발전방향(이하 "장기발전방향"이라 한다)을 5년마다 수립하여야 하며, 국무회의의 심의를 거쳐 확정한다(동법 제20조).

장기발전방향에는 ① 사회보장에 관한 기본목표 및 추진방향 ② 주요 추진과제 및 추

진방법 ③ 재원조달방안 ④ 사회보장의 전달체계 ⑤ 사회보장 관련 기금 운용방안 ⑥ 그 밖에 사회보장을 위하여 특히 필요하다고 인정되는 사항이 포함되어야 한다(동법 제20조).

또한 보건복지부장관 및 관계 중앙행정기관의 장은 장기발전방향을 기초로 하여 사회보장과 관련된 소관 주요 시책의 추진방안을 매년 수립·시행하여야 한다. 관계 중앙행정기관의 장은 수립한 소관 주요 시책의 추진방안 및 전년도 추진실적을 대통령령으로 정하는 바에 따라 보건복지부장관에게 제출하여야 하며, 보건복지부장관은 관계 중앙행정기관 및 보건복지부 소관의 추진실적을 종합하여 성과를 평가하고, 그 결과를 위원회에 보고하여야 한다. 보건복지부장관은 평가를 효율적으로 하기 위하여 이에 필요한 조사·분석 등을 전문기관에 의뢰할 수 있다(동법 제22조).

6) 사회보장제도의 운영

(1) 운영원칙

사회보장제도의 기본원칙으로는 W. Beveridge원칙, ILO원칙, 세계노동조합의 원칙 등이 제시되고 있는데 이들 원칙의 내용을 종합해 보면 보편성의 원칙, 동일성의 원칙, 민주성의 원칙, 연대성의 원칙을 들 수 있다. 동법 제24조에서는 사회보장제도의 운영원칙으로서 다음의 여섯 가지-보편성, 형평성, 민주성, 효율성, 연계성, 전문성-가 제시되고 있다(신섭중 외, 1999 : 184).

① 국가 및 지방자치단체는 사회보장제도를 운영함에 있어 이를 필요로 하는 모든 국민에게 적용하여야 한다는 보편성의 원칙
② 국가 및 지방자치단체는 사회보장제도의 급여수준 및 비용부담 등에 있어서 형평성을 유지하여야 한다는 형평성의 원칙
③ 국가 및 지방자치단체는 사회보장제도의 정책결정 및 시행과정에 공익의 대표자 및 이해관계인 등을 참여시켜 민주성을 확보하여야 한다는 민주성의 원칙
④ 국가 및 지방자치단체는 사회보장제도를 운영함에 있어서 국민의 다양한 복지욕구를 효율적으로 충족시키기 위하여 연계성·전문성을 높여야 한다는 효율성·연계성·전문성의 원칙이다.

(2) 역할의 조정원칙

국가는 지방자치단체와 사회보장에 관한 책임과 역할을 합리적으로 조정하여야 한다. 사회보험은 국가의 책임으로 시행함을 원칙으로 하고, 공공부조와 사회복지서비스는 국가와 지방자치단체의 책임으로 시행함을 원칙으로 하되, 국가와 지방자치단체의 재정 형편 등을 고려하여 이를 조정할 수 있다(동법 제25조)고 함으로써 생존권 규정에 대한 프로그램 규정설을 보여주고 있다.

(3) 민간참여의 조장(동법 제26조)

국가와 지방자치단체는 사회보장에 대한 민간부문의 참여를 유도할 수 있도록 정책을 개발·시행하고 그 여건을 조성하여야 하며, 사회보장에 대한 민간부문의 참여를 유도할 수 있도록 다음 각 호의 사업이 포함된 시책을 수립·시행하여야 한다.

① 국가와 지방자치단체의 사회보장 행정에 필요한 자원봉사 인력의 활용사업
② 사회보장에 관련된 민간의 자원봉사 활성화를 위한 각종 지원사업
③ 그 밖에 사회보장에 관련된 민간의 참여를 유도하는 데에 필요한 사업

그리고 국가와 지방자치단체는 개인·법인 또는 단체가 사회보장에 참여하는 데에 드는 경비의 전부 또는 일부를 지원하거나 그 업무를 수행하기 위하여 필요한 지원을 할 수 있다.

(4) 전달체계

국가 또는 지방자치단체는 지역적으로 고루 분포되고 기능에 따라 균형이 이루어지도록 사회보장전달체계를 마련하여야 하며, 사회보장관련업무를 수행함에 있어 관계기관과 관계자간의 조정이 원활하게 이루어지도록 사회보장전달체계를 갖추어야 하고, 모든 국민이 쉽게 이용할 수 있도록 사회보장전달체계를 마련하여야 한다(동법 제28조)고 규정함으로써 동법에서 사회보장전달체계의 원칙은 균형성, 조정성, 접근용이성의 원칙을 명시하고 있다고 유추해 볼 수 있다.

(5) 전문인력의 양성

국가와 지방자치단체는 사회보장제도의 발전을 위하여 전문 인력의 양성, 학술 조사 및 연구, 국제 교류의 증진 등에 노력하여야 한다(동법 제29조).

(6) 정보의 공개

국가와 지방자치단체는 사회보장제도에 관하여 국민이 필요한 정보를 관계 법령에서 정하는 바에 따라 공개하고, 이를 홍보하여야 하며, 사회보장제도를 효율적으로 운영하기 위하여 사회보장에 관한 정보를 관리하는 체계를 확립하여야 한다(동법 제30조).

나아가 국가와 지방자치단체는 사회보장에 관한 관계 법령에 규정된 권리나 의무를 해당 국민에게 설명하도록 노력하여야 하며(동법 제32조), 사회보장에 관한 관계 법령에서 정하는 바에 따라 사회보장에 관한 상담에 응하여야 한다(동법 제33조). 또한 국가와 지방자치단체는 사회보장에 관한 관계 법령에서 정하는 바에 따라 사회보장에 관한 사항을 해당 국민에게 알려야 한다(동법 제34조). 따라서 이러한 규정은 사회보장수급권의 수속적 권리를 규정하고 있음을 잘 알 수 있다.

7) 비용의 부담

사회보장의 비용부담방식은 정부, 사용자, 피용자의 구성과 비율에 의해 단일부담방식, 2자부담방식, 3자부담방식으로 나누어질 수 있으며 일반적으로 선진각국에서는 3자부담방식을 원칙으로 하고 있다. 동법 제24조에서 규정하고 있는 운영원칙을 살펴보면 다음과 같다.

① 국가와 지방자치단체가 사회보장제도를 운영할 때에는 이 제도를 필요로 하는 모든 국민에게 적용하여야 한다.
② 국가와 지방자치단체는 사회보장제도의 급여 수준과 비용 부담 등에서 형평성을 유지하여야 한다.
③ 국가와 지방자치단체는 사회보장제도의 정책 결정 및 시행 과정에 공익의 대표자 및 이해관계인 등을 참여시켜 이를 민주적으로 결정하고 시행하여야 한다.
④ 국가와 지방자치단체가 사회보장제도를 운영할 때에는 국민의 다양한 복지 욕구를 효율적으로 충족시키기 위하여 연계성과 전문성을 높여야 한다.

8) 권리구제 및 비밀의 보호

사회보장기본법에서 위법 또는 부당한 처분을 받거나 필요한 처분을 받지 못함으로써 권리 또는 이익을 침해받은 국민은 「행정심판법」에 따른 행정심판을 청구하거나 「행정소송법」에 따른 행정소송을 제기하여 그 처분의 취소 또는 변경 등을 청구할 수 있다(동법 제35조)고 규정함으로써 이 조항은 사회복지수급권의 절차적 권리를 명시하고 사회보장관련법들에서 제시되고 있는 이의신청 및 심사청구에 대한 상위법으로서의 근거를 마련해 주고 있다.

한편 사회보장 업무에 종사하는 자는 사회보장과 관련하여 알게 된 개인·법인 또는 단체의 비밀을 관계 법령에서 정하는 바에 따라 보호하여야 한다(동법 제31조).

4 개선점

1) 체계의 재정비와 확대

사회보장기본법은 제4장 35조 부칙으로 구성되어 있고 이전의 사회보장에 관한 법률보다는 진일보한 법률로 평가할 있다. 그러나 앞으로 사회보장에 관한 관심이 높고 그 범위와 대상이 늘어날 것으로 예상되기 때문에 의의와 기능이 사회보장기본법으로서 미흡하고 관련법들을 총괄하기에는 부족한 면이 많다. 그러므로 보다 광범위하게 개별 관련법들의 기본내용을 총괄할 수 있도록 개정해야 할 것이다.

2) 전달체계의 명료화

동법 제1조제5조에서 사회보장사업의 주체를 국가 및 지방자치단체로 규정하고 있는데 이 규정은 이전의 법과 비교하면 어느 정도 전달체계를 구체화시킨 것으로 이해할 수 있으나 실질적으로는 어느 부처가 관여할 것인지 지정해 두지 않음으로서 사회보장제도의 전달체계의 확보에 어려움을 더해 주고 있다. 또한 지방자치제도의 활성화를 위하여 중앙정부와 지방지치단체와 민간단체의 역할을 보다 명확히 규정해야 한다.

3) 보장범위의 확대

동법 제3조의 사회보장의 정의에서 사회적 위험으로 질병, 장애, 노령, 실업, 사망 등 5가지 유형을 제시하고 있다. 그런데 현대사회와 같이 급변하는 상황에서는 그 범위가 부족하다. 또한 사회보장기본법은 개별 사회보장관련법의 기본법이 됨으로 동법에서 보장하고 있는 보장범위는 다른 법률에도 영향을 미치므로 범위를 확대해야 한다.

4) 연결 및 통합조정 기능의 확대

동법 제4조에서는 사회보장기본법은 헌법과 사회보장관련법의 연결핀으로 중간법적 성격을 갖고 있다고 규정하여 사회보장관련법이 제정 또는 개정할 때에는 동법에 부합하도록 규정하고 있지만 구체적인 법적 규정이 미흡함으로 보다 이를 보완하는 장치가 있어야 만이 해석상의 문제점을 해결할 수 있을 것이다.

法諺

The effect follows the cause.

원인이 있으면 결과가 있다.

제 3 절 사회복지사업법

1 사회복지사업법의 의의

우리나라는 그동안 사회복지사업을 구체적으로 실행하기 위해 여러 서비스 영역별로 법률들을 제정하였다. 사회복지사업법 제정 이전의 「사회복지서비스법」으로는 「생활보호법」(1961), 「아동복리법」(1961), 「윤락행위등방지법」(1961) 등이 제정·시행되었다. 그러나 이같은 사회복지서비스법을 통합·조정하는 기본법이라고 할 수 있는 사회복지사업법이 제정되지 않았기 때문에 각 입법이 개별적으로 제정되고 개정될 수밖에 없는 실정이었다. 이로 인해 사회복지사업 운영의 통일성·효과성·효율성 등이 저하되었고, 따라서 사회복지사업의 전체적인 통일성을 기하고 기본원칙과 공통사항을 총괄적으로 체계화하고 조직화하기 위한 기본법 제정의 필요성이 제기되었다.

> **사회복지사업법의 성격**
>
> 사회복지사업법은 헌법 34조에 규정된 생존권을 구체화한 법률이며, 각종 사회복지서비스 분야에 관한 법률의 기본적 사항을 총괄적으로 규정한 일반법으로서 의의가 있다.

> **사회복지서비스**
>
> 국가·지방자치단체 및 민간부문의 도움을 필요로 하는 모든 국민에게 상담·재활·직업소개 및 지도, 사회복지시설의 이용 등을 제공하여 정상적인 사회생활이 가능하도록 제도적으로 지원하는 것을 말한다.

사회복지사업법은 사회복지사업에 관한 기본적 사항을 규정하여 사회복지를 필요로 하는 사람의 인간다운 생활을 할 권리를 보장하고 사회복지의 전문성을 높이며, 사회복지사업의 공정·투명·적정을 기함으로써 사회복지의 증진에 이바지함을 목적으로 한다(동법 제1조). 따라서 이법은 모든 국민의 인간다운 생활의 보장과 국가에 의한 사회보장 및 사회복지의 증진 노력을 규정한 헌법 제34조제1항 및 제2항의 규정[2]을 구체화하고자 하는 목적을 가지고 있다.

> **사회복지사업**
>
> 사회복지사업법에서 규정하고 있는 법률에 의한 보호, 선도, 상담 등 각종 복지사업과 이와 관련된 시설의 운영 및 지원을 목적으로 하는 것이다.

이 법에서는 사회복지사업을 다음의 법률에 의한 보호·선도 또는 복지에 관한 사업과 사회복지상담·부랑인 및 노숙인 보호·직업보도·무료숙박·지역사회복지·의료복지·재가복지·사회복지관운영·정신질환자 및 한센병력자 사회복귀에 관한 사업 등 각종 복지사업과 이와 관련된 자원봉사활동 및 복지시설의 운영 또는 지원을 목적으로 하는 사업이라고 정의한다(동법 제2조 1호). 이와 같이 사회복지사업법은 사회복지사업을 명

2) 우리나라 헌법 34조제1항은 "모든 국민은 인간다운 생활을 할 권리를 가진다"고 규정하여 생존권을 보장하고 있다. 이어서 제2항에서 "국가는 사회보장·사회복지증진에 노력할 의무를 진다"고 하여 국민의 생존권 보장 책임의 주체를 국가로 규정하고 있으며, 생존권 보장의 수단으로 사회보장·사회복지를 들고 있다.

확하게 규정하지 않고 다음의 17가지 법률을 사회복지사업의 종류로 나열하여 이에 대한 사업의 운영 또는 지원에 한정하고 있는 한정적 열거주의를 채택하고 있다. 따라서 다음에 열거되지 않는 사업은 비록 통념상 사회복지사업으로서 요건을 갖추고 있는 사업이라고 해도 법률상으로는 사회복지사업으로 인정되지 않는 것이다. 사회복지사업법에서 규정하고 있는 17개 법률은 다음과 같다. ① 국민기초생활보장법, ② 아동복지법, ③ 노인복지법, ④ 장애인복지법, ⑤ 한부모가족지원법(07.10.17), ⑥ 영유아보육법, ⑦ 성매매방지및피해자보호등에관한법률, ⑧ 정신보건법, ⑨ 성폭력범죄의처벌및피해자보호등에관한법률, ⑩ 입양촉진및절차에관한특례법, ⑪ 일제하일본군위안부에대한생활안정지원법, ⑫ 사회복지공동모금회법, ⑬ 장애인·노인·임산부등의편의증진보장에관한법률, ⑭ 가정폭력방지및피해자보호등에관한법률, ⑮ 농어촌주민의보건복지증진을위한특별법, ⑯ 식품기부활성화에관한법률, ⑰ 의료급여법

또한 이 법은 앞에 열거된 법률들과 관련하여 사회복지사업의 내용, 절차 등에 관하여 각 법률에 특별한 규정이 있는 경우를 제외하고는 이 법이 정하는 바에 의하며(동법 제3조제1항), 각 법률을 개정하는 경우에 이 법에 부합되도록 하여야 한다(동법 제3조제2항)고 규정하여 이 법이 사회복지사업의 조직과 운영에 관한 기본법적 성격을 갖는 동시에 일반법적인 성격을 갖고 있음을 밝히고 있다. 사회복지사업법은 5장으로 나누어진 전문 58조와 부칙으로 구성되어 있다.

② 입법과정 및 연혁

최초의 사회복지사업법은 1969년 12월 23일 국회 본회의를 통과하여 1970년 1월 1일 공포되었으며, 그해 4월 15일자로 시행되었다. 이 법은 당시 생활보호법, 아동복리법, 윤락행위등방지법 등의 사회복지관련법들이 있었음에도 불구하고 이러한 법들의 기본이 되는 법이 존재하고 있지 않았기 때문에, 이 법들이 각기 개별적으로 실시될 수밖에 없었던 실정을 감안하여 사회복지사업의 각 분야에 걸친 공통적인 사항을 종합적으로 체계화하려는 취지에서 제정되었다.

그 주요 내용으로는 사회복지사업은 「생활보호법」·「아동복리법」·「윤락행위등방지법」 등에 의한 보호사업·복지사업·선도사업·복지시설의 운영 등을 목적으로 하는 사업으로 하였다. 그리고 사회복지법인을 설립하고자 하는 자는 보건사회부장관의 인가를 받도록 하였고, 사회복지시설의 설치·운영은 국가·지방자치단체 및 시·도지사

의 허가를 받은 사회복지법인 또는 보건사회부장관의 허가를 받은 기타의 법인에 한하였다. 또한 보건사회부장관은 공동모금의 목적을 달성하기 위하여 법인인 모금회의 설립을 허가할 수 있도록 하였다. 그러나 이 법은 국민들의 복지욕구의 미분화, 정부의 재정부족, 복지전문성의 미발달, 입법자의 이해부족 등으로 인해 복지서비스에 있어서 정부와 민간의 분리원칙, 정부의 책임전가 금지원칙, 민간의 자주성과 독립성 존중원칙 등이 배제된 채로 제도화되었다.

1980년대에 들어오면서 노인복지법, 심신장애자복지법, 아동복지법 등 사회복지사업에 관한 각종 법률이 제정됨에 따라 이에 맞추어 관련사항을 정비하고 새로운 복지수요에 대처하기 위해 필요한 사항을 보완하여 사회복지사업법은 1983년 5월 21일 법률 제3656호로 일부 개정되었다. 이 개정의 핵심적인 내용은 ① 사회복지사업의 정의에 노인복지법과 심신장애자복지법을 포함하고 요보호아동에서 전체 아동으로 복지사업의 대상자 확대, ② 시장·군수는 읍·면·동에 복지위원을 위촉하여 사회복지사업의 원활한 수행 도모, ③ 유료시설의 비용수납 근거마련, ④ 사회복지사 자격규정의 신설, ⑤ 법정단체로서 한국사회복지협의회의 설치 규정, ⑥ 처음 실시한 공동모금의 실패에 따른 사회복지공동모금회에 관한 규정의 삭제 등을 들 수 있다.

이어 1992년 12월 주로 사회복지행정의 전문성과 효율성을 높이기 위하여 일선행정기관에 사회복지전담공무원을 두고 시·군·구에는 복지사무전담기구를 설치할 수 있도록 하며, 사회복지사업의 범위를 조정하기 위해 전문개정(법률 제4531호)이 이루어졌다. 그 주요 내용으로는 ① 사회복지사업의 정의에 모자복지법 및 영유아보육법에 의한 사업과 재가복지 및 정신질환자의 사회복귀에 관한 사업을 추가하여 사회복지사업의 범위를 확대하고, ② 읍·면·동에서 저소득층·노인·장애인 등 요보호대상자의 선정과 상담·지원업무를 담당하고 있는 사회복지전담공무원에 관한 법적 근거를 마련하고 조례에 의하여 시·군·구에 복지사무전담기구를 설치할 수 있도록 하였으며, ③ 사회복지법인의 임원에 과한 사항을 보완하고 설립허가의 취소사유, 잔여재산의 처리방법, 보조금반환에 관한 근거조항을 신설하는 등 사회복지법인의 운영을 합리화하도록 하였다.

1997년 8월 사회복지사업법은 다시 전문개정(법률 제5358호)을 하였는데 그 주요내용은 ① 사회복지사업 범위에 자원봉사활동 및 정신보건법, 성폭력범죄의처벌및피해자보호등에관한법률, 일제하일본군위안부에대한생활안정지원법, 입양촉진및절차에관한특례법, 사회복지공동모금법, 장애인, 노인, 임산부등의편의증진보장에관한 법률 등 사회복지 관련법률에 의한 사업을 포함하고, ② 사회복지서비스 향상을 위하여 시설에 대한 평가제도를 도입하고 그 결과를 동 시설의 감독 또는 지원에 반영할 수 있도록 하고, ③ 사회복지 자원봉사활동을 지원·육성하기 위한 법적 근거를 신설하고, ④ 사회복지사의 전문성을 제고하기 위하여 사회복지사 1급은 국가시험에 합격한 자로 하며, 국가시험의 관리에 필요한 사항을 신설하고, ⑤ 사회복지사업의 활성화를 위하여 사회복지시설의 설치·운영을 허가제에서 신고제로 전환하여 설치·운영을 용이하게 하며, 개인에게도 사회복지시설을 설치·운영할 수 있도록 하고, 보건복지가족부령이 정하는 시설은 사회복지법인 또는 비영리법인에 한하여 설치·운영하도록 하는 것 등이다.

1999년의 개정에서는 행정규제기본법에 의한 규제정비계획에 따라 사회복지사업에 가한 각종 규제를 폐지 또는 완화하여 사회복지사업의 활성화를 도모하고, 시·도지사의 허가로 설립되는 사회복지법인을 보건복지가족부장관의 허가를 받아 설립할 수 있도록 하며, 기타 제도의 운영상 나타난 일부 미비점을 보완하기 위해 법률 제5979호로 일부 개정하였다.

2000년 1월에는 국민의 사회복지에 대한 이해를 증진하고 사회복지사업 종사자의 활동을 장려하기 위해 사회복지의 날(매년 9월 7일, 동법 제15조의 2)을 제정하는 한편, 사회복지시설의 장은 화재로 인한 손해배상책임의 이행을 위하여 그 시설에 대해 화재보험에 가입하도록 하고, 국가 또는 지방자치단체는 예산의 범위 안에서 소요비용을 보조할 수 있도록 하는 조치 등을 내용으로 하는 일부개정(법률 제6160호)이 이루어졌다.

> **사회복지사업의 범위 확대**
>
> 과거의 사회복지사업은 전통적인 자선사업에서 실시해왔던 경제적·물질적 원조만 제공하는 것을 의미하며, 오늘날 사회복지사업은 경제적·물질적 원조뿐만 아니라 비경제적·비물질적 원조도 주요 내용이 되고 있다.

그 후 2003년 7월 지역사회중심의 사회복지사업을 효율적으로 추진하기 위하여 부분개정이 이루어졌다. 주요내용은 ① 종전에 시·군·구에 설치되어있던 사회복지위원회를 폐지하는 대신 시·군·구에 지역사회복지협의체를 설치하도록 하고, 동 협의체는 관할지역 안의 사회복지사업에 관한 중요사항과 지역사회복지계획을 심의하도록 하며, ② 지역사회복지를 효율적으로 실시하기 위하여 광역시장·도지사 및 시장·군수·구청장은 지역보건의료계획과 연계하여 지역사회복지계획을 수립·시행하고, 보건복지가족부장관 또는 시·도지사는 지역사회복지계획의 시행결과를 평가하도록 하였고, ③ 시장·군수·구청장은 사회복지서비스를 필요로 하는 자에 대하여 개인별 보호계획을 수립하고, 동 보호계획에 따라 사회복지서비스를 제공하도록 하였고(동법 제33조의 2-7), ④ 사회복지서비스를 필요로 하는 자에게 사회복지서비스를 제공하는 경우 재가복지서비스를 우선하여 제공하도록 하고, 국가 또는 지방자치단체는 재가복지서비스를 담당하는 가정봉사원을 양성(동법 제41조의 2-4)하도록 하는 것 등이다.

사회복지사업법의 주요 연혁

- 1970. 1. 1 사회복지사업법의 공포·시행
- 1983. 5. 21 사회복지사업법 제1차 개정
- 1992. 12. 8 사회복지사업법 제2차 개정
- 1997. 8. 22 사회복지사업법 제3차 개정
- 1999. 4. 30 사회복지사업법 제4차 개정
- 2000. 1. 12 사회복지사업법 제5차 개정
- 2003. 7. 30 사회복지사업법 제6차 개정
- 2009. 6. 9 기초노령연금법 등 추가, 통합 전산망구축
- 2010. 4. 15 성폭력방지 및 피해자보호 등에 관한 법률의 개정

3 사회복지사업법의 내용

(1) 사회복지증진의 책임 및 무차별 · 최대봉사의 원칙

사회복지사업법은 국가와 지방자치단체가 사회복지를 증진할 책임을 진다(동법 제4조제1항)고 규정하고, 국가·지방자치단체 기타 사회복지 사업을 행하는 자는 사회복지를 필요로 하는 자에 대하여 그 사업과 관련한 상담·작업치료·직업훈련 등을 실시하고 필요한 경우에는 주민의 복지욕구를 조사할 수 있도록 하고 있다(동법 제4조제2항). 이는 헌법상의 국민의 복지에 대한 국가의 책임을 재확인하고 전문성에 입각한 사회복지대상자의 치료나 재활을 도모하고자 하는 취지를 담고 있다.

사회복지사업법은 "사회복지업무에 종사하는 사람은 그 업무를 행함에 있어서 사회복지를 필요로 하는 사람을 위하여 차별없이 최대로 봉사하여야 한다(동법 제5조)"고 명시함으로써 무차별의 원칙과 최대봉사의 원칙을 제시하고 있다.

> **무차별의 원칙과 최대봉사의 원칙**
>
> 사회복지업무에 종사하는 사람은 그 업무를 행함에 있어서 사회복지를 필요로 하는 사람을 위하여 차별없이 최대로 봉사하여야 한다는 원칙

(2) 시설설치 방해 금지 및 처벌

> **님비와 핌피현상**
>
> - 님비현상(NIMBY)은 [공공의 이익에는 부합하지만 자신이 속한 지역에는 이롭지 아니한 일을 반대하는 이기적인 행동]. Not In My Back Yard(내 뒷마당에는 안 돼)의 약자로 쓰레기 소각장, 장애인 시설, 노숙자 시설, 공항, 화장터, 교도소와 같이 많은 주민들이 혐오하는 특정한 시설이나 땅값이 떨어질 우려가 있는 시설이 자신이 거주하는 지역에 들어서는 것을 반대하는 사회적인 현상
> - 핌피현상(PIMFY)은 [그 지역에 이익이 되는 시설들을 자신의 지역에 끌어오려고 하는 것을 뜻]. Please In My Front Yard(내 앞 마당에서)의 준말로서 유치를 원하는 대상은 지하철역, 시민공원, 병원, 버스터미널, 각종 학교, 법조건물 등이며, 지역이기주의 중 하나

누구든지 정당한 이유없이 사회복지시설의 설치를 방해하여서는 아니되며, 시장·군수·구청장은 정당한 이유없이 사회복지시설의 설치를 지연시키거나 제한하는 조치를 하여서는 아니된다(동법 제6조). 만일 정당한 이유없이 사회복지시설의 설치를 방해한 경우에는 1년 이하의 징역 또는 300만원 이하의 벌금에 처한다(동법 제54조).

(3) 자원봉사의 지원 · 육성

국가 및 지방자치단체는 사회복지 자원봉사활동을 지원·육성하기 위하여 ① 자원봉사활동의 홍보 및 교육, ② 자원봉사활동 프로그램의 개발·보급, ③ 자원봉사활동 중의 재해에 대비한 시책의 개발, ④ 기타 자원봉사활동의 지원에 필요한 사항을 실시하여야 하며, 이를 효율적으로 수행하기 위하여 사회복지법인 기타 비영리법인·단체에 이를 위탁할 수 있다(동법 제9조).

(4) 사회복지전달체계

1) 사회복지위원회

> **사회복지협의회**
>
> 사회복지에 관한 조사·연구와 각종 복지사업을 조성하기 위하여 설립된 사회복지법인으로 전국단위에는 한국사회복지협의회가, 시·도 단위에는 시·도사회복지협의회가, 시·군·구 단위에는 시·군·구사회복지협의회가 설치되어 있다.

사회복지사업에 관한 중요사항과 지역사회복지계획을 심의 또는 건의하기 위하여 특별시·광역시·도에 사회복지위원회를 두되, 위원은 다음에 해당하는 자 중에서 임명 또는 위촉한다(동법 제7조). ① 사회복지에 관한 학식과 경험이 풍부한 자, ② 사회복지법인의 대표자, ③ 사회복지사업을 행하는 비영리법인 또는 단체의 대표자, ④ 사회복지를 필요로 하는 사람의 이익 등을 대표하는 자, ⑤ 지역사회복지협의체의 대표자, ⑥ 공익단체에서 추천한 자, ⑦ 사회복지공동모금지회에서 추천한 자.

2) 지역사회복지협의체

관할지역 안의 사회복지사업에 관한 중요사항과 지역사회복지계획을 심의 또는 건의하고, 사회복지·보건의료관련 기관·단체가 제공하는 사회복지서비스 및 보건의료서

비스의 연계·협력을 강화하기 위하여 시·군·구에 지역사회복지협의체를 둔다. 지역사회복지협의체의 위원은 다음에 해당하는 자중에서 시장·군수·구청장이 임명 또는 위촉한다(동법 제7조의 2). ① 사회복지 또는 보건의료에 관한 학식과 경험이 풍부한 자, ② 사회복지사업을 행하는 기관·단체의 대표자, ③ 보건의료사업을 행하는 기관·단체의 대표자, ④ 공익단체에서 추천한 자, ⑤ 사회복지업무 또는 보건의료업무를 담당하는 공무원.

지역사회복지협의체의 업무를 효율적으로 수행하기 위하여 지역사회복지협의체에 실무협의체를 두며, 지역사회복지협의체 및 실무협의체의 조직·운영에 관하여 필요한 사항은 보건복지가족부령이 정하는 바에 따라 시·군·구의 조례로 정한다.

3) 복지위원

시장·군수·구청장은 읍·면·동의 사회복지사업을 원활하게 수행하도록 하기 위하여 읍·면·동단위에 복지위원을 위촉하여야 하며, 복지위원은 명예직으로 하되 예산의 범위 안에서 수당을 지급할 수 있다(동법 제8조).

사회복지사업법시행규칙에 따르면 복지위원은 당해 지역사회의 실정에 밝고 사회복지증진에 열의가 있는 자, 그리고 사회복지에 관한 학식과 경험이 풍부한 자 가운데 읍·면·동별로 2인 이상을 조례에 따라 임명하며 임기는 3년으로 한다. 복지위원은 관할지역 안의 저소득 주민·아동·노인·장애인·모자가정·요보호자 등 사회복지사업에 의한 도움을 필요로 하는 자에 대한 선도 및 상담, 사회복지대상자의 권익을 보호하기 위하여 필요한 사항, 사회복지관계 행정기관·사회복지시설·기타 사회복지관계 단체와의 협력, 기타 관할지역 주민의 복지증진을 위하여 필요한 사항의 처리의 직무를 수행한다(동법 시행규칙 제2조).

> **사회복지시설**
>
> 사회복지사업을 행할 목적으로 설치된 시설이며, 사회적 약자들이 스스로 자신의 삶을 영위하는 것이 어려울 때 국가 사회적으로 가정을 대신하여 도움을 제공하는 일종의 사회복지적 장치이다. 국가와 지방자치단체는 이 시설의 설립과 운영을 독자적으로 행하거나 민간법인의 설립과 운영을 지원하는 한편 지도·감독한다.

4) 사회복지사

사회복지사업은 인간을 대상으로 한 인간관계의 조정기술로서 고도의 전문적 지식과 기술을 지닌 전문가인 사회복지사의 원조아래 이루어진다. 따라서 사회복지사에게는 전문지식을 갖추고 개인·집단·지역사회의 문제를 전문적으로 해결하는 고도의 이론과 기술이 필요하다. 시회복지사업법에서 사회복지전문가로서 사회복지사를 규정하고 이

> **사회복지사 채용**
>
> 사회복지법인 또는 사회복지시설을 설치·운영하는 자는 해당 법인 또는 시설에서 사회복지프로그램의 개발 및 운영업무, 시설거주자의 생활지도 업무, 사회복지를 필요로 하는 사람에 대한 상담업무에 종사하는 자를 사회복지사로 채용하여야 한다.

들로 하여금 전문적 서비스를 제공하게끔 법인에게 일정수 이상을 채용하도록 강제하고 있는 것은 바로 이러한 이유에서이다.

보건복지가족부장관은 사회복지에 관한 전문지식과 기술을 가진 자로서 금치산자·한정치산자 파산자로서 복권되지 아니한 자, 금고 이상의 형의 선고를 받고 그 집행이 종료되지 아니하였거나 그 집행을 받지 아니하기로 확정되지 아니한 자, 법률이나 법원의 판결에 의하여 자격이 상실 또는 정지된 자, 마약·대마초 또는 항정신성의약품의 중독자 등 결격사유에 해당되지 아니한 자에게 사회복지사의 자격증을 교부할 수 있다(동법 제11조, 동법 제11조의 2).

사회복지법인 및 사회복지시설을 설치·운영하는 자는 사회복지사를 그 종사자로 채용하여야 하는데 다만, 대통령령이 정하는 사회복지시설은 그러하지 아니하다(동법 제13조). 법인 또는 시설에서 사회복지사는 ① 사회복지프로그램의 개발 및 운영업무, ② 시설거주자의 생활지도 업무, ③ 사회복지를 필요로 하는 사람에 대한 상담업무를 수행한다(동법 시행령 제6조제1항).

보건복지부장관은 사회복지사의 자질향상을 위하여 필요하다고 인정하는 경우 사회복지사에 대하여 교육받을 것을 명할 수 있다. 다만, 사회복지법인 또는 사회복지시설에 종사하는 사회복지사는 정기적으로 보수교육을 받아야 한다. 그리고 사회복지법인 또는 사회복지시설을 운영하는 자는 그 법인 또는 시설에 종사하는 사회복지사에 대하여 교육을 이유로 불이익한 처분을 하여서는 아니 된다.

5) 사회복지전담공무원

사회복지사업에 관한 업무를 효율적으로 운영하기 위하여 시·도, 시·군·구 및 읍·면·동 또는 복지사무전담기구에 사회복지전담공무원을 둘 수 있다. 사회복지전담공무원은 사회복지사의 자격을 가진 자로 하며, 그 관할구역 안의 사회복지를 필요로 하는 사람들에 대하여 항상 그 생활실태 및 가정환경 등을 파악하고, 사회복지에 관하여 필요한 상담과 지도를 행하고, 관계행정기관 및 사회복지시설을 설치·운영하는 자는 복지전담 공무원의 업무수행에 적극 협조하여야 한다(동법 제14조).

6) 복지사무전담기구

사회복지사업에 관한 업무를 효율적으로 운영하기 위하여 필요한 경우 시·군·구 또는 읍·면·복지사무를 전담하는 기구를 따로 설치할 수 있으며, 복지사무전담기구의 사무의 범위·조직 기타 필요한 사항은 당해 시·군·구의 조례로 정한다(동법 제15조).

7) 사회복지의 날

매년 9월 7일 (동법 제15조의 2)

> 사회복지의 날
>
> 사회복지의 날은 9월 7일이며, 이날은 국민기초생활보장법이 선포된 날을 기념하기 위한 것이다.

(5) 지역사회복지계획

1) 지역사회복지계획의 수립

시장·군수·구청장은 지역주민 등 이해관계인의 의견을 들은 후 지역사회복지협의체의 심의를 거쳐 당해 시·군·구의 지역사회복지계획을 수립하고 이를 시·도지사에게 제출하여야 하며, 지역보건법 제3조제1항의 규정에 의한 지역보건의료계획과 연계되도록 하여야 한다(동법 제15조의 3 제1항). 시·군·구의 지역사회복지계획을 제출받은 시·도지사는 이를 종합·조정하여 사회복지위원회의 심의를 거쳐 시·도의 지역사회복지계획을 수립하고, 이를 보건복지가족부장관에게 제출하여야 한다. 이 경우 지역보건법 제3조제2항의 규정에 의한 지역보건의료계획과 연계되도록 하여야 한다(동법 제15조의 3 제2항).

시·도지사 또는 시장·군수·구청장은 지역사회복지계획을 수립함에 있어서 필요하다고 인정하는 경우에는 사회복지관련 기관·단체 등에 대하여 자료제공 및 협력을 요청할 수 있다(동법 제15조의 3 제3항). 보건복지가족부장관 또는 시·도지사는 지역복지계획의 내용에 관하여 필요하다고 인정하는 경우에는 시·도지사 또는 시장·군수·구청장에 대하여 보건복지가족부령이 정하는 바에 의하여 그 조정을 권고할 수 있다(동법 제15조의 3 제4항).

2) 지역사회복지계획의 내용

지역사회복지계획에는 다음과 같은 사항이 포함되어야 한다. ① 복지수요의 측정 및 전망에 관한 사항, ② 사회복지시설 및 재가복지에 대한 장·단기 공급대책에 관한 사항, ③ 인력·조직 및 재정 등 복지자원의 조달 및 관리에 관한 사항, ④ 사회복지전달체계에 관한 사항, ⑤ 사회복지서비스 및 보건의료서비스의 연계제공방안에 관한 사항, ⑥ 지역사회복지에 관련된 통계의 수집 및 정리에 관한 사항. ⑦ 그 밖에 대통령령이 정하는 사항(동법 제15조의 4).

3) 지역사회복지계획의 시행과 평가

시·도지사 또는 시장·군수·구청장은 보건복지가족부령이 정하는 바에 의하여 지역사회복지계획을 시행하여야 하며, 지역사회복지계획을 시행함에 있어서 필요하다고 인정하는 경우에는 민간 사회복지관련 단체 등에 대하여 인력·기술 및 재정 지원을 할 수 있다(동법 제15조의 5).

또한, 보건복지가족부장관 또는 시·도지사는 대통령령이 정하는 바에 의하여 시·도 또는 시·군·구의 지역복지계획의 시행결과를 평가할 수 있으며, 평가결과를 제42조의 규정에 의한 비용의 보조에 반영할 수 있다(동법 제15조의 6).

(6) 한국사회복지사협회

사회복지사는 사회복지에 관한 전문지식과 기술을 개발·보급하여 사회복지사의 자질을 향상하고 사회복지의 증진을 도모하기 위하여 한국사회복지사협회를 설립한다(동법 제46조제1항). 이와 같이 한국사회복지사협회는 사회복지사업법에 근거한 법정단체로써 사회복지사의 전문지식과 기술을 개발하여 보급함으로써 전문적 자질을 향상시키는 동시에 사회복지사의 복지증진을 위한 이익단체로서의 성격을 갖고 있다. 협회의 회원은 사회복지사 자격증을 교부받은 자로 한다(동법 시행령 제23조).

사회복지사협회는 대통령령에 의하여 다음과 같은 업무를 수행하도록 규정하고 있다. ① 사회복지사에 대한 전문지식 및 기술의 개발·보급, ② 사회복지사의 전문성 향상을 위한 교육훈련, ③ 사회복지사제도에 대한 조사연구·학술대회개최 및 홍보·출판사업, ④ 국제사회복지사단체와의 교류·협력, ⑤ 보건복지가족부장관이 위탁하는 사회복지사업에 관한 업무, ⑥ 기타 협회의 목적달성에 필요한 사항(동법 시행령 제22조). 여기서 보건복지가족부장관이 위탁하는 사회복지사업에 관한 업무로는 사회복지사 자격증의 교부업무를 들 수 있다(동법 제52조와 동법 시행령 제25조).

(7) 사회복지협의회

사회복지사업법에서는 사회복지에 관한 조사·연구와 각종 복지사업을 조성하기 위하여 전국단위의 한국사회복지협의회와 시·도단위의 시·도사회복지협의회를 두며, 필요한 경우에는 시·군·구 단위의 시·군·구사회복지협의회를 둘 수 있다고 규정하고 있다. 중앙협의회, 시·도협의회 및 시·군·구협의회는 이 법에 의한 사회복지법인으로 하되, "법인은 사회복지사업의 운영에 필요한 재산을 소유하여야 한다"는 규정을 적용하지 아니한다(동법 제33조)고 명시하여 적용상의 예외를 인정하고 있다.

한국사회복지협의회는 다음과 같은 업무를 수행한다. ① 사회복지에 관한 조사연구 및 정책건의, ② 사회복지에 관한 교육훈련, ③ 사회복지에 관한 자료수집 및 간행물 발간, ④ 사회복지에 관한 계몽 및 홍보, ⑤ 자원봉사활동의 진흥, ⑥ 사회복지사업에 종사하는 자의 교육훈련과 복지증진, ⑦ 사회복지에 관한 학술도입과 국제사회복지단체와의 교류, ⑧ 보건복지가족부장관이 위탁하는 사회복지에 관한 업무, ⑨ 기타 중앙협의회의 목적달성에 필요하여 정관으로 정하는 사항(동법 시행령 제12조제1항).

(8) 사회복지법인

사회복지사업의 실시

사회복지법인을 설립하고자 하는 자는 대통령령이 정하는 바에 의하여 보건복지가족부장관의 허가를 받아야 하며, 사회복지시설은 신고를 하여 설치할 수 있다. 허가는 법령에 의하여 일반적으로 금지되어 있는 행위를 특정의 경우에 특정인에 대하여 해제하는 행정처분이다. 인가는 제3자의 법률행위를 보충하여 그 법률상 효력을 완성시켜 주는 행정행위이다.

사회복지법인을 설립하고자 하는 자는 대통령령이 정하는 바에 의하여 보건복지가족부장관의 허가를 받아 주된 사무소의 소재지에서 설립등기를 하여야 한다(동법 제16조). 그리고 사회복지법인은 사회복지법에 규정된 것을 제외하고는 민법과 공익법인의 설립·운영에 관한 법률을 준용한다(동법 제32조).

법인은 대표이사를 포함한 이사 5인 이상과 감사 2인 이상을 두어야 하며, 이사회의 구성에 있어서 대통령령이 정하는 특별한 관계에 있는 자가 이사 현원의 5분의 1을 초과할 수 없다. 이사의 임기는 3년으로 하고 감사의 임기는 2년으로 하되, 각각 연임할 수 있으며, 외국인인 이사는 이사현원의 2분의 1 미만이어야 한다, 법인이 임원을 임면하는 경우에는 보건복지가족부령이 정하는 바에 의하여 지체없이 이를 보건복지가족부장관에게 보고하여야 한다(동법 제18조).

(9) 사회복지시설

사회복지시설이라 함은 사회복지사업을 행할 목적으로 설치된 시설을 말한다(동법 제2조제3항). 국가 또는 지방자치단체는 직접 사회복지시설을 설치·운영할 수 있으며, 국가 또는 지방자치단체 이외의 자(사회복지법인, 비영리법인 및 개인)가 복지시설을 설치·운영하고자 할 때에는 시장·군수·구청장에 신고[3]하여야 한다(동법 제34조제1·2항). 이와

3) 사회복지시설의 설치·운영신고서에는 다음과 같은 서류를 첨부하여 제출해야 한다(동법 시행규칙

같이 사회복지시설의 설치가 종전의 허가제에서 신고제로 변경되면서 규제가 완화되었다. 시설의 설치를 신고제로 완화시킨 이유는 시설의 운영에 선의의 뜻을 가지고 있는 단체, 사람들에게 복지증진의 기회를 제공한다는 점에서, 그리고 시설운영상 재정의 확보와 최소규모 규정이 현실적으로 맞지 않아 소규모 미신고시설로 남아있는 시설을 양성화할 필요가 생겨난 점, 마지막으로 사회복지의 민간 참여를 더욱 활성화해야 한다는 사회적·경제적 요청 등으로 인한 것이었다.

국가 또는 지방자치단체가 설치한 시설은 필요한 경우 사회복지법인 또는 비영리법인에게 위탁하여 운영하게 할 수 있다(동법 제34조제5항). 위탁하게 될 때는 위탁계약을 체결해야 하며, 위탁계약은 5년 이내로 한다. 다만, 위탁자가 필요하다고 인정하는 때에는 선정위원회의 심의를 거쳐 그 계약기간을 갱신할 수 있다(동법 시행규칙 제23조제2항).

각각의 시설은 그 수용인원이 300인을 초과할 수 없다(동법 제41조). 다만, ① 노인주거복지시설 중 유료양로시설과 유료노인복지주택과 ② 노인의료복지시설 중 유료노인요양시설과 유료노인전문요양시설의 경우에는 수용인원 300인을 초과 할 수 있도록(동법 시행령 제19조) 예외를 인정하고 있다.

시설 및 시설의 장은 시설의 보험가입의무(동법 제34조의 2), 시설의 안전점검의 의무(동법 제34조의 3), 시설장의 상근 의무(동법 제35조제1항), 서류비치 의무(동법 제37조) 등이 있다. 이 같은 의무들은 시설거주자들의 인권과 복지를 보장하기 위함이다.

> **사회복지시설의 평가**
>
> 사회복지시설은 보건복지가족부령이 정하는 바에 따라 3년에 1회 이상 정기적으로 평가를 받아야 한다. 시설의 평가기준은 입소 정원의 적정성, 종사자의 전문성, 시설의 환경, 시설 거주자에 대한 서비스의 만족도, 기타 시설의 운영과 개선에 필요한 사항이다.

보건복지가족부장관 및 시·도지사는 보건복지가족부령이 정하는 바에 따라 시설을 정기적으로 평가하며, 이를 시설의 감독, 지원 등에 반영하거나 시설거주자를 다른 시설로 보내는 등의 조치를 할 수 있다(동법 제43조제1항). 시설의 평가는 시설간의 경쟁을 통해 시설의 전문성과 서비스 질의 향상에 기여하는 것을 목적으로 하고 있다. 보건복지가족부장관 및 시·도지사는 3년마다 1회 이상 시설에 대한 평가를 실시하여야 한다. 평가기준은 ① 입소정원의 적정성, ② 종사자의 전문성, ③ 시설의 환경, ④ 시설거주자에 대한 서비스의 만족도, ⑤ 기타 시설의 운영개선에 필요한 사항 등(동법 시행규칙 제27조)이며, 이를 시설의 감독, 지원 등에 반영할 수 있다.

제20조). ① 법인의 정관(법인에 한한다) 1부, ② 시설운영에 필요한 재산목록(소유를 증명할 수 있는 서류를 첨부) 1부, ③ 삭제(02.12.31), ④ 사업계획서 및 예산서 각 1부, ⑤ 시설의 평면도(시설의 층별 및 구조별 면적을 표시하여야 한다)와 건물의 배치도 각 1부

(10) 사회복지업무의 전자화

① 국가 및 지방자치단체는 사회복지업무를 전자적으로 처리할 수 있도록 필요한 시책을 강구하여야 한다.
② 사회복지법인의 대표이사 및 사회복지시설의 장은 국가 및 지방자치단체가 실시하는 사회복지업무의 전자화 시책에 협력하여야 한다(동법 제6조의2).

4 문제점과 개선방향

지금까지 사회복지사업법은 사회복지사업의 기본법으로서 중요한 기능을 수행하고 있지만, 아직도 개선과 보완해야 할 점이 남아있다.

첫째, 사회복지사업의 범위의 확대가 필요하다. 사회복지의 문제와 개입대상은 현대사회에서 급속하게 변화하고 있으며, 국민의 욕구도 다양하게 변화하고 있다. 이런 상황에서 동법 제2조의 사회복지사업의 근거법의 범위가 협소하다. 이로 인해 다양한 사회복지문제에 대한 국가의 개입이나 지원이 제한되어 필요한 사회복지서비스를 제공하는 데에 한계가 있다. 그러므로 사회복지사업의 근거가 되는 법령을 열거할 것이 아니라, 실질적 내용에 따라 사회복지에 해당하는 사업을 동법에 의한 사회복지사업으로 간주하는 적극적인 규정이 필요하다.

둘째, 전문성 강화를 위한 사회복지사의 자격강화 및 지원체계마련, 채용문제이다. 인간을 대상으로 하는 사회적 원조활동인 사회복지사업은 사회복지사의 역할이 무엇보다 중요하다. 따라서 사회복지사의 전문성을 강화하기 위하여 영역별 전문사회복지사 제도를 통하여 사회복지사의 전문성을 제고하고, 또한 이들이 효율적으로 근무할 수 있는 제반여건을 충족시키며, 이직율·전직율을 낮추기 위한 사회복지사의 복지를 고민하는 지원체계의 마련이 필요하다. 그리고 사회복지 직무에 따라 사회복지사를 채용하도록 규정되어 있는데, 직무의 정의와 범위가 협소하고 단편적이어서 오히려 사회복지사의 채용이 제한될 우려가 있다. 따라서 사회복지사의 업무에 대한 보다 포괄적이고 전문적인 연구를 바탕으로 업무를 다양하고 광범위하게 규정함으로써 사회복지사의 채용이 확대되어야 할 것이다.

셋째, 재정문제의 투명성이다. 재정분야의 문제점은 크게 회계기술상의 문제와 공적 비용의 횡령이라는 두 가지 형태로 나타나는데, 법인의 투명성 확보를 통해 국민의 신뢰도를 높이고 회계기록을 공개하여야 한다.

넷째, 사회복지사업법에는 사회복지에 관한 사항들을 심의하기 위하여 각종 위원회를 설치하도록 규정하고 있다. 위원회의 기능이 심의 기능을 갖고 있음으로 해서 그 역할의 중요성이 과거보다는 중요해졌지만, 아직도 심의의 자율성과 구속력에 제한이 있다. 따라서 과거의 자문적 성격이나 현행의 심의적 성격의 차원을 넘어 의결적 성격의 기구를 모색하는 것이 필요하다.

法諺

Water runs and ought to run as it was wont to run.

물은 그 성질대로 흐르고, 또 흘러야 한다.

제4절 건강가정기본법

1 건강가정기본법의 의의

가족을 둘러싼 다양한 환경변화는 가족 그 자체의 건강 및 존립에 영향을 줄 뿐만 아니라 개개인의 삶의 질에도 영향을 준다. 적응지체를 일으키거나 부적응하는 가족의 발생은 가족문제를 야기하며, 개인과 사회에 부정적인 영향을 미칠 가능성이 높다. 그러므로 이에 대처하는 사회제도적 보완과 가족정책의 체계적 추진이 요구된다.

2004년 「건강가정기본법」이 제정되기 전까지 법체계 상 가족을 주요 내용으로 다루고 있는 것으로는 민법의 친족상속법, 모부자가족 등의 지원을 위한 한부모가족지원법[4], 가족폭력관련법 등이 있을 뿐이었다. 기존의 노인복지법, 아동복지법, 영유아보육법, 장애인복지법, 기초생활보장법 등의 사회복지관련법들이 있긴 하지만, 이러한 법들은 가족을 단위로 하고 있지 않으며, 더 나아가 변화하고 있는 가족환경을 고려한 법률이라고 볼 수 없는 한계가 있기에 가정과 관련된 새로운 입법이 요구되었다. 이에 건강한 가정생활의 영위와 가족의 유지 및 발전을 위한 국민의 권리·의무와 국가 및 지방자치단체 등의 책임을 명백히 하고, 가정문제의 적절한 해결방안을 강구하며, 가족구성원의 복지증진에 이바지할 수 있는 지원정책을 강화함으로써 건강가정 구현하고, 나아가 사회통합에 기여하기 위하여 건강가정기본법이 제정되었다.

건강가정기본법은 건강가정사업과 관련되는 다른 법률(「한부모가족지원법」, 「가정폭력방지및피해자보호등에관한법률」 등)을 제정 또는 개정하는 경우에는 이 법에 부합되도록 하여야 한다(동법 제6조)고 명시함으로서 가정관련법률의 기본법적 성격을 갖고 있음을 분명히 하고 있다. 건강가정기본법은 5장으로 나누어진 전문 36조와 부칙으로 구성되어 있다.

> **건강가정사업**
>
> 건강가정을 저해하는 문제의 발생을 예방하고 해결하기 위한 여러 가지 조치와 가족의 부양·양육·보호·교육 등의 가정기능을 강화하기 위한 사업을 말한다.

4) 2007년 10월 법명을 「한부모가족지원법」으로 변경한 이유는 자녀가 취학중인 경우 자립능력이 갖추어지지 아니한 상태로 학비 등으로 인한 생활비 지출이 증가될 수 있는 시기라는 점을 고려하여 자녀가 취학중인 때에는 22세 미만까지 확대하여 지원하도록 하며, 65세 이상의 고령자들과 손자녀로 구성되어 있는 조손가족의 경우도 이 법에 따른 보호대상자로 함으로써 조손가족의 생활안정과 복지증진을 도모하기 위해서였다.

② 입법과정

산업화, 정보화 등의 과정에서 한국가족은 구조, 기능, 주기, 생활, 관계 등 다양한 측면에서의 변화뿐만 아니라 저출산, 고령화, 이혼의 증가와 혼인율의 감소, 맞벌이 가정의 증가, 가사노동의 질적 및 양적 변화, 자녀욕구의 고급화 및 양육비증가, 가족갈등의 증가, 외국인 가족원의 증가 등 다양한 변화를 경험하고 있다. 그로 인한 가족 내 일탈행위(청소년의 마약과 범죄, 아동유기 및 결식, 가정폭력, 노인유기, 자살 등)는 사회문제로 대두되고 있는 실정이다.

따라서 가족에 대한 인식변화를 요구하고 있을 뿐만 아니라 양산된 가족문제에 대처하기 위한 정책적 지원의 필요성이 대두되었다. 이에 「건강가정기본법」이 2004년 2월 9일 법률 제 7166호로 제정·공포되어 2005년 1월 1일부터 시행되었다.

「건강가정기본법」은 첫째, 가족해체를 방지하고 가정기능을 강화하여 건강한 가정을 유지할 수 있도록 지원하고, 둘째 가정의 기능을 강화함으로써 가정의 자원화를 꾀하며, 셋째 이를 통하여 사회발전과 사회통합에 기여하며, 넷째 일과 가정을 양립할 수 있는 여건을 마련하고 다양한 서비스를 제공함으로써 여성 취업의 활성화를 도모하고, 다섯째 가족친화적 문화 형성에 기여하며, 여섯째 장기적으로 여성능력의 신장, 유휴 여성인력의 고용 창출에 이바지하기 위해 제정되었다.

그러나 사회복지계를 비롯한 사회 일각에서는 이 법이 최근에 문제되고 있는 가족 위기의 대처방안으로 전통적인 가족의 기능 강화를 모색하고 있고, 그 임무를 건강가정사에게 부여하고 있다는 비판의 목소리가 있다. 즉, 가족의 위기에 대한 가족구성원의 도덕적 책임을 강화하거나, 위기 가족에 대한 복지서비스 지원을 지엽적으로 지원하는 방향으로 나아갈 우려를 안고 있다는 것이다. 따라서 향후 법령 개정과 시행령 등을 통해 법령상 미비점을 보완해야 할 것이다.

3 법령의 내용

(1) 목적, 기본이념 및 정의

1) 목적

이 법은 건강한 가정생활의 영위와 가족의 유지 및 발전을 위한 국민의 권리·의무와 국가 및 지방자치단체 등의 책임을 명백히 하고, 가정문제의 적절한 해결방안을 강구하며 가족구성원의 복지증진에 이바지할 수 있는 지원정책을 강화함으로써 건강가정 구현에 기여하는 것을 목적으로 한다(동법 제1조).

2) 기본이념

가정은 개인의 기본적인 욕구를 충족시키고 사회통합을 위하여 기능할 수 있도록 유지·발전되어야 한다(동법 제2조).

3) 정의

① "가족"이라 함은 혼인·혈연·입양으로 이루어진 사회의 기본단위를 말한다.
② "가정"이라 함은 가족구성원이 생계 또는 주거를 함께 하는 생활공동체로서 구성원의 일상적인 부양·양육·보호·교육 등이 이루어지는 생활단위를 말한다.
③ "건강가정"이라 함은 가족구성원의 욕구가 충족되고 인간다운 삶이 보장되는 가정을 말한다.
④ "건강가정사업"이라 함은 건강가정을 저해하는 문제의 발생을 예방하고 해결하기 위한 여러 가지 조치와 가족의 부양·양육·보호·교육 등의 가정기능을 강화하기 위한 사업을 말한다(동법 제3조).

(2) 국민의 권리와 의무, 국가 및 지방자치단체의 책임 등

1) 국민의 권리와 의무

모든 국민은 가정의 구성원으로서 안정되고 인간다운 삶을 유지할 수 있는 가정생활을 영위할 권리를 가진다. 국민은 가정의 중요성을 인식하고 그 복지의 향상을 위하여 노력하여야 한다(동법 제4조).

2) 국가 및 지방자치단체의 책임

국가 및 지방자치단체는 건강가정을 위하여 필요한 제도와 여건을 조성하고 이를 위한 시책을 강구하여 추진하여야 한다. 또한 국가 및 지방자치단체는 민주적인 가정형성, 가정친화적 환경조성, 양성평등한 가족가치 실현 및 가사노동의 정당한 가치평가를 위하여 노력하여야 한다(동법 제5조).

3) 가족가치, 혼인과 출산

가족구성원은 부양·자녀양육·가사노동 등 가정생활의 운영에 함께 참여하여야 하고 서로 존중하며 신뢰하여야 한다(동법 제7조). 모든 국민은 혼인과 출산의 사회적 중요성을 인식하여야 한다. 국가 및 지방자치단체는 출산과 육아에 대한 사회적 책임을 인식하고 모성보호와 태아의 건강보장 등 적절한 출산환경을 조성하기 위하여 적극적으로 지원하여야 한다(동법 제8조).

4) 가족해체 예방 및 가정의 날

가족구성원 모두는 가족해체를 예방하기 위하여 노력하여야 한다. 국가 및 지방자치단체는 가족해체를 예방하기 위하여 필요한 제도와 시책을 강구하여야 한다(동법 제9조).

가정의 중요성을 고취하고 건강가정을 위한 개인·가정·사회의 적극적인 참여분위기를 조성하기 위하여 매년 5월을 가정의 달로 하고, 5월 15일을 가정의 날로 한다(동법 제12조).

(3) 건강가정정책

1) 위원회

> **중앙건강가정정책위원회**
>
> 건강가정에 관한 주요시책을 심의하기 위하여 국무총리소속하에 설치된 위원회

건강가정에 관한 주요시책을 심의하기 위하여 국무총리소속하에 중앙건강가정정책위원회를 둔다. 중앙위원회는 ① 건강가정기본계획의 수립 및 시행에 관한 사항, ② 건강가정을 위한 중·장기 발전방향, ③ 건강가정제도의 개선에 관한 사항, ④ 건강가정정책의 평가, ⑤ 건강가정 전담인력의 선발·관리에 관한 기본방안, ⑥ 국가 및 지방자치단체의 역할 및 비용분담, ⑦ 그 밖에 중앙위원회 위원장이 부의하는 사항을 심의한다. 또한 중앙위원회는 건강가정을 위한 중·장기 발전방향을 검토·연구하기 위하여 중앙위원회에 건강가정실무기획단을 둔다(동법 제13조).

중앙건강가정정책위원회는 위원장 1인(국무총리) 및 부위원장 2인(여성가족부장관)을 포함한 25인 이내의 위원(당연직 위원과 위촉위원)으로 구성한다(동법 시행령 제2조). 중앙위원회는 건강가정에 관한 전문적인 사항을 조사·연구하여 중앙위원회에 보고하게 하기 위하여 중앙위원회에 3인 이내의 전문위원을 둘 수 있다(동법 시행령 제5조).

건강가정실무기획단은 기획단장 1인(여성가족부차관)을 포함한 20인 이내의 기획단원으로 구성하며, 기획단원은 관계 중앙행정기관의 공무원 또는 관계전문가 중에서 여성가족부장관이 임명한다(동법 시행령 제8조).

건강가정에 관한 중요사항을 심의하기 위하여 특별시·광역시·도에 건강가정위원회를 둔다. 시·도 건강가정위원회는 ① 건강가정에 관한 시행계획, ② 건강가정을 위한 재정지원, ③ 건강가정과 관련된 사업, ④ 그 밖에 시·도 위원회 위원장이 부의하는 사항을 심의한다(동법 제14조).

2) 건강가정기본계획의 수립

여성가족부장관은 관계중앙행정기관의 장과 협의하고 중앙위원회의 심의를 거쳐 건강가정기본계획을 5년마다 수립하여야 한다. 기본계획에는 ① 가족기능의 강화 및 가정의 잠재력개발을 통한 가정의 자립 증진 대책, ②사회통합과 문화계승을 위한 가족공동체문화의 조성, ③ 다양한 가족의 욕구충족을 통한 건강가정 구현, ④ 민주적인 가족관계와 양성평등적인 역할분담, ④ 가정친화적인 사회환경의 조성, ⑤ 가족의 양육·부양 등의 부담완화와 가족해체예방을 통한 사회비용 절감, ⑥위기가족에 대한 긴급 지원책, ⑦ 가족의 건강증진을 통한 건강사회 구현, ⑧ 가족지원정책의 추진과 관련한 재정조달 방안이 포함되어야 한다(동법 제15조).

3) 가족실태조사

국가 및 지방자치단체는 개인과 가족의 생활실태를 파악하고, 건강가정 구현 및 가정문제 예방 등을 위한 서비스의 욕구와 수요를 파악하기 위하여 5년마다 가족실태조사를 실시하고 그 결과를 발표하여야 한다(동법 제20조).

(4) 건강가정사업

1) 가정에 대한 지원

국가 및 지방자치단체는 가정이 원활한 기능을 수행하도록 ① 가족구성원의 정신적·신체적 건강지원, ② 소득보장 등 경제생활의 안정, ③ 안정된 주거생활, ④ 태아검진 및 출산·양육의 지원, ⑤ 직장과 가정의 양립, ⑥ 음란물·유흥가·폭력 등 위해환경으로부터의 보호, ⑦ 가정폭력으로부터의 보호, ⑧ 가정친화적 사회분위기의 조성, ⑨ 그 밖에 건강한 가정의 기능을 강화·지원할 수 있는 관련 사항을 지원하여야 한다. 또한 취업여성의 임신·출산·수유와 관련된 모성보호 및 부성보호를 위한 유급휴가시책이 확산되도록 노력하여야하며, 한부모가족, 노인단독가정, 장애인가정, 미혼모가정, 공동생활가정, 자활공동체 등 사회적 보호를 필요로 하는 가정에 대하여 적극적으로 지원하여야 한다(동법 제21조).

2) 자녀양육지원의 강화

국가 및 지방자치단체는 자녀를 양육하는 가정에 대하여 자녀양육으로 인한 부담을 완화하고 아동의 행복추구권을 보장하기 위한 보육 및 방과후 서비스, 양성평등한 육아휴직제 활용을 적극적으로 확대하여 나아가야 한다. 그리고 가사노동의 가치에 대한 사회적 인식을 제고하고 이를 관련 법·제도 및 가족정책에 반영하도록 노력하여야 한다(동법 제22조).

3) 가족단위 복지증진

국가 및 지방자치단체는 사회보험·공공부조 등 사회보장제도의 운용과 관련하여 보험료의 산정·부과, 급여 등을 운용함에 있어서 가족을 지지하는 시책을 개발·추진하여야 한다. 또한 경제·사회, 교육·문화, 체육, 지역사회개발 등 각 분야의 제도·정책 및 사업을 수립·추진함에 있어 가족을 우대하는 방안을 강구하여야 한다(동법 제23조).

4) 가족의 건강증진

국가 및 지방자치단체는 영·유아, 아동, 청소년, 중·장년 등 생애주기에 따르는 가족구성원의 종합적인 건강증진대책을 마련하여야 한다(동법 제24조).

5) 가족부양 지원

국가 및 지방자치단체는 영·유아 혹은 노인 등 부양지원을 요하는 가족구성원이 있는 가정에 대하여 부양부담을 완화하기 위한 시책을 적극적으로 강구하여야 한다. 그리고 질환이나 장애로 가족내 수발을 요하는 가족구성원이 있는 가정을 적극 지원하며, 보호시설을 이용할 수 있도록 전문보호시설을 확대하여야 한다. 또한 가족구성원중 장기요양을 필요로 하는 질병이나 사고로 간병을 요할 경우 가족간호를 위한 휴가 등의 시책을 마련하여야 한다(동법 제25조).

6) 민주적이고 양성평등한 가족관계의 증진

국가 및 지방자치단체는 부부 및 세대 간에 가족갈등이 있는 경우 이를 예방·상담하고, 민주적이고 양성평등한 가족관계를 증진시킬 수 있도록 가족지원서비스를 확대하고, 다양한 가족생활교육·부모교육·가족상담·평등가족홍보 등을 추진하여야 한다. 또한 국가 및 지방자치단체는 가정폭력이 있는 가정의 경우 가정폭력피해자와 피해자 가족에 대한 개입에 있어 전문가의 체계적인 개입과 서비스가 이루어지도록 노력하여야 한다(동법 제26조).

7) 가족단위의 시민적 역할증진과 가정생활문화의 발전

국가 및 지방자치단체는 가족의 결속력과 가족구성원의 발전을 위하여 가족이 시민으로서의 역할을 증진할 수 있는 기회와 서비스를 제공하여야 하며, 가족단위의 자원봉사참여가 확대되도록 노력하여야 한다(동법 제27조).

국가 및 지방자치단체는 건강가정의 생활문화를 고취하고 그에 대한 지원정책을 수립하여야 하며, 그 내용은 ① 가족여가문화, ② 양성평등한 가족문화, ③ 가족단위 자원봉사활동, ④ 건강한 의식주 생활문화, ⑤ 합리적인 소비문화, ⑥ 지역사회 공동체문화, ⑦ 그 밖에 건강가정의 생활문화와 관련된 사항이 포함되어야 한다(동법 제28조).

8) 이혼 및 이혼가정지원

국가 및 지방자치단체는 이혼하고자 하는 부부가 이혼전 상담을 받을 수 있게 하는 등 이혼조정을 내실화 할 수 있도록 필요한 조치를 강구하여야 한다. 또한 이혼의 의사가 정해진 가족에 대하여 이들 가족이 자녀양육·재산·정서 등의 제반문제를 준비할 수 있도록 도움을 주는 지원서비스를 제공하도록 하여야 한다. 국가 및 지방자치단체는 이혼한 가족에 대하여 양육비에 대한 집행력의 실효성을 강화하고 그 적용대상을 확대하도록 하여야 한다(동법 제31조).

(5) 건강가정전담조직 및 교육

1) 교육·연구의 진흥

국가 및 지방자치단체는 건강가정과 관련된 연구를 진흥하고 전문가를 양성하여야 하며, 건강가정을 위한 교육프로그램을 지속적으로 개발·제공하여야 하며, 건강가정을 위한 교육프로그램을 지속적으로 개발·제공하여야 한다(동법 제19조).

2) 가정봉사원

국가 및 지방자치단체는 건강한 가정을 유지하기 위하여 필요한 경우에는 가정을 방문하여 가사·육아·산후조리·간병 등을 돕는 가정봉사원을 지원할 수 있으며, 가정봉사원에게 예산의 범위 안에서 일정금액을 지급할 수 있다. 가정봉사원의 지원에 관하여 필요한 사항은 여성가족부령으로 정한다(동법 제30조). 가정봉사원의 교육은 건강가정지원센터에서 가사·육아·산후조리·간병 등에 관한 이론교육과 실습교육을 매년 16시간 이상 받아야 하며, 이론교육은 건강가정지원센터에 출석하여 받는 교육과 동일한 내용의 시청각교육으로 갈음할 수 있다(동법 시행규칙 제3조).

> **건강가정지원센터**
>
> 가정문제의 예방·상담 및 치료, 건강가정의 유지를 위한 프로그램의 개발, 가족문화운동의 전개, 가정관련 정보 및 자료제공 등을 위하여 중앙, 시·도 및 시·군·구에 건강가정지원센터가 설치되어 있다. 건강가정지원센터에는 건강가정사업을 수행하기 위하여 관련분야에 대한학식과 경험을 가진 전문가(건강가정사)를 두어야 한다.

3) 건강가정교육

국가 및 지방자치단체는 건강가정교육을 실시하여야 하며, 교육내용은 ① 결혼준비교육, ② 부모교육, ③ 가족윤리교육, ④ 가족가치실현 및 가정생활관련 교육 등이 포함되어야 한다(동법 제32조).

4) 건강가정사업의 전담수행

여성가족부, 시·도 및 시·군·구는 건강가정사업에 관한 업무를 전담하여 수행할 수 있도록 하여야 한다(동법 제34조).

5) 건강가정지원센터의 설치

국가 및 지방자치단체는 가정문제의 예방·상담 및 치료, 건강가정의 유지를 위한 프로그램의 개발, 가족문화운동의 전개, 가정관련 정보 및 자료제공 등을 위하여 중앙, 시·도 및 시·군·구에 건강가정지원센터를 두며, 센터에는 건강가정사업을 수행하기 위하여 관련분야에 대한 학식과 경험을 가진 전문가(건강가정사)를 두어야 한다. 건강가정사는 대학 또는 이와 동등 이상의 학교에서 사회복지학·가정학·여성학 등 여성가족부령이 정하는 관련교과목을 이수하고 졸업한 자이어야 한다(동법 제35조).

건강가정사는 ① 가정문제의 예방·상담 및 개선, ② 건강가정의 유지를 위한 프로그램의 개발, ③ 건강가정 교육(민주적이고 양성평등한 가족관계 교육을 포함), ④ 가정생활문화운동의 전개, ⑤ 가정관련 정보 및 자료제공, ⑥ 가정에 대한 방문 및 실태파악, ⑦ 아동보호전문기관 등 지역사회자원에의 연계, ⑧ 그 밖에 건강가정사업과 관련하여 여성가족부장관이 정하는 활동을 직무로 수행한다(동법 시행령 제15조).

〈표 8-1〉 건강가정사 이수 교과목(건강가정기본법 시행규칙 제5조 관련)

구분		교 과 목
핵심과목(5)		건강가정론, (건강)가정(족)정책론, 가족상담(및 치료), 가정(족)생활교육, 가족복지론, 가족과 젠더, 가족(정)과 문화, 건강가정현장실습, 여성과 (현대)사회, 비영리기관 운영관리 중 5과목 이상
관련과목(7)	기초이론(4)	가족학, 가족관계(학), 가족법, 아동학, 보육학, 아동(청소년)복지론, 노년학, 노인복지론, 인간발달, 인간행동과 사회환경, 가족(정)(자원)관리, 가계경제, 가사노동론, 여가관리론, 주거학, 생애주기 영양학, 여성복지(론), 여성주의이론, 정신건강(정신보건사회복지)론, 장애인복지론, 가정생활복지론, 상담이론, 자원봉사론, 성과 사랑, 법여성학, 여성과 문화, 일과 가족(정), 사회복지(개)론 중 4과목 이상
	상담·교육 등 실제(3)	생활설계상담, 아동상담, 영양상담 및 교육, 소비자 상담, 주거상담, 부모교육, 부부교육, 소비자교육, 가정생활과 정보, 가계재무관리, 주택관리, 의생활관리, 지역사회 영양학, 프로그램 개발과 평가, 사회복지실천기술론, 지역사회복지론, 연구(조사)방법론, 부부상담, 집단상담, 가족(정)과 지역사회, 여성과 교육, 여성과 리더십, 여성주의 상담, 사회복지실천론, 위기개입론, 사례관리론 중 3과목 이상

비고 1. 대학원에서 관련 교과목을 이수하는 경우에는 같은 표의 교과목 중 핵심과목 4과목 이상, 관련과목 4과목(기초이론 2과목, 상담·교육 등 실제 2과목) 이상을 각각 이수하여야 한다. 다만, 핵심과목 및 관련과목 각각의 2분의 1의 범위에서 대학 또는 이와 동등 이

상의 학교에서 이수한 교과목도 이를 대학원에서 이수한 것으로 본다.

2. 교과목의 명칭이 동일하지 아니하더라도 교과의 내용이 동일한 것으로 여성가족부장관이 인정하는 경우에는 동일 교과목으로 본다.
3. 관련 교과목 이수는 12과목 36학점(대학원에서 이수하는 경우 8과목 24학점) 또는 12과목 이상 36학점(대학원에서 이수하는 경우 8과목 이상 24학점)으로 한다.

④ 문제점과 개선방향

참여정부가 출범한 이래 여성의 지위향상과 관련해 많은 긍정적인 변화가 있었다. 성매매방지법 제정이나 호주제 폐지, 혹은 보육예산의 획기적인 증대 등이 그 좋은 예다. 그러나 여성운동이나 여성학계에서 논란을 일으킨 정책은 2004년 2월 9일 건강가정기본법을 제정하고, 이에 따라 2005년 1월부터 전국에 55개의 건강가정지원센터를 충분한 준비없이 설치·운영하는 것이다. 이 법안은 보건복지부에 의해 준비됐으나 여성계와의 충분한 사전논의와 준비 없이 통과돼 법 제정 과정에서 민주정부가 거쳐야 할 절차민주주의를 제대로 지키지 못했다는 비난을 받았다.

「건강가정기본법」은 가족과 가족을 둘러싼 최근 우리 사회의 변화에 대한 국가의 공식적 대응이라는 측면에서 긍정적 의의가 있다고 평가 할 수 있을 것이다. 그러나 법의 내용은 천착해보면 많은 문제점을 내재하고 있다. 단적인 예로 건강가정이라는 정책대상의 규정에서부터 이를 국가가 국민계도와 교육을 통해 구현하겠다는 정책의도에 이르기까지 다양한 문제가 보이고 있다.

특히 이 법의 명칭은 많은 논란의 여지가 있다. 「건강가정기본법」이라는 명칭은 '저개발국가의 국민계몽 프로젝트' 같은 이미지를 준다. 지금의 한국 사회 발전 수준에는 부합하지 않는 명칭이다. 또한 '건강'이라는 수식어에는 일정한 가치관이 내재돼 있다. 사실상 이는 불건강한 가족을 상정하고 있어 '정상가족·비정상가족'이라는 이분법을 만들어 낸다. 최근에 활발해진 한부모가족운동을 통해 우리는 그 대다수를 차지하는 여성가구주 가족이 겪는 가장 큰 고통은 빈곤이지만, 이에 못지않게 큰 어려움은 사별했거나 이혼한 여성가구주 가족들을 향한 사회적 차별임을 확인할 수 있었다. 이런 차별의 배경에는 항상 '정상가족·비정상가족'의 이분법이 내재돼 있다. 건강가정기본법은 최근에 문제되고 있는 가족 위기의 대처방안으로 전통적인 가족의 기능 강화를 모색하고 있고, 그 임무를 건강가정사에게 부여하고 있다. 그러나 이는 가족의 위기에 대한 가족구성원의 도덕적 책임을 강화하거나, 위기 가족에 대한 복지서비스

지원을 지엽적으로 지원하는 방향으로 나아갈 우려를 안고 있다.

우리 사회의 복지서비스는 과거처럼 소외계층을 대상으로 하는 정책에서 한걸음 나아가 국민 모두가 누려야 할 권리로 인식되고 있다. 또한 가족 문제가 국민 모두의 일상적 삶을 규정하는 가장 근원적인 요소인 만큼 차제에 새로이 개정될 가족 관련 법안에서는 국민에게 전범이 될 수 있는 미래지향적인 가족의 관점과 정책이 담겨야 한다. 이를 위해서는 공론의 장에서 우리 가족정책을 둘러싼 토론이 반드시 필요하다. 우리 사회의 가족해체 배경에는 전통가족의 붕괴나 도덕적 기강의 해이보다는 신용불량자 양산, 자영업자와 중소기업의 몰락, 정리해고 등의 사회적 요인들이 더 중요하게 작동하고 있기에 새 법에서는 무엇보다 가족위기를 극복할 수 있게 하는 사회적 안전망의 구축이 정교하게 제시돼야 한다. 다음으로 새 법안이 지향하는 정신 속에는 가족이기주의 외에는 사회적 공동체성이 결여돼 버린 한국 사회에서 대안적인, 평등한 가족문화를 형성하는 것을 통해 사회적 유대와 인간성을 복원하려는 목표설정이 포함돼야 한다.

마지막으로 복지체계와 관련해선 건강가정지원센터는 기존의 종합복지관, 여성발전센터, 여성단체의 상담소와 중첩돼 예산 낭비를 초래하고, 통합적인 서비스를 구축하기 위한 네트워크가 없는 상황에서 유사기구와의 갈등을 초래하고 있다. 또한 이 센터 안에 성 평등한 가치를 지니고 상담의 전문성을 지닌 인력이 제대로 배치돼 있는지에 대해서도 논란이 많다. 복지체계의 거시적 틀 안에서 어떻게 보다 통합적이면서 효과적인 복지서비스를 제공할 것인지에 대한 고려가 병행돼야 한다.

法諺

From nothing nothing comes.

무에서 유를 낳을 수는 없다.

제 5 절 저출산·고령사회기본법

1 의의

합계출산율

출산 가능한 여성의 나이인 15세부터 49세까지를 기준으로, 한 여성이 평생 동안 낳을 수 있는 자녀의 수를 나타낸다. 국가별 출산력 수준을 비교하는 주요 지표로 이용되는데, 2가지 방법으로 산출된다. 먼저 일반적으로는 연령별 출산율의 합계, 예를 들어 지난 해 만 30세 여성이 낳은 아이의 수를 전체 만 30세 여성의 수로 나누어 연령별 출산율을 산출한 다음 이렇게 계산한 각 연령별 출산율을 모두 더하면 합계출산율이 된다. 다른 하나는 5세 계급으로 계산된 연령별 출산율에 5를 곱하는 방식인데, 이들 간의 관계를 공식화하면 합계출산율=연령별 출산율의 합=Σ5세 계급연령별 출산표×5가 된다. 이 경우 전체 여성수는 미혼·기혼을 구별하지 않기 때문에 한국과 같이 혼인이 출산의 전제조건으로 작용하는 국가에서는 미혼 여성이 늘어날수록 출산율이 떨어진다. 출산율의 급격한 하락은 생산가능인구의 감소와 국내 소비시장의 위축, 국가 성장잠재력의 저하 등 심각한 문제를 발생시킨다.

저출산 대책

국가 및 지방자치단체는 주요 저출산 대책으로 ① 지속적인 성장과 발전을 위한 인구정책의 수립·시행, ② 자녀의 출산과 보육지원 정책 강구, ③ 모자보건의 증진, ④ 자녀의 임신·출산·양육 및 교육에 소요되는 경제적 부담을 경감하기 위한 시책을 강구하여야 한다.

우리나라의 합계출산율은 1983년 2.08이었던 것이 1993년 1.67을 거쳐 2005년 1.06을 기록하는 등 세계 최저수준을 기록하고 있다. 또한 평균수명의 연장으로 인구고령화는 급속도로 진전(進展)되어 2000년 고령화사회로의 진입을 시작으로 2018년 고령사회 진입, 2026년 초고령사회로의 진입이 예상되고 있다. 이와 같은 현상은 노동생산성 저하에 따른 경제성장의 둔화, 노년부양의 사회적 부담증가 등 부정적인 결과를 초래할 것으로 예측된다. 이러한 저출산 및 인구의 고령화는 향후 노동력 부족, 재정수지 악화, 사회복지비용의 부담을 둘러싼 세대간 갈등, 경제성장률의 둔화 등 사회경제적인 안정성을 해치고 국가의 지속적인 성장을 위협하는 요인이 될 것이다.

급격한 인구 고령화와 저출산에 체계적으로 대응하기 위한 법적 기반으로 「저출산·고령사회기본법」이 2005년 5월 제정되었다. 이 법은 자녀의 출산 및 양육이 원활하게 이루어질 수 있고 노인이 중요한 사회적 행위자로서 건강하고 활력 있는 사회생활을 할 수 있도록 국가의 책임을 정하고, 저출산·고령사회정책의 기본방향과 그 수립 및 추진체계에 관한 사항 등을 규정함으로써 국민의 삶의 질 향상과 국가의 지속적인 발전에 이바지하기 위해 제정되었다.

저출산·고령사회기본법은 총 4장 32조로 구성되어 있으며, 저출산과 고령사회 정책수립, 시행체계, 평가 및 심의, 저출산·고령사회위원회 설치 등을 주요 내용으로 하고 있다.

「저출산·고령사회기본법」은 정책수립의 주체가 국가와 지방자치단체임을 명시하고 있다. 이에 따라 저출산과 고령사회에 대비하여 수립되어야 할 정책으로는, 먼저 저출산 대책은 △자녀의 출산과 보육, △모자보건의 증진, △경제적 부담의 경감 등이 있으며, 다음으로 고령사회 대비 정책으로는 △고령자의 고용과 소득보장, △건강증진과 의료

제공, △생활환경과 안정보장, △여가·문화 및 사회활동의 장려, △평생교육과 정보화, △취약계층노인에 대한 특별한 배려, △가족관계와 세대간 이해증진, △경제와 산업 등 고령친화적 사업의 육성 등을 명시하고 있다.

둘째, 구체적 시행은 저출산·고령사회 기본계획에 근거하도록 하며, 이는 보건복지부 장관이 관계중앙행정기관의 장과 협의하여 작성하도록 규정하고 있으며 5년마다 재작성하도록 명시하고 있다. 또 중앙행정기관의 장은 소관별로 연도별 시행계획을 수립·시행하고, 지방자치단체는 기본계획 및 중앙행정기관의 시행계획을 기초로 각 지방자치단체의 시행계획을 수립·시행하도록 규정하고 있다.

셋째, 2005년 법제정시 저출산·고령사회위원회는 대통령 직속 하에 대통령을 위원장으로 하여 우리나라의 저출산·고령사회정책을 총괄 심의·조정하는 기능을 갖고 있었다. 당시 위원회에는 재경부, 교육부, 여성부 등 12개 관계부처 장관과 저출산·고령화와 관련된 12명의 민간 전문가가 위원으로 참여하였다. 위원회는 조사·연구 및 검토·조정 기능의 전문위원회를 통해 저출산, 노후생활, 인구·경제, 고령친화산업 등의 정책을 연구·조정하는 역할을 하였다. 그런데 2008년 이명박 정부가 출범하면서 대통령 직속기구이던 위원회가 새 정부에서는 보건복지부 소속 위원회(위원장 보건복지부장관)로 조정되어 그 기능과 위상이 대폭 축소되었다.

> **고령사회정책**
>
> 고령사회를 대비하기 위하여 국가 및 지방자치단체는 고령자의 ① 고용과 소득보장, ② 건강증진과 의료제공, ③ 생활환경과 안전보장, ④ 여가·문화 및 사회활동의 장려, ⑤ 평생 교육과 정보화, ⑥ 취약계층노인 배려 및 가족관계와 세대간 이해증진, ⑦ 고령친화적 산업의 육성 등의 시책을 수립·추진하여야 한다.

넷째, 심의 및 평가에 대해서 살펴보면 저출산·고령사회 정책에 관한 중요사항은 저출산·고령사회위원회에서 심의하도록 하며, 단, 저출산·고령사회 기본계획안은 위원회와 국무회의의 심의를 거치도록 규정하고 있다. 또 저출산·고령사회 시행계획에 따른 추진실적은 매년 국가 및 지방자치단체가 평가하고 평가에 대해 국회에 보고하도록 규정하고 있다.

> **저출산·고령사회위원회**
>
> 저출산·고령사회정책에 관한 중요사항을 심의하기 위하여 노무현정부에서는 대통령 소속하에, 이명박정부에서는 보건복지부장관 소속하에 저출산·고령사회위원회를 설치하여 운영하고 있다.

② 입법과정

저출산과 고령화가 사회·경제에 미치는 부정적 영향에 대해 우려를 갖고 여러 법안들이 제출되었다. 먼저 2004년 9월 4일 안명옥 의원 외 2인이 발의하고 118인이 찬성한 저출산사회대책기본법안, 2004년 9월 21일 장복심의원 외 56인이 발의한 고령사회기본법안, 2004년 11월 8일 정부가 제출한 고령화및인구대책기본법안, 2004년 11월 15일 김춘진 의원 외 39인이 발의한 고령사회기본법안 등이 제출되었다.

그러나 법안심사소위원회에서 위의 4건의 법률안을 심사한 결과 각각 본회의에 부의하지 아니하기로 하고, 보건복지위원회 대안을 제안하기로 합의하였다. 이에 2005년 4월 18일 보건복지위원회에서는 법안심사소위원회의 심사결과보고와 대안의 축조심사를 거쳐 4건의 법률안을 조정·통합시킨 「저출산·고령사회기본법」을 대안으로 제안하였다.

③ 내용

(1) 목적, 기본이념 및 정의

1) 목적

저출산·고령사회기본법은 저출산 및 인구의 고령화에 따른 변화에 대응하는 저출산·고령사회정책의 기본방향과 그 수립 및 추진체계에 관한 사항을 규정함으로써 국가의 경쟁력을 높이고 국민의 삶의 질 향상과 국가의 지속적인 발전에 이바지함을 목적으로 한다(동법 제1조).

2) 기본이념

국가의 지속적인 발전을 위한 인구 구성의 균형과 질적 향상을 실현하고, 국민이 건강하고 안정된 노후생활을 할 수 있도록 하는 것을 기본이념으로 한다(동법 제2조).

3) 정의

① "인구의 고령화"라 함은 전체인구에서 노인의 인구비율이 증가하는 현상을 말한다.
② "저출산·고령사회정책"이라 함은 저출산 및 인구의 고령화에 따른 변화에 대응하기 위하여 수립·시행하는 정책을 말한다(동법 제3조).

(2) 국가 및 지방자치단체의 책무, 국민의 책무 등

1) 국가 및 지방자치단체의 책무

국가는 종합적인 저출산·고령사회정책을 수립·시행하고, 지방자치단체는 국가의 저출산·고령사회정책에 맞추어 지역의 사회·경제적 실정에 부합하는 저출산·고령사회정책을 수립·시행하여야 한다. 또 국가 및 지방자치단체는 다른 법률의 규정에 의하여 중·장기계획 및 연도별 시행계획 등 주요정책을 수립하는 경우 저출산·고령사회기본계획을 고려하여야 한다(동법 제4조).

2) 국민의 책무

국민은 출산 및 육아의 사회적 중요성과 인구의 고령화에 따른 변화를 인식하고 국가 및 지방자치단체가 시행하는 저출산·고령사회정책에 적극 참여하고 협력하여야 한다. 국민은 가정 및 지역사회의 일원으로 상호연대를 강화하고 각자의 노후생활을 건강하고 충실하게 영위할 수 있도록 노력하여야 한다(동법 제5조).

3) 다른 법률과의 관계

국가는 저출산·고령사회정책과 관계되는 다른 법률을 제정 또는 개정하는 경우 이 법의 목적과 기본이념에 맞도록 하여야 한다(동법 제6조)고 규정함으로서 저출산·고령사회관련 법률의 기본법적 성격을 지닌다.

(3) 저출산 대책

1) 인구정책

국가 및 지방자치단체는 적정인구의 구조와 규모를 분석하고 인구변동을 예측하여 국가 및 지방자치단체의 지속적인 성장과 발전을 위한 인구정책을 수립·시행하여야 한다(동법 제7조).

2) 자녀의 출산과 보육

국가 및 지방자치단체는 모든 자녀가 차별받지 아니하고 안전하고 행복한 생활을 영위하며 교육과 인성함양에 도움을 주는 사회환경을 조성하기 위한 시책을 강구하여야 하며, 자녀를 임신·출산·양육 및 교육하고자 하는 자가 직장생활과 가정생활을 병행할 수 있도록 사회환경을 조성·지원하여야 한다. 또 국가 및 지방자치단체는 자녀를 양육하려는 자에게 양질의 보육서비스를 제공하기 위한 시책을 강구하여야 한다(동법 제8조).

3) 모자보건의 증진

국가 및 지방자치단체는 임산부·태아 및 영유아에 대한 건강진단 등 모자보건의 증진과 태아의 생명존중을 위하여 필요한 시책을 수립·시행하여야 하며, 임신·출산·양육의 사회적 의미와 생명의 존엄성 및 가족구성원의 협력의 중요성 등에 관한 교육을 실시하여야 한다. 그리고 국가 및 지방자치단체는 임신·출산 및 양육에 관한 정보의 제공, 교육 및 홍보를 실시하기 위하여 필요한 기관을 설치하거나 그 업무를 관련 기관에 위탁할 수 있다(동법 제9조).

4) 경제적 부담의 경감

국가 및 지방자치단체는 자녀의 임신·출산·양육 및 교육에 소요되는 경제적 부담을 경감하기 위하여 필요한 시책을 강구하여야 한다(동법 제10조).

(4) 고령사회정책

1) 고용과 소득보장

국가 및 지방자치단체는 일할 의욕과 능력이 있는 고령자가 최대한 일할 수 있는 환경을 조성하여야 하며, 연금제도 등 노후소득보장체계를 구축하고 노인에게 적합한 일자리를 창출하는 등 국민이 경제적으로 안정된 노후생활을 할 수 있도록 필요한 조치를 강구하여야 한다(동법 제11조).

2) 건강증진과 의료제공

국가 및 지방자치단체는 연령단계별 건강상의 특성과 주요 건강위험요인을 고려하여 국민의 건강증진을 위한 시책을 강구하여야 하며, 노인을 위한 의료·요양 제도 등을 확립·발전시키고 필요한 시설과 인력을 확충하기 위하여 노력하여야 한다(동법 제12조).

3) 생활환경과 안전보장

국가 및 지방자치단체는 노후생활에 필요한 기능과 설비를 갖춘 주거와 이용시설을 마련하고 노인이 안전하고 편리하게 이동할 수 있는 환경을 조성하는 등 쾌적한 노후 생활환경을 조성하고 재해와 범죄 등 각종 위험으로부터 노인을 보호하기 위하여 필요한 시책을 강구하여야 한다(동법 제13조).

4) 여가·문화 및 사회활동의 장려

국가 및 지방자치단체는 노후의 여가와 문화활동을 장려하고 이를 위한 기반을 조성하여야 하며, 자원봉사 등 노인의 사회활동 참여를 촉진하는 사회적 기반을 조성하여야 한다(동법 제14조).

5) 평생교육과 정보화

국가 및 지방자치단체는 모든 세대가 평생에 걸쳐 학습하고 능력과 적성에 따라 교육을 받을 수 있도록 교육의 기회를 제공하고, 이를 위한 교육시설의 설치·인력의 양성 및 프로그램의 개발 등 필요한 시책을 강구하여야 한다. 또한 국가 및 지방자치단체는 세대간 정보의 격차를 해소하기 위하여 정보화 교육, 프로그램 개발 및 장비 보급 등 필요한 시책을 강구하여야 한다(동법 제15조).

6) 취약계층노인 배려 및 가족관계와 세대간 이해증진

국가 및 지방자치단체는 저출산·고령사회정책을 수립·시행함에 있어서 여성노인·장애노인 등 취약계층의 노인에 대하여 특별한 배려를 하고 도시·농어촌지역간 격차 등 지역의 특수한 상황을 반영하여야 한다(동법 제16조).

국가 및 지방자치단체는 효행을 장려함으로써 노인이 가정과 사회에서 공경받을 수 있도록 하고 세대간 교류의 활성화와 세대간 이해를 증진함으로써 민주적이고 평등한 가족관계가 형성되도록 필요한 사회환경을 조성하여야 한다(동법 제17조).

7) 고령친화적 산업의 육성 등

국가 및 지방자치단체는 인구의 고령화에 따른 상품 및 서비스 수요의 변화에 대비한 새로운 산업을 육성하기 위한 기반을 구축하여야 하며, 노인에게 필요한 용구와 용품 등의 연구개발·생산 및 보급의 활성화를 위하여 필요한 시책을 강구하여야 한다(동법 제19조).

국가 및 지방자치단체는 인구의 고령화에 따른 경제·산업구조 및 노동환경의 변화에 부응하는 시책을 수립·시행하여야 한다(동법 제18조).

(5) 저출산 · 고령사회정책의 수립 및 추진체계

1) 저출산·고령사회기본계획

정부는 저출산·고령사회 중·장기 정책목표 및 방향을 설정하고, 이에 따른 저출산·고령사회기본계획을 수립·추진하여야 한다. 보건복지부장관은 관계 중앙행정기관의 장과 협의하여 5년마다 기본계획안을 작성하고, 저출산·고령사회위원회 및 국무회의의 심의를 거친 후 대통령의 승인을 얻어 이를 확정한다. 기본계획에는 ① 저출산·고령사회정책의 기본목표와 추진방향, ② 기간별 주요 추진과제와 그 추진방법, ③ 필요한 재원의 규모와 조달방안, ④ 그 밖에 저출산·고령사회정책으로 필요하다고 인정되는 사항(동법 제20조) 등이 포함되어야 한다.

중앙행정기관의 장은 기본계획에 따라 소관별로 연도별 시행계획을 수립·시행하고, 지방자치단체의 장은 기본계획 및 중앙행정기관의 시행계획에 따라 당해 지방자치단체의 시행계획을 수립·시행하여야 한다. 국가 및 지방자치단체는 매년 시행계획에 따른 추진실적을 평가하고 그 결과를 저출산·고령사회정책에 반영하여야 한다(동법 제21조).

국가 및 지방자치단체는 기본계획 및 시행계획의 수립·시행을 위하여 관계 공무원 또는 관계 전문가의 의견을 듣거나 관계 기관 및 단체 등에 필요한 자료제출 등 협조를 요청할 수 있으며, 보건복지부장관은 기본계획안의 작성을 위하여 관계 중앙행정기관 및 지방자치단체의 장에게 저출산·고령사회 관련 계획 및 정책, 관련 자료 또는 의견의 제출 등 필요한 협조를 요청할 수 있다(동법 제22조).

2) 저출산·고령사회위원회(동법 제23조)

저출산·고령사회정책에 관한 중요사항을 심의하기 위하여 보건복지부장관 소속하에 저출산·고령사회위원회를 두며 다음의 사항을 심의한다. ① 저출산 및 인구의 고령화에 대비한 중·장기 인구구조의 분석과 사회경제적 변화전망에 관한 사항, ② 저출산·고령사회정책의 중·장기 정책목표와 추진방향에 관한 사항, ③ 기본계획에 관한 사항, ④ 시행계획에 관한 사항, ⑤ 저출산·고령사회정책의 조정 및 평가에 관한 사항, ⑥ 그 밖에 저출산·고령사회정책에 관한 중요사항으로서 위원장이 부의하는 사항.

위원회는 위원장 1인을 포함한 25인 이내의 위원으로 구성하며, 위원장은 보건복지부장관이 되고, 위원은 대통령령이 정하는 관계 중앙행정기관의 차관과 고령화 및 저출산에 관하여 학식과 경험이 풍부한 자 중에서 위원장이 위촉하는 자이다. 저출산·고령사회위원회는 위원회는 저출산·고령사회정책을 심의하기 위하여 필요한 경우 관계 행정기관에 자료를 요청할 수 있다(동법 제26조).

현재 "저출산·고령사회위원회"는 보건복지부장관을 위원장으로 하여 기획재정부·교육과학기술부, 법무부, 여성가족부 등 10개 중앙부처 차관과 저출산, 고령화 및 고령친화산업과 관련된 12명의 민간전문가가 위원으로 참여하고 있다.

(6) 전문인력의 양성 등

1) 전문인력의 양성

국가 및 지방자치단체는 저출산 및 인구의 고령화에 따른 변화에 대응하기 위하여 필요한 분야의 전문인력을 양성하여야 하며, 이를 위해 연구소·대학 그 밖에 필요하다고 인정하는 기관을 전문인력 양성기관으로 지정하고, 해당 전문인력 양성기관에 대하여 필요한 지원을 할 수 있다(동법 제28조).

2) 조사 및 연구

국가 및 지방자치단체는 저출산 및 인구의 고령화에 따른 변화에 대응하기 위하여 필요한 조사 및 연구를 실시하여야 하며, 이를 위하여 조사연구기관을 설치하거나 연구소·대학 그 밖에 필요하다고 인정하는 기관에 조사 및 연구를 위탁할 수 있다(동법 제29조).

3) 민간의 참여와 국제교류의 활성화 등

국가 및 지방자치단체는 저출산·고령사회정책에 관하여 민간부문이 참여할 수 있는 환경을 조성하여야 하며(동법 제30조), 저출산 및 인구의 고령화와 관련한 국제기구 및 국제회의에 참여하고, 정보교환 및 공동조사연구 등 국제협력사업의 추진을 통하여 국제교류를 활성화하여야 한다(동법 제31조).

또한 국가 및 지방자치단체는 이 법에 따른 저출산·고령사회정책의 시행을 위하여 관계 법률이 정하는 바에 따라 조세의 감면 등 필요한 지원을 하여야 한다(동법 제32조).

④ 문제점과 개선방향

출산율 감소와 인구고령화의 잠재적 문제에 대한 사회적 인식은 상대적으로 높았던 반면, 이에 대처하기 위한 정책적이고 체계적 노력은 미비했다. 따라서 저출산·고령사회 기본법은 저출산과 인구고령화에 체계적으로 대응하기 위한 법적 기반을 마련했다는 점에서 첫번째 의미를 찾아볼 수 있다. 둘째, 고령자를 위한 대부분의 사회정책이 고령자의 보호욕구를 초점으로 구성되었으며, 고령자는 의존적이고 수동적인 사회구성원으로 간주되어 왔다. 그러나 저출산·고령사회 기본법은 고령자를 노동·사회·교육·소비의 생산적 주체로 정의하고 있다는 점에서 의미를 갖는다. 셋째는 육아와 관련된 임신, 출산, 양육, 교육을 사회적 영역으로 확대하고 있다는 점이다.

저출산과 고령화가 진전되면서 사회전반에서 나타나는 노동력 부족, 가족과 지역사회의 노인문제 및 부양비용의 증가, 그리고 국가의 재정여건의 악화에 대비해야 한다. 가족, 지역사회, 국가의 차원에서 사회경제적 부담을 완화할 수 있는 대안을 수립해 나가야 한다. 이를 위해서 노인요양보험법·고령친화산업지원육성법과의 연계성을 강화하는 한편 노인일자리 창출·노후소득보장 체제 개선 및 평생건강관리체계 구축 등과 함께 출산율 회복을 위한 자녀양육지원 등을 지속적으로 추진해야 할 것이다.

정부는 저출산·고령사회기본법을 만들었을 뿐 문제 해결을 위한 국민적 공감대를 모으는 일에는 소홀했다. 반면, 출산을 하면 저소득층에 보조금을 준다는 식의 단편적이고 대증요법적인 대책에 머물러 있다. 저출산 문제의 근본적인 원인을 외면하고 있는 것이다. 부부가 출산을 기피하는 원인은 복합적이며 이 문제를 해결하는 데 시간이 걸린다. 그러나 해결 방법은 있다. 한국은 1960~1970년대 출산억제정책을 성공적으로 추진해 세계의 주목을 받았다. 당시 정부는 잘살아 보자는 국민적 공감대를 모으고 출산 억제의 필요성과 방법에 대한 국민교육에 나섰다. 출산장려정책도 마찬가지다. 한 가정 한 자녀의 문제점에 대한 공감대를 모으면서 제도개선에 나서야 한다. 청년들의 일자리 문제를 해결해 젊은 세대가 안정적인 생활을 할 수 있도록 만들고, 공교육의 기능을 영유아까지 확대해 교육비 부담을 줄이며, 임대주택정책을 개선해 가정을 처음 꾸리는 젊은 부부의 주거비용도 덜어주어야 할 것이다. 따라서 앞으로 동법에 의한 저출산·고령사회 준비는 대비를 위해서는 국민적 공감대에 기반하여 고용불안, 청년실업 및 여성경제활동 확대, 사교육비 완화를 위한 정책을 구체적으로 제시해야 할 것이다.

제 9 장

사회보험법

사회복지법의 분류에 의하면 사회보험의 범주에 속하는 법은 공적연금보험, 국민건강보험, 산업재해보상보험, 고용보험 등과 관련된 법들로 구성되어 있다. 이 법들의 특징은 가입에 강제성을 띄고 있고, 정부가 중심이 되어서 운용되고 있다는 것이다.

제 1 절 사회보험법의 특성

1 사회보험법의 개념

사회보험은 사회보장제도에서 규모가 가장 큰 프로그램이다. 일반적으로 사회보험은 강제 보험 방식을 사용하여 사회구성원이 겪는 사회적 위험(예컨대 노령, 질병, 산업재해, 실업)에 대해 공동으로 대비하는 제도라고 볼 수 있다(노병일, 2009). 그러므로 사회보험법은 이런 사회보험에 관해 규정한 법이라고 볼 수 있다.

2 사회보험의 일반적 특징

1) 사회보험의 일반적 특징

사회보험은 다음과 같은 특징을 가진다(Rejda, 1988). 이에 따라서 사회보험과 관련된 법의 내용은 이런 특징을 반영하고 있다.

첫째, 사회보험은 사실상 거의 모든 경우에 강제적으로 가입하도록 법에 정해져 있다.

둘째, 사회보험급여를 받을 자격은 그간 납부한 기여금에 근거한다. 또한 사회보험에서는 개인의 경제적 자원이 부족하다는 것을 보여줄 필요가 없다. 즉 사회보험에서는 자산조사가 필요하지 않다.

셋째, 사회보험 급여액을 결정하는 방법은 사회보험과 관련된 법에 정해져 있고, 급여를 받을 수 있는 자격과 시기 등도 법에 명시되어 있다. 따라서 사회보험 프로그램을 운영하는 기관은 누가 언제 얼마나 많은 급여를 받을 것인가를 결정하는 데 있어 재량권을 거의 가지지 않는다.

넷째, 대개의 경우, 사회보험제도를 통해 받는 급여의 액수는 자신이 납부한 기여금(보험료)의 액수에 직접적으로 비례하지 않는다. 이것은 사회보장제도의 소득재분배 측면을 고려한 것으로서, 소득이 적은 사람이나 부양가족이 많은 사람에게 유리하게 하고자 함이다.

다섯째, 사회보험에 필요한 재정은 주로 기여금으로 충당된다. 보통, 이런 기여금은 근로자, 고용주, 또는 근로자·고용주 공동으로 납부한다.

여섯째, 사회보험은 장기적 관점에서 적절한 급여를 제공하기 위해서, 분명한 재정확보 계획을 세워놓고 있다. 즉 사회보험에는 별도 계정과 분명한 장기 재정계획이 구비되어 있다. 사회보험기여금은 사회보험급여를 제공할 용도로만 쓰이는 것이 관례이다.

일곱째, 정부는 사회보험의 운영을 담당하거나 감독한다.

여덟째, 사회보험제도는 예비 기금이 필요하지 않다. 사보험은 예비 기금이 필요하나, 사회보험은 재정이 부족할 경우에 세금으로 재정을 충당할 수 있으므로 예비기금을 필요로 하지 않는다.

2) 사회보험과 사보험의 차이점

사회보험과 사보험(민간보험)은 다음과 같은 점에서 서로 차이가 난다(노병일, 2009). 이에 따라서 사회보험과 관련된 법은 사보험과는 구분되는 특징을 반영하고 있다.

첫째, 사회보험은 강제가입이 원칙이나, 사보험은 임의가입이 원칙이다.

둘째, 사회보험은 최저소득만을 보호하나, 사보험은 개인의 희망과 부담능력에 따라 더 많은 양을 보호할 수 있다.

셋째, 사회보험은 사회적 적절성을 강조해 결과적으로 복지 요소(welfare element)에 초점을 두나, 사보험은 개인적 형평을 강조해 결과적으로 보험 요소(insurance element)에 초점을 둔다.

넷째, 사회보험급여를 제공하는 근거는 법에 명시되어 있으나, 사보험급여를 제공하는 근거는 계약에 있다. 즉 사회보험이 법적 권리에 근거하는 데 비해, 사보험은 계약적 권리에 근거한다. 따라서 사보험의 경우, 보험업자가 파산하지 않고 재정적으로 튼튼해야만 경제적으로 보장해 줄 수 있다.

다섯째, 사회보험은 정부가 독점하고 있으나, 사보험은 경쟁에 맡겨져 있다.

여섯째, 사회보험은 비용 예측이 어렵다. 예를 들어 실업보험에서 실업자의 수를 예측할 수 없다. 그러나 사보험은 사회보험에 비해 비용을 비교적 예측하기가 쉽다.

일곱째, 사회보험은 재정을 완전하게 준비할 필요가 없다. 강제가입이므로 새로운 가입자로부터 기여금이 반드시 납부되고, 또한 사회보험 프로그램은 영원히 계속될 것으로 보기 때문이다. 그러나 사보험은 재정을 완전하게 준비할 필요가 있다.

여덟째, 사회보험의 목적과 결과에 대해서는 의견이 여러 가지이고 이에 따라 논란이 많다. 그러나 사보험의 목적과 결과에 대해서는 대체로 의견이 통일되어 있다.

아홉째, 사회보험 기금은 대개 정부 업무에 투자되나, 사보험 기금은 민간 부문에 주로 투자된다.

열째, 사회보험은 정부가 세금을 부과할 수 있는 권한을 통해, 인플레이션 때문에 생긴 손실을 보상해 줄 수 있다. 그러나 사보험은 그렇지 못하므로 인플레이션에 약할 수밖에 없다.

열한째, 사회보험은 기여금 액수를 소득 수준에 따라 부과한다. 그러나 사보험은 보험료를 위험정도와 급여수준에 따라 부과한다.

〈표 9-1〉에는 사회보험과 사보험의 차이점이 제시되어 있다.

〈표 9-1〉 사회보험과 사보험의 차이점

	사회보험	사보험
가입	강제	임의
보험료·기여금 부과기준	소득수준	위험정도·급여수준
보호의 양	최저소득 보호	더 많은 보호 가능
강조	사회적 적절성	개인적 적절성
급여 근거	법	계약
독점	정부 독점	경쟁
비용예측	어려움	비교적 쉬움
완전한 재정 준비	필요하지 않음	필요함
목적·결과관련 의견	다양함	대체로 일치
투자	대체로 정부 업무	주로 민간 분야
인플레이션 보상	세금을 통해 바로 가능	아주 약함

자료 : 노병일(2009 : 107)

③ 사회보험의 원칙

사회보험의 원칙(베버리지)

사회보험의 기본 원칙으로 베버리지 보고서에 제시되어 있는 여섯 가지 원칙을 말한다. 이 원칙은 정액 급여의 원칙, 정액 기여의 원칙, 행정 간소화의 원칙, 급여 적절성의 원칙, 포괄성의 원칙, 분류화의 원칙을 말한다.

베버리지(Beveridge)의 경우, 사회보험은 다음과 같은 여섯 가지 기본 원칙을 구현한다고 주장한 바 있다(노병일, 2009).

첫째, 사회보험은 정액 급여의 원칙을 구현한다. 이 원칙은 실업·장애 때문에 중단된 소득의 양이나 퇴직으로 중단된 소득의 양에 상관없이, 정액 급여를 제공하는 것을 말한다.

둘째, 사회보험은 정액 기여의 원칙을 구현한다. 베버리지는 정액 기여의 원칙을 다음과 같은 두 가지 측면에서 제시한다: ① 모든 피보험자는 잘 살고 못 사는 것에 상관없이 같은 보장에 대해서는 정액 기여금을 납부한다. ② 특정 개인과 고용형태에 영향을 미치는 위험정도에 상관없이 정액 기여의 원칙을 적용한다.

셋째, 사회보험은 행정 간소화의 원칙을 구현한다. 이 원칙은 기여금을 납부하는 시기, 업무처리를 위한 지역 사회보장사무소, 급여제공 방법, 모든 기여금을 단일 사회보험기금에 납부하고 급여를 이 기금에서 제공받는 것과 관련된 원칙이다.

넷째, 사회보험은 급여 적절성의 원칙을 구현한다. 이 원칙은 급여가 양과 시간의 측면에서 적절해야 한다는 것을 의미한다. 양의 경우에, 정액 급여는 그 자체만으로도 모든 일상생활에 필요한 최저 생계소득을 제공해야 한다. 그리고 시간의 경우에, 욕구가 계속되는 동안에는 급여를 자산조사를 실시함이 없이 무한정 제공해야 한다.

다섯째, 사회보험은 포괄성의 원칙을 구현한다. 이 원칙은 급여를 받는 대상과 이들 욕구와 관련해 포괄적이어야 함을 말한다.

여섯째, 사회보험은 분류화의 원칙을 구현한다. 이 원칙은 사회보험이 통일되고 포괄적이기는 하나, 서로 다른 층의 생활방식도 고려해야 함을 의미한다. 예를 들어 계약직 근로자, 주부, 노동시장에 참여할 나이에 이르지 못한 사람 등의 생활방식을 고려해야 한다는 것이다.

4 우리나라 사회보험법의 체계도

우리나라의 경우, 사회보험과 관련된 법의 체계를 〈그림 9-1〉과 같이 제시할 수 있다.

〈그림 9-1〉 사회보험과 관련된 법의 체계도

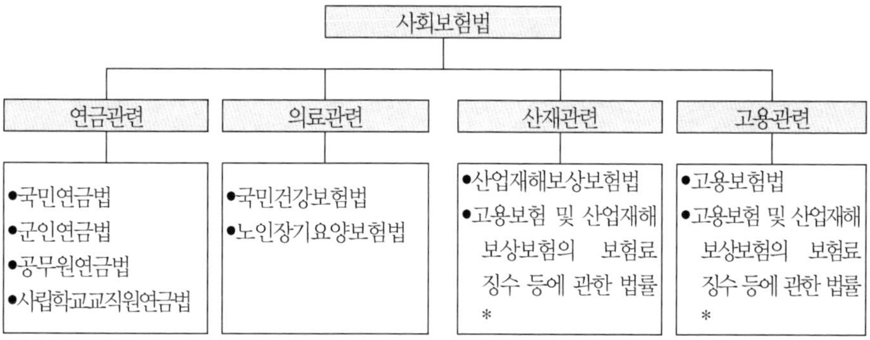

* 산재법, 고용보험법에서 소개하고 있음.

제 2 절 국민연금법

1) 의의와 성격

(1) 의의

> 국민연금의 의의
>
> 국민연금은 연금제도 도입 초기의 세대가 미래 세대보다 보험료 부담이 적도록 설계함으로써 세대간 재분배요소가 반영되어 있다.

이 법은 국민의 노령, 장애 또는 사망에 대하여 연금급여를 실시함으로써 국민의 생활 안정과 복지 증진에 이바지하는 것을 목적으로 한다(동법 제1조).

연금제도는 인구구조의 급속한 노령화와 핵가족 등 가족구조의 변화와 더불어 사적 부양체계의 약화에 의하여 노인의 사회적 부양체계로 강화 필요성에 따라 공적 연금제도가 사회적 부양기능이 그 필요성이 부각되어 오늘날까지 발전되어 왔다.

연금제도의 주요 목적은 소득보장으로 이해할 수 있는데, 소득보장이란 소득의 유지(income maintenance) 혹은 소득의 대체(income replacement)라는 의미이다. 이는 어떠한 원인으로 개인의 가득(稼得 earning)이 상실되거나 장·단기적으로 상실되는 경우, 공적인 장치로서 이것을 대체하거나 유지해 주어 개개인의 생활이 빈곤화하는 것을 방지하는 것이다.

특히 생산활동에서 퇴직한 노후의 소득단절은 노동자들에게 매우 중요한 의미를 부여하는데, 퇴직근로자의 노후소득보장체계는 3층보장이론으로 설명되고 있는데, 첫째 층은 국가에서 보장하는 것으로 공적 연금과 공적 부조가 중요한 수단이 되고 있다. 둘째 층은 직장에서 보장하는 것으로 기업연금, 퇴직금, 단체보험, 공제조합 등이 있다. 셋째 층은 생활에 대한 자기책임의 원칙에 입각한 개인보장으로 저축과 개인보험 등이 여기에 해당된다.

자본주의 사회에서 모든 사람들의 생활은 개인의 사유로 된 소득에 의해서 영위되고 있다. 구체적으로는 개인의 소득(화폐)을 시장에서 여러 가지 물건이나 서비스와 자유로이 교환하고 이것을 소비하는 것이다. 이와 같은 생활양식이 일반적으로 확립된 것은 봉건제 사회의 해체와 함께 임금노동자 계급의 형성에 의해서이다. 이것은 자본주의적 "자조의 원칙"이라는 것인데, 노동자는 자기의 노동력을 상품으로서 반복적으로

팔지 않으면 안 되는 것이다. 한편 이것에 의해 자본은 자기의 가치증식과정을 계속하는 것이 가능하게 된다. 환언하면 자본이 자본제 생산관계를 유지하는 불가분의 전제가 된다.

(2) 성격

노동자가 노동현장에서 근무하고 퇴직시에 수령하는 연금의 성격에 대하여 일반적으로 다섯 가지의 학설이 있다(박경일, 신섭중 외, 1997: 249-250 재인용).

첫째, 피고용자의 성실한 근무에 대하여 위로·감사하기 위하여 지급한다고 보는 공로보상설(은혜설)
둘째, 감원·퇴직 또는 업무상의 사망에 대하여 위로의 뜻으로 지급된다고 하는 위자료설
셋째, 임금의 일부가 지급되지 않고 적립되었다가 퇴직 후에 지급한다고 보는 임금 후불설(거치보수설)
넷째, 직원이 재직시에 받는 보수로서 퇴직 후의 생계에 대비한 저축을 하기가 불충분하므로 고용주는 직원의 퇴직 후 생활을 보장할 의무가 있다고 보는 생활보장설
다섯째, 비교적 최근에 제기된 학설로서 국가나 기업이 사회적 존재로서 사회적 책임을 수행하는 가운데 중요한 하나가 인생의 귀중한 시기를 장기간에 걸쳐서 국가나 기업에 봉사한 근로자의 퇴직 후의 노후생활을 기능과 역할을 담당한다고 하는 사회보장설이 있다.

이러한 여러 가지 견해 가운데 공적연금은 임금후불설이 가장 지배적인 학설로 주장되고 있는데, 연금제도의 본질론은 위의 학설 가운데서도 사회보장설이 유력한 근거를 제시하고 있다고 볼 수 있다.

가. 사회보험

국민연금법은 ① 기여와 급여가 확일적으로 법정화 되어 있고, ② 노령·폐질·사망 등과 같은 사회적 위험에 대비한 사회책임성·급여의 적절성이 강조되고 있으며, ③ 기여와 급여의 과정에서 소득재분배의 효과가 발생하고, ④ 가입은 원칙적으로 강제되는 등의 특성이 있는 사회보험적 성격을 가지고 있다. 이와 같은 점에서 사보험인 사적 연금이나 기업연금과 구별된다. 그리고 노령퇴직 또는 중도퇴직시에 근로자의 생활보장에 기여하는 퇴직금제도와도 구별된다.

나. 장기보험

사회보험 중에는 의료보험과 산업재해보상보험과 같이 단기보험에 속하는 것도 있으나, 국민연금보험은 완전연금의 가입기간을 최소한 20년으로 하는 등 장기보험에 속한다.

다. 다른 사회보험과의 구별

국민연금은 노령·퇴직·폐질·사망 등의 사유가 발생했을 때, 이들에게 연금급여를 실시함으로써 장기소득보장을 도모하여 생활안정과 복지증진을 이룩하려는 것이 목적인데 비하여 의료보험은 주로 국민의 의료적 사고(질병, 부상, 출산, 사망 등)로 인하여 소득의 중단이 일어날 경우에 대비하여 보험급여를 실시함으로써 소득보장을 도모하려는 목적에서는 비슷한 목적이나 사회적 사고의 대상·급여방법(현물급여원칙)·급여기간이 단기라는 점에서 국민연금과 구별되며, 산업재해보상보험과는 보험가입자·수급권자·급여의 원인(근로자의 업무상 재해)·단기급여라는 점에서 구별된다. 고용보험과는 근로자의 실업으로 인한 실업급여의 경우 1인 이상 상시 근로자를 고용하고 있는 사업장에 6개월 이상 피보험기간이 있는 실업자에게 보험급여를 지급함으로써 그 대상, 보험기간 등에 차이가 있고, 또한 단기보험이라는 점에서도 구별된다(김근조, 1999: 234-235).

2) 입법과정

가. 입법배경

제3차 경제개발 5개년계획에 의하여 중화학공업의 개발을 위한 내자동원의 한 수단으로서 1973년 12월 24일 국민복지연금법이 제정되어 두 차례의 개정을 거쳤으나 전체인구에서 차지하는 65세 이상 노인인구의 비율 3.1%, 농림어업종사자 50.5%, 1인당 국민소득 187.3 달러 등 열악한 사회환경적 요인과 오일쇼크 등의 국내외적인 여건으로 시행이 보류되었다.

나. 연혁

그 후에 1980년대 접어들면서 사회경제적 여건의 변화와 사회통합의 요구, 즉 ① 노령인구의 증가와 노후부양의식의 약화, ② 사회적 위험의 증대, ③ 노후생계보장을 위한 현행제도의 미비, ④ 시설여건의 성숙, ⑤ 연금재정의 안정성 확보와 사회적 통합(민재성 외, 1986: 15-19), ⑥ 1986년의 서울 아시안 게임과 1988년의 서울 올림픽 등을 계기로 하여 1986년 12월 국민연금법이 보건사회부의 안이 확정되어 제정되고, 1998년 1월 1일부터 시행됨으로써 전체 국민을 대상으로 한 공적 연금에 의한 소득보장체계가 확립되었다.

국민연금법의 주요 연혁

- 1967. 대통령의 지시에 따라 사회보장심의회에서 노령연금법 초안작성
- 1973. 1 대통령 연두순시 때 경제기획원·보건사회부가 연금보험사업 보고, 연금보험법안 기초작업 착수
- 1973. 12. 국민복지연금법 제정(1974년 1월 1일 실시예정)
- 1974. 1. 국민생활안정에 관한 대통령 긴급조치 제3호의 의거 1년간 실시보류
- 1974. 12. 국민복지연금법 1차 개정에서 재차 1년간 실시보류
- 1975. 12. 국민복지연금법 2차 개정에서 실시 무기연기
- 1984. 9. 국민연금실시 준비위원회 구성(대통령령 제11496호)
- 1986. 8. 대통령 하계기자회견, 1988년부터 국민연금제도 실시 천명
- 1986. 9. 입법예고, 1998. 1. 1. 시행예정 공포
- 1986. 12. [제1차 전부개정] 국회 본회의 통과
- 1988. 1. 국민연금제도 실시(상시근로자 10인 이상 사업장)
- 1991. 8. 당연적용대상 사업장 확대(상시근로자 5인 이상 사업장)
- 1995. 7. 농어민 및 농어촌지역주민 국민연금적용 확대
- 1999. 4. 전국민연금실시(도시지역주민 국민연금적용 확대)
- 2000. 1. 국내거주 18세 이상 60세 미만의 자는 국민연금 가입대상
- 2000. 12. 연금기금운용방식의 개선
- 2007. 5. 외국인근로자의 반환일시금 지급
- 2007. 7. [제2차 전부개정] 군복무의 가입기간 인정, 둘째 자녀 이상 가입기간 추가, 세대간 형평성을 위한 급여수준 조정, 유족연금수급의 남녀차별적인 요소를 개선, 법 문장의 한글, 쉬운 용어, 문장을 간결하게 함.

- 2009. 1. 국민연금 재정의 안정화 달성
- 2010. 1. 정부조직법 개정으로 보건복지가족부를 보건복지부로 하고, 여성부를 여성가족부로 하여 업무조정
- 2010. 6. 노동부를 고용노동부로 변경 등 정부조직법 변경

3) 내용

국민연금제도는 각 국가의 사회환경적 배경과 경제력 등을 바탕으로 각기 상이한 구조 및 내용으로 전개된다. 우리나라의 국민연금제도는 도입 당시 연금 수급조건, 급여구조, 급여산정체계, 재정 방식 등의 차원에서 개혁 이전의 일본 후생연금제도의 영향을 받아 설계되었다고 할 수 있을 정도로 유사한 점이 매우 많다. 하지만 농어촌 및 도시지역 자영업자에 대한 확대 과정에서 이들에 대해 일본과 같이 정액연금제도를 적용하지 않고, 근로자와 동일하게 소득비례 연금제도에 통합·적용함으로써 우리나라 고유의 제도로 전개되었다.

(1) 가입대상

가. 가입대상

국내에 거주하는 국민으로서 18세 이상 60세 미만인 자는 국민연금 가입 대상이 된다. 다만, 공무원연금법, 군인연금법 및 사립학교교직원 연금법을 적용받는 공무원, 군인 및 사립학교 교직원, 그 밖에 대통령령으로 정하는 자는 제외한다(동법 제6조).

가) 사업장가입자

사업의 종류, 근로자의 수 등을 고려하여 대통령령으로 정하는 사업장(이하 "당연적용사업장"이라 한다)의 18세 이상 60세 미만인 근로자와 사용자는 당연히 사업장가입자가 된다(동법 제8조 1항). 당연적용사업장은 1명 이상의 근로자를 사용하는 사업장, 주한 외국기관으로서 1명 이상의 대한민국 국민인 근로자를 사용하는 사업장, 사업장 상호 간에 본점과 지점·대리점·출장소 등의 관계에 있고 그 사업 경영이 일체로 되어 있는 경우에는 이를 하나의 사업장으로 보아 당연사업장으로 포함한다(동법 시행령 제19조). 다만 각 직역연금법 및 국민기초생활 보장법에 따른 수급자(受給者)는 제외한다.

다만, 국민연금에 가입된 사업장에 종사하는 18세 미만 근로자는 자기가 원하면 사용자의 동의를 받아 사업장가입자가 될 수 있다(동법 제8조 2항).

나) 지역가입자

사업장가입자가 아닌 자로서 18세 이상 60세 미만인 자는 당연히 지역가입자가 된다. 다만, 다음 각 호의 어느 하나에 해당하는 자는 제외한다(동법 제9조).

① 국민연금 가입 대상에서 제외되는 자, 사업장가입자, 지역가입자 및 임의계속가입자, 별정우체국 직원, 노령연금 수급권자 및 퇴직연금등수급권자의 배우자로서 별도의 소득이 없는 자
② 퇴직연금등수급권자. 다만, 퇴직연금등수급권자가 「국민연금과 직역연금의 연계에 관한 법률」 제8조에 따라 연계 신청을 한 경우에는 그러하지 아니하다.
③ 18세 이상 27세 미만인 자로서 학생이거나 군 복무 등의 이유로 소득이 없는 자(연금보험료를 납부한 사실이 있는 자는 제외한다)
④ 국민기초생활보장법에 따른 수급자
⑤ 1년 이상 행방불명된 자. 이 경우 행방불명된 자에 대한 인정 기준 및 방법은 대통령령으로 정한다.

다) 임의가입자

사업장가입자 및 지역가입자에 해당하는 자 외의 자로서 18세 이상 60세 미만인 자는 보건복지부령으로 정하는 바에 따라 국민연금공단에 가입을 신청하면 임의가입자가 될 수 있다. 임의가입자는 보건복지부령으로 정하는 바에 따라 국민연금공단에 신청하여 탈퇴할 수 있다(동법 제10조).

라) 임의계속가입자

국민연금 가입기간이 20년 미만인 가입자로서 60세가 된 자, 대통령령으로 정하는 직종에 종사하거나 종사하였던 근로자(이하 "특수직종근로자"라 한다)로서 특례노령연금 수급권을 취득한 자는 국민연금공단에 가입을 신청하면 임의계속가입자가 될 수 있다. 이 경우 가입 신청이 수리된 날에 그 자격을 취득한다. 임의계속가입자는 보건복지부령으로 정하는 바에 따라 국민연금공단에 신청하면 탈퇴할 수 있다. 임의계속가입자는 사망한 때, 국적을 상실하거나 국외로 이주한 때, 제2항에 따른 탈퇴 신청이 수리

된 때, 대통령령으로 정하는 기간 이상 계속하여 연금보험료를 체납한 때는 해당하게 된 날의 다음 날에 그 자격을 상실한다(동법 제13조).

나. 자격의 취득과 상실

가) 취득시기(동법 제11조)

사업장가입자는 사업장에 고용된 때 또는 그 사업장의 사용자가 된 때, 당연적용사업장으로 된 때 해당하게 된 날에 그 자격을 취득한다.

지역가입자는 사업장가입자의 자격을 상실한 때, 국민연금 가입 대상 제외자에 해당하지 아니하게 된 때, 배우자가 별도의 소득이 있게 된 때, 18세 이상 27세 미만인 자가 소득이 있게 된 때 해당하게 된 날에 그 자격을 취득한다.

임의가입자는 가입 신청이 수리된 날에 자격을 취득한다.

나) 상실시기(동법 제12조)

가입자의 종류	상실시기
사업장가입자	① 사망한 때 ② 국적을 상실하거나 국외로 이주한 때 ③ 사용관계가 끝난 때 ④ 60세가 된 때 ⑤ 국민연금 가입 대상 제외자에 해당하게 된 때
지역가입자	① 사망한 때 ② 국적을 상실하거나 국외로 이주한 때 ③ 국민연금 가입 대상 제외자에 해당하게 된 때 ④ 사업장가입자의 자격을 취득한 때 ⑤ 배우자로서 별도의 소득이 없게 된 때 ⑥ 60세가 된

임의가입자	① 사망한 때 ② 국적을 상실하거나 국외로 이주한 때 ③ 탈퇴 신청이 수리된 때 ④ 60세가 된 때 ⑤ 3개월 이상 계속하여 연금보험료를 체납한 때 ⑥ 사업장가입자 또는 지역가입자의 자격을 취득한 때 ⑦ 국민연금 가입 대상 제외자에 해당하게 된 때
임의계속가입자	① 사망한 때 ② 국적을 상실하거나 국외로 이주한 때 ③ 탈퇴 신청이 수리된 때 ④ 3개월 이상 계속하여 연금보험료를 체납한 때

(2) 급여

급여(benefit)란 개인적 또는 사회적 욕구에 대하여 금액으로 지출되는 급여비를 말한다. 보험급여에는 보험사고의 종류에 따라 현물급여, 현금급여, 서비스 등의 형태로 구분되고, 현금급여는 다시 정액급여(출생수당, 장의비 등)와 계속급여로 나누어지며, 계속급여는 단기급여(실업급여, 상병급여 등)와 장기급여(폐질급여, 연금급여, 유족급여 등)로 나눌 수 있다. 연금의 급여는 주로 현금급여를 원칙으로 하고 있다.

가. 급여의 종류

우리나라 국민연금의 종류는 크게 노령연금, 장애연금, 유족연금, 반환일시금(동법 제49조)의 4종류로 나눌 수 있다.

나. 급여의 기준과 수급권

일반적으로 연금급여의 산정방식에는 균일급여방식과 소득비례급여방식, 이 두 가지를 절충한 혼합형 급여방식이 있다.

균일급여방식은 평등주의 이념을 가지고 있는 영국이나 북구에서 채택하고 있는 형태로서 연금의 급여는 모든 대상자에게 차이가 없는 기본적 욕구로서 최저생계비만 보장하고 그 이상의 욕구충족은 본인이 책임져야 한다는 기본전제 하에서 이루어졌다.

소득비례급여방식은 능력주의 이념을 가지고 있는 대륙형 보장방법으로 가입자의 갹출금액에 따라 급여하는 방식이다.

혼합형 급여방식은 최저생계비의 보장은 균일급여방식을 취하고 최저생계비 이상의 급여에 대해서는 소득비례급여방식을 취하는 형태이다. 이 방식은 균일급여방식에서 사회적 연대에 의한 위험분산과 소득재분배효과를 기할 수 있고, 개인의 능력에 갹출금에 의해서 보상을 한다는 자본주의의 기본원칙과 일치한다는 점에서 오늘날 많은 선진각국에서 채택하고 있다.

> 소득월액
>
> 평균소득월액은 매년의 사업장가입자 및 지역가입자 전원의 기준소득월액의 평균치를 말한다. 기준소득월액은 연금보험료와 급여를 산정하기 우하여 가입자의 소득월액을 기준으로 대통령령으로 정한 금액을 말한다.

우리나라의 국민연금법에서 기본연금액은 수급권자의 기본연금액은 다음 각 호의 금액을 합한 금액에 1천분의 1천 200을 곱한 금액으로 한다. 다만, 가입기간이 20년을 초과하면 그 초과하는 1년(1년 미만이면 매 1개월을 12분의 1년으로 계산한다)마다 본문에 따라 계산한 금액에 1천분의 50을 곱한 금액을 더한다. 다음 각 목에 따라 산정한 금액을 합산하여 3으로 나눈 금액, 연금 수급 3년 전 연도의 평균소득월액을 연금 수급 3년 전 연도와 대비한 연금 수급 전년도의 전국소비자물가변동률에 따라 환산한 금액, 연금 수급 2년 전 연도의 평균소득월액을 연금 수급 2년 전 연도와 대비한 연금 수급 전년도의 전국소비자물가변동률에 따라 환산한 금액, 연금 수급 전년도의 평균소득월액이다.

가입자 개인의 가입기간 중 매년 기준소득월액을 대통령령으로 정하는 바에 따라 보건복지부장관이 고시하는 연도별 재평가율에 의하여 연금 수급 전년도의 현재가치로 환산한 후 이를 합산한 금액을 총 가입기간으로 나눈 금액. 다만, 다음 각 목에 따라 산정하여야 하는 금액은 그 금액으로 한다. 가입기간의 기준소득월액은 제1호에 따라 산정한 금액의 2분의 1에 해당하는 금액, 추가로 산입되는 가입기간의 기준소득월액은 연금 수급 2년 전 연도와 대비한 전년도의 전국소비자물가변동률을 기준으로 매년 3월 말까지 그 변동률에 해당하는 금액을 더하거나 빼되, 미리 국민연금심의위원회의 심의를 거쳐야 한다. 조정된 금액을 수급권자에게 적용할 때 그 적용 기간은 해당 조정연도 4월부터 다음 연도 3월까지로 한다(동법 제51조).

부양가족연금액은 수급권자가 그 권리를 취득할 당시 그(유족연금의 경우에는 가입자 또는 가입자였던 자를 말한다)에 의하여 생계를 유지하고 있거나 노령연금 또는 장애연금의 수급권자가 그 권리를 취득한 후 그 자에 의하여 생계를 유지하고 있는 다음 각 호의 자에 대하여 해당 호에 규정된 각각의 금액으로 한다. 이 경우 생계유지에 관한 대상자별 인정기준은 대통령령으로 정한다. 배우자는 연 15만원, 18세 미만이거나 장애등급 2급 이상인 자녀(배우자가 혼인 전에 얻은 자녀를 포함한다.)는 연 10만원, 60세 이상이거나 장애등급 2급 이상인 부모(배우자의 부모를 포함)는 연 10만원이다(동법 제52조).

연금은 지급하여야 할 사유가 생긴 날이 속하는 달의 다음 달부터 수급권이 소멸한 날이 속하는 달까지 지급한다. 연금은 매월 말일에 그 달의 금액을 지급하되, 지급일이 토요일이나 공휴일이면 그 전날에 지급한다. 다만, 수급권이 소멸하거나 연금 지급이 정지된 경우에는 그 지급일 전에 지급할 수 있다. 연금은 지급을 정지하여야 할 사유가 생기면 그 사유가 생긴 날이 속하는 달의 다음 달부터 그 사유가 소멸한 날이 속하는 달까지는 지급하지 아니한다(동법 제54조).

다. 노령연금의 수급권자

가입기간이 20년 이상인 가입자 또는 가입자였던 자에 대하여는 60세(특수직종근로자는 55세)가 된 때부터 그가 생존하는 동안 노령연금을 지급한다. 가입기간이 10년 이상 20년 미만인 가입자 또는 가입자였던 자에 대하여는 60세(특수직종근로자는 55세)가 된 때부터 그가 생존하는 동안 제1항에 따른 노령연금액에서 일정한 금액을 뺀 연금(이하 "감액노령연금"이라 한다)을 지급한다. 가입기간이 10년 이상인 자가 소득이 있는 업무에 종사하고 있으면 60세 이상 65세 미만(특수직종근로자는 55세 이상 60세 미만)인 기간에는 일정한 금액의 연금(이하 "재직자노령연금"이라 한다)을 지급한다. 가입기간이 10년 이상인 가입자 또는 가입자였던 자로서 55세 이상인 자가 소득이 있는 업무에 종사하지 아니하는 경우 본인이 희망하면 제1항에도 불구하고 60세가 되기 전이라도 그가 생존하는 동안 일정한 금액의 연금(이하 "조기노령연금"이라 한다)을 받을 수 있다. 제3항과 제4항에 따른 소득이 있는 업무의 범위는 대통령령으로 정한다(동법 제61조).

라. 분할연금수급권자

> **배우자 연금권**
> 배우자의 연금권을 보장하기 위한 분할연금은 혼인기간 5년 이상인 자가 노령연금수급권자인 배우자와 이혼할 때 지급받을 수 있다.

혼인 기간(배우자의 가입기간 중의 혼인 기간만 해당한다. 이하 같다)이 5년 이상인 자가 다음 각 호의 어느 하나에 해당하게 되면 그때부터 그가 생존하는 동안 배우자였던 자의 노령연금을 분할한 일정한 금액의 연금(이하 "분할연금"이라 한다)을 받을 수 있다. 노령연금 수급권자인 배우자와 이혼한 후 60세가 된 때, 60세가 된 이후에 노령연금 수급권자인 배우자와 이혼한 때, 60세가 된 이후에 배우자였던 자가 노령연금 수급권을 취득한 때, 배우자였던 자가 노령연금 수급권을 취득한 후 본인이 60세가 된 때이다(동법 제64조).

마. 장애연금

장애연금의 수급권자는 ① 가입 중에 생긴 질병(당해 질병의 초진일이 가입 중에 있는 경우로서 가입자가 가입 당시 발병 사실을 알지 못한 경우를 포함한다.)이나 부상으로 완치된 후에도 신체상 또는 정신상의 장애가 있는 자에 대하여는 그 장애가 계속되는 동안 장애 정도에 따라 장애연금을 지급한다. ② 질병이나 부상을 입은 자가 초진일(初診日)부터 1년 6개월이 지나도 완치되지 아니하면 그 1년 6개월이 지난 날을 기준으로 장애 정도를 결정한다. 다만, 그 1년 6개월이 지난 날에 장애연금의 지급 대상이 되지 아니한 자가 그 질병이나 부상이 악화되어 60세가 되기 전에 장애연금 지급 대상이 되는 경우에는 본인의 청구에 따라 그 청구한 날을 기준으로 장애 정도를 결정한다. ③ 장애연금의 수급권이 소멸된 자가 장애연금 수급권을 취득할 당시의 질병이나 부상이 악화되어 60세가 되기 전에 다시 장애연금의 지급 대상이 되는 경우에는 본인의 청구에 따라 그 청구한 날을 기준으로 장애 정도를 결정한다. ④ 장애연금의 지급 대상이 되는 자가 반환일시금을 지급받았으면 장애연금을 지급하지 아니한다. ⑤ 장애 정도에 관한 장애등급은 1급, 2급, 3급 및 4급으로 구분하되, 등급 구분의 기준과 장애 정도의 심사에 관한 사항은 대통령령으로 정한다(동법 제67조).

바. 유족연금

> **국민연금의 우선순위**
>
> 국민연금 미지급 급여의 지급 우선순위는 배우자–자녀–부모–손자녀–조부모 순이다.

유족연금의 수급권자는 ① 노령연금 수급권자, 가입기간이 10년 이상인 가입자였던 자, 가입자, 장애등급이 2급 이상인 장애연금 수급권자 자가 사망하면 그 유족에게 유족연금을 지급한다. 다만, 가입기간이 1년 미만인 가입자가 질병이나 부상으로 사망하면 가입 중에 생긴 질병이나 부상으로 사망한 경우에만 유족연금을 지급한다. ② 가입기간이 10년 미만인 가입자였던 자가 가입 중에 생긴 질병이나 부상 또는 그 부상으로 생긴 질병으로 가입 중의 초진일 또는 가입자 자격을 상실한 후 1년 이내의 초진일부터 2년 이내에 사망하면 그 유족에게 유족연금을 지급할 수 있다. 다만, 제77조에 따라 본인이나 유족이 반환일시금을 지급받은 경우에는 유족연금을 지급하지 아니한다(동법 제72조).

유족의 범위는 배우자, 자녀(18세 미만이거나 장애등급 2급 이상인 자만 해당), 부모(배우자의 부모를 포함, 60세 이상이거나 장애등급 2급 이상인 자만 해당), 손자녀(18세 미만이거나 장애등급 2급 이상인 자만 해당), 조부모(배우자의 조부모를 포함, 60세 이상이거나 장애등급 2급 이상인 자만 해당)로서 유족연금을 지급받을 수 있는 유족은 가입자 또는 가입자였던 자가 사망할 당시 그에 의하여 생계를 유지하고 있던 자로 한다. 이 경우 가입자 또는 가입자였던 자에 의하여 생계를 유지하고 있던 자에 관한 인정 기준은 대통령령으로 정한다(동법 제73조).

사. 반환일시금

반환일시금은 ① 가입자 또는 가입자였던 자가 가입기간이 10년 미만인 자가 60세가 된 때, 가입자 또는 가입자였던 자가 사망한 때(다만, 가입자 또는 가입기간이 10년 이상인 가입자였던 자가 사망한 때에는 유족연금이 지급되지 아니하는 경우만 해당), 국적을 상실하거나 국외로 이주한 때 본인이나 그 유족의 청구에 의하여 반환일시금을 지급받을 수 있다. ② 반환일시금의 액수는 가입자 또는 가입자였던 자가 납부한 연금보험료(사업장가입자 또는 사업장가입자였던 자의 경우에는 사용자의 부담금을 포함한다)에 대통령령으로 정하는 이자를 더한 금액으로 한다. ③ 반환일시금의 지급을 청구할 경우 유족의 범위와 청구의 우선순위 등에 관하여는 제73조를 준용한다(동법 제77조).

아. 사망일시금

사망일시금은 ① 가입자 또는 가입자였던 자가 사망한 때에 유족이 없으면 그 배우자·자녀·부모·손자녀·조부모 또는 형제자매에게 사망일시금을 지급한다. 다만, 가입자 또는 가입자였던 자가 사망한 때에 실종 등으로 인하여 행방을 알 수 없는 자에게는 사망일시금을 지급하지 아니하며, 배우자·자녀·부모·손자녀·조부모 또는 형제자매가 없는 경우에는 4촌 이내의 방계혈족(傍系血族)으로서 가입자 또는 가입자였던 자에 의하여 생계를 유지하고 있던 자에게 사망일시금을 지급한다. 이 경우 행방을 알 수 없는 자에 대한 인정 기준 및 방법, 가입자 또는 가입자였던 자에 의하여 생계를 유지하고 있던 자에 대한 인정 기준은 대통령령으로 정한다. ② 사망일시금은 가입자 또는 가입자였던 자의 반환일시금에 상당하는 금액으로 하되, 그 금액은 사망한 가입자 또는 가입자였던 자의 최종 기준소득월액을 연도별 재평가율에 따라 사망일시금 수급 전년도의 현재가치로 환산한 금액과 같은 호에 준하여 산정한 가입기간 중 기준소득월액의 평균액 중에서 많은 금액의 4배를 초과하지 못한다. ③ 사망일시금을 받을 자의 순위는 배우자·자녀·부모·손자녀·조부모·형제자매 및 4촌 이내의 방계혈족 순으로 한다. 이 경우 순위가 같은 사람이 2명 이상이면 똑같이 나누어 지급하되, 그 지급 방법은 대통령령으로 정한다(동법 제80조).

(3) 재원

가. 재원부담방식과 갹출방식

> **기여금과 부담금**
>
> 사업장가입자가 부담하는 보험료는 '기여금'이라 하고, 사업장가입자의 사용자가 부담하는 보험료는 '부담금'이라고 한다.

연금재원의 부담방식에는 그 구성과 비율에 따라 다르지만 피용자, 사용자, 국가 중 어느 하나가 부담하는 단일부과방식과 피용자, 사용자가 같이 부담하는 2자부담방식, 피용자, 사용자, 국가가 부담하는 3자부담방식이 있다.

연금재원의 갹출방식에는 균일갹출제와 소득비례갹출제로 양분할 수 있는데, 균일갹출제는 자산조사를 폐지하는 근거가 되며, 행정적 편의와 개인적인 공정의 원칙을 파괴하지 않는다는 장점이 있으나 대부분의 선진 국가에서는 정부의 재정부담을 덜기 위해 소득비례갹출제를 시행하고 있다. 우리나라의 국민연금제도에서도 소득비례갹출제를 시행하고 있다.

나. 부담주체와 연금보험료

국가는 매년 공단이 국민연금사업을 관리·운영하는 데에 필요한 비용의 전부 또는 일부를 부담한다(동법 제87조). ① 공단은 국민연금사업에 드는 비용에 충당하기 위하여 가입자와 사용자로부터 가입기간 동안 매월 연금보험료를 징수한다. ② 사업장가입자의 연금보험료 중 기여금은 사업장가입자 본인이, 부담금은 사용자가 각각 부담하되, 그 금액은 각각 기준소득월액의 1천분의 45에 해당하는 금액으로 한다. ③ 지역가입자, 임의가입자 및 임의계속가입자의 연금보험료는 지역가입자, 임의가입자 또는 임의계속가입자 본인이 부담하되, 그 금액은 기준소득월액의 1천분의 90으로 한다(동법 제88조).

우리나라 국민연금법의 재원부담방식은 사업장가입자가 3자부담방식, 지역·임의 및 계속가입자가 2자부담방식을 취하고 있지만 실질적으로 국가는 관리운영비만을 부담하고 있으므로 엄밀한 의미에서는 전자는 2자부담방식, 후자는 단일부담방식에 속한다고 할 수 있다.

> **연금보험의 재정방식**
>
> 연금보험에서 적용되는 재정방식은 크게 적립방식과 부과방식으로 분류된다. 적립방식이란 가입자가 기여한 보험료를 적립하여 가입자에게 급여사유가 발생했을 때 적립된 보험료를 재원으로 제공하는 방식이다. 부과방식은 가입자가 기여하는 보험료는 현재 연금수급자에게 지급되는 방식이다.

다. 재정운용방식

재정운용방식이란 갹출한 연금급여를 어떠한 방법으로 지출하며 조달할 것인가의 계획을 의미하는 것으로 재정운용방식에는 크게 적립방식(capitalization system), 부과방식(pay-as-you go system), 수정부과방식의 세 가지가 있다. 대개 연금의 초기단계에서는 적립방식을 택하고 연금재정의 수지추이를 살펴가면서 수정부과방식으로 전환하였다가 마지막에는 부과방식으로 변화한다. 따라서 연금제도를 일찍부터 시행한 나라들은 대부분이 부과방식으로 전환하였고, 아직 우리나라는 적립방식을 채택하고 있다고 볼 수 있다.

기금의 설치 및 조성에서 ① 보건복지부장관은 국민연금사업에 필요한 재원을 원활하게 확보하고, 이 법에 따른 급여에 충당하기 위한 책임준비금으로서 국민연금기금(이하 이 장에서 "기금"이라 한다)을 설치한다. ② 기금은 다음 각 호의 재원으로 조성한다. 연금보험료, 기금 운용 수익금, 적립금, 공단의 수입지출 결산상의 잉여금(동법 제101조).

기금의 관리 및 운용에서 ① 기금은 보건복지부장관이 관리·운용한다. ② 보건복지부장관은 국민연금 재정의 장기적인 안정을 유지하기 위하여 그 수익을 최대로 증대시킬 수 있도록 국민연금기금운용위원회에서 의결한 바에 따라 다음의 방법으로 기금을 관리·운용하되, 가입자, 가입자였던 자 및 수급권자의 복지증진을 위한 사업에 대한 투자는 국민연금 재정의 안정을 해치지 아니하는 범위에서 하여야 한다. ③ 이러한 사업 외의 사업으로 기금을 관리·운용하는 경우에는 자산 종류별 시장수익률을 넘는 수익을 낼 수 있도록 신의를 지켜 성실하게 하여야 한다. 다만, 기금을 「공공자금관리기금법」에 따른 공공자금관리기금(이하 "관리기금"이라 한다)에 예탁할 경우 그 수익률은 공공자금관리기금운용위원회가 5년 만기 국채 수익률 이상의 수준에서 대통령령으로 정하는 바에 따라 국민연금기금운용위원회와 협의하여 정한다. ④ 보건복지부장관은 기금의 운용 성과 및 재정 상태를 명확히 하기 위하여 대통령령으로 정하는 바에 따라 기금을 계리(計理)하여야 한다. ⑤ 보건복지부장관은 기금의 관리·운용에 관한 업무의 일부를 대통령령으로 정하는 바에 따라 공단에 위탁할 수 있다(동법 제102조).

라. 국민연금기금운용위원회

국민연금기금운용위원회는 ① 기금의 운용에 관한 기금운용지침에 관한 사항, 기금을 관리기금에 위탁할 경우 예탁 이자율의 협의에 관한 사항, 기금 운용 계획에 관한 사항, 기금의 운용 내용과 사용 내용에 관한 사항, 그 밖에 기금의 운용에 관하여 중요한 사항으로서 운용위원회 위원장이 회의에 부치는 사항을 심의·의결하기 위하여 보건복지부에 국민연금기금운용위원회(이하 "운용위원회"라 한다)를 둔다. ② 운용위원회는 위원장인 보건복지부장관, 당연직 위원인 기획재정부차관·농림수산식품부차관·지식경제부차관·고용노동부차관과 공단 이사장 및 위원장이 위촉하는 사용자를 대표하는 위원으로서 사용자 단체가 추천하는 자 3명, 근로자를 대표하는 위원으로서 노동조합을 대표하는 연합단체가 추천하는 자 3명, 지역가입자를 대표하는 위원으로서 다음의 자, 농어업인 단체가 추천하는 자 2명, 농어업인 단체 외의 자영자 관련 단체가 추천하는 자 2명, 소비자단체 및 시민단체가 추천하는 자 2명, 관계 전문가로서 국민연금에 관한 학식과 경험이 풍부한 자 2명이며, ③ 위원의 임기는 2년으로 하고, 1차만 연임할 수 있다. 다만, 위원장과 당연직 위원의 임기는 그 재임 기간으로 한다. ④ 위원장은 운용위원회의 회의를 소집하고 그 의장이 되며, 회의의 일시·장소·토의내용·의결사항이 기록된 회의록을 작성하여 갖추어 두고 이를 공개하여야 한다. ⑤ 운용위원회의 회의는 연 4회 이상 개최하여야 하며, 재적 위원 과반수의 출석으로 개회하고, 출석 위원 과반수의 찬성으로 의결한다. 이 경우 출석하지 아니한 위원은 의결권을 행사하지 아니한 것으로 본다. ⑥ 보건복지부장관은 운용위원회의 요구에 따라 회의에 필요한 자료를 사전에 제출하여야 한다. ⑦ 운용위원회의 구성 및 운영 등에 필요한 사항은 대통령령으로 정한다(동법 제103조). 국민연금기금운용위원회의 성격은 심의·의결기관으로서 수급권의 규범적 구조 중에 사회복지행정참여권의 성격을 명시하고 있다.

(4) 전달체계

가. 국민연금관리공단의 설립

세계적으로 공적연금의 관리운영 형태는 크게 정부조직기관, 정부감독하의 위탁기관, 민간조직인 금고 등으로 대별된다. 우리나라는 보건복지부장관의 위탁을 받아 제1조의 목적을 달성하기 위한 사업을 효율적으로 수행하기 위하여 국민연금공단(이하 "공단"이라 한다)을 설립한다(동법 제24조). 이로써 우리나라는 공적연금의 관리운영을 위탁관리운영 형태를 취하고 있으며, 공단은 법인으로서 법인격을 부여받고 있다.

나. 국민연금관리공단의 업무

공단은 가입자에 대한 기록의 관리 및 유지, 연금보험료의 징수, 급여의 결정 및 지급, 가입자 또는 가입자였던 자 및 수급권자를 위한 노후설계 상담, 소득활동 지원 및 자금의 대여와 복지시설의 설치·운영 등 복지증진사업, 가입자 및 가입자였던 자에 대한 기금증식을 위한 자금 대여사업, 이 법 또는 다른 법령에 따라 위탁받은 사항, 그 밖에 국민연금사업에 관하여 보건복지부장관이 위탁하는 사항(동법 제25조).

다. 국민연금관리공단의 임원

임원은 ① 공단에 임원으로 이사장 1명, 상임이사 3명 이내, 이사 7명, 감사 1명을 두되, 이사에는 사용자 대표, 근로자 대표, 지역가입자 대표 각 1명 이상과 당연직 이사로서 보건복지부에서 국민연금 업무를 담당하는 3급 국가공무원 또는 고위공무원단에 속하는 일반직 공무원 1명이 포함되어야 한다. ② 이사장은 보건복지부장관의 제청으로 대통령이 임면(任免)하고, 상임이사·이사(당연직 이사는 제외한다) 및 감사는 이사장의 제청으로 보건복지부장관이 임면한다. ③ 이사에게는 보수를 지급하지 아니한다. 다만, 실비(實費)는 지급할 수 있다(동법 제30조).

① 상임이사 중 제101조에 따른 국민연금기금(이하 "국민연금기금"이라 한다)의 관리·운용에 관한 업무를 담당하는 이사(이하 "기금이사"라 한다)는 경영·경제 및 기금 운용에 관한 지식과 경험이 풍부한 자 중에서 선임하여야 한다(동법 제31조).

라. 심사청구 및 재심사청구

① 가입자의 자격, 기준소득월액, 연금보험료, 그 밖의 이 법에 따른 징수금과 급여에 관한 공단의 처분에 이의가 있는 자는 공단에 심사청구를 할 수 있다. ② 심사청구는 그 처분이 있음을 안 날부터 90일 이내에 문서로 하여야 한다. 다만, 정당한 사유로 그 기간에 심사청구를 할 수 없었음을 증명하면 그 기간이 지난 후에도 심사청구를 할 수 있다(동법 제108조).

① 심사청구 사항을 심사하기 위하여 공단에 국민연금심사위원회(이하 "심사위원회"라 한다)를 둔다. ② 심사위원회의 구성·운영 및 심사 등에 필요한 사항은 대통령령으로 정한다(동법 제109조). 심사청구에 대한 결정에 불복하는 자는 그 결정통지를 받은 날부터 90일 이내에 국민연금재심사위원회에 재심사를 청구할 수 있다(동법 제110조).

① 재심사청구 사항을 심사하기 위하여 보건복지부에 국민연금재심사위원회(이하 "재심사위원회"라 한다)를 둔다. ② 재심사위원회의 구성·운영 및 재심사 등에 필요한 사항은 대통령령으로 정한다(동법 제111조).

法諺

Law is the dictate of reason.

법은 이성의 명령이다.

제 3 절 특수직역연금법

1) 공무원연금법

(1) 의의와 성격

가. 의의

공무원연금법은 공무원의 퇴직 또는 사망과 공무(公務)로 인한 부상·질병·장애에 대하여 적절한 급여를 지급함으로써, 공무원 및 그 유족의 생활안정과 복리 향상에 이바지함을 목적으로 하는 법이다(동법 제1조).

공무원연금법은 우리나라의 사회보험 및 공적 연금법의 효시이며, 공무원연금법을 출발점으로 하여 계속해서 다른 특수직역연금법의 제정을 촉진하는 계기가 되었다는 점에서 그 의의를 찾을 수 있다.

나. 성격

① 공무원연금법은 공무원이라는 특수직역에 종사하는 자를 적용대상으로 하고 있다는 점에서 일반 국민을 가입대상으로 하고 있는 국민연금법과 구별된다.
② 공무원연금법은 단기보험과 장기보험의 성격을 동시에 가지고 있는 데에 그 특성이 있다. 즉 공무상의 상병과 재해에 대하여는 단기보험을, 그리고 퇴직·사망·폐질에 대하여는 장기보험의 형식을 취하고 있다. 따라서 급여의 종류가 다양하며 그 내용도 퇴직연금과 산재보험을 아울러 포함한다.
③ 공무원연금법은 목적상으로 볼 때 사회보장적 목적과 인사관리상의 목적을 갖는다. 즉 전자는 공무원 및 그 유족의 생활안정과 복리향상에 기여함이며, 후자는 공무원의 사기를 높이고 근무의욕을 향상시킬 수 있으며 유능한 젊은 인재를 등용할 수 있다.
④ 급여수혜자와 국가가 재원을 공동 부담하는 2자 부담방식으로 운영하는 수정적립방식의 소득보장제도이다.
⑤ 대상의 제한성(공무원) 및 기금관리의 주체면에서 특수직역연금 제도이다.
⑥ 일반재해와 산재보험성격까지 포함하는 광범위한 소득보장제도이다.

(2) 입법과정

우리나라의 공무원연금은 1949년에 국가공무원법이 제정 공포됨으로써 공무원연금이 제도화되었으나 당시 정부의 재정사정 및 기타의 여건으로 말미암아 실시되지 못하였다. 그 후 1959년에 연금법안의 기초에 착수하였고, 1960년 1월에 공무원연금법 및 공무원연금 특별회계법(1982년 12월 29일 폐지)이 제정·공포되었다.

1963년에 군인연금이 분리되고 1980년에 연금법의 적용대상과 범위를 확대하여 잡급직원 및 전문직원·임시직원 일부가 포함되었다. 1982년 2월 1일 공무원연금관리공단을 설립하여 공무원에 대한 후생복지사업과 기금증진사업을 담당하였으며, 1983년에는 사립학교교원 재직기간에 대한 합산을 실시하였다.

1986년 1월 1일에는 급여산정의 기초가 되는 보수월액에 정근수당까지 포함하여 급여수준을 향상시켰다. 1988년 1월 1일에는 유족연금지급률을 종전의 50%에서 퇴직 또는 장해연금액의 70% 상당액을 지불하도록 조정하였고 재직기간 합산 제외(취소)신청을 할 수 있게 하였다. 2009년 12월 31일에는 공무원연금의 재정불안을 해소하기 위한 기여금을 늘리고 급여를 줄이는 개혁을 시도하였고, 법 문장을 쉬운 우리 글로 고쳤다.

공무원연금법의 연혁

- 1949. 국가공무원법 제27조(공무원의 퇴직금과 재해보상에 관한 독립된 법률을 정하여 적절한 급여를 실시할 것)
- 1960. 1. 1 공무원연금법 제정
- 1967. 1. 1 공무원 및 군인경력에 대한 재직기간 합산제도 실시, 퇴직 연금액 인상
- 1981. 2. 1 공무원연금관리공단 설립
- 1982. 3.18 선거에 의해 취임하는 공무원과 정부투자기관 등의 임원에 대한 연금을 종전의 전액 지급 정지에서 1/2 지급 정지
- 1991.10. 1 퇴직수당제 신설, 퇴직급여 가산급, 유족급여 가산금 폐지
- 1994. 1. 1 직무수당의 봉급월액화
- 2000.12.30 연금재정의 안정도모, 정부와 공무원의 비용부담률을 상향조정

- 2002. 1.19　　모성(母性)보호를 강화하기 위하여 자녀양육 등을 위한 휴직제도 개선 등
- 2005. 5.31　　연금지급정지율의 위헌결정으로 개선, 징계/해임된 공무원에 대한 퇴직급여 감액 등
- 2008.3.21　　재직기간의 합산신청
- 2009.12.31　　공무원연금의 재정불안을 해소, 위험직무순직공무원의 보상범위 확대 및 순직유족보상금의 인상, 법 문장의 한글, 쉬운 용어, 문장을 간결하게 함.
- 2010.6.4　　노동부를 고용노동부로 변경 등 정부조직법 변경

(3) 내용

가. 적용범위

가) 가입대상

공무원연금법은 공무원을 대상으로 하는 법으로 동법에서 정하고 있는 공무원이라 함은 국가공무원법 및 지방공무원법에 의한 공무원과 대통령령이 정하는 국가 또는 지방자치단체의 기타의 직원을 말한다. 다만, 군인과 선거에 의하여 취임하는 공무원은 제외한다(동법 제3조1항). 국가 또는 지방자치단체의 기타 직원은 다음에 해당하는 자로 한다.

① 청원경찰법에 의하여 국가 또는 지방자치단체에 근무하는 청원경찰
② 청원산림보호직원배치에관한법률에 의하여 국가 또는 지방자치단체에 근무하는 청원산림보호직원
③ 국가 또는 지방자치단체의 위원회 등의 상임위원과 전임직원으로서 매월 정액의 보수 또는 이에 준하는 급여를 받는 자. 다만, 한시적인 자문위원회와 법령에 의하지 아니하는 위원회 등의 상임위원과 전임직원은 제외한다.
④ 기타 국가 또는 지방자치단체의 정규공무원외의 직원으로서 수행업무의 계속성과 매월 정액의 보수지급 여부 등을 참작하여 행정자치부장관이 인정하는 자(동법 시행령 제2조)

나) 재직기간

제23조(재직기간의 계산)

① 공무원의 재직기간은 공무원으로 임명된 날이 속하는 달부터 퇴직한 날의 전날 또는 사망한 날이 속하는 달까지의 연월수(年月數)로 계산한다.

② 퇴직한 공무원·군인 또는 사립학교교직원(이 법, 「군인연금법」 또는 「사립학교교직원 연금법」을 적용받지 아니하였던 자는 제외한다)이 공무원으로 임용된 경우에는 본인이 원하는 바에 따라 종전의 해당 연금법에 따른 재직기간 또는 복무기간을 제1항의 재직기간에 합산할 수 있다.

③ 공무원으로 임용되기 전의 「병역법」에 따른 현역병 또는 지원하지 아니하고 임용된 부사관의 복무기간(방위소집·상근예비역소집 또는 보충역소집에 의하여 복무한 기간 중 대통령령으로 정하는 복무기간을 포함한다)은 본인이 원하는 바에 따라 제1항의 재직기간에 산입(算入)할 수 있다.

④ 제2항과 제3항에 따른 재직기간 또는 복무기간과 법률 제3586호 공무원연금법 개정법률 부칙 제7조제2항에 따른 재직기간은 제42조제4호에 따른 퇴직수당을 지급할 때에 제1항의 재직기간에 합산하거나 산입하지 아니한다.

⑤ 제42조제4호에 따른 퇴직수당 지급 시 재직기간을 계산할 때에는 다음 각 호의 사유로 인한 휴직을 제외한 휴직기간, 직위해제기간, 정직기간 및 강등에 따라 직무에 종사하지 못하는 기간은 그 기간의 2분의 1을 각각 뺀다. 공무상 질병·부상으로 인한 휴직, 「병역법」에 따른 병역복무를 마치기 위한 휴직, 국제기구, 외국기관, 국내외의 대학·연구기관, 다른 국가기관 또는 민간기업, 그 밖의 기관에 임시 채용되어 하게 된 휴직, 「국가공무원법」 제71조제1항제6호, 「지방공무원법」 제63조제1항제6호 또는 「교육공무원법」 제44조제1항제11호에 따른 휴직, 자녀의 양육 또는 여자공무원의 임신이나 출산으로 인한 휴직, 그 밖의 법률에 따른 의무를 수행하기 위한 휴직.

⑥ 「국가공무원법」 제26조의2 또는 「지방공무원법」 제25조의3에 따라 통상적인 근무시간보다 짧게 근무하는 공무원에게 제42조제4호에 따른 퇴직수당을 지급할 때의 재직기간은 대통령령으로 정하는 바에 따라 근무하는 기간에 비례하여 계산한다(동법 제 23조).

나. 급여

가) 급여의 종류

공무원의 공무로 인한 질병·부상과 재해에 대하여는 제34조에 따른 단기급여를 지급하고, 공무원의 퇴직·장애 및 사망에 대하여는 제42조에 따른 장기급여를 지급한다(동법 제25조). 단기급여는 공무상요양비, 공무상요양일시금, 재해부조금, 사망조위금(동법 제34조)이 있으며, 장기급여는 퇴직급여(퇴직연금, 퇴직연금일시금, 퇴직연금공제일시금, 퇴직일시금), 장해급여(장해연금, 장해보상금), 유족급여(유족연금, 유족연금부가금, 유족연금특별부가금, 유족연금일시금, 유족일시금, 유족보상금, 순직유족연금, 순직유족보상금), 퇴직수당이 있다(동법 제42조).

나) 급여의 기준

급여액 산정의 기초가 되는 "평균기준소득월액"이란 재직기간 중 매년 기준소득월액을 공무원보수인상률 등을 고려하여 대통령령으로 정하는 바에 따라 급여의 사유가 발생한 날(퇴직으로 급여의 사유가 발생하거나 퇴직 후에 급여의 사유가 발생한 경우에는 퇴직한 날의 전날을 말한다. 이하 같다)의 현재가치로 환산한 후 합한 금액을 재직기간으로 나눈 금액을 말한다. 다만, 제46조제1항 및 제2항에 따른 퇴직연금·조기퇴직연금 및 제56조제1항제1호에 따른 유족연금(공무원이었던 자가 퇴직연금 또는 조기퇴직연금을 받다가 사망하여 그 유족이 유족연금을 받게 되는 경우는 제외한다) 산정의 기초가 되는 평균기준소득월액은 급여의 사유가 발생한 당시의 평균기준소득월액을 공무원보수인상률 등을 고려하여 대통령령으로 정하는 바에 따라 연금 지급이 시작되는 시점의 현재가치로 환산한 금액을 말한다(동법 제3조 6항).

나. 재원

가) 국고부담(부담금)

① 장기급여 따른 급여 중 퇴직급여 및 유족급여에 드는 비용은 공무원과 국가 또는 지방자치단체가 부담한다. 이 경우 퇴직급여 및 유족급여에 드는 비용은 적어도 5년마다 다시 계산하여 재정적 균형이 유지되도록 하여야 한다.

② 단기급여에 따른 급여에 드는 비용과 장기급여에 따른 급여 중 공무에 따른 질병·부상·장애 또는 사망 및 순직유족급여에 드는 비용은 국가나 지방자치단체가 부담한다.

③ 장기급여에 따른 급여 중 퇴직수당의 지급에 드는 비용은 국가나 지방자치단체가 부담한다.
④ 공단의 운영에 드는 비용은 국가가 보조할 수 있다(동법 제65조).

국가나 지방자치단체가 제65조제1항에 따라 부담하는 부담금(이하 "연금부담금"이라 한다)의 금액은 매 회계연도 대통령령으로 정하는 보수예산의 1,000분의 70에 상당하는 금액으로 한다. 다만, 국가나 지방자치단체는 제42조에 따른 급여 중 퇴직급여 및 유족급여에 드는 비용을 기여금, 연금부담금으로 충당할 수 없는 경우에는 그 부족한 금액(이하 "보전금"이라 한다)을 대통령령으로 정하는 바에 따라 부담하여야 한다(동법 제69조 1항).

나) 공무원 부담(기여금)

① 기여금은 공무원으로 임명된 날이 속하는 달부터 퇴직한 날의 전날 또는 사망한 날이 속하는 달까지 월별로 내야 한다. 다만, 기여금 납부기간이 33년을 초과한 자는 기여금을 내지 아니한다.
② 제1항의 기여금은 기준소득월액의 1,000분의 70에 상당하는 금액으로 한다. 이 경우 기준소득월액은 공무원 전체의 기준소득월액 평균액의 100분의 180을 초과할 수 없다.
③ 제23조제3항에 따라 군복무기간이 공무원의 재직기간에 산입되는 자는 그 산입기간에 대하여 공단이 산입을 승인한 날이 속하는 달의 다음 달부터 해당 월분의 기여금과 같은 금액의 소급기여금을 내야 한다. 이 경우 해당 공무원이 그 소급기여금의 납부 도중 퇴직하거나 사망한 경우에는 퇴직 또는 사망 당시의 기준소득월액을 기준으로 잔여소급기여금을 계산하여 이를 해당 퇴직급여 또는 유족급여에서 공제한다(동법 제66조).

다) 공무원연금기금

① 이 법에 따른 급여에 충당하기 위한 책임준비금으로 공무원연금기금(이하 "기금"이라 한다)을 둔다.
② 기금은 회계연도마다 공단의 예산에 계상(計上)된 적립금 및 결산상 잉여금과 기금운용수익금으로 조성한다(동법 제73조).

기금은 공단이 관리·운용한다. 기금은 다음 각 호의 어느 하나에 해당하는 방법으로 운용한다. 기금증식과 공무원의 후생복지를 위한 재산취득, 금융기관에 예입, 재정자금에 예탁, 국가, 지방자치단체 또는 금융기관이 직접 발행하거나 채무이행을 보증하는 유가증권의 매입, 공무원 또는 공무원연금을 받을 권리가 있는 자에 대한 대부, 그 밖에 대통령령으로 정하는 기금증식사업 또는 공무원후생복지사업. 공단은 기금의 운용에 관한 중요사항에 대하여는 미리 행정안전부장관의 승인을 받아야 한다(동법 제74조). 공무원연금에 관한 다음 사항을 심의하기 위하여 행정안전부에 공무원연금운영위원회(이하 "운영위원회"라 한다)를 둔다(동법 제75조).

라. 전달체계

공무원연금법에 따른 공무원연금제도의 운영에 관한 사항은 행정안전부장관이 맡아서 주관한다(동법 제2조). 행정안전부장관의 위탁을 받아 제1조의 목적을 달성하기 위한 사업을 효율적으로 추진하기 위하여 공무원연금공단(이하 "공단"이라 한다)을 설립한다(동법 제4조). 공단은 다음의 사업을 한다(동법 제16조). 급여의 지급, 기여금, 부담금, 그 밖의 비용의 징수, 공무원연금기금을 불리기 위한 사업, 공무원 후생복지사업, 주택의 건설·공급·임대 또는 택지의 취득, 그 밖에 행정안전부장관이 위탁하는 사업

2) 사립학교교직원연금법

(1) 의의

가. 목적

사립학교교직원연금법은 사립학교 교원 및 사무직원의 퇴직·사망 및 직무로 인한 질병·부상·장애에 대하여 적절한 급여제도를 확립함으로써 교직원 및 그 유족의 경제적 생활안정과 복리향상에 이바지함을 목적으로 한다(동법 제1조).

나. 특징

① 연금제도 등의 공무원연금법 준용

공무원연금법의 급여제도 등을 준용하고 있으므로 국·공립, 사립학교 간에 처우의 형평을 유지하고 있다.

② 급여기간의 무제한성

급여사유가 발생하면 연령, 시기에 제한없이 급여를 지급한다.

③ 급여종류의 다양성

재직 중에는 4종의 단기급여를 지급하고 있고, 퇴직 후에는 퇴직·장해·유족급여, 퇴직수당급여 등 13종을 지급하고 있어 급여종류가 다양하므로 급여선택의 폭이 넓다.

④국가가 부담금 일부 부담

교원에 대하여 국가가 교원개인부담금 합계액의 20/55를 부담함으로써 사립학교교직원에 대하여 국가가 간접적인 지원을 하고 있다.

⑤장기근속자 우대

1975. 1. 1 연금법 시행 이전의 사립학교 근무기간(1948. 8.15~1974.12.31)을 재직기간으로 인정(소급통산), 재직기간 5년 이상인 교직원에 대하여 급여가산급 지급, 20년 이상의 교직원에 대하여 일시금과 연금 중 택일 등 장기근속자를 우대함으로써 교직의 안정을 도모하고 있다.

(2) 형성과정 및 연혁

1973년 당시 기존의 공무원연근법과 제정 예정이었던 국민복지연금법(현 국민연금법)의 적용대상이 될 수 없었던 사립학교교원을 위한 연금제도의 확대요청에 따라서 당시 문교부(현 교육인적자원부)가 추진하여 1973년 12월 30일 사립학교교원연금법을 제정하였다가 1978년 1월 1일부터 직원에게 확대 적용, 2009년 12월 31일에 사립학교교직원연금의 재정불안을 해소하기 위하여 부담금 인상과 연금지급률의 인하, 법 문장의 한글, 쉬운 용어, 문장을 간결하게 하는 개정으로 오늘에 이르고 있다. 그 연혁을 보면 다음과 같다.

사립학교교직원연금법 연혁

- 1973. 12. 20 사립학교교원연금법 제정 공포(법률 제2650호)
- 1974. 1. 11 사립학교교원연금관리공단 설립
- 1977. 12. 31 법개정으로 학교 법인 및 학교사무직원 법 적용

- 1981. 3. 20 법개정으로 특수학교 당연적용, 국가사업위탁 등
- 1984. 12. 30 법개정(급여가산제도 실시 등)
- 1991. 10. 1 퇴직수당 급여 실시
- 2000. 1. 12 사립학교 사무직원이 포함됨을 명확히 나타내기 위하여 법제명을 사립학교교직원연금법으로 변경
- 2000. 12. 30 연금재정의 안정을 도모,
- 2005. 5. 31 요양기간의 연장과 재요양 수급, 국가부담금의 범위를 확대, 평생교육시설의 교직원 등을 포함
- 2006. 3. 24 급여가 과/오급된 경우 이자를 가산하여 급여를 환수, 학력이 인정되는 평생교육시설에서 근무하는 교직원도 연금적용대상에 포함
- 2007.1.3 직무상 질병 또는 부상과 「병역법」에 의한 병역복무 등의 휴직기간은 그 기간의 2분의 1로 함.
- 2009.12.31 사립학교교직원연금의 재정불안을 해소하기 위하여 부담금 인상과 연금지급률의 인하, 법 문장의 한글, 쉬운 용어, 문장을 간결하게 함.

(3) 내용

가. 가입대상

적용대상은 사립학교의 교원 및 사무직원이다. "교직원"이란 「사립학교법」 제54조에 따라 그 임명에 관한 사항이 관할청에 보고된 교원과, 「사립학교법」 제70조의2에 따라 임명된 사무직원을 말한다. 다만, 임시로 임명된 사람, 조건부로 임명된 사람 및 보수를 받지 아니하는 사람은 제외한다(동법 제2조 1항).

사립학교교직원연금법은 다음 각 호에 규정된 학교기관에서 근무하는 교직원(「공무원연금법」 또는 「군인연금법」의 적용을 받는 공무원 또는 군인은 제외한다)에게 적용한다.

① 「사립학교법」 제3조에 따른 사립학교 및 이를 설치·경영하는 학교경영기관
② 「초·중등교육법」 제2조의 특수학교 중 사립학교 및 이를 설치·경영하는 학교경영기관
③ 제1호와 제2호에 해당하지 아니하는 사립학교 및 학교경영기관 중 특히 교육과학기술부장관이 지정하는 사립학교와 이를 설치·경영하는 학교경영기관(동법 제3조).

이러한 적용범위의 원칙에 대하여 특례가 인정되고 있다(동법 제60조의4). ① 법률에 따라 고등학교과정 이하의 학교 또는 대학원을 설치·운영하는 연구기관(이하 "연구기관"이라 한다)으로서 교육과학기술부장관이 지정하는 연구기관의 교수요원, 연구요원 및 교직원에 대하여는 제3조에도 불구하고 이 법을 적용한다. ② 「평생교육법」 제31조에 따른 학교형태의 평생교육시설 또는 같은 법 제33조에 따른 원격대학형태의 평생교육시설로서 교육과학기술부장관이 지정하는 평생교육시설의 교원 및 사무직원에 대하여는 제3조에도 불구하고 이 법을 적용한다. ③ 이 법에 따라 설립된 공단 임직원은 제3조에도 불구하고 이 법을 적용한다. ④ 제1항부터 제3항까지의 규정과 관련하여 다음 각 호의 사항은 교육과학기술부장관이 정한다. 제1항에 따른 교수요원, 연구요원 및 교직원의 범위, 제2항에 따른 평생교육시설의 교원 및 사무직원의 범위, 제3항에 따른 공단 임직원으로서 이 법 적용에 필요한 사항이다.

나. 급여

동법의 급여규정은 대부분이 공무원연금법과 동일하다. 다만 명칭에서 차이가 난다. 교직원의 직무로 인한 질병·부상 및 재해에 대하여는 단기급여를 지급하고, 교직원의 퇴직·장애 및 사망에 대하여는 장기급여를 지급한다(동법 제33조). 단기급여 및 장기급여에 관한 급여의 종류, 급여의 사유, 급여의 액 및 급여의 제한 등에 관한 사항은 공무원연금법 제34조부터 제49조 및 제51조부터 제64조의 규정 중 해당 규정을 각각 준용한다(동법 제42조).

다. 재원

가) 재원

급여나 그 밖에 이 법을 운용하기 위하여 필요한 비용은 그 비용의 예상액과 개인부담금, 국가부담금, 법인부담금, 재해보상부담금 및 그 예정운용수익금의 합계액이 장래에 균형이 유지되도록 하여야 한다. 이 경우 급여에 드는 비용은 적어도 5년마다 다시 계산하여야 한다(동법 제43조).

나) 개인부담금

① 개인부담금은 교직원이 그가 임명된 날이 속하는 달부터 퇴직한 날의 전날 또는 사망한 날이 속하는 달까지 부담한다.

② 교직원이 퇴직한 달에 다시 교직원으로 임용되었을 경우에는 재임용 후 다시 그

달의 개인부담금을 부담하여야 한다. 다만, 제32조에 따른 재직기간 합산을 받은 경우에는 재임용된 달(1일자로 재임용된 경우의 달은 제외한다)의 개인부담금은 부담하지 아니한다.

③ 제1항과 제2항에도 불구하고 개인부담금 납부기간이 33년을 초과한 사람은 개인부담금을 내지 아니한다.

④ 제1항의 개인부담금은 기준소득월액의 1,000분의 70에 상당하는 금액으로 한다. 이 경우 기준소득월액은 「공무원연금법」 제66조제2항 후단에 따라 산정된 금액을 초과할 수 없다(동법 제44조).

다) 국가부담금

국가부담금은 교원의 급여에 소요되는 비용으로 국가가 부담하는 금액이다. 부담액은 교원이 부담하는 개인부담금 합계액의 7천분의 2,883을 말한다(동법 시행령 제68조의 2).

라) 법인부담금

법인부담금의 액은 학교 교원이 부담하는 개인부담금 합계액의 7천분의 4,117로 한다(동법 시행령 제68조의 2).

마) 재해보상부담금

재해보상부담금의 재해보상급여 준비금에서 지급되는 급여는 직무상요양비, 직무상요양일시금, 재해부조금, 사망조위금, 장해연금, 장해보상금, 유족연금(장해연금을 받을 권리가 있는 사람이 사망한 경우에만 해당된다) 및 유족보상금으로 한다. 재해보상부담금은 교직원의 개인부담금 합계액의 10,000분의 181 이상 10,000분의 545 이하의 범위에서 대통령령으로 정하는 금액으로 한다. 이 경우 그 부담 및 납부에 관하여는 제47조제1항 및 제4항과 제48조를 준용한다(동법 제48조의 2의 1항).

바) 국고보조

국가는 공단의 운영에 필요한 경비의 전부 또는 일부를 보조할 수 있다(동법 제60조).

라. 전달체계

사립학교교직원의 연금업무를 관리운영하기 위하여 법인격으로서 사립학교교직원연금관리공단을 설립한다(동법 제4조).

관리공단의 업무는 ① 부담금 징수 ② 각종 급여의 결정과 지급 ③ 자산의 운용 ④ 교직원 복지사업의 수행, ⑤ 그 밖에 연금에 관한 업무를 관장한다.

공단의 중요사항을 심의·의결하기 위하여 공단에 이사회를 두고(동법 제14조) 공단에는 임원으로 이사장 1명, 2명 이내의 상임이사, 6명 이내의 비상임이사 및 감사 1명을 둔다. 이 경우 비상임이사 중에는 당연직 비상임이사로 교육과학기술부의 고위공무원단에 속하는 일반직공무원 또는 장학관 1명을 두고, 당연직 비상임이사를 제외한 비상임이사 중에는 교직원을 대표하는 사람과 학교경영기관의 장을 대표하는 사람이 포함되어야 한다(동법 제10조).

또한 급여에 관한 결정, 개인부담금의 징수, 그 밖의 이 법에 따른 처분 또는 급여에 관하여 이의가 있는 사람은 대통령령으로 정하는 바에 따라 사립학교교직원 연금급여 재심위원회에 그 심사를 청구할 수 있다(동법 제53조). 교육과학기술부장관은 공단의 업무를 감독하며 감독상 필요한 조치를 할 수 있다(동법 제 28조).

3) 군인연금법

(1) 의의

가) 목적

군인연금제도는 군인에 대한 사회보장제도의 일환으로 장병이 명예로운 군복무를 마치고 전역 또는 사망하였을 경우, 본인 및 그 유족의 경제적 생활안정과 복지향상에 기여하기 위해서 급여를 지급하는 사회보장 제도의 하나라 할 수 있다.

그 목적은 군인이 상당한 연한 성실히 복무하고 퇴직하거나 심신의 장애로 인하여 퇴직 또는 사망했을 때 또는 공무상의 질병·부상으로 요양하는 때에 본인이나 그 유족에게 적절한 급여를 지급함으로써 본인 및 그 유족의 생활안정과 복리향상에 기여함을 목적으로 한다(동법 제1조).

이와 같은 목적은 일반 사회와는 업무 분야가 전혀 다른 군복무에서 상당 기간 생활의 보장을 위한 것으로 직업군인이 현역에서 전역한 후 직업군인이었던 자나 그 유족에게 그들의 생계를 보장해주려는 취지이며 근본 목적은 본인이나 그 유족들이 경제적인 생활보장을 기하고 복리향상에 기여할 있게 함으로써 성실한 복무태도를 기대하는 데 있다.

나. 특징

군인연금의 특징을 살펴보면 다음과 같다.

① 군인연금은 단순히 군인 자신들의 이익을 위해서만 존재한다고 볼 수 없으며 정부는 물론 국민에게 다같이 이익을 주는 제도이다.
② 군인연금은 사회보험의 범주에 속하며 소득보장의 한 방식이다. 즉 군인연금이 사회보장체계에 차지하는 위치는, 근로시기에 소득의 일부분을 갹출하여 그것을 근거로 노령·폐질·사망시의 소득상실에 대비하는 장기소득보장제도라고 할 수 있다.
③ 연금의 적용대상상이 장기복무하사관 이상으로 한정되어 있는 특수직역 연금제도이다. 따라서 군인연금은 전국민을 대상으로 하는 것이 아니라 현역 또는 소집되어 군에 복무하는 군인에게 적용하며, 다만, 지원에 의하지 아니하고 임용된 부사관 및 병에게는 제31조에 한하여 이를 적용한다(동법 제2조).
④ 타 연금제도에 비하여 국가보상적 성격이 강하다. 즉 현행 군인연금에는 연령제한이 없으므로 퇴직 후부터 종신까지의 수급기간이 길다.

다. 공무원연금법과의 관계

군인연금법과 공무원연금법은 사회보장제도의 본질상 다른 것이 없으며 또한 다같이 특수직역의 종사자를 대상으로 하는 점에서 그 목적과 기능은 같다. 다만, 적용대상에 따라 구별되는 특색이 있을 뿐이다.

(2) 입법과정

1960년 1월 1일 법률 제5323호 제정된 공무원연금법은 동법 제4장에서 군인에 대한 규정을 두어 따로 군인연금제도를 실시하였다. 그러나 입법 과정에서 공무원적용 규정과 군인적용 규정 상호간의 관련성을 충분히 검토하지 못한 관계를 고려하여 1963년 1월 28일 법률 제1260호로서 군인연금법을 제정하여 동년 1월 1일부터 소급적용하게 되었다. 1995년까지 14차의 법개정과 동법 시행령을 1994년 6월 30일 전문개정(대통령령 제14302호)하여 오늘에 이르고 있으며, 법의 개정된 내용을 보면 다음과 같다.

군인연금법의 연혁

- 1960. 1. 공무원연금법 제정(제4장의 군인에 대한 규정 포함)
- 1963. 1. 군인연금법 제정
- 1970. 1. 보험료 인상 3.5%→5.5%
- 1981. 3. 연급지급률 상한 인상 75%→76%)
- 1982. 12. 연금일시금 택일권 부여, 사립학교교직원 기간 군에 통산, 연금기금을 공무원연금에 위탁관리
- 1984. 1 유족연금특별부과금, 사망위로금 규정 등
- 1987. 11. 재해부조금 규정 등
- 1991. 1. 퇴직수당 규정 등
- 1994. 1. 공무원요양비 상이등급 규정 등
- 1995. 12. 급여의 조정, 퇴직금, 유족일시금, 퇴직수당, 기여금, 부담금 규정 등
- 2000. 12 연금재정이 악화되고 있으므로 일부 불합리한 연금제도를 개선하면서 정부와 군인의 비용부담률을 상향조정하여 장기적으로 연금재정의 안정을 도모
- 2002. 12 군인보수의 조정을 매 3년마다 실시. 연금수급자간의 형평을 도모.
- 2006.10 정부투자기관 등에 재취업 시 퇴직연금의 2분의 1을 지급 정지가 위헌결정, 징계 해임된 경우 퇴직급여 및 퇴직수당의 일부를 감액 지급 등의 수정
- 2006.12 군인연금재정을 군인연금기금으로 통합, 책임준비금의 적립
- 2009.12 재직 중 금고 이상의 형은 퇴직급여 및 퇴직수당 일부를 감액, 과실 및 소속상관의 명령은 감액 대상에서 제외

(3) 내용

가. 가입대상

이 법은 현역 또는 소집되어 군에 복무하는 군인에게 적용한다. 다만, 지원에 의하지

아니하고 임용된 부사관 및 병에게는 제31조에 한하여 이를 적용한다(동법 제2조).

나. 급여

군인연금법의 급여는 15종류가 있다(동법 제6조).

가) 장기급여

① 퇴역연금, 퇴역연금일시금, 퇴역연금공제일시금, 퇴직일시금, 퇴직수당
② 상이연금
③ 유족연금, 유족연금부가금, 유족연금특별부가금, 유족연금일시금, 유족일시금

나) 단기급여

① 재해보상금
② 사망조위금
③ 재해부조금
④ 공무상요양비

다. 재원

가) 개인부담금

군인은 매월 보수월액의 1,000분의 85의 범위 안에서 대통령령으로 정하는 비율을 곱한 금액을 기여금으로 국가에 납부하여야 한다. 다만, 기여금을 납부한 기간이 33년을 초과한 때에는 그러하지 아니하다(동법 제38조 1항).

나) 국고부담금

국가의 부담금은 군인의 정원에 의하여 매 회계연도의 그 보수예산의 1,000분의 85의 범위 안에서 대통령령이 정하는 비율을 곱한 금액으로 한다(동법 제39조 1항). 이 법에 의한 급여에 소요되는 비용을 기여금·부담금으로 충당할 수 없는 경우에는 그 부족한 금액을 국가에서 부담한다(동법 제39조의2).

라. 전달체계

현재 군인연금 업무를 담당하고 있는 곳은 국방부 재정국 연금과이다. 또한 ① 급여에

관한 결정, 기여금의 징수 그 밖에 이 법에 따른 급여에 관하여 이의가 있는 자는 대통령령이 정하는 바에 따라 군인연금급여재심위원회에 그 심사를 청구할 수 있다. ② 제1항의 심사의 청구는 급여에 관한 결정 등이 있은 날부터 180일, 그 사실을 안 날부터 90일 이내에 하여야 한다. 다만, 그 기간 내에 정당한 사유가 있어 심사의 청구를 할 수 없었던 것을 증명한 때에는 예외로 한다. ③ 제1항의 규정에 따른 군인연금급여재심위원회는 국방부에 두되 그 구성과 운영, 그 밖의 필요한 사항은 대통령령으로 정한다. ④ 급여에 관한 결정, 기여금의 징수 그 밖에 이 법에 따른 급여에 관하여는 「행정심판법」에 따른 행정심판을 청구할 수 없다(동법 제5조). ① 각종 급여는 그 급여를 받을 권리를 가진 자가 당해 군인이 소속하였던 군의 참모총장의 확인을 얻어 청구하는 바에 따라 국방부장관이 결정하여 지급하되, 제23조의 규정에 의한 상이연금, 제26조 제1항제3호의 규정에 의한 유족연금 및 제30조의5의 규정에 의한 공무상요양비의 결정에 있어서는 군인연금급여심의회의 심의를 거쳐야 한다. 다만, 급여 중 퇴직일시금·유족일시금·사망조위금·재해부조금, 군인이 질병에 걸리거나 부상을 당한 경우에 지급하는 재해보상금, 복무기간이 19년 6월 미만인 자의 퇴직수당과 제4조의 규정에 따라 반환하는 기여금은 각군 참모총장이 결정하여 지급할 수 있으며, 군인이 사망한 경우에 지급하는 재해보상금은 각군 참모총장이 결정하여 국가보훈처장에게 그 지급을 위탁할 수 있다. ② 제1항의 규정에 의한 군인연금급여심의회는 국방부에 두되, 그 구성과 운영에 관한 사항은 대통령령으로 정한다(동법 제10조).

국방부장관은 대통령령의 정하는 바에 의하여 급여의 지급에 관한 사무를 지식경제부장관·국가보훈처장 또는 금융기관의 장에게 위탁할 수 있다(동법 제11조).

5 개선점

1) 적용대상의 확대

모든 국민의 노후생활에 근간이 되는 공적연금은 어떠한 형태로던지 가입대상을 전국민으로 하고 모두 가입시켜야 한다. 즉 전국민연금화가 법적·제도적 뿐만 아니라 실질적으로 실현되어야 한다. 적용대상의 확대와 관련하여 두 가지 점에서 고찰할 수 있을 것이다. 먼저 법적·제도적으로 모든 국민을 공적연금의 대상에 포괄하는 문제이다. 다음은 적용대상으로 규정되어 있지만 가입을 기피하거나 제도적으로 포괄하기 어려운 경우이다.

첫째로 법적·제도적으로 모든 국민을 공적연금에 포괄하는 문제는 우선 국민연금의 가입대상은 특수직역연금법의 가입자를 제외한 원칙적으로 국내에 거주하는 18세 이상 60세 미만의 국민은 국민연금의 가입대상이 된다. 그러나 지역임의가입자, 대학의 시간강사, 농어촌 지역의 영세 소농업자 등을 위한 법적·제도적 보완으로 공적연금의 대상으로 확대되어야 할 것이다. 즉 학생, 군복무 등으로 소득이 없더라도 최소한의 갹출로 그 기능을 유지하여 전국민을 포괄하는 국민연금법을 생각할 수 있다.

둘째로 적용대상으로 규정되어 있지만 가입을 기피하거나 제도적으로 포괄하기 어려운 경우는 60세 이상의 노인, 가입거부자 등이다. 전자는 사회연대성의 원칙에 기초한 재정의 공동부담과 무갹출 연금급여의 실시와 확대를 통하여 이들의 노후소득이 보장될 수 있는 공적연금의 법적·제도적 장치가 마련되어야 한다.

가입대상이 된다고 하여 반드시 모든 국민이 가입하여 장래에 국민연금을 수급할 자격을 가지는 것은 아니다. 가입거부자는 제도적으로 포괄할 수 있는 다양한 방법을 모색하여야 할 것이다. 예를 들면 사회보험의 강제성을 살리는 다양한 방법, 국가에서 일정부분을 보조하는 방법 등이 있을 수 있다. 즉 어떠한 형태로던지 제도권에서 포괄할 수 있는 다양한 방법을 연구하여 모든 국민이 실질적인 공적연금에 가입하여 노후생활을 설계할 수 있도록 하여야 할 것이다.

2) 급여제도의 개선

공적연금은 급여로서 수준을 알 수 있는데, 국민연금의 경우 노령연금 5종류, 장해연금, 유족연금, 반환일시금, 사망일시금 등의 9종류의 급여가 법으로 규정되어 있고, 공무원과 사립학교교직원의 경우 단기로서 공무상요양비, 공무상요양일시금, 재해부조금, 사망조위금의 4종류, 장기로서 퇴직급여 4종류, 장해급여 2종류, 유족급여 6종류, 퇴직수당 등으로 합계 17종류의 급여로 구성되어 있고, 군인연금은 장기급여로서 퇴역연금으로 5종류, 상이연금, 유족연금으로 4종류, 단기급여로서 재해보상금, 사망조위금, 재해부조금, 공무상요양비 등 합계 15종류의 급여로 구성되어 있다.

따라서 국민연금의 경우 특수직역연금과 비교하면 급여종류가 상당히 미약하고, 전체적으로 열악하다. 각종 공적연금간의 격차를 해소하고 줄이기 위하여 급여종류를 다양화하여야 할 것이다. 따라서 각종 공적연금간의 형평성과 각 개인의 노후설계를 위하여 제도간의 격차를 줄일 수 있도록 하여야 할 것이다.

3) 전달체계

앞에서 살펴보았듯이 연금관리업무를 관장하고 있는 기구는 모두가 공단을 설치하여 운용하고 있다. 각 공단의 유지·관리비는 대부분이 정부로부터 보조되고 있는데, 이러한 전달체계는 업무의 비효율성을 초래하고, 상당히 낭비적이다.

따라서 우리나라 공적연금의 관리운영기구를 하나로 통합할 수 있어야 한다. 특히 사립학교교직원은 공무원연금의 급여체계를 준용하고 있어서 통합하는 데에는 별 다른 문제가 없을 것으로 예상되며, 군인연금은 국방부 재정국 연금과에서 관장하고 있기는 하지만 우선 일차적으로 특수직역의 연금 전달체계를 통합하고, 나아가서 국민연금도 총합하여 전달체계상의 비용을 최소화하여야 할 것이다.

4) 소득재분배 효과

소득과 관련이 있는 공적연금은 소득재분배의 기능이 매우 중요한 요소이다. 이것은 사보험과 다른 사회보험이 가지는 중요한 기능 중의 하나로서 이 의미가 상실되면 공적연금이 의미가 없다. 현재 국민연금법 제51조에 의하면 기본연금의 산정방법에 있어서 균등부분에서 연금수급전년도의 평균소득월액을 책정하여 소득재분배효과를 도모하고 있으나 그 효과는 미미하다.

특수직역연금법에서도 소득비례갹출과 소득비례급여방식을 취하고 있어 결과적으로 고소득자에게는 고액의 연금이 지급되고 저소득자에게는 저급여가 지불되어 소득재분배의 기능이 거의 없는 실정이다.

따라서 소득재분배 기능의 제고와 사회보장기본법에 명시되어 있는 사회보장제도의 운영원칙 중 급여수준 및 비용부담 등에 있어서 형평성 유지를 위하여 법적인 재검토가 필요하다. 정액연금급여와 소득에 따른 차등갹출방식 등이 있을 수 있다.

제 4 절 국민건강보험법

의료보험법은 1998년부터 통합을 시도하여 동년에는 지역과 직장이 통합되고, 2000년에는 공무원 및 사립학교교직원의료보험법도 통합되어 의료보험의 완전한 통합을 이루었다. 본 장에서는 통합된 국민건강보험법을 중심으로 논하고자 한다. 또한 의료급여법은 공공부조에서 다루어질 것이다.

1 의의

1) 목적

의료는 옛날부터 인간사회 어디서나 널리 행해져 인간의 고통을 없애거나 약화시키기 위한 하나의 행위였다. 그것이 오늘날에는 의학으로 진보하여 인간의 생존을 위해 뺄 수 없는 생활상의 이용제도로 발전되었다. 또한 자본주의 사회의 발달과 더불어 의료문제는 개인의 차원을 벗어나서 국가적 차원에서 대응하여야 할 것이다. 특히 의료비가 인적자원에 대한 생산적 투자인 동시에 경제발전에 필요한 기술인력의 확보와 능률유지에 불가결한 요소로 인정되고 있다. 그리하여 가장 효과적·경제적으로 모든 사람들에게 필요한 의료를 제공하기 위한 방법으로 각국에서 사회경제적 형편에 따라 다양하게 전개되고 있다(신섭중 외, 1997: 319).

의료보장이란 모든 국민이 건강의 회복·유지·증진의 수단으로 이용할 수 있도록 정부가 그 책임을 지고 제도적 틀을 만들어 국민의 기본적 인권으로서 건강에 대한 권리를 보장하는 것이다(事典刊行委員會 編, 1990: 266).

그러나 어디까지나 의료보험의 목적은 질 좋은 의료를 널리 공급하기 위한 것이며, 보험은 그 수단에 불과한 것이다.

이와 같이 오늘날 의료보장이 하나의 사상으로 발전하면서 누구나, 소득의 유무를 막론하고, 어떠한 상황하에 있더라도 평등하게, 그 정도의 필요에 따라 적절히 의료를, 소득보장과 사회복지서비스 보장을 합쳐서, 정부와 지방자치단체의 공적 책임 하에서, 국민의 경제적 고통을 동반하는 부담없이, 때에 따라서는 무상으로, 권리로서 보장되어야 한다.

의료보험의 목적은 다양하게 규정될 수 있으나 우리나라 국민건강보험법에서는 국민의 질병·부상에 대한 예방·진단·치료·재활과 출산·사망 및 건강증진에 대하여 보험급여를 실시함으로써 국민보건을 향상시키고 사회보장을 증진함을 목적으로 하고 있다(동법 제1조).

2) 기능

의료보험도 사회보장제도의 하나인 만큼 사회보장적 제기능을 수행한다고 볼 수 있다. 따라서 의료보험의 기능은 경제적 기능, 사회·교육적 기능, 정치적 기능으로 대별할 수 있다.

(1) 경제적 기능

첫째, 소득재분배기능과 둘째, 예방적·치료적 의료혜택과 보건향상을 통하여 인력투입의 효율성을 기하고 생산성 향상에 이바지하여 국가경제의 발전에 도움을 준다는 점에서 경제성장을 촉진하는 기능 셋째, 의료보험료의 계속 축적이 가능하게 된다면 이것이 기금화되어 재정투융자에 돌려질 수 있다는 점에서 자본축적기능이다.

(2) 사회·교육적 기능

첫째, 최저생활보장기능 둘째, 보다 많은 사람들이 의료서비스에 접근할 수 있게 되고, 출산보호와 영아사망률의 감소, 평균수명의 연장 등으로서 현대과학에 신뢰감을 줄 수 있다는 측면에서의 교육적 기능 셋째, 의료보험에 있어서의 의사회·약사회의 진료담당자와 피보험자측과의 대립 혹은 각종 보험집단 사이의 이해대립을 조정하는 사회조정의 기능이다.

(3) 정치적 기능

의료보험은 자본주의 체제하에서는 자본주의 체제 그 자체를 유지하고 합리화하는 기능을 수행한다. 이것은 독일의 비스마르크에 의한 최초의 사회보험인 근로자질병보험법(1883)을 노동자 세력이 사회주의화되지 못하도록 하는 방편으로 도입된 점을 통해서도 알 수 있다(신섭중 외, 1997: 319-320 참고).

3) 성격

사회보험으로서 의료보험이 지니고 있는 구체적인 성격은 다음과 같다.

(1) 헌법에 의한 복지권(권리보호)

우리나라의 의료보험은 헌법 제36조 2항(모든 국민은 보건에 관하여 국가의 보호를 받는다)의 규정에 의하여 국민의 의료에 대한 복지권리가 구체화되고 있다

(2) 전국민의료보험

사회보험의 대상은 연혁적으로 본다면 최초에는 피용근로자였으나, 그 후 사회경제적 여건의 변화로 자영자까지 추가되었으며 다시 모든 국민을 그 적용대상으로 하고 있기 때문에 원칙적으로 전국민보험이라는 보편주의 성격을 지닌다.

(3) 강제가입

사보험은 임의가입인데 반하여 의료보험은 강제가입을 원칙으로 한다. 의료보험이 강제가입을 원칙으로 채택하게 된 것은 보험급여를 받아야 할 자가 저소득 등의 이유로 보험료 납부가 곤란한 경우에 이를 강제적용대상으로 함으로써 사회보장의 이념을 실현하기 위한 취지이다.

사보험에 있어서는 사적 계약에 의해 보험료를 징수하고 체납시에는 약관에 의해 계약이 해지되지만, 의료보험에 있어서는 법률이 정하는 바에 의하여 강제징수를 하고 있으며 체납시에는 의료보험의 실효성을 확보하기 위해 목적상 벌칙조항을 두고 있다.

(4) 단기보험

사회보험 중 질병보험과 실업보험은 단기보험에 속하고 연금보험 등은 장기보험에 속한다. 따라서 의료보험은 단기보험이다. 단기보험이라 함은 1회계 연도를 기준으로 보험료를 계산하며 그 지급기간도 비교적 단기이다(김근조, 1999: 319).

(5) 소득수준에 따른 보험료의 차등부과

의료보험료는 피보험자의 소득수준 및 세대 내의 피보험자 수에 따라 법률이 정하는

등급구분에 의하여 정관이 정하는 금액으로 한다. 이러한 취지는 보험료부담의 형평과 사회연대의식을 일깨워 주고자 하는 것이다.

(6) 필요에 따른 균등급여

피보험자가 능력에 따라 차등적 보험료를 내지만 의료기관에서 진료를 받을 경우에는 법에 정해진 바에 의해 균등하게 필요 적정한 보험급여를 받도록 하고 있다(신섭중 외, 1997: 320-321).

② 입법과정

우리나라에서 의료보장의 문제가 최초로 논의되기 시작한 것은 1959년 가을 보사부 의정국 주관하에 매주 목요일 보사부회의실에서 열린 "건강 보험제도 도입을 위한 연구회"로부터이다. 그후 1962년 3월 20일에는 사회보장제도심의위원회가 탄생하여 4개반을 편성, 동위원회 의료보험반은 국민건강조사를 실시하고 외국제도를 검토하여 의료보험법의 초안을 마련하였다. 이 안은 별 수정 없이 보사부안으로 채택되었으며 제3공화국 헌법 제30조, 제31조에 사회보장의 증진과 국민 보건향상에 관한 국가의 보호조항을 신설하면서 헌법정신에 입각하여 1963년 12월 16일 의료보험법이 법률 제1623호로 제정 공포되었으며, 1964년 6월 5일과 10월 27일에 동법 시행령과 시행규칙이 만들어졌다.

그러나 당시 정부의 재정형편과 사회경제적 여건의 불충분으로 곧바로 착수하지 못하고 3개 시범사업안을 추진하여 왔는데, 당시 보험시혜적용대상이 근로기준법에 의한 근로자와 그 부양 가족들만으로 제한되어 있을 뿐 아니라 가입방법마저 임의가입제였다. 그러므로 보험자의 입장에서는 피보험자의 선택권 현상과 보험재정의 불안정 등 사회보험으로서의 미비점이 지적되어, 1970년 8월 의료보험법을 전면 개정하여 적용대상을 종래의 근로자 이외에 군인·공무원·자영업자 등 전국민이 의료보험혜택을 받을 수 있도록 문호를 개방하고 노동자·군인·공무원을 강제가입 대상자로, 자영업자 계층만을 임의가입대상자로 규정하였다.

한편 경제성장 위주의 정책은 70년대 중반부터 나타나기 시작하여 경제성장의 부작용으로 국민의 단결성과 사회적 통합을 위협한다는 우려를 낳게 되었다. 그 여파로 오랫동안 정체현상을 면치 못하고 있던 의료보험사업은 1976년 12월 22일 의료보험법의 대폭 개정과 더불어 1977년 7월 1일에는 생활보호대상자 등에 대하여 의료보호사업을 실시하였다. 그리하여 의료시설 부족과 국민부담 능력을 고려하여 시행이 가능한 임금소득계층에서부터 점진적으로 의료보험의 적용을 확대시켜 왔다.

그러다가 1980년대 중반 이후 수출경제의 호전에 힘입어 경제성장이 회복되고 흑자경제시대가 도래했으며, 정부는 여력을 복지부분에 투입하는 의지를 보이기 시작했다. 그리하여 제6차 경제사회발전 5개년계획에서 전국민의 의료보험확대가 채택되었고, 보사부는 1987년 보사부(현 보건복지부)차관을 장으로 한 의료보험확대 추진본부를 두었고 실무작업반, 소추진반, 군실무반을 설치하였다. 또한 1987년 2월 한방의료보험을 전국에 확대 실시하였고, 1988년 1월 1일부터 농어촌 지역의료보험을 실시하여 전체인구의 80.4%가 의료보장의 적용을 받았다.

그후 1988년 6월 17일 국민의료정책심의위원회의 안건으로 도시지역의료보험확대방안이 제출되었고, 1989년 7월 1일부터 전국 60개 도시(특별시, 직할시를 포함)를 대상지역으로 하여 전국 약 964만 명(약 241만 세대)의 도시지역자영업자까지도 의료보험이 실시됨으로써 우리나라는 의료보험시행 13년만에 전국민의료보험화의 시대를 맞이하게 되었다. 1995년 12월 29일 의료보험법 및 시행령의 개정에 의해 CT(컴퓨터 단층촬영) 등 고가의료 장비의 보험급여 실시와 요양급여기간을 연간 240일로 확대하였다(신섭중 외, 1997: 321-324 참고).

> 입법배경
>
> 국민건강보험법의 입법배경은 의료보험조합 간 보험료·급여 차이로 인한 형평성, 지역의료보험의 만성적 재정적자, 포괄적 의료서비스에 대한 요구이다.

1999년 2월 8일 의료보험관리체계를 단일보험자로 통합 운영하여 운영의 효율성과 보험료 부담의 형평성을 높이고, 질병의 치료 외에 예방·건강증진 등을 포함하는 포괄적인 의료서비스를 제공하여 국민건강의 향상을 도모하려는 목적으로 직장 및 지역 의료보험의 통합하고, 법률의 명칭도 국민건강보험법으로 개칭하였다. 또한 2000년 12월 29일에는 5인 미만 사업장 근로자들이 동일한 임금근로자임에도 불구하고, 지역가입자로 편입되어 본인이 보험료를 전액 부담하고 있는 바, 이들을 직장가입자로 편입시켜 보험료 부담의 형평을 기하고 영세사업장에 고용된 근로자의 복지를 확대하는 등 현행 제도의 운영상 나타난 일부 미비점을 개선·보완하기 위하여 5인 미만 사업장도 직장가입자로 인정하는 개정이 있었다.

이상의 내용을 요약하여 우리나라 의료보험법의 연혁을 살펴보면 아래와 같다.

의료보험법의 연혁

- 1963. 12. 16　의료보험법 제정
- 1976. 12. 22　의료보험법 전면개정
- 1977. 7. 1　500인 이상 사업장근로자 당연적용
- 1977. 12. 31　공무원 및 사립학교교원 의료보험법 제정
- 1979. 7. 1　공무원 및 사립학교교원 의료보험법 실시
- 1979. 7. 1　300인 이상 사업장 근로자 강제적용
- 1981. 1. 1　100인 이상 사업장 근로자 강제적용
- 1981. 7. 1　지역의료보험 1차시범사업실시(홍천, 옥구, 군위)
- 1981. 12. 10　직종별 제2종 의료보험 시행
- 1982. 2. 5　5인 이상 사업장 근로자 임의적용
- 1982. 12. 16　16인 이상 사업장까지 의료보험 당연적용
- 1987. 2　한방의료보험 전국확대실시
- 1988. 1. 1　전국 농어촌 지역주민 의료보험 실시(826만명)
- 1988. 7. 1　5인 이상 사업장 근로자 적용
- 1989. 7. 1　도시지역주민 의료보험 실시
- 1989. 10. 1　약국의료보험 실시
- 1994. 7.　65세 이상 피보험자 및 피부양자 요양급여기간 연장(연간 210일)
- 1998. 10.　국민의료보험조합(지역)과 직장조합의 통합
- 1999. 2. 8　법률 5854호로 전문제정, 의료보험관리체계를 단일보험자로 통합 운영
- 2000.12.29　4인 이하도 직장가입자로 편성함.
- 2001.5.24　의료급여수급기간의 제한을 폐지
- 2002.1.19　직장가입자와 지역가입자의 재정을 각각 구분하여 계리하는 기한을 2003년 6월 30일까지 연장함

- 2002.12.18 요양급여체계를 합리적으로 개선
- 2005.7.13 현역병과 교도소 등에 수감되었을 경우 법무부장관 및 국방부장관이 보험자에게 통지
- 2006.12.31 국민건강보험의 재정건전화 달성, 표준보수월액 및 부과표준소득의 등급제 폐지, 취약계층에 대한 보험료 경감 확대
- 2008.3.28 사업장신고의무를 법정화, 요양기관을 양수한 자에게도 승계
- 2009.1.30 의료기관 일원화, 외국인 환자의 유치활동 허용

3 내용

1) 가입대상

(1) 가입대상

국내에 거주하는 국민으로서 직장가입자의 배우자, 직장가입자의 직계존속(배우자의 직계존속을 포함한다), 직장가입자의 직계비속(배우자의 직계비속을 포함한다) 및 그 배우자, 직장가입자의 형제·자매는 건강보험(이하 "건강보험"이라 한다)의 가입자(이하 "가입자"라 한다) 또는 피부양자가 된다(동법 제5조).

(2) 가입자의 종류

가입자는 직장가입자 및 지역가입자로 구분한다(동법 제6조).

가. 직장가입자

모든 사업장의 근로자 및 사용자와 공무원 및 교직원은 직장가입자가 된다. 다만, 1월 미만의 기간동안 고용되는 일용근로자, 병역법의 규정에 의한 현역병, 전환복무된 사람 및 무관후보생, 선거에 의하여 취임하는 공무원으로서 매월 보수 또는 이에 준하는 급료를 받지 아니하는 자, 기타 사업장의 특성, 고용형태 및 사업의 종류 등을 고려하여 대통령령으로 정하는 사업장의 근로자 및 사용자와 공무원 및 교직원은 제외된다.

나. 지역가입자

지역가입자는 가입자중 직장가입자와 그 피부양자를 제외한 자를 말한다.

(3) 자격의 취득과 상실

가. 취득시기

가입자는 국내에 거주하게 된 날에 직장가입자 또는 지역가입자의 자격을 얻는다. 당해 직장가입자의 사용자 및 지역가입자의 세대주는 그 내역을 자격취득일로부터 14일 이내에 보험자에게 신고하여야 한다(동법 제7조).

① 국민건강보험공단은 가입자에 대하여 건강보험증을 발급하여야 한다. ② 가입자 및 피부양자가 요양급여를 받을 때에는 건강보험증을 요양기관(이하 "요양기관"이라 한다)에 제출하여야 한다. 다만, 천재·지변 기타 부득이한 사유가 있는 경우에는 그러하지 아니하다. ③ 가입자 또는 피부양자는 요양기관이 주민등록증, 운전면허증, 여권, 그 밖에 보건복지부령으로 정하는 본인 여부를 확인할 수 있는 신분증명서에 따라 자격을 확인할 수 있는 경우 건강보험증을 제출하지 아니할 수 있다. ④ 누구든지 건강보험증 또는 신분증명서의 양도·대여, 그 밖의 부정한 사용을 통하여 보험급여를 받아서는 아니 된다. ⑤ 건강보험증의 서식과 그 교부 및 사용 등에 관하여 필요한 사항은 보건복지부령으로 정한다(동법 제11조).

나. 상실시기

가입자는 다음에 해당하게 된 날에 그 자격을 잃는다(동법 제9조).

① 사망한 날의 다음 날
② 국적을 잃은 날의 다음 날
③ 국내에 거주하지 아니하게 된 날의 다음 날
④ 직장가입자의 피부양자가 된 날의 다음 날
⑤ 의료급여수급자가 된 날
⑥ 건강보험의 적용을 받고 있던 자로서 유공자 등의 의료급여수급자가 된 자가 건강보험의 적용배제신청을 한 날

위의 규정에 의하여 자격을 잃은 경우 당해 직장가입자의 사용자 및 지역가입자의 세대주는 그 내역을 보건복지부령이 정하는 바에 의하여 자격을 잃은 날부터 14일 이내에 보험자에게 신고하여야 한다.

2) 급여

급여범위

국민건강보험의 급여는 질병에 한정하는 것이 아니라 예방·재활 및 건강증진에 대한 포괄적인 급여를 제공한다.

급여의 종류는 요양급여와 임의급여의 두 가지로 나눌 수 있다.

(1) 요양급여의 종류와 요양기관

가. 요양급여의 종류와 본인부담

요양급여는 가입자 및 피부양자의 질병·부상·출산 등에 대하여 다음의 요양급여를 실시한다(동법 제39조).

① 진찰·검사
② 약제·치료재료의 지급
③ 처치·수술 기타의 치료
④ 예방·재활
⑤ 입원
⑥ 간호
⑦ 이송

위 항의 요양급여(이하 "요양급여"라 한다)의 방법·절차·범위·상한 등 요양급여의 기준은 보건복지부령으로 정한다. 보건복지부장관은 요양급여의 기준을 정함에 있어 업무 또는 일상생활에 지장이 없는 질환 기타 보건복지부령이 정하는 사항은 요양급여의 대상에서 제외할 수 있다(동법 제41조).

의료비의 일부 본인부담에 관하여 다양한 의견이 있다. 특히 영국을 중심으로 조세를 재원으로 하는 국민보건서비스(NHS)는 본인부담이 없으며, 독일을 중심으로 보험료를 주요 재원으로 하는 국민건강보험(NHI)은 일부 본인부담이 있는 것으로 알려져 있다.

전자는 경제적 부담이 된다는 것, 이로 인하여 요양기회를 상실 또는 포기하는 것 등이 있고, 후자는 수진(受診)의 남용을 막을 수 있고, 보험재원을 보호할 수 있고, 의료서비스를 받는 자와 받지 않는 자 사이의 형평성 문제 등에서 양자가 대립되고 있다.

나. 요양기관

① 요양급여(간호 및 이송을 제외한다)는 다음 각호의 요양기관에서 행한다. 이 경우 보건

복지부장관은 공익 또는 국가시책상 요양기관으로 적합하지 아니하다고 인정되는 의료기관등으로서 대통령령이 정하는 의료기관등은 요양기관에서 제외할 수 있다. 「의료법」에 의하여 개설된 의료기관, 「약사법」에 의하여 등록된 약국, 「약사법」 규정에 의하여 설립된 한국희귀의약품센터, 「지역보건법」에 의한 보건소·보건의료원 및 보건지소, 「농어촌 등 보건의료를 위한 특별조치법」에 의하여 설치된 보건진료소이다. ② 보건복지부장관은 요양급여를 효율적으로 하기 위하여 필요한 경우에는 보건복지부령이 정하는 바에 의하여 시설·장비·인력 및 진료과목 등 보건복지부령이 정하는 기준에 해당하는 요양기관을 전문요양기관으로 인정할 수 있다. ③ 전문요양기관으로 인정된 요양기관 또는 「의료법」 제3조의4에 따른 상급종합병원에 대하여는 제39조제2항의 규정에 의한 요양급여절차 및 제42조의 규정에 의한 요양급여비용을 다른 요양기관과 달리 할 수 있다. ④ 요양기관은 정당한 이유없이 요양급여를 거부하지 못한다(동법 제40조).

(2) 요양급여의 전달체계

가. 요양급여비용의 산정

요양급여비용은 공단의 이사장과 대통령령이 정하는 의약계를 대표하는 자와의 계약으로 정한다. 이 경우 계약기간은 1년으로 한다. 계약이 체결된 경우 그 계약은 공단과 각 요양기관간에 체결된 것으로 본다. 계약은 계약기간의 만료일 전 3월 이내에 체결하여야 하며, 그 기한 내에 계약이 체결되지 아니하는 경우 보건복지부장관이 심의조정위원회의 심의를 거쳐 정하는 금액을 요양급여비용으로 본다(동법 제42조).

나. 요양급여비용의 청구와 지급

요양기관은 요양급여비용의 지급을 공단에 청구할 수 있다. 요양급여비용의 청구를 하고자 하는 요양기관은 건강보험심사평가원에 요양급여비용의 심사청구를 하여야 하며, 심사청구를 받은 건강보험심사평가원은 이를 심사한 후 지체없이 그 내용을 공단 및 요양기관에 통보하여야 한다. 통보받은 공단은 지체없이 그 내용에 따라 요양급여비용을 요양기관에게 지급한다. 이 경우 이미 납부한 본인일부부담금이 통보된 금액보다 과다한 경우에는 요양기관에 지급할 금액에서 그 과다하게 납부된 금액을 공제하여 당해 가입자에게 지급하여야 한다(동법 제43조).

다. 요양비

① 공단은 가입자 또는 피부양자가 보건복지부령이 정하는 긴급 기타 부득이한 사유로 인하여 요양기관과 유사한 기능을 수행하는 기관으로서 보건복지부령이 정하는 기관에서 질병·부상·출산 등에 대하여 요양을 받거나 요양기관외의 장소에서 출산을 한 때에는 그 요양급여에 상당하는 금액을 보건복지부령이 정하는 바에 의하여 그 가입자 또는 피부양자에게 요양비로 지급한다. ② 요양을 실시한 기관은 보건복지부장관이 정하는 요양비명세서 또는 요양의 내역을 기재한 영수증을 요양을 받은 자에게 교부하여야 하며, 요양을 받은 자는 이를 공단에 제출하여야 한다(동법 제44조). 공단은 이 법에 의하여 지급의무가 있는 요양비 또는 부가급여의 청구가 있는 때에는 지체없이 이를 지급하여야 한다(동법 제51조).

라. 건강검진

공단은 가입자 및 피부양자에 대하여 질병의 조기발견과 그에 따른 요양급여를 하기 위하여 건강검진을 실시한다. 건강검진의 대상·회수·절차 기타 필요한 사항은 대통령령으로 정한다(동법 제47조).

동법 시행령 제26조에 의하면 건강검진을 받을 수 있는 자는 직장가입자, 세대주인 지역가입자, 40세 이상인 지역가입자 및 40세 이상인 피부양자로 하고, 건강검진은 2년마다 1회 이상 실시하되, 사무직에 종사하지 아니하는 직장가입자에 대하여는 1년에 1회 실시한다. 공단은 건강검진을 실시하고자 하는 때에는 건강검진의 실시에 관한 사항을 직장가입자 및 피부양자의 경우에는 소속 사용자에게, 지역가입자의 경우에는 소속 세대주에게 통보하여야 한다.

마. 급여의 제한

공단은 보험급여를 받을 수 있는 자가 다음에 해당하는 때에는 보험급여를 하지 아니한다.

① 고의 또는 중대한 과실로 인한 범죄행위에 기인하거나 고의로 사고를 발생시킨 때
② 고의 또는 중대한 과실로 공단이나 요양기관의 요양에 관한 지시에 따르지 아니한 때
③ 고의 또는 중대한 과실로 제50조(급여의 확인)의 규정에 의한 문서 기타 물건의 제출을 거부하거나 질문 또는 진단을 기피한 때
④ 업무상 또는 공무상 질병·부상·재해로 인하여 다른 법령에 의한 보험급여나 보상 또는 보상을 받게 되는 때

공단은 보험급여를 받을 수 있는 자가 다른 법령에 의하여 국가 또는 지방자치단체로부터 보험급여에 상당하는 급여를 받거나 보험급여에 상당하는 비용을 지급받게 되는 때에는 그 한도 내에서 보험급여를 실시하지 아니한다(동법 제48조).

(3) 부가급여

공단은 이 법에 규정한 요양급여 외에 대통령령이 정하는 바에 의하여 장제비·상병수당 기타의 급여를 실시할 수 있다(동법 제45조).

(4) 수급권의 보호

가. 구상권

① 공단은 제3자의 행위로 인한 보험급여사유가 발생하여 가입자 또는 피부양자에게 보험급여를 한 때에는 그 급여에 소요된 비용의 한도 내에서 그 제3자에 대한 손해배상 청구의 권리를 얻는다. ② 보험급여를 받은 자가 제3자로부터 이미 손해배상을 받은 때에는 공단은 그 배상액의 한도 내에서 보험급여를 하지 아니한다(동법 제53조). 이는 피보험자의 이중 이득을 방지하기 위하여 보험자의 보험급여의 면책을 인정한 것이다.

나. 수급권의 보호

보험급여를 받을 권리는 양도 또는 압류할 수 없다(동법 제54조). 이는 수급권의 처분, 압류금지의 원칙을 명시하고 있는 것으로, 보험급여는 피보험자의 건강 및 복지를 증진하기 위하여 보장되는 것이므로 이의 양도 및 압류를 금지함으로써 보험급여가 직접 피보험자에게 귀속되도록 하려는 것이다.

3) 재원

(1) 보험료

① 공단은 건강보험사업에 소요되는 비용에 충당하기 위하여 보험료의 납부의무자로부터 보험료를 징수한다. ② 보험료는 가입자의 자격을 취득한 날이 속하는 달의 다음 달부터 가입자의 자격을 상실한 날의 전날이 속하는 달까지 징수한다. 다만, 가입자의 자격을 매월 1일에 취득한 경우에는 그 달부터 징수한다. ③ 보험료를 징수함에 있어서 가입자의 자격이 변동된 경우에는 변동된 날이 속하는 달의 보험료는 변동되기 전의 자격을 기준으로 징수한다. 다만, 가입자의 자격이 매월 1일에 변동된 경우에는

변동된 자격을 기준으로 징수한다(동법 제62조). ④ 직장가입자의 월별 보험료액은 보수월액에 보험료율을 곱하여 얻은 금액으로 한다. ⑤ 지역가입자의 월별 보험료액은 세대단위로 산정하되, 지역가입자가 속한 세대의 월별 보험료액은 보험료부과점수에 보험료부과점수당 금액을 곱한 금액으로 한다.

(2) 보험료의 면제와 경감

가. 보험료의 면제

① 공단은 직장가입자가 국외에서 업무에 종사하고 있는 때(다만, 국내에 거주하는 피부양자가 없는 경우에 이를 적용), 「병역법」의 규정에 의한 현역병에 해당되는 때에는 당해 가입자의 보험료를 면제한다. ③ 보험료 면제 또는 보험료 산정에서 제외되는 보험료부과점수에 대하여는 급여정지 사유가 발생한 날이 속하는 달의 다음 달부터 사유가 해소된 날이 속하는 달까지 적용한다. 다만, 급여정지 사유가 매월 1일에 해소된 경우에는 그 달의 보험료를 면제하지 아니하거나 보험료 산정에서 보험료부과점수를 제외하지 아니한다(동법 제66조).

나. 보험료의 경감

①다음 각 호의 어느 하나에 해당하는 가입자 중 보건복지부령이 정하는 가입자에 대하여는 그 가입자 또는 그 가입자가 속한 세대의 보험료의 일부를 경감할 수 있다. 도서·벽지·농어촌 등 대통령령이 정하는 지역에 거주하는 자, 65세 이상인 자, 「장애인복지법」에 따라 등록한 장애인, 「국가유공자 등 예우 및 지원에 관한 법률」의 규정에 따른 국가유공자, 휴직자, 그 밖에 생활이 어렵거나 천재지변 등의 사유로 보험료의 경감이 필요하다고 보건복지부장관이 정하여 고시하는 자(동법 제66조의2)

다. 보험료의 부담

① 직장가입자의 보험료는 직장가입자와 다음 각호의 구분에 의한 자가 각각 보험료액의 100분의 50씩 부담한다. 다만, 직장가입자가 교직원인 경우의 보험료액은 그 직장가입자가 100분의 50을, 사립학교 운영자가 100분의 30을, 국가가 100분의 20을 각각 부담하되, 사립학교 운영자가 그 부담액의 전액을 부담할 수 없을 때에는 그 부족액을 학교에 속하는 회계에서 부담하게 할 수 있다. 직장가입자가 근로자인 경우에는 사업주, 직장가입자가 공무원인 경우에는 그 공무원이 소속되어 있는 국가 또는 지방자치단체, ② 지역가입자의 보험료는 그 가입자가 속한 세대의 지역가입자 전원이 연대하여 부담한다(동법 제67조).

라. 보험료의 납부의무

제68조(보험료의 납부의무)

① 직장가입자의 보험료는 사용자가 납부한다. ② 지역가입자의 보험료는 그 가입자가 속한 세대의 지역가입자 전원이 연대하여 납부한다. 다만, 소득·재산·생활수준·경제활동참가율 등을 고려하여 대통령령으로 정하는 기준에 해당하는 미성년자는 납부의무를 부담하지 아니한다. ③ 사용자는 직장가입자가 부담하여야 하는 그 달의 보험료액을 그 보수에서 공제하여 납부하여야 한다. 이 경우 직장가입자에게 그 공제액을 통지하여야 한다(동법 제68조).

마. 가산금

제71조(가산금)

① 공단은 보험료등의 납부의무자가 납부기한까지 이를 납부하지 아니한 때에는 그 납부기한이 경과한 날부터 체납된 보험료등의 100분의 3에 해당하는 가산금을 징수한다. ② 공단은 보험료등의 납부의무자가 체납된 보험료등을 납부하지 아니한 때 납부기한이 경과한 날부터 1개월이 경과할 때마다 체납된 보험료등의 100분의 1에 해당하는 가산금을 제1항에 따른 가산금에 가산하여 징수한다. 이 경우 가산금은 체납된 보험료등의 100분의 9를 초과하지 못한다. ③ 천재·지변 기타 보건복지부령이 정하는 부득이한 사유가 있는 경우에는 가산금은 이를 징수하지 아니할 수 있다(동법 제71조).

4) 전달체계

(1) 국민건강보험공단

가. 업무

건강보험의 보험자는 국민건강보험공단(이하 "공단"이라 한다)으로 한다(동법 제12조). 보험자란 의료보험의 경영주체로서 보험료의 징수 및 보험급여를 행하는 자를 말한다. 우리나라의 의료보험 운영체계는 이전의 조합주의 방식에서 통합주의 방식으로 바뀌어 보험자가 국민건강보험공단 1개로 통합되었다. 공단은 다음의 업무를 관장한다(동법 제13조). 가입자 및 피부양자의 자격관리, 보험료 기타 이 법에 의한 징수금의 부과·징수, 보험급여의 관리, 가입자 및 피부양자의 건강의 유지·증진을 위하여 필요한 예방사업, 보험급여비용의 지급, 자산의 관리·운영 및 증식사업, 의료시설의 운영, 건강보험에 관한 교육훈련 및 홍보, 건강보험에 관한 조사연구 및 국제협력, 이 법 또는 다른 법령에 의하여 위탁받은 업무, 기타 건강보험과 관련하여 보건복지부장관이 필요하다고 인정한 업무. ② 자산의 관리·운영 및 증식사업의 종류와 범위 등에 관하여 필요한 사항은 대통령령으로 정한다. ③ 공단은 당해 업무의 제공 또는 시설의 이용이 특정인을 위한 것일 경우 그 업무의 제공 또는 시설의 사용에 대하여 공단의 정관이 정하는 바에 의하여 수수료 또는 사용료를 징수할 수 있다. ④ 공단은 「공공기관의 정보공개에 관한 법률」에 의하여 건강보험과 관련하여 보유·관리하고 있는 정보를 공개한다.

나. 법인격

공단은 법인으로 한다. 공단은 주된 사무소의 소재지에서 설립등기를 함으로써 성립한다(동법 제14조). 국민건강보험공단에 법인격을 인정한 것은 항구성을 보장하고, 공단은 정부에 속한 건강보험사업을 관리·운영하기 때문에 공법인에 속한다. 공단의 주된 사무소의 소재지는 정관으로 정한다. 공단은 필요한 때에는 정관이 정하는 바에 의하여 분사무소를 둘 수 있다(동법 제15조).

다. 정관

공단의 정관에는 다음의 사항을 기재하여야 한다(동법 제16조).

① 목적
② 명칭
③ 사무소의 소재지
④ 임·직원에 관한 사항
⑤ 이사회에 관한 사항
⑥ 재정운영위원회에 관한 사항
⑦ 보험료 및 보험급여에 관한 사항
⑧ 예산 및 결산에 관한 사항
⑨ 자산 및 회계에 관한 사항
⑩ 정관변경에 관한 사항
⑪ 공고에 관한 사항

다만, 공단은 정관을 변경하고자 하는 때에는 보건복지부장관의 인가를 받아야 한다.

라. 임원

공단을 운영하는 임원의 구성은 다음과 같다(동법 제19조). ① 공단에 임원으로서 이사장 1인, 이사 17인 및 감사 1인을 둔다. ② 이사장은 보건복지부장관의 제청에 의하여 대통령이 임면한다. ③ 이사 중 8인은 노동조합·사용자단체·농어업인단체·소비자단체가 각각 2인씩 추천한 자를, 5인은 공단의 이사장이 추천한 자를, 4인은 대통령령이 정하는 관계공무원을 보건복지부장관이 임면한다. ④ 감사는 보건복지부장관이 임면한다. ⑤ 이사장, 이사 중 5인 및 감사는 상임으로 한다. 다만, 비상임임원은 정관이 정하는 바에 의하여 실비변상을 받을 수 있다. ⑥ 임원의 임기는 3년으로 한다. 다만, 공무원인 임원의 임기는 그 재임기간으로 한다.

① 이사장은 공단을 대표하며 그 직무를 총괄한다. ② 상임이사는 이사장의 명을 받아 공단의 업무를 집행하며, 이사장이 부득이한 사유로 그 직무를 수행할 수 없는 때에는 정관이 정하는 상임이사가 이사장(동법 제20조).

마. 재정운영위원회

요양급여비용의 계약 및 보험료의 결손처분 등 보험재정과 관련된 사항을 심의·의결하기 위하여 공단에 재정운영위원회를 둔다. 재정운영위원회의 위원장은 위원 중에서 위원회가 호선한다(동법 제31조).

재정운영위원회는 노동조합 및 사용자단체가 각각 5인씩 추천하는 위원 10인, 지역가입자(농어업인단체·도시자영업자단체 및 시민단체가 각각 추천하는 자)를 대표하는 위원 10인, 공익을 대표(관계공무원 및 건강보험에 관한 학식과 경험이 풍부한 자)하는 위원 10인의 위원으로 구성한다. 재정운영위원회의 위원의 임기는 2년으로 한다. 다만, 공무원인 위원의 임기는 그 재임기간으로 하며, 보궐된 위원의 임기는 전임자의 잔임기간으로 한다(동법 제32조). 공단에 관하여 이 법에 규정된 것을 제외하고는 「민법」중 재단법인에 관한 규정을 준용한다(동법 제38조).

(2) 건강보험심의조정위원회

① 건강보험정책에 관한 요양급여의 기준, 요양급여비용에 관한 사항, 직장가입자의 보험료율, 지역가입자의 보험료부과점수당 금액, 그 밖에 건강보험에 관한 주요 사항으로서 대통령령이 정하는 사항을 심의·의결하기 위하여 보건복지부장관 소속하에 건강보험정책심의위원회(이하 "심의위원회"라 한다)를 둔다. ② 심의위원회는 위원장 1인과 부위원장 1인을 포함한 25인의 위원으로 구성한다. ③ 심의위원회의 위원장은 보건복지부차관이 되고, 부위원장은 제4항제3호의 위원 중에서 위원장이 지명하는 자가 된다. ④ 심의위원회의 위원은 다음 각 호의 자를 보건복지부장관이 임명 또는 위

촉한다. 근로자단체 및 사용자단체가 각각 2인씩, 시민단체, 소비자단체, 농어업인단체 및 자영업자단체가 각각 1인씩 추천하는 8인, 의료계를 대표하는 단체 및 약업계를 대표하는 단체가 추천하는 8인, 대통령령이 정하는 중앙행정기관 소속 공무원 2인, 국민건강보험공단의 이사장 및 건강보험심사평가원의 원장이 각각 1인씩 추천하는 2인, 건강보험에 관한 학식과 경험이 풍부한 4인. ⑤ 심의위원회 위원의 임기는 3년으로 한다. 다만, 공무원인 위원의 임기는 그 재임기간으로 하고, 보궐된 위원의 임기는 전임자의 잔임기간으로 한다. ⑥ 심의위원회의 운영 등에 관하여 필요한 사항은 대통령령으로 정한다(동법 제4조).

(3) 건강보험심사평가원

가. 설립 및 업무

요양급여비용을 심사하고 요양급여의 적정성을 평가하기 위하여 건강보험심사평가원(이하 "심사평가원"이라 한다)을 설립한다(동법 제55조). 심사평가원은 다음의 업무를 관장한다(동법 제56조).

① 요양급여비용의 심사
② 요양급여의 적정성에 대한 평가
③ 심사 및 평가 기준의 개발
④ 조사연구 및 국제협력
⑤ 다른 법률의 규정에 의하여 지급되는 급여비용의 심사 또는 의료의 적정성 평가에 관하여 위탁받은 업무
⑥ 건강보험과 관련하여 보건복지부장관이 필요하다고 인정한 업무
⑦ 기타 보험급여비용의 심사와 보험급여의 적정성 평가와 관련하여 대통령령이 정하는 업무

요양급여 등의 적정성 평가에 관한 기준·절차·방법 기타 필요한 사항은 보건복지부령으로 정한다. 심사평가원은 법인으로 한다. 심사평가원은 주된 사무소의 소재지에서 설립등기를 함으로써 성립한다(동법 제57조).

나. 임원

임원의 구성은 다음과 같다(동법 제58조). ① 심사평가원에 임원으로서 원장, 이사 16인 및 감사 1인을 둔다. ② 원장 및 감사는 보건복지부장관이 임면한다. ③ 이사 중 5인은

의약관계단체가 추천한 자를, 3인은 공단이 추천한 자를, 3인은 심사평가원의 원장이 추천한 자를, 5인은 노동조합·사용자단체·농어업인단체 및 소비자단체가 각각 1인씩 추천한 자 및 대통령령이 정하는 관계공무원중 1인을 보건복지부장관이 임면한다. ④ 원장, 이사 중 3인 및 감사는 상임으로 한다. 다만, 비상임임원은 정관이 정하는 바에 의하여 실비변상을 받을 수 있다. ⑤ 임원의 임기는 3년으로 한다. 다만, 공무원인 임원의 임기는 그 재임기간으로 한다.

다. 진료심사평가위원회

제59조(진료심사평가위원회)

① 심사평가원의 업무를 효율적으로 수행하기 위하여 심사평가원에 진료심사평가위원회(이하 "심사위원회"라 한다)를 둔다. ② 심사위원회는 위원장을 포함한 50명 이내의 상근심사위원과 1천명 이내의 비상근심사위원으로 구성하며, 진료과목별 분과위원회를 둘 수 있다. ③ 심사위원회의 위원의 자격·임기 및 위원회의 운영 등에 관하여 필요한 사항은 보건복지부령으로 정한다(동법 제59조).

(4) 이의신청

가. 이의신청

제76조(이의신청)

① 가입자 및 피부양자의 자격·보험료등·보험급여 및 보험급여비용에 관한 공단의 처분에 이의가 있는 자는 공단에 이의신청을 할 수 있다. ② 요양급여비용 및 요양급여의 적정성에 대한 평가등에 관한 심사평가원의 처분에 이의가 있는 공단·요양기관 기타의 자는 심사평가원에 이의신청을 할 수 있다. ③ 제1항 및 제2항의 규정에 의한 이의신청은 처분이 있음을 안 날부터 90일 이내에 문서로 이를 하여야 하며 처분이 있은 날부터 180일을 경과하면 이를 제기하지 못한다. 다만, 정당한 사유에 의하여 그 기간내에 이의신청을 할 수 없었음을 소명한 때에는 그러하지 아니하다. ④ 제3항 본문에도 불구하고 요양기관이 제43조의2에 따른 건강보험심사평가원의 확인에 대하여 이의신청을 하는 경우 같은 조제2항에 따라 통보받은 날부터 30일 이내에 이를 하여야 한다. ⑤ 이의신청의 방법·결정 및 그 결정의 통지 등에 관하여 필요한 사항은 대통령령으로 정한다(동법 제76조).

나. 심사청구

① 제76조의 규정에 의한 이의신청에 대한 결정에 불복이 있는 자는 제77조의2에 따른 건강보험분쟁조정위원회에 심판청구를 할 수 있다. 이 경우 제76조제3항의 규정은 심판청구에 관하여 이를 준용한다. ② 제1항에 따라 심판청구를 하고자 하는 자는 대통령령으로 정하는 심판청구서를 제76조제1항 또는 제2항에 따른 처분을 행한 공단 또는 심사평가원에 제출하거나 제77조의2에 따른 건강보험분쟁조정위원회에 제출하여야 한다. ③ 심판청구의 절차·방법·결정 및 그 결정의 통지 등에 관하여 필요한 사항은 대통령령으로 정한다(동법 제77조).

다. 행정소송

공단 또는 심사평가원의 처분에 이의가 있는 자와 제76조의 규정에 의한 이의신청 또는 제77조의 규정에 의한 심판청구에 대한 결정에 불복이 있는 자는 「행정소송법」이 정하는 바에 의하여 행정소송을 제기할 수 있다(동법 제78조).

4 개선점

1) 급여확대

국민건강보험제도는 가장 효과적·경제적으로 모든 국민들에게 필요한 의료서비스를 제공하기 위한 방법으로서 국민의 경제적 고통을 동반하지 않고 실현되어야 한다. 그러나 현행 건강보험체계에서는 의료비의 본인부담률이 높아 과도한 의료비지출로 가계에 심한 경제적 부담이 되며, 필수적인 의료서비스도 보험급여에 제외되어 있는 경우도 있다.

국민건강보험관리공단의 자료에 의하면 2010년의 경우 입원환자의 본인부담율이 39.8%, 보험급여율이 60.2%로 나타났으며, 외래환자의 경우는 2010년에 각각 65%와 35%로 보험급여율이 증가추세를 보이고는 있으나 아직은 본인부담율이 높은 편이다.

이러한 문제점을 해결하기 위하여 그 동안 많은 논의가 거듭되었다. 따라서 보험혜택 범위를 확대하기 위해서는 적정부담-적정급여에 대한 국민적 합의도출이 선행되어야 하고, 재정확보의 다양한 방법들 중에서 선택 가능한 구체적인 방안을 모색하여야 할 것이다.

2) 재원조달

직장의료보험, 지역의료보험, 공·교의료보험을 통합하여 운영하게 된 국민건강보험은 지역의료보험의 적자를 다른 두 보험이 커버하고 있어서 통합과정에서 많은 진통을 겪었다. 이로 인하여 소득이 투명한 봉급생활자만 부담이 가중되어 보험료 부과에서 형평성의 문제가 제기되었다. 특히 통합된 국민건강보험으로 이행하는 과정에서 보험료산정기준 보수범위를 확대하여 직장근로자의 보험료율이 높아졌다. 이와 병행하여 지역가입자의 보험료도 인상되어야 한다.

그러나 보험료의 인상만이 재원조달의 방편이 되어서는 안 된다. 재원조달을 위한 다양한 방법들이 있는데, 가장 중요하고 근본적인 방법은 국고지원금의 확대이다. 특히 지역가입자의 국고지원금은 직장가입자나 공·교 등과의 보험료 징수의 형평성의 문제에서도 필연적이다. 국민의 입장에서는 보험료나 조세 모두가 국민의 부담을 수반하는 것이지만 국고지원금은 국민의 납부저항이 적기 때문에 선택이 매우 용이할 것이다.

또 다른 방법으로는 지역가입자 중에서 고소득 자영업자의 소득파악은 매우 중요한 일이다. 이것은 보험료 부담의 형평성 문제도 중요하지만 재원확보를 위해서도 필수적으로 이루어져야 할 것이다. 한편 직장가입자의 피부양자로서 자영소득이 있는 경우에는 현재 보험료가 면제되고 있다. 부담능력이 있으면서 보험료를 부담하지 않고 보험혜택을 받는 것은 문제이다. 이 외에도 의료보험 재원확보를 위하여 목적세로서 부과하는 방법 등 다양한 방법이 있을 수 있다.

3) 심사 · 평가체계의 개선

진료비는 월별로 진료가 종료된 다음달 말까지 보험자인 국민건강보험공단에 청구하고, 공단은 요양급여비용의 심사와 요양급여의 적정성에 대한 평가심사 후 조정결과를 통보한다. 이 결과에 대하여 90일 이내에 문서로 이의신청할 수 있다. 진료비청구의 문제점은 진료행위별수가제에 의하여 진료서비스의 각 단위에 기초한 청구가 매우 복잡하여 청구에 소요되는 시간과 인력이 많이 소요된다.

이러한 체계와 관련하여 의료계가 제기하고 있는 문제점은 진료비심사의 공정성, 객관성, 전문성에 관해서 공단의 심사자와 마찰이 계속되고 있다. 적정진료보다는 과잉진료 억제 위주의 보험재정 보호에 치우침으로써 진료의 질에 대한 심사가 거의 이루어지지 않고 있다. 또한 진료비 심사와 진료행위에 대한 평가가 상호 연계되지 않고, 의료 정상화를 위한 유도기능이 미약하다. 따라서 앞으로 포괄수가제를 단계적으로 도입·확대하여 의료서비스의 질적 향상과 진료비 청구의 효율성을 도모하여야 할 것이다.

4) 관리운영의 효율화

1998년 국민의료보험관리공단(지역)과 직장조합의 통합, 2000년 7월에 직장 및 지역, 공·교 의료보험이 통합되어 법의 명칭도 국민건강보험법으로 개칭되었으며, 의약분업도 실시하게 되었다. 즉 의료보험의 완전 통합과 의약분업의 실시이다.

이 통합관리운영체계는 전체 국민을 가입대상으로 하고, 연간 수조원의 재정을 운영해야 함으로 효율적인 관리운영이 핵심적인 과제이다. 나아가서는 연금, 의료, 산재, 고용의 4대 사회보험 통합을 위해서도 처음으로 시도되는 국민건강보험공단은 또 다른 임무와 역할을 가지고 있다.

국민건강보험공단의 출범으로 효율적인 관리운영을 위해서 중앙과 지방의 이원체제, 책임경영으로 경쟁력 유도, 민원편의와 대민 지향적 행정서비스, 경영평가 시스템 등이다(이인재, 2000: 351).

국민건강보험체계에서는 보다 질 높은 의료서비스를 제공하기 위해 관리운영 측면에서 민주성과 효율성을 확보하는데 중점을 주는 것이 필요하다. 이를 위하여 건강보험운영의 최고 핵심 정책심의기구인 "건강보험심의조정위원회" 및 보험료조정의 심의·결정기구인 "재정운영위원회"에 보험가입자, 보험자, 의료공급자, 정부가 함께 참여하여 서로간의 이해관계를 조정함으로써 공단운영의 민주성, 투명성을 확보하도록 하는 제도적 장치가 마련된 것은 과거에 비해 진일보한 것이라고 할 수 있다.

또한 건강보험심사평가원의 설립은 심사의 독립성을 보장하여 심사의 공정성, 객관성, 전문성을 확보함으로써 의료공급자와 보험자간에 형성된 갈등의 구조를 해소하고 국민에게 보다 나은 의료서비스를 제공하기 위한 신뢰가 형성되는 계기가 되어야 할 것이다(이상용, 2000: 10).

이러한 복잡한 체계로 구성되어 있는 국민건강보험은 출범과 동시에 통합에 따른 조합간의 갈등, 의약분업으로 인한 의사와 약사간의 갈등 등 수많은 시행착오를 거듭하고 있다. 이러한 갈등이 과연 수요자 중심의 의료서비스 극대화를 위한 것인지 아니면 업종간의 이기주의에서 파생한 것인지를 심각하게 생각해 볼 필요가 있다.

제 5 절 산업재해보상보험법

1 의의

「산업재해보상보험법」은 업무상의 사유로 돌발적 재해를 당하거나 직업병으로 인한 재해근로자 또는 그 유족에게 보험방식으로 재해를 보상해 주고자 하는 소득보장적, 의료보장적 법률이라고 하겠다.

산업재해의 문제는 현대산업사회 속에서 발생하는 불가피한 고민거리에 속한다. 근로산업 현장에서 일하는 근로자들의 인간다운 생활을 보장해 주고자 하는 것은 현대적 「산업재해보상보험법」의 이념이요 목적이다. 산업 근로자들이 산 활동 등에서 받는 재해의 보상은 ① 처음에는 민법상으로 사용자에게 손해배상적 과실책임을 부과시켰지만, ② 후에는 노동법상으로 사용자에게 무과실 보상책임을 부담시켰고, 마침내 사용자의 근로자에 대한 보상을 더욱 확실히 하기 위하여 ③ 사회보험법상으로 사회보험의 방식에 따라 사용자에게 보험책임을 지우는 단계까지로 발전되었다.

즉 산업재해보상 문제는 「민법」의 영역에서 노동법의 영역으로, 그것은 다시 사회보장법의 영역으로까지 그 범위를 확대해 왔다고 볼 수 있겠다.

이와 같은 세계적인 법적 추세에 따라 우리도 「산업재해보상보험법」(이하 "산재법"이라 한다)을 제정하여 근로자들을 산재로부터 사전적 예방과 아울러 사후적 보호를 도모하고 있지만, 「산업안전보건법」이 산재의 사전적 예방을 주된 목적으로 하고 있는 법이라면, 「산업재해보상보험법」은 사후적 보호를 주된 목적으로 하는 법이라고 비교할 수 있을 것이다.

우리나라 〈산재법의 특징〉을 살펴보면 ① 사업주의 무과실책임 원칙 ② 보험급여 산정의 정형화(정률보상방식에 따름) ③보험료는 사업주의 전액부담 원칙, ④ 산재보상의 보험방식 채택 등을 들 수 있다.

성격

산업재해보상보험은 사용자의 고의나 과실을 묻지 않고 업무상의 재해에 대하여 사용자에게 책임을 부과하는 무과실책임주의를 따르며, 보험료는 사업주가 전액 부담한다.

사업주의 무과실책임 원칙

당사자는 고의나 과실이 있는 경우에 한해서 상대방에 대한 손해배상책임을 지는 것이 원칙이다. 그러나 산업현장의 근로자의 산업재해를 폭넓게 인정 내지 보호해 주기 위하여 근로기준법이나 산재법은 사업주에게 고의나 과실이 없는 경우에도 산재 근로자의 업무상 재해를 보상해 주도록 규정하고 있다.

② 입법과정

우리나라의 산업재해보상제도의 시초는 1915년의 조선광업령에 의한 부조의무제도에서 찾을 수 있다. 그 후 1948년 정부수립 후 제헌헌법이 노동3권의 보장을 규정하였고, 근로자의 보상 문제가 단체협약을 통하여 논의되었다. 산업의 발전과 함께 근로자 보호를 제도화하기 위하여, 1953년 5월에 노동법상 근로기준법이 제정·공포되었고, 더불어 산업재해에 대해서 개별사용주가 무과실책임을 지게 되었다. 그러나 우리나라의 산업재해보상보험에 관한 입법은 「사회보장에 관한 법률」과 함께, 1963년 11월 5일에 「산업재해보상보험법」이 법률 제1438호로서 제정·공포됨으로써 확립되었고, 근대적인 산업재해보상보험제도의 창설을 보게 된 것이다. 그 이듬해인 1964년 7월 1일에 동법 시행령(제1837호)이 공포되어, 상시 500인 이상의 근로자를 사용하는 광업 및 제조업에 우선 적용토록 하였으며, 강제적 사회보험방식을 채택하고, 노동청이 이를 관장 하였고, 보험료는 전액 사업자가 부담하도록 하였다. 이 후에도 계속 발전되어 왔는 바 이 법의 주요한 개정 연혁을 보면 다음과 같다.

산업재해보상보험법법의 주요 연혁

- 1963. 11. 5 「산업재해보상보험법」(법률 제1438호)이 제정, 공포되었는데, 그 제안 이유는 「사회보장에 관한 법률」에 의하여 산업재해보상보험사업을 행함으로써 근로자의 업무상의 재해를 신속하고 공정하게 보상할 수 있도록 하려는 것"이었다.
- 1994. 12. 22 전문개정(법률 제4826호). 산업재해보상보험에 관한 일선업무를 근로복지공단에 위탁함. 「산업재해보상보험특별회계법」 및 「산업재해보상보험업무및심사에관한법률」을 이 법으로 통합정비함.
- 1997. 8. 28 해외파견자, 현장실습생에 대한 특례규정 신설 등.
- 1999. 12. 31 보험급여의 최고·최저 보상한도 설정, 간병급여 신 설, 일부 중소기업사업주에 대한 적용확대 등.
- 2003. 12. 31 「산업재해보상보험법」과 「고용보험법」의 보험료를 통합징수하기 위한 「고용보험및산업재해보상보험의보험료징수등에관한법률」의 제정에 따라 규정 정비.
- 2004. 1. 29 종전과 달리 근로자를 사용하지 않는 일부 중소기업사업주에 대한

적용확대 등을 도입.

- 2005. 12. 29 고위공무원단 제도의 도입·시행.
- 2007. 12. 14 전부개정. 평균임금 증감제도의 개선, 최고·최저 보상기준제도의 개선, 업무상 재해의 인정 기준을 업무상 사고와 업무상 질병으로 구분 명시, 직업재활급여 제도의 신설 등 대폭 개정.
- 2009. 1.7 양벌(兩罰)규정에도 책임주의 원칙 도입.
- 2010.10.9 산업재해보상보험심의위원회"를 "산업재해보상보험및예방심의위원회"로 변경.
- 2010.1.27 한국산재의료원 폐지, 상병보상연금 수급 요건 구체화, 장해 근로자에 대한 조기 직업훈련 실시, 산업재해보상보험의 징수업무를 국민건강보험공단에 위탁.
- 2010.5.20 진폐에 대한 보험급여의 종류를 진폐보상연금 및 진폐유족연금 등으로 변경(법 제36조제1항 단서 신설), 진폐판정 절차의 간소화(법 제91조의5부터 제91조의8까지 신설), 보험급여 등을 부당하게 지급받은 자를 신고한 사람에 대한 포상금 지급 근거 마련(법 제119조의2 신설).
- 2010.6.4 노동부의 명칭을 고용노동부로 변경. 현행법.

3 내용

(1) 목적(산재법 제1조)

「산업재해보상보험법」의 목적은 ① 근로자의 업무상의 재해의 신속·공정한 보상, ② 재해근로자의 재활 및 사회복귀를 촉진하기 위하여 이에 필요한 보험시설 설치·운영, ③ 재해예방과 그 밖에 근로자의 복지증진을 위한 사업을 시행하여 근로자 보호에 이바지하는 것이다.

(2) 업무상의 재해

업무 수행성과 기인성

급여를 받을 수 있는 요건 중 업무 수행성 조건은 사용자의 지배 또는 관리하에서 이루어지는 업무수행 및 그에 수반되는 통상적인 활동과정과 관련되어야 하며, 업무기인성은 재해와 업무간에 상당한 인과관계가 있는 것으로, 일을 하고 있는 동안에 발생해야함을 의미한다.

•산재보험법 제3조제1항 소정의 "업무상 재해"에 해당하기 위하여 요구되는 업무 수행성은, 사용자의 지배 또는 관리 하에서 이루어지는 당해 근로자의 업무수행 또는 그에 수반되는 통상적인 활동과정에서 재해의 원인이 발생한 것을 의미하며, 따라서 근로자의 출·퇴근 중에 발생한 재해가 업무상 해에 해당되기 위해서는 사용자가 제공한 차량 또는 사용자가 지정한 차량으로 출·퇴근하는 경우에 한하여 출·퇴근 과정이 사용자의 지배 관리하에 있다고 할 것이다(대법원 1993.1.19. 92 누 13073).

•근로자가 근로계약에 의하여 통상 종사할 의무가 있는 업무로 규정되어 있지 아니한 회사외의 행사나 모임에 참가하던 중 재해를 당한 경우, 이를 업무상 재해로 인정하려면, 우선 그 행사나 모임의 주최자, 목적, 내용, 참가인원과 그 강제성 여부, 운영방법, 비용부담 등의 사정들에 비추어, 사회 통념상 그 행사나 모임의 전반적인 과정이 사용자의 지배나 관리를 받는 상태에 있어야 할 것이다(대법원 1992.10.9. 92 누 11107).

재해보상의 책임

근로기준법에서 재해보상의 책임자는 사용자이나, 산업재해보상보험법상의 재해보상의 책임자는 보험자인 노동부장관이다.

1) 개념

이 법은 「산업재해보상보험법」상의 수급권자에게 보험급여를 행하는 것이 주목적이다. 보험급여를 받으려면 보험에 가입한 사업 또는 사업장의 근로자가 "업무상의 재해"를 입어야 하기 때문에 그 개념의 파악이 매우 중요하다.

이 법 제5조에서는 "업무상의 재해"를 〈업무상의 사유에 따른 근로자의 부상·질병·신체장해 또는 사망〉이라고 정의 하고 있다. 문제는 〈업무상의 사유〉라는 개념을 어떻게 해석하느냐 하는 것이다. 종전에는 이 개념을 ① 업무수행성(in the course of employment)과 ② 업무기인성(out of the employment)의 유무와 관련하여 논의하여 왔다. 이 두 요건을 모두 충족하여야 한다거나, 한 요건만 충족해도 업무상 사유가 성립한다고 해석하여, 학설상으로 소위 2요건주의와 1요건주의의 대립이 있었다.

오늘날은 이 업무상의 사유라는 개념을 점점 확대 해석하여 가는 것이 학설과 판례의 경향이라고 보인다. 업무상의 사유라 함은 엄격한 해석으로는 '자기가 담당한 바로 그 업무 때문에'라는 의미이지만, 지금은 ① 업무수행성을 작업 중은 물론 작업 준비 중, 작업 종료 전후에도 업무 관련성 여부를 논하고, 그리고 ② 업무기인성을 업무상의 행동, 작업내용 또는 작업환경과 당해 재해간의 상당인과관계 여부를 논하면서 점점 그 범위를 확대 해석하는 경향을 보이고 있다.

2) 업무상 재해인정기준(동법 제37조, 영 제27조-제36조)

업무상 재해인정 여부의 문제는 실제로 보험급여의 지급 여부와 직결되는 것이기 때문에 재해근로자에게 매우 중요한 문제이다. 따라서 업무상 재해인정기준을 종전에 노동부예규(제234호)에 규정했던 것을 후에 이 법은 동법 시행규칙에 규정했다가, 다시 법률 즉 동법 제37조(2007.12.14 전부개정)와 그 시행령 제2절(27조-37조)에 규정함으로써 그 효력을 격상시키고 있다

근로자가 업무상 사고를 당하거나 업무상 질병에 걸려서 부상·질병 또는 장해가 발생하거나 사망하면 업무상의 재해로 본다. 다만, 업무와 재해 사이에 상당인과관계(相當因果關係)가 없는 경우에는 그러하지 아니하다(동법 제37조1항 참조). 〈개정 2010.1.27〉

(3) 적용범위(동법 제6조)

1) 당연적용사업(장)

현행법은 원칙적으로 근로자 1인 이상의 모든 사업장을 당연적용사업(장)으로 규정하고 있는데, 이것은 1999.12의 개정법에 의하여 2000.7.1부터 시행하였다. 그러나 아직도 다음과 같은 적용제외사업 등 약간의 예외 사업이 있다.

2) 적용제외사업

예외적으로 사업의 위험률·규모 및 사업장소 등을 참작하여 동법 시행령 제2조[1]에 적용제외사업을 규정해 두고 있다. 사업의 위험률이 낮다든가, 규모가 작다든가, 사업장소가 실제 감독하기에 부적합하다든가, 다른 법의 적용을 받고 있다든가 하기 때문에 적용제외사업으로 인정하고 있다. 이 규정은 「공무원연금법」 등 다른 법의 적용을 받기 때문에 적용제외 하는 경우도 있지만, 가사서비스업이나 농업 등 제1차 산업의 영세 사업주를 보호하려는 규정이라고 볼 수도 있다.

---

2) 동법시행령 제2조제1항에서는 동법의 적용제외사업을 다음과 같이 규정하고 있다.

1. 「공무원연금법」 또는 「군인연금법」에 의하여 재해보상이 행하여지는 사업
2. 「선원법」, 「어선원 및 어선 재해 보상보험법」 또는 「사립학교교직원연금법」에 의하여 재해보상이 행하여지는 사업
3. 주택건설법에 의한 주택건설사업자(이하 "주택건설사업자"라 한다), 건설산업기본법에 의한 건설업자(이하 "건설업자"라 한다), 전기공사업법에 의한 공사업자, 정보통신공사업법에 의한 공사업자, 소방시설공사업법에 의한 소방시설업자 또는 문화재보호법에 의한 문화재수리업자가 아닌 자가 시공하는 다음 각호의 1에 해당하는 공사
   가. 총공사금액이 2천만원 미만인 공사
   나. 연면적이 100제곱미터 이하인 건축물의 건축 또는 연면적이 200제곱미터 이하인 건축물의 대수선에 관한 공사(09.1.1 시행)
4. 가구내고용활동(09.1.1 시행)
5. 위의 사업외의 사업으로서 상시근로자의 수가 1인 이상이 되지 아니하는 사업
6. 농업·임업(벌목업을 제외한다)·어업·수렵업중 상시 5인 미만의 근로자를 사용하는 사업

(4) 보험가입자

「고용보험및산업재해보상보험의보험료징수등에관한법률」(이하 "징수법"이라 한다. 이 법은 2005.1.1부터 시행함.)에 따르면 보험가입자는 다음의 종류로 나누어진다.

① **당연가입자** : 산재법상 당연적용사업의 사업주는 그의 실제적인 가입희망 여부를 불문하고 당연히 산재보험에 강제적으로 가입되며, 이를 당연가입자라 한다(징수법 제5조제3항).

② **임의가입자** : 산재법상 적용제외사업의 사업주는 산재보험 가입여부가 자유 또는 임의이며, 가입을 원하는 경우, 근로복지공단의 승인을 얻어 산재보험에 가입할 수 있으며, 이를 임의가입자라 한다(동법 제5조제4항).

③ **의제가입자**(擬制加入者) : 당연가입자의 사업이 사업규모의 변동 등으로 인하여 적용제외사업에 해당하게 된 경우에는 그 사업주는 실제로 가입절차를 행하지 아니하여도 그 해당하게 된 날부터 임의가입한 것으로 본다(동법 제6조제2항).

보험가입자인 사업주가 그 사업의 운영을 하는 중에 일시적으로 근로자를 사용하지 않는 기간이 있더라도, 그날부터 1년의 범위 내에서는 역시 산재보험의 가입자로 본다(동법 제6조제3항). 이들을 의제가입자라 한다.

④ **도급사업의 일괄적용(동법 제9조)** : 건설업 등 대통령령이 정하는 사업이 여러 차례의 도급에 의하여 행하여지는 경우에는 그 원수급인을 이 법의 적용을 받는 사업주로 본다. 다만, 대통령령이 정하는 바에 따라 공단의 승인을 얻은 경우에는 하수급인을 이 법의 적용을 받는 사업주로 본다.

(5) 보험자와 근로복지공단

1) 보험자와 피보험자

가. 보험자 : 이 법에 의한 보험사업은 〈고용노동부장관〉이 관장한다. 따라서 산재보험의 보험자는 고용노동부 장관이다(산재법 제2조제1항). 산재보험은 사회보험의 하나로서 국가의 책임 하에 운영된다는 것을 의미하는 것이다.

보험관계

산업재해보상보험의 보험관계란 보험에 가입한 사업주가 보험료를 납부하고, 업무상 재해가 발생하면 보험을 관장하는 자가 재해를 입은 근로자에게 보험급여를 행하는 관계를 말한다.

고용노동부장관은 법인인 〈근로복지공단〉(이하에서는 '공단'이라 함)에 보험사무와 보험사업을 〈위탁〉하여 운영하고 있다. 따라서 실재로 산재보험에 관한 업무처리는 공단에서 행하고 있으나, 〈보험자〉는 고용노동부장관이다.

「국민건강보험법」 제12조에는 건강보험의 보험자는 국민건강보험공단으로 한다는 특별규정을 두고 있지만, 산재법에는 그러한 특별규정도 없기 때문에 보험자는 고용노동부장관이다.

나. 피보험자(수급권자) : 산재법은 보험법의 일종이지만 사업주를 보험가입자로 규정하고 있을 뿐, 〈피보험자〉의 개념을 별도로 규정하고 있지 않다. 이것은 원래 피재근로자에 대한 보상책임이 사업주에게 있기 때문이다.

이 법상의 〈수급권자〉는 업무상의 사유에 의한 부상·질병·장해 또는 사망 등 업무상 재해를 당한 근로자 또는 유족이다. 여기서 〈근로자〉란 「근로기준법」에 의한 근로자를 말한다. 고용노동부장관이 정하는 현장실습생은 〈특례〉로서 근로자로 본다(산재법 제123조).

그리고 50인 미만의 근로자를 사용하는 중·소기업사업주(근로자를 사용하지 아니하는 자를 포함한다) 또는 자동차를 사용하여 행하는 여객 또는 화물 운송사업을 근로자를 사용하지 아니하고 행하는 자도 공단의 승인을 얻어서 본인 또는 유족을 보험급여를 받을 수 있는 자, 즉 수급권자로 하여 보험에 가입하면 수급권자가 될 수 있는 등 특례규정이 있다(동법 제121조–제126조 참조).

2) 근로복지공단

가. 공단의 사업(동법 제11조) : 공단은 〈법인〉으로 설립을 한다(동법 제12조). 다음의 각 〈업무와 사업〉을 수행한다.

① 보험가입자 및 수급권자에 관한 기록의 관리·유지
② 「고용보험및산업재해보상보험의보험료징수등에관한법률」에 의한 보험료 그 밖의 징수금의 징수
③ 보험급여의 결정 및 지급
④ 보험급여에 관한 심사청구의 심리·결정
⑤ 산업재해보상보험시설의 설치·운영

⑥ 업무상 재해를 입은 근로자 등의 요양 및 재활
⑦ 재활보조기구의 연구개발·검정 및 보급
⑧근로자의 복지증진을 위한 사업
⑨그 밖에 정부로부터 위탁받은 사업
⑩ 위 ⑤부터 ⑨까지의 사업에 딸린 사업

나. 공단의 조직(동법 제16조-25조) : 공단의 임원은 이사장 1명과 상임이사 4명을 포함한 15명 이내의 이사와 감사 1명으로 한다. 이사장은 대통령이 임명하고 상임이사는 고용노동부 장관이 임명하되, 당연직이사는 그러하지 아니하다. 이사장의 임기는 3년으로 하고, 이사와 감사의 임기는 2년으로 하되, 각각 1년 단위로 연임할 수 있으며, 당연직이사의 임기는 그 재임기간으로 한다.

이사회를 두고 공단의 업무에 관한 중요사항을 심의·의결한다.

다. 공단의 회계·차입·출자 등(동법 제26조-32조) : 공단의 회계연도는 정부회계연도에 따르고, 보험사업에 관한 회계를 공단의 다른 회계와 구분하여 계리하여야 하고, 고용노동부장관의 승인을 얻어 회계규정을 정하여야 한다. 사업을 위하여 필요한 경우에는 고용노동부장관의 승인을 얻어 자금을 차입하거나, 출자하거나 출연할 수 있다.

3) 자문기관 – 산업재해보상보험및예방심의위원회

고용노동부장관의 자문에 응하여, 보험사업에 관한 중요사항을 심의하는 산업재해보상보험및예방심의위원회를 고용노동부에 둔다(동법 제8조제1항). 근로자, 사용자, 공익을 대표하는 자 등 3자 같은 수로 위원회를 구성한다(제8조 2항).

4) 권리구제기관 – 공단(산업재해보상보험및예방심사위원회), 산업재해보상보험및예방재심사위원회

보험급여에 관한 결정에 대하여 불복이 있는 자는 제1차적으로 공단에, 제2차적으로 산업재해보상보험및예방재심사위원회에 심사청구를 할 수 있다(동법 제103조, 제106조).

5) 한국산재의료원(동법 제33조 삭제) 폐지

근로복지공단 산하의 법인인 한국산재의료원을 근로복지공단에 통합하여 업무상의 재해를 입은 근로자에 대한 요양 및 재활서비스를 종합적으로 제공함으로써 산업재해보상보험 업무의 효율성을 제고할 필요가 있어서 2010.1.27법 개정으로 한국산재의료원의 설립 근거규정을 삭제하였다.

(6) 보험관계의 성립과 소멸

보험관계의 성립과 소멸의 시기는 수급권자에게 보험급여의 시점과 종점이 되기 때문에 매우 정확하여야 한다. 이 법에 의한 보험관계의 성립 및 소멸에 대하여는 징수법이 정하는 바에 따른다(동법 제7조).

1) 보험관계의 성립일

① **당연적용사업** : 사업개시 때부터 산재보험의 당연가입자가 되는 사업의 경우에는 그 사업이 시작된 날이다(징수법 제7조2호).

② 산업재해보상보험법 제6조 단서의 규정에 의한 사업이 사업개시 후에 산재보험의 당연가입자가 되는 사업에 해당하게 된 경우에는 그 해당하게 된 날(징수법 제7조2호).

③ **적용제외사업** : 징수법 제5조제2항 또는 제4항의 규정에 따라 보험에 가입한 사업(적용·제외사업)에 있어서는 공단이 그 사업의 사업주로부터 보험가입승인신청서를 접수한 날의 다음 날이다(징수법 제7조3호).

2) 보험관계의 소멸일(징수법 제10조)

① **당연가입의 경우** : 사업이 폐업되거나 종료된 날의 다음날

② **임의가입의 경우** : 보험관계의 해지에 관하여 근로복지공단의 승인을 얻은 날의 다음날.

③ **직권소멸의 경우** : 징수법 제5조제7항에 따라 근로복지공단이 보험관계의 소멸을 결정·통지한 날의 다음날

④ **징수법 제6조제3항의 의제가입의 경우** : 근로자를 사용하지 아니한 첫 날부터 1년이 되는 날의 다음날

(7) 보험급여

간병급여

요양급여 중의 〈간병〉과는 다른 개념이다. 〈간병급여〉는 요양급여를 받고 치유된 후에 발생하는 급여로서, 의학적으로 보아서 상시 또는 수시로 간병이 필요하여 행하는 급여를 말한다.

보험급여에는 ① 요양급여, ② 휴업급여, ③ 장해급여, ④ 간병급여, ⑤ 유족급여, ⑥ 상병보상연금, ⑦ 장의비, ⑧ 직업재활급여 등이 있다(산재법 제36조제1항).

다만, 진폐에 따른 보험급여의 종류는 ① 요양급여, ② 간병급여, ③ 장의비, ④ 직업재활급여, ⑤ 진폐보상연금 ⑥ 진폐유족연금으로 한다(산재법 제36조제1항 단서). 〈개정 2010.5.20, 시행 2010.11.21〉

1) 요양급여(산재법 제40조)

가. 보험사고 : 보험사고, 즉 보험급여의 원인은 '근로자가 업무상의 사유에 의하여 부상을 당하거나 질병에 걸린 경우'이다.

나. 수급권자 : 수급권자라 함은 이 법에 따라 보험급여를 받을 수 있는 자를 말한다(동법 제36조2항).

요양급여에서는 위의 보험사고를 당한 〈근로자〉가 원칙이다. 그러나 〈사업주〉라 하드라도 50인 미만의 근로자를 사용하는 중소기업사업주는 보험에 가입하면 수급권자가 될 수 있다(동법 제124조). 또 〈근로자가 아니라도〉 현장 실습생 등에게 특례규정으로 수급권을 인정하고 있다(동법 제121-제126조).

부상 또는 질병이 3일 이내의 요양으로 치유될 수 있는 때에는 본 급여를 받을 수 없다.

다. 급여의 방법 : 요양급여는 요양비의 전액으로 하되, 공단이 설치한 보험시설 또는 공단지정 의료기관에서 요양을 받는 현물급여가 원칙이고, 부득이한 경우[2]에는 현금급여로서 요양비를 지급 받을 수 있다.

---

2) 이 경우의 요양비는 다음의 비용으로 한다(시행령 제38조제1항).

1. 공단이 설치한 보험시설 또는 공단이 지정한 의료기관외의 의료기관에서 응급진료 등 긴급하게 요양을 받은 경우의 요양비
2. 본법 제40조제4항, 제2호 중 의지나 그밖의 보조기 지급 제6호 중 간병, 7호의 이송의 요양급여에 소요되는 비용
3. 그 밖에 공단이 정당한 사유가 있다고 인정하는 요양비

라. 급여의 범위 : 요양급여의 범위는 다음과 같다.

① 진찰 및 검사, ② 약제 또는 진료재료와 의지(義肢) 그 밖의 보조기의 지급, ③ 처치·수술 그 밖의 치료, ④ 재활치료, ⑤ 입원 ⑥ 간호 및 간병, ⑦ 이송 ⑧ 그 밖에 노동부령으로 정하는 사항

마. 재요양(再療養) : 요양급여를 받았던 자가 치유 후 요양의 대상이 되었던 업무상의 부상 또는 질병이 재발하거나 치유 당시보다 상태가 악화되어 이를 치유하기 위한 적극적인 치료가 필요하다는 의학적 소견이 있으면 다시 요양급여(이하 "재요양"이라 한다)를 받을 수 있다(동법 제51조).

2) 휴업급여(동법 제52조)

가. 보험사고 : 요양급여의 경우와 같다.

나. 수급권자 : 위의 보험사고를 당하여 요양으로 인하여 취업하지 못하는 근로자이다. 무노동 무임금원칙이 배제되는 경우로서 피재근로자와 그 부양가족들의 소득보장을 위한 규정이다. 다만, 취업하지 못한 기간이 3일 이내인 때에는 본 급여를 받지 못한다.

다. 급여의 내용 : 1일당 지급액은 평균임금의 100분의 70에 상당하는 금액으로 하며 현금급여를 한다. 이 휴업급여는 「최저임금법」상의 최저임금액 이상이어야 한다.

라. 기타 : 부분휴업급여(53조), 저소득근로자의 휴업급여(54조), 고령자의 휴업급여(55조), 재요양기간 중의 휴업급여(56조) 등이 있다.

마. 상병보상연금과의 관계 : 상병보상연금 수급권자는 휴업급여를 받지 못한다(동법 제66조). 이중 지급을 하지 않는다는 뜻이다.

3) 장해급여(동법 제57조)

가. 보험사고 : 근로자가 업무상의 사유에 의하여 부상을 당하거나 질병에 걸려, 치유 후 신체 등에 장해가 있는 경우이다. 장해로 인한 노동능력의 손상 때문에 장해정도에 따라 소득보장급여를 해 주고자 함이 그 목적이다.

나. 급여의 방법 : 장해등급은 1급에서 14급까지 있는데, 노동력을 완전히 상실한 장해등급에 해당하는 1~3급의 근로자는 〈장해보상연금만〉받을 수 있다. 4~7급의 근로자들은 〈선택에 따라〉 연금 또는 일시금의 형태로 급여를 받을 수 있다.

그러나 장해급여 청구사유 발생 당시 대한민국 국민이 아닌 자로서 외국에서 거주하고 있는 근로자에게는 장해보상 일시금을 지급한다(동법 제57조 3항).

장해보상연금은 수급권자의 신청에 의하여 그 연금의 최초의 1년분 또는 2년분의 1/2에 상당금액을 〈선급〉 받을 수 있다. 1~3급의 근로자는 그 연금의 최초의 1년분 내지 4년분의 1/2에 상당금액을 선급 받을 수 있다. 이것은 수급권자들을 가능한 한 연금수급권자로 유도하기 위한 규정이라 하겠다(동법 제57조 4항).

다. 장해특별급여(동법 제78조) : 보험가입자의 〈고의 또는 과실〉로 인한 업무상 재해로 근로자가 장해등급 제1급~제3급 또는 또는 진폐장해등급에 해당하는 장해를 입은 경우에, 〈「민법」상 손해배상에 갈음〉하여 장해특별급여를 청구한 때에는 장해급여 외에 장해특별급여를 지급할 수 있다. 이 규정의 취지는 민사상 손해배상문제를 산재법상의 기준에 따라 신속하게 해결하려 함에 있다. 다만 근로자와 보험가입자 사이에 장해특별급여에 관하여 〈합의〉가 이루어진 경우에 한한다.

따라서 장해특별급여를 받은 수급권자는 동일한 사유로 보험가입자에게 「민법」 기타 법령의 규정에 의한 손해배상을 청구할 수 없다.

공단은 장해특별급여를 지급한 때에는 그 급여액의 전액을 보험가입자로부터 징수한다(구상권 행사).

4) 간병급여(동법 제61조)

가. 보험사고 : 요양급여를 받고 치유된 후에도 의학적으로 보아서 상시 또는 수시로 간병이 필요하여 실제로 간병을 받는 경우이다.

나. 급여의 지급대상 및 지급기준(동법 시행령 제59조)

① 〈상시급여〉의 경우는 신경계통의 기능, 정신기능 또는 흉복부장기기능의 장해가 장해등급 제1급에 해당하는 자 등으로서 상시간병을 받아야 하는 자에게 노동부장관이 고시하는 금액을 지급한다.

② 〈수시급여〉의 경우는 위의 기능장해가 장해등급 제2급에 해당하는 자 등으로서 수시간병을 받아야 하는 자에게 상시간병급여액의 3분의 2에 해당하는 금액을 지급한다.

참고 간병급여 지급대상자가 무료요양소 등에 입소하여 간병비용을 지출하지 아니하거나 지출한 간병비용이 간병급여액에 미달함이 명백한 경우에는 간병급여를 지급하지 아니하거나 실제 지출된 간병비용만 지급한다.

5) 유족급여(동법 제62조)

가. 보험사고 : 근로자가 〈업무상 사유로 사망한 경우〉이다. 이 급여는 그 근로자의 유족이 피재근로자의 사망으로 인하여 입게 되는 경제적 손실을 보상하기 위한 〈소득보장 급여〉이다.

나. 급여방법 : 유족급여에는 ① 유족보상연금, ② 유족보상일시금의 두 종류가 있다. 종전에는 수급권자가 연금이나 일시금을 선택하여 지급받을 수 있었으나, 현행법은 그러하지 아니하다.

(가) 유족보상연금

여기서 유족보상연금 수급자격자는 〈유족〉인데, 근로자의 사망 당시 그 근로자와 생계를 같이 하고 있던 유족 중, 처(사실상 혼인관계에 있던 자를 포함. 연령 제한 없음)와 다음 각호의 1에 해당하는 자로 한다. 즉 ① 남편(60세 이상, 사실상 혼인관계에 있는 자를 포함). ② 자녀(18세 미만), ③ 부모(60세 이상), ④ 손자녀(18세 미만), ⑤ 조부모(60세 이상), ⑥ 형제자매(18세 미만이거나 60세 이상), ⑦ 위의 연령제한의 범위 밖에 속하는 자로서 장애인 중 고용노동부령이 정하는 장애등급이상에 해당하는 자(순위는 ①에서 ⑥의 순서임)이며, 유족보상연금을 받을 권리의 순위는 위의 순서로 한다(동법 제63조제1항).

유족보상연금은 본법 별표 3에 따라 지급한다.

즉 (기본금액)+(가산금액)=(유족보상연금)에 따라 지급받는다.

① 기본금액 = 급여기초 연(年)액(=평균임금× 365)의 100분의 47.

② 가산금액 : 유족보상연금수급권자 및 근로자가 사망할 당시 그 근로자와 생계를 같이 하고 있던 유족보상연금수급자격자 1인당 급여기초연액의 100분의 5에 상당하는 금액의 합산 액. 다만 그 합산금액이 급여기초연액의 100분의 20을 넘

을 때에는 급여기초연액의 100분의 20에 상당하는 금액으로 한다. 따라서 가산금액 = 급여기초연액의 100분의 5 내지 100분의 20이다.
그런데 유족보상연금의 수급권자가 원하는 경우에는 유족보상일시금의 100분의 50에 상당하는 금액을 일시금으로 지급 받을 수 있고, 따라서 이 경우 유족보상연금은 100분의 50을 감액하여 받게 된다.
이 연금의 지급기준 및 방법 기타 필요한 사항은 시행령으로 정한다.

(나) 유족보상일시금

① **급여요건** : 근로자가 사망할 당시 제63조1항에 따른 유족보상연금 수급자격자가 없는 경우, 다른 유족에게 유족보상일시금을 지급한다(동법 제62조2항).

또 제2항에 따른 유족보상연금을 받을 수 있는 자격이 있는 자가 원하면 별표3의 유족보상일시금의 100분의 50에 상당하는 금액을 일시금으로 지급하고 유족보상연금은 100분의 50을 감액하여 지급한다(동법 제62조3항).

또 유족보상연금을 받던 자가 그 수급자격을 잃은 경우 다른 수급자격자가 없고 이미 지급한 연금액을 지급 당시의 각각의 평균임금으로 나누어 산정한 일수의 합계가 1,300일에 못 미치면 그 못 미치는 일수에 수급자격 상실 당시의 평균임금을 곱하여 산정한 금액을 수급자격 상실 당시의 유족에게 일시금으로 지급한다(동법 제62조4항).

② **급여방법** : 일시금은 〈평균임금의 1300일분〉으로 지급한다(동법 시행령 별표 3).

(나) 유족특별급여(동법 제79조)

① **급여요건** : 보험가입자의 〈고의 또는 과실〉로 발생한 업무상 재해로 인하여 근로자가 사망한 경우에, 수급권자가 〈민법에 의한 손해배상청구에 갈음〉하여 유족급여를 청구하여야 한다. 장해특별급여의 경우처럼 민법상의 손해배상청구 대신 산재법상의 법정기준에 따라 신속하게 보상하여 주려는 제도이다.

근로자와 보험가입자 사이에 유족특별급여에 관하여 〈합의〉가 이루어진 경우에 한한다.

② **급여방법** : 〈유족급여 또는 진폐유족연금 외에〉 대통령령으로 정하는 유족특별급여를 지급할 수 있다. 이 급여를 받은 때에는 동일한 사유로 보험가입자

에게 민법 기타 등에 의한 손해배상을 청구할 수 없다. 이 급여를 지급한 공단은 그 급여액의 전액을 보험가입자로부터 징수한다(구상권 행사).

6) 상병보상연금(동법 제66조)

① **급여요건** : 이 연금은 장기간 요양급여와 휴업급여를 받고 있는 수급권자의 소득보장을 위한 급여이다. 그 급여요건은 요양급여를 받고 있는 근로자가 요양개시 후 2년이 지난 날 이후에도 ⓐ 그 부상 또는 질병이 치유되지 않고, ⓑ 폐질등급이 제1급~제3급에 해당하고, ⓒ 요양으로 인하여 취업하지 못하였을 경우이다.

② **급여방법** : 이 연금은 본법 별표 4에 의한 폐질 등급에 따라 지급하되, 휴업급여는 지급하지 아니한다. 이 연금은 휴업급여 보다 더 높은 수준임은 물론이다.

7) 장의비(동법 제71조)

장의비는 근로자가 업무상의 사유로 사망한 경우에 지급한다. 지급액은 〈평균임금의 120일분〉에 상당하는 금액으로 하고, 〈실제로 장제를 유족〉에게 지급한다. 유족이 아닌 자가 장제를 지낸 경우 실비로 지급한다.

지급되는 장의비가 사망한 근로자의 임금의 많고 적음에 따르는 현격한 차이를 줄이기 위하여, 대통령령으로 〈최고금액과 최저금액의 한계〉를 정해 두었다(동법 시행령 제66조).

8) 직업재활급여(동법 제72조)

① 직업재활급여의 종류는 다음 각 호와 같다. 〈개정 2010.1.27, 2010.5.20〉

1. 장해급여 또는 진폐보상연금을 받은 자나 장해급여를 받을 것이 명백한 자로서 장해급여자 중 취업을 위하여 직업훈련이 필요한 자(이하 "훈련대상자"라 한다)에 대하여 실시하는 직업훈련에 드는 비용 및 직업훈련수당

2. 업무상의 재해가 발생할 당시의 사업에 복귀한 장해급여자에 대하여 사업주가 고용을 유지하거나 직장적응훈련 또는 재활운동을 실시하는 경우에 각각 지급하는 직장복귀지원금, 직장적응훈련비 및 재활운동비

② 제1항제1호의 훈련대상자 및 같은 항 제2호의 장해급여자는 장해정도 및 연령 등을 고려하여 대통령령으로 정한다.

(8) 보험료

1) 의의

〈보험료〉라 함은 산재보험 사업에 드는 비용에 충당하기 위하여 〈보험가입자로부터〉 징수하는 금액이다. 보험재정은 보험료 외에도 국가가 매 회계연도 예산의 범위 안에서 보험사업의 사무집행에 소요되는 비용을 일반회계에서 부담하는 부분이 있다.

이 법에 따른 보험사업에 드는 비용에 충당하기 위하여 징수하는 보험료 그 밖의 징수금에 대하여는 고용보험및산업재해보상보험의보험료징수등에관한법률(이하 "징수법"이라 한다)에서 정하는 바에 따른다(산재법 제4조).

산재보험급여의 대상은 피재 근로자인데 반하여 보험료는 보험가입자인 〈사업주가 부담하는 이유〉는 원래 피재근로자에 대한 산재보상책임이 사업주에게 있기 때문이다. 국가가 보험재정의 일부를 부담하는 것은 근로자의 보호와 복지증진을 위한 국가의 사회보장적 책임 때문이라 하겠다.

2) 보험료의 산정(징수법 제13조제5항, 제6항)

(보험가입자의 사업의 보수총액) × (동종사업의 보험료율) = (보험료)

사업에 따라 보수총액의 추정액 또는 보수액을 결정하기 곤란한 경우에는 대통령령으로 정하는 바에 따라 고용노동부장관이 정하여 고시하는 노무비율에 의하여 결정한다.

3) 보험료율의 결정(징수법 제14조)

보험료의 산정에 있어서 보험료율의 결정은 매우 중요한 개념이다.

보험료율은 매년 6월 30일 현재 〈과거 3년간〉의 〈보수총액에 대한 산재보험급여총액〉의 비율을 기초로 한다. 그리고 이 법에 의한 연금 등 보험급여에 드는 금액, 재해예방 및 재해근로자의 복지증진 등에 드는 비용 기타 사정을 고려하여 사업종류별로 구분하여 고용노동부령으로 정한다. 보험관계가 성립한 후 3년이 지나지 아니한 사업의 보험료율은 고용노동부령으로 정하는 바에 따라 산업재해보상보험및예방심의위원회의 심의를 거쳐 고용노동부장관이 사업의 종류별로 따로 정한다.

4) 보험료율결정의 특례(징수법 제15조제2항)

〈개별실적 요율〉 또는 merit system이라는 것은, 사업에 따라 개별실적에 응하여 보험요율을 정함으로써, 산재발생률을 낮추려는 제도이다. 공단은 대통령령으로 정하는 사업[3]으로서 매년 6월 30일 현재 산재보험의 보험관계가 성립한 후 3년이 지난 사업에 있어서 그 해 6월 30일 이전 〈3년 동안〉의 〈산재보험료에 대한 산재보험급여의 금액〉의 비율이 대통령령으로 정하는 비율에 해당하는 경우에는 제14조제3항 및 제4항의 규정에 불구하고 그 사업에 적용되는 산재보험료율의 〈100분의 50의 범위〉 안에서 사업의 규모를 고려하여 대통령령이 정하는 바에 따라 인상 또는 인하하여 그 사업에 대한 다음 보험연도의 산재보험료율로 정할 수 있다.

6) 보험료의 부과·징수(동법 제16조의2)

① 보험료는 공단(근로복지공단)이 매월 부과하고, 징수는 건강보험공단이 한다. 종전과 달라진 점이다. 각기 상이한 보험료의 부과·징수체계로 인한 4대 사회보험(국민건강보험·국민연금·고용보험 및 산업재해보상보험) 가입자의 불편을 해소하고, 사회보험업무 처리의 효율성을 높이기 위하여 신설한 규정이다.

② 제1항에도 불구하고 건설업 등 대통령령으로 정하는 사업의 경우에는 예외적으로 제17조 및 제19조에 따른다. 즉 종전처럼 다음과 같은 개산보험료·확정보험료 제도에 따른다.[본조신설 2010.1.27]

> **개산보험료**
>
> 보험가입자가 매 보험연도마다 그 1년간에 사용할 모든 근로자나 보험관계가 성립한 날부터 그 보험연도의 말일까지 사용할 근로자에게 지급할 보수의 〈추정액〉에 보험료율을 곱하여 산정한 금액을 말한다.

> **확정보험료**
>
> 당해연도에 보험가입자가 사용한 근로자에게 실제로 지급된 보수총액에 당해연도의 보험료율을 곱하여 산정한 보험료를 말한다.

5) 개산보험료와 확정보험료(징수법 제17조-제19조)

건설업 등 대통령령으로 정하는 사업의 경우에는 월별보험료를 부과·징수하지 않고, 제17조 및 제19조에 따라 다음과 같이 보험료를 부과·징수한다(동법 제16조의2 제2항).

① 건설업 등 대통령령으로 정하는 사업의 경우에는 보험가입자는 우선 공단에 〈개산보험료〉를 신고·납부하고, 그 다음에 〈확정보험료〉를 납부하도록 하였다. 보험재정 운영상의 편의를 위하여 종전의 방식을 따르도록 해 두었

---

3) 시행령 제15조(보험료율 결정의 특례 적용사업)

1. 건설업, 벌목업 제외한 사업으로서 상시 근로자 수가 30명 이상인 사업
2. 건설업 중 법 제8조제1항 및 제2항의 규정에 의하여 일괄적용을 받는 사업으로서 매년 당해 보험연도의 2년전 보험연도의 총공사 실적이 60억 원 이상인 사업

다. 각 보험료는 징수법이 정하는 바에 따라 〈신고〉하고 〈납부〉하여야 한다.

② 개산보험료 = 연간 보수총액 추정액 × 보험료율 ································ (원칙)
개산보험료 = 전년도 확정보수총액 × 보험료율 ································ (예외)

예외의 개산보험료를 적용하는 경우는 대통령령에 정해 두고 있다.[4)]

③ 확정보험료 = 당해 보험연도의 연간확정보수총액 × 보험료율

6) 보험사무대행기관의 설치(징수법 제33조-제37조)

가. 보험사무대행기관의 의의 : 사업주 등을 구성원으로 하는 단체로서, 〈사업주의 위임〉을 받아 보험사무를 행하는 단체를 말한다. 특별법에 따라 설립된 단체, 민법 제32조의 규정에 따라 고용노동부장관의 허가를 받아 설립된 법인 및 그 밖에 대통령령이 정하는 기준에 해당하는 법인 또는 개인(이하 "법인등"이라 한다)은 사업주의 위임을 받아 보험료의 신고 등 사업주가 지방노동관서 또는 공단에 대하여 행하여야 할 보험에 관한 사무(이하 "보험사무"라 한다)를 대행할 수 있다(동법 제33조).

보험가입자들 중 특히 중소기업의 영세사업주들에게는 보험사무처리의 부담을 덜어주고, 다른 한편 공단 측에게는 보험가입 대상 사업체의 증가에 따른 징수업무의 간소화를 기하려는 것이 본 제도의 취지이다.

나. 보험사무를 위탁할 수 있는 보험가입자의 범위

보험사무를 위임할 수 있는 사업주의 범위는 상시근로자 수가 300인 미만의 근로자를 사용하는 사업주들이다. 보험사무를 위임한 사업주가 사업의 확장 또는 합병 등으로 인하여 제1항의 규정에 의한 상시근로자수를 초과하게 된 경우에도 당해 보험연도중에는 계속하여 보험사무를 위임할 수 있다(동법 제45조).

---

4) 시행령(제21조) ① 법 제17조에서 "대통령령이 정하는 경우"라 함은 당해 보험연도의 보수총액의 추정액이 전년도 보수총액의 100분의 70이상 100분의 130이하인 경우를 말한다.

(9) 근로복지사업(산재법 제92조~동법 제94조)

1) 제도적 의의

근로복지사업은 고도산업화에 따라 불가피하게 발생하는 업무상의 재해를 미연에 방지하여 최소화시키며, 다른 한편으로는 재해근로자의 원활한 사회복귀를 도모하는 것을 그 목적으로 하고 있다. 이 목적을 위하여 사업주도 노력하여야 하겠지만, 본조에서는 특히 국가가 이를 위하여 노력하도록 규정하고 있다.

2) 근로복지사업의 내용

근로복지사업의 내용을 보면 ① 사회복귀촉진사업, ② 원호복지사업, ③ 기타 근로자의 복지증진을 위한 시설의 설치운영사업 등이 있다(동법 제92조).

가. 사회복귀촉진사업 : 재해근로자는 신속하게 노동능력을 회복하고 사회복귀를 해야 함은 말할 것도 없다. 이를 위해서 고용노동부장관은 다음의 보험시설을 설치·운영하여야 한다.
① 요양 또는 외과 후 처치에 관한 시설
② 의료재활 또는 직업재활에 관한 시설

나. 원호복지사업 : 고용노동부장관은 장학사업 등 재해근로자와 그 유족의 복지증진을 위한 사업을 하여야 한다.

다. 그 밖의 사업 : 그 밖에 근로자의 복지증진을 위한 시설의 설치·운영사업을 하여야 한다. 고용노동부장관은 재해근로자뿐만 아니라 일반근로자를 위한 산업복지에도 관심을 가지고, 관련 시설을 설치·운영하여야 한다.

3) 국민건강 보험

요양급여 비용의 본인 일부 부담금에 대한 대부사업(동법 제93조)

4) 장해급여자를 위한 고용촉진 권고 및 지원사업(동법 제94조)

(10) 산업재해보상보험 및 예방기금

이 법은 위 기금의 설치 및 조성(산재법 제95조), 기금의 용도(동법 제96조), 기금의 관리·운용(동법 제97조), 기금의 운용계획(동법 제98조), 책임준비금의 적립(동법 제99조), 잉여금과 손실금의 처리(동법 제100조), 차입금(동법 제101조) 그리고 기금의 출납(동법 제102조) 등에 관하여 규정해 두고 있다.

(11) 권리구제(산재법 제103조–제111조)

① 보험급여에 관한 공단의 결정에 대하여 불만이 있는 자는 1 차적으로 〈공단에 심사청구〉를 할 수 있고, 2차적으로 〈산업재해 보상보험및예방재심사위원회에 그 재심사청구〉를 할 수 있다
② 「행정심판법」에 의한 〈행정심판〉을 제기할 수 없다고 규정하고 있다. 왜냐하면 재심청구에 대한 재결을 행정심판에 대한 재결로 보기 때문이다(동법 제103조 5항).
③ 재심사청구에 대하여 불복이 있는 자는 물론 〈행정소송〉을 제기할 수 있다.

4 개선점[5)]

(1) 적용사업장의 범위

이 법이 1963년 11월 5일에 제정·공포되고, 1964년 7월 1일을 기하여 시행된 이래로 우리나라는 국력의 신장과 함께 이 법의 적용범위를 점차 확대시켜 왔다. 최근까지도 5인 이상의 사업장을 이법의 적용대상으로 하여 오다가, 지난 1999. 2. 8의 개정법에 의하여 원칙적으로 1인 이상의 모든 사업장을 그 적용범위에 포함시키게 된 것은 이 법의 개정역사상 획기적인 일이라 하겠다. 그러나 아직도 적용제외 사업장이 있는데, 이 문제는 사업자와 근로자의 이익을 비교형량 하여 점차 개선해 나가야 할 것이다.

(2) 사후 구제적 성격

이 법은 사후 구제적 제도이지만, 산재예방을 촉진시키는 기능도 하여야 한다. 왜냐

---

5) 문원주·조석연, 『실무 산업재해보상보험법』, 전정2판(법원사, 2002), pp.45~50.
신섭중 외, 『한국사회복지법제개설』, 개정증보판(대학출판사, 1999), pp. 390~396.
장동일, 『한국사회복지법의 이해』, 개정증보(학문사, 2003), pp. 329~332.

하면, 이미 발생된 신체적 정신적 재해를 원상회복시키는 것은 불가능하기 때문이며, 보상보다는 예방이 더 바람직하기 때문이다.

이를 위해서 법 개정의 방향은 연금기금을 충실하게 마련해서 산재보험재정을 튼튼히 하는 한편, 근로자복지사업과 산업재해 예방사업의 운영에 세심한 관심을 기울여야 할 것이다.

(3) 보상수준

종전의 산재법이 7일 이내의 요양보상과 휴업보상을 보험급여대상에서 제외되어 있어서 비판을 받아 왔는데, 1982. 1. 1부터 제외대상을 3일 이내로 개정 실시하게 된 것은 퍽 바람직하다고 하겠다. 그러나 독일의 경우 재해 당일부터 보상하여 주고 있는 것에 비하면, 우리 법은 미흡한 부분이 있다고 할 수도 있겠다.

(4) 업무상 재해인정기준

종전에 산재법에서 업무상 재해의 정의에 대하여 업무수행성과 업무기인성을 요소로 하여, 이들을 중심으로 논의되어 왔던 것이 해석상 하나의 문제점이었는데, 1981년의 법 개정 이후, 동법 제5조에 따라 앞으로는 이 두 가지 요건을 갖추지 않더라도 업무상 재해로 인정하여 보험급여를 지급함으로써, 재해근로자를 두텁게 보호할 수 있게 되었다.

이 문제는 앞으로의 법해석과 법운영상의 문제로 남게 될 것이다.

(5) 보험급여상의 문제

보험급여에 있어서 충분한 보험급여의 지급이 근로자의 보호의 측면에서 필수적임은 물론이다. 보상수준의 향상은 한편 근로자보호를 위하여 필요하지만 현실적으로 충분한 재원이 마련되어야 하고, 그것은 사업주의 보험료 부담의 증대를 가져온다는 점에서 볼 때, 그 한계가 있을 수밖에 없다.

그러나 기업의 성장과 더불어 꾸준한 보상수준의 향상이 있어야 함은 재해근로자 및 그 가족 내지 유족들의 생활보장을 위하여 필수적이기 때문이다.

(6) 통근재해문제

통근재해에 관해서 법은 상당히 제한적이지만, 산재보상을 해주고 있다. 즉 사업주가 소속근로자들의 출·퇴근용으로 제공한 교통수단의 이용 중에 발생한 사고일 것, 그리고 사업주가 제공한 교통수단에 대한 관리·이용권이 근로자 측에 전담되어 있지 아니할 것이라는 제한 하에서, 근로자가 출·퇴근하는 도중에 발생한 사고로 인하여 사상한 경우에 업무상 재해를 인정한다.

그러나 통근재해는 우리 산재법에서도 일본처럼 폭넓게 인정해 주어야 할 것이다. 자동차 홍수 속에 살고 있는 근로자들의 통근재해보상은 시급한 중요한 과제라고 생각되기 때문이다. 통근재해가 업무상 재해에 속할 것인가, 아닌가는 별론으로 하고, 근로자들이 근로 장소에 오고 가는 여정 또는 통근도상에 입게 되는 많은 재해를 보상해 주어야 한다는 것은 재해근로자 자신을 위해서는 물론이고, 그 가족들을 위해서도 절실한 사정이 되기 때문이다.

보상책임의 법리를 개인기업의 사용자책임이 아니라, 근로자의 업무에서 오는 위험, 기업 전 시설에서 오는 위험, 나아가서 통근상 재해 등 사회적 위험으로부터 근로자를 포괄적으로 보호하려는 시각에서 이해한다면, 더 폭넓게 통근재해 보상의 요건을 규정해야 할 것이다.

法諺

Prevention is better than cure.

예방은 구제보다 낫다.

제 6 절 고용보험법

① 의의

실업률을 낮추고 고용률을 높이고자 하는 바람은 예나 오늘이나 모든 국가나 사회의 소망이지만, 현실적으로 실업자의 문제는 매우 심각한 사회문제로 등장하고 있다. 실업자들의 소득보전을 해결하기 위한 제도의 하나가 〈실업보험제도〉 또는 〈고용보험제도〉이다.

〈고용보험제도의 유형〉은 일반적으로 ① 강제실업보험제(영국, 미국, 독일, 프랑스), ② 임의실업보험제(스웨덴, 넨마크, 핀란드), ③ 실업부조제(뉴질랜드, 오스트레일리아, 헝가리) ④ 강제고용보험제(한국, 일본)로 나누어 볼 수 있는데(장동일, 2003 : 314-315 ; 이근창, 103-111), 우리나라는 일본처럼, 강제고용보험제를 채택하고 있다.

고용노동부장관이 이 보험을 관장하고 있지만, 실제로는 근로복지공단에서 고용보험 관계 업무를 담당하고 있다. 〈강제보험제도〉를 채택하고 있기 때문에, 고용보험 가입 해당자는 의무적으로 보험에 가입하여야 한다.

〈실업보험제〉를 실업자의 소득보장을 위한 사후적, 소극적 사회보험제도라 한다면, 〈고용보험제〉는 실업보험사업 외에 실업의 사전예방, 적극적인 고용의 촉진, 근로자의 직업능력의 개발·향상 등을 도모하는 〈사전적, 적극적 사회보험제도〉라고 비교할 수 있을 것이다.

② 입법과정

우리나라는 1980년대 중반까지는 외국과 같은 대량실업의 경험이 별로 없었고 고도경제 성장을 지속하여 왔기 때문에 국가의 모든 제도가 인력의 양성 측면에만 치중하여 왔다. 따라서 실업에 대비한 고용보험의 중요성과 필요성에 대한 관심은 적었다. 그러나 1980년대 후반부터 인력수급의 불균형문제, 산업구조조정에 따른 고용구조조정문제, 그리고 직업훈련의 강화문제 등을 위한 제도적 수단으로 고용보험법의 도입이 논의되기 시작하였다. 그리하여 1987년 노태우 대통령후보의 공약으로 1992년에 실시될 예정이었으나 경제계의 반발로 도입되지 못하였고, 김영삼 대통령후보의 공약으로 다시 제시되었다가, 마침내 1993년 12월 고용보험법이 제정·공포되었고,

1995년 7월 1일부터 그 시행에 들어감으로써 고용보험제도가 실시되었다. 이 후 이 법의 주요한 개정연혁은 다음과 같다.

고용보험법의 연혁

- 1993. 12. 27 고용보험법 제정 공포(법률 제4644호)
- 1995. 7. 1 「고용보험법」 시행.
- 1996. 12. 30 적용제외 근로자 등 개정, 건설 근로자 등의 직업능력개발지원 신설.
- 1998. 9. 17 기준임금규정 신설, 적용범위 피보험자자격 이중 취득 제한.
- 1999. 12. 31 피보험자 단위기간 규정 및 구직급여의 수급자격 인정 규정신설 등.
- 2001. 8. 14 육아휴직급여·산전후 휴가급여 신설.
- 2003. 12. 31 「고용보험및산업재해보상보험의보험료징수등에관한법률」의 제정에 따라 관련 규정을 정비함.
- 2005. 5. 31 종전의 산전후휴가급여를 산전 후 또는 유산·사산휴가급여로 확대.
- 2005. 12. 7 고용안정사업과 직업능력개발사업의 통합운영, 그 지원 대상 및 사업범위의 확대, 고용보험의 가입범위 확대.
- 2007. 5.11 전부개정. 구직급여의 수급자격 제한에 관한 규정은 직접 법률에서 정하도록 하고, 시범사업을 실시할 수 있는 근거를 마련하는 한편, 법 문장의 표기를 한글화하고 어려운 용어를 쉬운 우리말로 풀어쓰도록 개정함.
- 2008. 3. 21 별정직 및 계약직 공무원의 경우는 본인의 의사에 따라 고용보험(제4장에 한한다)에 가입할 수 있게 함.
- 2008. 3. 21 고용보험위원회 신설, 직업능력개발 훈련을 받는 저소득 계층에 대한 생계비 대부, 직업능력개발 훈련을 받는 저소득 계층에 대한 생계비 대부.
- 2010.1.27 4대 사회보험(국민건강보험·국민연금·고용보험 및 산업재해보상보험) 가입자의 불편을 해소하고, 사회보험업무 처리의 효율성을 높이기 위하여 보험료 산정기준을 임금에서 다른 사회보험과 같이 소득세 과세대상 근로소득으로 통일함.
- 2010.6.4 노동부의 명칭을 고용노동부로 변경함. 현행법.

③ 내 용

(1) 법의 목적(동법 제1조)

이 법은 ①고용보험의 시행을 통하여 실업의 예방, ② 고용의 촉진 및 근로자의 직업능력의 개발·향상을 꾀하고, ③ 국가의 직업지도·직업소개기능을 강화하며, ④ 근로자가 실업한 경우에 생활에 필요한 급여를 실시하여 ⑤근로자의 생활의 안정과 구직활동을 촉진함으로써 경제·사회발전에 이바지하는 것을 목적으로 규정하고 있다.

요컨대 실업을 예방하고, 고용 등을 촉진시키고, 근로자의 직업능력을 개발시키고, 실업할 경우 실업급여를 실시하여 근로자의 소득보장을 도모하는 법이라고 하겠다.

> 실업급여
>
> 고용보험법상 구직급여와 취업촉진수당으로 나눈다.

(2) 용어의 정의(동법 제2조)

이 법에서 사용하는 용어의 정의는 다음과 같다.

① "피보험자"라 함은 「고용보험및산업재해보상보험의보험료징수등에관한법률」(이하 "보험료징수법"이라 한다) 제5조제1항·제2항, 제6조제1항 및 제8조제1항·제2항의 규정에 따라 보험에 가입되거나 가입된 것으로 보는 근로자를 말한다.
② "이직(離職)"이라 함은 피보험자와 사업주간의 고용관계가 끝나게 되는 것을 말한다.
③ "실업"이라 함은 근로의 의사와 능력이 있음에도 불구하고, 취업하지 못한 상태에 있는 것을 말한다.
④ "실업의 인정"이라 함은 직업안정기관의 장이 동법 제43조에 따른 수급자격자가 실업한 상태에서 적극적으로 직업을 구하기 위하여 노력을 하고 있다고 인정하는 것을 말한다.
⑤ "보수"란 「소득세법」 제20조에 따른 근로소득에서 대통령령으로 정하는 금품을 뺀 금액을 말한다.
⑥ "일용근로자"라 함은 1개월 미만 동안 고용되는 자를 말한다.

(3) 적용범위

1) 당연적용사업(동법 제8조)

> **고용보험의 범위**
>
> 우리나라의 고용보험은 고용안정사업, 직업능력개발사업 등 고용보험과 실업급여를 지급하는 등의 실업보험을 함께 실시하고 있고, 적용·징수업무는 산업재해보상보험과 같이 근로복지공단으로 일원화되어 있다.

이 법은 〈근로자를 사용하는〉 〈모든 사업(장)〉에 적용한다. 다만, 산업별 특성 및 규모 등을 고려하여 대통령령으로 정하는 사업(임의적용사업)에 대하여는 그러하지 아니하다.

여기서 이 법이 당연히 적용되는 사업을 특히 〈당연적용사업〉이라 하고, 고용보험법 제8조 단서의 규정에 의하여 가입여부가 강제되지 아니하고 임의적인 경우, 이를 〈임의적용사업〉이라 한다.

2) 임의적용사업(동법 시행령 제2조)

> **적용과 급여**
>
> 1개월간의 소정 근로시간이 60시간 미만인 자는 적용제외 근로자에 해당하며, 실업급여는 구직급여와 취업촉진수당으로 구분하며, 취업촉진수당의 종류는 조기재취업수당, 직업능력개발수당, 광역구직활동비, 이주비가 있다.

본법 제8조 단서의 "대통령령이 정하는 사업", 즉 임의적용사업은 다음에 해당하는 사업을 말한다.

① 농업·임업·어업 또는 수렵업 중 법인이 아닌 자가 상시 4명 이하의 근로자를 사용하는 사업
② 징수법 시행령 제2조① 2호에 따른 총공사금액이 2천만 원 미만인 공사
③ 연면적 100m^2 이하인 건축물의 건축 또는 연면적이 200m^2 이하인 대수선에 관한 공사
④ 가사서비스업(예 요리사, 가정부, 보모, 유모, 운전기사, 정원관리원, 가정교사, 개인비서 등)

3) 적용제외 근로자(동법 제10조)

다음에 해당하는 근로자는 임의적용사업장은 물론, 당연적용사업장에서 일하는 근로자라 할지라도, 이 법의 적용을 받지 않는다.

① 65세 이상인 자(단, 고용안정·직업능력개발사업규정은 적용받음).
② 소정근로시간이 대통령령이 정하는 시간미만인 자(동법 시행령 제3조제1항)[6]
③ 국가공무원법 및 지방공무원법에 의한 공무원, 다만 시행령으로 정하는 바에 따라

---

6) 시행령 제3조제1항 : 법 제10조제2호의 규정에 의하여 법의 적용이 제외되는 근로자는 1개월 간의 소정근로시간이 60시간 미만인 자(1주간의 소정근로시간이 15시간 미만인 자를 포함한다)를 말한다. 다만, 생업을 목적으로 근로를 제공하는 자중 3개월 이상 계속하여 근로를 제공하는 자 및 법 제2조제6호의 규정에 의한 일용근로자를 제외한다.

별정직 및 계약직 공무원의 경우는 본인의 의사에 따라 고용보험(제4장에 한함)에 가입할 수 있다.

④ 사립학교교직원연금법의 적용을 받는 자

⑤ 그 밖에 대통령령이 정하는 자(동법 시행령 제3조제2항)-외국인근로자, 별정우체국직원

(4) 보험관계

고용보험과 산업재해보상보험의 보험료를 통합징수하기 위한 「고용보험및산업재해보상보험의보험료징수등에관한법률」(이하 "징수법"이라 한다)의 제정에 따라, 「고용보험법」에서 규정하고 있던 고용보험의 성립·소멸 및 보험료징수 등에 관한 규정은 삭제하고 ,징수법의 규정에 따르게 되었다.

1) 보험사업의 수행주체(징수법 제4조)

고용보험은 국가의 사업으로서 고용노동부장관이 이를 관장한다(「고용보험법」 제3조). 따라서 〈보험자〉는 고용노동부장관이다. 그러나 실제 고용보험관계의 성립·소멸 등 〈업무처리〉는 「산업재해보상보험법」에 의한 근로복지공단(이하 "공단"이라 한다)이 고용 고용노동부장관의 위탁을 받아 수행한다.

2) 보험가입자

가. 당연보험가입자

(가) 개념 : 원칙적으로 사업의 사업주 그리고 근로자는 당연히 이 보험의 가입자가 된다(징수법 제5조제1항). 이를 당연보험가입자라 한다. 다만, 「고용보험법」 제8조 단서의 규정에 의한 사업의 사업주와 근로자 및 동법 제10조의 규정에 의한 적용제외 근로자를 제외한다.

(나) 사업의 일괄적용(징수법 제8조) : 징수법 제5조제1항 또는 동조제3항의 규정에 의한 보험의 당연가입자인 사업주가 운영하는 각각의 사업이 다음 각 호의 요건에 해당하는 경우에는 이 법의 적용에 있어서 그 사업의 전부를 하나의 사업으로 본다.

㉠ 사업주가 동일인일 것

㉡ 각각의 사업은 기간이 정하여져 있을 것

㉢ 사업의 종류 등이 대통령령으로 정하는 요건에 해당할 것

나. 임의보험가입자(징수법 제5조)

「고용보험법」 제8조 단서의 규정에 의한 사업(임의적용사업)의 사업주가 근로자(제10조의 규정에 의한 적용제외 근로자를 제외한다)의 〈과반수〉의 동의를 얻어 〈공단의 승인〉을 얻은 때에는 당해 사업의 사업주 및 근로자는 보험에 〈가입〉할 수 있다(징수법 제5조제2항). 이러한 근로자를 〈임의보험가입자〉라고 한다.

임의보험가입자인 사업주가 보험계약을 〈해지〉하고자 할 때에는 공단의 승인을 얻어야 한다. 이 경우 보험계약의 해지는 그 보험계약이 성립한 보험연도가 종료된 이후에 하여야 하고 근로자의 〈과반수〉의 동의를 얻어야 한다(동조제5항, 제6항).

공단은 사업의 실체가 없는 등의 사유로 계속하여 보험관계를 유지할 수 없다고 인정하는 경우 그 보험관계를 소멸시킬 수 있다(동조제7항). (직권소멸)

다. 수차(數次) 도급의 경우(징수법 제9조)

> 도급(都給)
>
> 당사자의 일방이 어느 일을 완성할 것을 약정하고, 상대방이 그 일의 결과에 대하여 보수를 지급할 것을 약정함으로써 그 효력이 생기는 계약을 말한다(민법 제664조 참조).

근로현장을 살펴보면, 사업이 여러 차례의 도급이 행해지는 경우가 많은데 이러한 경우에 누구를 이 법의 적용을 받는 사업주로 볼 것인가가 문제된다. 건설업 등 대통령령으로 정하는 사업이 여러 차례의 도급에 의하여 행하여지는 경우에는 그 〈원수급인〉을 이 징수법의 적용을 받는 사업주로 본다. 다만, 대통령령이 정하는 바에 따라 공단의 승인을 얻은 경우에는 〈하수급인〉을 이 징수법의 적용을 받는 사업주로 본다(동조제1항).

제1항에 따른 사업이 국내에 영업소를 두지 아니하는 외국의 사업주로부터 하도급을 받아 시행되는 경우에는 국내에 영업소를 둔 최초 하수급인을 이 법을 적용받는 사업주로 본다(동조제2항).

라. 의제가입자(擬制加入者)(징수법 제6조)

〈의제가입자〉라 함은 원칙적으로는 보험가입자로 볼 수 없지만 법 규정에 따라 보험가입자로 간주되는 자를 말하는데, 다음의 경우에 의제가입자로 규정하고 있다.

① 사업주 및 근로자가 보험의 당연 가입자가 되는 사업이 사업규모의 변동 등으로 임의적용사업에 해당하게 된 때에는 당해 사업주 및 근로자는 그 해당하게 된 날부터 징수법 제5조제2항의 규정에 따라 보험에 가입한 것으로 본다(동조제1항).

② 고용보험에 가입한 사업주가 그 사업의 운영 중에 근로자를 고용하지 아니하게 된 때에는 그 날부터 1년의 범위에서 근로자를 사용하지 아니한 기간 동안에도 보험에 가입한 것으로 본다(동조제3항).
③ 징수법 제5조제5항, 제6항의 규정은 임의가입자인 사업주 및 근로자에 대한 보험계약의 해지에 관하여 이를 준용(準用)한다(동조제4항).

3) 보험관계의 성립과 소멸

가. 보험관계의 성립일

〈사업주〉에 대한 보험관계는 다음의 각각에 해당하는 날에 성립한다(징수법 제7조).
① 고용보험의 당연적용사업의 경우에는 그 사업이 시작된 날(임의적용사업이 징수법 제5조제1항의 규정에 따라 고용보험의 당연가입자가 되는 사업에 해당하게 된 경우에는 그 해당하게 된 날)
② 임의적용사업의 경우에는 공단이 그 사업의 사업주로부터 보험가입승인신청서를 접수한 날의 다음 날
③ 일괄적용을 받는 사업의 경우에는 처음 하는 사업이 시작된 날
④ 제9조제1항 단서 및 제2항에 따라 보험에 가입한 하수급인의 경우에는 그 하도급공사의 착공일

나. 보험관계의 소멸일

〈사업주〉에 대한 보험관계는 다음의 각각에 해당하는 날에 소멸한다(징수법 제10조).
① 사업이 폐지 또는 종료된 날의 다음 날
② 임의가입을 하였다가(징수법제6조제4항에서 준용되는 경우를 포함한다) 후에 보험계약을 해지하는 경우에는 그 해지에 관하여 공단의 승인을 얻은 날의 다음 날
③ 공단이 보험관계를 직권소멸하는 경우에는 그 소멸의 결정·통지를 한 날의 다음 날
④ 징수법 제6조제3항의 규정에 의한 사업주의 경우에는 근로자를 사용하지 아니한 최초의 날부터 1년이 되는 날의 다음 날

다. 피보험자격의 취득일(고용보험법 제13조)

피보험자는 이 법이 적용되는 사업에 고용된 날에 자격을 취득한다. 다만 다음 각 호의 경우에는 각각 해당되는 날에 자격을 취득한 것으로 본다.
① 제10조의 규정에 따른 적용제외 근로자이었던 자가 이 법의 적용을 받게 된 경우에는 그 적용을 받게 된 날

② 징수법 제7조에 따른 보험관계 성립일전에 고용된 근로자의 경우에는 그 보험관계가 성립한 날

라. 피보험자격의 상실일(고용보험법 제14조)

피보험자는 다음 각각에 해당하는 날에 각각 그 피보험자격을 상실한다.

① 피보험자가 동법 제10조) 규정에 따른 적용제외 근로자에 해당된 경우에는 그 적용제외 대상자가 된 날

② 보험관계의 소멸일 규정에 의하여 보험관계가 소멸한 경우에는 그 보험관계가 소멸한 날

③ 피보험자가 이직한 경우에는 이직한 날의 다음 날

④ 피보험자가 사망한 경우에는 사망한 날의 다음 날

(5) 고용보험사업

「고용보험법」은 그 목적을 달성하기 위하여 아래와 같은 고용보험사업을 실시한다.

1) 고용안정·직업능력개발사업(본법 제3장)
2) 실업급여(본법 제4장)
3) 육아휴직급여(본법 제5장)
4) 산전후 휴가급여등(본법 제5장)

1) 고용안정·직업능력개발사업(본법 제3장)

① 고용노동부장관은 피보험자 및 피보험자이었던 자 그 밖에 취업할 의사를 가진 자(이하 "피보험자등"이라 한다)에 대한 실업의 예방, 취업의 촉진, 고용기회의 확대, 직업능력개발·향상의 기회 제공 및 지원 그 밖에 고용안정과 사업주에 대한 인력확보의 지원을 위하여 고용안정·직업능력개발사업을 실시한다(동법 제19조제1항).

② 고용노동부장관은 제1항의 규정에 의한 고용안정·직업능력개발사업을 실시함에 있어서 근로자수, 고용안정·직업능력개발을 위하여 취한 조치 및 실적 등 대통령령[7]으로 정하는 기준에 해당하는 기업을 우선적으로 고려하여야 한다(동조제2항).

---

7) 1. 광업 : 300명 이하
2. 제조업 : 500명 이하
3. 건설업 : 300명 이하
4. 운수·창고 및 통신업 : 300명 이하
5. 제1호 내지 제4호외의 산업 : 100명 이하

가. 고용안정사업(본법 제3장)

이 사업은 고용을 안정시키기 위한 보험사업을 말하는데
(가) 고용창출의 지원
(나) 고용조정 지원
(다) 지역고용의 촉진
(라) 고령자 등 고용촉진의 지원
(마) 건설근로자 등의 고용안정지원
(바) 고용안정 및 취업의 지원
(사) 고용촉진시설에 대한 지원 등의 사업을 말한다.

이 사업은 개별적인 보호와 시설지원의 형태로 구분할 수 있다(박차상 외3인, 2003 : 327). 2005. 12. 7 개정법에서는 변화하는 노동시장의 수요에 부응하고, 노동시장의 문제해결을 위한 적극적 노동시장정책을 추진할 수 있는 기반을 마련하려고 노력하였다.

(가) 고용창출의 지원(동법 제20조)

고용노동부장관은 고용환경 개선, 근무형태 변경 등을 통하여 고용의 기회를 확대한 사업주에 대하여 대통령령이 정하는 바에 따라 필요한 지원을 할 수 있다.

(나) 고용조정의 지원(동법 제21조)

고용노동부장관은 경기의 변동, 산업구조의 변화 등에 따른 사업규모의 축소, 사업의 폐지 또는 전환으로 인하여 고용조정이 불가피하게 된 사업주가 근로자에 대한 휴업, 직업전환에 필요한 직업능력개발훈련, 인력의 재배치 등을 실시하거나 그 밖에 근로자의 고용안정을 위한 조치를 취하면 대통령령으로 정하는 바에 따라 당해 사업주에 대하여 필요한 지원을 할 수 있다. 그리고 고용노동부장관은 제1항항에 따른 지원을 할 때에는 「고용정책기본법」 제32조에 따른 업종에 해당하거나 지역에 있는 사업주에게 우선적으로 지원할 수 있다.

① 고용유지 지원금(동법 시행령 제19조)

고용노동부장관은 법 제21조제1항의 규정에 의하여 고용조정이 불가피하게 된 사업주가 당해 사업에서 고용하는 피보험자(일용근로자, 「근로기준법」 제26조의 규정에 의하여 해고가 예고된 자와 경영상 이유에 의한 사업주의 권고에 따라 퇴직이 예정된 자를 제외한다. 이하 이 장에서 같다)에 대하여 "고용유지조치"를 취하여 그 고용유지조치(제4호의 경우를 제외한다) 기간 동안 고용조정으로 피보험자를 이직시키지 아니하는 경우에는 지원금(이하 "고용유지지원금"이라 한다)을 지급한다.

② 전직지원 장려금(동법 시행령 제22조)

고용노동부장관은 본법 제21조제1항의 규정에 의하여 고용조정이 불가피하게 된 사업주가 단독 또는 공동으로 다음 각 호의 1에 해당하는 자에 대하여 신속한 재취업을 지원하기 위하여 직접 직업상담 등을 위한 노동부령이 정하는 시설을 갖추거나 동 시설을 갖춘 외부기관에 위탁하여 직업상담 등 고용노동부령이 정하는 서비스(이하 "전직지원서비스"라 한다)를 제공하는 경우에는 전직지원장려금을 지급한다.

1. 해당사업의 피보험자로서 고용조정, 정년 또는 근로계약기간이 끝남에 따른 이직예정자
2. 해당사업의 피보험자이었던 자로서 고용조정, 정년 또는 근로계약기간이 끝나 이직한 자

(다) 지역고용의 촉진(동법 22조)

이는 어떤 지역의 고용을 촉진시킨 사업주에게 필요한 지원을 하는 것을 말한다.

고용노동부장관은 고용기회가 현저히 부족하거나 산업구조의 변화 등으로 고용사정이 급속하게 악화되고 있는 지역으로 사업을 이전하거나 그러한 지역에서 사업을 신설 또는 증설함으로써 당해 지역의 실업의 예방, 재취업의 촉진에 기여한 사업주, 기타 당해 지역의 고용기회의 확대에 필요한 조치를 취한 사업주에 대하여 대통령령[8]으로 정하는 바에 따라 필요한 지원을 할 수 있다(동법 제22조, 시행령 24조).

(라) 고령자 등의 고용촉진의 지원

고용노동부장관은 고령자 등 노동시장의 통상적인 조건하에서는 취업이 특히 곤란한 자(이하 이 조에서 "고령자등"이라 한다)의 고용을 촉진하기 위하여 고령자 등을 새로이 고용하거나 기타 이들의 고용안정에 필요한 조치를 취하는 사업주 또는 사업주가 취하는 고용안정조치에 해당된 근로자에 대하여는 대통령령이 정하는 바에 따라 필요한 지원을 할 수 있다(동법 제23조). 고령자는 고령자고용촉진법상의

---

8) 시행령 제24조의 주요 내용
-지정기간 내에 이전, 신설 또는 증설될 것 등 제1항의 요건을 갖출 것
-해당 피보험자에게 지급된 임금액의 2분의 1(대규모기업의 경우에는 3 분의 1)에 해당금액 지원
-조업개시일부터 1년간 지급하되, 지정기간 종료일까지만 지급

55세 이상인 자이다. 개정법(2005. 12. 7)은 고용안정조치에 해당된 근로자도 지원범위에 포함·확대시켰다.

① 고령자 고용촉진 장려금

고용노동부장관은 법 제23조의 규정에 의하여 다음 각호의 1에 해당하는 요건을 갖춘 사업의 사업주에 대하여 고령자고용촉진장려금을 지급한다.

1. 매분기 그 사업의 월평균 근로자수에 대한 1년 이상 고용된 월평균 고령자(「고용상 연령차별 금지 및 고령자 고용촉진에 관한 법률」에 따른 고령자를 말한다. 이하 같다)수의 비율이 업종별로 고용노동부장관이 정하여 고시하는 비율이상일 것
2. 정년을 기존에 정한 연령보다 1년 이상 연장하고, 그 정년이 56세 이상일 것. 다만 정년 연장전 3년 이내에 해당 사업장의 정년을 단축한 경우에는 고령자 고용촉진 장려금을 지급하지 아니한다.
3. 정년을 57세 이상으로 정한 사업장의 당해 사업주에게 고용되어 18개월 이상을 계속 근무한 후 정년이 도래한 자를 퇴직시키지 아니하거나 정년퇴직 후 3월 이내에 재고용(이하 "계속고용"이라 한다)하고 계속고용 전 3개월, 계속고용 후 6개월간 근로자를 고용조정으로 이직시키지 아니할 것. 다만, 1년 이하의 기간을 정하여 계속고용하거나 정년을 단축하는 등 노동부령이 정하는 경우에 해당하는 때에는 이를 지급하지 아니한다(동법 시행령 제25조).

② 신규고용촉진장려금

고용노동부장관은 법 제23조에 따라 사업주가 직업안정기관 그 밖의 고용노동부령이 정하는 기관에 구직등록한 날부터 계산하여 별표 1에서 정한 대상자별 실업기간을 초과하여 실업상태에 있는 자를 직업안정기관 등의 알선에 의하여 피보험자(근로계약기간이 단기간인 근로자 등 고용노동부령이 정하는 근로자를 제외한다)로 새로 고용하는 사업주(새로 고용하는 근로자는 별표1 제5호에 해당하는 경우에는 우선지원 대상기업의 사업주에만 해당한다)로서 그 고용 전 3개월부터 고용 후 6개월까지 고용조정으로 근로자를 이직시키지 아니하는 경우에는 신규고용촉진장려금을 지급한다. 다만, 새로 고용된 근로자가 최종 이직 전 사업주(최종 이직 전 사업주와 합병하거나 그 사업을 양수한 사업주 등 당해 사업과 관련된 사업주로서 노동부령이 정하는 사업주를 포함한다)에게 고용된 경우에는 직업안정기관의 장이 인정한 경우에만 지급한다(동법 시행령 제26조).

③ 임금피크제보전수당

고용노동부장관은 법 제23조의 규정에 따라 사업주가 근로자대표의 동의를 받아

고용노동부령이 정하는 나이 이상까지의 고용보장을 조건으로 일정 나이·근속시점 또는 임금을 기준으로 임금을 감액하는 제도(이하 "임금피크제"라 한다)를 시행하는 경우에 임금피크제를 적용받는 근로자에 대하여 임금피크제보전수당을 지급한다(동 시행령 제28조).

④ 임신 · 출산후계속고용지원금

고용노동부장관은 법 제23조의 규정에 따라 다음 각 호의 어느 하나에 해당하는 근로자로서 「근로기준법」 제74조의 규정에 따른 보호휴가 중이거나 임신 기간 중에 근로계약기간 또는 파견계약기간이 종료되는 경우 당초의 근로계약기간 또는 파견계약기간이 끝난 즉시 근로계약기간을 1년 이상으로 하는 근로계약을 체결하는 사업주에게 고용노동부장관이 정하여 고시하는 금액을 6개월간 지급한다. 다만 기간의 정함이 없는 계약을 체결하는 사업주에 대하여는 1년 동안 지원한다(동법 시행령 제29조).

1. 근로계약기간이 1년 이하인 자
2. 「파견근로자보호 등에 관한 법률」에 따른 파견근로자

⑤ 육아휴직 등 장려금과 대체인력채용장려금

고용노동부장관은 법 제23조의 규정에 따라 피보험자인 근로자에 대하여 「남녀고용평등과 일·가정 양립 지원에 관한 법률」 제19조의 규정에 의한 육아휴직 또는 같은 법제 19조의 2에 따른 육아기 근로시간 단축(이하 "육아휴직 등"이라 한다)을 30일(「근로기준법」 제74조의 규정에 의한 산전후휴가기간 90일과 중복되는 기간을 제외한다) 이상 허용하고 육아휴직 등이 끝난 후 30일 이상 그 근로자를 피보험자로 계속 고용하는 사업주에 대하여 육아휴직장려금을 지급한다(동 시행령 제30조제1항).

고용노동부장관은 사업주가 육아휴직 등의 시작일 전 30일이 되는 날(산전후휴가에 연이어 육아 휴직 등을 시작하는 경우에는 산전후휴가 시작일 전 30일이 되는 날)부터 신규로 대체인력을 채용하여 30일 이상 고용하고, 육아휴직 등이 종료 후 육아휴직자 등을 사용한 근로자를 30일 이상 계속 고용한 경우로서 신규 대체인력을 채용하기 전 3개월부터 채용 후 6개월까지 고용조정으로 근로자를 이직시키지 아니한 때에는 제1항의 규정에 의한 육아휴직장려금 외에 대체인력채용장려금을 추가로 지급한다(동조제3항).

(마) 건설근로자 등의 고용안정 지원

고용노동부장관은 건설근로자 등 고용상태가 불안정한 근로자를 위하여 다음 각

호의 사업을 실시하는 사업주에 대하여 대통령령[9]으로 정하는 바에 따라 필요한 지원을 할 수 있다(동법 제24조).

① 고용상태의 개선을 위한 사업
② 계속적인 고용기회의 부여 등 고용안정을 위한 사업
③ 그 밖에 대통령령으로 정하는 고용안정 사업

고용노동부장관은 법 제24조제1항에 따라 다음의 지원을 할 수 있다.

① 건설근로자퇴직공제부금의 지원

고용노동부장관은「건설근로자의 고용개선 등에 관한 법률」 제10조제2항의 규정에 따라 퇴직공제에 가입한 사업주에게 동법 제13조의 규정에 따라 부담하여야 할 공제부금의 일부를 지원할 수 있다(동 시행령 제31조1항).

② 건설근로자고용보험관리지원금의 지원

고용노동부장관은 다음 각 호의 모든 요건을 갖춘 사업주에 대하여 건설근로자 고용안정지원금을 지급한다(동 시행령 제32조).

1. 「건설근로자의 고용개선 등에 관한 법률」 제2조제1호에 따른 사업주일 것
2. 「건설근로자의 고용개선 등에 관한 법률」 제5조에 따라 고용관리책임자를 지정할 것
3. 고용관리책임자가 노동부장관이 정하여 고시하는 규모이상의 일용근로자에 대하여 정한 기간 내에 전자적 방법으로 근로내용 확인 신고 등 보험 사무처리를 할 것

③ 건설근로자 계속고용 지원금(동 시행령 제32조의 2 삭제 〈2010.2.8〉)

(바) 고용안정 및 취업촉진(동법 제25조)

고용노동부장관은 피보험자 등의 고용안정 및 취업의 촉진을 위하여 다음 각 호의 사업을 직접 실시하거나 이를 실시하는 자에게 필요한 비용을 지원 또는 대부할 수 있다.

1. 고용관리 진단 등 고용개선지원사업
2. 피보험자 등의 창업촉진을 위한 지원사업
3. 그 밖에 피보험자 등의 고용안정 및 취업의 촉진을 위한 사업으로서 대통령령으로 정하는 사업

---

9) 시행령 제31조 1항 주요 내용
-건설근로자의고용개선등에관한법률 제10조 2항에 의한 공제부금의 일부 지원.
-지원금액 : 피공제자가 된 날부터 그 사업주가 낸 공제부금의 3분의1에 해당하는 금액

시행령으로 규정한 사업을 보면, ① 고용관리 진단 등 지원(동 시행령 제33조), ② 고용안정 및 취업의 촉진(동 시행령 제35조), ③ 취업지원사업의 지원(동 시행령 제36조), ④ 고령자 등의 고용환경개선 지원(동 시행령 제37조), ⑤ 장기실업자 등에 대한 창업촉진 지원사업(동 시행령 제34조) 등이 있다.

(사) 고용촉진시설에 대한 지원

고용노동부장관은 피보험자 등의 고용안정·고용촉진 및 사업주의 인력확보 지원을 위하여 대통령령으로 정하는 바에 따라 상담시설·보육시설 그 밖에 대통령령으로 정하는 고용촉진시설을 설치·운영하는 자에 대하여 필요한 지원을 할 수 있다(동법 제26조). (05.12.7. 전문개정). 대통령령(동법 시행령 제38조)으로 정한 시설은 다음과 같다.

1. 「고용정책기본법」 제21조제1항에 따라지방자치단체가 설치·운영하는 취업취약계층에 대한 고용서비스 제공에 필요한 시설
2. 「고등교육법」 제2조제1호·제2호 및 제4호에 따른 학교 중 고용노동부장관이 지정한 학교가 운영하는 취업지원시설
3. 「초·중등교육법시행령」 제80조 1항. 제1호에 따른 전문계 고등학교 중 고용노동부장관이 지정한 학교
4. 「고령자고용촉진법」 제11조의 규정에 따른 고령자인재은행
5. 그 밖에 피보험자 등의 고용안정·고용촉진 및 사업주의 인력확보를 위한 시설로서 고용노동부령이 정하는 고용촉진시설

나. 직업능력개발사업(본법 제3장)

(가) 사업주 지원

고용노동부장관은 피보험자 등의 직업능력을 개발·향상시키기 위하여 대통령령이 정하는 직업능력개발훈련을 실시하는 사업주에 대하여 대통령령이 정하는 바에 따라 그 훈련에 필요한 비용을 지원할 수 있다(동법 제27조).

지원 금액은 보험료징수법 제16조의3에 따른 해당 연도 고용보험료 또는 해당 연도 고용보험 개산보험료 중 고용안정·직업능력개발 사업의 보험료에 대통령령으로 정하는 비율을 곱한 금액으로 하되, 그 한도는 대통령령으로 정한다(동법 제28조). 〈개정 2010.1.27〉.

(나) 피보험자 등의 지원

고용노동부장관은 피보험자 등이 직업능력개발훈련을 받거나 기그 밖에 직업능력의 개발·향상을 위하여 노력하는 경우에는 대통령령으로 정하는 바에 따라 필요한 비용을 지원할 수 있다(동법 제29조제1항). 고용노동부장관은 필요하다고 인정하면 대통령령으로 정하는 바에 따라 피보험자 등의 취업촉진을 위한 직업능력개발훈련을 실시할 수 있다(동조제2항).

고용노동부장관은 대통령령으로 정하는 저소득 피보험자 등이 직업능력개발 훈련을 받는 경우 대통령령으로 정하는 바에 따라 생계비를 대부할 수 있다(동조제3항)〈신설 2008.12.31〉.

(다) 직업능력개발 훈련시설 지원

고용노동부장관은 피보험자 등의 직업능력의 개발·향상을 위하여 필요하다고 인정하면 대통령령이 정하는 바에 따라 직업능력개발훈련시설의 설치 및 장비구입에 필요한 비용의 대부 그 밖에 고용노동부장관이 정하는 직업능력개발훈련시설의 설치 및 장비구입·운영비용을 지원할 수 있다(동법 제30조).

(라) 직업능력개발의 촉진

고용노동부장관은 피보험자 등의 직업능력의 개발·향상을 촉진하기 위하여 다음 각 호의 사업을 실시하거나 이를 실시하는 자에게 그 실시에 필요한 비용을 지원할 수 있다(동법 제31조제1항).

1. 직업능력개발사업에 대한 기술지원 및 평가사업
2. 자격검정 사업 및 「숙련기술장려법」에 따른 숙련기술 장려 사업
3. 그 밖에 대통령령으로 정하는 사업

1호의 평가사업 및 2호의 자격검정사업을 추가시켜 개정하였다.

고용노동부장관은 직업능력의 개발·향상과 인력수급의 원활을 위하여 필요하다고 인정하는 경우에는 대통령령으로 정하는 바에 따라 고용노동부장관이 정하는 직종에 대한 직업능력개발훈련사업을 위탁하여 실시할 수 있다(동조제2항).

(마) 건설근로자 등의 직업능력개발 지원

고용노동부장관은 건설근로자 등 고용상태가 불안정한 근로자를 위하여 직업능력의 개발·향상을 위한 사업으로서 대통령령으로 정하는 사업을 실시하는 사업주에 대하여 그 실시에 필요한 비용을 지원할 수 있다. 그리고 사업주 단독으로 직업능력개발 사업을 실시하기 어려운 경우로서 대통령령으로 정하는 경우에는 사업주단체에 대하여도 지원할 수 있다(동법 제32조).

다. 그 밖의 지원사업

그 밖에도 고용안정·직업능력개발의 지원사업으로서 다음과 같은 제도를 두고 있다.

(가) 고용정보의 제공 및 고용지원기반의 구축 등(동법 제33조)

① 고용노동부장관은 사업주 및 피보험자등에 대한 구인·구직·훈련 등 고용정보의 제공, 직업훈련·상담 등 직업지도, 직업소개, 고용안정·직업능력개발에 관한 기반의 구축 및 그에 필요한 전문 인력의 배치 등의 사업을 할 수 있다.
② 고용노동부장관은 필요하다고 인정하면 제1항에 따른 업무의 일부를 「직업안정법」 제4조의4에 따른 민간직업상담원으로 하여금 수행하게 할 수 있다.

(나) 지방자치단체 등에 대한 지원(동법 제34조)

고용노동부장관은 지방자치단체 또는 대통령령으로 정하는 비영리법인·단체가 그 지역 에서 피보험자 등의 고용안정·고용촉진 및 직업능력개발을 위한 사업을 실시하는 경우에는 대통령령으로 정하는 바에 따라 필요한 지원을 할 수 있다.

(다) 부정행위에 따른 지원의 제한 등(동법 제35조)

① 고용노동부장관은 거짓이나 그 밖의 부정한 방법으로 이 장의 규정에 의한 고용안정·직업능력개발사업의 지원을 받은 자 또는 받고자 하는 자에 대하여 대통령령으로 정하는 바에 따라 그 지원을 제한하거나 이미 지원된 것에 대하여 반환을 명할 수 있다.
② 고용노동부장관은 제1항에 따라 반환을 명하는 경우에는 이에 추가하여 고용노동부령으로 정하는 기준에 따라 그 거짓이나 그 밖의 부정한 방법에 의하여 지급받은 금액에 상당하는 금액 이하의 금액을 징수할 수 있다.

③ 제1항 및 제2항에도 불구하고 거짓이나 그 밖의 부정한 방법으로 직업능력개발 사업의 지원을 받은 자 또는 받으려는 자에 대한 지원의 제한, 반환 및 추가징수에 관하여는 「근로자직업능력 개발법」 제16조제4항·제5항 및 제25조제3항·제4항을 준용한다. 〈신설 2008.12.31〉

④ 고용노동부장관은 보험료를 체납한 자에 대하여 고용노동부장관이 정하는 바에 따라 이 장의 규정에 의한 고용안정·직업능력개발사업의 지원을 하지 아니할 수 있다(동법 제35조).

(라) 업무의 대행(동법 제36조)

고용노동부장관은 필요하다고 인정하는 경우에는 제19조 및 제27조-제31조의 규정에 따른 업무의 일부를 대통령령으로 정하는 자에게 대행하게 할 수 있다.

2) 실업급여(본법 제4장)

가. 의의(동법 제37조)

실업급여는 〈구직급여〉와 〈취업촉진수당〉으로 구분하고. 취업촉진수당의 종류는 다음 각 호와 같다.

① 조기재취업수당
② 직업능력개발수당
③ 광역구직활동비
④ 이주비

실업급여의 적용연장(39조) : 피보험자로서 65세 전에 이직한 자가 그 이직과 관련하여 실업한 상태에서 65세가 되면 실업급여의 적용을 받는다.

나. 구직급여

(가) 수급요건(동법 제40조)

수급요건은 피보험자가 이직한 경우로서 이직일 이전 18개월간(이하 "기준기간"이라 한다) 피보험단위기간이 통산하여 180일 이상일 것, 근로의 의사와 능력이 있음에도 불구하고 취업하지 못한 경우, 이직사유가 수급자격의 제한사유(58조)에 해당하지 아니할 것, 재취업을 위한 노력을 적극적으로 할 것, 그리고 최종 이직일 이전 기준기간의 피보험 단위기간 180일 중 다른 사업에서 제58조에 따른 수급자격의 제한 사유에 해당하는 사유로 이직한 사실이 있는 경우에는 그 피보험 단위기간 중 90일 이상을 일용근로자로 근로하였을 경우여야 한다.

구직급여의 수급요격

피보험자가 이직한 경우로서 이직일 이전 18개월간 피보험단위기간이 통산하여 180일 이상일 것, 근로의 의사와 능력이 있음에도 불구하고 취업하지 못한 경우, 이직사유가 수급자격의 제한사유에 해당하지 아니할 것, 그리고 구직노력을 적극적으로 할 경우이여야 한다. 일용근로자에 대하여는 달리 규정하고 있다.

소정급여일수

이직일 현재 연령과 피 보험기간에 따라 90~240일의 소정급여일수를 규정해 두었다.

평균임금

"이를 산정하여야 할 사유가 발생한 날 이전 3개월 간에 그 근로자에 대하여 지급된 임금의 총액을 그 기간의 총 일수로 나눈 금액"을 말한다(근로기준법 제2조)

통상임금

"근로자에게 정기적·일률적으로 소정근로 또는 총 근로에 대하여 지급하기로 정하여진 시간급 금액·일급금액·주급금액·월급금액 또는 도급 금액"을 말한다(근로기준법 시행령 제2조)

기준임금

"상시근로자가 5인 미만인 사업의 경우, 사업의 폐업·도산 등으로 임금을 산정·확인하기 곤란한 경우 또는 대통령령이 정하는 사유에 해당하는 경우 노동부장관이 정하여 고시하는 금액"을 말한다(징수법 제3조제1항).

나) 급여기간(동법 제48조)

구직급여는 이 법에 따로 규정이 있는 경우 외에는 그 구직급여의 수급자격과 관련된 이직일의 다음날부터 계산하기 시작하여 12개월 내에 소정급여일수(동법 제50조제1항 참조)를 한도로 하여 지급한다.

(다) 구직급여일액(동법 제46조)

구직급여일액은 다음 각호의 구분에 따른 금액으로 한다. ① 제45조제1항 내지 제3항 및 제5항의 경우에는 당해 수급자격자의 기초일액에 100분의 50을 곱한 금액, ② 제45조제4항의 경우에는 그 수급자격자의 기초일액에 100분의 90을 곱한 금액(최저구직급여일액이라 한다). 그리고 ③ 산정된 구직급여일액이 최저구직급여일액보다 낮은 경우에는 최저구직급여일액을 당해 수급자격자의 구직급여일액으로 한다.
〈①의 경우의 기초일액〉은 각 항에 따라 소정의 평균임금, 통상임금, 기준임금, 대통령령이 정하는 금액이며, 〈②의 경우의 기초일액〉은 소정의 최저기초일액이다.

(라) 실업의 신고(동법 제42조)

구직급여를 받고자 하는 자는 이직 후 지체 없이 직업안정기관에 출석하여 구직신청, 수급자격의 인정신청(제43조)과 함께 실업의 신고를 해야 한다.

(마) 수급자격의 인정(동법 제43조)

구직급여를 받으려는 자는 직업안정기관의 장에게 신청하여 수급요건(제40조)을 갖추었다는 사실의 인정을 받아야 한다.
직업안정기관의 장은 그 결과를 통지하여야 한다.

다. 연장급여

(가) 훈련연장급여

직업안정기관의 장은 수급자격자의 연령·경력 등을 고려할 때 재취업을 위하여 직업능력개발훈련 등이 필요하면 그 수급자격자에 대하여 직업능력개발훈련 등을 받도록 지시할 수 있다. 직업안정기관의 장은 직업능력개발훈련 등을 받도록 지시한 경우에는 당해 직업능력개발훈련 등을 받는 기간 중 실업의 인정을 받은 날에 대하여는 소정급여일수를 초과하여 구직급여를 연장지급 받을 수 있다(동법 제51조).

(나) 개별연장급여

직업안정기관의 장은 취업이 특히 곤란하고 생활이 어려운 수급자격자로서 대통령령으로 정하는 자에게는 그가 실업의 인정을 받은 날에 대하여 소정급여일수를 초과하여 구직급여를 연장 지급할 수 있다. 연장 지급하는 구직급여는 60일의 범위에서 대통령령으로 정하는 기간 동안 지급한다(동법 제52조).

(다) 특별연장급여

고용노동부장관은 실업의 급증 등 대통령령으로 정하는 사유가 발생한 경우에는 60일의 범위에서 수급자격자가 실업의 인정을 받은 날에 대하여 소정급여일수를 초과하여 구직급여를 연장 지급할 수 있다. 다만, 이직 후의 생활안정을 위한 일정 기준 이상의 소득이 있는 수급자격자 등 노동부령으로 정하는 수급자격자에 대하여는 그러하지 아니하다(동법 제53조).

라. 취업촉진수당

(가) 조기재취업수당

조기재취업수당은 수급자격자(「외국인근로자의 고용 등에 관한 법률」 제2조에 따른 외국인 근로자를 제외한다)가 안정된 직업에 재취업하는 경우로서 대통령령으로 정하는 기준에 해당하면 지급한다(동법 제64조).

(나) 직업능력개발수당

직업능력개발수당은 수급자격자가 직업안정기관의 장이 지시한 직업능력개발훈련 등을 받는 경우에 그 직업능력개발훈련 등을 받는 기간에 대하여 지급한다(동법 제65조).

(다) 광역구직활동비

광역구직활동비는 수급자격자가 직업안정기관의 소개에 따라 광범위한 지역에 걸쳐 구직활동을 하는 경우로서 대통령령으로 정하는 기준에 따라 직업안정기관의 장이 필요하다고 인정하면 지급할 수 있다(동법 제66조).

(라) 이주비

이주비는 수급자격자가 취업하거나 직업안정기관의 장이 지시한 직업능력개발 훈련 등을 받기 위하여 그 주거를 이전하는 경우로서 대통령령으로 정하는 기준에 따라 직업안정기관의 장이 필요하다고 인정하면 지급할 수 있다(동법 제67조).

3) 육아휴직급여(동법 제5장)

가. 의의 : 「남녀고용평등과 일·가정 양립 지원에 관한 법률」에 의한 근로자 육아휴직 급여를 고용보험기금에서 지급하는 제도이다.

나. 수급요건(동법 제70조) : 고용노동부장관은 「남녀고용평등과 일·가정 양립 지원에 관한 법률」 에 따른 육아휴직을 30일(「근로기준법」 제74조의 규정에 의한 산전후 휴가기간 90일과 중복되는 기간을 제외한다) 이상 부여받은 피보험자 중 다음의 요건을 모두 갖춘 경우에 육아휴직급여를 지급한다.

① 육아휴직을 시작한 날 이전에 피보험단위기간이 통산하여 180일 이상일 것

② 같은 자녀에 대하여 피보험자인 배우자가 육아휴직(30일 미만은 제외한다)을 부여받지 아니하고 있을 것

③ 육아휴직을 시작한 날 이후 1개월부터 끝난 날 이후 12개월 이내에 신청할 것. 다만, 같은 기간 내에 대통령령으로 정하는 사유로 육아휴직급여를 신청할 수 없었던 자는 그 사유가 끝난 후 30일 이내에 신청하여야 한다.

다. 육아휴직급여액(동법 시행령 제95조)

육아휴직실시기간 중 지급하는 급여액은 월 50만원이다(07.4.27).

4) 산전후휴가급여등(동법 제5장)

가. 의의 : 「남녀고용평등과 일·가정 양립 지원에 관한 법률」에 의한 산전후휴가급여 등을 고용보험기금에서 지급하는 제도이다.

나. 수급요건(동법 제75조) : 고용노동부장관은 「남녀고용평등과 일·가정 양립 지원에 관한 법률」에 의하여 피보험자가 「근로기준법」 제74조의 규정에 의한 산전후휴가 또는 유산·사산휴가를 부여받은 경우로서 다음 의 요건을 갖춘 경우에 산전후휴가급여 등을 지급한다.

① 휴가 끝난 날 이전에 피보험단위기간이 통산하여 180일 이상일 것

② 휴가 시작한 날(제19조제2항에 따라 근로자 수 등이 대통령령으로 정하는 기준에 해당하는 기업이 아닌 경우는 휴가 시작 후 60일이 지난 날로 본다) 이후 1개월부터 끝난 날 이후 12개월 이내에 신청할 것. 다만, 그 기간 이내에 대통령령으로 정하는 사유로 산전후휴가급여 등을 신청할 수 없었던 자는 그 사유가 끝난 후 30일 이내에 신청하여야 한다.

다. 지급기간 등(동법 제76조)

산전후휴가급여 등은 「근로기준법」 제74조에 따른 휴가기간에 대하여 통상임금(휴가를 시작한 날을 기준으로 산정한다)에 해당하는 금액을 지급한다. 다만, 근로자 수 등이 대통령령으로 정하는 기준에 해당하는 기업이 아닌 경우에는 휴가기간 중 60일을 초과한 일수(30일을 한도로 한다)에 한정한다.

피보험자의 급여액의 상한액은 405만원(90일에 대한 통상임금 기준)이고, 하한액은 소정의 시간급 최저 임금액을 기준으로 한다(동법 시행령 제101조).

(6) 보험료

1) 보험료의 산정(징수법 제13조)

① 〈공단(근로복지공단)〉은 보험사업에 드는 비용에 충당하기 위하여 보험가입자로부터 고용안정사업·직업능력개발사업 및 실업급여의 보험료(이하 "고용보험료"라 한다)를 부과하고, / 〈건강보험공단〉은 보험료를 징수한다(동법 제16조의2 제1항 참조).

제1항에도 불구하고 건설업 등 대통령령으로 정하는 사업의 경우에는 제17조 및 제19조에 따른다(동법 제16조의2 제2항 참조).

[본조신설 2010.1.27]

② 고용보험 가입자인 〈근로자〉가 부담하여야 하는 고용보험료는 자기의 보수총액에 실업급여의 보험료율의 2분의 1을 곱한 금액으로 한다(동법 제13조제2항). 〈개정 2010.1.27〉

③ 고용보험가입자인 〈근로자〉가 64세가 되었을 때에는 그 날이 속한 달부터 고용보험료를 징수하지 아니한다(동조제3항).

④ 〈사업주〉가 부담하여야 하는 고용보험료는 그 사업에 종사하는 고용보험가입자인

근로자의 보수총액에 고용안정·직업능력개발사업의 보험료율을 곱한 금액 및 실업급여의 보험료율의 2분의 1을 곱한 금액을 합한 금액으로 한다(동조제4항).

⑤ 제1항에 따라 〈사업주〉가 부담하여야 하는 산재보험료는 그 사업주가 경영하는 사업의 보수총액에 같은 종류의 사업에 적용되는 산재보험료율을 곱한 금액으로 한다(동조제5항).

⑥ 제17조제1항에 따른 보수총액의 추정액 또는 제19조제1항에 따른 보수총액을 결정하기 곤란한 경우에는 대통령령으로 정하는 바에 따라 고용노동부장관이 정하여 고시하는 〈노무비율〉을 사용하여 보수총액의 추정액 또는 보수총액을 결정할 수 있다(동조제6항).

2) 보험료율(징수법 제14조)

보험료율은 보험수지의 동향과 경제상황 등을 고려하여 1,000분의 30의 범위에서 고용안정·직업능력개발사업의 보험료율, 및 실업급여의 보험료율로 구분하여 대통령령으로 정한다.

3) 월별보험료(징수법 제16조의3)

제16조의2제1항에 따라 사업주에게 부과하는 보험료(이하 "월별보험료"라 한다)는 근로자 전체의 개인별 월평균보수의 전체합계액에 고용보험료율을 각각 곱하여 산정한다. 건설사업 등 대통령령으로 정하는 사업의 경우에는 위의 월별보험료를 부과·징수하지 않고, 다음의 징수법 제17조, 제19조에 따른 개산보험료, 확정보험료 제도에 따라 부과·징수한다.

4) 개산보험료와 확정보험료(징수법 제17조, 제19조)

건설업 등 대통령령으로 정하는 사업의 사업주는 우선 그 보험연도의 3월 31일까지 〈개산보험료〉를 공단에 신고하고 납부하여야 함이 원칙이다. 그 후 사업주는 다음 보험연도의 3월 31일까지 〈확정보험료〉를 공단에 신고하여야 함이 원칙이다. 그리고 개산보험료와 확정보험료 사이의 차액을 정산하게 된다.

그리고 〈개산보험료〉라 함은 당해 보험연도에 그 사업에 종사할 보험사업 별 피보험자인 근로자가 지급받을 보수의 총액의 추정액에 해당 보험사업 별 보험료율을 곱하여 산정한 액을 말한다. 〈확정보험료〉라 함은 당해 사업에 종사한 보험사업 별 피보험자인 근로자가 실제로 지급받은 보수의 총액에 보험사업 별 보험료율을 각각 곱하여 산정한 금액을 말한다.
〈개산보험료〉는 대통령령으로 정하는 바에 따라 그 보험연도의 3월 31일(보험연도중에 보험관계가 성립한 경우에는 그 보험관계의 성립일부터 70일, 건설공사 등 기간이 정하여져 있는 사업으로서 70일 이내에 종료되는 사업에 있어서는 그 사업의 종료일전날)까지 공단에 신고·납부하여야 한다.

〈확정보험료〉는 대통령령으로 정하는 바에 따라 다음 보험연도의 3월 31일(보험연도중에 보험관계가 소멸한 사업의 경우에는 그 소멸한 날부터 30일)까지 공단에 신고하여야 한다. 다만, 사업주가 국가 또는 지방자치단체인 경우에는 그 보험연도의 말일(보험연도 중에 보험관계가 소멸한 사업의 경우에는 그 소멸한 날부터 30일)까지 신고할 수 있다.
〈개정 2010.1.27〉

(7) 보험사무대행기관(징수법 제33조-제37조)

사업주 등을 구성원으로 하는 단체로서 특별법에 따라 설립된 단체, 민법 제32조의 규정에 따라 고용노동부장관의 허가를 받아 설립된 법인 및 그 밖에 대통령령이 정하는 기준에 해당하는 법인 또는 개인(이하 "법인 등"이라 한다)은 사업주의 위임을 받아 보험료의 신고, 고용보험 피보험자에 관한 신고 등 사업주가 지방노동관서 또는 공단에 대하여 할 보험에 관한 사무(이하 "보험사무"라 한다)를 대행할 수 있다. 이 경우 보험사무를 위임할 수 있는 사업주의 범위 및 법인 등에 위임할 수 있는 업무의 범위는 대통령령으로 정한다.

(8) 고용보험기금

1) 기금의 설치 및 조성(고용보험법 제78조)

고용노동부장관은 보험사업에 필요한 재원에 충당하기 위하여 고용보험기금(이하 "기금"이라 한다)을 설치한다. 기금은 보험료와 이 법에 따른 징수금·적립금·기금운용수익금과 그 밖의 수입으로 조성한다.

2) 기금의 관리·운용(동법 제79조)

기금은 고용노동부장관이 관리·운용한다. 기금의 관리·운용에 관한 세부사항은 「국가재정법」의 규정에 따른다.

3) 기금의 용도(동법 제80조)

기금은 고용안정·직업능력개발사업에 필요한 경비, 실업급여의 지급, 육아휴직급여 및 산전후휴가급여 등의 지급, 보험료의 반환, 일시차입금의 상환금과 이자, 이법과 징수법에 따른 업무를 대행하거나 위탁받은 자에 대한 출연금 등으로 사용된다.

4) 기금의 적립(동법 제84조)

고용노동부장관은 대량실업의 발생이나 그 밖의 고용상태 불안에 대비한 준비금으로 여유자금을 적립하여야 한다. 적립금의 적정한 규모는 다음 각 호와 같다.

1. 고용안정·직업능력개발 사업 계정의 연말 적립금: 해당 연도 지출액의 1배 이상 1.5배 미만
2. 실업급여 계정의 연말 적립금: 해당 연도 지출액의 1.5배 이상 2배 미만

(9) 권리구제

1) 심사 및 재심사(「고용보험법」제87조)

① 피보험자격의 취득·상실에 대한 확인, 실업급여 및 육아휴직급여·산전후휴가급여 등에 관한 처분(이하 "원처분등"이라 한다)에 이의가 있는 자는 심사관에게 심사를 청구할 수 있고, 그 결정에 이의가 있는 자는 고용보험심사위원회에 재심사를 청구할 수 있다.

② 심사의 청구는 같은 항의 확인 또는 처분이 있음을 안 날부터 90일 이내에, 재심사의 청구는 심사청구에 대한 결정이 있음을 안 날부터 90일 이내에 각각 제기하여야 한다.

2) 고용보험심사관(동법 제89조), 고용보험심사위원회(동법 제99조)

심사관은 심사청구를 받은 때에는 30일 이내에 그 청구에 대한 결정을 하여야 한다. 다만, 부득이한 사정으로 인하여 그 기간 내에 결정할 수 없을 때에는 1차에 한하여 10일을 넘지 아니하는 범위에서 그 기간을 연장할 수 있다. 심사의 청구는 원처분등을 행한 〈직업안정기관〉을 거쳐 당해 직업안정기관의 관할구역을 관할하는 〈심사관〉에게 하여야 한다. 직업안정기관은 심사청구서를 받은 날부터 5일 이내에 의견서를 첨부하여 이를 관할심사관에게 보내야 한다. 재심사청구는 고용노동부의 고용보험심사위원회에 할 수 있다.

(10) 수급자의 권리보호

① 수급권의 보호 (「고용보험법」 제38조) : 실업급여를 받을 권리는 양도 또는 압류하거나 담보로 제공할 수 없다.

② 불이익 처우의 금지 (「고용보험법」 제105조) 사업주는 근로자가 제17조에 따른 확인의 청구를 한 것을 이유로 그 근로자에게 해고나 그 밖의 불이익한 처우를 하여서는 아니 된다.

③ 소멸시효 (「고용보험법」제107조) : 제3장부터 제5장까지의 규정에 따른 지원금·실업급여·육아휴직 급여 또는 산전후휴가 급여 등을 지급받거나 그 반환을 받을 권리는 3년간 행사하지 아니하면 시효로 소멸한다. 다만, 보험료징수법 제22조의3에 따라 고용보험료를 면제받는 기간 중에 발생하는 사업주의 제3장에 따른 지원금을 지급받을 권리는 보험에 가입한 날이 속하는 그 보험연도의 직전 보험연도 첫날에 소멸한 것으로 본다.

④ 확정보험료의 소멸시효(징수법 제43조) : 확정보험료의 소멸시효는 다음 보험연도의 첫날(보험연도 중에 보험관계가 소멸한 사업에 있어서는 보험관계가 소멸한 날)부터 진행한다.

4 개선점

(1) 적용범위의 확대

우리 법은 적용범위에 관하여 임의적용사업장과 적용제외 근로자 개념을 도입하여 그 적용범위를 제한하고 있다. 한편 사업장의 경우에는 그 사업장의 규모 및 산업별 특성 등을 고려하여 이 법의 적용여부를 규정함으로써 그 사업주를 보호하려 한다. 다른 한편 근로자의 경우에는 일용근로자 등 특정 근로자를 그 적용범위에서 제외시킴으로써 그 근로자를 보호하려고 한다. 따라서 그 적용범위의 확대문제는 근로자, 사업주 등의 구체적인 이익을 비교하여 규정할 문제라고 하겠다.

(2) 국가의 고용보험 비용 부담문제

국가는 매년 보험사업에 소요되는 비용의 일부를 일반회계에서 부담할 수 있으며(개정 2001.8.14), 국가는 매년 예산의 범위 안에서 보험사업의 관리·운영에 소요되는 비용을 부담할 수 있다(신설 2005.12.7)고 규정하고 있다. 국가의 그 비용부담은 곧 국민의 조세부담과 연결되기 때문에 간단히 규정할 문제는 아니다. 그러나 국민소득의 향상에 따라 국가의 비용부담의 폭이 넓어져 가야 함은 물론이다.

(3) 대기기간의 감축

실업의 신고일로부터 기산하여 실업의 인정을 받는 7일간은 이를 대기기간(제49조)이라고 정해두고, 구직급여를 지급하지 아니한다. 종전의 14일간에서 7일간으로 단축한 것은 진일보한 것이다. 이 대기기간의 설정취지는 구직급여의 지급여부를 검토하기 위한 행정적 여유와 재정적 안정화를 확보하기 위한 것이므로, 보험업무의 전산화의 진척 등에 따라 대기기간 설정의 필요성이 감소하고 있는 현실을 감안한다면, 그 기간을 더 감축시키는 방안을 검토해 가야 할 것이다.

法諺

Let every one employ oneself in what one knows.

각 사람으로 하여금 스스로 그가 아는 일에 종사하게 하라.

제 7 절 노인장기요양보험법

1 의의

우리나라 인구의 고령화가 세계에서 유례가 없을 정도로 빠르게 진행됨에 따라 치매·중풍 등 일상생활이 어려운 노인들의 수도 날로 증가하고 있다. 그러나 핵가족화·여성의 사회참여 증가 등으로 장기요양이 필요한 노인을 가정에서 돌보는 것이 어렵고 그 가정의 비용부담이 과중하게 되었다.

따라서 노인 장기요양 문제는 우리 사회가 시급히 해결해야 할 심각한 사회적 문제가 되었고, 이에 따라 노인의 간병·장기요양 문제를 사회적 연대원리에 기초하여 정부와 사회가 공동으로 해결하기 위하여 노인 장기요양보험제도를 도입하였고, 노인의 노후생활 안정을 도모하고, 그 가족의 부양부담을 덜어줌으로써, 국민의 삶의 질을 향상시키기 위하여 「노인장기요양보험법」을 제정하게 되었다.[10)]

고령자나 치매 등 노인성 질병에 걸린 자들이 자유롭게 의식주 등의 일상생활을 혼자서 스스로 할 수 없게 되면, 본인의 불편은 물론이고, 가족 등 보호자들의 도움의 손길에도 한계가 있어서 보호자도 사회생활상 여러 가지 불편을 겪게 되고, 고령자 등을 위한 간병비, 병원비 등 경제적 지출부담도 커지게 된다. 이 법은 이러한 신체적, 경제적, 사회적 부담을 덜어주기 위하여 보험방식을 채택한 법이라 하겠다.

이 법은 기존의 국민연금 등 4대 사회보험법에 이어서 새로 추가된 5대 사회보험법의 하나라 하겠다. 따라서 이법의 특성은 ① 강제 가입성 ② 급여액의 법정성 ③ 급여액과 기여금액의 불 비례성 ④ 운영의 공공성 ⑤ 사회적 연대성 등을 들 수 있다.

이 법은 법 적용대상자인 노인 등에게 신체활동 또는 가사활동 지원 등의 장기요양급여를 도모하고 이를 통하여 그 가족에게 여러 가지 부담을 덜어주는 의료보장적, 소득보장적 법률이라 하겠다.

1) 법제처, 제정이유 참조.

② 입법과정

고령이나 노인성 질병(치매, 중풍 등) 등으로 일상생활을 혼자서 하기 어려운 노인 등에게 신체활동 또는 가사활동을 지원하는 장기요양급여를 제공하여 노후생활의 안정과 그 가족의 부담을 덜어주기 위하여 장기요양보험이 2007. 4.27에 제정되고, 2008년 7월 1일부터 시행되었다.

- 2007. 4.27 제정, [시행 2008. 7. 1]
- 2009. 3.18 일부개정 [시행 2009. 9.19]. 외국인근로자 등이 신청하는 경우 장기요양 보험가입자에서 제외할 수 있도록 함(제7조제4항 신설).
- 2009. 5.21 일부개정 [시행 2009. 5.21]. 다만, 도서·벽지·농어촌 등의 지역에 거주하는 자에 대하여는 본인일부부담금의 100분의 50을 감경할 때 따로 그 기준금액을 정할 수 있도록 함(제40조제3항제2호단서 신설).
- 2010. 3.17 일부개정, [시행 2010. 3.17]. 현행법

  가. 장기요양기관의 장이 장기요양급여 제공에 관한 자료를 기록·관리하도록 함(제35조제4항 신설).

  나. 장기요양기관 또는 재가장기요양기관의 장이 폐업 또는 휴업신고를 할 때 장기요양급여 제공 자료를 공단으로 이관하도록 함(제36조제5항 신설).

③ 내용

(1) 법의목적(제1조)

이 법은 고령이나 노인성 질병 등의 사유로 일상생활을 혼자서 수행하기 어려운 노인 등에게 제공하는 신체활동 또는 가사활동 지원 등의 장기요양급여에 관한 사항을 규정하여 노후의 건강증진 및 생활안정을 도모하고 그 가족의 부담을 덜어줌으로써 국민의 삶의 질을 향상하도록 함을 목적으로 한다.

(2) 용어의 정의(제2조)

1. "노인등" : 65세 이상의 노인 또는 65세 미만의 자로서 치매·뇌혈관성질환 등 대통령령으로 정하는 노인성 질병을 가진 자를 말한다. "대통령령으로 정하는 노인성 질병"이란 이법 시행령 제2조에 따른 별표 1의 질병을 말한다.
2. "장기요양급여" : 6개월 이상 동안 혼자서 일상생활을 수행하기 어렵다고 인정되는 자에게 신체활동·가사활동의 지원 또는 간병 등의 서비스나 이에 갈음하여 지급하는 현금 등.
3. "장기요양사업" : 장기요양보험료, 국가 및 지방자치단체의 부담금 등을 재원으로 하여 노인 등에게 장기요양급여를 제공하는 사업.
4. "장기요양기관" : 이 법에 따라 지정을 받은 기관 또는 지정 의제된 재가장기요양기관으로서 장기요양급여를 제공하는 기관.
5. "장기요양요원" : 장기요양기관에 소속되어 노인 등의 신체활동 또는 가사활동 지원 등의 업무를 수행하는 자.

주체

장기요양보험사업은 보건복지가족부장관이 관장하며, 보험자는 국민건강보험공단이다.

(3) 장기요양보험의 관장자와 보험자

① 장기요양보험사업은 보건복지부장관이 관장한다. (제7조 1항)
② 장기요양보험사업의 보험자는 국민건강보험공단(이하 "공단"이라 한다.)으로 한다(제7조 2항).

(4) 가입자

① 장기요양보험의 가입자(이하 "장기요양보험가입자"라 한다)는 「국민건강보험법」(제5조 및 제93조)에 따른 국민건강보험가입자이다(제7조 3항).
② 공단은 제3항에도 불구하고 「외국인근로자의 고용 등에 관한 법률」에 따른 외국인근로자 등 대통령령으로 정하는 외국인이 신청하는 경우 보건복지부령으로 정하는 바에 따라 장기요양보험가입자에서 제외할 수 있다(제7조 4항). 〈신설 2009. 3. 18, 2010.1.18〉

(5) 보험료의 징수

1) 징수기관 : ① 공단이 징수한다. 즉 장기요양사업에 사용되는 비용에 충당하기 위하여 공단이 장기요양보험료를 징수한다(제8조 1항).
2) 통합 징수 : 제1항에 따른 장기요양보험료는 "건강보험료"와 통합하여 징수한다. 이 경우 공단은 장기요양보험료와 건강보험료를 구분하여 고지하여야 한다(제8조 2항).
3) 독립회계 관리 : 통합 징수한 장기요양보험료와 건강보험료를 각각의 독립회계로 관리하여야 한다(제8조 3항).

(6) 보험료의 산정

1) 장기요양보험료(제9조)

① 장기요양보험료= {(「국민건강보험법」(제62조제4항 및 제5항)상의 보험료액) - (같은 법 (제66조 또는 제66조의2)에 따른 공제 또는 면제되는 비용)} × (장기요양보험료율)
② 장기요양보험료율은 장기요양위원회(제45조)의 심의를 거쳐 대통령령으로 정한다.

2) 장애인 등에 대한 장기요양보험료의 감면(제10조)

장애인 등에 대해서는 특례규정을 두어서 장기보험료 감면 혜택을 주고 있다.

(7) 장기요양인정

1) 신청자격(제12조) 노인 등으로서 장기요양보험가입자 또는 그 피부양자 이거나 의료급여수급권자(「의료급여법」 제3조 1항)이다.

2) 신청(제13조)

① 장기요양인정을 신청하는 자는 공단에 보건복지부령으로 정하는 바에 따라 장기요양인정신청서에 의사 또는 한의사가 발급하는 소견서를 첨부하여 제출하여야 한다. 다만, 의사소견서는 공단이 등급판정위원회에 자료를 제출하기 전까지 제출할 수 있다.
② 제1항에도 불구하고 거동이 현저하게 불편하거나 도서·벽지 지역에 거주하여 의료

기관을 방문하기 어려운 자 등 대통령령으로 정하는 자는 의사소견서를 제출하지 아니할 수 있다.

③ 대리 신청 : 장기요양급여를 받고자 하는 자 또는 수급자가 신체적·정신적인 사유로 이 법에 따른 장기요양인정의 신청, 장기요양인정의 갱신신청 또는 장기요양등급의 변경신청 등을 직접 수행할 수 없을 때 본인의 가족이나 친족, 그 밖의 이해관계인은 이를 대리할 수 있다.

사회복지전담공무원은 관할 지역 안에 거주하는 자에 대한 제1항에 따른 장기요양인정신청 등을 본인 또는 가족의 동의를 받아 대리할 수 있다.

위의 규정에도 불구하고 장기요양급여를 받고자 하는 자 또는 수급자가 제1항에 따른 장기요양인정신청 등을 할 수 없는 경우 시장·군수·구청장이 지정하는 자가 이를 대리할 수 있다(제22조).

3) 조사(제14조)

① 공단은 신청서를 접수한 때, 보건복지부령으로 정하는 바에 따라 소속 직원으로 하여금 1신청인의 심신상태, 신청인에게 필요한 장기요양급여의 종류 및 내용, 그 밖에 장기요양에 관하여 필요한 사항으로서 보건복지부령으로 정하는 사항을 조사하게 하여야 한다. 다만, 지리적 사정 등으로 직접 조사하기 어려운 경우 또는 조사에 필요하다고 인정하는 경우 시·군·구(자치구를 말한다. 이하 같다)에 대하여 조사를 의뢰하거나 공동으로 조사할 것을 요청할 수 있다.

② 조사를 하는 자는 조사일시, 장소 및 조사를 담당하는 자의 인적사항 등을 미리 신청인에게 통보하여야 한다.

③ 공단 또는 제1항 단서에 따른 조사를 의뢰받은 시·군·구는 조사를 완료한 때 조사결과서를 작성하여야 한다. 조사를 의뢰받은 시·군·구는 지체 없이 공단에 조사결과서를 송부하여야 한다.

4) 등급판정 등(제15조, 제16조)

① 공단은 심의에 필요한 자료를 장기요양등급판정위원회(이하 "등급판정위원회"라 한다)에 제출하여야 한다.

② 등급판정위원회는 다음의 제1등급~제3등급의 등급판정기준에 따라 장기요양급여를 받을 자(이하 "수급자"라 한다)로 판정한다.

- 장기요양 1등급 : 심신의 기능상태 장애로 일상생활에서 전적으로 다른 사람의 도움이 필요한 자로서 장기요양인정 점수가 95점 이상인 자
- 장기요양 2등급 : 심신의 기능상태 장애로 일상생활에서 상당 부분 다른 사람의 도움이 필요한 자로서 장기요양인정 점수가 75점 이상 95점 미만인 자
- 장기요양 3등급 : 심신의 기능상태 장애로 일상생활에서 부분적으로 다른 사람의 도움이 필요한 자로서 장기요양인정 점수가 55점 이상 75점 미만인 자

③ 등급판정위원회는 심의·판정을 하는 때 신청인과 그 가족, 의사소견서를 발급한 의사 등 관계인의 의견을 들을 수 있다.

④ 등급판정위원회는 신청인이 신청서를 제출한 날부터 30일 이내에 장기요양등급판정을 완료하여야 한다. 다만, 예외적으로 30일 이내의 범위에서 이를 연장할 수 있다.

⑤ 장기요양급여를 받고 있는 수급자는 장기요양등급, 장기요양급여의 종류 또는 내용을 변경하여 장기요양급여를 받고자 하는 경우 공단에 변경신청을 하여야 한다. (제21조).

5) 장기요양인정서 등(제17조-제20조)

① 작성·송부 : 공단은 등급판정위원회가 장기요양인정 및 등급판정의 심의를 완료한 경우 지체 없이 장기요양등급, 장기요양급여의 종류 및 내용, 그 밖에 장기요양급여에 관한 사항으로서 보건복지부령으로 정하는 사항을 포함한 장기요양인정서를 작성하여 수급자에게 송부하여야 한다.

② 통보 : 공단은 등급판정위원회가 장기요양인정 및 등급판정의 심의를 완료한 경우 수급자로 판정받지 못한 신청인에게 그 내용 및 사유를 통보하여야 한다.

③ 고려사항 : 공단은 장기요양인정서를 작성할 경우 장기요양급여의 종류 및 내용을 정하는 때 수급자의 장기요양등급 및 생활환경, 수급자와 그 가족의 욕구 및 선택, 시설급여를 제공하는 경우 장기요양기관이 운영하는 시설 현황을 고려하여 정하여야 한다.

④ 유효기간 : 장기요양인정의 유효기간은 최소 1년 이상으로서 대통령령으로 정한다.

⑤ 갱신 : 수급자는 장기요양인정의 유효기간이 만료된 후 장기요양급여를 계속하여 받고자 하는 경우 공단에 장기요양인정의 갱신을 신청하여야 한다.

장기요양인정의 갱신 신청은 유효기간이 만료되기 전 30일까지 이를 완료하여야 한다.

(8) 장기요양급여

1) 장기요양급여 제공의 기본원칙(제3조)

① 장기요양급여는 노인 등의 심신상태·생활환경과 노인 등 및 그 가족의 욕구·선택을 종합적으로 고려하여 필요한 범위 안에서 이를 적정하게 제공하여야 한다.
② 장기요양급여는 노인 등이 가족과 함께 생활하면서 가정에서 장기요양을 받는 재가급여를 우선적으로 제공하여야 한다.
③ 장기요양급여는 노인 등의 심신상태나 건강 등이 악화되지 아니하도록 의료서비스와 연계하여 이를 제공하여야 한다.

2) 국가 및 지방자치단체의 책무 등(제4조)

① 국가 및 지방자치단체는 노인이 일상생활을 혼자서 수행할 수 있는 온전한 심신상태를 유지하는데 필요한 사업(이하 "노인성질환예방사업"이라 한다)을 실시하여야 한다.
② 국가는 노인성질환예방사업을 수행하는 지방자치단체 또는 국민건강보험공단에 대하여 이에 소요되는 비용을 지원할 수 있다.
③ 국가 및 지방자치단체는 노인인구 및 지역특성 등을 고려하여 장기요양급여가 원활하게 제공될 수 있도록 충분한 수의 장기요양기관을 확충하고 장기요양기관의 설립을 지원하여야 한다.
④ 국가 및 지방자치단체는 장기요양급여가 원활히 제공될 수 있도록 공단에 필요한 행정적 또는 재정적 지원을 할 수 있다.

3) 장기요양급여에 관한 국가정책방향

국가는 장기요양기본계획을 수립·시행함에 있어서 노인뿐만 아니라 장애인 등 일상생활을 혼자서 수행하기 어려운 모든 국민이 장기요양급여, 신체활동지원서비스 등을 제공받을 수 있도록 노력하고 나아가 이들의 생활안정과 자립을 지원할 수 있는 시책을 강구하여야 한다.

4) 장기요양기본계획(제6조)

① 보건복지부장관은 노인 등에 대한 장기요양급여를 원활하게 제공하기 위하여 5년 단위로 다음의 사항이 포함된 장기요양기본계획을 수립·시행하여야 한다.

1. 연도별 장기요양급여 대상인원 및 재원조달 계획
2. 연도별 장기요양기관 및 장기요양전문인력 확충 방안
3. 그 밖에 노인 등의 장기요양에 관한 사항으로서 대통령령으로 정하는 사항

② 지방자치단체의 장은 제1항에 따른 장기요양기본계획에 따라 세부시행계획을 수립·시행하여야 한다.

5) 장기요양급여의 종류(제23조)

가. 재가급여

> **급여의 우선순위**
>
> 장기요양급여에는 재가급여, 특별현금급여, 시설급여가 있으며 원칙적으로 재가급여를 우선하도록 하고 있다.

① 방문요양 : 장기요양요원이 수급자의 가정 등을 방문하여 신체활동 및 가사활동 등을 지원하는 장기요양급여

② 방문목욕 : 장기요양요원이 목욕설비를 갖춘 장비를 이용하여 수급자의 가정 등을 방문하여 목욕을 제공하는 장기요양급여

③ 방문간호 : 장기요양요원인 간호사 등이 의사, 한의사 또는 치과의사의 지시서(이하 "방문간호지시서"라 한다)에 따라 수급자의 가정 등을 방문하여 간호, 진료의 보조, 요양에 관한 상담 또는 구강위생 등을 제공하는 장기요양급여

④ 주·야간보호 : 수급자를 하루 중 일정한 시간 동안 장기요양기관에 보호하여 신체활동 지원 및 심신기능의 유지·향상을 위한 교육·훈련 등을 제공하는 장기요양급여

⑤ 단기보호 : 수급자를 보건복지부령으로 정하는 범위 안에서 일정 기간 동안 장기요양기관에 보호하여 신체활동 지원 및 심신기능의 유지·향상을 위한 교육·훈련 등을 제공하는 장기요양급여

⑥ 기타 재가급여 : 수급자의 일상생활·신체활동 지원에 필요한 용구를 제공하거나 가정을 방문하여 재활에 관한 지원 등을 제공하는 장기요양급여로서 대통령령으로 정하는 것

나. 시설급여 : 장기요양기관이 운영하는 「노인복지법」 제34조에 따른 노인의료복지시설(노인전문병원은 제외한다) 등에 장기간 동안 입소하여 신체활동 지원 및 심신기능의 유지·향상을 위한 교육·훈련 등을 제공하는 장기요양급여

다. 특별현금급여

① 가족요양비(제24조)

공단은 다음 중 어느 하나에 해당하는 수급자가 가족 등으로부터 방문요양에 상당한 장기요양급여를 받은 때 대통령령으로 정하는 기준에 따라 당해 수급자에게 가족요양비를 지급할 수 있다.

'도서·벽지 등 장기요양기관이 현저히 부족한 지역으로서 보건복지부장관이 정하여 고시하는 지역에 거주하는 자'

'천재지변이나 그 밖에 이와 유사한 사유로 인하여 장기요양기관이 제공하는 장기요양급여를 이용하기가 어렵다고 보건복지부장관이 인정하는 자'

'신체·정신 또는 성격 등 대통령령으로 정하는 사유로 인하여 가족 등으로부터 장기요양을 받아야 하는 자'

② 특례요양비(제25조)

공단은 수급자가 장기요양기관이 아닌 노인요양시설 등의 기관 또는 시설에서 재가급여 또는 시설급여에 상당한 장기요양급여를 받은 경우 대통령령으로 정하는 기준에 따라 당해 장기요양급여비용의 일부를 당해 수급자에게 특례요양비로 지급할 수 있다.

③ 요양병원간병비(제26조)

공단은 수급자가 「노인복지법」 제34조제1항에 따른 노인전문병원 또는 「의료법」 제3조제2항제3호라목에 따른 요양병원에 입원한 때 대통령령으로 정하는 기준에 따라 장기요양에 사용되는 비용의 일부를 요양병원간병비로 지급할 수 있다. 〈개정 2009.1.30〉

(9) 장기요양급여의 제공

1) 장기요양급여의 제공 시기(제27조)

① 수급자는 장기요양인정서가 도달한 날부터 장기요양급여를 받을 수 있다.

② 그러나 수급자는 돌볼 가족이 없는 경우 등 대통령령으로 정하는 사유가 있는 경우에는 신청서를 제출한 날부터 장기요양인정서가 도달되는 날까지의 기간 중에도 장기요양급여를 받을 수 있다.

2) 장기요양급여의 월 한도액(제28조)

① 장기요양급여는 월 한도액 범위 안에서 제공한다. 이 경우 월 한도액은 장기요양등급 및 장기요양급여의 종류 등을 고려하여 산정한다.
② 월 한도액의 산정기준 및 방법, 그 밖에 필요한 사항은 보건복지부령으로 정하는 바, 장기요양위원회의 심의를 거쳐 등급별로 보건복지부장관이 정하여 고시한다(동법 시행규칙 제22조).

3) 장기요양급여의 제한(제29조)

① 공단은 장기요양급여를 받고 있거나 받을 수 있는 자가 다음 중 어느 하나에 해당하는 경우 장기요양급여를 중단하거나 제공하지 아니하게 하여야 한다.
'거짓이나 그 밖의 부정한 방법으로 장기요양인정을 받은 경우'
'고의로 사고를 발생하도록 하거나 본인의 위법행위에 기인하여 장기요양인정을 받은 경우'
② 공단은 장기요양급여를 받고 있는 자가 정당한 사유 없이 급여수급과 관련하여 요구한 자료를 제출하지 아니하거나 답변을 거절한 경우 장기요양급여의 전부 또는 일부를 제공하지 아니하게 할 수 있다.

(10) 장기요양기관

1) 장기요양기관의 지정(제31조)

① 장기요양기관을 설치·운영하고자 하는 자는 소재지를 관할 구역으로 하는 시장·군수·구청장으로부터 먼저 지정을 받아야 한다.
② 장기요양기관으로 지정받고자 하는 자는 보건복지부령으로 정하는 장기요양에 필요한 시설 및 인력을 갖추어야 한다(동법 시행규칙 제23조 참조).
③ 시장·군수·구청장은 장기요양기관을 지정한 때 지체 없이 지정 명세를 공단에 통보하여야 한다.

2) 재가 장기요양기관의 설치(제32조)

① 재가급여 중 어느 하나 이상에 해당하는 장기요양급여를 제공하고자 하는 자는 시설 및 인력을 갖추어 재가장기요양기관을 설치하고 시장·군수·구청장에게 이를

신고하여야 한다. 신고를 받은 시장·군수·구청장은 신고 명세를 공단에 통보하여야 한다.

② 설치의 신고를 한 재가장기요양기관은 장기요양기관으로 본다.

③ 의료기관이 아닌 자가 설치·운영하는 재가장기요양기관은 방문간호를 제공하는 경우 방문간호의 관리책임자로서 간호사를 둔다.

3) 장기요양기관의 시설·인력에 관한 변경(제33조)

장기요양기관은 시설 및 인력 중 보건복지부령이 정하는 중요한 사항을 변경하는 경우 보건복지부령으로 정하는 바에 따라 시장·군수·구청장에게 신고하여야 한다. 신고를 받은 시장·군수·구청장은 지체 없이 변경 명세를 공단에 통보하여야 한다.

4) 장기요양기관 정보의 안내 등(제34조)

장기요양기관은 수급자가 장기요양급여를 쉽게 선택하도록 하고 장기요양기관이 제공하는 급여의 질을 보장하기 위하여 장기요양기관별 급여의 내용, 시설·인력 등 현황자료 등을 공단이 운영하는 인터넷 홈페이지에 게시하여야 한다.

5) 장기요양기관의 의무(제35조)

① 장기요양기관은 수급자로부터 장기요양급여신청을 받은 때 장기요양급여의 제공을 거부하여서는 아니 된다. 다만, 입소정원에 여유가 없는 경우 등 정당한 사유가 있는 경우는 그러하지 아니하다.

② 장기요양기관은 장기요양급여의 제공 기준·절차 및 방법 등에 따라 장기요양급여를 제공하여야 한다.

③ 장기요양기관의 장은 장기요양급여를 제공한 수급자에게 장기요양급여비용에 대한 명세서를 교부하여야 한다.

④ 장기요양기관의 장은 장기요양급여 제공에 관한 자료를 기록·관리하여야 한다. 〈신설 2010.3.17〉

6) 장기요양기관의 폐업 등 신고(제36조)

① 장기요양기관은 폐업하거나 휴업하고자 하는 경우 폐업이나 휴업 예정일 전 30일까지 시장·군수·구청장에게 신고하여야 한다. 신고를 받은 시장·군수·구청장은

지체 없이 신고 명세를 공단에 통보하여야 한다.

② 시장·군수·구청장은 폐업 또는 휴업신고를 접수한 경우 인근지역에 대체 장기요양기관이 없는 경우 등 장기요양급여에 중대한 차질이 우려되는 때 장기요양기관의 폐업 또는 휴업 철회를 권고하거나 그 밖의 다른 조치를 강구하여야 한다.

③ 시장·군수·구청장은 「노인복지법」 제43조에 따라 노인의료복지시설 등(장기요양기관이 운영하는 시설인 경우에 한한다)에 대하여 사업정지 또는 폐지 명령을 하는 경우 지체 없이 공단에 그 내용을 통보하여야 한다.

④ 재가장기요양기관의 장은 재가장기요양기관의 폐업 또는 휴업을 하고자 하는 때 시장·군수·구청장에게 이를 신고하여야 한다. 신고를 받은 시장·군수·구청장은 신고 명세를 지체 없이 공단에 통보하여야 한다.

⑤ 장기요양기관 또는 재가장기요양기관의 장은 폐업 또는 휴업 신고를 할 때 보건복지부령으로 정하는 바에 따라 장기요양급여 제공 자료를 공단으로 이관하여야 한다. 다만, 휴업 신고를 하는 장기요양기관 또는 재가장기요양기관의 장이 휴업 예정일 전까지 공단의 허가를 받은 경우에는 장기요양급여 제공 자료를 직접 보관할 수 있다. 〈신설 2010.3.17〉

7) 장기요양기관 지정의 취소, 폐쇄명령(제37조)

① 시장 · 군수 · 구청장은 장기요양기관이

거짓이나 그 밖의 부정한 방법으로 지정을 받은 경우, 그 지정을 취소하여야 한다./ 이 외에도 그 지정을 취소할 수 있는 경우로 7가지가 규정되어 있다.

② 시장 · 군수 · 구청장은 재가장기요양기관이

거짓이나 그 밖의 부정한 방법으로 신고한 경우, 폐쇄명령을 하여야 한다. / 이 외에도 폐쇄명령을 할 수 있는 경우로 2가지가 규정되어 있다.

(11) 재가 및 시설 급여비용

1)재가 및 시설 급여비용의 청구 및 지급(제38조)

① 장기요양기관은 수급자에게 재가급여 또는 시설급여를 제공한 경우 공단에 장기요양급여비용을 청구하여야 한다.

② 공단은 장기요양기관으로부터 재가 또는 시설 급여비용의 청구를 받은 경우 이를 심사하여 장기요양에 사용된 비용 중 공단부담금(재가 및 시설 급여비용 중 본인일부부담금을 공제한 금액을 말한다)을 당해 장기요양기관에 지급하여야 한다.
③ 공단은 장기요양기관의 장기요양급여평가 결과에 따라 장기요양급여비용을 가산 또는 감액조정하여 지급할 수 있다.

2) 재가 및 시설 급여비용의 산정(제39조)

재가 및 시설 급여비용은 급여종류 및 장기요양등급 등에 따라 장기요양위원회의 심의를 거쳐 보건복지부장관이 정하여 고시한다.

3) 본인일부부담금(제40조)

① 재가 및 시설 급여비용은 다음과 같이 수급자가 부담한다. 다만, 수급자 중 「국민기초생활 보장법」에 따른 수급권자는 그러하지 아니하다.
  1. 재가급여 : 당해 장기요양급여비용의 100분의 15
  2. 시설급여 : 당해 장기요양급여비용의 100분의 20
② 그러나 다음의 장기요양급여에 대한 비용은 수급자 본인이 전부 부담한다.
  1. 이 법의 규정에 따른 급여의 범위 및 대상에 포함되지 아니하는 장기요양급여
  2. 수급자가 장기요양인정서에 기재된 장기요양급여의 종류 및 내용과 다르게 선택하여 장기요양급여를 받은 경우 그 차액
  3. 장기요양급여의 월 한도액을 초과하는 장기요양급여
③ 다음의 어느 하나에 해당하는 자에 대하여는 본인일부부담금의 100분의 50을 감경한다. 〈개정 2009.5.21, 2010.3.17〉
  1. 「의료급여법」 제3조제1항제2호부터 제9호까지의 규정에 따른 수급권자
  2. 소득·재산 등이 보건복지가족부장관이 정하여 고시하는 일정 금액 이하인 자. 다만, 도서·벽지·농어촌 등의 지역에 거주하는 자에 대하여 따로 금액을 정할 수 있다.
  3. 천재지변 등 보건복지가족부령으로 정하는 사유로 인하여 생계가 곤란한 자

(12) 장기요양위원회

1) 설치 및 기능(제45조)

보건복지부장관 소속으로 장기요양위원회를 두고, 다음의 사항을 심의한다. 따라서 이 위원회는 의결기관이 아니고, 심의 기관에 속한다.

1. 장기요양보험료율
2. 가족요양비, 특례요양비 및 요양병원간병비의 지급기준
3. 재가 및 시설 급여비용
4. 그 밖에 대통령령으로 정하는 주요 사항

2) 구성(제46조)

① 장기요양위원회는 위원장 1인, 부위원장 1인을 포함한 16인 이상 22인 이하의 위원으로 구성한다.

② 위원장이 아닌 위원은 다음의 자 중에서 보건복지부장관이 임명 또는 위촉한 자로 하고, 다음에 해당하는 자를 각각 동수로 구성하여야 한다.

1. 근로자단체, 사용자단체, 시민단체(「비영리민간단체 지원법」 제2조에 따른 비영리민간단체를 말한다), 노인단체, 농어업인단체 또는 자영자단체를 대표하는 자
2. 장기요양기관 또는 의료계를 대표하는 자
3. 대통령령으로 정하는 관계 중앙행정기관의 고위공무원단 소속 공무원, 장기요양에 관한 학계 또는 연구계를 대표하는 자, 공단 이사장이 추천하는 자

③ 위원장은 보건복지부차관이 되고, 부위원장은 위원 중에서 위원장이 지명한다.

④ 장기요양위원회 위원의 임기는 3년으로 한다. 다만, 공무원인 위원의 임기는 재임기간으로 한다.

(13) 관리운영기관 등

1) 관리운영기관 등(제48조)

① 장기요양사업의 관리운영기관은 공단이다.

② 공단은

1. 장기요양보험가입자 및 그 피부양자와 의료급여수급권자의 자격관리

2. 장기요양보험료의 부과·징수 등 모두 13가지 업무와 그 밖에 장기요양사업과 관련하여 보건복지부장관이 위탁한 업무를 관장한다. 〈개정 2010.3.17〉

2) 등급판정위원회의 설치(제52조)

① 장기요양인정 및 장기요양등급 판정 등을 심의하기 위하여 공단에 장기요양등급판정위원회를 둔다. 심의기관이다.
② 등급판정위원회는 시·군·구 단위로 설치한다. 다만, 인구 수 등을 고려하여 하나의 시·군·구에 2 이상의 등급판정위원회를 설치하거나 2 이상의 시·군·구를 통합하여 하나의 등급판정위원회를 설치할 수 있다.
③ 등급판정위원회는 위원장 1인을 포함하여 15인의 위원으로 구성한다.
④ 등급판정위원회 위원의 임기는 3년으로 한다. 다만, 공무원인 위원의 임기는 재임기간으로 한다.

(14) 이의신청 및 심사청구

1) 이의신청(제55조)

① 장기요양인정·장기요양등급·장기요양급여·부당이득·장기요양급여비용 또는 장기요양보험료 등에 관한 공단의 처분에 이의가 있는 자는 공단에 이의신청을 할 수 있다.
② 이의신청은 처분이 있은 날부터 90일 이내에 문서로 하여야 한다. 다만, 정당한 사유로 본문의 기간 이내에 이의신청을 할 수 없었음을 소명한 때는 그러하지 아니하다.
③ 공단은 장기요양심사위원회를 구성하여 이의신청사건을 심의하게 하여야 한다.

2) 심사청구(제56조)

① 이의신청에 대한 결정에 불복하는 자는 결정처분을 받은 날부터 90일 이내에 장기요양심판위원회(이하 "심판위원회"라 한다)에 심사청구를 할 수 있다.
② 심판위원회는 보건복지부장관 소속으로 두고, 위원장 1인을 포함한 20인 이내의 위원으로 구성한다.

3) 행정소송(제57조)

공단의 처분에 이의가 있는 자와 이의신청 또는 심사청구에 대한 결정에 불복하는 자는 「행정소송법」이 정하는 바에 따라 행정소송을 제기할 수 있다. 자세한 내용은 제7장을 참고하기 바란다.

4) 비밀누설금지(제62조)

다음에 해당하는 자는 업무수행 중 알게 된 비밀을 누설하여서는 아니 된다.

1. 시·군·구, 공단, 등급판정위원회 및 장기요양기관에 종사하고 있거나 종사한 자
2. 가족요양비·특례요양비 및 요양병원간병비와 관련된 급여를 제공한 자

5) 청문(제63조)

시장·군수·구청장은 장기요양기관 지정의 취소 및 재가장기요양기관의 영업정지·폐쇄를 하고자 하는 경우 청문을 실시하여야 한다.

6) 수급권의 보호(제66조)

장기요양급여를 받을 권리는 양도 또는 압류하거나 담보로 제공할 수 없다.

(15) 벌칙 등

1) 벌칙(제67조)

다음의 어느 하나에 해당하는 자는 2년 이하의 징역 또는 1천만원 이하의 벌금에 처한다.

1. 정당한 사유 없이 장기요양급여의 제공을 거부한 자
2. 업무수행 중 알게 된 비밀을 누설한 자
3. 거짓이나 그 밖의 부정한 방법으로 장기요양급여를 받거나 타인으로 하여금 장기요양급여를 받게 한 자

2) 양벌규정(제68조)

법인의 대표자, 법인이나 개인의 대리인·사용인 및 그 밖의 종사자가 그 법인 또는 개인의 업무에 관하여 제67조에 해당하는 위반행위를 한 때에는 그 행위자를 벌하는 외에 그 법인 또는 개인에 대하여도 해당 조의 벌금형을 과한다. 다만, 법인 또는 개인이 그 위반행위를 방지하기 위하여 해당 업무에 관하여 상당한 주의와 감독을 게을리 하지 아니한 경우에는 그러하지 아니하다. 〈개정 2010.3.17〉

3) 과태료(제69조)

정당한 사유 없이 다음의 어느 하나에 해당하는 자에게는 500만원 이하의 과태료를 부과한다. 〈개정 2010.3.17〉

1. 제32조를 위반하여 신고하지 아니하거나 거짓이나 그 밖의 부정한 방법으로 신고하고 재가장기요양기관을 설치·운영한 자
2. 제33조를 위반하여 신고하지 아니하거나 거짓이나 그 밖의 부정한 방법으로 신고한 자
3. 제35조제4항을 위반하여 장기요양급여 제공 자료를 기록·관리하지 아니한 사람
4. 제36조제1항·제4항 또는 제5항을 위반하여 폐업·휴업 신고 또는 자료이관을 하지 아니하거나 거짓이나 그 밖의 부정한 방법으로 신고한 사람
5. 공단에 장기요양급여비용을 거짓이나 그 밖의 부정한 방법으로 청구한 자
6. 거짓이나 그 밖의 부정한 방법으로 수급자에게 장기요양급여비용을 부담하게 한 자
7. 제60조 또는 제61조를 위반하여 자료의 제출·답변 또는 보고를 하지 아니한 자, 거짓 자료의 제출·답변 또는 보고를 하거나 검사를 거부·방해 또는 기피한 자

4) 과태료의 부과·징수절차(제70조)

① 과태료는 보건복지부장관이 부과·징수한다.
② 과태료 처분에 불복하는 자는 그 처분을 고지 받은 날부터 30일 이내에 보건복지부장관에게 이의를 제기할 수 있다.
③ 과태료 처분을 받은 자가 이의를 제기한 때에는 보건복지부장관은 관할 법원에 그 사실을 통보하여야 하며, 그 통보를 받은 관할 법원은 「비송사건절차법」에 따른 과태료 재판을 한다.
④ 제2항에 따른 기간 이내에 이의를 제기하지 아니하고 과태료를 납부하지 아니한 때에는 국세 체납처분의 예에 따라 징수한다.

제 10 장 공공부조법

공공부조는 스스로 생활유지능력이 없는 사람들에게 국가나 지방자치단체가 인간다운 생활을 영위할 수 있도록 지원하는 사회복지제도의 하나이다. 우리나라 사회보장기본법에서는 공공부조를 국가 및 지방자치단체의 책임 하에 생활유지능력이 없거나 생활이 어려운 국민의 최저생활을 보장하고 자립을 지원하는 제도라고 규정하고 있다. 그러므로 공공부조법은 공공부조제도의 실시와 연관된 사항을 규정해 놓은 법률이라고 할 수 있다. 우리나라에서 공공부조에 속하는 대표적인 법률은 「국민기초생활보장법」과 「의료급여법」이다.

제 1 절 공공부조법의 특성

1 공공부조법의 필요성

공공부조법은 생활이 어려운 사람을 국가가 도와주는 것과 관련된 법이다. 그러므로 공공부조법은 빈곤과 관련이 있다. 빈곤은 사회복지 영역에서 가장 중요하고 광범위한 쟁점의 하나이므로(Rank & Hirschl, 1999), 빈곤은 사회복지법과 특히 밀접하게 관련되어 있다.

우리나라에서는 말할 것도 없고 선진국에서조차, 아직도 빈곤은 엄연한 현실로 존재한다. 특히 1960년대와 1970년대에 이르러 여러 선진국에서 빈곤이 '공식적으로' 재(再)발견되었다. 이에 따라 전 세계에 걸쳐서, 빈곤을 퇴치하거나 줄이는 법이 사회복지법에서 중요한 위치를 차지해 왔다. 이런 맥락에서, 사회보장과 관련된 법에서 핵심적으로 추구하는 것은 빈곤 퇴치라고 주장하는 학자가 많다(노병일, 2009).

② 공공부조의 의의와 특징

공공부조는 국가에 따라서 사회부조 또는 국가부조라고 불리기도 하는데, 사회보험과 더불어 사회보장제도의 중요한 기둥을 이루어 왔다. 베버리지 보고서를 발간할 당시에, 베버리지(Beveridge, 1942)는 공공부조에 의존하는 사람의 수가 적으며, 또한 공공부조에 의존하는 사람의 수가 줄어들 것이라고 예측하였다. 하지만 그 후의 현실은 베버리지가 예측한 바와는 다르게 진행되어 왔다(노병일, 2009).

무엇보다도 급격히 변하는 현대사회에서 예기치 않은 사회적 위험이 많이 발생함에 따라서, 공공부조에 대한 관심과 중요성이 더 커져가고 있다. 특히 실업·한부모·결혼불안 등으로 빈곤상태에 있는 사람의 비율이 커지고 있고, 이에 따라 공공부조의 역할이 커지고 있다. 또한 공공부조는 실업과 관련해 특히 의의가 있다. 이것은 실업률이 증가하면 공공부조에 의존하는 사람의 수가 증가한다는 사실에서 잘 알 수 있다. 따라서 공공부조와 관련된 법의 중요성이 예전에 비해 더 커지고 있다.

한편, 공공부조는 다음과 같은 면에서 사회보험과 다른 특성을 지닌다(Rejda, 1988; Thompson, 1994). 이에 따라 공공부조와 관련된 법과 사회보험과 관련된 법의 내용에서 차이가 많이 나게 된다.

첫째, 공공부조제도에서는 소득·재산 및 기타 자원이 어떤 공식적 욕구수준 아래에 있는 개인·가족에게 급여를 제공한다.

둘째, 위와 연관되는 특징이지만, 공공부조를 받으려면 욕구조사를 거쳐야 한다. 즉 자신이 가지고 있는 재정 자원이 불충분하다는 것을 보여주어야 한다. 그리고 공공부조급여는 권리에 근거해서 자동적으로 제공되는 것이 아니라, 개인·가족의 재정 자원과 욕구에 따라 조정된다. 이에 따라 공공부조급여를 욕구가 큰 사람에게만 집중해서 제공할 수 있다.

셋째, 대체로 공공부조급여의 재정은 정부의 일반 세금으로 충당된다.

③ 공공부조법의 원리와 원칙

엿들리 등(Eardley et al., 1996)은 다음과 같은 공공부조 원칙을 제시한 바 있다. 이런 공공부조 원칙들은 공공부조와 관련된 법에 반영되어 있다. 첫째, 공공부조제도는 소득이 충분하지 못한 층에게 최저생활 수준을 보장해 주어야 한다. 둘째, 공공부조의 대상자는 다른 수단이나 다른 자원을 통해 자신을 적절히 보호할 수 있는 능력을 가지고 있지 말아야 한다. 셋째, 공공부조제도는 의존심을 길러주어서는 안되며, 공공부조제도에는 자립과 독립심을 증진하는 조치를 포함하여야 한다.

구체적으로, 공공부조와 관련된 법의 기본 원리와 기본 원칙을 다음과 같이 제시할 수 있다.

1) 공공부조법의 기본 원리

공공부조법의 기본 원리

생존권을 보장하는 사상에 토대를 둔 공공부조법의 기본 원리를 말한다. 구체적으로 이것은 생존권 보장의 원리, 국가 책임의 원리, 최저생활 보호의 원리, 무분별 평등의 원리, 보족성의 원리, 자립성장의 원리를 말한다.

공공부조와 관련된 법의 규정은 국가마다 차이가 있다. 하지만 생존권을 보장하는 사상에 토대를 둔 공공부조법의 원리로서 다음과 같은 여섯 가지 기본적인 원리를 끄집어낼 수 있다(신섭중 외, 1996).

첫째, 생존권 보장의 원리가 있다. 이 원리는 국민에게 보호를 받을 권리를 보장하는 원리를 말한다. 구체적으로 이 원리는 국가가 생활이 어려운 국민에게 그 어려운 정도에 따라서 필요한 보호를 제공해, 국민의 최저생활을 보장하는 생존권 보장의 이념을 실현하고자 하는 원리이다. 각국의 헌법과 법률은 모든 국민은 건강하고 문화적인 최저생활을 누릴 권리를 인정하는 식으로 생존권을 보장하고 있다. 이에 따라서 국민은 생활하다가 어려움에 놓일 경우에 국가에게 법적으로 보호를 요구할 권리가 있고, 국가는 국민이 가지는 이런 요구를 충족시켜줄 의무가 있다.

둘째, 국가 책임의 원리가 있다. 이 원리는 생활이 어려운 모든 국민에게 공공부조와 관련된 법을 통해서, 국민의 생존권을 실현하는 것을 국가가 궁극적으로 책임을 진다는 원리를 말한다. 생활이 어려운 모든 국민에 대해 국가가 책임진다는 원리는 1601년의 엘리자베스 구빈법에서 나왔다. 특히 현재의 경우, 생활보호에 대한 재정을 국민의 세금으로 충당하기 때문에, 국가는 국민의 생활을 보호하는 데 책임을 지고 있다.

셋째, 최저생활 보호의 원리가 있다. 이 원리는 최저생활을 모든 국민에게 똑같이 보장해주는 원리를 말한다. 이 경우, 최저생활은 건강하고 문화적인 생활수준을 유지할 수 있는 최저생활을 말한다. 다만, 각 국가의 사회적 발전과 문화적 발전의 정도, 국민경제와 국민소득의 수준, 국민의 생활양상에 따라서 건강하며 문화적인 생활수준이 달라질 수 있기 때문에, 최저생활의 구체적인 내용은 끊임없이 향상되는 방향으로 나간다.

넷째, 무분별(無分別) 평등의 원리가 있다. 이 원리는 공공부조와 관련된 법이 정한 요건을 충족할 경우에는 보호 상태에 놓이게 된 이유, 인종, 성별, 사회적 신분 등에 상관없이, 모든 국민을 평등하게 보호하는 원리를 말한다.

> **보족성(補足性)의 원리**
>
> 생활의 어려움과 관련하여 보호를 받아야 할 국민이 개인적으로 이용할 수 있는 모든 수단을 찾아본 후에도 최저생활을 유지할 수 없을 경우에, 국가가 최종적으로 부족 부분을 보충한다는 원리를 말한다. 그러므로 공공부조법을 통해서 국가로부터 보호를 받을 경우에, 해당 국민은 우선적으로 자신의 노동력이나 자산 등과 같은 모든 수단을 활용해 생계를 유지하여야 한다.

다섯째, 보족성(補足性)의 원리가 있다. 이 원리는 보호를 받아야 할 국민이 개인적으로 이용할 수 있는 모든 수단을 찾아본 후에도 최저생활을 유지할 수 없을 경우에, 국가가 최종적으로 부족 부분을 보충한다는 원리를 말한다. 그러므로 공공부조와 관련된 법을 통해서 국가로부터 보호를 받을 경우에, 우선적으로 해당 국민은 자신의 노동력이나 자산 등과 같이 개인이 이용할 수 있는 모든 수단을 활용해 생계를 유지하여야 한다.

여섯째, 자립성장의 원리가 있다. 이 원리는 공공부조와 관련된 법을 통해 보호를 받는 국민이 가진 가능성을 장려해, 해당 국민은 자기 힘으로 사회생활에 적응할 수 있게 하는 원리를 말한다.

2) 공공부조법의 기본 원칙

> **공공부조법의 기본 원칙**
>
> 기본 원리에 토대를 두어 법을 실시하는데 있어 기본적인 준거가 되는 원칙을 말한다. 구체적으로 이것은 신청보호의 원칙, 기준 및 정도의 원칙, 필요 즉응의 원칙, 세대단위의 원칙, 금전부조의 원칙, 거택보호의 원칙을 말한다.

공공부조와 관련된 법의 경우, 법을 실시하는 데 있어 기본적인 근거가 되는 원칙으로 다음과 같은 여섯 가지 원칙을 제시할 수 있다(신섭중 외, 1996).

첫째, 신청보호의 원칙이 있다. 이 원칙은 공공부조와 관련된 사업을 실시하는 기관의 직권에 의해 보호가 시작되는 것이 아니라, 보호가 필요한 사람의 신청에 의해 보호가 시작되는 원칙을 말한다.

둘째, 기준 및 정도(程度)의 원칙이 있다. 이 원칙은 국민이 스스로의 힘으로 생활할 수 없는 경우에 이 사람이 생활이 어렵다는 것을 나타내는 기준을 결정하는 원칙을 말한다. 그러나 생활이 어려운 것을 판단하는 기준과 더불어, 자산의 범위와 관련된 기준도 함께 있어야 한다.

셋째, 필요 즉응(卽應)의 원칙이 있다. 이 원칙은 빈곤선이 보호를 제공하는 기준이기는 하지만, 구체적으로 제공하는 보호는 보호가 실제로 필요한 정도에 따라 개별화시키는 원칙을 말한다.

넷째, 세대단위의 원칙이 있다. 이 원칙은 보호가 필요한지 여부와 보호가 필요한 정도를 세대를 단위로 해서 결정하는 원칙을 말한다. 이 원칙은 생활의 단위를 이루는 것이 현실적으로 세대라는 점에 근거하고 있다.

다섯째, 금전부조(金錢扶助)의 원칙이 있다. 이 원칙은 현금으로 도움을 주는 원칙을 말한다. 현물급여에 비해서 현금 급여는 여러 가지 장점을 가지기 때문에, 여러 국가에서는 이 원칙을 공공부조와 관련된 법의 원칙으로 정하고 있다.

여섯째, 거택(居宅)보호의 원칙이 있다. 이 원칙은 보호가 필요한 사람이 거주하는 곳에서 보호를 제공하는 원칙을 말한다.

4 우리나라 공공부조법의 체계도

우리나라의 경우, 공공부조와 관련된 법의 체계를 〈그림 10-1〉과 같이 제시할 수 있다.

〈그림 10-1〉 공공부조와 관련된 법의 체계도

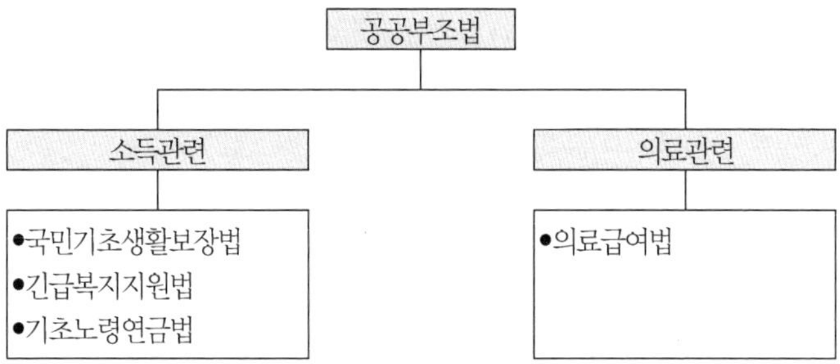

제 2 절 국민기초생활보장법

1 의의

> **국민기초생활보장법의 의의**
>
> 국민기초생활보장법은 1961년 제정되었던 생활보호법의 내용을 전부개정하면서 1999년 새로이 제정된 법률이다. 생활보호법에 있었던 연령제한을 폐지하여 모든 국민을 그 대상으로 하여 IMF 경제위기에서 저소득계층을 생존위기로부터 보호하기 위해 도입되었다.

「국민기초생활보장법」의 의의는 공공부조수급권을 법적으로 명확히 하였다는 점과 최저생계보장에 대한 국가의 책임을 강조하였다는 점, 그리고 종합적 빈곤대책으로서의 의의가 있다.

(1) 공공부조수급권의 법적 명확화

「국민기초생활보장법」은 헌법에 보장된 인간다운 생활을 할 권리, 생존권, 사회권, 복지권 내지 사회보장수급권 보장을 규정한 법으로서 공공부조수급권을 구체적으로 보장하기 위한 법률인 것이다. 동법에서는 급여를 받는 사람들의 권리를 인정하여 수급자와 수급자라는 용어를 사용하였는데, 여기서 복지권 내지 생존권에 대한 수혜자의 법적 권리를 강조하였다. 「국민기초생활보장법」은 공공부조수급권을 프로그램 규정설에 입각한 권리가 아니라 법적 권리에 근거한 법률이라는 점에서 의의를 가진다.

(2) 최저생계보장에 대한 국가 책임의 강조

「국민기초생활보장법」은 국가와 지방자치단체가 생활이 어려운 자에게 필요한 급여를 행하여 이들의 최저생활을 보장하고 자활을 조성해야 할 책임이 있음을 명시하고 있다는 점에서 의의가 있다.

(3) 종합적 빈곤대책

「국민기초생활보장법」은 생활이 어려운 자들이 인간다운 최저생활을 영위할 수 있도록 보장해 주고, 스스로 독립된 사회인으로서의 자립·자활을 조성해야 할 책임이 있음을 명시하고 있다는 점에서 의의가 있다. 기존의 생활보호법상 수급요건인 인구학적 기준(demogrant)에 의한 급여를 철폐하고, 소득이 최저생계비 이하인 국민은 누구나 국가로부터 지원을 받을 수 있도록 함으로서 수급요건을 '빈곤'으로 단순화하였다. 근로능력이 있는 수급권자에 대해서는 근로조건부로(근로와 연계하여) 급여를 제공하는 적극적 자활정책을 수행한다.

② 입법과정

1997년의 경제위기에 따른 경제불황과 사회전반의 구조조정에 따른 대량실업으로 인해 빈곤문제가 더욱 악화된 상황에서 기존의 생활보호제도가 2차적 사회안전망으로서 제 기능을 다하지 못하는 현실적 문제를 타개하기 위해 사회안전망의 사각지대에 살고 있는 저소득계층을 생존위기로부터 보호하기 위한 근본적인 변화가 필요하게 되었다. 이에 1999년 9월 7일 법률 제6024호로 「국민기초생활보장법」이 제정되어 2000년 10월부터 시행되었다. 18세 이상 64세 이하의 국민들도 장기실업 등으로 인해 절대적 빈곤상태에 빠진 경우 이들도 최소한의 인간다운 생활을 영위할 수 있도록 기존의 생활보호법을 전면적으로 개정하여 국민기초생활보장법으로 대체하였다.

국민기초생활보장법 주요 연혁

- 1999. 9. 7 국민기초생활보장법 제정(법률 제6024호): 제정이유는 저소득 국민, 영세 도시빈민, 실업자등을 지원하여 빈곤문제에 대한 사회안전망의 기초를 튼튼히 하는 한편, 빈곤가구별로 자활지원계획을 수립하고 그에 맞는 자활급여를 실시함으로써 빈곤의 장기화를 방지하려는 것임.
- 2004. 3. 5 최저생계비 결정시 수급권자의 가구유형 등 생활실태 고려, 최저생계비 공표시한 변경, 최저생계비 계측조사주기 단축(5년에서 3년으로) 등을 골자로 한 법 일부 개정
- 2005. 12. 23 부양의무자의 범위 축소(1촌의 직계혈족 및 그 배우자로)를 통한 수급대상 확대, 급여지급 기본단위인 개별가구 개념의 명확한 규정, 외국인배우자와 그 자녀의 복지를 증진 등을 골자로 한 법 일부 개정(시행일 2007.1.1)
- 2006. 12. 28 차상위계층에 대한 주거, 교육, 의료, 장제 및 자활급여 등 부분급여 지급, 중앙자활센터 설치, 자활후견기관을 지역자활센터로 변경, 시·군·구 자활기관협의체 의무적 설치, 상시근로자의 일정비율 이상을 수급자로 채용하는 기업에 대하여 대통령령이 정하는 바에 따른 지원을 할 수 있도록 함, 보장기금을 자활기금으로 명칭 변경
- 2007. 10. 17 시·군·구의 재정부담 불균형을 해소하기 위하여 해당 시·군·구의 재정여건과 사회보장비 지출 등에 따라 기초생활보장사업에 드는

비용에 대한 국가, 시·군·구 간 분담 비율을 서로 다르게 할 수 있도록 하려는 것임.

③ 내용

국민기초생활보장법관련 용어정의

-보장기관은 국민기초생활보장법에 의한 급여를 행하는 국가 또는 지방자치단체
-부양의무자는 수급권자를 부양할 책임이 있는 자로서 수급권자의 1촌의 직계혈족과 그 배우자
-최저생계비는 국민이 건강하고 문화적인 생활을 유지하기 위하여 소요되는 최소한의 비용으로서 보건복지가족부장관이 공표하는 금액(매년 9월 1일 공표)
-소득인정액은 개별가구의 소득평가액과 재산의 소득환산액을 합산한 금액

「국민기초생활보장법」은 생활이 어려운 자에게 필요한 급여를 행하여 이들의 최저생활을 보장하고 자활을 조성하는 것을 목적으로 한다(동법 제1조).

(1) 수급권자와 수급자

1) 수급권자

「국민기초생활보장법」에서 수급권자는 부양의무가가 없거나, 부양의무자가 있어도 부양능력이 없거나 부양을 받을 수 없는 자로서 소득인정액이 최저생계비 이하인 자로 한다(동법 제5조 1항).

국민기초생활보장법의 수급권자

수급권자는 급여를 받을 수 있는 자격을 가진 자를 말하며, 범위는 부양의무자가 없거나 부양의무자가 있어도 부양능력이 없거나 부양을 받을 수 없는 자로서 소득인정액이 최저생계비 이하인 자이다(제5조 제1항).

2) 수급자

수급자란 동법에 의해 급여를 받는자(동법 제5조)를 말한다. 수급자는 수급권자와 그 친족, 기타 관계인이 된다(동법 제21조제1항). 다만 이에 해당하지 않더라도 생활이 어려운 자로서 일정 기간 동안 이 법이 정하는 급여의 전부 또는 일부가 필요하다고 보건복지부 장관이 정하는 자도 예외적으로 수급권자가 될 수 있다(동법 제5조제2항). 국내에 체류하고 있는 외국인 중 대한민국 국민과 혼인하여 대한민국 국적의 미성년 자녀를 양육하고 있는 사람으로서 대통령령이 정하는 사람이 동법의 '수급권자'의 범위에 해당하는 경우에는 수급권자가 된다(동법 제5조의 2).

부양의무자

수급권자를 부양할 책임이 있는 자로서 수급권자의 1촌의 직계혈족 및 그 배우자, 생계를 같이 하는 2촌 이내의 혈족

또한 위의 부양의무자가 있어도 부양능력이 없거나 부양을 받을 수 없는 경우는 대통령령으로 정하도록 되어 있다(동법 제5조제3항).

3) 수급자의 권리와 의무

수급자는 급여를 받을 권리가 있고 수급자에 대한 급여는 정당한 사유 없이 이를 불리하게 변경할 수 없고(급여변경의 금지 : 동법 제34조), 수급자에게 지급된 수급품과 이를 받을 권리는 압류할 수 없도록 하였다(압류금지 : 동법 제35조).

또 수급자는 급여를 받을 권리를 타인에게 양도할 수 없고(양도금지 : 동법 제36조), 거주지 지역·세대의 구성에 변동이 있거나 재산상황 등에 현저한 변동이 있는 때에는 지체 없이 관할보장기관에 이를 신고하여야 한다(신고의 의무 : 동법 제37조). 수급권자의 범위를 알기 위해서는 동법 제5조에서 규정하고 있는 요건, 즉 부양의무자가 없거나, 부양의무자가 있어도 부양능력이 없거나, 부양을 받을 수 없는 자로서 소득인정액이 최저생계비 이하인 자의 뜻을 알아야 하는데 이를 위해 부양의무자, 부양능력이 없는 경우, 부양을 받을 수 없는 경우, 소득인정액 최저생계비가 무엇인지를 알 필요가 있다.

> **최저생계비**
>
> 국민이 건강하고 문화적인 생활을 유지하기 위하여 소요되는 최소한의 비용으로서 보건복지부장관이 공표하는 금액

4) 부양의무자

부양의무자란 수급권자를 부양할 책임이 있는 자로서 수급권자의 1촌의 직계혈족 및 그 배우자를 말한다(동법 제2조제5호). 다음의 요건 중의 1에 해당하는 자는 부양의무자 기준을 충족한다.

> **소득인정액**
>
> 개별가구의 소득평가액과 재산의 소득환산액을 합산한 금액

① 부양의무자가 없는 경우
② 부양의무자가 있어도 부양능력이 없는 경우
③ 부양의무자가 부양능력이 미약한 경우로서 수급권자에 대한 부양비 지원을 전제로 부양능력이 없는 것으로 인정하는 경우
④ 부양능력이 있는 부양의무자가 있어도 부양을 받을 수 없는 경우

> **개별가구의 소득평가액**
>
> 개별가구의 실제소득에 불구하고 보장기관이 급여의 결정 및 실시 등에 사용하기 위하여 산출한 금액을 말한다. 이 경우 소득평가액의 구체적인 산정방식은 보건복지부령으로 정하되, 가구특성에 따른 지출요인과 근로를 유인하기 위한 요소 등을 반영하여야 한다.

5) 소득인정액

수급권자를 결정하는 궁극적인 기준이 되는 소득인정액이란 개별가구의 소득평가액과 재산의 소득환산액을 합산한 금액을 말한다(동법 제2조제8호).

> **재산의 소득환산액**
>
> 소득환산율을 곱하여 산출한 금액을 말한다. 이 경우 개별가구의 재산범위·재산가액의 산정기준 및 소득환산율 기타 필요한 사항에 관하여 보건복지부령으로 정한다.

6) 최저생계비의 결정

최저생계비는 국민의 소득·지출수준과 수급권자의 가구 유형 등 생활실태, 물가상승 등을 고려하여 결정되어야 하며(동법 제6조제1항), 매년 9월 1일까지 중앙생활보장위원회의 심의·의결을 거쳐 다음 연도의 최저생계비를 공표하여야 한다(동법 제6조제2항). 최저생계비를 결정하기 위하여 필요한 계측조사를 3년마다 실시하며, 이에 필요한 사항은 보건복지부령으로 정한다(동법 제6조제3항).

(2) 급여의 종류

「국민기초생활보장법」에 의한 급여는 생계급여, 주거급여, 의료급여, 교육급여, 해산급여, 장제급여, 자활급여 등이 있다(동법 제7조제1항제1호-제7호). 급여는 생계급여와 수급자의 필요에 따라 주거급여, 의료급여, 교육급여, 해산급여, 장제급여, 자활급여가 함께 이루어지며(동법 제7조제2항제1호), 세대를 단위로 하여 행하되, 필요하다고 인정하는 경우에는 개인을 단위로 하여 행할 수 있다(동법 제4조제3항). 이 경우 급여의 수준을 생계급여, 주거급여, 의료급여, 교육급여와 수급자의 소득인정액을 포함하여 최저생계비 이상이 되도록 하여야 한다(동법 제7조제2항제2호).

1) 생계급여

생계급여는 수급자에게 기초적인 생계수단을 보호하기 위한 급여로서 의복·음식물 및 연료비 및 그 밖에 일상생활을 유지하는 데 기본적으로 필요한 수요를 충족시키는 기능을 수행한다(동법 제8조).

2) 주거급여

주거급여는 수급자에게 주거안정에 필요한 임차료, 유지수선비, 기타 대통령이 정하는 수급품을 지급하는 형태로 이루어진다. 주거급여의 기준 및 지급절차 등에 관하여 필요한 사항은 보건복지부령으로 정한다(동법 제11조).

3) 교육급여

교육급여는 수급자에게 입학금·수업료·학용품비 기타 수급품을 지원하는 것으로 하되, 학교의 종류·범위 등에 관하여 필요한 사항은 대통령령으로 정한다(동법 제12조제1

항). 교육급여는 금전 또는 물품을 수급자 또는 수급자의 친권자나 후견인에게 지급함으로써 행한다. 다만, 보장기관이 필요하다고 인정하는 경우에는 수급자가 재학하는 학교의 장에게 수급품을 지급할 수 있다(동법 제12조제2항).

4) 해산급여

해산급여는 수급자에게 조산, 분만 전과 분만 후의 필요한 조치와 보호에 대한 급여를 행하는 것으로 한다(동법 제13조제1항제1호-제2호). 해산급여는 보건복지부령이 정하는 바에 따라 보장기관이 지정하는 의료기관에 위탁하여 행할 수 있다(동법 제13조제2항). 이 급여는 신청에 의해 이루어지면, 해산급여에 필요한 수급품은 보건복지부령이 정하는 바에 따라 수급자나 그 세대주 또는 세대주에 준하는 자에게 지급한다. 다만, 보장기관이 해산급여를 의료보험법의 규정에 의한 의료보호기관에 위탁하여 행할 경우, 수급품을 그 의료기관에 지급할 수 있다(동법 제13조제3항).

5) 장제급여

장제급여는 수급자가 사망한 경우 사체의 검안·운반·화장 또는 매장 기타 장제조치를 행하는 것으로 하며(동법 제14조제1항), 보건복지부령이 정하는 바에 따라 실제로 장제를 행하는 자에게 장제에 필요한 비용을 지급한다. 다만, 이에 의할 수 없거나 이에 의하는 것이 적당하지 아니하다고 인정하는 경우에는 물품을 지급할 수있다(동법 제14조제2항). 장제급여를 행함에 있어 사망자에게 부양의무자가 없는 때에는 시장·군수·구청장은 사망자가 유류한 금전 또는 유가증권으로 그 비용에 충당하고, 그 부족액에 대하여는 유류물품의 매각대금으로 이를 충당할 수 있다(동법 제45조).

6) 자활급여

자활급여는 수급자의 자활을 조성하기 위하여 자활에 필요한 금품의 지급 또는 대여, 자활에 필요한 기능습득의 지원, 취업알선 등 정보의 제공, 공공근로 등 자활을 위한 근로기회의 제공, 자활에 필요한 시설 및 장비의 대여, 기타 대통령령이 정하는 자활조성을 위한 각종 지원의 급여를 행하는 것으로 한다(동법 제15조제1항제1호-제6호). 자활급여는 관련 공공 또는 민간기관·시설에 위탁하여 이를 행할 수 있고, 이 경우 그에 소요되는 비용은 보장기관이 이를 부담한다(동법 제15조제2항).

① 중앙자활센터 및 지역자활센터

> **차상위계층**
>
> 차상위계층은 수급권자에 해당하지 아니하는 계층으로서 소득인정액이 최저생계비의 100분의 120 이하인 자, 저소득자는 100분의 150 이하인 자를 말한다.

2006년 법 개정으로 수급자 및 차상위자의 자활촉진에 필요한 사업을 수행하기 위하여 중앙자활센터를 둘 수 있도록 하고, 동 센터의 설치 및 운영에 필요한 경비의 전부 또는 일부를 보조할 수 있도록 하였으며, 자활후견기관을 지역자활센터로 변경하고, 지역자활센터협의회의 설립 근거를 두며, 시·군·구에 상시적인 협의체계로서 자활기관협의체를 의무적으로 설치하도록 하였다.

- 중앙자활센터: 수급자 및 차상위자의 자활촉진에 필요한 사업을 수행하기 위해 중앙자활센터를 둘 수 있다. 중앙자활센터는 법인으로 하며, 정부는 중앙자활센터의 설치 및 운영에 필요한 경비의 전부 또는 일부를 보조할 수 있다(동법 제15조의2).

- 지역자활센터: 보장기관은 수급자 및 차상위자의 자활의 촉진에 필요한 각종 사업을 수행하게 하기 위하여 사회복지법인 등 비영리법인과 단체를 법인 등의 신청을 받아 지역자활센터로 지정할 수 있다. 이 경우 보장기관은 법인 등의 지역사회복지사업 및 자활지원사업의 수행능력·경험 등을 고려하여야 한다. 지역자활센터는 수급자 및 차상위자에 대한 효과적인 자활지원과 지역자활센터의 발전을 공동으로 도모하기 위하여 지역자활센터협회를 설립할 수 있다(동법 제16조). 지역자활센터는 자활의욕 고취를 위한 교육, 자활을 위한 정보제공·상담·직업교육 및 취업알선, 생업을 위한 자금융자 알선, 자영창업 지원 및 기술·경영지도, 자활공동체의 설립·운영지원, 기타 자활을 위한 각종 사업을 수행한다.

② 자활기관협회체

시장 ·군수·구청장은 자활지원사업의 효율적인 추진을 위하여 지역자활센터, 직업안정기관, 사회복지시설의 장 등과 상시적인 협의체계인 자활기관협의체를 구축하여야 한다(동법 제17조).

③ 자활공동체

수급자 및 차상위자는 상호 협력하여 자활공동체를 설립·운영할 수 있다. 공동체는 조합 또는 「부가가치세법」 상의 2인 이상의 사업자로 설립한다. 보장기관은 수급자의 자활촉진을 위한 각종 사업을 지원할 수 있다.

자활공동체는 자활을 위한 사업자금 융자, 국·공유지 우선 임대, 국가 또는 지자체가 실시하는 사업의 우선 위탁, 국가 또는 지자체의 조달 구매시 공동체 생산품의 우선 구매, 기타 수급자의 자활촉진을 위한 각종 사업을 지원한다(동법 제18조).

④ 수급자의 고용촉진
보장기관은 수급자의 고용을 촉진하기 위하여 상시근로자의 일정비율 이상을 수급자로 채용하는 기업에 대하여 대통령령이 정하는 바에 따라 지원을 할 수 있다(동법 제18조의 2).

⑤ 자활기금의 적립
보장기관은 자활지원사업의 자활을 체계적으로 지원하기 위하여 수급자 가구별로 자활지원계획을 수립하고 그에 따라 급여 지급을 실시하여야 한다.

보장기관은 수급자의 자활을 위하여 필요한 경우에는 보장기관이 제공할 수 있는 급여나 민간기관 등이 후원을 제공하는 경우 자활지원 계획에 따라 급여를 지급하거나 후원을 연계할 수 있다.

시장·군수·구청장은 수급자의 자활여건 변화와 급여실시 결과를 정기적으로 평가하고 필요한 경우 자활지원계획을 변경할 수 있다(동법 제18조의 3).

(3) 급여의 실시

1) 급여신청

동법 제5조에 규정된 수급권자와 그 친족, 기타 관계인은 관할 시장·군수·구청장에게 수급권자에 대한 급여를 신청할 수 있다. 사회복지전담공무원은 이 법에 의한 급여를 필요로 하는 자가 누락되지 아니하도록 하기 위하여 관할지역 내에 거주하는 수급권자에 대한 급여를 직권으로 신청할 수 있다. 이 경우 수급권자의 동의를 구하여야 하며 이를 수급권자의 신청으로 볼 수 있다(동법 제21조제1항, 제2항). 산정방법 및 절차 등에 관하여 필요한 사항은 보건복지부령으로 정한다(동법 제21조제3항).

2) 신청에 의한 조사

시장·군수·구청장은 급여 신청이 있는 경우, 사회복지전담공무원으로 하여금 급여의 결정 및 실시 등에 필요한 사항(부양의무자의 유무 및 부양능력 등 부양의무자와 관련된 사항, 수급권자 및 부양의무자의 소득·재산에 관한 사항, 수급권자의 근로능력·취업상태·자활욕구 등 자활지원계획 수립에 필요한 사항, 기타 수급권자의 건강상태·가구특성 등 생활실태)을 조사하거나 수급권자에게 보장기관이 지정하는 의료기관에서 검진을 받게 할 수 있다(동법 제22조제1항). 그리고 시장·군수·구청장은 수급권자 또는 부양의무자에게 필요한 자료의 제출을 요구할 수 있으며, 보장기관이 조사를 실시하기 위하여 금융·국세·지방세·토지·건물·의료보험·국민연금 및 고용보험 등 전산망을 이용하고자 할 경우에는 관계기관의 장에게 협조를 요청할 수 있다(동법 제22조제2항). 이 경우 관계기관의 장은 정당한 사유가 없는 한 이에 응하여야 한다. 보장기관은 수급권자 또는 부양의무자가 조사를 거부·방해 또는 기피하거나 검진지시에 따르지 아니한 때에는 급여신청을 기각할 수 있다(동법 제22조제8항).

3) 확인조사

시장·군수·구청장은 매년 정기적으로 조사를 실시하여야 하며(동법 제23조), 최저생계비의 변경 등에 의하여 수급권자의 범위가 변동함에 따라 다음 연도에 이 법에 의한 급여가 필요할 것으로 예측되는 수급권자의 규모를 조사하기 위하여 보건복지부령이 정하는 바에 따라 수급권자의 차상위계층에 대하여 조사를 실시할 수 있다. 이 조사에서는 조사대상자의 동의가 있어야 하고, 그 동의는 다음 연도의 급여신청으로 본다(동법 제24조).

이상의 조사결과는 관할 시·도지사에게 보고하여야 하며, 보고를 받은 시·도지사는 이를 보건복지부 장관에게 보고하여야 한다. 시·도지사가 조사한 때도 이와 같다(동법 제25조).

4) 급여의 결정 및 실시 등

시장·군수·구청장은 신청에 의한 조사를 할 때에는 지체 없이 급여실시의 여부와 급여의 내용을 결정하여야 하며, 차상위계층을 조사한 경우에는 급여개시일이 속하는 월에 급여실시 여부와 급여내용을 결정하여야 한다. 시장·군수·구청장은 급여실시 여부와 급여내용을 결정한 때에는 그 결정의 요지, 급여의 종류·방법 및 급여의 개시시기 등을 서면으로 수급권자 또는 신청인에게 통지하여야 하며, 신청인에 대한 통지는 급여의 신청일부터 14일 이내에 하여야 한다(동법 제26조). 다만, 부양의무자의 소득·재산 등의 조사에 시일을 요하는 특별한 사유가 있는 경우에는 신청일부터 30일 이내에 통지할 수 있다. 이 경우 통지서에 그 사유를 명시하여야 한다. 급여실시 및 내용이 결정된 수급자에 대한 급여는 급여의 신청일부터 개시한다. 다만, 보건복지부장관이 매년 결정·공표하는 최저생계비의 변경으로 인하여 매년 1월에 새로이 수급자로 결정되는 자에 대한 급여는 해당연도의 1월 1일을 그 급여개시일로 한다(동법 제27조제2항). 급여실시 여부의 결정권이라도 수급권자에게 급여를 하여야 할 긴급한 필요가 있다고 인정될 때에는 급여의 일부를 행할 수 있다(동법 제28조제1항).

5) 급여의 변경 및 중지 등

보장기관은 수급자의 소득·재산·근로능력 등에 변동이 있는 경우에는 직권 또는 수급자나 그 친족 기타 관계인의 신청에 의하여 그에 대한 급여의 종류·방법 등을 변경할 수 있다(동법 제29조제1항). 한편 보장기관은 수급자에 대한 급여의 전부 또는 일부가 필요 없게 된 때와 수급자가 급여의 전부 또는 일부를 거부한 때에는 급여의 전부 또는 일부를 중지한다(동법 제30조제1항). 또는 근로능력이 있는 수급자가 동법 제9조제5항의 조건(근로능력이 있는 수급자에게 자활에 필요한 사업에 참가할 것을 조건으로 하는 경우)을 이행하지 않는 경우 조건을 이행할 때까지 동법 제7조제2항의 규정에도 불구하고 근로능력이 있는 수급자 본인의 생계급여의 일부 또는 전부를 지급하지 아니할 수 있다(동법 제30조제2항).

(4) 보장비용

1) 보장비용의 정의

「국민기초생활보장법」에서 규정하고 있는 보장비용은 다음과 같다(동법 제42조제1호-제4호).

① 보장업무에 소요되는 인건비와 사무비
② 생활보장위원회의 운영에 소요되는 비용
③ 급여실시 비용
④ 보장업무에 소요되는 비용

2) 보장비용과 부담구분

국가와 지방자치단체 간의 보장비용의 부담은 다음의 구분에 의한다(동법 제43조제1항제1호-제3호).

① 국가 또는 시·도가 직접 행하는 보장업무에 소요되는 비용은 국가 또는 당해 시·도가 부담한다.

② 시·도가 경영하는 보장시설에 입소하게 하거나 다른 보장시설에 위탁하여 급여를 행할 때 그 실시비용은 국가 또는 당해 시·도가 부담한다.
③ 시·군·구가 행하는 보장업무에 소요되는 비용 중 보장업무에 소요되는 인건비와 사무비 및 생활보장위원회의 운영에 소요되는 비용은 당해 시·군·구가 부담한다.

시·군·구가 행하는 보장업무에 소요되는 비용은 부담비율 범위 안에서 보장기관 간에 협의하여 부담한다(동법 제43조제1항제4호).

① 특별시가 관할하는 자치구의 경우에는 그 총액의 100분의 50 이하를 국가가 부담하고, 국가부담 제외분의 100분의 50 이상을 특별시가, 그 100분의 50 이하를 당해 자치구가 부담한다.
② 광역시 및 도가 관할하는 시·군·구의 경우에는 그 총액의 100분의 80 이상을 국가가 부담하고, 국가 부담 제외분의 100분의 50 이상을 당해 광역시 및 도가, 100분의 50 이하를 당해 시·군·구가 부담한다. 다만, 시·도 및 시·군·구의 수급자 분포 및 재정자립도 등을 고려하여 국가 부담비율, 시·도 부담비율, 시·군·구 부담비율은 이 부담비율의 범위 안에서 차등하여 적용할 수 있다.
지방자치단체의 조례에 의하여 이 법에 의한 급여의 범위 및 수준을 초과하여 급여를 실시하는 경우 그 초과보장비용은 당해 지방자치단체가 부담한다(동법 제43조제5항).

(5) 보장기관과 시설

1) 보장기관

「국민기초생활보장법」에 의한 급여를 행하는 국가 또는 지방자치단체를 보장기관이라 한다. 그러나 이 법에 의한 실제 급여는 원칙적으로 수급권자 또는 수급자의 거주지를 관할하는 특별시장, 광역시장, 도지사와 시장, 군수, 구청장이 행한다. 다만, 주거가 일정하지 아니한 경우에는 수급권자 또는 수급자가 실제 거주하는 지역을 관할하는 시장·군수·구청장이 행한다(동법 제19조제1항).

다만, 위의 규정에도 불구하고 보건복지부 장관과 시·도지사는 수급자를 각각 국가 또는 당해 지방자치단체가 경영하는 보장시설에 입소하게 하거나 다른 보장시설에 위탁하여 급여를 행할 수 있다(동법 제19조제2항).

한편, 보장기관은 수급권자·수급자 차상위계층에 대한 조사와 수급자 결정 및 급여의 실시 등 이 법에 의한 보장업무를 수행하게 하기 위하여 사회복지전담공무원을 배치하여야 한다(동법 제19조제4항).

2) 생활보장위원회

보건복지부와 특별시·광역시·도 및 시·군·구(자치구를 말한다. 이하 같다)에 각각 생활보장위원회를 둔다(동법 제20조). 보건복지부에 두는 생활보장위원회를 중앙생활보장위원회라 하는데, 이 위원회는 생활보장사업의 기본방향 및 대책수립, 소득인정액 산정방식의 결정, 급여기준의 결정, 최저생계비의 결정, 동법 제44조의 규정에 의한 보장기금의 적립·관리 및 사용에 관한 지침의 수립, 기타 위원장이 부의하는 사항을 심의·의결한다(동법 제20조제2항제1호-제6호).

3) 보장시설

보장시설은 급여를 행하는 「사회복지사업법」에 의한 사회복지시설로서 대통령령이 정하는 시설을 말한다(동법 제32조). 그리고 보장시설은 다음과 같은 의무를 진다(동법 제33조). 첫째, 수급자에 대한 급여를 위탁받은 때에는 정당한 사유 없이 이를 거부하여서는 아닌 된다. 둘째, 위탁받은 수급자에게 보건복지부장관이 정하는 최저기준 이상의 급여를 행하여야 한다. 셋째, 위탁받은 수급자에게 성별·신앙 또는 사회적 신분 등을 이유로 차별대우를 하여서는 아니 된다. 넷째, 위탁받은 수급자에게 급여를 행함에 있어서 수급자의 자유로운 생활을 보장하여야 한다. 다섯째, 위탁받은 수급자에게 종교상의 행위를 강제하여서는 아니 된다.

(6) 수급자의 권리보호

1) 시·도지사에 대한 이의신청

수급자나 급여 또는 급여변경의 신청을 한 자는 그 결정의 통지를 받은 날부터 60일 이내에 시장·군수·구청장의 처분에 대하여 이의가 있는 경우에는 당해 보장 기관을 거쳐 시·도지사에게 서면 또는 구두로 이의를 신청할 수 있다(동법 제38조제1항). 시·도지사가 이의신청을 받은 시장·군수·구청장은 10일 이내에 의견서와 관계서류를 첨부하여 이를 시·도지사에게 송부하여야 한다(동법 제38조제2항). 시·도지사는 처분 등을 한 때에는 지체 없이 신청인과 당해 시장·군수에게 각각 서면으로 이를 통지하여야 한다(동법 제39조제2항).

2) 보건복지부 장관에 대한 이의신청

> 이의신청
>
> 수급자가 급여신청을 한 자가 당해 시·도지사에게 구두로 이의 신청을 하려면, 그 결정의 통지를 받은 날로부터 60일 이내에 할 수 있다.

시·도지사의 처분 등에 대하여 이의가 있는 자는 그 처분 등의 통지를 받은 날부터 60일 이내에 시·도지사를 거쳐 보건복지부 장관에게 서면 또는 구두로 이의를 신청할 수 있다. 이 경우 구두로 이의신청을 접수한 보장기관의 공무원은 이의신청서를 작성할 수 있도록 협조하여야 한다(동법 제40조제1항). 시·도지사는 이의신청이 있는 때에는 10일 이내에 의견서와 관계서류를 첨부하여 이를 보건복지부 장관에게 송부하여야 한다(동법 제40조제2항). 보건복지부 장관은 이의신청서를 송부 받은 때에는 30일 이내에 필요한 심사를 하고 이의신청으로 각하하거나 당해 처분의 변경 또는 취소의 재결을 하여야 한다(동법 제41조제1항). 보건복지부장관은 재결을 한 때에는 지체 없이 시·도지사와 신청인에게 각각 서면으로 재결내용을 통지하여야 한다(동법 제41조제2항).

(7) 벌칙

보장기관의 공무원 또는 공무원이었던 자가 비밀누설 금지의 규정을 위반하면 3년 이하의 징역 또는 1천만원 이하의 벌금에 처하도록 되어 있다(동법 제48조). 또한 시위 기타 부정한 방법에 의하여 급여를 받거나 또는 타인으로 하여금 급여를 받게 한 자는 1년 이하의 징역 500만원 이하의 벌금, 구류 또는 과료에 처하도록 되어있다(동법 제49조). 그리고 수급자의 급여위탁을 정당한 사유없이 거부하거나(동법 제33조제1항 위반) 종교상의 행위를 강제한 보장시설의 장(동법 제33조제5항 위반)은 300만원 이하의 벌금, 구류 또는 과료에 처하도록 되어있다(동법 50조).

4 개선점

「국민기초생활보장법」은 생활이 어려운 자들이 인간다운 최저생활을 영위할 수 있도록 보장해 주고, 스스로 독립된 사회인으로서의 자립·자활할 수 있도록 다음과 같은 개선점들을 제시한다.

첫째, 합리적이고 과학적인 대상자 선정기준과 선정 방법의 문제 : 소득 파악 기법, 소득 인정액의 합리적 모형 개발, 합리적이고 과학적 최저생계비 계측 조사 등이 필요하다.

둘째, 합리적 급여수준 : 최저생계비는 물론, 인간다운 생활보장의 적정 급여액 조정이 필요하다.

셋째, 전문인력의 부족과 업무전담 : 「국민기초생활보장법」 시행에 필요한 전문인력 확보가 필요하다.

넷째, 각종 복지체계와의 연계 미비 : 노동부의 실업대책, 각 부처의 공공근로사업은 본질과 무관하게 진행되고 있다.

다섯째, 대상자 수 증가에 따른 예산문제 : 예산 부족으로 수급자 수를 줄이는 데 노력하는 모순이 있다.

여섯째, 근로윤리 손상 문제로, 소위 '복지병' 예방이 필요하다(기초생활보장 업무와 노동부의 직업훈련 및 구직활동 지원 업무를 연계하여 종합적인 서비스 제공 필요)

法諺

Where there is a right, there is a remedy.

권리가 존재하는 곳에 구제가 있다.

제 3 절 의료급여법

① 의의

> 의료급여법의 의미
>
> 의료급여법은 저소득층 국민들의 건강한 생활을 보장하기 위한 의료보장제도는 의료급여제도로서, 건강보험과는 달리 재원을 일반조세로 충당함으로써 소득재분배 기능을 수행한다.

「의료급여법」은 생활이 어려운 자에게 의료급여를 실시함으로써 국민보건의 향상과 사회복지 증진에 이바지함을 목적으로 하고 있으며, 의료부조제도로서 공공부조제도의 일환으로 실시된다. 이는 건강보험과 더불어 국민의 건강한 생활을 보장하기 위한 의료보장제도로서 저소득층의 의료복지를 위한 중요한 수단이 되고 있다는 점에서 그 의의가 있다고 하겠다.

이 법의 근거법률인 「국민기초생활보장법」에서 종전의 '의료보호'를 '의료급여'(제7조 제3항)로 변경함에 따라 이 법의 제명을 「의료급여법」으로 변경하였고, 중앙의료급여 심의위원회를 설치하였다. 이법의 또 하나의 의의는 생활이 어려운 저소득 국민의 의료에 대한 권리를 강화에 있다고 하겠다. 아울러 의료급여를 받을 수 있는 기간의 제한을 폐지하였고, 요양비 지급, 수급권자에 대한 건강검진을 할 수 있도록 하였고, 수급권자 자신의 고의 또는 중대한 과실로 인한 범죄행위로 인한 사고에만 의료급여를 하지 아니하도록 하여 의료급여 제한의 범위를 축소하였다.

공공부조로서 의료급여는 사회보험인 국민건강보험과 달리 몇 가지 특징을 갖고 있다.

첫째, 국가의 재원으로 행해지는 공적의료부조제도(public medical assistance)이다. 둘째, 의료급여제도는 모든 국민을 대상으로 차별 없이 제공되는 보편적인 프로그램이 아니라, 자신의 소득이 최저생계비 이하인 절대빈곤이 주 대상이 되는 선별적인 프로그램이다. 셋째, 의료급여는 건강보험과는 달리 필요한 재원은 일반조세수입으로 충당한다. 따라서 소득재분배기능을 수행함으로써 사회적 형평을 기하는 데 기여한다. 넷째, 의료급여제도는 헌법상 보장된 인간다운 생활을 할 권리와 국민의 건강권을 저소득층과 사회적 기여자들에게 구체화하는 공적인 원조프로그램이다.

② 입법배경

「의료급여법」은 그 유래를 1944년 3월 1일 규정된 〈조선구호령〉에서 찾을 수 있다. 일제시대의 조선구호령은 급여내용 가운데 의료부조가 포함되었다. 그 후 1961년 12월 30

일 생활보호법 제5조의 규정에 따라 의료보호제도가 생활보호제도 일환으로 실시되었다. 이 의료보호에 관한 규정은 1977년 12월 31일 생활보호법에서 분리되어 「의료보호법」으로 제정되었다. 이후 「의료보호법」은 2001년 5월 24일 그 명칭을 바꾸어 「의료급여법」 제정되게 된다. 법제정의 주요 내용으로는 보호대상자의 범위 확대, 의료보호의 내용과 보호의 방법 명시, 의료보호기금에서 보호비용 전부 또는 일부 부담, 진료지구 설정을 통한 진료기관 지정, 거주지 관할 지방자치단체장이 의료보호를 행하며, 광역자치단체에서 보호기관비용의 재원 충당을 위한 의료보호기금 설치 등이 있다.

의료급여법 주요 연혁

- 1997. 12. 31 의료보험법 제정
- 2001. 5. 24 생활이 어려운 저소득 국민의 건강을 증진하기 위하여 의료급여 수급기간의 제한을 폐지하여 연중 기간제한 없이 의료급여를 받을 수 있도록 하고, 예방·재활 등에 대하여도 의료급여를 행하도록 하며, 수급권자의 진료편의를 도모하기 위하여 의료급여기관에 대한 업무정지 처분에 갈음하여 과징금을 부과할 수 있도록 하는 등 현행 제도의 운영상 나타난 미비점을 전반적으로 개선·보완하려고 법 전문 개정
- 2002. 12. 5 의료급여기관이 아닌 시장·군수·구청장이 의약품대금을 의약품 공급업자에게 직접 지불할 수 있도록 한 의약품대금의 직접지불제에 관한 규정은 과잉 규제의 성격을 갖고 있으므로 이를 삭제하려고 법 일부 개정.
- 2003. 5. 15 중요무형문화재 명예보유자가 의료수급권자로서 의료급여를 받을 수 있도록 법 일부 개정.
- 2004. 3. 5 국내에 입양된 18세 미만의 아동에 대하여 의료급여를 실시할 수 있도록 법 일부 개정.
- 2005. 12. 23 의료급여기관이 수급권자에게 행한 의료급여와 관련된 문서 등의 보존의무 및 기간을 명확히 규정하도록 하기 위해 법 일부 개정
- 2006. 10. 4 난민으로 인정된 자 중 국민기초생활보장법 수급기준에 해당하는 자에 대한 수급권 인정 규정 신설

■ 2006. 12. 28 본인부담금이 과다하게 납부된 경우 과다납부금을 환불받을 수 있도록 함, 의료급여기관이 입원보증금 등 다른 명목의 비용을 청구할 수 없도록 함

3 내용

(1) 적용 대상

1) 「의료급여법」의 수급권자

「의료급여법」에서는 수급권자를 「의료급여법」에 따라 의료급여를 받을 수 있는 자격을 가진 자를 말하며(의료급여법 제2조제1호), 의료급여의 수급대상은 다음과 같다(동법 제3조제1항제1호-제9호).

① 「국민기초생활보장법」에 의한 수급자
② 「재해구호법」에 의한 이재민
③ 「의사상자에 관한 법률」에 의한 의상자 및 의사자의 유족
④ 「입양촉진 및 절차에 관한 특례법」에 의하여 국내에 입양된 18세 미만의 아동
⑤ 「독립유공자예우에 관한 법률 및 국가유공자 등 예우 및 지원에 관한 법률」의 적용을 받고 있는 자와 그 가족으로서 국가보훈처장이 의료급여가 필요하다고 요청한 자 중 보건복지부장관이 의료급여가 필요하다고 인정한 자
⑥ 「문화재보호법」에 의하여 지정된 중요무형문화재의 보유자(명예보유자를 포함한다) 및 그 가족으로서 국가보훈처장이 의료급여가 필요하다고 요청한 자 중 보건복지부장관이 의료급여가 필요하다고 인정한 자
⑦ 「북한이탈주민의 보호 및 정착 지원에 관한 법률」의 적용을 받고 있는 자와 그 가족으로서 보건복지부장관이 의료급여가 필요하다고 인정한 자
⑧ 「광주민주화운동관련자보상등에 관한 법률」 제8조의 규정에 의하여 보상금 등을 받은 자와 그 가족으로서 보건복지부장관이 의료급여가 필요하다고 인정하는 자
⑨ 그 밖에 생활유지의 능력이 없거나 생활이 어려운 자로서 대통령령이 정하는 자

이러한 수급권자에 대하여 대통령령이 정하는 바에 따라 이를 구분하여 의료급여의 내용 및 기준을 달리할 수 있다(동법 제3조제2항). 〈표 10-1〉과 같이 수급권자는 1종 수급권자 및 2종 수급권자로 구분하도록 되어 있다(동법 시행령 제3조제1항).

2) 적용배제 수급권자

수급권자가 다른 법령에 의하여 의료급여를 받고 있는 경우에는 이 법에 의한 의료급여를 행하지 아니한다(동법 제4조).

3) 의료급여증의 부여

시장·군수·구청장은 수급권자에게 의료급여증을 발급하여야 한다. 다만, 부득이한 사유가 있는 경우에는 의료급여증에 갈음하는 의료급여증명서를 발급할 수 있다(동법 제8조). 의료급여증의 유효기간은 매년 1월 1일부터 12월 31일까지로 한다. 다만 다른 법령에서 의료급여기간이 정하여진 경우에는 그 정하여진 기간으로 한다(동법 제8조제2항).

〈표 10-1〉 의료급여 수급권자의 구분

1종 수급권자
① 국민기초생활보장법에 의한 수급자 중 18세 미만인자, 65세 이상인 자, 장애인고용촉진 및 직업재활법 제12조제2호에 해당하는 중증장애인, 보건복지부 장관이 정하는 질병 또는 부상에 해당하지 아니하는 질병, 부상 또는 후유증으로 인하여 3월 이상의 치료 또는 요양이 필요한 자, 임산부, 병역법에 의한 병역의무를 이행 중인 자 또는 근로능력이 없거나 근로가 곤란하다고 인정하여 보건복지부 장관이 정하는 자만으로 구성된 세대의 구성원이나 국민기초생활보장법 제38조의 규정에 의한 보장시설에서 급여를 받고 있는 자이거나 국민기초생활보장법 제5조제2항의 규정에 해당하는 자로서 보건복지부 장관이 인정하는 자 또는 의료급여법시행령 제2조제2항의 규정에 의한 희귀난치성질환이 있는 자가 속한 세대의 구성원이 1종 수급권자가 된다(의료급여법시행령 제3조제2항제1호)
② 의료급여 제3조제1항제2호 내지 제8호의 규정에 해당하는 자
③ 일정한 거소가 없는 자로서 경찰관서엣 무연고자임이 확인된 자
④ 그 밖에 보건복지부령이 정하는 자
2종 수급권자
① 의료급여법 제3조제1항제1호, 즉 국민기초생활보장법에 의한 수급자 중 위의 1종 수급자가 아닌 자
② 희귀난치성질환자와 질환자로서 6월 이상 치료를 받고 있거나 6월 이상 치료를 요하는 자(의료급여법시행령 제2조제3호) 또는 보건복지부 장관이 정하여 고시하는 소득 인정액 이하에 해당하는 세대의 18세 미만의 아동(의료급여법 제2조제3호의 2)에 해당하는 수급권자
③ 그 밖에 보건복지부령이 정하는 자(의료급여법시행령 제2조제4호)로서 보건복지부 장관이 2종의 의료급여가 필요하다고 인정하는 자

(2) 의료급여의 내용

수급권자의 질병·부상·출산 등에 대한 의료급여의 내용은 다음과 같다(동법 제7조제1항 제1호-제7호).

① 진찰·검사
② 약제·치료재의 지급
③ 처치·수술과 그 밖의 치료
④ 예방·재활
⑤ 입원
⑥ 간호
⑦이송과 그 밖의 의료목적의 달성을 위한 조치

의료급여의 방법·절차·범위·상한 등 의료급여의 기준에 관하여는 보건복지부령으로 정하고, 의료수가기준과 그 계산방법 등에 관하여는 보건복지부장관이 정한다(동법 제7조제2항, 동법 시행규칙 제6조).

(3) 의료급여기간

> **급여일수**
> 의료급여법에 의한 소요되는 비용은 본인과 의료급여기금에서 부담하며, 의료급여를 받을 수 있는 일수는 연간 365일이다.

수급권자가 의료급여기금의 부담으로 의료급여를 받을 수 있는 일수는 연간 365일(윤년의 경우 366일)로 한다. 다만, 정신 및 행동장애(간질을 포함한다), 뇌성마비 및 마비성증후군 등 보건복지부장관이 정하여 고시하는 질환을 가진 자에 대하여는 상한일수에 30일을 추가한 일수를 상한일수로 한다(동법 시행규칙 제8조의 2 제1항).

상한일수를 초과하여 의료급여를 받고자 하는 자는 보건복지부 장관이 정하는 기준에 따라 미리 시장·군수·구청장의 승인을 얻어야 한다. 이 경우 시장·군수·구청장은 의료급여법 제6조의 규정에 의한 시·군·구 의료급여심의위원회의 심의를 거쳐야 한다(동법 시행규칙 제8조의 2 제2항).

(4) 의료급여기관

의료급여는 「의료법」에 따라 개설된 의료기관, 지역보건법에 따라 설치된 보건소·보건의료원 및 보건지소, 농어촌 등 보건의료를 위한 특별조치법에 따라 설치된 보건진료소, 약사법에 따라 등록된 약국에서 행한다. 이 경우 보건복지부장관은 공익 또는 국가시책상 의료급여기관으로 적합하지 아니하다고 인정되는 의료기관으로서 대통령령이 정하는 의료기관은 의료급여기관에서 제외될 수 있다(동법 제9조제1항). 의료급여기관의 구분 및 진료 범위는 다음과 같다(동법 시행규칙 제16조).

> **의료급여기관**
>
> 의료급여법에 의한 의료급여기관은 의료법에 따라 개설된 의료기관, 지역보건법에 따라 설치된 보건소·보건의료원 및 보건지소, 농어촌 등 보건의료를 위한 특별조치법에 따라 설치된 보건진료소, 약사법에 따라 등록된 약국 및 한국희귀의약품센터이다.

① **제1차 의료급여기관** : 의료법에 따라 시장·군수·구청장에게 개설신고를 한 의료기관, 지역보건법에 따라 설치된 보건소·보건의료원 및 보건지소, 농어촌 등 보건의료를 위한 특별조치법에 따라 설치된 보건진료소, 약사법에 따라 등록된 약국
② **제2차 의료급여기관** : 의료법에 따라 시·도지사가 개설허가를 한 의료기관
③ **제3차 의료급여기관** : 제2차 의료급여기관 중에서 보건복지부장관이 지정하는 의료기관

의료급여의 절차로는 제1차 의료급여기관에 의료급여를 신청하여야 한다. 제1차 의료급여기관 또는 제2차 의료급여기관은 진찰결과 또는 진료 중에 제2차 의료급여기관 또는 제3차 의료급여기관의 진료가 필요하다고 판단되는 경우에는 진료담당의사의 진료의견이 기재된 의료급여의뢰서를 수급권자 또는 그 보호자에게 발급하여야 한다. 의료급여의뢰서를 발급받은 수급권자는 발급받은 날부터 7일 이내에 제2차 의료급여기관 또는 제3차 의료급여기관에 이를 제출하여야 한다. 이 경우 의료급여의뢰서를 발급받은 날부터 7일 이내에 진료를 예약하고, 진료를 받을 때에 의료급여의뢰서를 제출하는 경우에는 예약 접수일을 의료급여의뢰서 제출일로 본다.

의료급여는 수급권자에 대한 의료급여는 시장·군수·구청장이 수급권자로 선정한 날부터 개시한다. 무연고자는 행정기관이 응급진료를 받게 한 날부터, 의상자 또는 의사자의 유족은 의상자 또는 의사자가 다른 사람의 생명·신체 또는 재산을 구하다가 신체의 부상을 입거나 사망한 날부터 개시한다(동법 시행령 제6조).

(5) 급여비용의 부담

의료급여기금에서 부담하는 급여비용의 범위는 1종 수급권자는 급여비용의 전부를 부담하고, 2종 수급권자는 경우에 따라 부담액 또는 부담률을 정한다. 본인부담금은 2종 수급권자에 대한 급여비용의 총액이 해당 규정의 본인부담금보다 적은 경우에는 그 급여비용의 전부를 본인부담금으로 한다(동법 시행령 제13조제3항).

(6) 요양비, 건강검진

요양비는 시장·군수·구청장은 수급권자가 보건복지부령이 정하는 긴급하거나 그 밖의 부득이한 사유로 인하여 의료급여기관과 동일한 기능을 수행하는 기관으로서 보건복지부령이 정하는 기관에서 질병·부상·출산 등에 대하여 의료급여를 받거나 의료급여기관 외의 장소에서 출산을 한 때에는 그 의료급여에 상당하는 금액을 수급권자에게 요양비로 지급한다.

장애인에 대한 특례 및 건강검진은 시장·군수·구청장은 장애인복지법에 따라 등록한 장애인의 수급권자에게 보장구에 대하여 급여를 실시할 수 있다(동법 제13조). 시장·군수·구청장은 이 법에 의한 수급권자에 대하여 질병의 조기발견과 그에 따른 의료급여를 하기 위하여 건강검진을 할 수 있다(동법 제14조).

(7) 보장기관, 의료급여심사위원회

「의료급여법」에는 보장기관과 의료급여심사위원회에 대한 규정을 포함하고 있다. 보장기관에서는 의료급여에 관한 업무를 수행하는데, 수급권자의 거주지를 관할하는 시장·군수·구청장(자치구의 구청장)이 행한다. 주거가 일정하지 아니한 수급권자에 대하여는 그가 실제 거주하는 지역을 관할하는 시장·군수·구청장이 행한다(동법 제5조). 한편, 의료급여사업의 실시에 관한 사항을 심의하기 위하여 보건복지부와 특별시·광역시·도와 시·군·구(자치구)에 각각 의료급여심의위원회를 둔다.

(8) 의료급여기금

급여비용의 재원에 충당하기 위하여 시·도에 의료급여기금을 설치한다. 이 기금은 국고보조금, 지방자치단체의 출연금, 상환 받은 대불금, 징수한 부당이익금, 징수한 과징금, 당해 기금의 결산상 잉여금 및 그 밖의 수입금으로 조성하고, 국가와 지방자치단체는 기금운영에 필요한 충분한 예산을 확보하여야 한다(동법 제25조).

이 기금은 일반회계와 구분하여 별도의 계정을 설정하여 관리하여야 하며, 급여비용, 급여비용의 대불에 소요되는 비용, 업무위탁시 소요되는 비용, 그 밖의 의료급여업무에 직접 소요되는 비용으로서 보건복지부령이 정하는 비용에 한하여 이를 사용하여야 한다. 만일 시·도지사는 기금에 여유자금이 있는 때에는 금융기관 또는 체신관서에서의 예치, 국·공채 매입의 방법으로 이를 운용할 수 있다(동법 제26조).

(9) 권한의 위임

시장·군수·구청장의 업무 중 의료급여비용의 지급, 요양비 및 장애인 보장구의 지급, 전산기에 의한 수급권자의 자격, 개인별 진료내역의 관리, 의료급여의 제한에 필요한 실태조사 및 자료수집의 업무를 보험공단에 위탁한다(동법 시행령 제20조).

(10) 수급권자의 권리보호 및 벌칙

의료급여를 받을 권리는 양도 또는 압류할 수 없고(동법 제18조), 시장·군수·구청장은 제3자의 행위로 인하여 수급권자에게 의료급여를 한 때에는 그 급여비용의 범위 안에서 제3자에 대한 손해배상청구의 권리를 얻는다. 또한 수급권의 자격, 의료급여 및 급여비용에 대한 시장·군수·구청장의 처분에 이의가 있는 자는 시장·군수·구청장에게 이의신청할 수 있으며, 의료급여를 받을 권리, 급여비용을 받을 권리, 대불금을 상환받을 권리는 3년간 행사하지 아니하면 소멸시효가 완성된다. 한편, 의료급여기관이 정당한 이유없이 의료급여를 거부하거나 수급자 등이 속임수 등 부정한 방법으로 의료급여를 받거나 받게 한 자는 1년 이하의 징역 또는 벌금 등에 처한다.

4 개선점

의료급여법의 목적에 부합한 급여제도를 위하여 첫째, 효율적 의료급여 대상자의 선정과정 기준 설정, 둘째, 적절한 의료급여 대상자의 분류 체계, 셋째, 의료급여기관의 관리, 넷째, 의료급여재정 확보 등에 대한 지속적인 연구와 노력이 있어야 한다.

法諺

Law is established for the benefit of man.

법은 사람의 편익을 위하여 제정된다.

제 4 절 기초노령연금법

1 의의

노인이 후손의 양육과 국가 및 사회의 발전에 이바지하여 온 점을 고려하여 생활이 어려운 노인에게 기초노령연금을 지급함으로써 노인의 생활안정을 지원하고 복지를 증진하려는 것이 「기초노령연금법」의 제정이유이고 그 목적이다.[1)]

이 법은 노인 중에서 생활이 어려운 노인들에게 기초노령연금을 지급하는 법이다. 그러므로 일종의 공공부조법에 속하는 법이다. 저소득층의 노인의 생활안정을 지원하는 법이지만 연금액수가 넉넉지 못한 것이 현실이며, 연금 재정이 허용하는 범위에서 진적 개선이 이루어져야 할 것이다.

65세 이상인 자로서 본인 및 배우자(사실상의 배우자 포함)의 소득인정액이 70만원 이하(노인단독) 또는 120만원 이하(노인부부)인 경우에 기초노령연금을 받을 수 있다[「기초노령연금법」 제3조, 「기초노령연금법 시행령」 제2조제1항 및 「기초노령연금 지급대상자 선정기준액 및 소득인정액 산정 세부기준에 관한 고시」 제2조(보건복지가족부 고시 제2009-190호, 2009. 10. 23. 발령 2010. 1. 1. 시행)].

이 법은 연금법에 속하기도 하지만 수급자들이 기여금을 내지 않고도, 단순히 생활이 어렵다는 이유로 연금을 받게 된다는 점에서 공공부조법의 하나로 볼 수 있겠다.

2 입법과정

이 법이 제정되기 전에는 「노인복지법」에서 경로우대[2)] 또는 노령수당[3)] 등으로 65세 이상의 생활이 어려운 노인 등을 보호해 주었다. 마침내 2007.4.25에는 「기초노령연

1) 법제처, 제정이유
2) 같은 법 (1981.6.15 제정법) 제9조 (경로우대)①65세 이상의 자에 대하여는 대통령령이 정하는 바에 의하여 국가 또는 지방자치단체의 수송시설 기타 공공시설을 무료로 또는 그 이용요금을 할인하여 이용하게 할 수 있다.
②국가 또는 지방자치단체는 노인의 일상생활에 관련되는 사업을 경영하는 자에게 당해 사업상의 이용요금에 관하여 65세 이상의 자에 대한 할인우대를 하도록 권유할 수 있다.
3) 같은법(1989.12.30 개정) 제13조 (노령수당)① 국가 또는 지방자치단체는 65세 이상의 자에 대하여 노령수당을 지급할 수 있다.

금법」을 제정하여 이전보다 더 체계적으로 그리고 더욱 두텁게 생활이 어려운 노인의 생활을 보장해 주게 되었다.

[시행 2008. 1. 1] [2007. 4.25, 제정]
[시행 2008. 1. 1] [2007. 7.27, 일부개정]

기초노령연금액을 「국민연금법」상의 평균소득월액의 100분 10이 되도록 2028년까지 단계적으로 상향조정하고, 부부가 모두 기초노령연금을 지급받는 경우 각 연금액의 감액비율을 16.5퍼센트에서 20퍼센트로 상향조정하고, 기초노령연금과 다른 연금을 동시에 수령할 수 있도록 함.

[시행 2010. 3.19] [2010. 1.18, 타법개정] 현행법.

3 내용

(1) 목적(제1조)

이 법은 노인이 후손의 양육과 국가 및 사회의 발전에 이바지하여 온 점을 고려하여 생활이 어려운 노인에게 기초노령연금을 지급함으로써 노인의 생활안정을 지원하고 복지를 증진함을 목적으로 한다.

이법은 노인 중에서 생활이 어려운 노인들에게 기초노령연금을 지급하는 법이다. 노인은 젊은 시절 후손을 양육하고, 국가 및 사회의 발전에 이바지하여 온 분이므로 노년에 생활이 어려운 경우 노년의 생활안정을 지원해야 함은 당연하다고 하겠다.

(2) 용어의 정의(제2조)

1. "수급권" : 이 법에 따른 기초노령연금(이하 "연금"이라 한다)을 받을 권리.
2. "수급권자" : 수급권을 가진 자.
3. "수급자" : 이 법에 따라 연금을 지급받는 자.
4. "소득인정액" : 「국민기초생활 보장법」(제2조제8호)에 따른 소득인정액(본인 및 배우자의 소득인정액에 한한다)을 말한다. 다만, 보건복지부령으로 정하는 바에 따라 그 산출기초가 되는 소득·재산의 범위, 소득평가액 산정방식 및 재산의 소득환산액 산정방식을 다르게 정할 수 있다.

(3) 연금

1) 연금 지급대상(제3조)

65세 이상인 자로서 소득인정액이 선정기준액 이하인 자에게 연금을 지급한다.

2) 선정기준액(시행령 제2조)

> **급여수준**
>
> 노인단독과 노인부부의 생활비 차이를 인정하여 부부가 동시 수급하는 경우에는 각각 20%씩 감액하고, 다른 연금과 동시에 수령할 수 있다.

① 연금 지급대상자를 선정할 때 기준이 되는 일정 금액을 "선정기준액"이라 한다. 이 선정기준액은 노인가구의 소득·재산수준과 생활실태, 물가상승률 등을 고려하여 전년도 11월 1일까지 보건복지부장관이 결정·고시하는 금액으로 한다. 〈개정 2010.12.29〉

② 배우자가 있는 노인가구의 선정기준액은 배우자가 없는 노인가구의 선정기준액에 100분의 160을 곱한 금액으로 한다.

③ 적용기간은 매년 1월 1일부터 12월 31일까지 적용한다. 〈개정 2010.12.29〉

④ 보건복지부장관은 선정기준액을 정할 때에는 관계 중앙행정기관의 장과 협의하여야 한다. 〈개정 2008.2.29, 2008.10.20, 2010.3.15〉

⑤ 보건복지부장관은 제1항과 제2항에도 불구하고 대한민국 국적을 취득하지 못한 배우자가 있는 노인가구 등의 경우에는 보건복지부장관이 정하여 고시하는 바에 따라 선정기준액을 다르게 정할 수 있다. 〈개정 2008.2.29, 2010.3.15〉

〈참고〉
2010년도 선정기준액
노인 단독 : 월70만원
노인부부 : 월112만원. 신청인이 65세 이상이며, 그 배우자의 연령은 불문함.

3) 소득인정액(제2조 4호)

소득인정액은 「국민기초생활 보장법」(제2조제8호)에 따른 소득인정액(본인 및 배우자의 소득인정액에 한한다)을 말한다.

즉 (소득인정액) = 개별가구의 (월 소득평가액) + (재산의 월 소득환산액)에 따라 산정한다.

4) 연금지급액에 관한 기본시책(제4조)

① 국가 및 지방자치단체는 연금이 이 법의 목적에 따라 노인의 생활안정을 지원하고 복지를 증진하는데 필요한 수준이 되도록 최대한 노력하여야 한다.
② 국가 및 지방자치단체는 제1항에 따라 필요한 비용을 부담할 수 있도록 재원을 조성하여야 한다.
③ 국가 및 지방자치단체는 연금의 지급에 따라 계층간 소득역전현상이 발생하지 아니하고 근로의욕 및 저축유인이 저하되지 아니하도록 최대한 노력하여야 한다. 〈신설 2007.7.27〉

5) 연금액(제5조)

① 연금액은 국민연금 가입자의 평균소득월액의 5퍼센트에 해당하는 액수로 한다. 다만, 소득인정액과 연금액을 합한 금액이 제3조에 따라 대통령령으로 정하는 금액 이상인 경우에는 대통령령으로 정하는 바에 따라 연금액의 일부를 감액하여 지급할 수 있다. 〈개정 2007.7.27〉
② 제1항에도 불구하고 본인 및 그 배우자가 모두 연금을 지급받는 경우에는 각각의 연금액에 대하여 20퍼센트를 감액한다. 개정 전에는 16.5퍼센트를 감액하였다.

6) 연금의 신청(제6조)

주소지를 관할하는 읍·면사무소, 동주민센터 또는 공단 지사를 통하여 보건복지부장관 또는 지방자치단체의 장에게 다음의 신청자가 급여를 신청할 수 있다.

① 연금수급희망자(본인)

65세 이상의 생활이 어려운 노인으로 기초노령연근 수급을 희망하는 자.

② 대리인

배우자(65세 미만이라도 가능함)/ 자녀, 형제자매 등 친족, 사회복지시설장 등 관계인도 신청 가능.

③ 관계공무원

거동이 불편한 홀로 사는 노인 등에 대한 연금지급신청을 보건복지부령으로 정하는 바에 따라 관계 공무원에게 대신하여 신청하게 할 수 있다

7) 조사·질문 등(제7조)

① 보건복지부장관 또는 지방자치단체의 장은 수급권의 발생 또는 상실을 확인하기 위하여 연금을 신청한 자, 수급권자, 수급자, 그 배우자 및 고용주(이하 이 항에서 "수급권자등"이라 한다)에 대하여 필요한 서류나 그 밖에 소득·재산 등에 관한 자료의 제출을 요구할 수 있으며, 소속 공무원으로 하여금 수급권자등의 주거, 그 밖의 필요한 장소에 출입하여 서류 등을 조사하게 하거나 관계인에게 필요한 질문을 하게 할 수 있다. 〈개정 2008.2.29, 2010.1.18〉
② 보건복지부장관 또는 지방자치단체의 장은 제1항에 따른 조사 또는 기초노령연금 사업을 수행하기 위하여 필요한 금융정보, 신용정보, 보험정보, 국세·지방세·토지·건물·건강보험·국민연금·출입국 등에 관한 자료의 제공을 관계 기관의 장에게 요청할 수 있다. 이 경우 자료의 제공을 요청받은 관계기관의 장은 특별한 사유가 없는 한 이에 응하여야 한다. 〈개정 2007.7.27, 2008.2.29, 2010.1.18〉
③ 제1항에 따라 출입·조사·질문을 하는 자는 그 권한을 표시하는 증표를 지니고 이를 관계인에게 내보여야 한다.
④ 보건복지부장관 또는 지방자치단체의 장은 수급권자 또는 수급자가 제1항에 따른 서류 또는 자료의 제출을 거부하거나 조사·질문을 거부·방해 또는 기피하는 경우에는 연금지급의 신청을 각하하거나 연금지급의 결정을 취소·중지 또는 정지할 수 있다. 〈개정 2008.2.29, 2010.1.18〉

8) 연금의 지급기간 및 지급시기(제8조)

① 연금은 수급권자로 결정된 경우 연금을 신청한 날이 속하는 달부터/ 수급권이 소멸한 날이 속하는 달까지/ 매월 정기적으로 지급한다.
② 연금은 그 지급을 정지하여야 할 사유가 발생한 때에는 그 사유가 발생한 날이 속하는 달의 다음 달부터 그 사유가 소멸한 날이 속하는 달까지는 이를 지급하지 아니한다.

9) 미지급의 연금(제9조)

수급자가 사망한 경우 수급자에게 지급하여야 할 연금으로서 아직 지급되지 아니한 것이 있을 때에는 수급자의 사망 당시 생계를 같이 한 부양의무자(배우자와 직계비속 및 그 배우자를 말한다)는 미지급 연금을 청구할 수 있다. 이 경우 보건복지부장관 또는 지방자치단체의 장은 지체 없이 그 지급 여부를 결정하여야 한다. 〈개정 2008.2.29, 2010.1.18〉

10) 지급정지(제10조)

수급자가 금고 이상의 형을 선고받고 그 집행이 종료되지 아니하거나 / 집행을 받지 아니하기로 확정되지 아니한 기간 동안에는 연금의 지급을 정지한다.

(4) 수급자의 권리 보호

1) 수급권의 상실(제11조)

수급권자는 다음 중 어느 하나에 해당하게 된 때에 수급권을 상실한다.

1. 사망한 때
2. 국적을 상실하거나 국외로 이주한 때
3. 수급요건에 해당하지 아니하게 된 때

2) 부당이득의 환수(제12조)

① 보건복지부장관 또는 지방자치단체의 장은 수급권이 없는 자가 연금을 지급받은 경우에는 대통령령으로 정하는 바에 따라 지급액을 징수하여야 한다. 〈개정 2008.2.29, 2010.1.18〉
② 제1항에 따라 지급액을 납부하여야 할 자가 이를 납부하지 아니하는 때에는 국세 또는 지방세 체납처분의 예에 따라 징수한다.

3) 수급권의 보호(제13조)

① 수급권은 이를 양도·압류하거나 담보에 제공할 수 없다.
② 연금으로 지급받은 금품은 이를 압류할 수 없다.

4) 병급의 조정 규정 삭제(제14조)

"수급자에게 연금 외에 「국민연금법」·「공무원연금법」·「사립학교교직원 연금법」·「별정우체국법」·「군인연금법」, 그 밖에 대통령령으로 정하는 법률에 따른 연금급여의 수급권이 발생한 때에는 본인의 선택에 따라 그 중의 하나만을 지급하고 다른 연금의 지급을 정지한다. 다만, 다른 법률에 따라 지급받는 연금액이 대통령령으로 정하는 금액 미만인 경우에는 이 법에 따른 연금의 전부 또는 일부를 지급할 수 있다."는 종전의 이 법 제14조가 2007.7.27에 삭제되었다.

따라서 위 연금급여의 수급권 등이 함께 발생한 경우, 모두 병급해서 지급 받을 수 있게 되었다.

5) 이의신청(제15조)

① 수급권자의 자격인정, 그 밖에 이 법에 따른 처분에 이의가 있는 자는 보건복지부장관 또는 지방자치단체의 장에게 이의신청을 할 수 있다. 〈개정 2008.2.29, 2010.1.18〉
② 제1항에 따른 이의신청은 그 처분이 있음을 안 날부터 90일 이내에 서면으로 하여야 한다. 다만, 정당한 사유로 인하여 그 기간 이내에 이의신청을 할 수 없음을 증명한 때에는 그 사유가 소멸한 때부터 60일 이내에 이의신청을 할 수 있다.

6) 시효(제16조)

부당이득을 환수할 국가 및 지방자치 단체의 권리와 수급권자의 권리는 5년간 행사하지 아니하면 시효의 완성으로 소멸된다.

즉 소멸시효기간은 5년이므로 그 기간 동안에 수급권을 행사하여야 한다.

7) 조세와 그 밖의 공과금의 감면(제20조)

지급받는 연금에 대하여는 「조세특례제한법」 그 밖의 법률 또는 지방자치단체의 조례로 정하는 바에 따라 조세와 그 밖의 공과금을 감면한다.

(5) 벌칙 등

1) 벌칙(제22조)

① 제7조의2제6항을 위반하여 금융정보를 다른 사람에게 제공하거나 누설한 자는 5년 이하의 징역 또는 3천만원 이하의 벌금에 처한다.
② 제7조의2제6항을 위반하여 신용정보 또는 보험정보를 다른 사람에게 제공하거나 누설한 자는 3년 이하의 징역 또는 2천만원 이하의 벌금에 처한다.
③ 거짓이나 그 밖의 부정한 방법으로 연금을 지급받은 자는 1년 이하의 징역 또는 500만원 이하의 벌금에 처한다.

2) 양벌규정(제22조의2)

법인의 대표자, 법인 또는 개인의 대리인·사용인 및 그 밖의 종업원이 그 법인 또는 개인의 업무에 관하여 제22조제1항 또는 제2항에 해당하는 위반행위를 한 때에는 행위자를 벌하는 외에 그 법인 또는 개인에 대하여도 해당 조항의 벌금형을 과(科)한다.

3) 과태료(제23조)

① 정당한 사유 없이 제7조에 따른 서류나 그 밖에 소득·재산 등에 대한 자료를 제출하지 아니하거나 거짓 자료를 제출한 자 또는 조사·질문을 거부·방해 또는 기피하거나 거짓 답변을 한 자에게는 20만원 이하의 과태료를 부과한다.
② 정당한 사유 없이 제18조에 따른 신고를 하지 아니한 자에게는 10만원 이하의 과태료를 부과한다.
③ 제1항 및 제2항에 따른 과태료는 대통령령으로 정하는 바에 따라 보건복지부장관, 시·도지사 및 시장·군수·구청장(이하 "관할관청"이라 한다)이 부과·징수한다. 〈개정 2008.2.29, 2010.1.18〉
④ 제3항에 따른 과태료 처분에 불복하는 자는 그 처분을 고지 받은 날부터 30일 이내에 관할관청에 이의를 제기할 수 있다.
⑤ 제3항에 따른 과태료 처분을 받은 자가 제4항에 따라 이의를 제기한 때에는 관할관청은 지체 없이 관할 법원에 그 사실을 통보하여야 하며, 그 통보를 받은 관할 법원은 「비송사건절차법」에 따른 과태료 재판을 한다.
⑥ 제4항에 따른 기간 이내에 이의를 제기하지 아니하고 과태료를 납부하지 아니한 때에는 국세 또는 지방세 체납처분의 예에 따라 징수한다.

제 5 절 장애인연금법

① 의의

장애연금은 중증장애인으로 근로능력 상실 또는 현저한 감소로 인하여 줄어드는 소득과 장애로 인한 추가 비용을 보전하기 위해 매월 일정액의 연금을 지급하는 사회보장제도이다. 장애수당과 달리 장애인연금법에 의해 보장되며, 임금상승률 등을 반영하여 매년 인상된 연금을 받을 수 있다.

장애인연금제도의 도입배경을 살펴보면(보건복지부 장애인연금 홈페이지 참고) 장애인은 경제활동참가율 17.4%(對 국민 60.4%), 고용률 15.1%(對 국민 58.4%)로 노인보다 소득수준은 열악하고(39.5만원 對 58.4만원), 생활비용은 추가로 지출(각종 의료비, 교통비, 재활치료비 등으로 월 평균 21만원 추가 소요)되고 있다.

또 국민연금제도의 장애연금 및 노령연금을 받는 수급자가 7만명에 불과('08)하고, 최저생계비 이상의 소득·재산을 보유한 부모 등이 있으면 정부의 복지 지원을 받지 못하는 사각지대를 해소하기 위해서이다.

장애연금의 도입의의는 장애인연금과 같은 무기여 연금의 도입으로 국민연금의 사각지대 일정부분을 해소하고, 장애인연금 수급에도 최저생계비에 못 미치는 가구는 기초생활보장제도를 통해 최저생계는 필수적으로 보장하려는 것이다.

앞으로 장애인연금은 기초급여와 부가급여로 구분, 그 기능 · 역할을 구체화, 앞으로 재정 여건 및 사회보장수준 등 고려, 점진적으로 인상 추진 등이다. 급여액은 국민연금 가입자의 소득상승분, 물가변동분 등을 반영하여 매년 법에 따라 당연 인상의 반영이며, 장애수당은 부모의 경제적 수준으로 평가·지원하고, 부모 先부양 후 국가 後지원으로 형성되어 있으나, 장애인연금은 본인과 배우자의 경제적 수준으로 평가·지원하며, 가족과 국가사회가 함께 부양하는 의미를 담고 있다.

또한 장애인연금은 수급 여부, 급여액 결정 및 수급중지 등에 관해 법에서 구체적으로 규정하여 권리적인 성격을 대폭 강화하였다.

2 입법과정 및 연혁

장애인연금법 제정이유는 경제활동이 어려운 근로무능력 중증장애인은 생활수준이 열악하고 국민연금 등 공적소득보장제도의 사각지대에 놓인 경우가 많으므로, 18세 이상의 중증장애인으로서 소득인정액이 일정 수준 이하인 자에게 매월 일정액의 무기여(無寄與) 연금을 지급하는 장애인연금 제도를 도입하여 중증장애인에 대한 사회보장 사각지대를 해소하고 사회통합을 강화하려는 것이다(법제처 홈페이지).

따라서 본 법은 2010년 4월 12일(법률 제10255호)로 제정되어 2010년 7월 1일자로 시행되었다.

3 내용

1) 목적(제1조)

장애인연금법은 장애로 인하여 생활이 어려운 중증장애인에게 장애인연금을 지급함으로써 중증장애인의 생활 안정 지원과 복지 증진 및 사회통합을 도모하는 데 이바지함을 목적으로 한다(동법 제1조).

2) 용어의 정의

장애인연금법에서 사용하는 용어의 뜻은 다음과 같다(동법 제2조).

1. "중증장애인"이란 「장애인복지법」 제32조에 따라 등록한 장애인 중 근로능력이 상실되거나 현저하게 감소된 사람으로서 같은 법 제2조제2항에 따라 제1급 및 제2급의 장애등급을 받은 사람과 제3급의 장애등급을 받은 사람 중 대통령령으로 정하는 사람을 말한다.
2. "수급권"이란 이 법에 따라 장애인연금을 받을 수 있는 자격을 말한다.
3. "수급권자"란 수급권을 가진 사람을 말한다.
4. "수급자"란 이 법에 따라 장애인연금을 받는 사람을 말한다.
5. "소득인정액"이란 수급권자와 그 배우자의 소득평가액과 재산의 소득환산액을 합산한 금액을 말한다.

6. “수급권자와 그 배우자의 소득평가액”이란 수급권자와 그 배우자의 실제 소득에도 불구하고 장애인연금의 지급 결정 및 실시 등에 사용하기 위하여 산출한 금액을 말한다. 이 경우 소득평가액 산출의 기초가 되는 소득의 범위는 대통령령으로 정하고, 구체적인 산정방식은 보건복지부령으로 정한다.
7. “재산의 소득환산액”이란 수급권자와 그 배우자의 재산가액에 재산의 소득환산율을 곱하여 산출한 금액을 말한다. 이 경우 수급권자와 그 배우자의 재산 범위, 재산가액의 산정기준, 재산의 소득환산율, 그 밖에 재산의 소득환산액 산정방식에 필요한 사항은 보건복지부령으로 정한다.

3) 연금

(1) 연금 지급대상

장애인연금의 수급권자는 18세 이상의 중증장애인으로서 소득인정액이 그 중증장애인의 소득·재산·생활수준과 물가상승률 등을 고려하여 대통령령으로 정하는 금액 이하인 사람으로 한다. 다만, 20세 이하로서 「초·중등교육법」 제2조에 따른 학교에 재학 중인 사람은 제외한다(동법 제4조).

(2) 연금의 종류와 기준

장애인연금은 근로능력의 상실 또는 현저한 감소로 인하여 줄어드는 소득을 보전(補塡)하여 주기 위하여 지급하는 기초급여와 장애로 인하여 추가로 드는 비용의 전부 또는 일부를 보전하여 주기 위하여 지급하는 부가급여로 구분한다(법 제5조). ① 기초급여액은 「국민연금법」 제51조제1항제1호에 따른 금액의 100분의 5에 해당하는 금액으로 한다. 다만, 수급권자와 그 배우자가 모두 기초급여를 받는 경우에는 각각의 기초급여액에 대하여 100분의 20을 감액하여 지급한다. ② 기초급여액의 적용기간은 매년 4월 1일부터 다음 연도 3월 31일까지로 한다. ③ 제1항에도 불구하고 소득인정액과 기초급여액을 합한 금액이 제4조 본문에 따른 대통령령으로 정하는 금액 이상인 경우에는 대통령령으로 정하는 바에 따라 기초급여액의 일부를 감액하여 지급할 수 있다. ④ 수급권자 중 「기초노령연금법」 제3조에 따른 기초노령연금 지급대상자에게는 기초급여를 지급하지 아니한다(동법 제6조).

부가급여액은 월정액으로 하며, 수급권자와 그 배우자의 소득 수준 및 장애로 인한 추가비용 등을 고려하여 대통령령으로 정한다(동법 제7조).

(3) 소득인정액

기초급여(18~64세)의 급여액은 국민연금 가입자 최근 3년간 월 평균소득의 5%(평균소득 값은 매년 4월에 전년도 물가상승분 및 소득변동분 등을 반영하여 변경됨)이다. 2010.4월~2011.3월 현재 9만원(완전지급액 기준)이며, 65세 이상은 동일한 성격의 급여인 기초노령연금으로 전환하고, 이때 기초급여는 미지급한다. 만 65세가 되는 달의 전달까지 기초급여 지급, 만 65세가 되는 달부터 기초노령연금을 지급한다. 부부감액은 단독가구와 부부(2인)가구의 생활비 차이를 감안, 부부가 모두 기초급여를 받는 경우에 해당한다.

각각의 기초급여액에 20%를 감액한 7만2천원(9만원x0.8)을 지급한다. 초과분 감액은 약간의 소득인정액 차이로 기초급여를 받는 자와 못 받는 자의 소득역진 최소화 위해 기초급여액의 일부를 단계별로 감액한다.

초과분 감액대상자=(소득인정액+기초급여액) ≥선정기준액

부부 2인 수급자의 경우 초과분 감액 대상자=(소득인정액+부부감액한 기초급여액) ≥선정기준액이다. 선정기준액과 소득인정액의 차액에 따라 2만원 단위로 절상하여 지급한다.

부가급여(18세 이상)는 65세 이상 노인이 기초생활보장수급자인 경우, 기초노령연금액이 생계급여에서 차감됨에 따른 소득감소를 막기 위해 부가급여 15만원을 지급하며, 7월 1일 이전에 만 65세(1945년 6월 30일 이전 출생자)로서 차상위 장애수당을 받던 자는 종전 차상위 장애수당으로 받던 금액인 12만원을 지급한다. 7월 1일 이전에 만 65세(1945년 6월 30일 이전 출생자)로서 보장시설 장애수당을 받던 자에 한하여 7만원을 지급한다(보건복지부 장애인연금 홈페이지).

(4) 연금의 신청 절차

수급권자는 관할 특별자치도지사·시장·군수·구청장에게 장애인연금의 지급을 신청하도록 하고, 장애인연금을 필요로 하는 사람이 누락되지 아니하도록 하기 위하여 담

당 공무원이 관할지역에 거주하는 수급권자에 대한 장애인연금을 직권으로 신청할 수 있도록 함(법 제8조).

장애인연금은 신청→자산조사→장애등급심사→지급결정→결과통지 및 지급의 과정을 거친다. 신청에 대하여 수급권자는 관할 특별자치도지사·시장·군수·구청장(자치구의 구청장을 말한다. 이하 같다)에게 장애인연금의 지급을 신청하도록 하고, 장애인연금을 필요로 하는 사람이 누락되지 아니하도록 하기 위하여 담당 공무원이 관할지역에 거주하는 수급권자에 대한 장애인연금을 직권으로 신청할 수 있도록 한다(법 제8조). 이어서 보건복지부장관 또는 특별자치도지사·시장·군수·구청장은 제8조제1항 및 제2항에 따른 장애인연금의 신청을 받으면 소속 공무원으로 하여금 장애인연금의 지급결정 및 실시 등에 필요한 다음 각 호의 사항을 조사하게 할 수 있다. 수급권자와 그 배우자의 소득 및 재산에 관한 사항, 수급권자의 가구 특성 및 장애등급에 관한 사항, 수급권자의 지급계좌 등 장애인연금의 지급에 필요한 사항(동법 제9조제1항)이다.

장애등급심사는 국민연금공단에서 장애인복지법에 따라 장애상태와 등급을 심사한다. 지급결정은 특별자치도지사·시장·군수·구청장은 제9조에 따라 조사를 하였을 때에는 지체 없이 장애인연금 지급의 여부와 내용을 결정하여야 한다. 특별자치도지사·시장·군수·구청장은 제1항에 따라 장애인연금 지급의 여부와 내용을 결정하였을 때에는 그 결정의 요지, 장애인연금의 종류 및 지급 개시시기 등을 서면으로 수급권자에게 통지하여야 한다. 수급권자에 대한 제2항의 통지는 제8조에 따른 장애인연금 지급의 신청일부터 30일 이내에 하여야 한다(동법 제10조). 특별자치도지사·시장·군수·구청장은 장애인연금의 지급이 결정된 자에게 신청한 날이 속하는 달부터 매월 정기적으로 장애인연금을 지급하도록 한다(동법 제13조).

보건복지부장관은 수급자에 대한 장애인연금 지급의 적정성을 확인하기 위하여 매년 연간조사계획을 수립하고, 전국의 수급자를 대상으로 제9조제1항 각 호의 사항을 조사하여야 한다(동법 제11조제1항).

장애인연금은 지방자치단체의 재정 여건 등을 고려하여 대통령령으로 정하는 바에 따라 국가, 특별시·광역시·도 또는 특별자치도·시·군·구가 부담하도록 한다(법 제21조). 기초급여액은 2028년까지 단계적으로 「국민연금법」 제51조제1항제1호에 따른 금액의 100분의 10에 해당하는 금액으로 인상하도록 한다(법 부칙 제4조).

4) 수급자의 권리 보호

(1) 수급권의 소멸과 지급정지(동법 제15조)

① 수급권자가 사망한 경우, 국적을 상실하거나 외국으로 이주하기 위하여 출국하는 경우, 제4조에 따른 수급 요건에 해당하지 아니하게 된 경우, 장애등급의 변경 등으로 중증장애인에 해당하지 아니하게 된 경우 그 수급권은 소멸한다.

② 특별자치도지사·시장·군수·구청장은 수급자가 다음 각 호의 어느 하나에 해당하게 되면 장애인연금의 지급을 정지한다.

1. 수급자가 금고 이상의 실형을 선고받고 「형의 집행 및 수용자의 처우에 관한 법률」 또는 「치료감호법」에 따른 교정시설 또는 치료감호시설에 수용 중인 경우
2. 수급자가 행방불명 또는 실종 등의 사유로 사망한 것으로 추정되는 경우
3. 수급자의 해외체류기간이 180일 이상 지속되어 사실상 국적 상실 또는 국외 이주에 해당하는 경우

③ 특별자치도지사·시장·군수·구청장은 제1항제3호 및 제4호에 따라 수급권이 소멸하거나 제2항에 따라 장애인연금의 지급을 정지하는 경우에는 서면으로 그 이유를 분명하게 밝혀 수급권자, 수급자나 그 배우자 또는 그 밖의 관계인에게 통지하여야 한다.

(2) 장애인연금의 환수(동법 제17조)

① 특별자치도지사·시장·군수·구청장은 이 법에 따라 장애인연금을 받은 자가 다음 각 호의 어느 하나에 해당되면 그가 받은 장애인연금의 전부 또는 일부를 환수하여야 한다. 다만, 제1호에 해당하는 경우에는 대통령령으로 정하는 이자를 가산하여 환수하여야 한다.

1. 거짓이나 그 밖의 부정한 방법으로 장애인연금을 받은 경우
2. 장애인연금을 받은 후 그 장애인연금을 받게 된 사유가 소급하여 소멸한 경우
3. 잘못 지급된 경우

② 특별자치도지사·시장·군수·구청장은 제1항에 따라 장애인연금을 반환하여야 할 사람이 기간 내에 이를 반환하지 아니하면 국세 또는 지방세 체납처분의 예에 따라 징수할 수 있다. ③ 특별자치도지사·시장·군수·구청장은 제2항에 따라 장애인연

금을 징수할 때 반환하여야 할 자가 행방불명되거나 재산이 없거나 그 밖의 불가피한 사유가 있어 환수가 불가능하다고 인정할 때에는 결손처분할 수 있다.

(3) 이의신청

① 제10조제1항에 따른 장애인연금의 지급 결정이나 그 밖에 이 법에 따른 처분에 이의가 있는 사람은 특별자치도지사·시장·군수·구청장에게 이의신청을 할 수 있다. ② 제1항에 따른 이의신청은 그 처분이 있음을 안 날부터 90일 이내에 서면으로 할 수 있다. 다만, 정당한 사유로 그 기간 내에 이의신청을 할 수 없음을 증명한 경우에는 그 사유가 소멸한 날부터 60일 이내에 이의신청을 할 수 있다. ③ 제1항 및 제2항에 따른 이의신청의 방법 및 절차 등에 관하여 필요한 사항은 보건복지부령으로 정한다.

(4) 수급권의 보호(동법 제19조)

① 수급자에게 장애인연금으로 지급된 금품이나 이를 받을 권리는 압류할 수 없다.
② 수급자는 장애인연금을 받을 권리를 다른 사람에게 양도하거나 담보로 제공할 수 없다.

(5)시효

수급자의 장애인연금을 받을 권리와 제17조에 따라 장애인연금을 환수할 지방자치단체의 권리는 5년간 행사하지 아니하면 시효의 완성으로 소멸된다(동법 제20조).

5) 벌칙 등

(1) 벌칙

① 제12조제6항을 위반하여 금융정보 또는 보험정보를 사용·제공 또는 누설한 자는 5년 이하의 징역 또는 3천만원 이하의 벌금에 처한다.
② 다음 각 호의 어느 하나에 해당하는 자는 3년 이하의 징역 또는 2천만원 이하의 벌금에 처한다.

1. 제9조제6항(제11조제3항에서 준용하는 경우를 포함하고, 제12조제6항을 위반한 경우는 제외

한다)을 위반하여 정보 또는 자료를 사용·제공 또는 누설한 자

2. 제12조제6항을 위반하여 신용정보를 사용·제공 또는 누설한 자

③ 거짓이나 그 밖의 부정한 방법으로 장애인연금을 받거나 다른 사람으로 하여금 장애인연금을 받게 한 자는 1년 이하의 징역 또는 500만원 이하의 벌금에 처한다.

(2) 양벌규정

법인의 대표자나 법인 또는 개인의 대리인, 사용인, 그 밖의 종업원이 그 법인 또는 개인의 업무에 관하여 제25조의 위반행위를 하면 그 행위자를 벌하는 외에 그 법인 또는 개인에게도 해당 조문의 벌금을 과(科)한다. 다만, 법인 또는 개인이 그 위반행위를 방지하기 위하여 해당 업무에 관하여 상당한 주의와 감독을 게을리하지 아니한 경우에는 그러하지 아니하다(동법 제26조).

(3)과태료(동법 제27조)

① 제9조에 따른 서류나 그 밖에 소득·재산 및 장애등급 등에 대한 자료를 제출하지 아니하거나 거짓 자료를 제출한 자 또는 조사·질문을 거부·방해 또는 기피하거나 거짓 답변을 한 자에게는 20만원 이하의 과태료를 부과한다. ② 정당한 사유 없이 제16조에 따른 신고를 하지 아니한 사람에게는 10만원 이하의 과태료를 부과한다. ③ 제1항에 따른 과태료는 특별자치도지사·시장·군수·구청장이 부과·징수한다.

제 11 장

사회복지서비스법

사회복지서비스란 국가 · 지방자치단체 및 민간부문의 도움을 필요로 하는 모든 국민에게 상담 · 재활 · 직업소개 및 지도 · 사회복지시설 이용 등의 서비스를 제공하여 정상적인 사회생활이 가능하도록 지원하는 제도이다. 따라서 사회복서비스법은 각 분야별 개별복지법을 말한다.

제 1 절 사회복지서비스법의 특성

① 사회복지서비스의 개념과 기능

사회복지 영역에서는 현금급여와 현물급여라는 두 가지의 기본적인 형태의 관점에서 급여의 성격을 논의한 경우가 많았다. 그러나 사회적 급여를 현금급여와 현물급여의 관점에서만 고려하는 것은, 사회복지 정책을 결정하는 사람들이나 사회복지실천 현장에서 활동하는 사람들이 실제로 부딪히는 현실을 단순화시키는 것이다. 그러므로 사회적 급여를 더 자세하게 구분하는 것이 바람직하다. 이런 맥락에서 길버트와 테렐(Gilbert & Terrell, 2005)은 사회복지와 관련된 사회적 급여를 여섯 가지 범주로 구분할 수 있다고 주장하는데, 길버트와 테렐은 이런 범주에 서비스(services)를 포함시키고 있다.

> **사회복지서비스**
>
> 우리나라의 사회보장기본법에 따르면, 사회복지서비스는 "국가·지방자치단체 및 민간부문의 도움을 필요로 하는 모든 국민에게 상담, 재활, 직업소개 및 지도, 사회복지시설 등을 제공해 정상적인 사회생활이 가능하도록 지원하는 제도"이다. 선진국에서는 사회복지서비스라는 용어를 거의 사용하기 않고 있고, 그 대신에 사회서비스라는 용어를 사용하는 경우가 많다.

일반적으로 선진국에서는 사회복지서비스라는 용어를 거의 사용하기 않고 있고, 그 대신에 사회서비스(social services)라는 용어를 사용하는 경우가 많다. 이에 따라 선진국의 사회복지서비스와 관련된 영역에서는 사회서비스나 서비스라는 용어를 주로 정의하고 있다. 예를 들어 길버트와 테렐은 '서비스'는 클라이언트를 위해 수행하는 활동이라고 정의하고 있다.

우리나라의 사회보장기본법에서는 사회보장의 한 종류로서 사회복지서비스를 포함시키고 있다. 우리나라의 사회보장기본법에 따르면, '사회복지서비스'는 "국가·지방자치단체 및 민간부문의 도움을 필요로 하는 모든 국민에게 상담, 재활, 직업소개 및 지도, 사회복지시설 등을 제공해 정상적인 사회생활이 가능하도록 지원하는 제도"이다. 그리고 우리나라의 사회복지사업법에서도 사회복지서비스를 정의하고 있는데, 그 정의는 사회보장기본법에서 정의하는 내용과 동일하다.

한편 일반적으로 사회서비스 또는 사회복지서비스는 다음과 같은 측면에 초점을 두는 경향이 있다(Barker, 2003). 따라서 사회복지서비스와 관련된 법은 이런 측면을 개선하는 데 크게 주목한다.

첫째, 사람들이 자신의 건강과 복리를 증진하고, 더 자립적이 되도록 도와준다.
둘째, 사람들이 자립적이지 못하고 의존적인 상태에 놓이게 되는 것을 방지한다.
셋째, 사람들의 가족 관계를 강화한다.
넷째, 개인·가족·집단·지역사회가 사회적 기능을 성공적으로 다시 잘 수행하도록 한다.

② 사회복지서비스법의 내용과 의의

일반적으로 사회복지를 좁은 의미로 볼 경우에 사회복지는 사회사업이나 사회복지사업을 가리키는 경향이 있다. 특히 우리나라의 학문적 영역에서는 사회복지의 의미를 넓게 보는 접근을 취하는 경향이 있으나, 우리나라에서 사회복지를 실제로 실천하는 현장이나 행정 영역에서는 사회복지의 의미를 좁게 보는 접근을 취하는 경향이 있다. 이에 따라 우리나라의 사회복지 실천현장이나 행정 영역에서는 사회복지를 사회복지사업이나 사회복지서비스로 부르는 경향이 있다(현외성, 2003). 실제로 한국사회복지협의회(1993)에서 간행한 사전에서는 사회복지사업에 대한 영어를 사회복지서비스(social welfare service)로 번역한 적이 있었다. 이런 여건을 고려할 때, 우리나라에서 사회복지서비스와 관련이 있는 구체적인 법은 사회복지사업법이다.

우리나라의 사회복지사업법에 명시된 바에 의하면, '사회복지사업'은 보호와 선도 및 복지에 관한 사업과 사회복지 상담, 부랑인 보호와 노숙인 보호, 직업보도, 무료숙박, 지역사회복지, 의료복지, 재가복지, 사회복지관 운영, 정신질환자와 한센병력자의 사회복귀에 관한 사업 등의 각종 복지사업, 이런 사업과 관련된 자원봉사활동 및 복지시설의 운영 또는 지원을 목적으로 하는 사업이다. 그러므로 사회복지서비스법은 이런 사업과 관련된 내용을 담고 있다.

한편 사회복지서비스법은 위에 언급한 여러 사업 영역에서 사회복지서비스를 전달하는 과정이나 절차에 대해 법적으로 안내한다는 데 의의가 있다 구체적으로 사회복지서비스법은 사회복지사업을 수행하는 것과 관련하여 상세한 행정적인 지침을 실질적으로 제공한다는 데 그 의의가 있다.

3 사회복지서비스법의 특징

사회복지서비스법은 사회보험이나 공공부조와 관련된 법과는 구분되는 특성을 지니고 있다. 이런 특성을 일부 살펴보면 다음과 같다(현외성, 2003).

첫째, 사회보험이나 공공부조와 관련된 법에서 주로 제공하는 급여의 형태는 현금급여나 현물급여이다. 이에 비해서 사회복지서비스법에서 주로 제공하는 급여의 형태는 서비스이다. 특히 사회복지서비스법에서는 비물질적 급여와 심리사회적 서비스를 주로 다루고 있다. 이에 따라 사회복지서비스법에서는 클라이언트의 주관적인 심리사회적 욕구를 반영하는 작업이 어렵게 된다.

둘째, 사회복지서비스법에서는 서비스를 제공받는 클라이언트가 가지는 개별적인 욕구에 맞게 서비스를 제공하여야 하는 문제가 크게 등장한다. 그 결과, 사회복지서비스법에서는 획일적이고 표준적인 법적 규정이 적절하지 못한 경우가 더 많다.

셋째, 사회복지서비스법에서는 사회복지 영역에서 서비스를 전달하는 사람들이 전문적으로 개입하고 이런 사람들이 보유한 전문적 기술이 중요하게 된다. 그러나 이런 전문적 개입과 전문적 기술을 법적으로 규정할 때에는, 일선에서 일하는 행정가에게 이런 역할을 위임하는 경우가 많다. 이에 따라서 사회복지서비스법이 성공적으로 실현되기 위해서는, 서비스를 제공하는 전문 인력이 전문적인 자질을 보유하는 것이 중요하고, 또한 이런 전문 인력이 사회복지를 실천하는 것과 관련해 합당한 윤리의식을 가지는 것이 중요하다.

넷째, 사회보험이나 공공부조에 관한 법은 국가라는 주체가 중심이 되는 경향이 강하지만, 사회복지서비스에 관한 법은 다양한 주체가 중심이 되는 경향이 강하다. 그러므로 사회복지서비스법은 여러 다양한 주체와 밀접하게 연관된다.

④ 우리나라 사회복지서비스법의 체계도

우리나라의 경우, 사회복지서비스와 관련된 법의 체계를 〈그림 11-1〉과 같이 제시할 수 있다.

〈그림 11-1〉 사회복지서비스와 관련된 법의 체계도

사회복지서비스법

사회복지사업법

- 아동복지법
- 노인복지법
- 장애인복지법
- 한부모가족지원법
- 영유아보육법
- 정신보건법
- 성매매방지 및 피해자보호 등에 관한 법률
- 성폭력범죄의 처벌 및 피해자보호 등에 관한 법률
- 입양촉진 및 절차에 관한 특례법
- 국민기초생활보장법
- 일제하 일본군위안부 피해자에 대한 생활안정지원 및 기념사업 등에 관한 법률
- 사회복지공동모금회법
- 장애인·노인·임산부 등의 편의증진보장에 관한 법률
- 가정폭력방지 및 피해자보호 등에 관한 법률
- 농어촌주민의 보건복지증진을 위한 특별법
- 식품기부 활성화에 관한 법률
- 의료급여법

제 2 절 아동복지법

1 의의

아동은 나중에 나라의 미래를 짊어진다. 따라서 국가의 미래를 위해서 아동의 복지를 증진시키는 것은 중요하다. 특히 아동은 자기 의사와는 상관없이 일방적으로 외부 영향에 좌우되는 경우가 많기 때문에, 사회가 아동의 복지에 관심을 가지는 것은 중요하다.

아동복지법과 관련해 중요한 것은 아동권리이다. 그리고 아동권리를 거론할 때 매우 중요한 것은 유엔아동권리협약(Convention on the Rights of the Child)이다. 우리나라는 1991년에 유엔아동권리협약에 가입하였다. 우리나라가 유엔아동권리협약에 가입한 것은, 정부가 유엔에서 권고하는 아동권리를 우리나라의 아동에게도 적용할 의지가 있음을 보여주는 계기가 되었다.

> **유엔아동권리협약**
>
> 유엔의 아동권리협약은 국제적 인권조약으로서, 1989년 11월 20일에 미국 뉴욕에서 작성되었고, 1990년 9월 2일에 발효되었다. 우리나라는 1991년 11월 20일에 비준서를 기탁하였으며, 이에 1991년 12월 20일부터 우리나라에 대해 발효되었다. 현재 거의 모든 국가가 유엔 아동권리협약을 비준하였다.

유엔아동권리협약에서는 육체적·정신적·영적(靈的)·도덕적·사회적 발달에 적합한 생활환경에 대한 권리를 포함해 여러 권리를 언급하고 있다. 구체적으로, 유엔아동권리협약에는 아동에 대한 차별 금지, 아동 이해의 최적 반영, 생존과 발달에의 권리, 교육·건강·적정생활수준·사회보장에의 권리, 아동노동·착취·약물로부터의 보호, 장애아동의 권리 등이 포함되어 있다(Brieland & Korr, 1994).

> **아동**
>
> 아동은 18세 미만의 사람을 가리키는 것이 관례이다. 우리나라의 아동복지법, 유엔아동권리협약, 미국의 전국사회사업가협회에서는 아동을 18세 미만의 젊은이로 정의한다.

유엔아동권리협약에 명시된 주요한 권리영역은 급여수급권(entitlements), 보호(protections), 긍정적 자유(affirmative freedoms)로 구분된다. 급여수급권은 물질적 급여와 기본적 서비스에 대한 권리를 말한다. 여기에서는 보살핌, 음식, 안식처, 의료, 학업이 논의된다. 보호는 아동의 복리를 보호해 주는 수단을 말한다. 여기에서는 아동을 상대로 하는 학대, 착취, 노동, 약물, 언론매체가 논의된다. 긍정적 자유는 아동 능력이 발달함에 따라 아동이 자기 나름대로 생각하고 결정하고 행동할 권리를 가지는 것을 말한다. 여기에서는 아동의 의견 표현하기, 여가와 놀이, 사생활, 정보·결사·양심의 자유가 논의되며, 또한 소수민족 아동에 관한 권리도 논의된다. 아동권리 중에서 가장 중요한 측면은 아동의 사회적 가치를 인정해 주는 것이다. 즉 어른이 아동이 생활방식을 존경해 주는 것이다(Daniek & Ivatts, 1998).

궁극적으로 볼 때, 아동권리의 다양한 측면들을 제도적으로 반영한 것이 아동복지법이다.

② 입법배경과 연혁

우리나라에서는 1957년 5월 5일 어린이날에 어린이 헌장이 선포되었다. 어린이 헌장은 어린이의 기본 인권을 존중하고 어린이의 몸과 마음을 건전하게 계발하기 위하여, 개인적·사회적으로 맡아야 할 책임과 조처를 널리 알리고 있다. 그러나 제3공화국이 들어서기 이전까지만 해도, 아동복지는 고아를 시설에 수용해 보호하는 것과 긴급구호를 제공하는 것으로만 인식되고 있었다. 이 당시의 경우, 어린이 헌장에 나오는 아동복지 이념은 선언적 상태에 머무르고 있었다.

그러다가 제3공화국에 들어서, 1961년 12월에 아동복리법이 제정되면서 우리나라의 아동복지는 새로운 계기를 맞았다. 아동복리법은 목적을 한국전쟁 때문에 생긴 전쟁고아를 포함하여 모든 요보호아동을 보호하는 데 두고 있었다.

그 후 1981년에 아동복리법이 아동복지법으로 이름이 바뀌어서 전문 개정되었다. 이에 따라서 아동복지법의 적용 대상이 요보호아동에서 일반 아동에게로 확대되었다. 그 결과, 아동복지법은 아동과 관련해 일반법의 성격을 지니게 되었다.

그리고 1997년 8월에 사회복지사업법이 개정됨에 따라서 아동복지법도 일부 개정하였다. 그러다가 1990년대 말에 보건복지부와 학계·시민단체에서 아동복지법의 개정을 추진하였고, 이에 따라 2000년 1월에 전문 개정되었다. 개정된 아동복지법은 "학대아동에 대한 보호 및 아동안전에 대한 제도적 지원을 공고히 하기 위하여 아동복지지도원을 별정직공무원에서 사회복지전담공무원으로 그 신분을 변경하고, 아동학대에 대한 정의와 금지유형을 명확히 규정하며, 아동학대에 대한 신고를 의무화하는" 것을 강조하였다.

그리고 2004년 1월에 아동복지법이 일부 개정되었는데, 개정법에서는 아동정책조정위원회를 설치하고 상습적인 아동학대행위자를 가중처벌하는 것을 강조하였다. 그러다가 2005년 7월에 아동복지법이 일부 개정되었는데, 개정법에서는 보호를 필요로 하는 아동에 대한 가정위탁사업을 활성화하는 측면을 강조하였다.

아동학대

누가 정의를 내리느냐 그리고 어떤 목적으로 정의를 내리느냐에 따라 아동학대에 대한 정의가 달라진다. 우리나라의 아동복지법에 따르면, 아동학대는 "보호자를 포함한 성인에 의하여 아동의 건강·복지를 해치거나 정상적 발달을 저해할 수 있는 신체적·정신적·성적 폭력 또는 가혹행위 및 아동의 보호자에 의하여 이루어지는 유기와 방임"을 말한다.

가정위탁

가정위탁은 아동이 다른 사람의 가족과 함께 사는 상황을 말한다. 우리나라의 아동복지법에 따르면, 가정위탁은 "보호를 필요로 하는 아동을 보호하기에 적합한 가정에 일정기간 위탁하는 것"을 말한다.

그 후 2006년 9월에 아동복지법이 일부 개정되었는데, 개정법에서는 인종차별을 금지하고 아동이 안전하고 건전하게 성장하는 환경을 만드는 것을 강조하였다. 그러다가 2008년 6월에 아동복지법이 일부 개정되었는데, 개정법에서는 아동이 안전하고 건전하게 성장하는 환경을 구축하는 측면을 강조하였다(국가법령정보센터, 2010).

아동복지법의 주요 연혁

- 1961. 12. 30. 아동복리법 제정
- 1981. 4. 3. 아동복지법으로 명칭 변경 및 전문 개정. 전체 아동의 복지를 지향.
- 1997. 8. 22. 사회복지사업법의 개정에 따른 일부 개정.
- 2000. 1. 12. 전문 개정. 학대아동 보호 및 아동안전에 대한 제도적 지원 강화.
- 2004. 1. 29. 아동정책조정위원회 설치.
- 2005. 7. 13. 가정위탁보호 활성화.
- 2006. 9. 27. 인종차별 금지와 아동의 안전하고 건전한 성장 환경 조성.
- 2008. 6 13. 아동의 안전하고 건전한 성장 환경 조성.

3 내용

1) 법의 목적 및 기본 이념

(1) 법의 목적

아동복지법의 목적은 아동이 건강하게 출생하여 행복하고 안전하게 자라나도록 그 복지를 보장하는데 있다(아동복지법 제1조).

(2) 기본 이념

아동복지와 관련된 기본적인 이념은 다음과 같다(동법 제3조).

가) 아동은 자신 또는 부모의 성별, 연령, 종교, 사회적 신분, 재산, 장애유무, 출생지역, 인종 등에 따른 어떠한 종류의 차별도 받지 아니하고 자라나야 한다.

나) 아동은 완전하고 조화로운 인격발달을 위하여 안정된 가정환경에서 행복하게 자라나야 한다.

다) 아동에 관한 모든 활동에 있어서 아동의 이익이 최우선적으로 고려되어야 한다.

2) 용어의 정의

아동복지법에서 사용하는 용어의 정의는 다음과 같다(동법 제2조).

(1) 아동

"아동"은 18세미만의 자를 말한다.

(2) 보호를 필요로 하는 아동

"보호를 필요로 하는 아동"은 보호자가 없거나 보호자로부터 이탈된 아동, 또는 보호자가 아동을 학대하는 경우 등 그 보호자가 아동을 양육하기에 부적당하거나 양육할 능력이 없는 경우의 아동을 말한다.

(3) 보호자

"보호자"는 친권자, 후견인, 아동을 보호·양육·교육하거나 그 의무가 있는 자 또는 업무·고용 등의 관계로 사실상 아동을 보호·감독하는 자를 말한다.

(4) 아동학대

"아동학대"는 보호자를 포함한 성인에 의하여 아동의 건강·복지를 해치거나 정상적 발달을 저해할 수 있는 신체적·정신적·성적 폭력 또는 가혹행위 및 아동의 보호자에 의하여 이루어지는 유기와 방임을 말한다.

(5) 아동복지시설

"아동복지시설"은 아동복지법 제14조의 규정에 의하여 설치된 시설을 말한다.

(6) 아동복지시설종사자

"아동복지시설종사자"는 아동복지시설에서 아동의 상담·지도·치료·양육 기타 아동의 복지에 관한 업무를 담당하는 자를 말한다.

(7) 가정위탁

"가정위탁"은 보호를 필요로 하는 아동을 보호하기에 적합한 가정에 일정기간 위탁하는 것을 말한다.

3) 국가 · 국민 · 보호자 · 시설장의 책임

(1) 국가의 책임

가) 일반적 책임: 국가와 지방자치단체는 아동의 건강과 복지증진에 노력하여야 하며 이를 위한 시책을 시행하여야 한다(동법 제4조).

나) 안전 관련 책임

① 국가는 아동복지시설과 아동용품에 대한 안전기준을 정하고 아동용품을 제작·설치·관리하는 자에게 이를 준수하도록 하여야 한다(동법 제9조).

② 국가와 지방자치단체는 유괴 등 범죄의 위험으로부터 아동을 보호하기 위하여 필요하다고 인정하는 때에는 해당되는 시설의 주변구역을 아동보호구역으로 지정하여 폐쇄회로 텔레비전을 설치하거나 그 밖의 필요한 조치를 할 수 있다(동법 제9조의 2).

다) 장애아동 관련 책임: 국가와 지방자치단체는 장애아동의 권익을 보호하기 위하여 필요한 시책을 강구하여야 한다(동법 제4조).

라) 차별 관련 책임: 국가와 지방자치단체는 아동이 자신 또는 부모의 성별, 연령, 종교, 사회적 신분, 재산, 장애유무, 출생지역 또는 인종 등에 따른 어떠한 종류의 차별도 받지 아니하도록 필요한 시책을 강구하여야 한다(동법 제4조).

(2) 국민의 책임

모든 국민은 아동의 권익과 안전을 존중하여야 하며, 아동을 건강하게 양육하여야 한다(동법 제4조).

(3) 보호자의 책임

가) 일반적 책임: 아동의 보호자는 아동을 가정 안에서 아동의 성장 시기에 맞추어 건강하고 안전하게 양육하여야 한다(동법 제4조).

나) 건강 관련 책임: 아동의 보호자는 아동의 건강유지와 향상을 위하여 최선의 주의와 노력을 하여야 한다(동법 제9조).

4) 아동정책조정위원회

(1) 설치

아동의 권리증진과 건강한 출생 및 성장을 위하여 종합적인 아동정책을 수립하고 관계부처의 의견을 조정하며, 그 정책의 이행을 감독하고 평가하기 위하여 국무총리소속 아래 아동정책조정위원회를 둔다(동법 제4조).

(2) 업무

아동정책조정위원회는 다음의 사항을 심의하고 조정한다(동법 제4조).

가) 아동정책 및 아동의 권리증진의 기본방향에 관한 사항
나) 아동정책의 개선과 예산지원에 관한 사항
다) 아동정책에 관한 관련 부처 간 협조 사항
라) 아동관련 국제조약의 이행 및 평가·조정에 관한 사항
마) 그 밖에 아동정책조정위원장이 정하는 사항

5) 아동위원과 아동복지지도원

(1) 아동위원

> 아동위원
>
> 시·군·구에 아동위원은 명예직으로 하고, 수당을 지급할 수 있고, 아동복지에 관한 필요한 원조와 지도를 행하며, 이에 필요한 사항은 조례로 정한다.

가) 시·군·구에 아동위원을 둔다.
나) 아동위원은 그 관할구역 안의 아동에 대하여 항상 그 생활상태 및 가정환경을 상세히 파악하고 아동복지에 관하여 필요한 원조와 지도를 행하며 아동복지지도원 및 관계 행정기관과 협력하여야 한다.
다) 아동위원은 그 업무의 원활한 수행을 위하여 적절한 교육을 받을 수 있다.
라) 아동위원은 명예직으로 하되, 아동위원에 대하여는 수당을 지급할 수 있다.
마) 아동위원에 관하여 필요한 사항은 당해 시·군·구의 조례로 정한다(동법 제6조).

(2) 아동복지지도원

가) 업무: 아동복지에 관한 다음을 수행하게 하기 위하여 특별시·광역시·도 및 시·군·구에 아동복지지도원을 둔다(동법 제7조).

① 보호를 필요로 하는 아동에 대한 적절한 보호조치
② 아동 및 그 가족 또는 관계인에 대한 상담
③ 아동지도에 필요한 가정환경의 조사
④ 아동에 관한 전문적 지도와 기술적 지도를 필요로 하는 경우의 개별지도와 집단지도 및 그 알선
⑤ 아동복지시설 또는 보호를 필요로 하는 아동에 대한 조사와 지도 및 감독
⑥ 아동을 위한 지역사회자원의 활용알선
⑦ 지역사회의 학교 부적응아, 비행 청소년에 대한 예방과 지도 및 원조
⑧ 아동의 복지증진 및 육성에 관한 기타 업무

나) 자격 · 임명 · 인원

① 아동복지지도원은 지방 일반직공무원(사회복지 직렬) 또는 지방 별정직공무원으로 한다.
② 별정직공무원인 아동복지지도원은 전문대학 이상의 학교에서 아동복지 또는 사회복지 관련 교과목을 이수하고 졸업한 사람 가운데 해당 지방자치단체의 장이 임용한다.

③ 아동복지지도원은 특별시·광역시·도·시·군·구 및 아동상담소(지방자치단체가 설치한 아동상담소에 한함)에 각각 1인 이상 둔다(동법 시행령 2조).

6) 보호 조치

(1) 보호 조치

서울특별시장·광역시장·시·도지사 또는 시장·군수·구청장은 그 관할구역 안에서 보호를 필요로 하는 아동을 발견하거나 보호자의 의뢰를 받은 때에는 아동의 최상의 이익을 위하여 대통령령이 정하는 바에 따라 다음의 필요한 보호조치를 하여야 한다.

① 아동복지지도원 또는 아동위원에게 보호를 필요로 하는 아동 또는 그 보호자에 대한 상담·지도를 행하게 하는 것
② 보호자 또는 대리양육을 원하는 연고자에 대하여 그 가정에서 보호양육 할 수 있도록 필요한 조치를 하는 것
③ 아동의 보호를 희망하는 자에게 가정 위탁하는 것
④ 보호를 필요로 하는 아동에 적합한 아동복지시설에 입소시키는 것
⑤ 약물 및 알코올 중독·정서장애·발달장애·성폭력피해 등으로 특수한 치료나 요양 등의 보호를 필요로 하는 아동에 대하여 전문치료기관 또는 요양소에 입원 또는 입소시키는 것

(2) 금지행위

(가) 누구든지 다음에 해당하는 행위를 하여서는 아니된다(동법 제29조).

① 아동의 신체에 손상을 주는 학대행위
② 아동에게 성적 수치심을 주는 성희롱, 성폭행 등의 학대행위
③ 아동의 정신건강 및 발달에 해를 끼치는 정서적 학대행위
④ 자신의 보호와 감독을 받는 아동을 유기하거나 의식주를 포함한 기본적 보호와 양육 및 치료를 소홀히 하는 방임행위
⑤ 아동을 타인에게 매매하는 행위
⑥ 아동에게 음행을 시키거나 음행을 매개하는 행위
⑦ 장애를 가진 아동을 공중에 관람시키는 행위

⑧ 아동에게 구걸을 시키거나 아동을 이용하여 구걸하는 행위
⑨ 공중의 오락 또는 흥행을 목적으로 아동의 건강 또는 안전에 유해한 곡예를 시키는 행위
⑩ 정당한 권한을 가진 알선기관 외의 자가 아동의 양육을 알선하고 금품을 취득하는 행위
⑪ 아동을 위하여 증여 또는 급여된 금품을 그 목적 외의 용도에 사용하는 행위.

나) 조사

① 보건복지부장관, 시·도지사 또는 시장·군수·구청장은 필요하다고 인정할 때에는 관계공무원, 아동복지지도원으로 하여금 아동복지시설과 아동의 주소·거소, 아동의 고용장소 또는 위의 금지행위를 위반할 우려가 있는 장소에 출입하여 아동 또는 관계인에 대하여 필요한 조사를 하거나 질문을 하게 할 수 있다.
② 이 경우, 관계공무원, 아동복지지도원은 그 권한을 증명하는 증표를 제시하여야 한다(동법 30조).

7) 아동복지시설

(1) 종류

> 기본교육 실시
>
> 아동복지시설, 영유아보육시설, 유치원, 초·중·고등학교의 장은 대통령령이 정하는 바에 따라 교통안전, 실종·유괴의 예방과 방지, 약물오남용 예방, 재난대비 안전 및 성폭력 예방교육을 실시하여야 한다.

가) 아동복지시설: 아동복지시설의 종류는 다음과 같다. 이런 아동복지시설은 종합시설로 설치할 수 있다(동법 제16조).

① 아동양육시설: 보호를 필요로 하는 아동을 입소시켜 보호, 양육하는 것을 목적으로 하는 시설
② 아동일시보호시설: 보호를 필요로 하는 아동을 일시보호하고, 아동에 대한 향후의 양육대책수립 및 보호조치를 행하는 것을 목적으로 하는 시설
③ 아동보호치료시설: 불량행위를 하거나 불량행위를 할 우려가 있는 아동으로서 보호자가 없거나 친권자나 후견인이 입소를 신청한 아동 또는 가정법원, 지방법원 소년부지원에서 보호 위탁된 아동을 입소시켜 그들을 선도하여 건전한 사회인으로 육성하는 것을 목적으로 하는 시설
④ 아동직업훈련시설: 아동복지시설에 입소되어 있는 만15세 이상의 아동과 생활이 어려운 가정의 아동에 대하여 자활에 필요한 지식과 기능을 습득시키는 것을 목적으로 하는 시설

⑤ 자립지원시설: 아동복지시설에서 퇴소한 자에게 취업준비기간 또는 취업 후 일정기간 보호함으로써 자립을 지원하는 것을 목적으로 하는 시설
⑥ 아동단기보호시설: 일반가정에 아동을 보호하기 곤란한 일시적 사정이 있는 경우 아동을 단기간 보호하며 가정의 복지에 필요한 지원조치를 하는 것을 목적으로 하는 시설
⑦ 아동상담소: 아동과 그 가족의 문제에 관한 상담, 치료, 예방 및 연구 등을 목적으로 하는 시설
⑧ 아동전용시설: 어린이공원, 어린이놀이터, 아동회관, 체육, 연극, 영화, 과학실험전시시설, 아동휴게숙박시설, 야영장 등 아동에게 건전한 놀이와 오락 기타 각종 편의를 제공하여 심신의 건강유지와 복지증진에 필요한 서비스를 제공하는 것을 목적으로 하는 시설
⑨ 아동복지관: 지역사회 아동의 건전육성을 위하여 심신의 건강유지와 복지증진에 필요한 서비스를 제공하는 것을 목적으로 하는 시설
⑩ 공동생활가정 : 보호를 필요로 하는 아동에게 가정과 같은 주거여건과 보호를 제공하는 것을 목적으로 하는 시설
⑪ 지역아동센터 : 지역사회 아동의 보호·교육, 건전한 놀이와 오락의 제공, 보호자와 지역사회의 연계 등 아동의 건전육성을 위하여 종합적인 아동복지서비스를 제공하는 시설

나) 아동전용시설

① 국가와 지방자치단체는 아동이 항상 이용할 수 있는 아동전용시설을 설치하도록 노력하여야 한다.
② 아동이 이용할 수 있는 문화·오락시설·교통 기타 서비스시설 등을 설치·운영하는 자는 대통령령이 정하는 바에 의하여 아동의 이용편의를 고려한 편익설비를 갖추고 아동에 대한 입장료와 이용료 등을 감면할 수 있다(동법 제17조).

(2) 기타 업무

아동복지시설은 각 시설의 고유 업무 외에도 다음의 사업을 실시할 수 있다(동법 제16조).

가) 아동가정지원사업: 지역사회아동의 건전한 발달을 위하여 아동, 가정, 지역주민에게 상담, 조언 및 정보를 제공해 주는 사업
나) 아동주간보호사업: 부득이한 사유로 가정에서 낮 동안 보호를 받을 수 없는 아동을

대상으로 개별적인 보호와 교육을 통하여 아동의 건전한 성장을 도모하는 사업

다) 아동전문상담사업: 학교부적응아동 등을 대상으로 올바른 인격형성을 위한 상담, 치료 및 학교폭력예방을 실시하는 사업

라) 학대아동보호사업: 학대아동의 발견, 보호, 치료 및 아동학대의 예방 등을 전문적으로 실시하는 사업

마) 공동생활가정사업: 보호를 필요로 하는 아동에게 가정과 같은 주거여건과 보호를 제공하는 것을 목적으로 하는 사업

바) 방과후 아동지도사업: 저소득층 아동을 대상으로 방과후 개별적인 보호와 교육을 통하여 건전한 인격형성을 목적으로 하는 사업

(3) 퇴소 조치

가) 퇴소: 규정에 의하여 아동복지시설에 입소한 보호를 필요로 하는 아동의 연령이 18세에 달하였거나, 보호의 목적을 달성하였다고 인정될 때에는 당해 시설의 장은 그 보호 중인 아동을 퇴소시켜야 한다(동법 11조).

나) 연장: 아동이 다음의 어느 하나에 해당하는 경우에는 시설의 장이 보호기간을 연장할 수 있다(동법 제11조).

① '고등교육법'의 규정에 따른 대학 이하의 학교에 재학 중인 경우

② 아동직업훈련시설 또는 '근로자직업능력 개발법'의 직업능력개발훈련시설에서 교육·훈련 중인 경우

③ 그 밖에 시설에서 계속 보호·양육이 필요하다고 인정하여 대통령령이 정하는 경우

8) 아동학대

(1) 국가의 의무

가) 국가와 지방자치단체는 아동학대의 예방과 방지를 위하여 ① 아동학대의 예방과 방지를 위한 각종 정책의 수립 및 시행, ② 아동학대의 예방과 방지를 위한 연구·교육·홍보 및 아동학대 실태조사, ③ 아동학대에 관한 신고체제의 구축·운영, ④ 아동학대의 예방과 방지를 위한 기타 사항과 관련된 조치를 취하여야 한다.

나) 국가와 지방자치단체는 아동학대의 실태를 파악하고, 아동학대의 예방 및 방

지에 관한 정책 수립을 위하여 5년마다 아동학대 실태조사를 실시하고 그 결과를 발표하여야 한다.

다) 국가와 지방자치단체는 아동보호전문기관의 장이 학대받은 아동의 보호, 치료 등의 업무를 수행함에 있어서 학대받은 아동, 그 보호자 또는 아동학대행위자에 대한 신분조회 등 필요한 조치의 협조를 요청할 경우 정당한 사유가 없는 한 이에 적극 응하여야 한다(동법 제23조).

(2) 아동보호전문기관

가) 설치

① 국가는 아동학대예방사업을 활성화하고 지역간 연계체계를 구축하기 위하여 중앙아동보호전문기관을 둔다.
② 지방자치단체는 학대받은 아동의 발견, 보호, 치료에 대한 신속처리 및 아동학대예방을 담당하는 지역아동보호전문기관을 둔다.
③ 보건복지부장관과 지방자치단체장은 아동학대예방사업을 목적으로 하는 비영리법인을 지정하여 중앙아동보호전문기관과 지역아동보호전문기관의 운영을 위탁할 수 있다(동법 제24조).

나) 중앙아동보호전문기관의 업무

① 지역아동보호전문기관에 대한 지원
② 아동학대예방사업과 관련된 연구 및 자료발간
③ 효율적인 아동학대예방사업을 위한 연계체제 구축
④ 아동학대예방사업을 위한 프로그램 개발 및 평가
⑤ 상담원 직무교육, 아동학대예방 관련 교육 및 홍보
⑥ 아동보호전문기관 전산시스템 구축 및 운영
⑦ 아동학대예방사업과 관련된 기타 업무

다) 지역아동보호전문기관의 업무

① 아동학대 신고접수, 현장조사 및 응급보호
② 학대받은 아동, 아동학대행위자를 위한 상담 및 교육
③ 아동학대예방 교육 및 홍보
④ 학대가정의 사후관리

⑤ 아동학대사례판정위원회 설치·운영 및 자체사례회의 운영
⑤ 아동학대예방사업과 관련된 기타 업무

(3) 아동학대 신고

> 아동학대 전화번호
>
> 국가와 지방자치단체는 아동학대를 예방하고 수시로 신고를 받을 수 있도록 긴급전화를 설치하여 전국적으로 통일된 번호 1391로 매일 24시간 동안 운영하고 있다.

가) 긴급전화설치: 국가와 지방자치단체는 아동학대를 예방하고 수시로 신고를 받을 수 있도록 긴급전화를 설치하여야 한다(동법 제23조).

나) 일반 신고자: 누구든지 아동학대를 알게 된 때에는 아동보호전문기관 또는 수사기관에 신고할 수 있다(동법 제26조).

다) 신고 의무자: 다음의 사람은 직무상 아동학대를 알게 된 때에는 즉시 아동보호전문기관 또는 수사기관에 신고하여야 한다(동법 제26조).

① '초·중등교육법'의 규정에 따른 교원
② '의료법'의 규정에 따른 의료기관에서 의료업을 행하는 의료인
③ 아동복지시설의 종사자 및 그 장
④ '장애인복지법'의 규정에 따른 장애인복지시설에서 장애아동에 대한 상담·치료·훈련 또는 요양을 행하는 사람
⑤ '유아보육법'의 규정에 따른 보육시설의 종사자
⑥ '유아교육법'의 규정에 따른 유치원의 장, 교직원 및 종사자
⑦ '학원의 설립·운영 및 과외교습에 관한 법률'의 규정에 따른 학원의 운영자·강사·직원·종사자 및 동법 제14조의 규정에 따른 교습소의 운영자·교습자·직원·종사자
⑧ '소방기본법'의 규정에 따른 구급대의 대원
⑨ '성매매방지 및 피해자보호 등에 관한 법률'의 규정에 따른 지원시설 및 성매매피해상담소의 장이나 그 종사자
⑩ '한부모가족지원법'의 규정에 따른 한부모가족복지상담소의 상담원 및 한부모가족복지시설의 종사자
⑪ '가정폭력방지 및 피해자보호 등에 관한 법률'의 규정에 따른 가정폭력 관련 상담소의 상담원 및 가정폭력 피해자보호시설의 종사자
⑫ 아동복지지도원 및 '사회복지사업법'의 규정에 따른 사회복지전담공무원

라) 유의점

① 신고인의 신분은 보호되어야 하며 그 의사에 반하여 신원이 노출되어서는 아니 된다(동법 제26조).

② 관계 중앙행정기관의 장은 아동학대 신고의무자의 자격취득 교육과정에 있어 아동학대예방 및 신고의무와 관련된 교육내용을 포함하도록 하여야 한다(동법 제26조의 2).

9) 가정위탁지원센터

(1) 설치

가) 국가는 가정위탁사업을 활성화하고 지역간 연계체계를 구축하기 위하여 중앙가정위탁지원센터를 둔다.

나) 지방자치단체(시·도에 한함)는 보호를 필요로 하는 아동에 대한 가정위탁사업을 활성화하기 위하여 지역가정위탁지원센터를 둔다.

다) 보건복지부장관 및 시·도지사는 가정위탁지원을 목적으로 하는 비영리법인을 지정하여 중앙가정위탁지원센터 및 지역가정위탁지원센터의 운영을 위탁할 수 있다(동법 28조의 2).

(2) 업무

가) 중앙가정위탁지원센터의 업무: 중앙가정위탁지원센터는 다음 업무를 수행한다(동법 28조의 3).

① 지역가정위탁지원센터에 대한 지원
② 효과적인 가정위탁사업을 위한 연계체계 구축
③ 가정위탁사업과 관련된 연구 및 자료발간
④ 가정위탁사업을 위한 프로그램의 개발 및 평가
⑤ 상담원에 대한 교육 등 가정위탁에 관한 교육 및 홍보
⑥ 가정위탁사업을 위한 정보기반 구축 및 정보제공
⑦ 가정위탁사업과 관련된 기타 업무

나) 지역가정위탁지원센터의 업무: 지역가정위탁지원센터는 다음 업무를 수행한다(동법 28조의 3).

① 가정위탁사업의 홍보 및 위탁가정의 발굴
② 가정위탁을 하고자 하는 가정 및 가정위탁 대상 아동의 조사
③ 가정위탁 부모의 교육
④ 가정위탁을 하는 가정의 사후관리
⑤ 가정위탁사업과 관련된 기타 업무

10) 기타

(1) 어린이날과 어린이주간

어린이에 대한 사랑과 보호의 정신을 높임으로써 이들을 옳고 아름답고 슬기로우며 씩씩하게 자라나도록 하기 위하여 매년 5월 5일을 어린이날로 한다. 그리고 매년 5월 1일부터 5월 7일까지를 어린이주간으로 한다(동법 제5조).

(2) 비밀누설 금지

아동복지사업 또는 아동보호전문기관을 포함하여 아동복지업무에 종사하였거나 종사하는 자는 그 직무상 얻은 비밀을 누설하지 못한다(동법 제38조).

4 개선점

1) 중간대응책의 확립

현재 우리나라의 경우 요보호아동은 늘어나고 있으나 시설보호아동은 줄어들고 있다. 따라서 요보호아동과 시설보호아동의 중간대응책에 관심을 가질 필요가 있는데, 우리나라의 아동복지정책은 중간대응책에 초점을 둔다고 볼 수 없다.

2) 보편주의적 접근의 강화

현재의 경우, 보편주의적 추세에 따라서 사회복지의 대상은 특수 욕구를 가진 클라이언트에서 일반 욕구를 가진 클라이언트로 바뀌고 있다. 이에 따라 아동복지법의 체계도 일반 가정의 모든 아동을 보호하는 방향으로 바뀌어야 한다(장동일, 2001; 노병일, 2008).

3) 아동수당제도의 적극적 실시

아동양육을 국가가 책임진다는 관점에서 볼 때, 국가가 아동양육에 대해 배려해 주는 것이 더욱 필요하다. 그러므로 선진국에서는 아동수당을 제공해, 아동을 양육하고 있는 가정의 경제적 안정과 아동의 건전한 발전에 도움을 주고 있다(노병일, 2009).

그러므로 우리나라에서도 아동수당을 보편적으로 제공하여야 한다. 경제적으로 어려움에 놓인 가정을 안정되게 해주는 것은 아동을 가정에 묶어둘 수 있는 중요한 방법이기 때문이다(장동일, 2001). 특히 우리나라의 경우, 아동수당을 낮은 출산율과 관련된 보육정책과는 별개 문제로 취급하여야 한다(김종해, 2006).

法諺

The law assists minors.

법은 미성년자를 보호한다.

제 3 절 노인복지법

① 의의

「노인복지법」은 지난 1960년대 초반부터 진행된 우리사회의 산업화·도시화로 인한 사회·경제적 변화에 동반하여 커다란 사회문제로 부각된 노인문제를 해결하기 위한 조치이다.

전통사회에서 노인의 부양이나 보호문제는 가족이 담당하였다. 그러나 경제적 발전과 의료기술의 발달로 노인인구는 절대적·상대적으로 크게 증가하고 핵가족·소자녀 가족은 일반화되었으나 반면에 전통적 가치관의 변화 등으로 노인부양의식은 크게 퇴조하였다. 이에 따라 충분한 부양이나 보호를 받지 못하는 노인이 증가하여 노인문제에 대한 국가적 대책이 요구되었다. 우리사회에서 노인문제에 대해 1970년대 중반이후 실질적 관심을 갖게 되었다.

「노인복지법」이 제정되기 이전이었던 당시에 노인에게 제공되던 노인복지서비스는 「생활보호법」에 의한 거택보호와 양로원입소조치가 전부였다. 「노인복지법」의 제정으로 서비스의 내용과 적용대상의 확대가 이루어졌다.

② 입법과정

노인문제에 대한 제도적 해결책으로 1981년 「노인복지법」이 제정되었다. 그러나 그 후 노인욕구의 양적 증대와 질적 변화에 부응하기 위하여 1989년 전문 개정되었다. 여기에는 노인복지대책위원회의 설치, 가정봉사원제도 및 결연사업의 실시, 노령수당의 지급 등의 내용이 담겨져 있다.

제2차 전문개정은 1993년에 이뤄졌는데 그 주요내용을 보면 민간기업이나 시·도 지사의 허가를 받은 개인이 유료노인복지시설을 설치·운영할 수 있도록 하였으며 재가노인복지사업의 종류를 가정봉사원파견사업, 주간보호사업, 단기보호사업으로 명시하고 사업실시의 법적 근거를 규정하였다.

제3차 전문개정은 1997년에 있었는데 중증질환노인과 만성퇴행성 노인환자를 위한 노인전문요양시설, 유료노인전문요양시설 및 노인전문병원의 실시, 연금적용대상에서 제외되는 65세 이상 노인중 경제적으로 어려운 노인에게 경로연금의 지급, 노인취업의 활성화를 위한 노인지역봉사기관 및 노인취업알선기관의 법적 근거를 규정하였다.

제4차 전문개정은 1999년에 이루어졌다. 이를 통해 노인복지대책위원회가 폐지되었고 경로연금 지급대상자선정을 위한 소득기준과 재산기준을 동시에 충족하는 경우에 경로연금 수급권자가 되도록 하였다. 국민기초생활보호대상자인 경우에는 국민연금 등 공적연금을 수급하고 있더라도 경로연금을 수급할 수 있도록 하였으며 유료양로시설·유료노인복지주택·유료노인요양시설·유료노인전문요양시설의 비용수납신고제가 폐지되었다.

노인복지법의 주요 연혁

- 1981. 6. 5 노인복지법이 법률로 제정
- 1982. 2. 17 노인복지법 시행령이 대통령령으로 공포
- 1982. 9. 20 노인복지법 시행규칙이 보건사회부령으로 제정
- 1989. 12. 30 노인복지법 1차 개정
- 1993. 12. 27 노인복지법 2차 개정
- 1997. 8. 22 노인복지법 3차 개정, 노인의 날을 매년 10월 2일로 하고 매년 10월을 경로의 달로 정함
- 1999. 2. 8 노인복지법 4차 개정
- 2004. 1. 29 노인복지법법률 제7152호 일부개정
- 2005. 3. 31 노인복지법법률 제7452호 일부개정
- 2005. 7. 13 老人福祉法을 노인복지법으로 한다. 제23조의2(노인일자리전담기관의 설치·운영 등) 제45조(비용부담의 부담)
- 2007. 1. 3 노인복지법 법률 제8200호 일부개정
- 2007. 8. 3 노인복지법 법률 제8608호 일부개정
- 2010. 1. 25 노인복지법 법률 제9964호 일부개정

3 내용

> 개념정의
>
> -부양의무자는 배우자와 직계비속 및 그 배우자
> -보호자는 부양의무자 또는 업무·고용 등의 관계로 사실상 노인을 보호하는 자
> -노인의 날·경로의 달은 노인에 대한 사회적 관심과 공경의식을 높이기 위하여 매년 10월 2일을 노인의 날로, 매년 10월을 경로의 달
> -보건복지가족부장관은 노인의 보건 및 복지에 관한 실태조사를 3년마다 실시하고 그 결과를 공표

(1) 법의 목적 및 기본이념

1) 법의 목적

「노인복지법」의 목적은 노인의 질환을 사전예방 또는 조기발견하고 질환상태에 따라 적절한 치료·요양으로 심신의 건강을 유지하고, 노후의 생활안정을 위하여 필요한 조치를 강구함으로써 노인의 보건복지증진에 기여함을 목적으로 한다(동법 제1조).

2) 기본이념

노인의 복지와 관련된 기본이념은 다음과 같다.

가. 노인은 후손의 양육과 국가 및 사회의 발전에 기여하여 온 자로서 존경받으며, 건전하고 안정된 생활을 보장받는다(동법 제2조제1항).
나. 노인은 그 능력에 따라 적당한 일에 종사하고 사회적 활동에 참여할 기회를 보장받는다(동법 제2조제2항).
다. 노인은 노령에 따르는 심신의 변화를 자각하여 항상 심신의 건강을 유지하고, 그 지식과 경험을 활용하여 사회의 발전에 기여하도록 노력하여야 한다(동법 제2조제3항).

(2) 노인복지의 책임주체

1) 공적기관

국가와 지방자치단체는 노인의 보건 및 복지를 증진할 책임을 지며(동법 제4조제1항), 그 경우에 제2조에 규정된 기본 이념이 구현되도록 노력하여야 한다(동법 제4조제2항).

2) 민간기업

노인의 일상생활에 관련되는 사업을 경영하는 자는 그 사업을 경영함에 있어서 노인의 보건복지가 증진되도록 노력하여야 한다(동법 제4조제3항).

3) 노인복지상담원

노인에 대한 복지행정은 전문적·기술적 분야에 속하는 업무를 수반하므로 전문적 자격을 갖춘 직원을 필요로 한다. 따라서 「노인복지법」에서는 노인의 복지를 담당하기 위하여 특별자치도와 시·군·구의 노인복지상담원을 둔다(동법 제7조제1항).

가. 임용자격(동법 시행령 제12조)

가) 노인복지상담원(이하 상담원이라 함)은 사회복지사업법 제11조의 규정에 의한 사회복지사 3급 이상의 자격증 소지자 중에서 특별자치도지사·시장·군수·구청장이 공무원으로 임명한다. 다만 부득이한 경우에는 공무원 외의 자로 위촉할 수 있다.
나) 위촉한 상담원의 임기는 3년으로 하되, 연임할 수 있다.
다) 시장·군수·구청장은 필요하다고 인정하는 때에는 「아동복지법 제7조」에 의한 아동복지지도원, 「장애인복지법 제33조」에 의한 장애인복지상담원 또는 사회복지에 관한 업무를 담당하는 공무원으로 하여금 상담원을 겸직하게 할 수 있다.

나. 직무(동법 시행령 제13조)

가) 노인 및 그 가족 또는 관계인에 대한 상담 지도
나) 노인복지에 필요한 가정환경 및 생활실태에 관한 조사
다) 제28조 규정에 의한 조치에 필요한 상담 및 지도
라) 노인의 단체 활동 및 취업의 상담
마) 기타 노인의 복지증진에 관한 사항

다. 보수

예산의 범위 내에서 지방공무원 중 일반직 8급에 상당하는 보수를 지급한다(동법 시행령 제14조).

(4) 보건 · 복지조치

1) 사회참여 지원

가. 국가 또는 지방자치단체는 노인의 사회참여확대를 위하여 노인의 지역봉사활동기회를 넓히고 노인에게 적합한 직종의 개발과 그 보급을 위한 시책을 강구

하며 노동력이 있는 노인에게 일할 기회를 우선적으로 제공하도록 노력하여야 한다(동법 제23조제1항).

나. 국가 또는 지방자치단체는 노인의 지역봉사활동 및 취업의 활성화를 기하기 위하여 노인지역 봉사기관, 노인취업 알선기관 등 노인복지관계기관에 대하여 필요한 지원을 할 수 있다(동법 제23조제2항). 동법에 규정된 노인지역봉사지도원의 위촉 및 업무는 다음과 같다.

가) 노인지역봉사지도원의 위촉

국가 또는 지방자치단체는 사회적 신망과 경험이 있는 노인으로서 지역봉사를 희망하는 경우에는 이를 지역봉사지도원으로 위촉할 수 있다(동법 제24조제1항).

나) 노인지역봉사지도원의 업무(동법 제24조제2항)

① 국가 또는 지방자치단체가 행하는 업무 중 민원인에 대한 상담 및 조언
② 도로의 교통정리, 주·정차단속의 보조, 자연보호 및 환경침해행동단속의 보조와 청소년 선도
③ 충효사상, 전통의례 등 전통문화의 전수교육
④ 문화재의 보호 및 안내
⑤ 기타 대통령령이 정하는 업무

2) 생업지원

국가 또는 지방자치단체 기타 공공단체가 설치·운영하는 공공시설 안에 식료품·사무용품·신문 등 일상생활용품의 판매를 위한 매점이나 자동판매기의 설치를 허가 또는 위탁할 때에는 65세 이상의 자의 신청이 있는 경우 이를 우선적으로 반영하여야 한다(동법 제25조).

3) 경로우대

국가 또는 지방자치단체는 65세 이상의 자에 대하여 대통령령이 정하는 바에 의하여 국가 또는 지방자치단체의 수송시설 및 고궁·능원·박물관·공원 등의 공공시설을 무료 또는 그 이용요금을 할인하여 이용하게 할 수 있다(동법 제26조).

> **경로우대**
>
> 국가 또는 지방자치단체는 65세 이상의 노인에 대하여는 대통령령이 정하는 바에 의하여 국가 또는 지방자치단체의 수송시설 기타 공공시설을 무료로 또는 그 이용요금을 할인하여 이용할 수 있는 것을 말한다.

4) 건강진단 등

국가 또는 지방자치단체는 대통령령이 정하는 바에 의하여 65세 이상의 자에 대하여 건강진단과 보건교육을 실시할 수 있다(동법 제27조제1항)는 규정에 의거하여 2년에 1회 이상 국·공립병원 또는 보건소, 보건복지령이 정하는 건강진단기관에서 대상자의 건강상태에 따라 1차 및 2차로 구분하여 실시한다(동법 시행령 제20조제1항).

5) 상담 및 시설입소

보건복지부장관, 특별시장·광역시장·도지사, 특별자치도지사(이하 시·도지사라 한다), 시장군수·구청장은 노인에 대한 복지를 도모하기 위하여 필요하다고 인정하는 때에 다음과 같은 조치를 하여야 한다(동법 제28조제1항).

가. 65세 이상의 자 또는 그를 보호하고 있는 자를 관계공무원 또는 노인복지상담원으로 하여금 상담·지도하게 하는 것
나. 65세 이상의 자로서 신체적·정신적·경제적 이유 또는 환경상의 이유로 거택에서 보호받기가 곤란한 자를 노인주거복지시설 또는 재가노인복지시설에 입소시키거나 입소를 위탁하는 것
다. 65세 이상의 자로서 신체 또는 정신상의 현저한 결함으로 인하여 항상 보호를 필요로 하고 경제적인 이유로 거택에서 보호받기가 곤란한자를 노인의료복지시설에 입소시키거나 입소를 위탁하는 것

다만 65세 미만의 자에 대하여도 그 노쇠현상이 현저하여 특별히 보호할 필요가 있다고 인정할 때는 동법 위의 제28조제1항의 조치를 하여야 한다(동법 제28조제2항). 또한 시설에 입소 조치된 노인이 사망한 경우에 따로 장례를 행할 자가 없을 때는 복지시설기관이 장례를 행하거나 당해 시설의 장으로 하여금 장례를 행하게 한다(동법 제28조제3항).

6) 치매관리사업

가. 국가 또는 지방자치단체는 치매예방 및 치매퇴치를 위하여 치매연구 및 관리사업을 실시하여야 한다(동법 제29조제1항).
나. 시·군·구의 관할보건소에 치매예방 및 치매환자관리를 위한 치매상담센터를 설치한다(동법 제29조제2항).

7) 노인재활요양사업

국가 또는 지방자치단체는 신체적·정신적으로 재활요양을 필요로 하는 노인을 위한 재활요양사업을 실시할 수 있다(동법 제30조제1항).

(5) 노인복지시설

1) 노인주거복지시설

가. 종류와 기능(동법 제32조제1항)

가) 양로시설 : 노인을 입소시켜 급식과 그밖에 일상생활에 필요한 편의를 제공함을 목적으로 하는 시설
나) 노인공동생활가정: 노인들에게 가정과 같은 주거여건과 급식, 그밖에 일상생활에 필요한 편의를 제공함을 목적으로 하는 시설
다) 노인복지주택: 노인에게 주거시설을 분양 또는 임대하여 주거의 편의·생활지도·상담 및 안전관리 등 일상생활에 필요한 편의를 제공함을 목적으로 하는 시설

나. 입소대상자(동법 시행규칙 제14조제1항 및 제2항)

가) 「국민기초생활기본법」 제2조에 따른 수급권자로서 65세 이상의 자
나) 부양의무자로부터 적절한 부양을 받지 못하는 6세 이상의 자
다) 본인 및 본인과 생계를 같이 하고 있는 부양의무자의 월소득을 합산한 금액을 가구원수로 나누어 얻은 1인당 월평균 소득액이 전년도 도시근로자가구 월평균 소득을 전년도의 평균 가구원수로 나누어 얻은 1인당 월평균 소득액 이하인 자로서 65세 이상의 자
라) 입소자로부터 입소비용의 전부를 수납하여 운영하는 양로시설 또는 노인 공동생활가정의 경우는 60세 이상의 자

위의 규정에도 불구하고 입소대상자의 배우자는 65세 미만인 경우에도 입소대상자와 함께 입소할 수 있다(동법 시행규칙 제14조제2항).

2) 노인의료복지시설

가. 종류와 기능(동법 제34조제1항)

가) 노인요양시설 : 치매·중풍 등 노인성 질환 등으로 심신에 상당한 장애가 발생하여 도움을 필요로 하는 노인을 입소시켜 급식·요양과 그밖에 일상생활에 필요한 편의를 제공함을 목적으로 하는 시설

나) 노인요양공동생활가정 : 치매·중풍 등 노인성질환 등으로 심신에 상당한 장애가 발생하여 도움을 필요로 하는 노인에게 가정과 같은 주거여건과 급식·요양 그밖에 일상생활에 필요한 편의를 제공함을 목적으로 하는 시설

다) 노인전문병원: 주로 노인을 대상으로 의료를 행하는 시설

나. 설치(동법 제35조)

가) 국가 또는 지방자치단체는 노인의료복지시설을 설치할 수 있다(제1항)

나) 국가 또는 지방자치단체외의 자가 시설을 설치하고자 하는 경우 시장·군수·구청장에게 신고하여야 한다. 다만, 노인전문병원은 의료법에 의한 의료기관을 개설할 수 있는 자(치과의사 및 조산사를 제외)에 한하여 시·도지사의 허가를 받아 설치할 수 있다(제2항).

다. 입소대상자

노인의료복지시설의 입소대상자는 다음과 같다(동법 시행규칙 제18조제1항)

가) 「노인장기요양보험법」 제15조에 따른 수급자

나) 기초수급권자로서 65세 이상의 자

다) 부양의무자로부터 적절한 부양을 받지 못하는 65세 이상의 자

라) 입소자로부터 입소비용의 전부를 수납하여 운영하는 노인요양시설 또는 노인요양공동생활가정의 경우는 60세 이상의 자

마) 노인전문병원 : 노인성질환으로 치료 및 요양을 필요로 하는 자와 임종을 앞둔 환자

3) 노인여가복지시설

가. 종류(동법 제36조제1항)

가) 노인복지관 : 노인의 교양」취미생활 및 사회참여활동 등에 대한 각종정보와 서비스를 제공하고, 건강증진 및 질병예방과 소득보장·재가복지 그밖에 노인의 복지증진에 필요한 서비스를 제공함을 목적으로 하는 시설
나) 경로당 : 지역노인들이 자율적으로 친목도모·취미활동·공동작업장 운영 및 각종정보교환과 기타 여가활동을 할 수 있도록 하는 장소를 제공함을 목적으로 하는 시설
다) 노인교실 : 노인들에 대하여 사회활동 참여욕구를 충족시키기 위하여 건전한 취미생활·노후건강유지·소득보장 기타 일상생활과 관련한 학습프로그램을 제공함을 목적으로 하는 시설
라) 노인휴양소 : 노인들에 대하여 심신의 휴양과 관련한 위생시설·여가시설 기타 편의 시설을 단기간 제공함을 목적으로 하는 시설

나. 입소대상자(동법 시행규칙 제24조제1항)

가) 노인복지회관 및 노인교실 : 60세 이상의 자
나) 경로당 : 65세 이상의 자
다) 노인휴양소 : 60세 이상의 자 및 그와 동행하는 자

다. 시설기준 및 설치신고

노인여가복지시설의 시설, 인력 및 운영에 관한 기준과 설치신고에 관하여 필요한 사항은 보건복지부령으로 정한다(동법 제37조제3항).

4) 재가노인복지시설

가. 종류와 기능(동법 제38조제1항)

가) 방문요양서비스: 가정에서 일생생활을 영위하고 있는 노인으로서 신체적·정신적 장애를 어려움을 겪고 있는 노인에게 필요한 각종 편의를 제공하여 지역사회 안에서 건전하고 안정된 노후를 영위하도록 하는 서비스

나) 방문목욕서비스: 목욕장비를 갖추고 재가노인을 방문하여 목욕을 제공하는 서비스

다) 주·야간 보호서비스: 부득이한 사유로 가족의 보호를 받을 수 없는 심신이 허약한 노인과 장애노인을 주간 또는 야간 동안 보호시설에 입소시켜 필요한 각종 편의를 제공하여 이들의 생활안정과 심신기능을 유지·향상을 도모하고, 그 가족의 신체적·정신적 부담을 덜어주기 위한 서비스

라) 단기보호서비스: 부득이한 사유로 가족의 보호를 받을 수 없어 일시적으로 보호가 필요한 심신이 허약한 노인과 장애노인을 시설에 단기간 입소시켜 보호함으로써 노인 및 노인가정의 복지증진을 도모하기 위한 서비스

나. 이용대상자(동법 시행규칙 제27조)

가) 장기요양급여 수급자(제1항)

나) 심신이 허약하거나 장애가 있는 65세 이상의 자로서 다음에 해당되는 자(제2항)

① 방문요양서비스 : 1일중 일정시간동안 가정에서 보호가 필요한 자

② 주·야간 보호서비스: 주간 또는 야간동안의 보호가 필요한 자

③ 단기보호서비스: 월 1일 이상 15일 이하 단기간의 보호가 필요한 자

④ 방문목욕서비스: 가정에서의 목욕이 필요한 자

⑤ 재가노인지원서비스 : ①부터 ④번까지 서비스 이외의 서비스로서 상담·교육 및 각종 지원서비스가 필요한 자

5) 요양보호사의 직무·자격증 교부(동법 제39조 2의 1항)

가. 노인복지시설의 설치·운영자는 노인 등의 신체활동 또는 가사지원활동 등의 업무를 전문적으로 수행하는 요양보호사를 두어야 한다.

나. 요양보호사가 되려는 사람은 요양보호사를 교육하는 기관에서 교육과정을 마치고 시·도지사가 실시하는 요양보호사 자격시험에 합격해야 한다.

다. 시·도지사는 요양보호사 자격시험에 합격한 사람에게 요양보호사 자격증을 교부하여야 한다.

(6) 노인보호전문기관

국가와 지방자치단체는 노인학대에 관한 업무를 담당하는 노인보호전문기관을 설치하여야 한다(동법 제39조 5의 1항).

가. 노인학대의 예방 및 방지를 위한 홍보
나. 학대받은 노인의 발견·상담·보호와 의료기관에의 치료의뢰 및 노인복지 시설에의 입소의뢰
다. 노인학대행위자, 노인학대행위자로 신고된 자 및 그 가정 또는 업무·고용 등의 관계로 사실상 노인을 보호·감독하는 기관이나 시설물에 관한 조사
라. 노인학대행위자에 대한 상담 및 교육
마. 그 밖에 학대받은 노인의 보호를 위하여 필요한 사항.

1) 노인학대

가. 신고의무와 절차

누구든지 노인학대를 알게 된 때에는 노인보호전문기관 또는 수사기관에 신고할 수 있다(동법 제39조 6의 1항). 또 다음에 해당하는 자는 그 직무상 노인학대를 알게 된 때에는 즉시 노인보호 전문기관 또는 수사기관에 신고하여야 한다(동법 제39조 6의 2).

가) 의료기관에서 의료법을 행하는 의료인
나) 노인복지시설의 장 및 그 종사자
다) 장애인복지시설에서 장애노인에 대한 상담·치료·훈련 또는 요양을 행하는 자
라) 가정폭력관련 상담소의 상담원 및 가정폭력피해자 보호시설의 종사자
마) 사회복지전담공무원

> **노인학대 전화번호**
>
> 국가와 지방자치단체는 노인학대를 예방하고 수시로 신고를 받을 수 있도록 전국적 통일번호인 1389번의 긴급전화를 설치해야 한다.

> **신고의무**
>
> 누구든지 노인학대에 대해 신고할 수 있으나 신고의 의무는 없으며, 신고의무자는 의료기관에서 의료업을 행하는 의료인, 노인복지시설의 장 및 그 종사자, 장애인복지시설에서 장애노인에 대한 상담·치료·훈련 또는 요양을 행하는 자, 가정폭력 관련 상담소의 상담원 및 가정폭력지해자 보호시설의 종사자, 노인복지상담원 및 사회복지전담공무원으로 별도로 지정되어 있다.

신고인의 신분은 보장되어야 하며 그 의사에 반해 신분이 노출되어서는 안된다(동법 제39조 6의3).

나. 응급조치의무 등(동법 제39조의 7)

가) 노인학대신고를 접수한 노인보호전문기관의 직원이나 사법경찰관리는 지체없이 노인학대 현장에 출동하여야 한다.
나) 현장에 출동한 자는 학대받은 노인을 노인학대 행위자로부터 분리하거나 치료가 필요하다고 인정할 때에는 노인보호전문기관 또는 의료기관에 인도하여야 한다.

(6) 노인복지시설에 대한 감독

1) 노인복지시설의 변경·폐지(동법 제40조)

가. 노인주거복지시설 및 노인의료복지시설을 설치한 자가 그 시설신고사항 중 보건복지부령이 정하는 사항을 변경·폐지 또는 휴지하고자 할 때는 대통령령이 정하는 바에 의하여 시장·군수·구청장에게 미리 신고해야 한다(제1항).
나. 노인전문병원을 설치한 자가 그 설치허가사항 중 보건복지부령이 정하는 사항을 변경하고자 하는 때에는 의료법이 정하는 바에 따라 시·도지사의 변경허가를 받아야 하며, 그 시설을 폐지 또는 휴지하고자 하는 때에는 동법이 정하는 바에 따라 시·도지사에게 미리 신고하여야 한다(제2항).
다. 노인여가복지시설 및 재가노인복지시설을 설치한 자가 그 시설 신고사항 중 보건복지부령이 정하는 사항을 변경하거나 그 시설을 폐지 또는 휴지하고자 할 때에는 시장·군수·구청장에게 미리 신고하여야 한다(제3항).

2) 노인복지시설의 수탁의무

양로시설, 노인공동생활가정 및 노인복지주택과 노인요양공동생활가정 또는 재가노인복지시설을 설치·운영하는 자가 복지실시기관으로부터 노인의 입소·장례를 위탁받은 때에는 정당한 이유 없이 이를 거부하지 못한다(동법 제41조). 정당한 이유없이 거부하면 50만원 이하의 벌금에 처한다(동법 제59조).

3) 노인복지시설에 대한 감독(동법 제42조)

가. 복지실시기관은 노인복지시설 또는 요양보호사 교육기관을 설치·운영하는 자로 하여금 당해 시설 또는 사업에 관하여 필요한 보고를 하게 하거나 관계공무원으로 하여금 당해시설 또는 사업의 운영상황을 조사하거나 장부 기타 서류를 검사할 수 있다(제1항).
나. 노인복지시설을 설치·운영하는 자는 보건복지부령이 정하는 바에 따라 매년도 입소자 또는 이용자 현황 등에 관한 자료를 복지실시기관에 제출하여야 한다(제2항).

4) 사업의 정지 및 폐지(동법 제43조)

가. 노인주거복지시설·노인의료복지시설·요양보호사 교육기관에 대한 사업정지

시·도지사 또는 시장·군수·구청장은 노인주거복지시설·노인의료복지시설·요양보호사 교육기관이 다음에 해당하는 때에는 그 사업의 정지 또는 폐지를 명할 수 있다(동법 제43조제1항).

가) 시설기준에 미달한 때
나) 수탁을 거부한 때
다) 정당한 이유 없이 보고 또는 자료제출을 하지 않거나 허위보고를 한 때 또는 조사·검사를 거부·방해하거나 기피한 때
라) 시·도지사의 승인 없이 시설이용자에게 보건복지부장관이 정한 한도액이상의 비용 을 받은 때
마) 이 법 또는 이 법에 의한 명령을 위반한 때

나. 노인여가복지시설·재가노인복지시설에 대한 사업정지

시장·군수·구청장은 노인여가복지시설 또는 재가노인복지시설이 다음 각호의 어느 하나에 해당하는 때에는 그 사업의 정지 또는 폐지를 명할 수 있다(동법 제43조제2항).

가) 시설기준에 미달한 때
나) 수탁을 거부한 때(재가노인복지시설의 경우에 한 한다).
다) 정당한 이유 없이 보고를 하지 않거나 허위보고를 한 때 또는 조사·검사를 거부·방해하거나 기피한 때
라) 시장·군수·구청장에게 신고하지 않고 시설이용자로부터 비용을 받은 때

(7) 비용

1) 비용부담(동법 제45조)

건강진단 등과 상담·입소 등의 조치 및 노인일자리 전담기관의 설치·운영 또는 위탁에 소요되는 비용은 대통령령이 정하는 바에 의하여 국가 및 지방자치단체가 이를 부담한다(동법 제45조제2항).

2) 수납 및 청구(동법 제46조)

복지실시기관은 복지조치에 필요한 비용을 당해 노인이나 그 부양의무자로부터 전부 또는 일부를 수납하거나 청구할 수 있다(제1항). 다만 국민기초생활기본법 수급권자이

거나 수급권자가 아닌 자중 부양의무자가 있어도 그 부양의무자로부터 적절한 부양을 받지 못하는 때에는 그 비용을 수납 또는 청구하지 아니할 수 있다(동법 시행령 제23조).

3) 비용보조(동법 제47조)

국가 또는 지방자치단체는 대통령령이 정하는 바에 따라 노인복지시설의 설치·운영에 필요한 비용을 보조할 수 있다(동법 제47조).

국가 또는 지방자치단체는 비용보조에 있어서 사회복지사업법 제43조의 규정에 의한 시설평가의 결과 등 당해 노인복지시설의 운영실적을 고려하여 차등보조할 수 있다(동법 시행령 제24조제3항).

(8) 심사청구

노인 또는 그 부양의무자가 이 법에 의한 복지조치에 대해서 이의가 있을 때는 당해 복지실시기관에 심사를 청구할 수 있다. 이러한 심사청구를 받은 때에 복지실시기관은 30일 이내에 이를 심사·결정하여 청구인에게 그 통보를 하여야 한다. 심사·결정에 이의가 있는 자는 그 통보를 받은 날로부터 90일 이내에 행정심판을 제기할 수 있다(동법 제50조).

4 개선점

(1) 의료비용 경감조치

급속한 노령화가 진행되고 있는 우리 사회에서 많은 노인들이 만성 및 노인성 질환에 시달리고 있다. 그러나 경제적으로 빈곤한 노인들에게 높은 의료비용은 감당하기 어렵기 때문에 노인들의 건강에 커다란 위협으로 작용한다. 그러므로 노인의료비보조제도 또는 노인보건법이 입법되어야 한다.

(2) 경제적 지원수준의 제고

최저생계비이하의 빈곤에서 생활하는 노인들의 경제적 문제를 해결하기 위해 국민기초생활보장 수급대상 노인을 대폭 확대해야 한다. 그리고 국민기초생활보장수급노인과 저소득노인들에게 지급되고 있는 경로연금은 그 수준이 비현실적이어서 이는 노인들에게 실질적인 도움이 되지 못하고 있다. 경로연금의 수준제고가 시급한 과제이다.

노인의 날

노인에 대한 사회적 관심과 공경의식을 높이기 위하여 매년 10월 2일을 노인의 날로, 매년 10월을 경로의 달로 한다.

(3) 재가노인 서비스의 내실화

현재 요양보호사 제도가 운영되고 있으나 요양보호사의 활동이 비전문적이며 단속적이다. 따라서 노인들이 지역사회에서 안정되고 건강한 생활을 영위할 수 있도록 요양보호서비스의 질적 제고를 위해 지속적인 교육과 자격기준의 강화가 필요하다.

法諺

A wise man does everything advisedly.

현인은 모든 것을 숙고하고 나서 행한다.

제 4 절 장애인복지법

① 의의

경제적 발전과 의료기술의 발달에도 불구하고 전세계적으로 각종 질병이나 산업재해의 발생, 교통사고, 환경오염의 심화 등으로 장애인 인구가 증가하고 있다. 2000년 한국보건사회연구원에서 실시한 표본조사에 따르면 우리나라의 장애인은 전 국민의 3.09%인 144만 9,000여 명으로 추정된다. 이는 1995년 같은 조사의 2.35%보다 0.74%늘어난 결과이다. 특히 이 조사에서 장애발생원인을 분석한 결과에 따르면 장애원인이 후천적·사회환경적 원인이 지배적이라는 것이 밝혀졌다. 여기에서 볼 수 있는 바처럼 장애는 누구에게도 발생할 수 있으며 우리 모두를 잠재적 장애인이라 표현할 수 있다. 그러므로 장애인 문제는 사회문제로서 국가적 대책을 필요로 한다.

그러나 우리사회에서는 전통적 가치관과 그릇된 편견으로 인해 장애인들은 소외의 대상이 되었으며 사회적 낙오자로 모든 분야에서 멸시와 차별의 대상이 되었다. 그래서 장애인복지법을 통하여 국가와 사회적 수준에서 장애인들의 인간으로서의 존엄성을 보장하고 그들이 사회에 완전히 통합하여 평등한 대우를 받으며 생활할 수 있도록 하려는 것이다.

「장애인복지법」이 제정되기 전에는 「생활보호법」·「산업재해보상보험법」·「특수교육진흥법」 등을 통해 장애인을 위한 복지시책이 행하여졌다. 그러나 「장애인 복지법」의 제정으로 장애인들이 법적 관리의 주체로 인정되어 그들의 재활과 자립을 가능케 하는 기반을 마련할 수 있게 되었다.

② 입법과정

1981년 「심신장애자복지법」이 정부안으로 국회에 제출되어 같은 해 제정·공포되었다. 그리하여 장애의 발생예방과 장애인의 생활보호 등의 복지시책을 효과적으로 추진하기 위한 기초적 바탕이 마련되었다.

1988년 개최된 세계장애인 올림픽대회는 아직 걸음마단계였던 장애인 복지의 새로운

전기를 가져왔다. 장애인올림픽의 개최와 함께 장애인의 사회통합에 대한 욕구는 한층 강렬해졌으며 이러한 욕구에 부응하기 위해 1989년 여러 사회단체의 협력에 힘입어 종전의 「심신장애자복지법」은 「장애인복지법」으로 개정·공포되었다.

「장애인복지법」으로의 전면개정에 따라 장애인복지위원회의 구성 및 운영절차, 공공시설 이용요금의 감면 등에 관한 조항이 신설되었고 현행규정의 보완을 위해 1990년 「장애인복지법」 시행령도 개정되었다.

「장애인복지법」은 1999년 제2차 전문개정이 되었다. 개정이유는 장애유형에 따른 다양한 서비스제공, 재활보조기구의 개발·보급 등 장애인의 새로운 복지욕구에 대응하려는 시도였다.

> 장애수당
>
> 국가와 지방자치단체는 장애정도와 장애인의 경제적 생활수준을 고려하여 장애인의 소득보전을 위해 수당을 지급하는 것을 말한다.

2003년 일부내용이 개정되었다. 종전에는 국가 및 지방자치단체는 장애인의 장애정도와 경제적 생활수준을 고려하여 소득보전을 위하여 장애인에 대해 장애수당을 지급할 수 있다고 규정하고, 「국민기초생활보장법」에 의한 생계급여의 수급자 중 중증장애인에 대해서만 장애수당을 지급하여 왔으나, 「국민기초생활기본법」에 의한 생계급여의 수급자에 해당되는 장애인 모두를 장애수당의 의무지급대상자로 하여 지급대상자를 확대하였다.

장애인복지법의 주요 연혁

- 1981. 5. 8　「심신장애자복지법」이 정부안으로 국회 법안 제출
- 1981. 6. 5　법률 제3452호로 「심신장애자복지법」 공포, 시행
- 1984. 12. 15　「심신장애자복지법」 개정
- 1989. 12. 30　「심신장애자복지법」을 「장애인복지법」으로 전면 개정 및 명칭변경
- 1990. 1. 13　「장애인고용촉진법」 제정
- 1999. 12. 31　법률 제16682호로 「장애인복지법」 시행령을 제정
- 2003. 9. 29　법률 제06985호로 법률을 일부개정, 장애인복지조정위원회에 실무위원회를 설치하는 한편, 지방자치단체 차원의 지방장애인복지위원회를 설치함으로써 장애인 복지제도의 지속적 발전을 도모
- 2004. 3. 5　법률 제7184호로 「장애인복지법」 일부개정

■ 2005. 7. 29　법률 제7630호로 「장애인복지법」 일부개정
■ 2007. 4. 11　전문개정
■ 2010. 5. 27　법률 제10323호로 「장애인복지법」 일부개정

3 내용

(1) 법의 목적 및 기본이념

1) 법의 목적

장애인의 인간다운 삶과 권리보장을 위한 국가와 지방자치단체 등의 책임을 명백히 하고 장애발생의 예방과 장애인의 의료·직업재활·생활환경개선·교육 등에 관한 사업을 정하여 장애인복지대책을 종합적 추진을 도모하며, 장애인의 자립생활·보호 및 수당지급 등에 관하여 정하여 장애인의 생활안정에 기여하는 등 장애인의 복지 및 사회활동참여증진을 통하여 사회통합에 이바지함을 목적으로 한다(동법 제1조).

2) 기본이념

「장애인복지법」은 헌법 제10조, 즉 "모든 국민은 인간으로서의 존엄과 가치를 가지며, 행복을 추구한 권리를 가진다. 국가는 개인이 가지는 불가침의 기본적 인권을 확인하고 이를 보장할 의무를 가진다"라는 정신에 기초하고 있다. 이에 따라, 장애인복지의 기본이념은 장애인의 완전한 사회참여와 평등을 통하여 사회통합을 이루는 데 있다(동법 제3조).

(2) 국가 · 지방자치단체 · 국민의 책임

1) 국가와 지방자치단체의 책임

국가와 지방자치단체는 장애 발생을 예방하고, 장애의 조기발견에 대한 국민의 관심을 높이고 장애인의 자립을 지원하고 보호가 필요한 장애인을 보호하여 장애인의 복지를 향상할 책임을 진다(동법 제9조제1항).

2) 국민의 책임

모든 국민은 장애발생의 예방과 장애의 조기발견을 위하여 노력하여야 하며, 장애인의 인격을 존중하고 사회통합의 이념에 기초하여 장애인복지향상에 협력하여야 한다(동법 제10조).

(3) 복지행정조직과 복지상담원

> **장애인복지상담원**
>
> 장애인의 복지증진을 위한 상담 및 지원업무를 담당하게 하기 위하여 시·군·구에 장애인복지상담원을 둔다. 장애인복지상담원은 그 업무를 행함에 있어 개인의 인격을 존중하고, 업무상 알게 된 개인의 신상에 관한 비밀을 누설하여서는 아니 된다.

1) 장애인정책조정위원회

가. 설치

가) 동 위원회는 장애인 종합정책을 수립하고 관계 부처간의 의견을 조정하며, 그 정책의 이행을 감독하고 평가하기 위하여 국무총리 소속하에 둔다(동법 제11조제1항).

나) 동 위원회는 필요하다고 인정되면 관계행정기관에 대하여 그 직원의 출석·설명과 자료의 제출을 요구할 수 있다(동조제3항).

나. 기능(동조제2항)

동 위원회는 다음의 사항을 심의·조정한다.

가) 장애인복지정책의 기본방향에 관한 사항
나) 장애인복지향상을 위한 제도개선과 예산지원에 관한 사항
다) 중요한 특수교육정책의 조정에 관한 사항
라) 장애인 고용촉진정책의 중요한 조정에 관한 사항
마) 장애인 이동보장 정책조정에 관한 사항
바) 장애인정책 추진과 관련된 재원조달에 관한 사항
사) 장애인복지에 관한 관련부처의 협조사항
아) 기타 장애인복지와 관련하여 대통령령이 정하는 사항

> **장애의 종류와 등급**
>
> 장애인복지법상 장애인의 종류는 15종류이며, 장애등급은 6등급으로 나누고 있으며, 한센장애인은 장애인복지법상 장애인에 포함되지 않는다.

> **대리인**
>
> 장애인복지법에 의한 복지 조치에 대해 이의가 있을 경우 장애인, 법정대리인, 보호자는 장애인복지실시기관에 심사를 청구할 수 있다.

2) 장애 판정위원회

가. 설치

위원회 위원은 위원장 1명을 포함한 10명 이상 20명 이하의 위원으로 구성한다. 또한 각 위원회의 위원장은 위원회의 위원 중에서 호선한다(동법 시행규칙 제12조 1, 2항).

나. 위원의 자격

가) 장애인에 대한 진단·재활·치료·교육·훈련 등에 관한 학식과 경험이 풍부한 자
나) 장애인복지업무에 종사하는 공무원(동법 시행규칙 제12조제3항).

다. 기능(동법 시행규칙 제10조제1항 및 제12항)

가) 장애인판정위원회는 다음과 같은 사항을 심의한다.

① 장애인정·장애등급 사정 기준과 장애진단 방법에 관한 사항
② 그 밖에 장애인정·장애등급 사정에 관련하여 보건복지부장관이 회의에 붙이는 사항

나) 위촉위원의 임기는 3년으로 하되, 연임할 수 있다.

3) 장애인복지상담원

장애인의 복지증진을 위한 상담 및 지원업무를 담당하기 위하여 시·군·구에 장애인복지상담원을 둔다(동법 제33조제1항).

가. 임용자격(동법 시행령 제21조제1항)

장애인복지상담원은 다음에 해당하는 자중에서 시장·군수 또는 구청장(자치구의 구청장)이 지방공무원으로 임명한다.

가) 사회복지사 자격증소지자
나) 초·중등교육법 제21조의 규정에 의한 특수학교의 교사자격증 소지자
다) 국가 또는 지방자치단체에서 사회복지관련 업무를 5년 이상 담당한 경력이 있는 자나 장애인복지단체에서 5년 이상 장애인복지업무에 종사한 자

나. 직무(동법 시행령 제22조)

가) 장애인과 그 가족 또는 관계인에 대한 상담·지도
나) 장애인에 대한 진단·진료 또는 보건 등에 관한 지도와 관련전문기관에 대한 진단·진료 또는 보건지도 등의 의뢰
다) 장애인복지시설의 입소·통원 또는 그 이용의 알선
라) 장애인에 대한 장애인보조기구의 지급과 사용·수리 등에 관한 지도
마) 장애인의 직업훈련·취업알선과 이에 관한 관련전문기관에 대한 직업훈련·취업알선의 의뢰

바) 장애인을 위한 지역사회 자원의 개발·조직·활용 및 알선
사) 장애인복지시설 또는 장애인에 관한 조사 또는 지도
아) 기타 장애인의 복지증진에 관한 사항

(4) 기본시책의 강구

1) 장애발생의 예방

국가 및 지방자치단체는 장애의 발생원인과 예방에 관한 조사연구를 촉진하여야 하며, 모자보건사업의 강화, 장애의 원인이 되는 질병의 조기발견과 조기치료, 기타 필요한 정책을 강구하여야 한다(동법 제17조).

2) 의료 및 재활치료

국가 및 지방자치단체는 장애인이 생활기능을 익히거나 되찾을 수 있도록 필요한 기능치료와 심리치료 등 재활의료를 제공하고 장애인의 장애를 보완할 수 있는 장애인보조기구를 제공 하는 등 필요한 정책을 강구하여야 한다(동법 제18조).

3) 교육(동법 제20조)

가. 국가와 지방자치단체는 사회통합의 이념에 따라 장애인의 연령·능력·장애의 종별 및 정도에 따라 충분한 교육을 받을 수 있도록 교육의 내용과 방법을 개선하는 등 필요한 정책을 강구하여야 한다.
나. 국가와 지방자치단체는 장애인의 교육에 관한 조사·연구를 촉진해야 한다.
다. 국가와 지방자치단체는 장애인에게 전문 진로교육을 실시하는 제도를 강구하여야 한다.
라. 각급 학교의 장은 교육을 필요로 하는 장애인이 그 학교에 입학하고자 경우에는 장애를 이유로 입학지원을 거부하거나 입학시험 합격자의 입학을 거부하는 등의 불이익한 조치를 하여서는 아니된다.
마. 모든 교육기관은 교육대상 장애인의 입학 및 수학 등에 편리하도록 장애 종류 및 정도에 맞추어 시설을 정비하거나 그 밖에 필요한 조치를 강구하여야 한다.

4) 직업재활

국가 및 지방자치단체는 장애인이 자신의 적성과 능력에 맞는 직업에 종사할 수 있도록 직업지도·직업능력평가·직업적응훈련·직업훈련·취업알선·고용 및 취업 후 지도 등 필요한 정책을 강구하여야 하며, 장애인에게 적합한 직종과 재활사업에 관한 조사·연구를 촉진하여야 한다(동법 제21조 1항 및 2항).

5) 정보에의 접근(동법 제22조)

가. 국가와 지방자치단체는 장애인이 원활하게 정보에 접근하고 자신의 의사를 표시할 수 있도록 전기통신·방송시설 등을 개선하도록 노력하여야 한다.

나. 국가와 지방자치단체는 방송국의 장 등 민간사업자에 대하여 뉴스, 국가적 주요사항의 중계 등 대통령령이 정하는 방송프로그램에 청각장애인을 위한 수화 또는 폐쇄자막과 시각 장애인을 위한 화면해설 또는 자막해설을 방영하도록 요청하여야 한다.

다. 국가와 지방자치단체는 국가적인 행사 그 밖에 교육·집회 등 대통령령이 정하는 행사를 개최하는 경우에는 청각장애인을 위한 수화통역 및 점자자료를 제공하도록 요청할 수 있다.

라. 위 나.와 다.의 요청을 받은 방송국의 장 등 민간사업자 및 민간행사주최자는 정당한 이유가 없으면 그 요청에 따라야 한다.

마. 국가와 지방자치단체는 장애인의 특성을 고려하여 정보통신망 및 정보통신기기의 접근·이용에 필요한 지원 및 도구의 개발·보급 등 필요한 시책을 강구해야 한다.

6) 편의시설

국가와 지방자치단체는 장애인이 공공시설 및 교통수단 등을 안전하고 편리하게 이용할 수 있도록 편의시설의 설치 및 운영에 관하여 필요한 정책을 강구하여야 한다(동법 제23조).

7) 안전대책의 강구

국가와 지방자치단체는 추락사고 등 장애로 인하여 추가로 일어날 수 있는 안전사고와 비상재해 등에 대비하여 시각, 청각 장애인 및 이동에 불편을 겪는 장애인을 위하여 피난용 통로를 확보하고, 점자·음성·문자 안내판을 설치하며, 긴급 통보시스템 등을 마련하는 등 필요한 조치를 강구하여야 한다(동법 제24조).

8) 선거권 등 행사를 위한 편의제공

국가와 지방자치단체는 장애인이 선거권을 행사하는데 불편함이 없도록 편의시설·설비를 설치하고, 선거권 행사에 관한 홍보를 하며, 선거용 보조기구의 개발·보급 등 필요한 조치를 강구하여야 한다(동법 제26조).

9) 주택의 보급

국가 및 지방자치단체는 공공주택 등 주택을 건설할 경우 장애인에게 장애 정도를 고려하여 우선 분양 또는 임대할 수 있도록 노력하여 하며, 주택의 구입자금·임차자금 또는 개·보수비용의 지원 등 장애인의 일상생활에 적합한 주택을 보급·개선에 필요한 시책을 강구하여야 한다(동법 제27조).

10) 문화환경의 정비

국가 및 지방자치단체는 장애인의 문화생활과 체육활동을 늘리기 위하여 관련시설 및 설비 그밖에 환경을 정비하고 문화생활, 체육활동 등을 지원하도록 노력하여야 한다(동법 제28조).

11) 복지연구 등의 진흥(동법 제29조)

가. 국가와 지방자치단체는 장애인복지와 종합적이고 체계적인 조사·연구·평가 및 장애인 체육활동 등 장애인 정책개발 등을 위하여 필요한 정책을 강구하여야 한다.

나. 장애인관련 조사·연구수행 및 정책개발·복지진흥·재활체육진흥 등을 위하여 재단법인 한국장애인개발원(이하 개발원이라 한다)을 설립한다.

다. 국가와 지방자치단체는 개발원의 운영에 필요한 비용을 보조할 수 있으며, 「조세특례제한법」이 정하는 바에 의하여 조세를 감면하고 개발원에 기부된 재산에 대해 소득계산의 특례를 적용한다.

12) 경제적 부담의 경감(동법 제30조)

국가 및 지방자치단체, 공공기관, 지방공사 또는 지방공단은 장애인 및 장애인을 부양하는 자의 경제적 부담을 줄이고 장애인의 자립촉진을 위하여 세제상의 조치, 공공시설의 이용료의 감면 등 그밖에 필요한 정책을 강구하여야 한다(제1항).

또한 국가와 지방자치단체, 공공기관, 지방공사 또는 지방공단이 운영하는 운송업자는 장애인 및 장애인을 부양하는 자의 경제적 부담을 줄이고 장애인의 자립을 돕기 위하여 장애인 및 장애인을 보호하기 위하여 동행하는 자의 운임 등을 감면하는 정책을 강구하여야 한다(제2항).

(5) 복지조치

1) 재활상담 및 입소 등의 조치(동법 제34조)

보건복지부장관·특별시·광역시장·도지사·특별자치도지사 또는 시장·군수·구청장은 장애인에 대한 검진 및 재활상담을 실시하고, 필요하다고 인정되면 다음의 조치를 취해야 한다(제1항).

가. 국·공립 병원, 보건소, 보건지소 그밖의 의료기관(이하 '의료기관'이라 한다)에 의뢰하여 의료 및 보건지도를 받게 하는 것
나. 국가 또는 지방자치단체가 설치한 장애인복지시설에서 주거편의·상담·치료·훈련 등의 필요한 서비스를 받도록 하는 것
다. 장애인복지시설에 위탁하여 그 시설에 주거편의·상담·치료·훈련 등의 필요한 서비스를 받도록 하는 것
라. 공공직업능력개발훈련시설 또는 사업장내 직업훈련시설이 행하는 직업훈련 또는 취업알선을 필요로 하는 자를 관련시설 또는 직업안정 업무기관에 소개하는 것 등의 조치를 취해야 한다.

장애인복지실시기관은 재활상담을 함에 있어서 필요하다고 인정되면 장애인복지상담원을 장애인의 가정 또는 장애인이 주거편의·상담·치료·훈련 등의 서비스를 제공받는 시설이나 의료기관을 방문하여 상담하게 하거나 필요한 지도를 하게 할 수 있다(제2항).

2) 장애유형별 재활서비스 제공 등(동법 제35조)

국가와 지방자치단체는 장애인의 일상생활을 편리하게 하고 사회활동 참여를 높이기 위하여 장애 유형별·장애정도별로 재활 및 자립지원서비스를 제공하는 등 필요한 정책을 강구하여야 하며, 예산의 범위 안에서 지원할 수 있다(동법 제35조).

3) 의료비의 지급(동법 제36조)

장애인복지실시기관은 의료비를 부담하기 어렵다고 인정되는 장애인에게 장애정도와 경제적 능력 등을 고려하여 장애정도에 따라 소요되는 비용을 지급할 수 있다.

4) 자녀교육비의 지급(동법 제38조)

가. 장애인복지실시기관은 경제적 부담능력 등을 고려하여 장애인이 부양하는 자녀 또는 장애인인 자녀의 교육비를 지급할 수 있다(제1항).
나. 교육비 지급의 대상·기준 및 방법 등에 관하여 필요한 사항은 보건 복지부령으로 정한다(제2항).

5) 자금의 대여(동법 제41조)

국가 또는 지방자치단체는 사업의 개시, 필요한 지식·기능을 습득 등을 지원하기 위하여 대통령령이 정하는 바에 따라 자금을 대여할 수 있다. 자금을 대여할 수 있는 대상 용도는 다음과 같다(동법 시행령 제24조제1항).

가. 생업자금
나. 생업이나 출퇴근을 위한 자동차구입비
다. 기능회복훈련에 필요한 장애인 보조기구 구입비
라. 사무보조기기 구입비
마. 그밖에 보건복지부장관이 장애인 재활에 필요하다고 인정하는 비용

자금의 대여한도·이율·거치기간은 보건복지부장관이 관계 중앙행정기관의 장과 협의하여 정한다(제2항).

6) 생업지원(동법 제42조)

가. 국가와 지방자치단체 그밖에 공공단체는 소관 공공시설 내에 식료품·사무용품·신문 등 일상생활용품을 판매하는 매점이나 자동판매기의 설치를 허가 또는 위탁할 때에 장애인의 신청하면 우선적으로 반영하도록 노력하여야 한다.
나. 시장·군수 또는 구청장이 장애인이 「담배 사업법」에 따라 담배소매인으로 지정받기 위하여 신청하면 그 장애인을 우선적으로 지정하도록 노력하여야 한다.
다. 장애인이 우편법령에 의하여 국내우표류 판매업 계약신청을 하면 우편관서는 그 장애인이 우선적으로 계약할 수 있도록 노력하여야 한다.
라. 위 가.부터 다.까지 규정에 의한 허가·위탁 또는 지정 등을 받은 자는 특별한 사유가 없으면 그 사업을 하여야 한다.
마. 위 가.의 규정에 의한 설치 허가권자는 매점·자동판매기 설치를 허가하기 위하여 설치장소와 판매할 물건의 종류 등을 조사하고 그 결과를 장애인에게 알리는 조치를 강구하여야 한다.

7) 자립훈련비의 지급(동법 제39조)

가. 장애인복지실시기관은 제34조제1항제2호 또는 제3호 규정에 따라 장애인복지시설에 주거편의·상담·치료·훈련 등을 받거나 위탁한 장애인에 대하여 시설에서 훈련을 효과적으로 받는 데 필요하다고 인정되면 자립훈련비를 지급할 수 있으며, 특별한 사정이 있으면 훈련비 지급을 대신하여 물건을 지급할 수 있다(제1항).
나. 제1항의 따른 자립훈련비의 지급과 물건의 지급 등에 관하여 필요한 사항은 보건복지부령으로 정한다(제2항).

8) 생산품의 구매(동법 제44조)

가. 국가와 지방자치단체, 그밖에 공공단체는 그 소요물품 중 보건복지부장관이 정한 품목과 물량의 범위 안에서 매년 그 품목과 물량을 정하여 장애인복지시설과 장애인복지단체에 생산을 의뢰하여야 하며, 생산한 물품의 구매요청을 받으면 우선적으로 구매하여야 한다(제1항).
나. 국가와 지방자치단체, 그밖에 공공단체는 장애인 복지시설, 장애인복지단체에서 생산한 물품을 수의계약으로 구매할 수 있다(제2항).

다. 제1항 및 제2항의 규정에 의한 품목과 물량을 지정하는데 필요한 사항은 대통령령으로 정하며, 수의계약의 절차와 방법 등에 관하여는 관계법령의 규정에 따른다.

9) 고용의 촉진(동법 제46조)

국가와 지방자치단체는 직접 경영하는 사업에 능력과 적성이 맞는 장애인을 고용하도록 노력하여야 하며, 장애인에게 적합한 사업을 경영하는 자에게 장애인의 능력과 적성에 따라 이들을 고용하도록 권유할 수 있다(동법 제46조).

10) 공공시설의 우선이용(동법 제47조)

국가와 지방자치단체, 그밖에 공공단체는 장애인의 자립 지원하는데 필요하다고 인정되면 그 공공시설의 일부를 장애인이 우선 이용하게 할 수 있다(동법 제47조).

11) 국·공유재산의 우선매각 또는 유·무상 임대(동법 제48조)

가. 국가와 지방자치단체는 이 법에 따른 장애인복지시설을 설치하거나 장애인복지단체가 장애인복지사업 관련한 시설을 설치하는데 필요한 경우 국·공유 토지와 시설을 우선 매각하거나 임대 또는 무상으로 대부할 수 있다(제1항).

나. 국가와 지방자치단체는 위 가.의 규정에 의하여 국가 또는 지방자치단체로부터 토지와 시설을 매수·임차하거나 대부받은 자가 그 매수·임차 또는 대부한 날로부터 2년 이내에 장애인복지시설을 설치하지 않거나 장애인복지단체의 장애인복지사업 관련시설의 설치를 시행하지 아니한 때에는 토지와 시설을 환수하거나 임차계약을 취소할 수 있다(제2항).

12) 장애수당(동법 제49조)

가. 국가와 지방자치단체는 장애인의 장애와 장애인의 경제적 수준을 고려하여 장애인의 소득보전을 위한 장애수당을 지급할 수 있다(제1항). 단, 「국민기초생활기본법」에 따른 생계급여를 받은 장애인에게는 장애수당을 반드시 지급해야 한다.

나. 「장애인연금법」 제2조 1호에 따른 중증장애인에게는 가.에 따른 장애수당을 지급하지 아니한다(제2항).

다. 장애수당의 지급대상·기준 및 방법 등에 관하여 필요한 사항은 대통령령으로 정한다.

13) 장애아동수당 및 보호수당(동법 제50조)

가. 국가와 지방자치단체는 장애아동 보호자의 경제적 생활수준, 장애정도를 고려하여 장애로 인한 추가적 비용보전을 하기 위하여 장애아동수당을 지급할 수 있다.
나. 국가와 지방자치단체는 장애인을 보호하는 보호자에게 그의 경제적 생활수준, 장애인의 장애정도를 고려하여 장애인으로 인한 추가적 비용을 보전하기 위하여 보호수당을 지급할 수 있다.
다. 장애아동수당, 보호수당의 지급대상·기준 및 방법 등에 관하여 필요한 사항은 가.나.에 따른 대통령령으로 정한다.

14) 재활 및 자립생활의 연구(동법 제52조)

가. 국가와 지방자치단체는 장애인재활 및 자립생활에 대하여 종합적이고 체계적으로 조사·연구·평가하기 위하여 전문연구기관에 장애예방·의료·교육·직업재활 및 연구과제를 선정하여 의뢰할 수 있다(제1항).
나. 국가와 지방자치단체는 연구과제를 수행하는 데 소요되는 비용을 예산의 범위내에서 보조할 수 있다(제2항).

(6) 복지시설과 단체

1) 종류

장애인복지시설의 종류는 다음과 같다(동법 제58조제1항).

가. 장애인생활시설 : 장애인이 필요한 기간 생활하면서 재활에 필요한 상담·치료·훈련 등의 서비스를 받아 사회복귀를 준비하거나 장애로 인하여 장기간 요양하는 시설

나. 장애인지역사회재활시설 : 장애인에게 전문적인 상담·치료·훈련 등을 제공하거나 여가활동 및 사회참여활동 등에 필요한 편의를 제공하는 장애인복지관·의료재활시설·체육시설·수련시설 및 공동생활가정 등의 시설

다. 장애인직업재활시설 : 일반 작업환경에서는 일하기 어려운 장애인이 특별히 준비된 작업환경에서 직업훈련을 받거나 직업생활을 할 수 있도록 하는 시설

라. 장애인유료복지시설 : 장애인이 필요한 치료·상담·훈련 등 편의를 제공하고 그에 소요되는 모든 비용을 시설 운영자에게 납부하여 운영하는 시설

2) 장애인복지시설의 설치(동법 제59조)

가. 설치주체

가) 국가와 지방자치단체는 장애인복지시설을 설치할 수 있다(제1항).

나) 국가와 지방자치단체 외의 자가 장애인복지시설을 설치·운영하려면 해당시설소재지 관할 시장·군수·구청장에게 신고하여야 하며, 필요한 사항 중 보건복지부령이 정하는 중요한 사항을 변경할 때에도 신고하여야 한다. 다만, 복지시설의 폐쇄명령을 받고 1년이 지나지 아니한 자는 시설의 설치·운영신고를 할 수 없다(제2항).

다) 의료재활시설의 설치는 의료법 규정에 따른다(제3항).

나. 시설기준 및 설치절차

장애인복지시설의 시설기준·신고·변경신고 및 입소 등에 관하여 필요한 사항은 보건복지부령으로 정한다(제4항).

3) 감독(동법 제61조)

가. 장애인복지실시기관은 장애인복지시설을 설치·운영하는 자의 소관업무 및 시설이용자의 인권실태 등을 지도·감독을 하며, 필요한 경우 그 시설에 관하여 보고 또는 관련서류의 제출을 명하거나 소속 공무원에게 그 시설의 운영상황·장부, 그 밖의 서류를 조사·검사하거나 질문하게 할 수 있다(제1항).

나. 관계 공무원이 그 직무를 할 때에는 권한을 표시하는 증표를 관계인에게 내보여야 한다(제2항).

4) 시설의 개선, 사업의 정지, 폐쇄(동법 제62조)

장애인복지실시기관은 장애인복지시설이 다음 사항에 해당하는 때에는 그 시설의 개선, 사업의 정지, 시설의 장의 교체를 명하거나 해당시설의 폐쇄를 명할 수 있다.

가. 제59조제4항의 규정에 의한 시설기준에 미치지 못한 때

나. 정당한 사유 없이 보고를 아니하거나 거짓으로 보고한 때 또는 조사·검사 및 질문을 거부·방해하거나 기피한 때

다. 사회복지법인 또는 비영리법인이 설치·운영하는 시설의 경우 그 사회복지법인이나 비영리법인의 설립허가가 취소된 때
라. 시설의 회계부정이나 시설사용자에 대한 인권침해 등 불법행위, 그밖에 부당행위 등이 발견된 때
마. 설치목적을 이루었거나 그 밖의 사유로 계속하여 운영할 필요가 없다고 인정되는 때
바. 이 법 또는 이 법에 의한 명령이나 처분을 위반한 경우

(7) 비용

1) 비용의 부담(동법 제79조)

장애인의 복지시설의 설치·운영에 드는 비용은 예산의 범위 내에서 대통령령이 정하는 바에 의하여 장애인복지실시기관이 부담하게 할 수 있다.

가. 의료비
나. 장애인 자녀 또는 장애인인 자녀의 교육비 지급
다. 자립훈련비 지급
라. 장애수당 지급
마. 장애아동수당 지급 및 보호수당 지급
바. 활동보조인 등 서비스 지원
사. 장애인보조기구의 교부
아. 장애인보조기구 업체의 육성·연구지원

2) 비용의 수납(동법 제80조)

가. 동법 제34조제1항제1호에 따른 조치에 필요한 비용을 부담한 장애인복지실시기관은 해당 장애인 또는 그 부양의무자로부터 대통령령이 정하는 바에 의하여 장애인 복지실시기관이 부담한 비용의 전부 또는 일부를 받을 수 있다.
나. 장애인유료복지시설을 설치·운영하는 자는 그 시설에 입소하는 자로부터 필요한 비용을 받으려면 미리 시장·군수·구청장에게 신고하여야 한다.

3) 비용의 보조(동법 제81조)

국가와 지방자치단체는 대통령령이 정하는 바에 의하여 장애인복지시설의 설치·운영에 필요한 비용의 전부 또는 일부를 보조할 수 있다(동법 제81조).

비용보조의 기준은 다음과 같다(동법 시행령 제39조).

가. 장애인복지시설의 설치·운영에 필요한 비용의 일부를 매년 예산의 범위 안에서 보조한다. 이 경우 보조비율은 「보조금의 예산 및 관리에 관한 법률 시행령」으로 정하는 바에 따른다.

나. 장애인복지시설의 운영에 필요한 비용을 보조하는 경우에는 「사회복지사업법」 제43조의에 따른 시설평가의 결과 등 해당 장애인복지시설의 운영실적을 고려하여 차등하여 보조할 수 있다.

4 개선점

(1) 소득보장을 서비스 확충

장애와 빈곤은 악순환관계이다. 무엇보다도 장애로 인해 소득기회를 상실한 사람에게 적절한 수준에서 소득이 보장되어야 한다. 이를 위해 장애인 생계보조 수당의 상향조정, 급여대상의 확대 그리고 사회적 불리를 보전하기 위한 세제혜택 등 다양한 서비스가 제공되어야 한다.

(2) 직업재활의 내실화와 고용의 확대

의료재활과 교육재활을 바탕으로 장애인의 고용을 확대시키기 위한 수준 높은 직업재활교육을 실시하여야 한다. 이와 함께 일반인들의 장애인에 대한 인식변화와 사회적 환경의 개선 등이 법을 통해 담보되어야 한다.

(3) 교육기회의 확대

모든 장애아동이 능력에 맞는 적절한 교육을 받을 수 있어야 한다. 특히 조기교육과 중등교육 이후에 교육기회가 확대되어야 한다. 이는 장애인의 사회 경제적 자립과 장애인복지의 궁극적인 목표인 사회통합을 이루는 기초가 되기 때문이다.

法諺

먼 사촌보다 가까운 이웃이 낫다.

위급한 경우에는 가까운 이웃이 더 낫다는 뜻.

제5절 사회복지공동모금회법

1 의의

「사회복지공동모금회법」은 공동모금활동을 통해 사회복지에 대한 민간의 참여확대 및 역할제고와 함께 조성된 재원을 민간이 효율적으로 관리·운용함으로써 민간사회복지재원을 확충을 도모하는 데 그 의의가 있다.

민간의 자율적인 공동모금활동은 민간사회복지의 다양성과 주민참여, 지역복지의 활성화를 통해 사회복지서비스의 질적 향상에도 이바지할 수 있다(장동일, 2001 : 526).

2 입법과정

사회복지공동모금제도는 1969년 제정된 「사회복지사업법」에서 비롯되었다. 이 법의 제24조 공동모금회 규정에 의거, 1971년 공동모금회가 발족되어, 1972년 모금을 시행하였으나 제반 여건의 미비로 인해 실패로 끝났다.

1980년 사회복지사업기금의 설치·운용을 규정한 「사회복지사업기금법」을 제정하여 1991년까지 불우이웃돕기운동을 전개하였다. 그러나 관 주도의 사회복지사업기금의 관리·운용에서 문제점이 나타나자 이를 해결하기 위해 민간주도의 공동모금제도에 대한 논의가 재개되었다. 1994년 정부는 공동모금회에 대한 특별법을 상정하였으나 폐기되었다가 1995년 재상정된 후 논의를 거듭하다가 「사회복지사업기금법」은 폐지되고, 1997년 「사회복지공동모금법」이 제정되었다.

이 법은 관 주도의 성금모금 및 관리·운영을 지양하고 민간단체가 이웃돕기성금을 직접 모금·배분 및 관리하도록 함으로써 민간의 자율성제고, 참여활성화를 시도하였다. 그러나 이 법은 시행도 하지 못하고 1999년 「사회복지공동모금회법」으로 전문 개정되어 동년 4월 1일부터 시행하게 되었다.

이 법에 따르면 사회복지공동모금회를 사회복지법인으로 설립하고, 지역단위의 사회복지사업을 관장하기 위하여 특별시·광역시·도에 사회복지공동모금회지회를 두도록 하였고, 사회복지공동모금회의 모금활동을 활성화하기 위하여 사회복지공동모금회가 모집된 기부금품 중 모집경비 및 관리운영비로 사용할 수 있도록 하는 경비의 한도를 10퍼센트 이내로 규정하였다.

사회복지공동모금회법의 주요 연혁

- 1970. 1. 1 「사회복지사업법」에 공동모금회 설립근거 마련
- 1971. 11. 12 공동모금회가 발족되어, 1972년 모금을 시행하였으나 제반 여건이 미비하여 조항에서 삭제
- 1980. 12. 31 「사회복지사업기금법」을 법률 제3336호로 제정하여 1991년까지 불우이웃돕기 운동 전개
- 1994. 정부는 공동모금회에 대한 특별법을 상정하였으나 폐기
- 1995. 재상정된 후 논의를 거듭하다 「사회복지사업기금법」은 폐지
- 1997. 3. 27 법률 제5317호로 「사회복지공동모금법」 제정
- 1999. 3. 31 법률 제5960호로 「사회복지공동모금회법」 전문개정, 동년 4월 1일부터 시행
- 2001. 5. 24 법률 제6486호로 「사회복지공동모금회법」을 개정하여 사회복지공동모금회로 하여금 복권을 발행할 수 있는 법률적 근거를 규정
- 2002. 12. 5 법률 제6757호로 「사회복지공동모금회법」 일부개정
- 2004. 1. 29 법률 제7159호(복권및복권기금법)로 「사회복지공동모금회법」 일부개정
- 2008. 3. 21 법률 제8938호로 「사회복지공동모금회법」

3 내용

(1) 법의 목적 및 기본이념

1) 법의 목적

「사회복지공동모금회법」은 공동모금을 통하여 사회복지에 대한 국민의 이해와 참여

를 제고함과 아울러 국민의 자발적인 성금으로 조성된 재원을 효율적이고 공정하게 관리·운용함으로써 사회복지증진에 이바지함을 목적으로 한다(동법 제1조).

2) 법의 기본원칙

가. 자발적 기부

기부금품은 기부하는 자의 의사에 반하여 모집하여서는 안 된다(동법 제3조제1항).

나. 모금재원의 공정배분

공동모금재원은 지역·단체·대상자 및 사업별로 복지수요가 공정하게 충족되도록 배분되어야 하고, 제1조의 목적 및 제25조의 용도에 맞도록 공정하게 관리·운영되어야 한다(동법 제3조제2항).

다. 모금재원배분의 공개

공동모금재원의 배분은 객관적인 기준에 따라 효율적으로 이루어지도록하고 그 결과는 공개되어야 한다(동법 제3조제3항).

> **사회복지공동모금**
>
> 사회복지사업 기타 사회복지활동의 지원에 필요한 재원을 조성하기 위하여 이 법에 의하여 기부금품을 모집하는 것을 말한다.

(2) 사회복지공동모금회

1) 모금회의 설립

사회복지공동모금사업을 관장하기 위하여 사회복지공동모금회(이하 '모금회'라한다)를 설치한다(동법 제4조제1항). 이 모금회는 「사회복지사업법」 제2조 2호에 따른 사회복지법인으로 한다(동법 제4조제2항).

모금회는 정관을 작성하여 보건복지부장관의 인가를 받아 등기함으로써 설립된다(동법 제4조제3항).

2) 사업

모금회는 다음의 사업을 수행한다(동법 제5조).

가. 사회복지공동모금사업
나. 공동모금재원의 배분

다. 공동모금재원의 운용 및 관리
라. 사회복지공동모금에 관한 조사·연구·홍보 및 교육훈련
마. 지회의 운영
바. 사회복지공동모금과 관련된 국제교류 및 협력증진사업
사. 다른 기부금품모집자와의 협력사업
아. 기타 모금회의 목적달성에 필요한 사업

3) 구성

가. 임원

모금회는 회장 1인, 부회장 3인, 이사(회장·부회장 및 사무총장을 포함한다) 15인 이상 20인 이하, 감사 2인 등의 임원을 두며(동법 제7조제1항), 임원의 임기는 3년으로 하되 1회에 한하여 연임할 수 있다(동법 제7조제2항).

나. 이사회

가) 구성 : 모금회는 정관에서 정하는 중요사항을 의결하기 위하여 이사로 구성된 이사회를 두는데, 이사회는 회장이 소집하고 그 의장이 된다(동법 제8조제1항 및 2항).

나) 임원의 선임 : 이사회는 다음에 해당하는 자 중에서 이사를 선임하여야 한다(동법 제9조제1항).

① 경제계·언론계·법조계·의료계에 종사하는 자
② 종교계·노동계·시민사회단체 등에 종사하는 자
③ 사회복지관련 학계에 종사하는 등 사회복지 전문가
④ 그 밖에 학식과 덕망이 있는 자

다) 임원의 선출방법 및 그 자격요건에 관하여 필요한 사항은 모금회의 정관으로 정한 다(동법 제9조제2항).

라) 임원의 직무 : 회장은 모금회를 대표하고, 소관업무를 통할하며, 소속직원을 지휘·감독하며(동법 제10조제1항), 감사는 모금회의 업무집행상황·재산상황·회계 등 업무전반을 감사한다(동법 제10조제2항).

다. 사무조직

모금회의 업무를 처리하기 위하여 사무총장 1인과 필요한 직원 및 기구를 둔다(동법 제12조).

라. 분과실행위원회

가) 모금회의 기획, 홍보, 모금, 배분업무에 관한 사항을 심의하기 위하여 해당분야의 전문가와 시민대표 등으로 구성되는 기획분과실행위원회, 홍보분과실행위원회, 모금분과실행위원회 및 배분분과실행위원회를 둔다(동법 제13조제1항).

나) 분과실행위원회의 위원장은 1인 이상의 이사로부터 추천을 받은 이사 중에서 이사회의 의결을 거쳐 회장이 위촉하며, 그 위원은 당해위원장의 제청과 이사회의 의결로 회장이 위촉한다(동법 제13조제2항).

다) 분과실행위원회는 위원장 1인을 포함하여 20인 이내의 위원으로 구성한다. 다만, 모금분과실행위원회 및 배분분과실행위원회는 각각 20인 이상의 위원으로 구성한다(동법 제13조제3항).

라) 분과실행위원의 임기는 2년으로 하되, 연임할 수 있다. 다만, 배분분과실행위원은 1 회에 한하여 연임할 수 있다(동법 제13조제4항).

마) 분과실행위원회가 심의한 사항을 이사회가 변경하고자 할 때에는 당해 분과실행위 원회 위원장의 의견을 청취하여야 하며, 이사회의 회의록에 이를 기재하여야 한다(동법 제13조제5항).

바) 분과실행위원회의 운영에 관하여 필요한 사항은 정관으로 정한다(동법 제13조제6항).

4) 사회복지공동모금회 지회

가. 구성

가) 모금회에 지역단위의 사회복지공동모금사업을 관장하기 위하여 특별시·광역시·도 (이하 시·도라 한다)에 사회복지공동모금회지회(이하 '지회'를 한다)를 둔다(동법 제14조제1항).

나) 지회에는 지회장을 두고 모금회에 준하는 필요한 조직을 둘 수 있다(동법 제14조제2항).

다) 지회장은 이사회의 의결을 거쳐 회장이 임명한다(동법 제14조제3항).

라) 지회의 구성 및 운영 등에 관하여 필요한 사항은 모금회의 정관으로 정한다(동법 제14조제4항).

나. 관리

가) 모금회의 회장은 지회의 운영개선을 위하여 지도·감독하며, 지회가 지역의 특성에 맞게 자율적으로 운영될 수 있도록 노력하여야 한다(동법 제15조제1항).

나) 지회에서 조성한 공동모금재원은 당해 시·도의 배분대상자에게 배분하는 것을 원칙으로 한다(동법 제15조제2항).

다) 모금회의 회장은 각 회계연도 개시 2월 전에 각 지회로부터 사업계획을 제출받아 이를 종합·조정하여 보건복지부장관에게 보고하여야 한다(동법 제15조제3항).

5) 조직·운영

모금회의 조직·운영 등에 관하여 이 법에서 규정하고 있는 사항 외에 필요한 사항은 정관으로 정한다(동법 제16조).

6) 재원

모금회의 사업에 필요한 경비는 사회복지공동모금에 의한 기부금품, 법인 또는 단체가 출연하는 현금·물품·그 밖의 재산, 복권 및 복권기금법에 의해 배분받은 복권수입금 그리고 기타 수입금으로 조성하며(동법 제17조), 국가 또는 지방자치단체는 모금회에 대하여 기부금품의 모집에 필요한 비용과 모금회의 관리·운영에 필요한 비용을 보조할 수 있다(동법 제33조제1항). 이 보조금은 그 목적 외의 용도에 사용할 수 없다(동법 제33조제2항). 국가 또는 지방자치단체는 모금회가 다음 사항에 해당하는 때에는 이미 교부한 보조금의 전부 또는 일부의 반환을 명할 수 있다(동법 제33조제3항).

가. 사업목적 외의 용도에 보조금을 사용한 때
나. 사위 기타 부정한 방법으로 보조금의 교부를 받은 때
다. 이 법 또는 이 법에 의한 명령에 위반한 때

> **사회복지공동모금재원**
>
> 사회복지공동모금에 의한 기부금품, 법인 또는 단체가 출연하는 현금·물품·그 밖의 재산, 「복권및복권기금법」 제23조제1항의 규정에 의하여 배분받은 복권수익금 그리고 기타 수입금을 말한다.

> **사회복지공동모금회 주요사업**
>
> 사회복지공동모금사업, 공동무금재원의 배분, 공동모금재원의 운용 및 관리, 사회복지공동모금에 관한 조사연구·홍보 및 교육훈련, 지회의 운영, 사회복지공동모금과 관련된 국제교류 및 협력증진사업, 다른 기부금품모집자와의 협력사업, 기타 모금회의 목적달성에 필요한 사업을 말한다.

(3) 공동모금과 배분

1) 사업계획 및 예산안의 제출

모금회는 각 회계연도의 사업계획 및 예산안을 회계연도 개시 1개월 전에 보건복지부장관에게 제출하여야 한다(동법 제26조제1항).

모금회가 예산안을 작성할 때에는 배분계획과 모금경비 및 모금회의 운영비 등을 포함하여야 하며(동법 제26조제2항), 각 회계연도 종료 후 3월 이내에 세입·세출결산서를 작성하여 보건복지부장관에게 제출하여야 한다(동법 제26조제3항).

2) 기부금품의 모집

가. 모집시기

기부금품은 연중 모집·접수할 수 있으며(동법 제18조 1항), 또한 효율적인 모금을 위하여 일정한 기간을 정하여 집중모금을 실시할 수 있다(제4항). 집중모금시에는 그 모집일로부터 15일전에 그 내용을 보건복지부장관에게 보고하여야 하며, 그 모집을 종료한 때에는 모집종료일부터 1개월 이내에 그 결과를 보건복지부장관에게 보고하여야 한다(제5항).

기부금품의 접수사실은 장부에 기재하고 영수증을 교부하여야 하되, 원하지 않는 경우 모금회에 영수증을 보관하여야 한다. 영수증에는 그 금액, 세금혜택이 된다는 문언, 일련번호를 표시해야 한다.

나. 모금창구의 지정

모금회는 기부금품의 접수를 효율적이고 공정하게 하기 위하여 언론기관을 모금창구로 지정하고, 지정된 언론기관의 명의로 모금구좌를 개설할 수 있다(동법 제19조).

가) 배분기준

모금회는 매년 8월 31일까지 다음 회계연도의 공동모금재원의 배분기준을 정하여 이를 공고하여야 한다(동법 제20조제1항).

① 공동모금재원의 배분대상
② 배분한도액
③ 배분신청기간 및 배분신청서 제출장소
④ 배분심사기준
⑤ 배분재원의 과부족시 조정방법
⑥ 배분신청시 제출할 서류
⑦ 기타 공동모금재원의 배분에 관하여 필요한 사항

나) 배분신청

① **배분신청서 제출** : 모금회에 배분신청을 하고자 하는 자는 배분기준의 공고에 따라 배분신청서를 제출하여야 하며(동법 제21조제1항), 제출한 배분신청서는 당해 회계연도에 한하여 효력이 있다(제2항).

② **배분신청서의 심사** : 모금회는 접수한 배분신청서를 배분분과실행위원회에 회부하여 배분금액 배분순위 및 배분시기 등을 심의하여야 한다(동법 제22조제1항).

다) 배분계획

모금회는 심의결과에 기초하여 배분계획을 수립하여야하는데(동법 제22조제2항), 배분계획은 공동모금재원이 분기별로 균형있게 배분되도록 하여야 한다. 다만, 사업의 성격이 일시에 지원할 필요가 있는 경우에는 그러하지 아니하다(제3항).

라) 배분에 따른 자료요구

모금회는 공동모금재원을 배분받은 자 또는 배분신청을 한 자에 대하여 필요한 서류의 제출을 요구하거나 필요한 조사를 할 수 있다(동법 제23조).

라. 배분결과의 공고

모금회는 각 회계연도의 공동모금 재원의 배분을 종료한 날로부터 3개월 이내에 전국적으로 배포되는 1개 이상의 일간신문에 그 배분결과를 공고하여야 하며(동법 제24조제1항), 또한 공고 외에 다양한 방법과 매체를 통하여 그 배분결과를 알려야 한다(제2항).

3) 공동모금재원의 사용

가. 재원의 사용용도

가) 공동모금재원은 사회복지사업 기타 사회복지활동에 사용한다(동법 제25조제1항)

나) 각 회계연도에 조성된 공동모금재원은 당해 회계연도에 지출하는 것을 원칙으로 한다. 다만, 재난구호 및 긴급구호 등 긴급히 지원할 필요가 있는 때를 대비하여 각 회계연도의 공동모금재원의 일부를 적립하는 경우에는 그러하지 아니한다(제2항).

외에도 이월지출할 수 있는 경우가 있다(3항).

다) 기부금품모집과 모금회의 관리·운영에 필요한 비용은 직전 회계연도 모금총액의 100분의 10범위 내에서 이사회의 의결을 거쳐 사용할 수 있다(제4항).

라) 공동모금재원의 관리, 운용방법 및 예산·회계 등에 관하여 필요한 사항은 정관으로 정한다(제5항).

나. 기부금품의 지정사용

기부금품의 기부자는 배분지역·배분대상자 또는 사용용도를 지정할 수 있다(동법 제27조제1항). 또한 모금회는 지정이 있는 경우 그 지정취지에 따라 기부금품을 사용하여야 한다(제3항).

다. 회계연도

모금회의 회계연도는 1월 1일부터 12월 31일까지로 한다(동법 제28조).

(4) 지도 · 감독과 시정명령

1) 지도·감독

보건복지부장관은 모금회의 업무에 관하여 지도·감독을 하며, 필요하다고 인정할 경우에는 관계서류의 제출을 명하거나 소속공무원으로 하여금 그 운영상황을 조사하게 하거나 장부 기타 서류를 검사하게 할 수 있다(동법 제31조제1항). 조사 또는 검사를 행하는 관계공무원은 그 권한을 표시하는 증표를 관계인에게 내보여야 한다(제2항).

2) 시정명령 등

보건복지부장관은 모금회의 운영이 이 법 또는 정관에 위반된다고 인정되는 경우에는 「사회복지사업법」 제22조 및 동법 제26조를 준용하여 필요한 조치를 할 수 있다(동법 제32조).

3) 다른 법률과의 관계

이 법에 또는 모금회의 정관에 규정되지 아니한 사항은 민법 중 재단법인에 관한 규정을 준용한다(동법 제34조).

4 개선점

(1) 운영의 합리성과 배분의 공정성보장

「사회복지공동모금회법」 제13조는 분과실행위원회의 설치를 규정하고 있다. 이는 모금회 운영에 있어서 기획 및 홍보분야와 모금 및 배분사업 분야의 업무들이 투명하고 책임성 있게 이루어져 효과성과 효율성을 담보하기 위해서이다.

이를 위해 사회복지전문가를 비롯한 다양한 분야의 전문가를 참여시켜 전문성과 신뢰성있는 위원회의 구성이 필요하다. 그리고 위원회는 모금의 합리적 운영과 함께 배분에 대한 사후관리를 철저하게 하여야 한다.

(2) 기부금품에 대한 세금혜택의 확대

사회복지사업기금에 대해 개인의 경우 5% 범위 내에서 그리고 기업 및 사업소득자등의 경우에는 연간 순 이익금의 7% 범위 내에서 면세혜택이 주어진다. 반면에 국방헌금, 이재민구호품에 대해서는 전액면세의 혜택이 주어진다. 민간복지자원의 동원을 위해서 기부금에 대한 세금혜택의 범위가 확대되어야 한다(장동일, 2001 : 537).

(3) 홍보의 강화

아직도 공동모금에 대한 대다수 국민들의 인식이 부족하다. 공동모금회의 목적 등에 대한 이해와 함께 기부금에 대한 세금혜택 등 현실적 측면에 대한 홍보를 통해 기부문화를 정착시켜야 한다.

法諺

Laws made to no purpose unless for those who are subject and obedient.

법은 이를 지키지 않으면 제정하여도 이익이 없다.

제6절 정신보건법

1 의의

「정신보건법」은 정신질환의 예방과 정신질환자의 의료 및 사회복귀에 관하여 필요한 사항의 규정을 통하여 국민의 정신건강을 증진시키는 데 그 의의가 있다고 하겠다. 또한 이법은 다음과 같은 기본 이념의 실천을 통하여 그 목적을 달성하고자 한다. 첫째, 모든 정신질환자는 인간으로서의 존엄과 가치, 최적의 치료를 받을 권리를 보장 받고, 부당한 차별대우를 받지 아니한다. 둘째, 미성년자인 정신질환자에 대하여는 특별히 치료, 보호 및 필요한 교육을 받을 권리가 보장되어야 한다. 셋째, 입원치료가 필요한 정신질환자에 대하여는 항상 자발적 입원이 권장되어야 한다. 넷째, 입원 중인 정신질환자는 가능한 한 자유로운 환경이 보장되어야 하며 다른 사람들과 자유로이 의견교환을 할 수 있도록 보장되어야 한다(동법 제2조).

2 입법배경

「정신보건법」은 1995년 12월 30일 법률 제5133호로 제정되었다. 그 후 정신요양병원을 폐지하여 정신병상의 무분별한 증가를 억제하는 한편 사회복지사업법에 의한 정신질환자용양시설을 「정신보건법」에 규정하고, 정신질환자의 인권보호를 강화하기 위하여 1997년 12월 31일 법률 제5486호로 「정신보건법」이 개정되었다. 이 후 정신의료기관에 자의로 입원한 정신질환자에 대한 퇴원중지제도를 폐지하여 당해 환자의 퇴원에 대한 자율성을 보장하고 인권침해의 소지를 없애도록 하기 위해 2000년 1월 12일법률 제6152호로 「정신보건법」이 개정되었다. 한편 2004년 1월 29일 법률 제07149호 법률을 개정하여 지역사회정신보건사업을 원활하게 추진하기 위하여 보건소 등에 정신보건센터를 설치하도록 하고, 정신의료기관이 법정기준에 위반한 경우에는 행정처분을 할 수 있도록 하는 등 현행 제도의 운영상 나타난 일부 미비점을 개선·보완하였다.

정신보건법 주요 연혁

- 1995.12.30 정신보건법 제정(법률 제5133호): 제정이유는 정신질환자가가 증가함에 따라 정신질환을 예방하고 정신질환자에 대한 효율적인 의료 및 사회복귀를 위하여 필요한 사항을 정함으로써 국민의 정신건강증진에 이바지하려는 것
- 1997.12.31 정신요양병원을 폐지하여 정신병상의 무분별한 증가를 억제하는 한편 사회복지사업법에 의한 정신질환자요양시설을 정신보건법에 규정하고 지역사회정신보건사업을 지원하는 정신의료기관의 범위를 정신과의원까지 확대하고 지역사회정신보건사업에 소요되는 비용을 국가와 지방자치단체가 지원할 수 있는 근거를 마련하며, 보호의무자에 의하여 입원된 환자에 대해 정신과전문의가 퇴원할 수 있다고 판단하면 보호의무자의 퇴원신청이 없어도 즉시 퇴원시키도록 절차를 간소화함으로서 불필요한 장기입원을 억제하고 정신질환자 인권보호를 강화하려고 법 전문 개정
- 2004. 1. 29 지역사회정신보건사업을 원활하게 추진하기 위하여 보건소 등에 정신보건센터를 설치하도록 하고, 정신의료기관이 법정기준에 위반한 경우에는 행정처분을 할 수 있도록 하는 등 현행 제도의 운영상 나타난 일부 미비점을 개선·보완하려고 법 일부 개정
- 2008. 3. 21 정신질환자의 입원요건을 강화하고, 신체적 제한 등에 대한 근거를 명확히 함으로써 정신질환자에 대한 인권 침해를 예방하고 권익을 강화하려고 법 일부 개정

3 내용

개념정의

-정신질환자는 정신병(기질적 정신병 포함)·인격장애·알코올 및 약물중독 기타 비정신병적정신장애를 가진 자를 말한다.
-정신보건시설은 이 법에 의한 정신의료기관(국·공립정신병원)·정신질환자사회복귀시설 및 정신요양시설이다.

(1) 대상

이 법의 보건·복지서비스의 수급자는 정신질환자이다. 정신질환자는 정신병(기질적 정신병을 포함함)·인격장애·알코올 및 약물중독 기타 비정신병적정신장애를 가진 자를 말한다.

(2) 의무

정신보건시설

정신보건법에 의한 정신의료기관·정신질환자사회복귀시설 및 정신요양시설

1) 국가와 국민의 의무

가. 국가의 의무

국가와 지방자치단체는 국민의 정신건강을 증진시키고, 정신질환을 예방하며, 정신질환자의 치료·재활 및 장애극복과 사회복귀촉진을 위한 연구·조사와 지도·상담 등 필요한 조치를 하여야 한다. 국가와 지방자치단체는 정신질환의 예방과 재활을 위하여 정신보건센터와 정신보건시설을 연계하는 정신보건서비스전달체계를 확립해야 한다(동법 제4조).

나. 실태조사

실태조사

보건복지가족부장관은 이 법의 적절한 시행을 위하여 5년마다 실태조사를 하고, 조사의 방법과 내용 등에 관하여 필요한 사항은 보건복지가족부령으로 정한다.

보건복지부장관은 이 법의 적절한 시행을 위하여 5년마다 실태조사를 실시해야 한다. 정신질환자의 실태조사와 정신보건 관련 지도업무를 행하게 하기 위하여 시·도에 공무원을 둘 수 있다. 조사의 방법과 내용 등에 관하여 필요한 사항은 보건복지부령으로 정한다.

다. 정신보건사업계획의 수립

보건복지부장관은 5년마다 국가정신보건사업계획을 수립하고, 특별시장·광역시장·도지사·특별자치도지사와 시장·군수·구청장은 국가정신보건사업계획에 따라 각각 특별시·광역시·도·특별자치도와 시·군·구 단위의 정신보건사업계획(지역정신보건사업계획)을 수립하여야 한다. 이 경우 지역보건법에 따른 지역보건의료계획과 연계되도록 하여야 한다. 국가정신보건사업계획 및 지역정신보건사업계획에는 다음의 사항이 포함되어야 한다(동법 제4조의 3).

- 생애주기별 정신건강증진사업
- 지역사회 정신보건사업
- 정신질환의 치료 및 정신질환자의 재활사업
- 정신질환에 대한 인식개선사업
- 정신질환자의 권익증진사업
- 정신질환에 대한 지역사회조사 및 사업평가
- 그 밖에 정신건강의 증진을 위한 사업으로서 대통령령으로 정하는 사업

라. 국민의 의무

국민은 정신질환의 예방과 정신건강증진을 위하여 국가 및 지자체가 실시하는 조사 및 관련 정신보건사업에 협력해야 한다(동법 제5조).

2) 정신보건시설의 설치·운영자의 의무

정신보건시설의 설치·운영자는 정신질환자와 그 보호의무자에게 이 법에 의한 권리와 권리의 행사에 관한 사항을 알려야 하며, 입원 및 거주중인 정신질환자가 인간으로서의 존엄과 가치를 보장받으며 자유롭게 생활할 수 있도록 노력하여야 한다(동법 제6조).

3) 인권교육

정신보건시설의 설치·운영자, 종사자는 인권에 관한 교육을 받아야 한다. 보건복지부장관은 인권교육을 위하여 전문교육기관을 지정할 수 있다. 국가는 지정한 교육기관에 대하여 그 사용되는 비용의 일부를 예산의 범위 안에서 보조할 수 있으며, 지정된 기관은 보건복지부장관의 승인을 받아 교육에 필요한 경비를 징수할 수 있다(동법 제6조의 2).

4) 보호의무자의 의무

보호의무자는 피보호자인 정신질환자로 하여금 적정한 치료를 받도록 노력하여야 하며, 정신과정문의의 진단에 의하지 아니하고 정신질환자를 입원시키거나 입원을 연장시켜서는 아니 된다. 보호의무자는 보호하고 있는 정신질환자가 자신 또는 타인을 해치지 아니하도록 유의하여야 하며, 정신과전문의의 진단에 따라 정신질환자가 입·퇴원할 수 있도록 협조하여야 한다. 보호의무자는 정신질환자의 재산상의 이익 등 권리보호를 위하여 노력하여야 하며 정신질환자를 유기하여서는 아니 된다(동법 제22조).

(3) 정신보건시설

1) 국·공립정신병원

보건복지부장관 또는 특별시장·광역시장 또는 도지사는 정신병원을 설치·운영하여야 한다(동법 제8조제1항). 정신병원을 설치하는 경우 그 병원이 지역적으로 균형 있게 분포되도록 하여야 하며, 정신질환자에 대하여 지역사회관리가 가능하도록 하여야 한다. 정신병원은 지역사회정신보건사업을 지원하고 지역사회정신보건사업인력에 대한 교육·훈련을 담당한다(동법 제8조제4항).

2) 정신요양시설

사회복지법인 기타 비영리법인은 보건복지부장관의 허가를 받아 정신요양시설을 설치·운영할 수 있다. 정신요양시설에서의 요양과 사회복귀를 위한 훈련은 보건복지부장관이 정하는 바에 의하여 행하여져야 한다. 보건복지부장관 또는 시·도지사는 정신요양시설의 장에게 정신질환자의 요양과 사회복귀촉진을 위한 훈련에 지장이 없는 범위 안에서 지역주민·사회단체·언론기관 등이 정신요양시설의 운영상황을 파악할 수 있도록 당해시설의 개방을 요구할 수 있다.

3) 사회복귀시설

국가 또는 지방자치단체는 사회복귀시설을 설치·운영할 수 있다(동법 제15조제1항). 또한, 국가 또는 지방자치단체 외의 자도 시설의 소재지 관한 시장·군수·구청장에게 신고를 하고 사회복귀시설을 설치·운영할 수 있다(동법 제15조제2항).

사회복귀시설의 장은 보건복지부 장관이 정하는 바에 따라 정신질환자에 대하여 사회복귀를 위한 훈련을 실시하여야 한다(동법 제15조제3항). 사회복귀시설의 시설기준, 수용인원, 종사자의 수 및 자격, 설치·운영신고, 이용 및 운영에 관하여 필요한 사항은 보건복지부령으로 한다(동법 제15조제4항). 정신질환자 사회복귀시설의 종류는 다음과 같다(동법 제16조제1호-제3호).

① **정신질환자생활훈련시설** : 정신질환 때문에 가정에서 일상생활을 영위하는데 지장이 있는 정신질환자들 위하여 일상생활에 적응할 수 있도록 저렴한 요금으로 거실 기타 시설을 이용하게 하고 필요한 훈련 및 지도를 함으로써 정신질환자의 사회복귀를 촉진할 것을 목적으로 하는 시설.

② **정신질환자작업훈련시설** : 고용되기 곤란한 정신질환자가 자활할 수 있도록 저렴한 요금으로 거실 기타 시설을 이용하게 하고 필요한 훈련을 하며 직업을 알선함으로써 사회복귀 진을 도모하는 것을 목적으로 하는 시설.

③ **정신질환자주거시설** : 정신질환으로 가정에서 생활하기 어려운 자에 대하여 저렴한 비용으로 주거를 제공하는 것을 목적으로 하는 시설.

④ **정신질환자종합훈련시설** : 정신질환자에 대하여 저렴한 비용으로 생활훈련과 작업훈련 등을 실시하는 것을 목적으로 하는 시설.

4) 정신의료기관의 시설기준

> **정신의료기관**
>
> 의료법에 의한 의료기관중 주로 정신질환자의 진료를 행할 목적으로 정신보건법 제12조 1항의 시설기준 등에 적합하게 설치된 병원과 의원 및 병원급 이상의 의료기관에 설치된 정신과

정신의료기관의 시설, 장비의 기준, 의료인 등 종사자의 수 및 자격 등에 관하여 필요한 사항은 정신의료기관의 규모 등을 고려하여 보건복지부령으로 정하며(동법 제12조제1항), 보건복지부장관은 정신질환자에 대한 효율적인 의료의 제공을 위하여 다음에 한하여 정신의료기관의 규모를 제한할 수 있다(동법 제12조제2항제1호-제3호).

① 300병상 이상의 정신의료기관을 개설하고자 하는 경우
② 정신의료기관의 병상수를 300병상 미만에서 기존의 병상수를 포함하여 300병상 이상으로 증설하고자 하는 경우
③ 300병상 이상의 정신의료기관을 운영하는 자가 병상수를 증설하고자 하는 경우

5) 정신요양시설 및 정신의료기관 설치·개설의 제한

> **정신요양시설**
>
> 정신보건법에 의하여 설치된 시설로서 정신의료기관에서 의뢰된 정신질환자와 만성정신질환자를 입소시켜 요양과 사회복귀촉진을 위한 훈련을 행하는 시설

다음 중 어느 하나에 해당되는 행위로 금고 이상의 형을 선고받고 그 형의 집행이 종료되거나 집행을 받지 아니하기로 확정된 후 5년이 경과되지 아니한 자 또는 그가 대표로 있는 법인을 정신요양시설 또는 정신의료기관을 설치하거나 개설할 수 없다(동법 제12의 2).

- 입원한 환자 또는 보호의무자의 퇴원 요청에도 불구하고 정신질환자를 퇴원 또는 퇴소시키지 아니한 행위
- 시장·군수·구청장에 의한 입원조치의 해제 통지에도 불구하고 정신질환자를 퇴원시키지 아니한 행위
- 정신과 전문의의 진단 없이 정신질환자를 입원 또는 입소시키거나 입원 등을 연장시킨 행위

(4) 지역사회정신보건사업의 수행

보건소 또는 국·공립정신의료기관은 지역사회정신보건사업의 수행을 위하여 정신질환자를 관리하는 경우에는 본인 또는 보호의무자의 동의하에 행하여야 한다.

국가 및 지방지치단체는 보건소를 통하여 정신보건시설간 연계체계 구축, 정신질환의 예방, 정신질환자의 발견·상담·진료·사회복귀훈련 및 이에 관한 사례간리 등 지역사회정신보건사업을 기획·조정 및 수행할 수 있으며(동법 제13조제4항), 보건소에는 대통령령이 정하는 바에 따라 정신보건전문요원을 둘 수 있다(동법 제13조제5항). 또한 국가 및 지방자치단체는 국·공립정신의료기관을 통하여 지역사회정신보건사업을 지원하고, 시·군·구(자치구를 말한다)간 연계체계 구축, 응급정신의료서비스 제공 등 광역단위의 사업을 수행하며, 그 밖에 지역사회정신보건사업의 활성화를 위하여 필요한 사업을 수행할 수 있다(동법 제13조제2항). 또한 국가 및 지방자치단체는 지역사회정신보건사업을 전문적으로 수행 하에 하기 위하여 보건소 또는 국·공립정신의료기관에 정신보건센터를 설치하거나 그 사업을 대통령령이 정하는 기관 또는 단체에 위탁할 수 있다(동법 제13조제5항).

지역사회정신보건사업의 집중적이고 전문적인 지원을 위하여 보건복지부장관은 중앙정신보건사업지원단을, 시·도지사는 지방정신보건사업지원단을 각각 설치·운영할 수 있고(동법 제13조제6항), 정신보건의 향상을 도모하기 위하여 국가는 정신보건연구를 위한 기관을 설치하여야 한다(동법 제14조).

> 전문인력
>
> 정신보건의 전문요원은 정신보건임상심리사, 정신보건간호사, 정신보건사회복지사가 있다.

(5) 정신보건심의위원회 및 전문인력

1) 정신보건심의위원회

정신보건에 관하여 보건복지부장관, 시·도지사 및 시장·군수·구청장의 자문에 응하고 정신보건에 관한 중요한 사항의 심의와 심사를 하기 위하여 보건복지부장관 소속하에 중앙정신보건심사위원회를, 시·도지사 소속으로 광역정신보건심의위원회를, 시장·군수·구청장 소속으로 기초정신보건심의위원회를 각각 둔다. 다만, 정신의료기관 및 정신요양시설이 없는 시·군·구에는 기초정신보건심의위원회를 두지 아니할 수 있다(동법 제27조제1항).

2) 정신보건심판위원회

퇴원 등의 심사, 재심사의 회부, 시장·군수·구청장에 의한 입원조치의 해제 등에 대한 심사를 하기 위하여 광역정신보건심의위원회 및 기초정신보건시의위원회 안에 정신보건심판위원회를 각각 둔다. 이 경우 정신보건심판위원회는 그 심사량에 따라 복수로 설치할 수 있다(동법 제27조제2항).

3) 정신보건전문요원

보건복지부장관은 정신보건 분야에 관한 전문지식과 기술을 갖추고 보건복지부령으로 정하는 수련기관에서 수련을 받은 자에게 정신보건전문요원의 자격증을 교부할 수 있다(제7조제1항). 정신보건전문요원은 정신보건임상심리사·정신보건간호사 및 정신보건사회복지사로 한다. 전문요원의 등급은 각각 1급 및 2급으로 구분한다.

(6) 보호 및 치료

1) 보호의무자

정신질환자의 민법상의 부양의무자 또는 후견인은 정신질환자의 보호의무자가 된다. 보호의무자 사이의 보호의무의 순위는 부양의무자·후견인의 순위에 의하며 부양의무자가 2인 이상인 경우에는 민법 제976조의 규정에 따른다. 보호의무자가 없거나 보호의무자가 부득이한 사유로 그 의무를 이행할 수 없는 경우에는 당해 정신질환자의 주소지(주소지가 없거나 알 수 없는 경우에는 현재지)를 관할하는 시장·군수 또는 구청장이 그 보호의무자가 된다(동법 제21조제3항). 보호의무자는 피보호자인 정신질환자로 하여금 치료를 받도록 노력하여야 하며, 정신과전문의의 진단에 의하지 아니하고 정신질환자를 입원시키거나 입원을 연장시켜서는 아니 된다(동법 제22조제1항). 보호의무자는 보호하고 있는 정신질환자가 자신 또는 타인을 해치지 아니하도록 유의 하여야 하며, 정신과 전문의의 진단에 따라 정신질환자가 입·퇴원할 수 있도록 협조하여야 한다(동법 제22조제2항). 보호의무자는 정신질환자의 재산상의 이익 등 권리보호를 위하여 노력하여야 하며 정신질환자를 유기하여서는 아니 된다(동법 제22조제3항).

(2) 입원

입원

정신질환자의 입원은 자의(스스로)입원, 보호의무자에 의한 입원, 시장·군수·구청장에 의한 입원, 응급입원의 네 가지이다. 누구든지 정신과전문의의 진단 없이 정신질환자를 정신의료기관에 입원시키거나 입원을 연장시킬 수 없다. 단, 응급입원의 경우는 제외한다.

1) 자의입원

정신질환자는 입원신청서에 의하여 정신의료기관에 자의로 입원할 수 있다. 정신의료기관의 장(병원급 이상의 의료기관에 설치된 정신과의 경우에는 그 의료기관의 장을 말한다. 이하 같다)은 입원한 환자로부터 퇴원신청이 있는 경우에는 지체 없이 퇴원시켜야 한다(동법 제23조제2항).

2) 보호의무자에 의한 입원

정신의료기관 등의 장은 정신질환자의 보호의무자 2명의 동의(보호의무자 1명인 경우에는 1명의 동의로 한다)가 있고 정신과전문의가 입원 등이 필요하다고 판단한 경우에 한하여 당해 정신질환자를 입원 등을 시킬 수 있으며, 입원 등을 할 때 당해 보호의무자로부터 보건복지부령으로 정하는 입원 등의 동의서 및 보호의무자임을 확인할 수 있는 서류를 받아야 한다(동법 제24조제1항).

3) 시장·군수·구청장에 의한 입원

정신질환으로 자신 또는 타인을 해할 위험이 있다고 의심되는 자를 발견한 정신과전문의 또는 정신보건전문요원은 시장·군수·구청장에게 당해인의 진단 및 보호를 신청할 수 있다(동법 제25조제1항). 신청을 받은 시장·군수·구청장은 즉시 정신과전문의에게 당해 정신질환자로 의심되는 자에 대한 진단을 의뢰하여야 한다(동법 제25조제2항). 정신과전문의가 정신질환자로 의심되는 자에 대하여 자신 또는 타인을 해할 위험이 있어 그 증상의 정확한 진단이 필요하다고 인정한 때는 시장·군수·구청장 당 해인을 국가나 지방자치단체가 설치 또는 운영하는 정신의료기관 또는 종합병원에 2주 이내의 기간을 정하여 입원하게 할 수 있다(동법 제25조제3항). 시장·군수·구청장은 정신과전문의에 의한 진단결과 당해 정신질환자에 대하여 계속입원이 필요하다는 2인 이상의 정신과전문의의 일치된 소견이 있는 경우 당해 정신질환자에 대하여 국가나 지방자치단체가 설치 또는 운영하는 정신의료기관에 입원치료를 의뢰할 수 있다(동법 제25조제6항). 다만, 그 관할구역에 국가나 지방자치단체가 설치 또는 운영하는 정신의료기관이 없는 경우에는 그 외의 정신의료기관에 입원치료를 의뢰할 수 있다(동법 제25조제8항).

4) 응급입원

정신질환자로 추정되는 자로서 자신 또는 타인을 해할 위험이 큰 자를 발견한 자는 그 상황이 매우 급박하여 제23조 내지 제25조의 규정에 의한 입원을 시킬 수 없는 때에는 의사와 경찰관의 동의를 얻어 정신의료기관에 당해인에 대한 응급입원을 의뢰할 수 있다(동법 제24조제3항).

5) 시장·군수·구청장에 의한 입원조치의 해제

시장·군수·구청장은 입원한 자가 입원 후 3월이 경과하면 당해 환자에 대한 입원조치를 해제하여야 하며, 이를 환자가 입원하고 있는 정신의료기관의 장에게 통지하여야 한다. 이 경우 당해 정신의료기관의 장은 지체 없이 당해 환자를 퇴원시켜야 한다(동법 제26조).

(7) 퇴원의 청구 및 심사

1) 퇴원명령

시장·군수·구청장은 기초정신보건심의위원회로부터 보고받은 심사결과에 따라 필요한 경우 정신의료기관의 장에 대하여 당해 정신질환자를 퇴원시키거나 임시로 퇴원 등을 시키도록 명하거나 처우개선을 위하여 필요한 조치를 취하도록 명하여야 한다. 시장·군수·구청장은 퇴원 청구를 한 자에 대하여 당해 청구에 관련된 기초정신보건심판위원회의 심사결과 및 이에 따른 조치내용을 청구서 접수일부터 30일 이내에 서면 또는 전자문서로 통지하여야 한다. 다만, 부득이한 사유로 기간 내에 통지하지 못할 때에는 그 사유와 심사통지할 기한을 서면 또는 전자문서로 통지하여야 한다(동법 제33조).

2) 임시퇴원

정신질환자를 입원시키고 있는 정신의료기관의 장은 2인 이상의 정신과 전문의의 진단결과 당해 환자의 증상에 비추어 일시적으로 퇴원시켜 그 회복경과를 관찰하는 것이 필요하다고 인정될 때에는 즉시 퇴원시키고 그 사실을 입원치료를 의뢰한 보호의무자 또는 시·도지사에게 통보하여야 한다. 시장·군수·구청장은 임시퇴원 등을 명령한 때에는 당해인의 입원일 또는 계속입원일부터 입원한 경우에는 6개월의 기간에 한하여, 입원한 경우에는 3개월의 기간에 한하여 각각 퇴원 후의 경과를 관찰할 수 있다. 시장·군수·구청장은 위의 규정에 의한 관찰결과 증상의 변화 등으로 인하여 다시 입원시킬 필요가 있다고 인정될 때에는 2인의 정신과 전문의의 의견을 들어 일시 퇴원한 정신질환자를 다시 입원시킬 수 있다. 이 경우 재입원기간은 재입원을 한 날부터 3월을 초과할 수 없다(동법 제37조).

3) 무단퇴원자에 대한 조치

정신의료기관의 장은 입원 중인 정신질환자로서 자신 또는 타인을 해할 위협이 있는 자가 무단으로 퇴원하여 그 행방을 알 수 없는 때에는 관할 경찰서장 또는 자치 경찰기구를 설치한 제주특별자치도지사에게 통지하여 탐색을 요청할 수 있다. 경찰관은 위의 규정에 의하여 탐색요청을 받은 자를 발견한 때에는 즉시 그 사실을 당해 정신의료기관의 장에게 통지하여야 한다. 이 경우 경찰관은 당해 정신질환자를 인도할 때까지 24시간의 범위 내에서 당해인을 경찰관서·의료기관·사회복지시설 등에 보호할 수 있다(동법 제38조).

(8) 권익보호 및 지원 등

1) 입원금지 등

응급입원의 경우를 제외하고는 정신과전문의의 진단에 의하지 아니하고 정신질환자를 정신의료기관에 입원시키거나 입원을 연장시킬 수 없다(동법 제40조제1항). 진단의 유효기간진단서 발급일로부터 30일로 한다(동법 제40조제2항).

2) 권익보호

누구든지 정신질환자이었다는 이유로 교육 및 고용의 기회를 박탈하거나 기타 불공평한 대우를 하여서는 아니 된다(동법 제41조제1항). 또한 누구든지 정신질환자, 그 보호의무자 또는 보호를 하고 있는 자의 동의 없이 정신질환자에 대하여 녹음·녹화·촬영할 수 없다(동법 제41조제2항).

3) 비밀누설의 금지

정신질환자에 관련된 직무를 수행하였던 자 또는 수행하는 지는 이법 또는 다른 법령에서 특히 규정된 경우를 제외하고는 그 직무의 수행과 관련하여 알게 된 타인의 비밀을 누설하거나 발표하여서는 아니 된다(동법 제43조).

4) 수용 금지 와 특수치료의 제한

정신질환자를 의료보호할 수 있는 시설 외의 장소에 정신질환자를 수용하여서는 아니 된다(동법 제43조). 정신질환자에 대한 전기충격요법·인슐린혼수요법·마취하최면요법·정신외과요법 기타 대통령령이 정하는 특수치료행위는 당해 정신의료기관이 구성하는 협의체에서 결정하되 본인 또는 보호의무자에게 특수치료에 대한 필요한 정부를 제공하고 그 동의를 얻어야 한다(동법 제44조제1항).

5) 행동제한의 금지와 환자의 격리제한

정신의료기관의 장은 정신질환자에 대하여 의료를 위하여 필요한 경우에 한하여 통신의 자유, 면회의 자유 기타 대통령령이 정하는 행동의 자유를 제한할 수 있다(동법 제45조제1항). 정신의료기관의 장이 행동을 제한하는 경우에는 최소한의 범위 안에서 이를 행하여야 하며 그 이유를 진료기록부에 기재하여야 한다(동법 제45조제2항).

환자의 격리는 환자의 증상으로 보아서 본인 또는 주변사람이 위험에 이를 가능성이 현저히 높고 격리 외의 방법으로 그 위험을 회피하는 것이 뚜렷하게 곤란하다고 판단되는 경우에 그 위험을 최소한으로 줄이고, 환자 본인의 치료 또는 보호를 도모하는 목적으로 당해 시설 내에서 행하여져야 한다(동법 제46조제1항). 환자를 격리하는 경우에는 정신과 전문의의 지시에 따라야 하며 이를 진료기록부에 기재하여야 한다(동법 제46조제2항).

6) 직업지도 등

국가 또는 지방자치단체는 정신질환으로부터 회복된 자가 그 능력에 따라 적당한 직업지도·직업훈련을 받을 수 있도록 노력하고 이들에게 적절한 직종의 개발과 그 보급을 위하여 노력하여야 한다(동법 제47조).

7) 단체·시설의 보호·육성 등

국가 또는 지방자치단체는 정신질환자의 사회복귀촉진 및 권익보호를 목적으로 하는 단체 또는 시설을 보호·육성하고, 이에 필요한 비용을 보조할 수 있다(동법 제48조).

8) 경제적 부담의 경감 등

국가 또는 지방자치단체는 정신질환자 및 그 보호의무자의 경제적 부담을 경감하고 정신질환자의 사회복귀를 촉진하기 위하여 의료비의 경감·보조 기타 필요한 지원을 할 수 있다(동법 제49조).

9) 비용의 부담 및 징수

국가와 지방자치단체는 진단 및 치료에 소요되는 비용의 전부 또는 일부를 부담할 수 있다(동법 제50조제1항). 비용의 부담에 관하여 필요한 사항은 대통령령으로 정한다(동법 제50조제2항). 사회복귀시설·정신요양시설의 설치·운영자는 그 시설을 이용하는 자로부터 보건복지부장관이 정하여 고시하는 비용징수한도액의 범위 안에서 그에 소요되는 비용을 징수할 수 있다(동법 제51조).

10) 보조금 등

국가는 예산의 범위 안에서 지방자치단체가 설치하여 운영하는 정신의료기관, 사회복귀시설에 대하여 설치·운영에 필요한 비용을 보조할 수 있다(동법 제52조제5항).

(8) 벌칙 등

1) 벌칙

① 5년 이하의 징역 또는 2천만원 이하의 벌금(동법 제55조)
- 정신질환자를 유기한 자
- 규정에 위반하여 정신질환자를 퇴원시키지 아니한 자
- 퇴원 또는 임시퇴원 등의 명령에 응하지 아니한 자
- 시·도지사에 의해 입원한 후 3개월 지난 후 입원조치해제규정에 위반하여 정신질환자를 퇴원시키지 아니한 자
- 정신과전문의의 진단 없이 정신질환자를 입원시키거나 입원을 연장한 자
- 정신질환자를 이 법 또는 다른 법령에 의한 시설 외의 장소에 수용한 자
- 정신보건시설의 장 또는 그 종사자로서 정신보건시설에 입원 등을 하거나 시설을 이용하는 정신질환자에 대하여 폭행을 가하거나 가혹행위를 한 자

•협의체의 결정이 없거나 정신질환자 또는 보호의무자의 동의를 얻지 아니하고 특수치료를 행한 자
•보조금 관련 규정에 위반한 자

② 3년 이하의 징역 또는 1천만원 이하의 벌금(동법 제56조)
•사업정지·폐쇄명령을 위반한 자
•신고를 하지 아니하고 사회복귀시설을 설치·운영한 자
•정신질환자에게 노동을 강요한 자
•직무상 알게 된 타인의 비밀을 누설하거나 발표한 자
•정신질환자의 통신 등의 자유를 제한한 자

③ 1년 이하의 징역 또는 500만원 이하의 벌금(동법 제57조)
•퇴원할 의사가 있는지 여부를 확인하지 아니하거나 그 사항을 진료기록부에 기재하지 아니한 자
•입원동의서 또는 보호의무자임을 확인할 수 있는 서류를 받지 아니한 자
•계속 입원 등의 신청을 하지 아니하거나 지연한 자
•즉시 퇴원시키지 아니한 자
•신상정보의 확인이나 조회 요청을 하지 아니한 자
•처우개선명령에 응하지 아니한 자
•동의를 받지 아니하고 정신질환자에 대하여 녹음·녹화·촬영을 한 자
•행동제한의 이유를 진료기록부에 기재하지 아니하거나 이를 거짓으로 기재한 자
•정신과전문의의 지시에 따르지 아니하거나 이를 진료기록부에 기재하니 아니한 자
•입원환자나 입소자의 신청 또는 동의 없이 작업을 시키거나 정신과 전문의나 정신보건전문요원이 지시한 방법과 다르게 작업을 시킨 자
•작업에 관한 사항을 진료기록부에 기재하지 아니하거나 이를 거짓으로 기재한 자

④ 500만원 이하의 벌금
•시설개방에 응하지 아니한 자

⑤ 300만원 이하의 벌금
•기록을 작성·보존하지 아니하거나 그 내용확인을 거부한 자

2) 양벌규정

법인의 대표자 또는 법인이나 개인의 대리인·사용인 기타 종업원이 그 법인 또는 개인의 업무에 관하여 위의 벌칙에 해당하는 위반행위를 한 때에는 행위자를 벌하는 외에 그 법인 또는 개인에 대하여도 각 해당 조문의 벌금형을 과한다.

3) 과태료

다음 중 어느 하나에 해당하는 자는 100만원 이하의 과태료에 처한다.

- 정신요양시설에 폐지·휴지·재개설에 대한 신고를 하지 아니하거나 허위의 신고를 한 자
- 사회복귀시설에 폐지·휴지·재개설에 대한 시고를 하지 아니하거나 허위의 신고를 한 자
- 정신질환자나 보호의무자에게 입원이나 입원연장에 관한 통지를 하지 아니한 자
- 임시퇴원 시 입원 등의 치료를 의뢰한 보호의무자 또는 시·군·구청장에게 통보를 하지 아니한 자
- 보건복지부장관, 시·도지사 또는 시장·군수·구청장이나 보건소에 대해 보고를 하지 아니하거나 허위의 보고를 한 자, 관계서류를 제출하지 아니하거나 허위의 서류를 제출한 자 또는 관계공무원·정신보건시의위원회 위원의 검사·삼사를 거부·방해 또는 기피한 자
- 정신질환자이었다는 이유로 교육 및 고용의 기회를 박탈하거나 기타 불공평한 대우를 한 자

4 개선점

전체 국민들의 정신건강과 정신장애인의 사회복귀를 증진시킬 것을 목적으로 1995년 제정되어 1997년 시행된 「정신보건법」은 그 동안 3차례의 개정에도 불구하고 역사상 유례가 없는 정신병원에의 정신장애인 장기수용을 확대, 강화함으로써 심각한 인권문제를 야기 시키고 있을 뿐만 아니라, 정신보건체계의 비효율과 낭비를 지속적으로 양산시키고 있다.

최소화되어야 할 당사자의 동의 없는 입원이 가장 보편적인 입원형태가 되고, 자발적 입원은 오히려 예외적인 입원이 됨으로써 정신장애인 본인의 의사에 따른 퇴원이 이

루어지지 않는 비인권적 상황이 일반화되어 있어 당사자의 인권을 보장할 수 있는 입원제도 마련이 시급한 문제가 되고 있다.

인권보장을 위한 핵심적인 정신보건제도인 계속입원심사제도가 면접심사가 없이 서류상으로 이루어지고 있을 뿐만 아니라, 심사위원회의 구성에서 특정 전문직이 절대다수를 구성할 수 있도록 허용되고 있어 적절한 견제와 균형을 추구하고 있는 민주사회의 보편적 위원회 구성원리에 맞지 않는 비합리적인 제도가 운영되고 있어 제도의 실효성이 심각하게 훼손되고 있다.

정신보건체계의 중추적 역할과 기능을 담당한 공공정신보건전달체계가 장기 입원병동 운영자인 정신병원 등에 위탁운영됨으로써 정신보건체계의 공공성이 약화되고 있을 뿐만 아니라, 영리추구의 의료체계가 정신장애인의 지역사회에서의 삶의 질 증진을 위한 사회복지전달체계와 경쟁관계에 놓임으로써 사회복지서비스 발전을 저해하는 결과를 초래하고 있다.

현행 정신보건체계는 영리추구의 정신병원 등 정신의료기관과 정신의료기관에 의해 위탁운영되고 있는 정신보건센터 중심으로 체계가 구축됨으로써 실제 지역사회에서 정신장애인의 건강한 생활을 지원하는 사회복지서비스체계의 위축을 가져다주어 지역사회전달체계의 왜소화, 단순화 현상을 가져다준다. 이와 같은 현상은 장기적으로 정신의료비용의 막대한 증가를 초래하지만 그 비용은 결과적으로는 정신장애인의 장기적 수용과 감금으로 나타날 수밖에 없는 제도적 한계를 가지고 있다.

이러한 현행정신보건법의 문제점을 해결하기 위해의 「정신보건법」의 개정이 필요하며 그 추진 방향은 다음과 같다.

첫째, 정신장애인 삶의 정상화(Normalization)를 통하여 정신장애인들의 지역사회에서의 동등한 삶의 기회를 보장하기 위한 지역사회서비스 강화와 사회적 기반을 마련하여야 한다.

둘째, 정신장애인 당사자의 동의없는 입원을 최소화하고 계속입원심사절차에서의 인권강화 방안을 마련하여 의료이용에 있어서의 정신장애인 당사자 권리를 보장하여야 한다.

셋째, 정신보건전달체계의 공공성 확보 및 지역사회 서비스 강화를 위하여 민간위탁제도 폐지와 정신장애인 재활을 위한 다양한 서비스체계를 마련하여야 한다.

제 7 절 가정폭력방지 및 피해자보호 등에 관한 법률

1 의의

> 가정폭력
>
> 가정 구성원 사이의 신체적, 정신적 또는 재산상 피해를 수반하는 행위를 말한다.

얼마 전부터 가정 내의 폭력이 크게 증가하고 있다. 우리나라는 얼마 전까지 가정 내에서 발생하는 일은 밖으로 가지고 나가는 일을 수치로 여겨왔으며, 또한 타인의 가정일에 참견하지 않는 것이 관례였다(박석돈, 2001 : 803). 이로 인해 국가 역시 가정폭력에 대한 개입도 비교적 소극적이었다. 그러나 가정폭력은 해당가족구성원들뿐 아니라 사회전체에도 적지 않은 부정적 영향을 미치기 때문에 국가적 차원에서의 보다 적극적개입이 반드시 요구된다. 이러한 가정폭력에 대한 관심과 개입 필요성에 대한 인식제고가 「가정폭력방지 및 피해자보호 등에 관한 법률」의 제정을 가능하게 하였다.

2 입법과정

가정폭력방지법의 제정은 1994년 한국여성단체에 의한 「가정폭력방지법」 제정을 위한 전국연대회의의 결성이 계기가 되었다(신섭중, 2002 : 588).

1990년대 중반 심각한 가정폭력사례들이 언론에 보도되면서 이에 대해 커다란 사회적 관심이 집중되었다. 시민단체와 종교단체는 「가정폭력방지법」 시안을 만들었고 1996년 국회에 법의 제정을 요구하였다. 1997년 「가정폭력방지법」이 제정되었고, 1998년 7월부터 시행되었다. 1999년 동법이 일부 개정됐는데 가정폭력의 대상이 된 아동과 관련된 사람들이 직무상 알게 된 비밀의 누설을 금지하는데 초점을 맞추었다.

가정폭력방지법의 주요 연혁

- 1997. 11. 17 「가정폭력범죄의 처벌 등에 관한 특례법안」과 「가정폭력 예방 및 피해자보호에 관한 법률」로 나뉘어 국회법사위를 통과
- 1997. 12. 31 법률 제5487호로 신규제정
- 2001. 01. 29 법률 제6400호(정부조직법)로 일부개정

- 2004. 01. 20 법률 제7099호로 일부개정
- 2005. 03. 24 법률 제7413호(정부조직법)로 일부개정
- 2006. 04. 28 법률 제7952호로 법제명변경 및 일부개정
- 2009. 05. 8 법률 제9668호로 일부개정

3 내용

(1) 법의 목적 및 기본이념

1) 법의 목적

이법은 가정폭력을 예방하고, 가정폭력의 피해자를 보호·지원함을 목적으로 한다(동법 제1조).

(2) 국가의 책임

① 국가와 지방자치단체는 가정폭력의 예방·방지와 피해자의 보호지원을 위하여 다음과 같은 조치를 취하여야 한다(동법 제4조제1항).
가. 가정폭력 신고체계의 구축 및 운영
나. 가정폭력의 예방과 방지를 위한 조사·연구·교육 및 홍보
다. 피해자를 위한 보호시설의 설치·운영과 임대주택의 우선입주권과 그 밖에 피해자에 대한 지원서비스의 제공
라. 피해자의 보호와 지원을 원활히 하기 위한 관련기간 간의 협력체계 구축 및 운영
마. 가정폭력의 예방·방지와 피해자의 보호·지원을 위한 관계 법령의 정비 및 각종 정책의 수립 및 평가

② 국가와 지방자치단체는 위의 규정에 의한 책무를 다하기 위하여 이에 수반하는 예산상의 조치를 취하여야 한다(동법 제4조제2항).
③ 특별시·광역시·도·특별자치도 및 시·군·구에 가정폭력의 예방·방지 및 피해자의 보호·지원을 담당할 기구와 공무원을 두어야 한다(동법 제4조제3항).
④ 국가와 지방자치단체는 가정폭력관련 상담소와 가정폭력피해자 보호시설에 대하여 경비를 보조하는 등 이를 육성·지원하여야 한다(동법 제4조제4항).

(3) 상담소 · 보호시설의 운영 및 업무

1) 가정폭력상담소

가. 설치 및 운영

국가 또는 지방자치단체는 가정폭력관련 상담소를 설치·운영할 수 있다(동법 제5조제1항). 국가 또는 지방자치단체 이외의 자가 상담소를 설치·운영하고자 할 때에는 특별자치도지사·시장·군수·구청장에게 신고해야 한다(제2항).

나. 업무

상담소의 입무는 ㉮ 가정폭력을 신고 받거나 이에 관한 상담에 응하는 일, ㉯ 가정폭력으로 정상적인 가정생활 및 사회생활이 어렵거나 그 밖에 긴급히 보호를 필요로 하는 피해자 및 피해자가 동반한 가족구성원을 임시로 보호하거나 의료기관 또는 가정폭력피해자보호시설로의 인도 ㉰ 행위자에 대한 고발 등 법률적 사항에 관한 자문을 하기 위한 대한변호사협회 또는 지방변호사회 및 대한법률구조법인 등에 필요한 협조와 지원의 요청 ㉱ 경찰관서 등으로부터 인도받은 피해자 등의 임시보호 ㉲ 가정폭력의 예방 및 방지에 관한 홍보 ㉳ 그 밖에 가정폭력 및 피해에 관한 조사·연구(동법 제6조).

2) 가정폭력피해자 보호시설

가. 설치

국가 또는 지방자치단체는 가정폭력피해자보호시설을 설치·운영할 수 있다(동법 제7조제1항). 사회복지법인 그 밖의 비영리법인은 시장·군수·구청장의 인가를 받아 보호시설을 실치·운영할 수 있다(제2항).

나. 보호시설의 종류

보호시설의 종류는 다음과 같다(동법 제7조 2).

가) 단기보호시설: 피해자 등을 6개월의 범위에서 보호하는 시설

나) 장기보호시설: 피해자 등에 대하여 2년의 범위에서 자립을 위한 주거편의 등을 제공하는 시설

다) 외국인보호시설: 배우자가 대한민국국민인 외국인 피해자 등을 2년의 범위에서 보호하는 시설

라) 장애인보호시설: 「장애인복지법」의 적용을 받는 장애인 등을 2년의 범위에서 보호하는 시설

다. 업무

보호시설은 피해자 등에 대하여 다음의 업무를 행한다(동법 제8조제1항).

가) 숙식제공
나)심리적 안정과 사회적응을 위한 상담 및 치료
다) 질병치료와 건강관리를 위한 의료기관에의 인도 등 의료지원
라) 수사기관의 조사와 법원의 증인 신문에의 동행
마)법률구조기관 등에 필요한 협조와 지원의 요청
바) 자립자활교육의 실시와 취업정보의 제공
사)다른 법률에 의하여 보호시설에 위탁한 사항
아) 기타 피해자의 보호를 위하여 필요한 일

다만 피해자가 동반한 가정구성원에게는 가)외의 업무일부를 아니할 수 있고, 장기보호시설은 피해자 등에 대하여 가)부터 마)까지에 규정된 업무(주거편의를 제공하는 업무는 제외한다)를 하지 아니할 수 있다.

가정구성원

배우자(사실상 혼인관계에 있는 자를 포함한다. 이하 같다) 또는 배우자관계에 있었던 자, 자기 또는 배우자와 직계존비속 관계(사실상의 양친자관계를 포함한다.)에 있거나 있었던 자, 계부모와 자의 관계 또는 적모와 서자의 관계에 있거나 있었던 자, 동거하는 친족관계에 있는 자를 말한다.

라. 비용구상권

보호시설의 장은 위 업무로 인한 비용의 전부 또는 일부를 가정폭력행위자로부터 구상할 수 있다. 이 경우 그 구상절차는 국세 또는 지방세 체납처분절차의 예에 의한다(동법 제8조제2항).

가정폭력행위자

가정폭력범죄를 범한 자 및 가정 구성원인 공범을 말한다.

3) 상담소 및 보호시설장의 의무

가. 피해자 의사 존중

상담소나 보호시설의 장은 피해자 등의 명시한 의사에 반하여 동법 제8조 1항의 보호와 동법 제18조의 치료보호를 할 수 없다(동법 제9조).

나. 영리목적 운영금지

영리를 목적으로 상담소·보호시설 또는 교육훈련시설을 설치·운영하여서는 아니 된다(동법 제15조).

다. 비밀엄수

긴급전화센터, 상담소 또는 보호시설의 장이나 이를 보조하는 자 또는 그 직에 있었던 자는 그 직무상 알게 된 비밀을 누설하여서는 아니 된다(동법 제16조).

라. 유사명칭 사용금지

「가정폭력방지 및 피해자보호 등에 관한 법률」에 따른 긴급전화센터·상담소·보호시설 또는 교육훈련시설이 아니면 가정폭력관련 긴급전화센터, 상담소, 가정폭력피해자보호시설 또는 가정폭력관련 상담원 교육훈련시설이나 그 밖에 명칭을 사용하지 못한다(동법 제17조).

4) 국가와 지방자치단체의 업무

가. 감독

여성가족부장관 또는 시장·군수·구청장은 상담소·보호시설 또는 교육훈련시설 장에게 그 시설에 관하여 필요한 보고를 하게 할 수 있으며, 관계 공무원으로 하여금 그 시설의 운영상황을 조사하게 하거나 장부 그밖에 서류를 검사하게 할 수 있다(동법 제11조 제1항).

나. 폐지 및 인가 취소

가) 휴지 · 폐지 : 상담소·보호시설 또는 교육훈련시설의 장이 그 시설의 운영을 일시적으로 중단하거나 폐지하려면 여성가족부령으로 정하는 바에 따라 시장·군수·구청장에 신고하여야 한다(동법 제10조).

나) 업무정지 · 폐지 또는 인가 취소 : 시장·군수·구청장은 상담소·보호시설 또는 교육훈련시설이 ① 설치기준이나 운영기준에 미달하게 된 때 ② 상담원이나 강사의 수가 부족하거나 자격이 없는 자를 채용한 경우 ③ 정당한 사유 없이 규정에 의한 보고를 하지 아니하거나 거짓으로 보고한 경우 또는 관계공무원의 조사·검사를 거부하거나 기피한 경우 ④ 규정을 위반하여 영리를 목적으로 상담소나 보호시설 또는 교육훈련시설을 운영한 경우 시설의 폐쇄, 업무의 폐지 또는 6개월 범위 내에서 업무의 정지를 명하거나 인가를 취소할 수 있다(동법 제12조).

다. 경비의 부담 및 보조

국가 또는 지방자치단체는 상담소나 보호시설의 설치·운영에 소요되는 경비의 일부를 보조할 수 있다(동법 제13조①). 장애인 보호시설 비용지원(동법 제13조②)

라. 상담소와 보호시설의 통합설치 및 운영

가) 통합권고: 국가 또는 지방자치단체는 「가정폭력방지 및 피해자보호 등에 관한 법률」에 의하여 설치·운영하는 상담소 나 보호시설을 유사한 성격의 상담소나 보호시설과 통합하여 설치·운영하거나 설치·운영할 것을 권고할 수 있다(동법 제14조).

나) 유사 상담소·보호시설: 상담소 또는 보호시설과 통합하여 설치·운영할 수 있는 유사한 성격의 상담소 또는 보호시설은 ①「성폭력범죄의 처벌 및 피해자보호 등에 관한 법률」에 따른 상담소 또는 보호시설, ②「한부모가족지원법」·「아동복지법」·「노인복지법」 및「장애인복지법」에 의한 상담소 또는 보호시설, ③「법률구조법」에 의한 상담소, ④ 그밖에 여성가족부장관이 정하여 고시하는 가정복지나 사회복지관련 상담소 또는 보호시설이 있다(동법 시행령 제5조).

(4) 치료보호

1) 내용

의료기관은 피해자 본인, 가족, 친지나 긴급전화센터, 상담소 또는 보호시설의 장 등이 요청하면 피해자에 대하여 다음의 치료보호를 실시해야 한다(동법 제18조제1항).

가. 보건에 관한 상담 및 지도
나. 신체적·정신적 피해에 대한 치료
다. 그밖에 의료에 관한 사항 : ① 임산부의 심리적 안정을 위한 각종 치료프로그램의 실시 등 정신치료 ② 임산부와 태아를 보호하기 위한 검사 및 치료 ③ 가정폭력피해자 가정의 신생아에 관한 의료(동법 시행령 제6조).

2) 비용부담

치료보호에 필요한 일체의 비용은 가정폭력행위자가 부담한다(동법 제18조제2항). 제2항에도 불구하고 피해자가 치료보호비를 신청하는 경우에는 국가나 지방자치단체는 가족폭력행위자를 대신하여 치료보호에 필요한 비용을 의료기관에 지급하여야 한다

(제3항). 국가나 지방자치단체가 비용을 지급한 경우에는 가족폭폭력행위자에 대하여 구상권을 행사할 수 있다. 다만 피해자가 보호시설입소 중에 치료보호를 받은 경우나 가족폭력행위자가 「국민기초생활기본법」에 따른 수급자 또는 「장애인복지법」에 따라 등록된 장애인인 경우에는 그러하지 아니한다(제4항).

(4) 권한의 위임

여성가족부장관의 권한은 대통령령으로 정하는 바에 따라 그 일부를 시·도지사 또는 시장·군수·구청장에게 위임할 수 있다(동법 제19조).

4 개선점

(1) 전문가의 양성과 예방기관의 설립

가정폭력이 발생하면 전문가가 부족하여 체계적으로 접근하지 못하고 있다. 가정폭력은 다양한 요인에 의해 발생함으로 여러 분야의 전문가들이 서로 협조하여야 할 것이다. 전문가의 양성과 더불어 가족폭력 문제를 해결할 수 있는 가족폭력 예방 전문기관의 설립도 고려해야 한다.

(2) 가정폭력의 예방과 교육 확대

정부에서 다양한 수단과 방법을 통하여 가정폭력의 예방을 위하여 노력하여야 한다. 특히 가정폭력에 대한 예방은 학교교육과 평생교육 등을 통하여 지속적으로 이루어져야 할 것이다. 그리고 이러한 예방과 동시에 가정폭력이 발생했을 경우 어떻게 대처해야 하는지에 대한 홍보를 강화해야 할 것이다.

(3) 가정폭력상담소의 확충

가정폭력이 발생한 후 상담이나 신고에서부터 가해자와 피해자에 대한 체계적인 서비스망을 구축해야 한다. 그러나 형식적인 설치에 지나지 않는 곳이 많은데 대체로 즉각적이고, 전문적 서비스를 제공할 수 있는 긴급피난처를 설치하고 이와 연계된 장기적인 쉼터의 확대 설치가 필요하다.

(4) 보호시설의 확충

> **일시보호**
>
> 가정폭력으로부터 피해자 또는 그 가정구성원을 보호하기 위하여 숙식 제공 등의 방법으로 일정기간 행하는 보호를 말한다.

가정폭력피해자는 일정기간 동안 일시보호를 받을 수 있으며, 그 이후는 다른 법률에 의하여 보호시설에 위탁되도록 규정되어 있다. 여기에서 다른 법률에 의한 보호시설이란 「한부모가족지원법」 제19조의 일시보호시설을 지칭하는데 실제로 가정폭력을 당한 여성은 이 법에 의한 복지급여를 수급하지 못하고 있다. 현재 정부차원의 일시보호시설은 매우 적으며 실질적인 도움을 주기에는 미흡하다. 일시보호시설의 설치를 확대하고 보호기간의 연장과 보호내용을 충실하게 할 필요가 있다(김익균 외, 2005).

> 法諺
>
> Law favoreth honor and order.
>
> 법률은 명예와 질서를 존중한다.

제8절 다문화가족지원법

1 의의

> 다문화가족
>
> 다문화가족은 일반적으로 한국인 남편과 외국인 처, 한국인 처와 외국인 남편으로 구성된 가족을 말한다. 외국인으로 구성된 가족은 학문적 범위에서는 다문화가족이지만 제도권 내에서는 다문화가족의 범위에 속하지 않는다. 다문화가족지원법에 따르면 결혼이민자와 국적법에 따라 출생 시부터 대한민국 국적을 취득한 자로 이루어진 가족, 귀화허가를 받은 자와 국적법에 따라 대한민국 국적을 취득한 자로 이루어진 가족을 의미한다.

1990년대 이후 대한민국의 결혼이민자는 꾸준히 증가고 있는 추세이다. 1997년 국내 총 결혼건수는 338,591건으로 이 중 국제결혼은 12,448건으로 3.2%를 차지했지만, 2007년에는 총 결혼건수 345,592건 중 국제결혼건수는 28,491건으로 11.1%로 급증했다. 이로 인해 다문화 가정의 비율을 비롯하여 이에 따른 다문화 아동의 비율도 꾸준히 증가 하고 있다.

〈표 1〉에서 보는 바와 같이 2008년 현재 결혼이민자는 144,385명이며 자녀 수는 58,007명이에 달한다. 결혼이민자의 성비는 남성 이민자와 여성이민자의 비율이 2:8 정도로 나타났다. 성별에 따라 이민 목적이 상이한데, 여성은 주로 순수하게 결혼을 위하여 입국하지만, 남성은 합법적인 직업을 얻고 정당한 돈을 벌기 위한 목적으로 국적취득을 위한 수단으로 결혼 이민을 하는 것으로 사료된다.

〈표 1〉 **결혼이민자 및 자녀 현황**

결혼 이민자									자녀현황		
계			국적 미취득자			국적 취득자					
계	남	여	계	남	여	계	남	여	계	남	여
144,385	16,702	127,683	102,713	13,711	89,002	41,672	2,991	38,681	58,007	29,837	28,170

자료 : 2008. 7. 행안부 내부자료

결혼이민자 및 그 자녀 등으로 구성되는 다문화가족은 언어 및 문화적 차이로 인하여 사회부적응과 가족구성원 간 갈등 및 자녀교육에 어려움을 겪기 쉽다. 이에 따라 다문화가족의 구성원이 우리 사회의 구성원으로 순조롭게 통합되어 안정적인 가족생활을 영위할 수 있도록 하기 위한 가족상담·부부교육·부모교육 및 가족생활교육 등을 추진하고, 문화의 차이 등을 고려한 언어통역, 법률상담 및 행정지원 등의 전문적인 서비스를 제공하도록 하는 등 다문화가족에 대한 지원정책의 제도적인 틀을 마련하기 위한 목적으로 2008년 3월 21일 제정되었다.

② 입법배경

현재 대한민국의 다문화가족은 지난 과거보다 현저히 증가하고 있는 추세이다. 하지만, 국제결혼을 통해 형성된 다문화가족을 대하는 우리나라 국민들의 인식과 태도는 절대 긍정적이지 만은 못하다. 이러한 이유는 크게 두 가지가 있는데, 우선 첫 번째로 우리나라의 뿌리 깊은 '단일민족 의식' 등이 다문화가족을 대하는 데에 있어, 피부색과 생김새가 다르다는 이유로 다양한 편견과 차별을 고착화 시키고 있기 때문이다. 그리고 두 번째로 국제결혼을 하는 한국인들이 대체로 사회·경제적으로 하층에 속한다는 인식이 다문화가족에 대한 부정적인 태도를 갖게 하고 있다.

한국인이 기피하는 3D 업종과 같은 일자리를 외국인 이주 노동자가 대체하거나, 한국인이 배우자를 외국에서 구하는 것은 우리 사회 자체의 필요에 의한 것으로 일시적인 현상이라고 볼 수 없으며, 이주노동자들의 수는 향후 수십 년 동안 꾸준히 증가할 것으로 예상된다. 따라서, 이들을 우리 사회의 진정한 구성원으로 통합하는 대책을 마련할 필요가 있고, 법적으로 보장하는 정부의 적극적인 지원이 필요하다.

이들은 언어문제 및 문화적 차이로 인한 사회부적응과 가족 구성원 간 갈등, 자녀교육 곤란 등의 문제에 직면하고 있다. 게다가 이들은 대체로 경제적 어려움을 겪는 계층에 속하기 때문에, 이러한 문제들을 극복할 수 있는 지원체계가 특별히 마련되어야 한다. 결혼이민자나 이주노동자 본인은 물론이려니와, 특히 이들의 자녀 세대가 우리 사회에 기여하는 훌륭한 인적 자원으로 성장할 수 있도록 돌보아야 한다. 위와 같은 많은 문제들을 가족정책 차원에서 예방적으로 해결할 수 있는 법적 제도적 기반 마련을 위해 다문화가족지원법이 2008년 3월 21일에 제정되어 동년 9월 22일부터 시행되고 있다.

다문화가족을 지원하는 법을 제정한 이유는 다음과 같이 크게 네 가지로 구분할 수 있다. 첫째 재판소의 판결이다. 2001년 헌법재판소는 "인간의 존엄과 가치, 행복추구권은 대체로 '인간의 권리'로서 외국인도 주체가 될 수 있다"고 판시하였다(헌법재판소 2001. 11. 29. 선고 99헌마494 결정). 건강한 가정생활을 할 권리는 국적과 상관없이 모든 인간이 누려야 할 기본적 권리에 속하고, 국가는 이를 보장하여야 한다는 것이다.

둘째, 여성결혼이민자나 이주노동자를 지원하는 것은 오늘날 국제사회가 요구하는 보편적 인권의 관점에서도 필요하다. 한편, 우리나라가 가입한 'UN아동권리협약'은 불법 체류 외국인근로자 자녀의 교육권도 보장하도록 요구하고 있다.

셋째, 다문화가족 지원은 우리 사회의 후세대 양육을 위해서도 필요하다. 국제결혼을 한 여성결혼이민자나 이주노동자는 단순히 외국인에 그치는 것이 아니라 한국인과 결혼해 가족을 이루어 살고 있는 우리 사회의 구성원이며, 우리 사회의 미래를 짊어지고 나갈 자녀를 출산하고 양육하는 사람들이다. 여성결혼이민자나 이주노동자 및 그들의 자녀로 구성되는 다문화가족을 지원하는 것은 우리 사회의 후세대를 건전하게 양육한다는 관점에서도 필수적인 것이라는 점이다.

넷째, 다문화가족에 대한 지원은 인간안보(human security)의 관점에서도 필요하다(보건복지위원회: 2007). 점증하는 결혼이민자 또는 이주노동자 가족의 사회통합, 특히 그 자녀들의 사회통합은 장차 우리 사회의 안위를 좌우할 수 있을 정도로 중요한 문제이다. 따라서 우리나라의 안정적이고 지속적인 발전을 도모하기 위해서도 다문화가족 구성원의 사회통합을 촉진하는 정책을 시행한 것이다.

3 내용

1) 목적

다문화가족지원법은 다문화가족 구성원이 안정적인 가족생활을 영위할 수 있도록 함으로써 이들의 삶의 질 향상과 사회통합에 이바지함을 목적으로 제정되었다(동법 제1조).

2) 정의

"다문화가족"이란 「재한외국인 처우 기본법」 제2조제3호의 결혼이민자와 「국적법」 제2조에 따라 출생 시부터 대한민국 국적을 취득한 자로 이루어진 가족과, 「국적법」 제4조에 따라 귀화허가를 받은 자와 같은 법 제2조에 따라 출생 시부터 대한민국 국적을 취득한 자로 이루어진 가족을 말한다. "결혼이민자등"이란 다문화가족의 구성원으로서 「재한외국인 처우 기본법」 제2조제3호의 결혼이민자와, 「국적법」 제4조에 따라 귀화허가를 받은 자를 말한다(동법 제2조).

3) 다문화가족에 대한 이해증진과 생활정보 제공 및 교육 지원

여성가족부장관은 다문화가족의 현황 및 실태를 파악하고 다문화가족 지원을 위한 정책수립에 활용하기 위하여 3년마다 다문화가족에 대한 실태조사를 실시하고 그 결과를 공표하도록 하고 있다(동법 제4조 1항).

국가와 지방자치단체는 다문화가족에 대한 사회적 차별 및 편견을 예방하고 사회구성원이 문화적 다양성을 인정하고 존중할 수 있도록 다문화 이해교육과 홍보 등 필요한 조치를 하여야 한다(동법 제5조).

다문화가족지원법은 대통령령으로 전반적인 생활정보의 제공이나 교육 등의 지원은 국가와 지방자치단체를 통해서 이뤄진다. 구체적인 내용으로는 결혼이민자 등이 대한민국에서 생활하는 데 필요한 기본적 정보를 제공하고, 사회적응교육과 직업교육·훈련 등을 받을 수 있도록 필요한 지원을 하는 것이다(동법 제6조).

4) 평등한 가족관계의 유지

국가와 지방자치단체는 다문화가족이 민주적이고 양성평등한 가족관계를 누릴 수 있도록 가족상담, 부부교육, 부모교육, 가족생활교육 등을 추진하고, 문화의 차이 등을 고려한 전문적인 서비스가 제공될 수 있도록 노력하여야 한다(동법 제7조).

5) 가정폭력 피해자 보호 · 지원

국가와 지방자치단체는 결혼이민자 등이 가정폭력으로 혼인관계를 종료하는 경우 의견진술 및 사실 확인 등에 있어서 언어통역, 법률상담 및 행정지원 등 필요한 서비스를 제공할 수 있다(동법 제8조).

국가와 지방자치단체는 다문화가족 내 가정폭력을 방지하기 위하여 노력하여야 한다(동법 제8조 1항). 가정폭력을 방지하기 위해서는 가정폭력 등의 예방만으로는 부족하고, 피해구제도 포함하여야 한다는 지적과 해체된 가정 문제도 포함해야 하다는 주장도 있지만 이러한 상황들은 현재 일반화 되어있는 법들에 해당되는 부분들이 많아 같이 적용되어 지고 있는 상황이다.

국가와 지방자치단체는 가정폭력의 피해를 입은 결혼이민자 등에 대한 보호 및 지원을 위하여 외국어 통역 서비스를 갖춘 가정폭력 상담소 및 보호시설의 설치를 확대하도록 노력하여야 한다(동법 제8조3항).

국가와 지방자치단체는 결혼이민자 등이 가정폭력으로 혼인관계를 종료하는 경우 의사소통의 어려움과 법률체계 등에 관한 정보의 부족 등으로 불리한 입장에 놓이지 아니하도록 의견진술 및 사실 확인 등에 있어서 언어통역, 법률상담 및 행정지원 등 필요한 서비스를 제공할 수 있다(동법 제8조4항).

6) 산전 · 산후 건강관리 지원

국가와 지방자치단체는 결혼이민자 등이 건강하고 안전하게 임신·출산할 수 있도록 영양·건강에 대한 교육, 산전·산후 도우미 파견, 건강검진과 그 검진 시 통역 등 필요한 서비스를 지원할 수 있다(동법 제9조). 이에 따라 다문화가족지원센터에서 출산 1~2개월 앞둔 출산 예정자를 대상으로 임신 중 건강관리, 출산 준비, 양육방법 등을 교육·지원하는 임신·출산 지원 방문서비스를 제공하고 있다.

> **다문화가족지원센터**
>
> 다문화가족이 한국사회에 정착하는 데 있어 언어·문화 등의 차이로 인한 어려움과 갈등을 해소하기 위해 시·군·구에 설치된 기관으로, 다문화가족을 위한 교육·상담 등 지원사업의 실시, 다문화가족 지원서비스 정보제공 및 홍보, 다문화가족 지원 관련 기관·단체와의 서비스 연계, 그 밖에 다문화가족 지원을 위하여 필요한 사업을 수행한다.

7) 아동 보육 · 교육

다문화가족지원법은 특히 아동의 보육과 교육에 많이 비중을 두고 있다. 국가와 지방자치단체는 아동 보육·교육을 실시함에 있어서 다문화가족 구성원인 아동을 차별하여서는 아니 된다(동법 제10조 1항). 국가와 지방자치단체는 다문화가족 구성원인 아동이 학교생활에 신속히 적응할 수 있도록 교육지원 대책을 마련하여야 하고, 특별시·광역시·도·특별자치도의 교육감은 다문화가족 구성원인 아동에 대하여 학과 외 또는 방과 후 교육 프로그램 등을 지원할 수 있다(동법 제10조 2항). 국가와 지방자치단체는 다문화가족 구성원인 아동의 초등학교 취학 전 보육 및 교육지원을 위하여 노력하고, 그 아동의 언어발달을 위하여 한국어교육을 위한 교재지원 및 학습지원 등 언어능력 제고를 위하여 필요한 지원을 할 수 있다(동법 제 10조 3항).

8) 다국어에 의한 서비스 제공

국가와 지방자치단체는 제5조부터 제10조까지의 규정에 따른 지원정책을 추진함에 있어서 결혼이민자 등의 의사소통의 어려움을 해소하고 서비스 접근성을 제고하기 위하여 다국어에 의한 서비스 제공이 이루어지도록 노력하여야 한다(동법 제 11조). 2008년 9월 법이 제정되기 전인 4월부터 이러한 서비스가 이루어지고 있는데, 다국어판 생활·정책 정보 매거진 연4회 발간되고 있으며, 이는 해외공관 및 출입국관리사무소 등을 통해 배포되고 있다. 또한 5종(한국어/영어, 중국어, 베트남어, 필리핀어, 캄보디아어)로 출간되며, 매회 7만부 정도가 발간되고 있다.

이러한 생활·정책 정보매거진 발간은 언어별 및 배포대상기관별로 확대 추진되고 있는 실정이며, 5개 국어→ 수요가 많은 몽골어, 러시아어 등 포함 7개 국어로, 주민자치센터, 출입국관리사무소 DB 활용 등 배포대상 및 배포방식 또한 확대·개선을 통한 정보제공 사각지대 해소할 계획이다(보건복지가족부, 2008).

9) 다문화가족지원센터의 지정

여성가족부장관은 다문화가족 지원 정책의 시행을 위하여 필요한 경우에는 다문화가족 지원에 필요한 전문 인력과 시설을 갖춘 법인이나 단체를 다문화가족지원센터로 지정할 수 있다(동법 제12조). 다문화가족지원센터는 다문화가족을 위한 교육·상담 등 지원사업의 실시, 다문화가족 지원서비스 정보제공 및 홍보, 다문화가족 지원 관련 기관·단체와의 서비스 연계, 그 밖에 다문화가족 지원을 위하여 필요한 사업을 수행한다.

4 개선점

무엇보다 현행 다문화가족지원법은 임의 규정을 강제규정으로의 전환이 필요하다. 다문화가족지원법의 제정 목적은 실질적으로 다문화가족을 지원하기 보다는, 단순히 다문화가족지원센터의 설립근거와 지원을 위한 법이라는 인상을 준다. 왜냐하면, 위의 구체적인 내용들만을 살펴봐도 다문화가족의 보편적인 인권을 반영하는 실질적 지원법은 미비하지만, 단순히 가족상담, 생활교육, 부모교육, 결혼이민자를 위한 한국어와 한국문화 교육과 홍보 등을 지원내용으로 하고 있다. 다시 말해, 다문화가족 지원이 '건강한 가정생활'이 아니라 '개인의 존엄성'을 궁극 목표로 하는 보편적 인권을 반영하는 지원법으로서의 틀의 확대가 되어야 할 것이다.

둘째, 현재 우리나라는 다문화정책에서 '이주민'이란, 국가와 지역사회를 구성하는 사회주체라기 보다 일반적인 지원 대상으로서의 사회 객체에 불과한 것으로 전제되고 있다. 이러한 상황에서, 이주민들이 주장하는 정책적 대안들은 당연히 정치적 논리에 의해 큰 힘을 발휘 할 수 없기 때문에 직접적인 구제안과 방안을 제시하기 힘든 상황이다. 따라서 다문화가족지원법은 보다 적극적으로 이주민들의 대안을 수렴 할 필요가 있고, 이러한 대안들을 토대로 국가와 지역사회들은 관련 조례안을 만들어, 보다 실질적이고 현실적인 다문화가족지원법을 만들어야 할 것이다.

셋째, 다문화가족문제는 외국인 문제와 그 외연이 다르다는 점도 분명히 인식하여야 한다. 결혼이민자나 이주노동자가 최초 입국할 때의 신분은 외국인이지만 한국인과 결혼한 후 국적법 제6조 2항의 간이귀화를 통해 한국 국적을 취득할 수 있다. 이렇듯 한국으로의 이주민들은 한국 국적을 갖고 있는 이주민들이 상당수에 이기 때문에, 이를 단순히 외국인 정책문제로 인식하면 안 되고, 이미 우리 사회의 구성원이 된 '특수하게 형성 된 가족'의 문제로 파악하여야 한다. 결혼이민자, 이주노동자 및 혼혈인을 포함한 다문화가족 문제는 다문화가족이 건강한 가정생활과 사회생활을 지속적으로 영위할 수 있도록 지원할 수 있는 법적으로 제도화 된 프로그램을 통해 해결해야 한다. 특히 결혼이민자의 자녀 문제는 외국인 정책의 문제가 아니다. 출생과 동시에 대한민국 국적을 취득한 결혼이민자의 자녀는 한국에 체류 중인 외국인이 아니라, 분명히 대한민국 국민이다. 결국, 이들의 문제는 외국인 문제가 아닌, 대한민국 국민의 문제임이 분명하다. 다시 말해, 부 또는 모 어느 쪽이 외국인이라는 이유로 한국국적인 자녀를 외국인 정책의 틀에서 다루는 것은, 이들이 사회로 진출하고 통합되는데 큰 걸림 돌이 될 것이다.

마지막으로, 다문화가족지원법의 발전을 위한 한국인들의 인식개선이 필요하다. 즉, 한국인들에게 다문화이해 증진을 위한 교육이 필요하다. 결혼이민자와 외국인노동자, 그리고 이들의 자녀들은, 한국인들의 베타적인 시선과 부정적 선입견, 그리고 편견 등으로 인해 한국사회에 적응하는 데에 있어 상당한 어려움을 겪고 있다. 한국인들의 외국인들에 대한 인신개선을 위해 다문화가족지원법을 일반 국민에게도 확대 할 필요가 있다. 외국인노동자와 같은 작업장에서 일하는 한국 노동자를 포함하여, 결혼이민자와 결혼 예정인 한국인, 그리고 다문화가족의 자녀들과 함께 학교 교육을 받는 학생들에게도 추가적인 교육내용을 포함한 다문화지원법의 확대가 필요하다.

제 12 장

사회복지관련법

제 1 절 사회복지관련법의 특성

① 사회복지관련법의 배경

사회가 변화함에 따라서 개인이 가진 욕구도 다양하고 광범위해지고 있다. 이렇게 해서 등장한 욕구들은 개인이 사회생활을 하는 데 있어 중요한 요소로 작용하고 있다.

이런 예로 환경문제를 들 수 있다. 예전의 경우, 환경과 관련된 문제는 사회복지 영역에 직접적으로 포함되지 않는 것으로 인식되었다. 그러나 현재의 경우, 환경문제는 사회복지에 심각하게 영향을 미치고 있다. 구체적으로, 현대에 들어서 사회문제로 크게 부각되고 있는 오염문제나 공해문제는 개인의 사회생활에 영향을 미쳐서 개인이 누리는 삶의 질을 낮추는 요소로 등장하고 있다. 그러므로 현대에 들어서 환경문제는 사회복지와 밀접하게 연관된다고 볼 수 있다.

> **사회복지관련법**
>
> 사회복지관련법은 사회보험과 관련된 법, 공공부조와 관련된 법, 사회복지서비스와 관련된 법을 제외한 법을 가리킨다. 우리나라의 사회보장기본법에서는 사회보장의 종류를 사회보험, 공공부조, 사회복지서비스, 관련 복지제도로 구분하고 있는데, 여기서 관련 복지제도와 연관된 법이 사회복지관련법에 해당된다고 볼 수 있기 때문이다. 사회보장기본법에서는 관련 복지제도를 "보건·주거·교육·고용 등의 분야에서 인간다운 생활이 보장될 수 있도록 지원하는 각종 복지제도"라고 정의하고 있다.

더구나 이런 환경문제는 사회적으로 발생하고 그 효과가 보편적이고 문제를 유발하는 주체가 분명하게 알려져 있지 않기 때문에, 국가·사회의 차원에서 이런 환경문제를 해결하기 위한 대책을 강구해야 한다. 이에 따라 이런 환경문제는 사회복지와 관련된 영역이 된다.

하지만 사회가 변화하기 때문에 개인이 가진 욕구의 구조와 내용이 변함에 따라서 사회복지와 사회복지법이 그 한계를 드러내는 경우가 많다. 이에 따라 새로운 욕구를 충족하기 위해서 새로운 사회복지법을 구축하여야 하는 상황이 나타난다. 이런 상황을 통해서, 사회복지법은 역동적인 성격이 지닌다는 점을 잘 알 수 있다.

이런 맥락에서 볼 경우, 기존에 존재하는 사회복지법의 범주에 분명하게 포함되지는 않지만, 그렇다고 해서 사회복지와 전혀 관련이 없다고 보기도 어려운 새로운 법의 영역이 존재하게 된다. 이런 점을 통해서, 현대 사회에서 욕구 변화에 어울리는 사회복지법도 복잡하고 광범위하게 확립되고 있음을 알 수 있다(신섭중 외, 2004).

② 사회복지관련법의 내용

우리나라의 경우, 일반적으로 사회복지관련법은 사회보험과 관련된 법, 공공부조와 관련된 법, 사회복지서비스와 관련된 법을 제외한 법을 가리킨다고 볼 수 있다. 사회복지관련법에 대한 이런 내용은 우리나라의 사회보장기본법에서 찾을 수 있다. 우리나라의 사회보장기본법에서는 사회보장의 종류를 사회보험, 공공부조, 사회복지서비스, 관련 복지제도로 구분하고 있는데, 여기서 관련 복지제도와 연관된 법이 사회복지관련법에 해당된다고 볼 수 있기 때문이다.

우리나라의 사회보장기본법에서는 관련 복지제도를 "보건, 주거, 교육, 고용 등의 분야에서 인간다운 생활이 보장될 수 있도록 지원하는 각종 복지제도"라고 정의하고 있다. 우리나라의 사회복지법과 관련시켜 볼 경우, 인간다운 생활이 보장될 수 있도록 지원하는 복지 영역의 예로 보상 영역, 노동 영역, 교정 영역을 제시할 수 있다.

③ 각 영역의 특성

1) 보상 영역

사회복지의 영역에서는 사회적 위험이 발생한 후에 단순히 반응할 것이 아니라 사회적 위험이 일어나는 것을 미리 방지하는 데 주목하여야 한다. 하지만 이미 어려움을 겪은 사람들을 보상해주는 것은 예전부터 사회복지의 중요한 활동에 포함되어 왔다. 이중에서도 사회복지와 관련된 법에서 사회보상(social compensation)은 중요하다.

대부분의 국가에는 사회보상제도가 존재한다. 사회보상은 수재민 보호, 전쟁피해자

보호, 국가권력 남용에 의한 피해자 보호와 관련된다. 사회보상의 특징은 특별한 어려움과 손실에 노출된 사람에게 정부와 사회가 연대감을 표시하기 위해 사용한다는 데 있다. 따라서 사회보상의 재정은 정부와 사회가 충당하고, 사회보상과 관련된 급여를 받기 위해서는 자산조사를 거칠 필요가 없다(노병일, 2009).

2) 노동 영역

노동과 관련된 영역은 여러 선언문이나 협약에서 이전부터도 많이 거론되어 왔다. 예를 들어 1948년에 선언된 세계인권선언의 제23조에서는 일할 권리, 자유롭게 일자리를 선택할 권리, 공정하고 유리한 근무 여건에서 일할 권리, 실업에 대해 보호를 받을 권리, 동일 노동에 대해 동일한 임금을 받을 권리, 인간 존엄성에 맞는 보수를 받을 권리, 노동조합을 결성하고 가입할 수 있는 권리에 대해 언급한 바 있다. 그리고 세계인권선언의 제24조에서는 휴식과 여가의 권리에 대해서도 언급하고 있는데, 여기에는 노동 시간과 정기 유급 휴가도 포함하고 있다(Britannica, 2000).

3) 교정 영역

폭력적인 범죄나 비행이 무작위적으로 발생하면, 사회에 있는 사람들이 가지는 믿음이 약해지게 된다. 사회구성원들 사이에 이런 경향이 커지면, 사람들 사이의 신뢰가 크게 줄어든다. 따라서 범죄·비행에 관여한 사람들을 위해 사회복지서비스가 필요할 수 있고, 또한 일반인들이 범죄·비행을 퇴치하기 위한 조직활동을 구축·관여하는 것을 돕는 사회복지 프로그램이 필요할 수 있다(Dolgoff & Feldstein, 2000). 이에 따라 교정 영역이 중요해진다.

일반적으로 사회복지는 교정과 관련된 제도에서 다음과 같은 기능을 수행하는데(Garvin & Tropman, 1993), 사회복지와 관련된 법에서는 이런 기능을 더 반영하는 방향으로 나가고 있다.

첫째, 사회복지는 개인과 환경 사이의 상호작용을 변화시킴으로써, 범죄·비행에 관여한 사람들에게 원조를 제공하고 있다. 이 경우, 범죄·비행에 관여한 사람들을 비정상적인 사람으로 보지 않는 관점을 유지하면서, 사회복지는 이들이 도덕적 요구에 부합할 수 있는 능력을 증진시킨다. 이렇게 될 경우, 범죄·비행에 관여한 사람들은 역량이 강화된 방식으로 지역사회에 참여하는 기회를 가질 수 있게 된다. 그리고 이들은 사회적으로 합당한 행동을 통해서, 고용·주택·교육 등에 대한 욕구를 충족하는 기회를 가질 수 있게 된다.

둘째, 사회복지는 교정 프로그램을 관리하는 데 영향을 미치고 있고, 또한 사회복지는 범죄·비행에 관여한 사람들이 가진 욕구를 더 충족시키는 방향으로 나가고 있다. 예를 들어 사회복지는 치료시설에서 교정 프로그램을 관리하는 데 관여하고 있고, 교도소나 보호관찰소와 같은 교정기관에 깊숙이 관여하고 있다.

④ 우리나라 사회복지관련법의 체계도

우리나라의 경우, 사회복지관련법의 체계를 〈그림 12-1〉과 같이 제시할 수 있다.

〈그림 12-1〉 사회복지관련법의 체계도

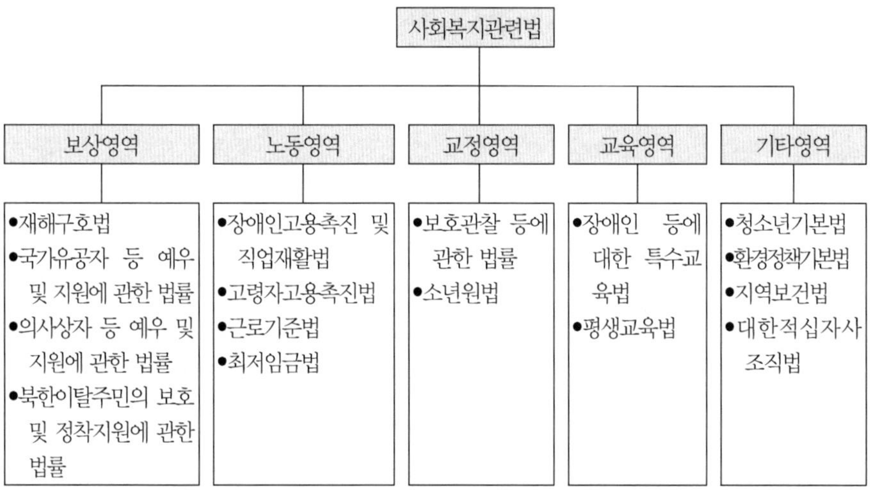

제 2 절 재해구호법

① 의의

「재해구호법」은 비상재해가 발생하였을 때에 응급적인 구호를 행함으로써 재해의 복귀, 이재민의 보호와 사회질서의 유지를 기함으로써, 재해가 발생하였을 때에 피해자에 대한 구호를 실시함으로써 피해자의 보호와 생활안정에 기여함을 목적으로 하고 있다(재해구호법 제1조). 여러 종류의 자연적·인위적 재해에 대해서 효과적으로 극복하고 새 생활을 할 수 있도록 한다. 이는 헌법 제34조제6항에 명시되어 있는 국가의 책임을 강조하여, 국가가 재해를 예방하고 그 위험으로부터 국민을 보호하기 위한 노력을 꾀한다는 점에서 이법의 의의가 있다고 하겠다. 아울러 「재해구호법」을 제정함으로써 재해구호와 응급복구를 신속히 실시하고, 재해지역에 대해 철저한 방역과 의료구호를 실시하며, 구호물자를 적기에 공급하고, 과학적으로 보관하고 관리할 수 있는 제도적 장치를 마련하게 되었다.

> **이재민**
>
> 이재민이란 국민의 생명·신체 및 재산과 국가에 피해를 주거나 줄 수 있는 재난으로서 태풍·홍수·호우·폭풍·해일·폭설·가뭄·지진·황사·적조 그 밖에 이에 준하는 자연현상으로 인하여 발생하는 재해, 폭발·교통사고·화생방사고·환경오염사고 그 밖에 이와 유사한 사고로 일정규모 이상의 피해, 에너지·통신·교통·금융·의료·수도 등 국가기반 체계의 마비와 전염성 확산 등으로 인한 피해를 입은 자를 말한다.

② 입법배경

1960년대초 가난과 질병 속에서 매년 태풍과 호우 등 재해로 인하여 많은 이재민이 발생하였다. 이재민을 재해로부터 보호하고 조기 생활안정과 사회질서를 유지하기 위해 1962년 「재해구호법」이 제정되었다. 이는 재해의 원인이 사회에 있다는 연대성의 이념에서 출발한 것이다.

2001년 12월 19일 법률 제6530호로 「재해구호법」을 전문 개정하여 대한적십자사 및 구호관계단체로 하여금 시·도가 행하는 구호업무에 의무적으로 협조하도록 하고 있는 규정을 삭제하여 이를 민간의 자율에 맡겼다. 아울러 지방자치단체의 재해구호기금최저적립액에 관한 규정을 삭제하였고, 시·도는 직전 3년간 재해구호활동에 소요된 비용을 감안하여 매년 필요한 금액을 적립하도록 하였다.

그 후 재난관리의 일원화와 사회환경의 변화로 인해서 재해구호업무가 2005년 1월부터 보건복지부에서 소방방재청으로 이관되었으며 의연금지원 및 구호물품의 지급과 적정한 배분을 통해 국민의 욕구를 충족시킬 수 있는 실질적이고 실효성 있는 구호가 요구되고 있다.

재해구호법의 주요 연혁

- 1962. 3. 20 재해구호법 제정(법률 제1034호): 제정이유는 비상재해가 발생하였을 때에는 재해를 긴급복구하고 이재자를 보호하여 사회질서를 유지하려는 것임.
- 2001. 12. 19 대한적십자사 및 구호관계단체로 하여금 시·도가 행하는 구호업무에 의무적으로 협조하도록 하고 있는 규정을 삭제하여 이를 민간의 자율에 맡기도록 하고, 지방자치단체의 재해구호기금 최저적립액에 관한 규정을 삭제하되, 시·도는 직전 3년간 재해구호활동에 소요된 비용을 감안하여 매년 필요한 금액을 적립하도록 하며, 재해구호를 위한 토지 또는 건물의 사용에 관한 협력요구에 정당한 이유없이 응하지 아니한 자에 대한 벌칙을 벌금에서 과태료로 전환하는 등 벌칙을 현실에 맞게 조정하려고 법 전문 개정
- 2004. 12. 30 정부의 재해재난업무 일원화 방침으로 소방방재청이 설립됨에 따라 보건복지부 소관의 재해구호에 관한 업무를 소방방재청으로 이관하고, 재해구호법의 소관을 보건복지부에서 행정자치부로 변경하려고 법 일부 개정
- 2008. 12. 26 양벌규정은 문언상 영업주가 종업원 등에 대한 관리·감독상 주의의무를 다하였는지 여부에 관계없이 영업주를 처벌하도록 하고 있어 책임주의 원칙에 위배될 소지가 있으므로, 영업주가 종업원 등에 관한 관리·감독상 주의의무를 다한 경우에는 처벌을 면하게 함으로써 양벌규정에도 책임주의 원칙이 관철되도록 법 일부 개정

3 내용

(1) 구호대상과 재해의 종류

1) 구호대상

「재해구호법」에 의한 구호는 자연재해대책법 제2조제1호의 규정에 의한 재해로 인하여 피해를 입은 자(이하 "이재민"이라 한다)를 대상으로 한다(재해구호법 제2조).

2) 재해의 종류

재해는 다음 각 목의 것으로서 국민의 생명·신체 및 재산과 국가에 피해를 주거나 줄 수 있는 것을 말한다(재난 및 안전관리 기본법 제3조).

① 태풍·홍수·호우·폭풍·해일·폭설·가뭄·지진·황사·적조 그 밖에 이에 준하는 자연현상으로 인하여 발생하는 재해

② 화재·붕괴·교통사고·화생방사고·환경오염사고 그 밖에 이와 유사한 사고로 대통령령이 정하는 규모 이상의 피해(국가 또는 지방자치단체 차원의 대처가 필요한 인명 또는 재산의 피해)

③ 에너지·통신·교통·금융·의료·수도 등 국가기반체계의 마비와 전염병 확산 등으로 인한 피해

(2) 구호기관

구호는 이재민의 거주지를 관할하는 특별시장·광역시장·도지사 및 시장·군수·구청장이 행하며(동법 제3조제1항), 시·도지사와 시장·군수·구청장은 대통령령이 정하는 바에 따라 재해구호에 관한 계획을 수립·시행하여야 한다(동법 제3조제2항). 그리고 구호기관의 재해구호활동을 지원하기 위하여 〈소방방재청〉에 재해구호본부를 둔다(동법 제3조제3항).

> **구호지원기관**
>
> 구호기관의 업무를 지원하기 위하여 필요한 인력·시설 및 장비를 갖춘 기관 또는 단체로서 「대한적십자조직법」에 의한 대한적십자사 및 제29조의 규정에 의한 전국재해구호협회 등 대통령령이 정하는 기관 또는 단체

(3) 구호의 종류와 구호비용의 부담

「재해구호법」이 규정하고 있는 구호의 종류는 다음과 같다(동법 제4조제1항).

① 임시거주시설의 제공
② 급식 또는 식품·의류·침구 그 밖의 생활필수품의 제공
③ 의료서비스의 제공
④ 전염병 예방 및 방역활동
⑤ 위생지도
⑥ 장사의 지원
⑦ 그 밖에 소방방재청장이 정하는 사항

그리고 구호기관은 필요하다고 인정하는 경우에는 이재민에게 현금을 지급하여 구호할 수 있으며(동법 제4조제2항), 구호의 한도·방법 및 기간에 관하여 필요한 사항은 행정자치부령으로 한다. 다만 의료서비스의 제공, 위생지도는 행정자치부로 한다(동법 제4조제3항).

한편 구호에 필요한 비용은 구호기관이 부담하고, 정부는 구호기관이 재해구호를 위하여 부담한 비용의 전부 또는 일부를 대통령령이 정하는 바에 따라 국고 등으로 보조할 수 있다(동법 제13조).

(4) 구호기간

이재민의 피해정도 및 생활정도 등을 감안하여 결정하되, 그 기간은 6월 이내로 한다(동법 시행규칙 제6조).

(5) 재해구호물자의 확보 및 보관 등

구호기관은 지역별 재해발생현황 및 지역설정 등을 감안하여 필요한 재해구호물자를 상시 확보하여 응급지원할 수 있는 체제를 갖추어야 하며(동법 제5조제1항), 시장·군수·구청장은 구호활동을 함에 있어 재해구호물자가 부족한 경우에는 시·도지사에게 지원을 요청할 수 있으며, 지원요청을 받은 시·도지사는 그 지원요청에 대한 조치를 충분히 할 수 없는 경우에는 소방방재청장에게 그에 필요한 지원을 요청할 수 있다(동법 제5조제2항). 아울러 소방방재청장은 「대한적십자사조직법」에 의한 대한적십자사 및 제10조의 규정에 의한 전국재해구호협회가 재해구호물자를 모집·관리·배분하기 위한 창고의 설치·운영을 지원할 수 있으며(동법 제5조제3항), 확보하여야 할 재해구호물자의 종류 및 확보기준 등에 관하여 필요한 사항은 행정자치부령으로 정한다(동법 제5조제5항).

(6) 응급구호실시 및 재해구호상황의 보고

구호기관은 재해로 인하여 이재민이 발생한 때에는 전체 재해발생상황을 파악하기 전이거나, 재해발생이 진행 중인 때에라도 행정자치부령이 정하는 기준에 따라 지체 없이 응급구호를 실시하고, 그 재해의 상황과 재해구호 내용을 소방방재청장에게 보고하여야 한다(동법 제6조).

(7) 토지 또는 건물 등의 사용 및 현장 조사

구호기관은 구호를 행하기 위하여 특히 필요하다고 인정하는 때에는 타인소유의 토지 또는 건물 등을 사용할 수 있으며(동법 제7조제1항), 타인 소유의 토지 또는 건물 등을 사용하는 경우에는 미리 토지 또는 건물 등의 소유자 또는 점유자에게 통지하여 그 승낙을 얻어야 한다. 이 경우 소유자 등은 정당한 사유가 없는 한 이에 적극 협조하여야 하며(동법 제7조제2항), 소유자 등에게 손실이 발생한 경우에는 그 손실에 대하여 정당한 보상을 하여야 한다(동법 제7조제3항).

한편 구호기관은 제7조제1항의 규정에 의하여 타인 소유의 토지 또는 건물 등을 사용하기 위하여 필요하다고 인정하는 때에는 소속공무원으로 하여금 해당 토지 건물 등을 조사하게 할 수 있다. 이 경우 미리 소유자 등에게 통지하여야 한다(동법 제8조제1항).

(8) 시설 · 물자의 우선 사용 등

구호기관은 구호를 행하기 위하여 특히 필요하다고 인정하는 때에는 의료·방역·급식 또는 물자의 취급을 업으로 하는 자에게 시설 또는 물자의 우선 사용 또는 판매에 관한 협력을 요청할 수 있다. 이 경우 협력을 요청받은 자는 정당한 사유가 없는 한 이에 협력하여야 하며(동법 제9조제1항), 〈구호기관〉은 제1항의 규정에 의하여 구호업무에 협력하는 자에게 정당한 보상을 하여야 한다(동법 제9조제2항).

(9) 전국재해구호협회

이재민의 구호에 필요한 재해의연금품 모집·관리·배분 및 구호활동 등을 위하여 전국재해구호협회를 설립할 수 있다(동법 제10조제1항). 협회는 법인으로 하고, 그 주된 사무소의 소재지에 설립등기를 함으로써 성립되며, 협회에 관하여 이 법에 규정된 것을 제외하고는 민법 중 사단법인에 관한 규정을 준용한다(동법 제10조제2항~제4항). 그리고 협회는 다음과 같은 사업을 수행할 수 있다(동법 제11조 1항).

① 이재민의 구호를 위한 재해의연금품의 모집·관리 및 배분
② 재해구호에 관한 홍보 및 조사연구 등 재해구호관련 사업
③ 그 밖에 대통령령이 정하는 사업

재해의연금품의 모집·관리 및 배분에 관하여 필요한 사항은 대통령령으로 정한다(동법 제11조제2항).

(10) 재해구호 관련기관과의 협조

구호기관은 재해구호를 원활하게 하기 위하여 경찰관서·소방관서·군부대와 대한적십자사·협회 등 민간재해구호관련 단체와 상호 협조하여야 하며, 이재민과 그 인근 거주자는 구호기관의 구호에 관한 업무에 협력하여야 한다(동법 제12조).

(11) 재해구호기금 및 수입금의 편입

1) 재해구호기금의 적립 등

시·도지사는 구호를 위한 구호비용을 부담하기 위하여 매년 재해구호기금을 적립하여야 하고, 〈재해구호기금〉은 이재민의 구호 등 대통령령이 정하는 용도 외에는 이를 사용할 수 없으며, 재해구호기금의 운영 및 관리에 관하여 필요한 사항은 대통령령으로 정한다(동법 제14조).

2) 재해구호기금의 최저적립액

동법 제14조제1항의 규정에 의한 재해구호기금의 매년도 최저적립액은 최근 3년 동안의 「지방세법」에 의한 보통세의 수입결산액의 평균연액의 1천 분의 5에 해당하는 그 액으로 한다. 다만, 특별시의 경우에는 1천 분의 2.5에 해당하는 금액으로 한다(동법 제15조제1항).

한편 시·도지사는 동법 제15조제1항의 규정에 의하여 적립된 재해구호기금의 누적집행잔액이 최근 3년 동안의 「지방세법」에 의한 보통세의 수입결산액의 평균연액의 1천 분의 30을 초과하는 경우에는 제1항의 규정에 불구하고 동항의 규정에 의한 당해 연도의 최저적립액 이하로 적립할 수 있다(동법 제15조제2항).

3) 수입금의 편입

재해구호기금에서 생기는 수입은 그 전액을 재해구호기금에 편입하여야 한다(동법 제16조).

(12) 벌칙 등

1) 벌칙(동법 제34조)

① 다음에 해당하는 자는 3년 이하의 징역 또는 3천만원 이하의 벌금에 처한다.

- 허가를 받지 아니하거나 속임수 그 밖의 부정한 방법으로 허가를 받고 의연금품을 모집한 자
- 의연금품의 출연을 강요한 자
- 반환명령에 따르지 아니한 자
- 의연금을 개설한 계좌에 납입하지 아니하거나 의연물품을 해당 지역구호센터에 전달하지 아니한 자
- 의연금품의 내역을 제출하지 아니하거나 허위로 제출한 자
- 의연금의 100분의 2를 초과하여 모집비용에 충당한 자
- 감사보고서 또는 모집 의연금품의 상황 및 내역, 배분내역 등에 대한 보고서를 제출하지 아니한 자
- 속임수 그 밖의 부정한 방법으로 이 법에 따른 구호를 받거나 다른 사람으로 하여금 구호를 받게 한 자

② 다음에 해당하는 자는 1년 이하의 징역 또는 1천만원 이하의 벌금에 처한다.

- 국가 또는 지방자치단체 및 그 소속 기관과 공무원 아닌 자가 의연금품을 모집하거나 접수한 경우
- 장부에 의연금품의 접수사실을 기재하지 아니하거나 허위로 기재한 자
- 장부·서류 등을 작성하지 아니하거나 비치하지 아니한 자

2) 양벌규정(동법 제35조)

법인의 대표자나 법인 또는 개인의 대리인, 사용인, 그 밖의 종업원이 그 법인 또는 개인의 업무에 관하여 제34조의 위반행위를 하면 그 행위자를 벌하는 외에 그 법인 또는 개인에게도 해당 조문의 벌금형을 과(科)한다. 다만, 법인 또는 개인이 그 위반행위를 방지하기 위하여 해당 업무에 관하여 상당한 주의와 감독을 게을리하지 아니한 경우에는 그러하지 아니하다.

4 개선점

재해로 인하여 피해를 입은 이재민이나 가족이 재해복구만으로 완전한 정상생활을 하지 못하는 경우, 그 재해로 인하여 더 심각한 문제들이 역동적으로 발생 할 수 있으므로 항구적으로 종합적인 대책이 강구, 경제적이고 건설적인 접근과 사회복지적 측면에서의 다양한 접근이 이루어질 수 있도록 법 조항의 현실화가 필요하다.

法諺

Law favoreth public quietr.

법은 공공의 안녕을 존중한다.

제 3 절 최저임금법

① 최저임금법의 의의

최저임금법은 근로자에 대하여 임금의 최저수준을 보장하여 근로자의 생활안정과 노동력의 질적 향상을 기하기 위하여 제정된 법률이다. 또한 헌법 제32조에서 최저임금제를 시행해야 한다고 명시하여 다른 노동법과 함께 노동자에게 인간다운 생활을 할 수 있는 최저선을 보장하려는 데 그 의의가 있다. 이와 같이 최저임금제는 국가가 법률로서 임금의 최저한을 강제적으로 규제하는 제도로서 국가의 법률에 의하여 최저임금 이하로 노동자의 고용을 금지하는 제도이다.

> **최저임금법**
>
> 근로자에 대하여 임금의 최저수준을 보장하여 근로자의 생활안정과 노동력의 질적 향상을 기하기 위하여 제정된 법률이다. 최저임금이란 국가가 법률로서 임금의 최저한을 강제적으로 규제하는 제도로서 국가의 법률에 의하여 최저임금 이하로 노동자의 고용을 금지하는 제도이다.

근대 시민사회에 있어서 임금은 노사가 대등한 입장에서 자유로이 결정하는 것을 원칙으로 하지만, 최저임금제는 임금결정에 국가가 법률로서 강제적으로 개입하는 것이 특징이다. 그러나 최저임금의 금액은 법률로서 정해지는 것이 아니며, 최저임금의 결정방식은 나라에 따라 각기 상이하게 결정된다.

우리나라는 최저임금법 제8조에서 규정한 바와 같이 임금심의회방식으로 최저임금을 정하고 있다. 이러한 최저임금제는 사회보장의 주요 보장요소로서 공공부조나 사회보험과 상호 밀접한 관련을 맺고 있다. 특히 공공부조의 기준 및 사회보험의 급여수준, 즉 사회보장의 급여수준을 개선하는데 있어 그 전제조건으로서 중요한 의의가 있다.

최저임금은 노동자의 생계비, 유사노동자의 임금 및 노동생산성을 고려, 사업의 종류별로 구분하여 최저임금위원회의 심의를 거쳐 고용노동부장관이 정하도록 규정하고 있다. 최저임금위원회는 근로자 · 사용자 · 공익을 대표하는 근로자위원·사용자위원·공익위원 등 각 9인으로 구성된다. 특히, 사용자가 이 법에 의한 최저임금을 이유로 종전의 임금 수준을 저하시킬 수 없도록 규정하고, 이를 위반한 자는 3년 이하의 징역 또는 2,000만 원 이하의 벌금에 처하거나 이를 병과(併科)할 수 있도록 하였다. 또, 최저임금의 적용을 받는 근로자와 사용자 사이에 최저임금액에 미달하는 임금을 정한 근로계약은 그 부분에 한하여 무효가 됨을 규정하고 있다. 그러나 정신장애나 신체장애로 근로능력이 현저히 낮은 자에 대한 최저임금

> **최저임금액**
>
> 최저임금액은 시간·일·주 또는 월을 단위로 하여 정하며, 이 경우 일·주 또는 월을 단위로 하여 최저임금액을 정하는 때에는 시간급으로도 이를 표시하여야 한다. 최저임금은 상여금, 체력단련비, 연월차수당, 유급휴일, 연장·야간근로수당, 일숙직수당, 가족수당, 통근수당, 급식비를 제외한 후 최저임금을 산정한다.

의 적용은 제외하고 있다.

최저임금법은 총칙, 최저임금, 최저임금의 결정, 최저임금위원회, 보칙, 벌칙 등 6장으로 나뉜 전문 31조와 부칙으로 되어 있다.

② 입법과정

역사적으로 최저임금제도는 1894년 뉴질랜드의 강제중재법과 1896년 오스트레일리아 빅토리아주(州)의 공장법에 의해 창설되어 구미 선진자본주의에 커다란 영향을 미쳤다. 1902년 영국에서 임금위원회법이 성립되고, 1915년 프랑스에서도 가내노동법이 성립되었으며, 미국에서는 1912년 이후 주법(州法)에 의해 최저임금제도가 차례로 도입되었다. 이러한 추세 속에서 1928년 국제노동기구(ILO)가 '최저임금결정기구의 창설에 관한 조약'을 비준하고 보급에 힘씀으로써, 세계 경제공황 이후 각국에 널리 보급되었다.

한국의 경우 1960년대 이후부터 국회와 관련기관에서 수차에 걸쳐 최저임금의 법제화에 관한 논의가 있었지만, 국제경쟁력의 약화와 고용증대에 대한 악영향을 이유로 시기상조론이 대두되어 오다가 1986년 최저임금법이 제정되었고, 1988년 1월부터 시행에 들어가 최저임금제도가 정착되었다.

최저임금제도의 도입 당시 최저임금제가 일시에 전산업에 적용될 경우 국민경제에 충격을 미칠 수 있다는 점을 감안하여 순차적으로 적용범위를 확대해 나가기로 하였다. 그래서 제도의 도입 첫해인 1988년에는 상시근로자 10인 이상의 제조업에 한정하여 적용하였으며, 다음해인 1989년에 상시근로자 10인 이사의 제조업·광업·건설업으로 확대 적용하였다.

그러나 이와 같이 적용범위를 한정하여서는 최저임금제 본래의 취지인 저임금노동자 보호에 미흡한 점이 많았다. 즉, 저임금노동자들이 폭넓게 존재하고 있는 위생·서비스 업종이 최저임금제의 적용대상에서 제외되어 있는 반면, 고임금 업종으로 분류되는 광업·건설업에만 최저임금제가 적용되는 문제점이 있었다. 이에 당초 계획이었던 1991년보다 1년 앞당겨 1990년부터 최저임금제를 전산업에 확대·적용하기 위하여 최저임금법 시행령을 개정하였다. 그 결과 우리나라의 최저임금제는 도입 3년 만에 전산업으로 확대·적용됨에 따라 저임금노동자 보호를 위한 사회정책적 제도로 발전하게 되었다.

그리고 2000년 10월에는 법률을 일부 개정(법률 제6278호)하여 근로자에게 최저수준의 임금을 보장하기 위하여 시행하고 있는 최저임금제의 적용대상을 종전에는 5인 이상의 근로자를 사용하는 사업장으로 제한하였으나, 그 적용대상을 모든 사업장으로 확대하여 저소득근로자의 생활보장과 생산성 향상을 도모하였다.

2005년 5월, 최저임금법이 그 취지에 보다 접근하는 방향으로 일부 개정(법률 제7563호) 되었는데 우선, 최저임금을 결정할 때 소득분배율을 반영하였다. 이것은 그간 최저임금이 지나치게 낮아 최저임금제의 취지를 살리지 못하고 있다는 비판을 받아들인 것으로 보인다. 또한, 최저임금 보장을 위해 간접고용노동자들의 경우 실제 근로조건의 결정권을 갖고 있는 상수급인들의 연대책임을 명시하였고, 또 근로시간 단축시 최저임금 적용을 위해 4시간에 한하여 임금보장을 하도록 하였다. 그 외에도 '최저임금 적용대상 확대, 적용일시 매년 1월 1일부터 12월 말일까지로 개정, 또 공익위원 구성에 대한 시행령 규정을 개정'하기로 하는 등 그 동안 노동계가 요구해왔던 중요한 내용들을 포함하였다.

2005년 12월 개정에서는 2단계 이상의 도급에 있어서 직상수급인(直上受給人)의 책임 있는 사유로 하수급인이 그 근로자에게 최저임금액에 미달하는 임금을 지급한 때에 직상수급인이 해당 하수급인과 연대하여 책임을 지는 것과 마찬가지로 1단계 도급에 있어서도 도급인의 책임 있는 사유로 수급인이 그 근로자에게 최저임금액에 미달하는 임금을 지급한 때에는 도급인이 수급인과 연대하여 책임을 진다는 점을 명확히 하였다. 또한 도급인 또는 직상수급인이 인건비 단가를 최저임금액에 미치지 못하는 금액으로 결정하는 행위가 수급인 또는 하수급인과 연대책임을 져야 할 책임 있는 사유의 범위에 포함된다는 것을 명확히 하는 등 최저임금액에 미달하는 임금을 지급받는 근로자에 대한 보호를 강화하였다.

2007년 12월에는 택시근로자의 경우에 사납금을 제외한 초과수입금 등 생산고에 따른 임금을 최저임금에 산입하는 것이 불합리하기 때문에, 택시근로자의 최저임금에 산입하는 임금의 범위를 생산고에 따른 임금을 제외한 임금으로 정하도록 하였다.

최저임금법의 주요 연혁

- 1986. 12. 31 최저임금법 제정
- 1988. 1. 1 상시근로자 10인 이상의 제조업
- 1989. 7. 7 상시근로자 10인 이상의 제조업·광업·건설업으로 확대 실시
- 1990. 1. 1 상시근로자 10인 이상의 전사업장으로 확대 실시
- 1999. 9. 1 상시근로자 5인 이상의 사업장으로 확대 실시
- 2001. 9. 1 전사업장으로 확대 실시
- 2007.12.27 택시근로자의 최저임금 산업 등 적용범위 확대
- 2008.3.21 문장을 한글로 하고, 쉬운 용어로 바뀌고, 복잡한 문장을 체계적으로 정리
- 2010.6.4 정부조직법으로 개정

3 내용

(1) 목적 및 적용범위

1) 목적

최저임금법은 근로자에 대하여 임금의 최저수준을 보장하여 근로자의 생활안정과 노동력의 질적 향상을 꾀함으로써 국민경제의 건전한 발전에 이바지하게 함을 목적으로 한다(동법 제1조).

2) 적용범위

최저임금은 근로자를 사용하는 모든 사업 또는 사업장에 적용한다. 다만, 동거하는 친족만을 사용하는 사업과 가사사용인에 대하여는 적용하지 아니한다. 또한 선원법의 적용을 받는 선원 및 선원을 사용하는 선박의 소유자에 대하여는 이를 적용하지 아니한다(동법 제3조).

(2) 최저임금

1) 최저임금의 결정기준과 구분

최저임금은 근로자의 생계비, 유사근로자의 임금, 노동생산성 및 소득분배율 등을 고려하여 정한다. 이 경우 사업의 종류별로 구분하여 정할 수 있다. 사업의 종류별 구분은 최저임금위원회의 심의를 거쳐 고용노동부장관이 정한다(동법 제4조). 여기에서 근로자의 생계비는 근로자의 생활요구를 반영한 것으로서 이론생계비를 의미하고, 유사근로자의 임금은 비교 가능한 임금 및 소득을 대표하는 것으로 공정임금의 원칙에 해당되며, 노동생산성은 산업의 지불능력을 나타내는 것으로서 사용자의 요구를 반영한 것이다. 2005년에 개정된 최저임금법은 최저임금 결정기준으로 경제사회적인 영향을 반영하는 "소득분배율"을 고려한다는 항목이 추가됐다. 소득분배율을 고려한다는 것이 아직까지 추상적인 수준이긴 하나, 최저임금을 지나치게 낮게 책정하여 저임금 개선의 취지를 살리지 못하고 있는 현 실정에서는 개선의 의지를 엿볼 수 있다.

2) 최저임금액

최저임금액(최저임금으로 정한 금액을 말한다)은 시간·일·주 또는 월을 단위로 하여 정한다. 이 경우 일·주 또는 월을 단위로 하여 최저임금액을 정하는 때에는 시간급으로도 이를 표시하여야 한다(동법 제5조). 최저임금은 상여금, 체력단련비, 연월차수당, 유급휴일, 연장·야간근로수당, 일숙직수당, 가족수당, 통근수당, 급식비를 제외한 후 최저임금을 산정한다. 최저임금은 2011년(2011.1.1.-2011.12.31.) 기준으로 모든 업종에 1시간당 4,320원이며, 이를 일급(8시간 기준)으로 환산하면 34,560원이다. 주 40시간(월209시간 기준) 근로 사업장의 경우 월급은 902,880원이며, 주 44시간 사업장(월226시간 기준)은 976,320원이 최저임금액이다.

다만, 다음에 해당하는 자에 대하여는 대통령령이 정하는 바에 의하여 위의 규정에 의한 최저임금액과 다른 금액으로 최저임금액을 정할 수 있다. ① 수습사용 중에 있는 자로서 수습사용한 날부터 3월 이내인 자, ② 「근로기준법」 제63조제3호의 규정에 의하여 감시 또는 단속적으로 근로에 종사하는 자로서 사용자가 고용노동부장관의 승인을 얻은 자, ③ 임금이 통상적으로 도급제나 그 밖에 이와 유사한 형태로 정하여져 있는 경g우에 있어서 위의 규정에 의하여 최저임금액을 정하는 것이 적당하지 아니하다고 인정될 때에는 대통령령이 정하는 바에 의하여 최저임금액을 따로 정할 수 있다(동법 제5조).

3) 최저임금의 효력(동법 제6조)

사용자는 최저임금의 적용을 받는 근로자에 대하여 최저임금액 이상의 임금을 지급하여야 하고, 이 법에 의한 최저임금액보다 적은 임금을 지급하거나 최저임금을 이유로 종전의 임금을 낮춘 자는 3년 이하의 징역 또는 2천만원 이하의 벌금에 처하거나 이를 병과할 수 있다(동법 제28조). 최저임금의 적용을 받는 근로자와 사용자 사이의 근로계약 중 최저임금액에 미치지 못하는 금액을 임금으로 정한 부분은 무효로 하며, 이 경우 무효로 된 부분은 이 법으로 정한 최저임금액과 동일한 임금을 지급하기로 한 것으로 본다. 그러나 다음의 임금은 최저임금에 산입하지 아니한다. ① 매월 1회 이상 정기적으로 지급하는 임금외의 임금으로서 고용노동부장관이 정하는 것, ②「근로기준법」 제2조에 따른 소정의 근로시간 또는 소정의 근로 일에 대하여 지급하는 임금외의 임금으로서 고용노동부장관이 정하는 것, ③ 그 밖에 최저임금액에 산입하는 것이 적당하지 아니하다고 인정하여 고용노동부장관이 따로 정하는 것(동법 제6조).

위의 규정은 다음에 해당하는 사유로 근로하지 아니한 시간 또는 일(日)에 대한 임금의 지급을 강제하는 것은 아니다. ① 근로자가 자기의 사정으로 인하여 소정의 근로시간 또는 소정의 근로일의 근로를 하지 아니한 경우, ② 사용자가 정당한 이유로 근로자에게 소정의 근로시간 또는 소정의 근로일의 근로를 시키지 아니한 경우(동법 제6조제6항).

도급으로 사업을 행하는 경우 수급인이 도급인이 책임져야 할 사유로 수급인이 근로자에게 최저임금액에 미치지 못하는 임금을 지급한 경우 도급인은 해당수급인과 연대하여 책임을 져야한다. 도급인의 책임있는 사유의 범위는 다음과 같다. ① 도급인이 도급계약의 체결 당시 인건비 단가를 최저임금액에 미치지 못하는 금액으로 결정하는 행위, ② 도급인이 도급계약 기간 중 인건비 단가를 최저임금액에 미치지 못하는 금액으로 낮춘 행위(동법 제6조제7·8항). 2차례 이상의 도급으로 사업을 행하는 경우에 있어서는 수급인을 하수급인으로, 도급인을 직상수급인(하수급인에게 직접 하도급을 준 수급인)으로 본다.

이는 최저임금 보장을 위해 간접고용노동자들의 경우, 실제 근로조건의 결정권을 가지고 있는 상수급인들의 연대책임을 명시한 것이다. 따라서 앞으로는 원청업체와 하청업체가 최초 계약시 최저임금에 미치지 못하는 단가로 계약한 경우와 사업계약 이후 인건비 단가를 최저임금 아래로 인하한 경우 모두 원청업체가 최저임금을 하청업체와 함께 보장해야 한다. 즉, 고용주와 사용자가 다름으로 인해 책임을 서로 떠넘기는 사례들이 많았는데 이제는 두 당사자가 모두 최저임금 보장에 대해 책임을 져야 한다.

4) 최저임금의 적용 제외

다음에 해당하는 자로서 사용자가 대통령령이 정하는 바에 의하여 고용노동부장관의 인가를 받은 자에 대하여는 최저임금의 효력을 적용시키지 아니한다. ① 정신 장애나 신체장애로 근로능력이 현저히 낮은 자, ② 그 밖에 최저임금을 적용하는 것이 적당하지 아니하다고 인정되는 자(동법 제7조).

2005년 5월 최저임금법 개정을 통해 그동안 최저임금 적용 대상자에서 제외되었던 2항과 3항이 삭제되어, 수습사용 중에 있는 자로서 수습사용한 날로부터 3월 이내인 자와 「근로기준법」 제61조 3호의 규정에 의하여 감시 또는 단속적으로 근로에 종사하는 자도 비록 다른 금액의 최저임금이지만 최저임금 적용을 받을 수 있게 되었다.

(3) 최저임금의 결정

1) 최저임금의 결정과정(동법 제8조)

고용노동부장관은 매년 8월 5일까지 최저임금을 결정하여야 한다. 노동부장관이 최저임금을 결정할 경우에는 대통령령이 정하는 바에 의하여 최저임금위원회의 심의를 요청하고, 최저임금위원회가 심의·의결한 최저임금안에 따라 최저임금을 결정하여야 한다.

최저임금위원회는 고용노동부장관으로부터 최저임금에 관한 심의요청을 받은 날로부터 90일 이내에 이를 심의하여 최저임금안을 고용노동부장관에게 제출하여야 한다. 고용노동부장관은 최저임금위원회가 심의하여 제출한 최저임금안에 따라 최저임금을 결정하기가 어렵다고 인정될 때에는 20일 이내에 그 이유를 명시하여 최저임금위원회에 10일 이상의 기간을 정하여 재심의를 요청할 수 있다. 그리고 최저임금위원회는 위의 규정에 의하여 재심의 요청을 받은 때에는 그 기간 내에 이를 재심의하여 고용노동부장관에게 제출하여야 한다.

고용노동부장관은 최저임금위원회가 재심의를 함에 있어서 재적위원 과반수의 출석과 출석위원 3분의 2이상의 찬성으로 당초의 최저임금안을 재의결한 때에는 그에 따라 최저임금을 결정하여야 한다.

2) 최저임금안에 대한 이의제기(동법 제9조)

고용노동부장관은 최저임금위원회로부터 최저임금안을 제출받은 때에는 대통령령이 정하는 바에 의하여 이를 고시하여야 한다. 근로자를 대표하는 자 또는 사용자를 대표하는 자는 고시된 최저임금안에 대하여 이의가 있는 때에는 고시된 날부터 10일 이내에 이의제기 사유 및 내용을 명시하여 고용노동부장관에게 이의를 제기할 수 있다. 고용노동부장관은 이의가 이유 있다고 인정되는 때에는 그 내용을 명시하여 최저임금위원회에 최저임금안의 재심의를 요구하여야 한다. 고용노동부장관은 재심의를 요구한 최저임금안에 대하여 최저임금위원회의 재심의·의결된 최저임금안이 제출될 때까지는 최저임금을 결정할 수 없다.

3) 최저임금의 고시와 주지의무

고용노동부장관은 최저임금을 결정한 때에는 지체없이 그 내용을 고시하여야 하며, 고시된 최저임금은 다음 연도 1월 1일부터 효력을 발생한다. 다만, 고용노동부장관은 사업의 종류별로 임금교섭시기 등을 고려하여 필요하다고 인정하면 효력발생 시기를 따로 정할 수 있다(동법 제10조).

최저임금의 적용을 받는 사용자는 대통령령이 정하는 바에 따라 해당 최저임금을 그 사업의 근로자가 쉽게 볼 수 있는 장소에 게시하거나 그 외의 적당한 방법으로 이를 근로자에게 널리 알려야 한다(동법 제11조).

(4) 최저임금위원회

최저임금위원회

최저임금에 관한 심의 기타 최저임금에 관한 중요사항의 심의를 위하여 고용노동부에 최저임금위원회를 설치한다.

최저임금에 관한 심의 기타 최저임금에 관한 중요사항의 심의를 위하여 고용노동부에 최저임금위원회를 둔다(동법 제12조).

1) 기능

최저임금위원회는 다음의 기능을 수행한다. ① 최저임금에 관한 심의 및 재심의, ② 최저임금 적용사업의 종류별 구분에 관한 심의, ③ 최저임금제도의 발전을 위한 연구 및 건의, ④ 기타 최저임금에 관한 중요사항으로서 고용노동부장관이 회의에 부치는 사항의 심의(동법 제13조). 이러한 최저임금위원회의 기능은 의결기관의 성격을 갖고 있음을 알 수 있다. 따라서 최저임금위원회가 심의·의결한 최저임금안은 고용노동부장관을 구속하는 것으로 보아야 한다.

2) 구성

최저임금위원회는 근로자를 대표하는 위원 9명, 사용자를 대표하는 위원 9명, 공익을 대표하는 위원 9명으로 구성하고, 위원회에 2인의 상임위원을 두며, 상임위원은 공익위원이 된다. 위원의 임기는 3년으로 하되, 연임할 수 있다. 위원이 궐위(闕位)되면 그 보궐위원의 임기는 전임자 임기의 남은 기간으로 하며, 위원은 그 임기가 끝났더라도 후임자가 임명되거나 위촉될 때까지 계속하여 그 직무를 수행한다(동법 제14조).

근로자위원·사용자위원 및 공익위원은 고용노동부장관의 제청에 의하여 대통령이 위촉하며, 상임위원 역시 고용노동부장관의 제청에 의하여 대통령이 임명한다. 근로자위원은 총연합단체인 노동조합에서, 사용자위원은 전국적 규모를 갖는 사용자단체 중 고용노동부장관이 지정하는 단체에서 추천한 자중에서 제청한다(동법 시행령 제12조).

그리고 최저임금위원회에는 관계행정기관의 공무원 중에서 3인 이내의 특별위원을 둘 수 있으며, 특별위원은 심의위원회의 회의에 출석하여 발언할 수 있다(동법 제16조).

최저임금위원회의 회의는 고용노동부장관이 소집을 요구하는 경우, 재적위원 3분의 1이상이 소집을 요구하는 경우 또는 위원장이 필요하다고 인정하는 경우에 위원장이 소집하고, 위원장은 위원회의 회의의 의장이 된다. 위원회의 회의는 이 법에서 따로 정하는 경우를 제외하고는 재적위원 과반수의 출석과 출석위원 과반수의 찬성으로 의결한다(동법 제17조).

최저임금위원회는 그 업무를 수행함에 있어서 필요하다고 인정하는 때에는 관계근로자와 사용자 기타 관계인의 의견을 청취할 수 있으며(동법 제18조), 사업의 종류별 또는 특정사항별로 전문위원회를 둘 수 있다(동법 제19조).

(5) 정부의 역할과 근로시간 단축시 임금보장

고용노동부장관은 근로자의 생계비와 임금실태 등을 매년 조사하여야 한다(동법 제23조). 정부는 근로자 및 사용자에 대하여 최저임금제도의 원활하게 실시하는 데에 필요한 자료를 제공하거나 그 밖에 필요한 지원을 하도록 최대한 노력하여야 한다(동법 제24조). 고용노동부장관은 「근로기준법」 제101조에 따른 근로감독관에게 대통령령으로 정하는 바에 따라 최저임금법의 시행에 관한 사무를 관장하도록 하며, 일정한 권한을 행사하도록 규정하고 있다(동법 제26조).

2005년 개정된 최저임금법은 근로시간 단축시, 최저임금 적용을 위해 4시간에 한해 임금보장을 하도록 하는 내용을 포함하고 있다. 이로써 주5일제 실시로 주당 법정 근로시간이 44시간에서 40시간으로 축소되어도 최저임금이 삭감해서는 안 된다는 내용이 명문화되었다(동법 부칙 3항).

④ 문제점과 개선방향

최저임금제도는 '빈곤계층을 위한 최소한의 안전장치'라는 본연의 기능을 갖고 있다. 즉, 최저임금법은 최저임금을 강제적으로 설정함으로서 최저한의 생계를 보장해야 한다는 사회적 의미를 담고 있다.

최저임금 문제는 ① 저임금에 의한 빈곤층의 형성 ② 비정규직 차별과 확대 ③ 사회적 기본임금 등의 의미와 성격을 갖는다. 따라서 최저임금문제가 단순히 최저임금에 미달되는 비정규직, 중소영세노동자, 감시단속직 근로자의 문제만이 아니라, 빈부격차의 확대, 빈곤층의 확대와 악화 등의 문제로 이어진다는 측면에서 사회적인 문제이며, 비정규직에 대한 차별의 구조적 원인이므로 비정규직 문제해결을 위해서도 매우 중요하다.

매년 최저임금은 노·사·공익 간 힘겨운 줄다리기 속에 결정된다. 최저임금에도 못 미치는 임금을 받는 노동자는 2001년 8월 59만 명, 2007년 8월 189만으로 증가하는 추세로, 아직도 법정 최저임금제도가 저임금 및 임금격차 해소라는 본연의 목적에 부응하고 있지 못하는 실정이다.

2008년 정부 발표에 따르면, 일을 하려는 의지와 능력은 있지만 낮은 소득 혹은 고용불안정에 따른 잦은 실직 때문에 빈곤 상태에서 벗어나지 못하는 근로빈곤층(Working Poors)이 273만 명으로 총 취업자 2,357만 명의 11.6% 수준이라고 밝힌바 있다. 특히 외환위기 이후 비정규직이 급증하면서 일을 해도 가난에서 벗어나지 못하는 '근로빈곤층'이 급증하고 있는 상황이다. 일을 해도 급여가 낮고, 고용이 불안정한 비정규직이 많기 때문에 가난의 굴레를 벗어나기가 어려운 상황인 것이다.

또한, 근로빈곤층 273만명 중 정부로부터 최저생계비를 지원받는 기초생활수급자는 30만명에 불과한 실정이다. 이에 근로빈곤층 문제를 해결하기 위해서라도 최저임금이 현실화 돼야 한다. 그리고 최저임금법의 사각지대에 놓여 있는 택시기사, 이주노동자, 감시·단속적 근로자의 문제도 해결되어야 한다.

감시·단속적 근로자

근로기준법에서는 경비원들을 '감시·단속적 근로자'라고 부르며, 가산수당과 최저임금법의 적용에서 배제하고 있다. 경비원들은 연장·야간·휴일근로를 해도 근로기준법상 가산수당을 받지 못한다. 휴식시간 및 대기시간이 많은 경비 노동자와 일반 노동자를 동일하게 취급해선 안된다는 게 그 이유다.

法諺

Suum cuique.

각자에게 그의 것을.

제 4 절 보호관찰 등에 관한 법률

① 교정복지의 의의

교정복지란 범죄자나 비행청소년의 재활과 정상인으로서의 사회복귀를 돕고 범죄사건으로 인한 제반 영향을 해결하기 위한 전문적 사회복지의 한 분야이다. 교정이라는 개념은 범죄를 행한 개인이 자신을 돌아보고 과거의 태도를 변화시킬 수 있도록 도와주며 그의 잠재력 개발과 사회의 재적응을 지원하는 것이다. 그러나 교정복지는 교정의 문제를 사회복지적 차원에서 대처함으로써 범죄자나 비행청소년 개인은 물론 그들의 사회환경에 개입하여 당면문제뿐만 아니라 재범예방 차원에서 효율성을 증진시키고, 범죄나 비행이 야기한 부정적 결과를 제거하여 사회구성원의 복지증진에 기여하는 일체의 활동을 의미한다.

> 보호관찰
>
> 범죄인을 교도소나 기타의 시설에 수용하지 않고 사회생활을 영위하면서 개선 ·갱생시키는 제도로, 범죄인에 대한 사회 내 처우를 의미한다. 즉, 유죄가 인정된 범죄인에 대하여 교정시설에서 수용·처벌하는 대신 일정한 기간을 정하여 선행의 유지를 조건으로 형의 선고를 유예 또는 형벌의 집행을 유예하거나 형집행을 중단하여 사회 내에서 자유활동을 허용한 상태에서 전문지식을 갖춘 보호관찰관의 개별적 지도·감독 및 원조를 받게 하여 적극적으로 범죄인의 교정·갱생과 사회복귀를 가능하게 함으로써 범죄인의 범죄성을 제거하고 나아가서 범죄로부터 사회를 방위하는 형사정책적인 수단을 가진다고 볼 수 있다.

우리나라에서 교정복지와 관련된 법률로는 「보호관찰 등에 관한 법률」과 「형의 집행 및 수용자의 처우에 관한 법률」이 있다. 「보호관찰 등에 관한 법률」은 확정형을 받기 전이나 확정형을 받고 수형생활 도중 또는 형을 마친 경우에 자활·자립과 재범방지 및 사회보호를 위하여 사회 내에서 처우하는 경우인 반면, 「형의 집행 및 수용자의 처우에 관한 법률」[1]은 확정형을 받은 수형자가 시설 내에서 교정교화, 건전한 국민사상, 기술교육 등을 실시하는 시설 내에서 처우하는 것으로 주로 수형생활 전반에 해당되지만 수형자의 복지적 측면은 거의 없는 실정이다.

이러한 사회 내 처우는 시설 내 처우에 대응하는 개념으로, 시설 내 처우의 폐단을 극복하기 위한 형사정책적 관심에서 등장한 것이라고 할 수 있다. 사회 내 처우는 시설 내 처우에 비하여 여러 가지 장점들을 갖고 있을 뿐만 아니라, 무엇보다도 범죄자의 사회복귀 및 재범방지라는 행형목적을 더욱 효과적으로 달성할 수 있다는 믿음에 근거하고 있다. 이러한 사회 내 처우의 가장 전형적인 형태로 보호관찰제도를 들 수 있다.

---

1) 「형의집행 및 수용자의 처우에 관한 법률」은 2007년 12월 21일 「행형법」에서 법명이 변경되었으며 그 내용도 전면 개정되었다. 이 법은 수용자의 인권 신장과 수용관리의 과학화·효율화 및 교정행정의 선진화를 도모하는 내용을 담고 있으며, 2008년 12월 22일부터 시행되었다.

사회 내 처우의 하나로서 보호관찰이라는 용어가 우리나라에서 처음 사용된 것은 1958년 「소년법」[2] 제정에서 찾을 수 있다. 그러나 소년법에서는 보호관찰제도가 정식으로 도입되지 못했고, 1963년의 개정 「소년법」에 의해 소년보호사건에서 보호처분의 형태로 처음 보호관찰제도가 법제화되었다. 그러나 그 역시 본래적 의미의 보호관찰이라고 보기는 어려웠다. 그후 1989년 「보호관찰법」의 제정과 함께 비로소 소년범죄자를 중심으로 한 본래적 의미의 보호관찰제도가 도입·실시되었고, 1995년 보호관찰법이 「보호 관찰 등에 관한 법률」로 명칭을 바꾸어 종래 갱생보호제도를 동법에 수용함으로써 보호관찰제도에 관한 기본법으로 자리 잡게 되었다. 또 1995년 형법 개정을 통하여 그 범위가 성인범에게까지 확대되면서, 우리나라에서도 보호관찰제도가 명실상부하게 전면적으로 확대 실시되게 되었다.

> **사회 내 처우**
>
> 시설 내 처우에 대응하는 개념으로, 사회 내 처우는 시설 내 처우에 비하여 여러 가지 장점들을 갖고 있을 뿐만 아니라, 무엇보다도 범죄자의 사회복귀 및 재범방지라는 행형목적을 더욱 효과적으로 달성할 수 있다는 믿음에 근거하고 있다.

본 절에서는 교정복지와 관련된 법 중에서 「보호관찰 등에 관한 법률」을 살펴보도록 한다. 「보호관찰 등에 관한 법률」은 죄를 범한 자로서 재범방지를 위하여 〈보호관찰〉, 〈사회봉사〉·수강 및 갱생보호 등 체계적인 사회 내 처우가 필요하다고 인정되는 자에 대하여 지도·원호를 함으로써 건전한 사회복귀를 촉진하고, 효율적인 범죄예방활동을 전개함으로써 개인 및 공공의 복지를 증진함과 아울러 사회를 보호함을 목적으로 하며, 6장 101조와 부칙으로 구성되어 있다.

> **갱생보호**
>
> 전과자들이 직장을 가져 생계를 꾸려나가고 사회에 적응할 수 있도록 하는 것이 갱생보호인데 이는 전과자들이 다시 범죄를 저지르는 것을 막고 자립할 수 있는 길을 열어주기 위한 제도다. 갱생보호의 대상이 되는 사람은 금고이상의 형을 받고 교도소에서 수감생활을 하다가 가석방된 사람, 형기를 채우고 나온 사람, 소년원에서 (가)퇴원한 사람 등이다. 갱생보호는 숙식제공, 여비지급, 생업도구·금품의 지급 또는 대여, 직업훈련 및 취업알선, 자립지원, 선행지도 등의 방법으로 행한다.

---

2) 청소년의 선도와 교정·교화에 관한 법률로는 「소년법」과 「소년원법」이 있다. 「소년법」은 반사회성 있는 소년에 대하여 그 환경의 조정과 성행(性行)의 교정에 관한 보호처분을 행하고 형사처분에 관한 특별조치를 행함으로써 소년의 건전한 육성을 기하기 위해 제정된 법률로 1958년 7월 법률 제489호로 제정·공포된 후 소년법은 2007년 12월 「보호소년 등의 처우에 관한 법률」로 법명의 개정과 함께 일부 개정되었다. 그 이유는 소년원·소년분류심사원의 다양한 임무와 기능을 포괄할 수 있도록 법률 제명을 변경하고, 인권보호의무 규정 등 처우 관련 규정을 신설하여 보호소년 등의 인권보장을 강화하는 한편, 법 문장을 한글과 쉬운 용어를 사용하여 국민이 법 문장을 이해하기 쉽게 정비하기 위함이었다. 소년원과 소년분류심사원의 조직과 기능, 보호소년과 위탁소년의 교정교육 등에 관하여 필요한 사항을 규정한 법률로 1958년 8월에 제정되었다.

② 입법과정

> **교정복지**
>
> 교정의 문제를 사회복지적 차원에서 대처함으로써 범죄자나 비행청소년 개인은 물론 그들의 사회환경에 개입하여 당면문제뿐만 아니라 재범예방 차원에서 효율성을 증진시키고, 범죄나 비행이 야기한 부정적 결과를 제거하여 사회구성원의 복지증진에 기여하는 일체의 활동을 의미한다.

교정과 관련된 입법을 살펴보면 1961년 「갱생보호법」에 의한 갱생보호회가 설립되어 갱생보호위주의 활동을 하고, 1978년 이후 보호관찰제도의 도입을 위한 준비로서 선도조건부기소유예제도나 사회보호법에 의한 보호관찰제도 등을 실시하였다. 1982년 1월에 만들어진 보호관찰제도 도입연구반에 의해서 「보호관찰법」 제정의 전단계로서 1983년 2월 보호관찰제도가 시험적으로 일부 가석방자 및 가퇴원자에 대한 보호관찰을 실시하였다. 그 후 1988년 12월 15일 보호관찰제도의 실시를 위한 「보호관찰법」이 제정되었고, 1989년 시행됨으로써 〈교정복지〉의 역사에 큰 전환기를 맞이하였다.

1995년 1월 5일 「갱생보호법」과 「보호관찰법」을 통합하여 「보호관찰 등에 관한 법률」을 제정하여 1997년 1월 1일부터 시행되었다. 이 법은 기존 「갱생보호법」에서 관찰보호가 보호관찰로 일원화하고 그동안 청소년범죄자에게 적용되던 보호관찰제도를 성인에게까지 확대실시됨으로써 비로소 교정사업이 복지차원에서 실천되는 계기를 마련했다. 이는 우리나라 교정이념이 시설 내 처우에서 사회 내 처우로 대전환하는 것을 의미한다. 이러한 「보호관찰법」의 대두배경을 살펴보면 다음의 세 가지로 요약해 볼 수 있다.

첫째, 현대사회의 범죄현상에 대한 변화이다. 경제적 빈곤문제가 해결되면 범지문제도 동시에 극복될 줄 알았던 종래의 고정관념이나 기대와는 달리 경제가 성장하고 산업화·도시화가 진행되면 될수록 범죄문제는 더욱 심각해지고 있다. 특히 이러한 변화에 수반된 전통적 가족윤리·교육제도 및 가치관의 해체와 재형성 과정에서 범죄의 양적 증가 및 질적 흉포화 현상이 큰 사회문제로 대두되고 있기에 이에 대한 대응마련이 필요해졌다.

둘째, 범죄문제에 대처하는 태도의 변화이다. 전통적인 응보형주의에 따른 획일적 형벌집행만으로 새로운 형태의 범죄발생을 방지할 수 없다는 반성에서 범죄행위 그 자체로부터 범죄인 개개인에게 관심을 돌리게 되었고, 범죄자의 성격결함을 사회심리학적·정신의학적으로 교정함과 동시에 사회변화에 적응하여 자립할 수 있도록 중재하여 가족·학교·직장·사회 등 주변 환경을 조정·개선시켜 주는 교육형 사상이 대두했기 때문이다.

셋째, 범죄현상에 대한 일반적 인식의 변화이다. 중범죄자를 처벌하여 사회부조리 요인을 없애고 질서를 유지하는 대원칙은 변하지 않았지만, 범죄자들도 사회의 일원으로 복귀할 자이므로 인간존중의 정신에 입각하여 개선 가능성이 높은 자, 특히 비행청소년에 대해서는 사회 내에서 충분히 지도하고 원조함으로써 사회복귀를 도모하려는 노력을 병행하여 획일적 형벌집행에 따른 재범의 악순환을 방지하려는 것이다.

보호관찰등에관한법률의 주요 연혁

- 1961. 9. 30 갱생보호법 제정
- 1961. 10. 20 갱생보호법 시행
- 1982. 3. 보호관찰제도 도입연구반 편성
- 1982. 12. 23 보호관찰제도 도입요강 작성
- 1983. 2. 4 보호관찰 시험실시
- 1988. 3. 21 보호관찰제도 도입 준비위원회 구성(보호관찰법 제정작업 본격추진)
- 1988. 12. 31 보호관찰법 제정(법률 제4059호)
- 1989. 7. 1 보호관찰법 시행
- 1995. 1. 5 보호관찰등에관한법률 제정(법률 제4933호) → 보호관찰법을 전면개정, 갱생보호법 폐지
- 1997. 1. 1 보호관찰등에관한법률 시행
- 1996.12.12 형법의 개정으로 사회봉사명령·수강명령 조건부집행유예제도가 도입되어 절차를 규정함
- 2008.12.26 한국갱생보호공단의 명칭을 한국법무보호복지공간으로 변경, 판결 및 결정 전조사제도 신설, 보호관찰이 정지된 임시퇴원자에 대한 보호관찰 종료 규정 신설
- 2010.3.31 지방세특례제한법 제정

3 내용

(1) 총칙

1) 목적

이 법은 죄를 지은 사람으로서 재범 방지를 위하여 보호관찰, 사회봉사, 수강(受講) 및 갱생보호(更生保護) 등 체계적인 사회 내 처우가 필요하다고 인정되는 사람을 지도하고 보살피며 도움으로써 건전한 사회 복귀를 촉진하고, 효율적인 범죄예방 활동을 전개함으로써 개인 및 공공의 복지를 증진함과 아울러 사회를 보호함을 목적으로 한다(동법 제1조)고 규정하여 범죄자와 사회를 모두 보호하는 것을 목적으로 명시하고 있다.

2) 협력과 책임

모든 국민은 제1조의 목적을 달성하기 위하여 그 지위와 능력에 따라 협력하여야 하며, 국가와 지방자치단체는 죄를 지은 사람의 건전한 사회복귀를 위하여 보호선도 사업을 육성할 책임을 진다(동법 제2조). 이는 범죄예방 및 재범방지를 위해서는 국가기관의 노력만으로 불가능하고 사회 각계각층의 참여가 필요함을 강조하고 국민개개인의 협력의무를 선언하고 있는 것이다.

3) 대상자

이 법에 의한 보호관찰을 받을 자는 다음과 같다.

① 보호관찰을 조건으로 형의 선고유예와 집행유예의 선고를 받은 사람, 보호관찰을 조건으로 가석방되거나 임시 퇴원된 사람, 소년법 의해 보호처분을 받은 사람, 다른 법률에서 이 법에 따른 보호관찰을 받도록 규정된 사람(동법 제3조제1항).

② 사회봉사 또는 수강을 조건으로 형의 집행유예의 선고를 받은 사람, 소년법에 따라 사회봉사명령 또는 수강명령을 받은 사람, 다른 법률에서 이 법에 따른 사회봉사 또는 수강을 받도록 규정된 사람(동법 제3조제2항).

③ 갱생보호를 받을 사람(갱생보호 대상자)은 형사처분 또는 보호처분을 받은 사람으로서 자립갱생을 위한 숙식 제공, 여비 지급, 생업도구·생업조성 금품의 지급 또는 대여, 직업훈련 및 취업알선 등 보호의 필요성이 인정되는 사람(동법 제3조제3항).

4) 운영기준

보호관찰, 사회봉사·수강 또는 갱생보호는 해당 대상자의 교화, 개선 및 범죄예방을 위하여 필요하고도 적절한 한도 내에서 이루어져야 하며, 대상자의 나이·경력·심신상태·가정환경·교우관계, 그 밖의 모든 사정을 충분히 고려하여 가장 적합한 방법으로 실시되어야 한다(동법 제4조)고 규정하여 필요·상당성의 원칙과 개별처우의 원칙을 운영의 기준에서 강조하고 있다.

보호관찰심사위원회

보호관찰에 관한 사항을 심사·결정하기 위하여 법무부 장관 소속 하에 보호관찰심사위원회를 두며, 고등검찰청 소재지 등에 설치한다.

(2) 보호관찰기관

1) 보호관찰심사위원회

보호관찰에 관한 사항을 심사·결정하기 위하여 법무부장관 소속으로 보호관찰심사위원회를 두며, 심사위원회는 고등검찰청 소재지 등 대통령령으로 정하는 지역에 설치한다(동법 제5조).

보호관찰심사위원회는 ① 가석방과 그 취소에 관한 사항, ② 임시퇴원과 임시퇴원의 취소 및 「보호소년 등의 처우에 관한 법률」에 따른 보호소년의 퇴원에 관한 사항, ③ 보호관찰의 임시해제와 그 취소에 관한 사항, ④ 보호관찰의 정지와 그 취소에 관한 사항, ⑤ 가석방 중인 사람의 부정기형의 종료에 관한 사항, ⑥ 이 법 또는 다른 법령에서 심사위원회의 관장 사무로 규정된 사항, ⑦ 제1호부터 제6호까지의 사항과 관련된 사항으로서 위원장이 회의에 부치는 사항(동법 제6조)을 심사·결정한다.

심사위원회는 위원장을 포함하여 5명 이상 9명 이하의 위원으로 구성하며, 심사위원회의 위원장은 고등검찰청 검사장 또는 고등검찰청 소속 검사 중에서 법무부장관이 임명한다. 심사위원회의 위원은 판사, 검사, 변호사, 보호관찰소장, 지방교정청장, 교도소장, 소년원장 및 보호관찰에 관한 지식과 경험이 풍부한 사람 중에서 법무부장관이 임명하거나 위촉하며, 심사위원회의 위원 중 3명 이내의 상임위원을 둔다(동법 제7조).

2) 보호관찰소

보호관찰, 사회봉사, 수강 및 갱생보호에 관한 사무를 관장하기 위하여 법무부장관 소속으로 보호관찰소를 두며, 보호관찰소의 사무 일부를 처리하게 하기 위하여 그 관할 구역에 보호관찰지소를 둘 수 있다(동법 제14조).

보호관찰소(보호관찰지소를 포함)는 ① 보호관찰, 사회봉사명령 및 수강명령의 집행, ② 갱생보호, ③ 검사가 보호관찰관이 선도함을 조건으로 공소제기를 유예하고 위탁한 선도 업무, ④ 범죄예방 자원봉사위원에 대한 교육훈련 및 업무지도, ⑤ 범죄예방활동, ⑥ 이 법 또는 다른 법령에서 보호관찰소의 관장 사무로 규정된 사항 등의 사무를 관장한다(동법 제15조).

보호관찰소에는 사무를 처리하기 위하여 보호관찰관을 두며, 보호관찰관은 형사정책학·행형학·범죄학·사회사업학·교육학·심리학, 그 밖에 보호관찰에 필요한 전문적 지식을 갖춘 사람이어야 한다(동법 제16조).

3) 범죄예방 자원봉사위원

범죄예방활동을 하고, 보호관찰활동과 갱생보호사업을 지원하기 위하여 범죄예방 자원봉사위원을 둘 수 있다. 범죄예방위원은 법무부장관이 위촉하고 명예직으로 하되, 예산의 범위 안에서 직무수행에 필요한 비용의 전부 또는 일부를 지급할 수 있다(동법 제18조).

(3) 보호관찰의 내용

1) 판결 전 조사

법원은 피고인에 대하여 형법에 의한 보호관찰, 사회봉사 또는 수강을 명하기 위하여 필요하다고 인정되면, 그 법원의 소재지 또는 피고인의 주거지를 관할하는 보호관찰소의 장에게 범행 동기, 직업, 생활환경, 교우관계, 가족상황, 피해회복 여부 등 피고인에 관한 사항의 조사를 요구할 수 있다. 이러한 요구를 받은 보호관찰소의 장은 지체 없이 이를 조사하여 서면으로 해당 법원에 통보하여야 한다. 이 경우 필요하다고 인정하면 피고인이나 그 밖의 관계인을 소환하여 심문하거나 소속 보호관찰관에게 필요한 사항을 조사하게 할 수 있다(동법 제19조).

2) 형의 선고유예 및 집행유예와 보호관찰

법원은 형법에 따라 보호관찰을 명하는 판결이 확정된 때부터 3일 이내에 판결문 등본 및 준수사항을 적은 서면을 피고인의 주거지를 관할하는 보호관찰소의 장에게 보내야 하며, 법원은 그 의견이나 그 밖에 보호관찰에 참고가 될 수 있는 자료를 첨부할 수 있다. 또한 법원은 통지를 받은 보호관찰소의 장에게 보호관찰 상황에 관한 보고를 요구할 수 있다(동법 제20조).

3) 가석방과 가퇴원

교도소·구치소·소년교도소 및 소년원(이하 "수용기관"이라 한다)의 장은 「소년법」 제65조 각 호의 기간이 지난 소년수형자 또는 수용 중인 보호소년에 대하여 법무부령으로 정하는 바에 따라 관할 심사위원회에 가석방, 퇴원 또는 임시퇴원 심사를 신청할 수 있다. 가석방, 퇴원 또는 임시퇴원을 신청할 때에는 환경조사 및 환경개선활동 결과를 고려하여야 한다(동법 제22조).

4) 환경조사 및 개선활동

수용기관의 장은 소년수형자 및 「소년법」에 의한 보호처분 중 어느 하나에 해당하는 처분을 받은 사람(이하 "수용자"라 한다)을 수용한 경우에는 지체 없이 거주예정지를 관할하는 보호관찰소의 장에게 신상조사서를 보내 환경조사를 의뢰하여야 한다. 환경조사를 의뢰받은 보호관찰소의 장은 수용자의 범죄 또는 비행의 동기, 수용 전의 직업, 생활환경, 교우관계, 가족상황, 피해회복 여부, 생계대책 등을 조사하여 수용기관의 장에게 알려야 한다. 이 경우 필요하다고 인정하면 수용자를 면담하거나 관계인을 소환하여 심문(審問)하거나 소속 보호관찰관에게 필요한 사항을 조사하게 할 수 있다(동법 제26조).

보호관찰소의 장은 환경조사 결과에 따라 수용자의 건전한 사회 복귀를 촉진하기 위하여 필요하다고 인정하면 본인의 동의를 얻거나 가족·관계인의 협력을 받아 본인의 환경개선을 위한 활동을 할 수 있다. 보호관찰소의 장은 환경개선활동을 위하여 필요하다고 인정하면 수용기관의 장에게 수용자의 면담 등 필요한 협조를 요청할 수 있으며, 환경개선활동의 결과를 수용기관의 장과 수용기관의 소재지를 관할하는 심사위원회에 알려야 한다(동법 제27조).

5) 보호관찰기간

보호관찰은 법원의 판결이나 결정이 확정된 때 또는 가석방·임시퇴원된 때부터 시작된다. 보호관찰 대상자는 대통령령으로 정하는 바에 따라 주거, 직업, 생활계획, 그 밖에 필요한 사항을 관할 보호관찰소의 장에게 신고하여야 한다(동법 제29조).

보호관찰대상자의 보호관찰기간은 ① 보호관찰을 조건으로 형의 선고유예를 받은 사람은 1년, ② 보호관찰을 조건으로 형의 집행유예의 선고를 받은 사람은 그 유예기간, ③ 가석방자는 형법 제73조의2 또는 소년법 제66조에 규정된 기간, ④ 임시퇴원자는 퇴원일부터 6월 이상 2년 이하의 범위 내에서 심사위원회가 정한 기간, ⑤ 소년법에 의해 보호처분을 받은 사람은 그 법률에 정한 기간, ⑥ 다른 법률에 의해 보호관찰을 받는 자는 그 법률에서 정한 기간 동안 보호관찰을 받는다(동법 제30조). 보호관찰은 보호관찰대상자의 주거지를 관할하는 보호관찰소 소속 보호관찰관이 담당한다(동법 제31조).

6) 보호관찰대상자의 준수사항

> **준수사항**
>
> 선행유지를 위한 조건으로 범죄인의 개선·갱생을 위하여 필요불가결한 요소이며 보호관찰의 본질적 특성이다.

보호관찰대상자는 보호관찰관의 지도·감독을 받으며 다음과 같은 준수사항을 지키고 스스로 건전한 사회인이 되도록 노력하여야 한다. 보호관찰대상자는 ① 주거지에 상주(常住)하고 생업에 종사할 것, ② 범죄로 이어지기 쉬운 나쁜 습관을 버리고 선행을 하며 범죄를 행할 우려가 있는 자들과 교제하거나 어울리지 말 것, ③ 보호관찰관의 지도·감독에 따르고 방문하면 응대할 것, ④ 주거를 이전하거나 1개월 이상의 국내외 여행을 할 때에는 미리 보호관찰관에게 신고하는 사항 등을 준수하여야 한다(동법 제32조).

8) 지도·감독

> **지도·감독**
>
> 보호관찰대상자로 하여금 준수사항을 제대로 이행하는지 살피고 이에 필요한 지도·감독을 하는 것이다.

보호관찰관은 보호관찰 대상자의 재범을 방지하고 건전한 사회 복귀를 촉진하기 위하여 필요한 지도·감독을 하며, 그 방법은 ① 보호관찰 대상자와 긴밀한 접촉을 가지고 항상 그 행동 및 환경 등을 관찰하는 것, ② 보호관찰 대상자에 대하여 준수사항을 이행하기에 적절한 지시를 하는 것, ③ 보호관찰 대상자의 건전한 사회 복귀를 위하여 필요한 조치를 하는 것이다(동법 제33조).

9) 원호

보호관찰관은 보호관찰 대상자가 자조의 노력을 할 때에는 그의 개선과 자립을 위하여 필요하다고 인정되는 적절한 원호를 한다. 원호의 방법은 ① 숙소 및 취업의 알선, ② 직업훈련기회의 제공, ③ 환경의 개선, ④ 보호관찰대상자의 건전한 사회복귀를 위하여 필요한 원조의 제공이다(동법 제34조).

10) 준수위반자에 대한 제재

가. 경고

보호관찰소의 장은 보호 관찰대상자가 제32조의 준수사항을 위반하거나 위반할 위험성이 있다고 인정할 상당한 이유가 있는 경우에는 준수사항의 이행을 촉구하고 형의 집행 등 불이익한 처분을 받을 수 있음을 경고할 수 있다(동법 제38조). 이는 준수사항 이행을 촉구하는 수단으로, 준수사항 위반정도가 경미하거나 취소 등 강력한 제재를 취하기 전 단계 제재이다.

나. 구인

보호관찰소의 장은 보호관찰대상자가제32조의 준수사항을 위반하였거나 위반하였다고 의심할 상당한 이유가 있고, ① 일정한 주거가 없는 경우, ② 소환에 따르지 아니한 경우, ③ 도주한 경우 또는 도주할 염려가 있는 경우에는 관할 지방검찰청의 검사에게 신청하여 검사의 청구로 관할지방법원판사의 구인장을 발부받아 보호관찰 대상자를 구인(拘引)할 수 있다(동법 제39조).

다. 유치

보호관찰소의 장은 ① 보호관찰을 조건으로 한 형의 선고유예의 실효 및 집행유예의 취소 청구의 신청, ② 가석방 및 가퇴원의 취소신청, ③ 보호처분의 변경신청이 필요하다고 인정되는 때에는 구인 또는 긴급구인조의 규정에 의하여 구인한 보호관찰 대상자를 수용기관 또는 소년분류심사원에 유치할 수 있다(동법 제42조제1항).

11) 보호관찰의 취소 및 변경, 종료, 정지

가. 보호관찰의 취소 및 변경

보호관찰대상자가 준수사항을 위반하고 그 사안이 중하여 보호관찰을 계속함이 부적당할 때에 취하는 제재수단으로 보호관찰의 실효성을 담보하는 것으로서 보호관찰의 중핵을 이루는 요소이다. 보호관찰의 취소 및 변경하는 경우는 ① 보호관찰을 조건으로 한 형의 선고유예의 실효 및 집행유예의 취소(동법 제47조), ② 가석방 및 임시퇴원의 취소(동법 제48조), ③ 보호처분의 변경(동법 제49조)이 이에 해당한다.

나. 보호관찰의 종료

보호관찰은 보호관찰대상자가 ① 보호관찰 기간이 지난 때, ② 형법에 의하여 보호관찰을 조건으로 한 형의 선고유예가 실효되거나 집행유예가 실효되거나 취소된 때, ③ 가석방 또는 임시퇴원이 실효되거나 취소된 때, ④ 보호처분이 변경된 때, ⑤ 부정기형 종료 결정이 있는 때, ⑥ 보호관찰기간 중 금고이상의 형의 집행을 받게 된 때, ⑦ 보호관찰이 정지된 임시퇴원자가 22세가 된 때에 종료된다(동법 제51조).

다. 보호관찰의 정지

심사위원회는 가석방 또는 임시퇴원된 자의 소재를 알 수 없어 보호관찰을 계속할 수 없을 때에는 보호관찰소의 장의 신청을 받거나 직권으로 보호관찰을 정지하는 결정을 할 수 있으며, 보호관찰을 정지한 사람이 있는 곳을 알게 되면 즉시 그 정지를 해제하는 결정을 하여야 한다. 심사위원회는 정지결정을 한 후 소재불명이 천재지변이나 그 밖의 부득이한 사정 등 보호관찰 대상자에게 책임이 있는 사유로 인한 것이 아닌 것으로 밝혀진 경우에는 그 정지결정을 취소하여야 한다. 이 경우 정지결정은 없었던 것으로 본다(동법 제53조).

(4) 사회봉사 및 수강

법원은 사회봉사를 명할 때에는 500시간, 수강을 명할 때에는 200시간의 범위 내에서 그 기간을 정하여야 하며, 다만 다른 법률에 특별한 규정이 있는 경우에는 그 법률이 정하는 바에 의한다. 법원은 사회봉사·수강명령 대상자가 사회봉사를 하거나 수강할 분야와 장소 등을 지정할 수 있다 (동법 제59조). 사회봉사명령 또는 수강명령은 보호관찰관이 이를 집행한다. 다만, 보호관찰관은 국공립기관이나 그 밖의 단체에 그 집행의 전부 또는 일부를 위탁할 수 있다(동법 제61조). 사회봉사·수강명령 대상자는 주거·직업 , 그 밖에 필요한 사항을 관할 보호관찰소의 장에게 신고하여야 하며, 보호관찰관의 집행에 관한 지시에 따라야 한다(동법 제62조).

사회봉사·수강은 사회봉사·수강명령 대상자가 ① 사회봉사명령 또는 수강명령의 집행을 완료한 때, ② 형의 집행유예기간이 지난 때, ③ 집행유예의 선고가 취소된 때, ④ 사회봉사·수강명령 집행기간 중 금고 이상의 형의 집행을 받게 된 때, ⑤ 보호처분이 변경된 때에 종료된다(동법 제63조).

(5) 갱생보호

1) 갱생보호의 방법 및 개시

갱생보호의 방법은 ① 숙식제공, ② 여비지급, ③ 생업도구·생업조성금품의 지급 또는 대여, ④ 직업훈련 및 취업알선, ⑤ 갱생보호대상자에 대한 자립지원, ⑥ 숙식제공과 자립지원의 보호에 부수하는 선행지도가 있다(동법 제65조). 갱생보호 대상자와 관계기관은 보호관찰소의 장, 갱생보호사업의 허가를 받은 자 또는 한국법무보호복지공단에 갱생보호의 신청을 할 수 있다. 신청을 받은 자는 지체 없이 보호가 필요한지 결정하고 보호하기로 한 경우에는 그 방법을 결정하여야 하며, 보호결정을 한 경우에는 지체 없이 갱생보호에 필요한 조치를 하여야 한다(동법 제66조).

2) 갱생보호사업자

갱생보호사업을 하고자 하는 자는 법무부령이 정하는 바에 의하여 법무부장관의 허가를 받아야 하며, 허가받은 사항을 변경하려는 경우에도 또한 같다(동법 제67조제1항). 갱생보호사업자의 허가기준은 다음과 같다. ① 갱생보호사업에 필요한 경제적 능력을 가질 것, ② 갱생보호사업의 허가신청자가 사회적 신망이 있을 것, ③ 갱생보호사업의 조직 및 회계처리기준이 공개적일 것(동법 제68조).

3) 한국법무보호복지공단

갱생보호사업을 효율적으로 추진하기 위하여 한국법무보호복지공단을 설립하며(동법 제71조), 공단은 법인으로 한다(동법 제72조). 공단은 그 목적을 달성하기 위하여 ① 갱생보호의 실시, ② 갱생보호제도의 조사·연구 및 보급·홍보, ③ 갱생보호사업을 위한 수익사업의 경영, ④ 공단의 목적달성에 필요한 사업을 한다(동법 제82조). 갱생보호사업의 추진에 필요한 재원을 확보하기 위하여 공단에 갱생보호기금을 설치한다(동법 제86조). 국가나 지방자치단체는 사업자와 공단에 대하여 보조할 수 있으며(동법 제94조), 갱생보호사업에 대하여 조세특례제한법 및 지방세법이 정하는 바에 의하여 국세 또는 지방세를 감면할 수 있다(동법 제95조).

④ 문제점과 개선방향

2006년 5·31 지방선거 당시 보호관찰 중이던 지충호 씨의 한나라당 박근혜 대표 위해 사건을 계기로 드러난 보호관찰제도가 국민의 관심을 끌었다. 보호관찰은 탄생에서부터 민간인의 참여가 전제되어 있을 만큼 지역사회의 참여와 협조가 절대적으로 요구되는 제도이다. 우리나라에서는 보호관찰이 1989년 소년사범을 대상으로 처음 실시됐다. 그 후 유용성과 효과성이 인정되면서 1994년에는 성폭력사범, 1997년에는 모든 성인사범, 1998년에는 가정폭력사범, 2004년에는 성매매사범에까지 확대 적용되어 왔다. 시행 초기 연간 8,400명이던 대상자의 수가 2009년 현재 14만 5천명으로 22배나 급증했다. 보호관찰소·관찰지소도 1998년 18개에서 2009년 54개 보호관찰소·관찰지소 및 1개 위치추적 중앙관제센터로 늘었다.

그러나 보호관찰관의 수는 시행 초기 282명에서 현재 1,169명에 증가하는 데 그쳤고, 예산의 증액도 부족한 실정이다. 특히 주거가 일정치 않고 재범의 위험성이 높은 경우에는 보호관찰관의 대면접촉을 늘리고 보호와 관찰의 업무를 더욱 집중할 필요가 있다. 그러나 이렇게 집중관리를 하려면 충분한 인력과 예산이 뒷받침되어야 한다. 독일의 한 연구보고서에 따르면 보호관찰관 1인당 관리할 수 있는 적정 인원은 35명이라고 한다. 그래야 문제가 많은 대상자를 집중적으로 관리할 수 있고, 대상자가 정상적인 사회생활을 할 수 있도록 충분한 지원을 할 여력이 있기 때문이다. 따라서 보호관찰 인력을 대폭 증원하는 방안을 마련해야 한다.

그리고 보호관찰에 활동하는 자원봉사자는 사회적인 지위나 경제적인 지원보다는 보호관찰에 대한 적극적인 관심과 재범예방에 필요한 전문적인 지식, 혹은 대상자의 재활에 대한 굳은 의지를 가진 실질적인 실무형 자원봉사자의 참여가 보다 바람직하다. 이를 통해 실질적으로 보호관찰 대상자를 직접 지도·상담하여 비행청소년 및 범죄자의 사회 내 처우가 가능할 수 있는 것이다. 향후 다양한 매체를 활용하여 보호관찰에 대한 국민홍보를 통해 보호관찰에 도움이 될 수 있는 범죄예방위원을 초빙하고 위촉하여 전문화된 교육을 실시한 후 보호관찰 대상자와 결연시켜 보호관찰의 내실화를 꾀하도록 하여야 할 것이다.

또한 민간자원봉사자의 적극적인 참여 외에 지역사회의 자원을 활용하기 위한 노력을 보다 기울여야 할 것이다. 보호관찰의 역사가 깊은 미국의 경우 약물이나 알코올치료센터와 같은 시설 외에도 익명의 알코올중독자 모임(Alcoholics Anonymous)나 음주운전을 반대하는 어머니 모임(MADD, Mothers Against Drunk Drivers)과 같은 다양한 형태의 자발적인 시민모임들이 범죄예방분야의 보호관찰에 지원을 기울이고 있다. 최근 우리나라의 경우에도 시민운동이 활발해지기 시작하고 비정부단체의 목소리가 높아지는 시점에서 시민단체들과의 연계를 확보하여 지역사회 처우인 보호관찰에 참여할 수 있도록 해야 할 것이다.

한편 입법적인 관점에서 보호관찰의 실효성을 높이는 방안이 강구될 시점에 이르렀다. 보호관찰 대상자에게는 주거지에 상주하고 생업에 종사할 의무, 보호관찰관의 지도·감독에 순응할 의무, 주거이전 또는 1월 이상 국내외 여행의 경우 사전 신고의무 등 법정 준수사항이 부과된다. 대상자에 따라 야간외출 제한, 유흥가 출입금지, 약물사용 금지 등 특별준수사항이 부과되기도 한다. 이와 같은 보호관찰 준수사항을 위반하면 법원(또는 가석방심사위원회, 치료감호심사위원회)에 집행유예(또는 가석방, 가종료, 가출소)의 취소를 신청할 수 있다. 집행유예(또는 가석방)의 취소 결정은 곧 교도소에 수감하는 것을 의미한다.

그런데 단순히 신고의무를 이행하지 않았다고 해서 교도소에 수감하는 것은 너무 가혹한 처분일 수 있다. 그래서 준수사항의 위반 정도가 중대하지 않는 한 취소결정이 쉽게 나오지 않는 실정이다. 더욱이 이번 사건을 일으킨 사람처럼 보호감호소 출소자의 경우 이중처벌의 논란 끝에 폐지된 사회보호법의 경과규정에 의거하여 보호관찰이 이루어지고 있는 사안에서는 중대한 범죄를 저질러 형이 확정되지 않는 한 좀처럼 취소결정을 하지 않았던 것이 사실이다. 현재와 같이 취소결정이나 기각결정 두 가지밖에 선택의 여지가 없는 상황에서 보호관찰 준수사항을 위반한 자에 대한 마땅한 대응수단이 보호관찰관에게 주어져 있지 않다. 보호관찰기간을 연장한다든지 준수사항을 변경하거나 추가하는 중간 수준의 제재장치가 없다는 것이다. 이런 허점을 악용하는 대상자들도 있기 때문에 보호관찰의 실효성을 확보할 수 있는 방안을 입법적으로 강구할 필요가 있다.

法諺

Punishment increases with increasing crime.

형벌은 범죄를 거듭함에 따라 가중된다.

제 5 절 청소년기본법

1 의의

> **청소년**
> 9세 이상 24세 이하의 자를 말한다. 다만, 다른 법률에서 청소년에 대한 적용을 달리할 필요가 있는 경우 따로 정할 수 있다.

「청소년기본법」은 청소년의 권리 및 책임과 가정·사회·국가와 지방자치단체의 청소년에 대한 책임을 정하고, 청소년육성정책에 관한 기본적 사항을 규정하기 위해 제정한 법(1991. 12. 31, 법률 제4477호)이다. 「청소년기본법」의 제정은 그 동안 산발적으로 수립되고 제정 시행되어 오던 청소년육성업무영역을 새롭게 정립하고 정책사업의 내용과 범위를 분명히 하였으며 미약하나마 청소년 관련 법규들의 기본이 되는 법률로 자리잡게 되고 한국청소년 기본계획의 실효성을 확보할 수 있게 되었다는 데에서 그 의의를 찾을 수 있다(이윤구, 1992 : 4).

> **청소년시설**
> 청소년 활동·청소년복지 및 청소년 보호에 제공되는 시설을 말한다.

첫째, 청소년 사업실행에 대한 구체적인 규정과 청소년복지에 대한 언급, 그리고 시대의 흐름과 사정에 맞는 조항을 첨가시킴으로써 보다 실정법적인 성격을 갖게 되었다는 점에서 「청소년육성법」에 비해 보다 진보되었다고 할 수 있다. 둘째, 청소년의 권리를 규정함으로써 그 권익을 신장시켰고 국가와 사회의 책임을 강화하였으며 법의 위치를 격상시키고 확고히 했다. 셋째, 법 조항의 문구가 육성법의 허용적이고 우유부단한 문체에서 강제적인 문제로 변화하면서 법적 강제성을 강화하였다. 넷째, 청소년시설에 대한 절차가 신고제에서 허가제로 바뀌면서 그 심사기준이 엄격해 졌으며 그 주체가 지방의 장급에서 〈문화체육부장관(현재 문화체육관광부)〉으로 격상되었다. 다섯째, 「청소년기본법」에 의거한 수수료의 설정과 수익사업에 대한 공인은 재정조달에 대한 융통성으로 보이며 실제 청소년사업에 필요한 재정자원의 조달방법을 명시함으로써 육성법에 비해 실무적인 법으로 해석할 수 있다. 마지막으로, 청소년시설을 청소년수련시설로 범위를 축소한 반면 청소년사업 관련기구를 확대하고 그 업무를 확충시켜 좀더 청소년복지를 실현하려는 의도를 비추고 있고, 보다 권위를 강화하였다.

2 입법배경

우리나라에서는 1960년대 초에 청소년에 대한 관심의 증가로 「미성년자보호법」(1961)과 「아동복리법」(1961)이 요보호 아동을 대상으로 시작되어 1980년 모든 아동을 대상으로 하는 「아동복지법」이 제정되었다. 그러나 실질적으로 모든 아동에게 혜택이 주어지지 않았고 특히 일반청소년, 미진학 청소년, 근로 청소년, 무직·가출·부랑청소년 등은 이러한 보호에서 제외되어 있었다. 이와 같이 제외된 청소년은 연인원으로 전체 청소년의 47.4%(1980년대 말 약 635만 명)로 추계 되었다. 따라서 이러한 청소년을 선도·보호할 수 있는 사회정책이 필요하고 이들을 지도 할 수 있는 전문기관과 서비스가 요구되었다(김영모, 1995 : 1). 그리하여 청소년복지 향상과 청소년정책을 발전시키기 위해 1987년 처음으로 청소년에 관계되는 모든 법을 통과할 수 있는 「청소년육성법」(1987.11.28)이 제정되었다. 그리고 이 법은 1991년 「청소년기본법」(1991.12.31)이 제정됨으로서 폐지되었고, 「청소년기본법」은 여러 차례의 개정을 거치면서 오늘에 이르고 있다. 1991년 「청소년육성법」을 대체하여 제정된 뒤 2004년 2월 법률 제7162호로 14차례 개정되었다.

청소년기본법의 주요 연혁

- 1991. 12. 31 청소년기본법 제정(법률 제4477호)
- 1999. 1. 18 청소년의 수련활동을 지도하는 청소년지도사의 자격부여제도를 개편하고 청소년수련시설의 설치·운영에 관한 행정규제를 폐지 또는 완화하여 청소년수련시설의 설치·운영의 활성화를 도모하려고 법 일부 개정
- 2001. 12. 31 청소년지도사 및 청소년상담사의 전문성과 자질을 높이기 위하여 자격연수를 의무화하고, 청소년수련시설에서 사고가 발생할 경우 이용자에게 적정한 피해배상이 이루어질 수 있도록 수련시설운영자에 대하여 손해보험 가입을 의무화하며, 가출청소년을 임시보호하고 선도하기 위한 청소년쉼터를 마련하고, 한국청소년상담원의 특별법인 설립등기를 위한 규정을 신설하는 등 현행 제도의 운영과정에서 나타난 일부 미비점을 개선·보완하려고 법 일부 개정
- 2004. 2. 9 청소년기본법에는 청소년육성의 기본원리와 정책적 근간에 관한 사항 중심으로 규정하고, 종전 청소년기본법에서 규정하고 있던 청소년활동에 관한 사항은 청소년활동진흥법으로, 청소년의 복지에 관한 사항은 청소년복지지원법으로 별도 제정함으로써 청소년관련법을 체계화하는 한편, 청소년활동·청소년복지·청소년보호에 대한 정책적 지원이 유기적이고 종합적으로 이루어지도록 하려고 법 전문 개정

■2005. 3. 24	정부의 청소년관련 사무의 기능조정 계획에 의하여 문화관광부 청소년국과 국무총리 소속 청소년보호위원회를 통합하여 국무총리 소속하에 청소년위원회를 설치하기로 함에 따라, 동 위원회의 설치근거와 운영 규정을 마련하고, 관련된 공무원의 소속을 변경하는 등 관련 규정을 정비하려고 법 일부 개정
■2005. 12. 29	청소년위원회가 중앙행정기관임에도 불구하고 국민들이 청소년단체 또는 일반시민단체로 잘못 인식하는 경우가 많으므로 그 명칭을 국가청소년위원회로 변경하고 현행 지방청소년종합상담센터를 청소년 상담 외의 긴급구조 등의 기능을 수행하는 기관과 그 외에 지원 기능까지 담당하는 기관으로 확대하려고 법 일부 개정
■2010. 5. 17	청소년 관련 업무의 효율성을 높이고 청소년활동분야의 중추기관으로서의 위상을 정립하기 위하여 두 기관을 통합하여 「청소년활동진흥법」에 '한국청소년활동진흥원'으로 설치하도록 이 법의 '한국청소년진흥센터' 관련 규정을 삭제·정비하는 한편, 영업주가 종업원 등에 관한 관리·감독상 주의의무를 다한 경우에는 처벌을 면하게 함으로써 양벌규정에도 책임주의 원칙이 관철되도록 하려고 법 일부 개정

③ 내용

「청소년기본법」은 청소년의 권리 및 책임과 가정·사회·국가 및 지방자치단체의 청소년에 대한 책임을 정하고, 청소년육성정책에 관한 기본적인 사항을 규정함을 목적으로 하고 있다(청소년기본법 제1조).

(1) 대상과 용어 정의

「청소년기본법」의 대상은 24세 이하의 모든 청소년이며(동법 제3조), 청소년육성, 수련활동, 수련거리, 수련시설, 수련지구, 청소년지도자, 청소년단체 등의 개념을 정의하였다.

(2) 기본이념과 정책 추진 방향

청소년들이 사회 구성원으로서 정당한 대우와 권익을 보장받고 건전한 민주시민으로 자랄 수 있도록 장기적·종합적 육성정책을 추진하는데 그 기본이념이 있다(동법 제2조). 또한 청소년의 참여 보장, 청소년의 창의성과 자율성에 기초한 능동적 삶의 실현, 청소년의 성장여건과 사회환경의 개선, 그리고 민주·복지·통일조국에 대비하는 청소년의 자질 향상 등과 같은 장기적·종합적 청소년육성정책의 추진방향이 설정되어 있다(동법 제2조).

(3) 권리와 책임

1) 청소년의 권리와 책임

청소년의 기본적 인권은 청소년활동·청소년보호 등 청소년 육성의 모든 영역에서 존중되어야 한다. 청소년은 안전하고 쾌적한 환경 속에서 자기발전을 추구하고 정신적·신체적 건강을 해치거나 해칠 우려가 있는 모든 형태의 환경으로부터 보호받을 권리를 가진다. 청소년은 자신의 능력개발과 건전한 가치관의 확립에 힘쓰고 가정·사회 및 국가의 구성원으로서의 책임을 다하도록 노력하여야 한다(동법 제5조).

2) 가정의 책임

가정은 청소년 육성에 관하여 1차적 책임이 있음을 인식하고, 따듯한 사랑과 관심을 통하여 청소년이 개성과 자질을 바탕으로 자기발전을 실현하고 국가와 사회의 구성원으로서의 책임을 다하는 후계세대로 성장할 수 있도록 노력하여야 한다. 가정은 학교 및 청소년 관련 기관 등에서 실시하는 교육프로그램에 청소년과 함께 참여하는 등 청소년을 바르게 육성하기 위하여 적극적으로 노력하여야 한다. 가정은 정보통신망을 이용한 유해매체물의 접촉 등 청소년 유해환경으로부터 청소년을 보호하기 위하여 필요한 노력을 하여야 한다. 가정의 무관심·방치·억압 또는 폭력 등이 원인이 되어 청소년이 가출하거나 비행을 저지르는 경우 친권자 또는 친권자를 대신하여 청소년을 보호하는 자는 보호의무의 책임을 진다(동법 제6조).

청소년활동

청소년의 균형있는 성장을 위하여 필요한 활동과 이러한 활동을 소재로 하는 수련활동·교류활동·문화활동 등의 다양한 형태의 활동을 말한다.

청소년보호

청소년의 건전한 성장에 유해한 물질·물건·장소·행위 등 각종 청소년 유해환경을 규제하거나 청소년의 접촉 또는 접근을 제한하는 것을 말한다.

청소년육성

청소년활동을 지원하고 청소년의 복지를 증진하며 사회여건과 환경을 청소년에게 유익하도록 개선하고 청소년을 보호하며 청소년에 대한 교육을 보완함으로써 청소년의 균형있는 성장을 돕는 것을 말한다.

3) 사회의 책임

모든 국민은 청소년이 일상생활 속에서 즐겁게 활동하고 더불어 사는 기쁨을 누리도록 도와주어야 한다. 모든 국민은 청소년의 사고와 행동양식의 특성을 인식하고 사랑과 대화를 통하여 청소년을 이해하고 지도하여야 하며, 청소년의 비행을 방임하지 아니하는 등 그 선도에 최선을 다하여야 한다. 모든 국민은 청소년을 대상으로 하거나 청소년이 쉽게 접할 수 있는 장소에서 청소년의 정신적·신체적 건강에 해를 끼치는 행위를 하여서는 아니되며, 청소년에게 유해한 환경을 정화하고 유익한 환경이 조성되도록 노력하여야 한다. 모든 국민은 경제적·사회적·문화적·정신적으로 어려운 상태에 있는 청소년들에게 특별한 관심을 가지고 이들이 보다 나은 삶을 누릴 수 있도록 노력하여야 한다(동법 제7조).

4) 국가 및 지방자치단체의 책임

국가 및 지방자치단체는 청소년활동의 지원, 청소년복지의 증진 및 청소년보호의 수행에 필요한 법적·제도적 장치를 마련하여 시행하여야 한다. 국가 및 지방자치단체는 제6조 및 제7조의 규정에 의한 국민의 책임수행에 필요한 여건을 조성하여야 한다. 국가 및 지방자치단체는 제1항 및 제2항의 업무를 수행하는데 필요한 재원을 안정적으로 확보하기 위한 시책을 수립·실시하여야 한다(동법 제8조).

(4) 청소년육성정책의 총괄 · 조정

청소년육성정책은 여성가족부가 관계행정기관의 장과 협의하여 이를 총괄·조정한다(동법 제9조). 그리고 청소년정책에 관한 관계기관간의 연계·조정과 상호협력을 위하여 여성가족부에 관계기관의 공무원 등으로 구성된 청소년정책 관계기관 협의회를 설치한다(동법 제10조제1항). 또한 청소년육성에 관한 지방자치단체의 주요시책을 심의를 위해 지방청소년위원회를 설치하며(동법 제11조제1항), 범정부적 차원의 청소년육성정책과제의 설정·추진 및 점검을 위해 청소년특별회의를 설치한다(동법 제12조제1항). 아울러 청소년에 관한 기본계획을 다음과 같이 수립한다(동법 제13조제2항).

① 이전의 기본계획에 관한 분석평가
② 청소년육성에 관한 기본방향
③ 청소년육성에 관한 추진목표

④ 청소년육성에 관한 기능의 조정
⑤ 청소년육성의 분야별 주요 시책
⑥ 청소년육성에 소요되는 재원의 조달방법
⑦ 그 밖에 청소년육성을 위하여 특히 필요하다고 인정되는 사항

(5) 청소년지도사

청소년지도자의 양성과 자질향상을 위하여 국가 및 지방자치단체는 필요한 시책을 강구하여야 한다(동법 제20조제1항). 이에 국가청소년위원회는 청소년지도사 자격검정에 합격하고 청소년지도사 연수기관에서 실시하는 연수과정을 마친 자에게 청소년지도사의 자격을 부여하며(동법 제21조제1항), 청소년상담사 자격검정에 합격하고 청소년상담사 연수기관에서 실시하는 연수과정을 마친 자에게 청소년상담사의 자격을 부여한다(동법 제22조제1항).

> **청소년지도사**
>
> 제21조의 규정에 의한 청소년지도사 및 제22조의 규정에 의한 청소년상담사와 청소년 시설·청소년 단체·청소년 관련 기관 등에서 청소년 육성 및 지도업무에 종사하는 자를 말한다.

한편, 청소년지도사 또는 청소년상담사의 자격을 가진 자를 특별시·광역시·도, 시·군·구 및 읍·면·동과 청소년육성전담기구에 청소년육성전담공무원으로 임용할 수 있으며(동법 제25조), 시장·군수·구청장은 청소년육성을 담당하게 하기 위하여 청소년지도위원을 위촉하여야 한다(동법 제27조제1항).

(6) 청소년단체

> **청소년단체**
>
> 청소년육성을 주된 목적으로 설립된 법인 또는 대통령령이 정하는 단체를 말한다.

청소년단체는 학교교육과 상호보완할 수 있는 청소년활동을 통한 청소년의 기량과 품성 함양, 청소년복지 증진을 통한 청소년의 삶의 질 향상, 그리고 유해환경으로부터 청소년을 보호하기 위한 청소년보호업무의 수행 등의 역할을 담당한다(동법 제28조). 주요 청소년단체로는 청소년진흥센터, 한국청소년단체협의회, 그리고 한국청소년상담원 등이 있다.

1) 한국청소년단체협의회

한국청소년단체협의회는 다음과 같은 업무를 하고 있다(동법 제40조).

① 회원단체가 행하는 사업과 활동에 대한 협조·지원

② 청소년지도자의 연수와 권익증진
③ 청소년관련분야의 국제기구활동
④ 외국 청소년단체와의 교류 및 지원
⑤ 남·북청소년 및 해외교포청소년과의 교류·지원
⑥ 청소년활동에 관한 조사·연구·지원
⑦ 청소년관련 도서출판 및 정보지원
⑧ 청소년육성을 위한 홍보 및 실천운동
⑨ 지방청소년단체협의회에 대한 협조 및 지원
⑩ 그 밖의 청소년육성을 위하여 필요한 사업

2) 한국청소년상담원

한국청소년상담원은 청소년의 올바른 인격형성과 조화로운 성장을 위한 사업을 실시한다(동법 제42조). 상담원의 사업내용은 다음과 같다(동법 제42조제1항제1호-제9호).

① 청소년상담 관련정책의 연구개발
② 청소년 상담기법의 연구 및 상담자료의 제작·보급
③ 청소년 상담사업의 시범운영
④ 상담인력의 양성 및 연수
⑤ 청소년 상담기관 상호간의 연계 및 지원
⑥ 청소년 상담·위기관련 사항에 대한 지도 및 지원
⑦ 청소년의 건전한 가치관 정립과 부모교육
⑧ 학업중단청소년 관련 사업에 대한 지도 및 지원
⑨ 그 밖에 국가청소년위원회가 지정하거나 상담원의 목적수행을 위하여 필요한 사업

(7) 청소년활동 및 복지 등

「청소년기본법」은 청소년활동의 지원(동법 제47조), 학교 교육 등과의 연계(동법 제48조), 청소년복지의 향상(동법 제49조), 청소년의 가출 및 비행 예방(동법 제50조), 청소년 유익환경 조성(동법 제51조), 그리고 청소년유해환경의 규제(동법 제52조)와 같은 청소년활동 및 복지 등에 관한 규정들을 포함하고 있다.

청소년활동의 지원은 물론 학교교육 등과의 연계를 통해 청소년활동과 학교교육·평생교육을 연계하여 교육적 효과를 높일 수 있도록 하는 시책을 수립·시행하도록 한다. 청소년복지의 향상을 위해 청소년들의 의식·태도·생활 등에 관한 사항을 정기적으로 조사하고, 이를 개선하기 위하여 청소년의 복지향상정책을 수립·시행한다(동법 제48조). 또한 기초생활의 보장, 직업재활훈련, 청소년활동지원 등의 시책을 추진함에 있어서 정신적·신체적·경제적·사회적으로 특별한 지원을 필요로 하는 청소년에 대하여 우선적으로 배려한다. 아울러 청소년의 삶의 질을 향상하기 위하여 구체적인 시책 마련한다(동법 제49조).

청소년의 가출 및 비행 예방을 위해 국가 및 지방자치단체는 청소년의 가출 및 비행을 예방하고 이들의 건전한 사회복귀를 돕기 위하여 필요한 복지적 지원을 제공하여야 한다. 또한 가정은 국가 및 지방자치단체에 우선하여 청소년의 가출 및 비행을 예방하기 위하여 노력하여야 하며, 가출·비행청소년의 건전한 사회복귀를 위한 국가 및 지방자치단체 등의 노력에 적극 협력하여야 한다(동법 제50조).

청소년유익환경의 조성을 위해서 국가 및 지방자치단체는 청소년의 정보화 역량을 배양하기 위한 환경조성에 노력해야 한다. 또한 국가 및 지방자치단체는 청소년에게 유익한 매체물의 제작·보급 등을 장려해야 하며 매체물의 제작·보급 등을 하는 자에 대하여 그 제작·보급 등에 관한 경비 등을 지원할 수 있다. 아울러 국가 및 지방자치단체는 주택단지의 청소년시설 배치 등 청소년을 위한 사회환경과 자연환경의 조성에 노력하여야 한다(동법 제51조).

청소년유해환경의 규제를 위해 국가 및 지방자치단체는 청소년에게 유해한 매체물과 약물 등이 유통되지 아니하도록 하며, 청소년이 유해한 업소에 출입하거나 고용되지 아니하도록 하여야 한다. 아울러 국가 및 지방자치단체는 청소년을 폭력·학대·성매매 등 유해한 행위로부터 보호·구제하여야 하며, 청소년에게 유해한 매체물·약물·업소·행위 등의 규제에 관하여는 따로 법률을 정한다(동법 제52조제1항~제4항).

(8) 청소년육성기금

청소년육성에 필요한 재원 확보를 위해 청소년기금을 설치한다(동법 제53조제1항). 기금의 조성은 정부의 출연금, 국민체육진흥법 및 경륜·경정법에 의한 출연금, 개인·법인 또는 단체가 출연하는 금전·물품 그 밖의 재산, 기금의 운용으로 생기는 수익금, 그 밖에 대통령령이 정하는 수익금 등이 있다(동법 제54조제1항제1호–제9호). 기금의 사용은 다음과 같다(동법 제55조제1항제1호–제9호).

① 청소년활동의 지원
② 청소년시설의 설치 및 운영을 위한 지원
③ 청소년지도자의 양성을 위한 지원
④ 청소년단체의 운영 및 활동을 위한 지원
⑤ 청소년복지증진을 위한 지원
⑥ 청소년보호를 위한 지원
⑦ 청소년육성정책의 수행과정에 관한 과학적 연구의 지원
⑧ 기금조성사업을 위한 지원
⑨ 그 밖에 청소년 육성을 위하여 대통령령으로 정하는 사업

아울러, 지방청소년육성기금의 조성을 규정하고 있다(동법 제56조).

(9) 벌칙 등

1) 벌칙

다음에 해당하는 자는 2년 이하의 징역 또는 2천만원 이하의 벌금에 처한다(동법 제64조).

- 청소년단체의 정관이 정하는 사업외의 수익사업을 한 자

2) 양벌규정(동법 제65조)

법인의 대표자나 법인 또는 개인의 대리인, 사용인, 그 밖의 종업원이 그 법인 또는 개인의 업무에 관하여 제64조의 위반행위를 하면 그 행위자를 벌하는 외에 그 법인 또는 개인에게도 해당 조문의 벌금형을 과(科)한다. 다만, 법인 또는 개인이 그 위반행위를 방지하기 위하여 해당 업무에 관하여 상당한 주의와 감독을 게을리하지 아니한 경우에는 그러하지 아니하다.

3) 과태료(동법 제66조)

다음 에 해당하는 자는 500만원 이하의 과태료에 처한다.

- 국가 및 지방자치단체는 청소년육성을 위하여 필요한 경우에 청소년시설 및 협의회·지방청소년단체협의회·상담원 등이 청소년단체에게 업무·회계 및 재산에

관한 사항을 보고하게 하거나 소속공무원으로 하여금 그 장부·서류 그 밖의 물건을 검사하게 할 때 그에 따른 보고를 하지 아니하거나 검사·명령을 거부·방해 또는 기피한 자

- 상담원·협의회가 아닌 자가 한국청소년상담원·한국청소년단체협의회 또는 이와 유사한 명칭을 사용한 자

4 개선점

현행 「청소년기본법」이 규정하고 있는 청소년의 참여 보장, 청소년의 창의성과 자율성에 기초한 능동적 삶의 실현, 청소년의 성장여건과 사회환경의 개선, 그리고 민주·복지·통일조국에 대비하는 청소년의 자질 향상 등과 청소년들이 사회 구성원으로서 정당한 대우와 권익을 보장받고 건전한 민주시민으로 자랄 수 있도록 장기적·종합적 육성정책을 추진과 같은 이 법의 기본이념을 더욱 더 효과적으로 실현하기 위하여 다음의 개선점들을 제시한다.

첫째, 청소년복지에 관한 주요 책무는 물론 국가에 있다고 하겠으나 청소년이 자라나서 성장하는 지역사회를 중심으로 하는 청소년육성활동이 무엇보다 중요하다. 지방화 시대가 본격 도래함에 따라 지역 주민과 지역 청소년 단체, 지역 기업체 등이 청소년 육성활동에 보다 능동적으로 참여하고 지역 사회 중심의 청소년 활동이 활성화 될 수 있도록 법적인 뒷받침을 해 줄 필요성이 제기되고 있다.

둘째, 청소년복지를 위한 정책의 제도화 및 정책 내용의 계획·수행 등에 있어서 청소년들의 진정한 참여를 조장하고, 이를 제도적으로 보장할 수 있는 장치를 마련해야 한다.

> **청소년복지**
>
> 청소년이 정상적인 삶을 영위할 수 있는 기본적인 여건을 조성하고, 조화롭게 성장·발달할 수 있도록 제공되는 사회적·경제적 지원을 말한다.

「청소년기본법」에서는 청소년의 권리와 책임에 대해서 총칙에서 언급하고 있지만, 청소년 복지영역과 청소년수련활동 등에서 청소년의 참여에 대해서는 찾아볼 수 없고, 일괄적으로 국가가 정책을 지시하는 관료주의 방식을 취하고 있다. 따라서 「청소년기본법」이 청소년의 복지와 권리보장의 본 취지와는 달리, 청소년을 단순히 규제하고 단속하게 하는 수준에 그치게 되는 것이다. 우선 청소년의 다양한 삶의 영역에서 그들의 복지를 위하여서는 청소년의 욕구탐색이 필요하며 그러기 위해서는 청소년의 의사를 국가시책에 반영할 수 있는 채널이 형성되어야 하며 국가 정책 입안자들은 청

소년의 의견에 귀를 기울여야 한다. 또한 수련거리 개발 등에 있어서도 청소년들의 참여와 청소년 수련지구 내에 자유로운 이용을 보장해 주어야 한다.

셋째, 청소년이 건전하게 성장할 수 있도록 지원하기 위해서는 정부나 지방자치단체의 관심·지원과 함께 민간단체나 기업 등에서 쉽게 참여할 수 있는 여건이 조성되어야 한다. 이를 위해 현행 청소년기본법의 민간에 대한 규제 조항을 대폭 완화시켜 나갈 필요가 있다.

즉, 소규모 수련시설의 설치·운영은 허가제에서 신고제로 전환하고, 수련시설의 이용료와 수련시설의 양도·양수제도, 수련시설의 일시 휴지제도 등도 승인제에서 신고제로 전환하는 것이 바람직하다고 본다. 또한 청소년 수련지구 내에 행위 규제방식의 금지시설 이외에는 모두 설치할 수 있도록 하는 긍정적인 사고의 전환이 필요하다.

민간의 청소년수련시설의 설치·운영에 대한 규제 완화 조치를 대폭 도입하는 반면에 청소년수련시설의 공공성과 신뢰성을 확보하기 위해서는 일정한 자격요건을 갖춘 청소년 수련시설의 운영책임 제도를 도입할 필요가 있으며, 수련시설의 대표자, 운영책임자와 수련시설을 설립하는 법인의 임원 자격에 대한 결격사유도 「청소년기본법」에 명기하여 청소년 수련시설의 건전한 운영과 공공성 및 신뢰성을 확보해 나가야 할 것이다(조현재, 1995 : 7-16).

넷째, 「청소년기본법」에서는 청소년의 연령범위는 9세에서 24세까지라고 정하고 있지만, 아동복지법은 18세 미만의 자를 '아동'으로 규정하여 요보호아동에 대한 복지·지원대책을 명시하고 있고, 소년법에서는 20세미만의 자를 '소년'으로 정의하고 있으며, 공공·문화시설의 할인이나 유흥업소 단속이 적용되는 것은 13세에서 18세까지의 중·고등학생들로 하고 있다. 공공·문화시설에서는 할인 대상을 법에서 규정한 청소년의 연령 범위를 무시하고 여전히 13세에서 18세까지 정하고 있다(이명숙, 1997). 이것은 할인대상자가 확대되면 시설운영자의 입장에서 보면 수익이 감소되어 불이익이 돌아갈 수도 있기 때문일 것이다. 또한 「청소년기본법」에서 청소년에 유해한 업소에 대한 시행령의 정의를 살펴보면 다른 다양한 법들에서 그 범위를 정하고 있기 때문에 규제연령이 일관성을 꾀할 수 없는 것은 당연할 지도 모른다. 즉 한 개별 청소년대책의 특성, 한 국가의 사회·문화적 배경을 감안할 때 반드시 일치할 수는 없지만 가능한한 연령의 한계를 조정하여 일관적이고 체계적으로 청소년의 행위를 규제하고 보호해야 할 것이다.

제 13 장

판례

개념정의

–판례(判例)란 선례가 되는 재판으로 법원이 특정 소송사건에 대하여 법을 해석하거나 적용하여 내린 판단
–각하란 소송상의 신청에 대하여 법원에서 부적법을 이유로 배척하는 것으로 소송여건의 흠결이나 부적법을 이유로 본안심리를 거절하는 재판
–기각이란 민사소송에서 상소에 의한 불복신청이나 행정소송에서 재결–결정에 대한 불복신청을 이유가 없다고 하여 종국적 재판에서 배척하는 것

① 판례(precedent)와 판례법(case law)

〈판례〉라 함은 재판의 선례를 말한다. 법원이 특정 소송사건에 대하여 법을 해석하거나 적용하여 내린 판단을 말한다. 하급심 판례와 대법원 판례가 있다. 우리나라는 독일, 일본 등과 같이 성문법주의를 채택하고 있으므로, 성문법을 제1차적 법원(法源)으로 삼고 있다. 따라서 판례는 법원이 되지 않는다는 것이 다수설이다.

판례는 법적 구속력이 있는 법원이 될 수는 없지만 실제적으로 상급심 판례가 하급심의 재판에 상당한 구속력을 갖는 것은 사실이다. 그런 의미에서 판례는 상당한 영향력이 있는 것은 사실이지만, 법원은 되지 않으므로 판례에 반하는 재판을 하였다고 해서 위법한 재판이 되는 것은 아니다.

의미

사회복지법과 관련된 판례는 한편으로는 공익소송적인 의미를 갖는다. 공익소송이란 공공의 이익을 위해 제기된 소송을 말한다.

〈판례법〉이라 함은 제정법 등 다른 형태의 법원(法源)들과 구별되는 또 하나의 법원으로서 기능하는 판례들을 의미한다. 이러한 판례들은 법원(法院)의 판사들에 의해 형성·변화되기 때문에 법관법 또는 사법법(司法法 judiciary law)이라고도 불린다. 영미법계에서는 판례법이 제1차적인 법원으로 인정되고 있으며 제정법과 동등한 지위를 차지하고 있다. 이러한 법적 사유과정은 영미법체계가 오랫동안 형성해온 코먼 로(common law)의 전통에서 유래한다. 대체로 우리나라와 같은 성문법주의 국가에서는 판례법을 법원으로 인정하지 않는다.

② 헌법재판소 심판례

> **헌법소원**
>
> 헌법소원이란 공권력의 행사 또는 불행사로 헌법상 보장된 국민의 기본권이 침해되는 경우에 국민이 헌법재판소에 대하여 자신의 기본권을 구제하여 줄 것을 청구하는 제도이다.

〈헌법재판소 판례〉라 함은 헌법재판소에서 내리는 심판이나 결정을 말한다.

헌법재판에는 위헌법률심판, 탄핵심판, 정당해산심판, 권한쟁의심판, 헌법소원심판 등이 있다. 특히 위헌법률심판 제청은 법원이 헌법재판소에 하는 것이며, 현재 법원에서 문제 되는 어떤 법률과 관련된 재판을 하고 있지 않을 때나 재판과는 관련이 없는 법률조항에 대하여는 심판의 제청을 할 수 없고, 소송당사자도 위헌법률심판제청을 해줄 것을 신청할 수 없는 것이다.

헌법재판소의 판결은 일반소송과 달리 국가기관이 그 재판결과에 따르지 아니하여도 이를 강제적으로 따르게 할 수 없는 한계가 있다. 그러나 헌법불합치 판결은 법률의 효력에 구속력을 가지고 있기 때문에 국가정책에 심대한 영향을 미치게 된다.

③ 사회복지법과 판례

> **판례의 결과**
>
> 사회복지판례는 내용상 위헌심판, 헌법소원, 권한쟁의심판의 결과로 형성된다.

사회복지법과 관련된 판례에는 공익과 관련된 공익소송이 많은데, 이 경우에는 국민 다수의 이익에 관련되므로 결국 국가의 사회복지제도와 정책에 사실상 커다란 영향을 미치게 된다.

④ 사회복지법 관련 주요 판례

1) 사회복지사업법 관련 판례

종합사회복지시설허가취소처분취소[대법원 98두11120, 선고, 2000.06.23, 판결]

(1) 시장·군수·자치구의 구청장이 사회복지시설의 설치·운영에 관한 허가 및 취소권뿐만 아니라 그에 관한 감독권도 가지는지 여부(적극)

(2) 사회복지법인이 사회복지시설을 사회복지사업 자체가 아닌 다른 수익사업에 이용하게 하는 것이 허용되는지 여부(소극)

(3) 사회복지시설의 설치·운영허가의 취소에 사회복지법인의 설립허가취소에 관한 구 사회복지사업법 제20조제2항의 규정이 유추적용될 수 있는지 여부(소극)

(4) 사회복지법인이 교회시설은 물론 일반건축물의 건축도 허용되지 아니하는 자연녹지지역에 사회복지시설로 허가받아 건축한 사회복지시설을 사실상 교회의 전용시설로 사용하면서 사업복지사업을 전혀 시행하지 아니하고 수차의 사회복지시설 사업 활성화 및 시설물 정비 등 시정명령을 이행하지 아니한 경우, 이를 이유로 한 사회복지시설의 설치·운영허가의 취소처분은 재량권의 일탈·남용이 아니라고 한 사례

2) 국민연금법 관련 판례

미납보험료납부거부처분취소[대법원 2008두20444, 선고, 2010.1.28, 판결]

【판시사항】

(1) 국민연금의 사업장가입자가 국민연금에 가입할 자격을 취득하였음에도 연금보험료를 임의로 납부하지 않을 권리가 있는지 여부(소극)

(2) 구 국민연금법상 당연적용사업장의 사용자가 근로자의 사업장가입자 자격취득신고를 하지 않아 근로자가 가입자 관리대상에서 누락되어 연금보험료를 납부하지 않고 근무하던 중 사용자가 누락된 근로자의 사업장가입자 자격취득신고를 하면서 '국민연금 가입기간 미소급 희망각서'를 첨부하여 제출한 경우, 위 각서의 효력이 무효라고 한 사례

> **이중 수급의 판례**
>
> 국민연금법상 2개 이상의 급여를 함께 받지 못하도록 한 규정에 관한 위헌확인을 구하는 헌법소원심판에 대하여 2개 이상의 수급권이 발생할 경우 수급권자의 선택에 따라 하나만을 지급하도록 하는 것은 기본권을 제한하는 것이 아니다.

> **국민연금의 성격 판례**
>
> 강제가입을 전제로 한 국민연금법이 헌법상의 조세법률주의에 위배된다는 헌법소원심판 청구에 대하여 국민연금제도는 노후생활을 보장하는 강제저축 프로그램으로 사회연대성에 기초한 소득 재분배 기능을 하는 것으로 사회적 시장경제질서에 부합하는 제도로 헌법상 시장경제질서에 위배되지 않는다.

유족연금수급권미해당결정처분취소[대법원 2009두3026, 선고, 2009.5.14, 판결]

【판시사항】

구 국민연금법 제17조제2항 단서에 의하여 사용자가 사업장가입자의 임금에서 기여금을 공제하고 연금보험료를 납부하지 않은 경우 가입기간에 산입여부(소극) 및 장애연금과 유족연금의 지급사유 발생일 이후에 연금보험료를 납부한 기간이 같은 법 제72조의2 제2호에 정한 '연금보험료를 납부한 기간'에 포함되는지 여부(소극)

3) 국민건강보험법 관련 판례

채무부존재확인[대법원 2009두8786, 선고, 2009.11.26, 판결]

【판시사항】

(1) 국민건강보험법 제52조제1항에 의한 국민건강보험공단의 환수처분 또는 징수처분의 요건 및 그 요건 사실에 대한 증명책임의 소재(=국민건강보험공단)

(2) '건강보험 요양급여행위 및 그 상대가치점수'(보건복지부 고시 제2005-88호)에 의하여 약사법에 의한 의약분업 예외조항의 범위가 확장되는지 여부(소극)

(3) 질병군 진료 요양기관이 환자들을 진료한 후 처방전을 발행하여 환자들로 하여금 약국에서 약제를 구입하게 하고도 포괄수가제에 따라 약제비 상당이 포함된 요양급여비용을 받은 것이, '사위 기타 부정한 방법으로' 요양급여비용을 받은 것으로 볼 수 없다고 한 사례

> **보험료 체납과 기본권 침해**
>
> 의무가입 규정과 보험료 체납시 급여를 실시하지 않는다는 규정에 대한 헌법소원 제기, 국민건강보험법의 의무가입은 국가의 사회보장·사회복지 등 공공복리를 위한 것이며, 체납시 급여제한이 그 자체로 권리나 법적 지위를 박탈한 것이 아니기 때문에 기본권을 침해한다고 볼 수 없다.

보험료납부고지처분취소[대법원 2006두8419, 선고, 2008.5.29, 판결]

【판시사항】

(1) 국민건강보험법 제68조제1항에 따라 사용자가 보험료 납부의무를 부담하는 '직장가입자'의 범위 및 공동사용자 개인의 보험료채무가 공동사용자들의 불가분채무에 해당하는지 여부(소극)

(2) 국민건강보험법상의 사업장의 의미 : 국민건강보험법상 사업장이란 사용자가 당해 근로자와 고용관계를 맺고 일정한 영업활동을 영위하는 영업단위로서의 사업소 또는 사무소를 가리키는 것으로 보아야 하며 이를 단순한 물리적·장소적 개념으로 볼 것은 아니다.

(3) 5명의 공동사업자가 공동으로 운영하는 합동법률사무소와 그들이 각자 독립하여 개별적으로 운영하는 개인 법률사무소는 국민건강보험법상 별개의 사업장이라고 본 사례

(4) 합동법률사무소의 직장가입자 중 공동사용자 개인의 보험료에 대한 부과처분은 그 직장가입자 중 근로자들의 보험료에 대한 종전의 부과처분과는 별개의 독립된 처분으로 종전 보험료부과처분의 수정 내지 경정처분에 해당하지 않는다고 한 사례

4) 산업재해보상보험법 관련 판례

유족보상등청구서반려처분취소[대법원 2007두9471, 선고, 2010.05.27, 판결]

(1) 구 산업재해보상보험법이 보호대상으로 삼은 '근로기준법상의 근로자'에 해당하는지 여부의 판단 기준
(2) 화물운송회사와 '화물자동차 운전 용역(도급) 계약'을 체결한 운송기사가 위 회사로부터 제공받은 트레일러를 운전하여 운송업무를 수행하던 중 운전 부주의로 사망한 후, 망인의 배우자가 유족급여 및 장의비 지급을 청구하였으나 근로복지공단이 망인이 근로자가 아니라 사업주에 해당한다는 이유로 거부한 사안에서, 망인은 임금을 목적으로 종속적인 관계에서 운송회사에게 근로를 제공한 근로자에 해당한다고 한 사례

요양불승인처분취소 [대법원 2009두1440, 선고, 2009.08.20, 판결]

(1) 산업재해보상보험법에서 정한 보험급여를 받을 수 있는 근로자인 '근로기준법상의 근로자'에 해당하는지 여부의 판단 기준
(2) 주식회사의 대표이사가 산업재해보상보험법상의 근로자에 해당하는지 여부(원칙적 소극)
(3) 주식회사의 대표이사로 등기되어 있는 자라고 하더라도, 대표이사로서의 지위가 형식적·명목적인 것에 불과하여 단지 실제 경영자로부터 구체적·개별적인 지휘·감독을 받아 근로를 제공하고 근로 자체의 대상적 성격으로 보수를 지급받는 경우에는, 예외적으로 산업재해보상법상의 근로자에 해당한다고 한 사례

5) 고용보험법 관련 판례

신규고용촉진장려금등반환및추가징수처분취소청구
[대법원 2009두4272, 선고, 2009.06.11, 판결]

(1) 부정한 방법으로 고용안정·직업능력개발 사업의 지원을 받은 사업체에 명의만 빌려준 명목상 사업주가 고용보험법 제35조의 '지원을 받은 자'에 해당하는지 여부(원칙적 적극)
(2) 음악 공연 등을 목적으로 설립된 사업자가 부정한 방법으로 신규고용촉진 장려금

을 수령한 사안에서, 그 사업주 명의를 대여한 명목상 사업주가 고용보험법 제35조의 '지원을 받은 자'에 해당한다는 이유로 그에게 장려금반환명령 및 추가징수처분을 한 것이 적법하다고 한 사례

6) 국민기초생활보장법 관련 판례

공직선거법위반[대법원 2007도617, 선고, 2007.3.16,판결]

【판결요지】
공직선거법 제112조제2항제3호 (라)목에 의하여 허용되는 기부행위인 '국민기초생활보장법에 의한 수급권자인 중증장애인에게 자선·구호금품을 제공하는 행위'에 해당하기 위해서는 기부행위의 상대방이 국민기초생활 보장법에 의한 수급권자인 중증장애인이어야 할 뿐만 아니라 기부행위자에게 자선 내지 구호의 의사가 있어야 한다.

7) 의료급여법 관련 판례

사기 · 의료급여법위반 [대법원 2009도4115, 선고, 2009.07.23, 판결]

(1) 의료급여기관이나 그 대표자 또는 종사자가 구 의료보호법 제35조제1항제2호의 처벌대상인 '부정한 방법으로 의료급여를 받은 자'에 해당하는지 여부(소극)
(2) 2차 의료기관의 경영자를 구 의료급여법 제35조제1항제2호 위반죄로 공소제기 한 사안에서, 위 조항이 의료급여기관을 그 처벌대상으로 하는 조항이 아니라는 이유로 무죄를 선고한 원심판결을 수긍한 사례

8) 아동복지법 관련 판례

미성년자보호법위반 · 장물취득 [대법원 82도701, 선고, 1982.9.14, 판결]

【판시사항】
주점 경영자가 미성년자를 주점종업원으로 채용하여 접객토록 하는 행위가 미성년자보호법 제4조제2항에 해당하여 금지되는 것인지 여부(소극)

9) 노인복지법 관련 판례

노령수당지급대상자선정제외처분취소 [대법원 95누7727, 선고, 1996.4.12, 판결]

【판시사항】

(1) 보건사회부장관이 정한 1994년도 노인복지사업지침의 법적성질

(2) 노령수당의 지급대상자를 '70세 이상'으로 규정한 [1]항의 지침이 노인복지법 제13조, 같은 법 시행령 제17조의 위임한계를 벗어나 효력이 없다고 한 사례

10) 장애인복지법 관련 판례

손해배상(기) [서울중앙지법 2003가단150990, 선고, 2004.2.12, 판결: 확정]

【판시사항】

(1) 뇌성마비 장애인의 종신보험계약 청약을 거절한 생명보험회사의 행위가 위법한지 여부를 판단하는 기준

(2) 생명보험회사가 뇌성마비 장애인인 보험청약인의 구체적·개별적 장애 상태와 정도, 장애등급(중복장애로 인한 등급조정)에 대한 충분한 이해 없이 단지 그가 장애인복지법령에 의한 장애 1등급에 해당하고, 생명보험협회가 정한 장애인보험공통계약심사기준상의 거절사유에 해당한다는 사정만으로 종신보험계약의 청약에 대하여 그 승낙을 거절한 것은 절차적 과정에 있어서 합리성·적정성을 담보한 것으로 볼 수 없으므로 생명보험회사의 승낙거절이 장애인복지법 제8조에 위배된 위법한 행위에 해당한다고 한 사례

참고문헌

국가법령정보센터. {2010}. http://www.law.go.kr/main.html.

권영성, 헌법학개론 : 법문사, 1986.

김근조, 사회복지법론, 광은기획, 1994.

김근조, 『사회복지법론』, 광은기획, 1999.

김기원, 『사회복지법제론』, 나눔의 집, 2004.

김동희, 행정법, 신조사: 2006.

김만두, 『사회복지법제론』, 홍익제, 1991.

김수복, 산업재해보상법해설, 중아경제사 : 2000.

김종해. 2006. “아동수당제 도입의 두 가지 의미.” 『복지동향』 4월: 34-35.

김종해. 2006. “아동수당제 도입의 두 가지 의미.” 『복지동향』 4월: 34-35.

김훈. 2004. 『사회복지법제론』 서울: 학지사.

남기철. 2005. “아동·청소년의 인권.” 『복지동향』 5월: 8-13.

남기철. 2005. “아동·청소년의 인권.” 『복지동향』 5월: 8-13.

노병일. 2002. 『사회보장론(개정판)』 서울: 대학출판사.

노병일. 2004. 『아동복지론(개정판)』서울: 도서출판 두남.

노병일. 2008. 『아동복지론(개정2판)』 경기: 공동체.

노병일. 2009. 『사회보장론(개정2판)』 경기: 공동체.

노병일. 2009. 『사회보장론(개정2판)』 경기: 공동체.

문원주·조석연, 산업재해보상보험법, 법원사 : 2002.

박차상 외 3인, 한국사회복지법강의, 학지사 : 2003.

법제처. 2006. “종합볍령정보센터.” www.klaw.go.kr.

보건복지가족부, 2007, 『다문화가족지원법 마련을 위한 연구』.

보건복지가족부,, 2008, 『다문화가족 생애주기별 맞춤형 지원 강화대책』

보건복지위원회, 2007, 『다문화가족지원법 제정을 위한 공청회 자료집』

事典刊行委員會 編, 『社會保障·社會福祉事典』, 勞動旬報社, 1990.

신섭중 외 5인, 사회복지법제 : 대학출판사, 2004.

신섭중 외 5인, 한국사회복지법제, 대학출판사 : 2004.

신섭중 외 5인, 한국사회복지법제개설 : 대학출판사, 1999.

신섭중 외, 『사회복지법제개설』, 대학출판사, 1999.

신섭중 외, 『한국사회복지법제개설』, 대학출판사, 1997.

신섭중, 사회보장정책론 : 대학출판사, 1996.

신섭중·신복기·현외성·김경호·박경일·김익균. 1996. 『한국사회복지법제 개설(개정증보2판)』 서울: 대학출판사.

신섭중·조석연·노병일·변보기·조추용·김익균. 2004. 『사회복지법제』 서울: 대학출판사.

신수식, 사회보장론 : 박영사, 1988.

유희일 외 2인, 사회복지법제론, 두남 : 2000.

윤찬영. 2001. 『한국사회복지법제론(개정증보판)』 서울: 나남출판.

이상광, 사회법 : 박영사, 2002.

이상광, 『사회법』, 박영사, 1988.

이상용, "국민건강보험 출범의 의미와 정책과제", 한국보건사회연구원, 『보건복지포럼』, 통권 제45호, 2000.

이숙종·문연심·안형준·이창석·윤황지·이원숙. 1997. 『아동복지의 이해: 이론과 실제』. 서울: 학문사.

이용교. 2000. "아동복지법 – 20년만에 전면 개정되다." 『복지동향』 1월: 45-47.

이인재, "의료보험제도", 이인재 외, 『사회보장론』, 나남출판, 2000.

이재환, 사회복지행정론 : 홍익재, 1988.

이태수. 1999. "한국아동복지의 회고와 평가." 『복지동향』 12월: 25-29.

이태영·고영훈, 사회복지법제론, 2002.

이학춘·위성종, 『사회보장법』, 대명출판사, 2000.

장동일, 한국사회복지법의 이해 : 학문사, 2003.

장동일, 『사회복지법의 이해』, 학문사, 1999.

장동일. 2001. 『한국 사회복지법의 이해』. 서울: 학문사.

정영석, 법학통론 : 법문사, 1989.

최병호, "국민건강보험의 급여확충과 재원조달방안", 한국보건사회연구원, 『보건복지포럼』, 통권 제45호, 2000.

한국사회복지협의회. 1993. ≪사회복지사전(최신판)≫서울: 한국사회복지협의회 출판부.

한국사회복지협의회. 1993. 『사회복지사전(최신판)』서울: 한국사회복지협의회 출판부.

현외성. 2003. 『한국사회복지법제론(개정판)』 서울: 양서원.

홍정선, 행정법원론(상), 박영사: 2004.

Alcock, P. 1997. Understanding Poverty (2nd ed). London: Macmillan.

Alderson, P. 2000. "The Rights of Young Children." In Early Childhood Services: Theory, Policy, and Practice, edited by H. Penn. Buckingham, UK: Open Univ. Press.

Baldwin, P. 1995. "Promotion of Welfare." In Encyclopedia of Democracy, edited by S. M. Lipset. London: Routledge.

Barker, Robert L. 2003. The Social Work Dictionary (5th ed). Washington DC: NASW Press.

Beveridge, W. [1942] 1958. Social Insurance and Allied Services. London: HMSO.

Brieland, D. B. and W. S. Korr. 1994. "Act Now for Children's Rights." Social Work 39(1): 132-134.

Britannica. 2000. Britannica Encyclopedia CD.

Britannica. 2000. Britannica Encyclopedia.

Daniek, P. and J. Ivatts. 1998. Children and Social Policy. London: MacMillan.

Daniek, P. and J. Ivatts. 1998. Children and Social Policy. London: MacMillan.

Dolgoff, Ralph and Donald Feldstein. 2000. Understanding Social Welfare (5th ed). Boston, MA: Allyn and Bacon.

Eardley, T., J. Bradshaw, J. Ditch, I. Gough, and P. Whiteford. 1996. Social Assistance in OECD Countries: Synthesis Report. Paris: HMSO.

Garvin, Charles D. and John E. Tropman. 1992. Social Work in Contemporary Society. Englewood Cliffs, NJ: Prentice-Hall.

Gilbert, Neil and Paul Terrell. 2005. Dimensions of Social Welfare Policy (6th ed) Boston, MA: Allyn and Bacon.

Gilbert, Neil, and Paul Terrell. 2005. Dimensions of Social Welfare Policy (6th ed) Boston, MA: Allyn and Bacon.

ILO. [1952] 2000. "Social Security (Minimum Standards) Convention." http://ilolex.ilo.ch:1567...

Patterson, J. T. 1986. America's Struggle Against Poverty 1900-1985. Cambridge, MA: Harvard Univ. Press.

Pieters, D. 1993. Introduction into the Basic Principles of Social Security. Deventer, The Netherlands: Kluwer.

Pieters, D. 2006. Introduction to Social Security. Deventer, The Netherlands: Kluwer.

Rank, M. R. and T. A. Hirschl. 1999. "The Likelihood of Poverty across the American Adult Life Span." Social Work 44(3): 201-216.

Rejda, G. E. 1988. Social Insurance and Economic Security (3rd ed). Englewood Cliffs, NJ: Prentice Hall.

Servais, Jean-Michel. 2004. "Globalization and Decent Work Policy:

Reflections upon a New Legal Approach." International Labour Review 143(1/2): 185-207.

Thompson, L. H. 1994. "The Advantages and Disadvantages of Different Social Welfare Strategies." Social Security Bulletin 57(3): 3-11.

찾아보기

저자소개

■ **조추용(曺秋龍) chocy@kkot.ac.kr**

대구대학교 사회복지학과 졸업

(일본) 佛教大學 大學院 사회학연구과 졸업(사회학 석사 및 박사)

현재 꽃동네현도사회복지대학교 사회복지학부 교수

저서 및 논문

사례관리의 이론과 실제(공역, 유풍출판사, 2000)

(전정판) 한국노인복지학강론(공저, 유풍출판사, 2005)

유료 노인주거복지 산업의 현재와 미래(한국노인복지학회, 2005) 외 저서 및 논문 다수

■ **조석연(趙錫璉) csy@ptu.ac.kr**

경북대학교 법정대학 법학과 졸업

건국대학교대학원 졸업(법학석사), 고려대학교 교육대학원 졸업(교육학 석사)

한양대학교대학원 졸업(법학박사)

전 평택대학교 대학원장, 명예교수

저서 및 논문

전정2판 실무 산업재해보상보험법(공저, 법원사, 2002)

다문화사회복지론(공저, 양서원, 2007)

■ **신창식(辛昌埴) csshin@dju.ac.kr**

숭실대학교 사회사업학과 졸업

숭실대학교 대학원 사회사업학과 석사

(영국) The University of Nottingham 사회복지학 박사

현재 대전대학교 사회복지학과 교수

저서 및 논문

영국 신노동당 정부의 연금개혁과 노후소득보장정책(노인복지연구, 2006)

영국의 지역사회정신보건정책 개혁에 관한 연구(사회복지정책, 2005)

Social Policy in South Korea: Cultural and Structural Factors in the Emergence of Welfare(Social Policy & Administration, 2003)

■ **변보기** bkpyon@hanmail.net

서강대학교 영문과 졸업

독일 쾰른대학교 졸업(사회교육 및 사회복지 석사 및 박사)

현재 목원대학교 사회복지학과 교수

저서 및 논문

사회복지개론, 사회복지행정론, 사회복지법제론(3권 모두 공저) 등

독일연금개혁의 한국에의 시사점, 청소년 여가 및 장애요인연구, 한국아동복지정책의 문제 및 개선방향 외 다수

■ **노병일(盧炳一)** byerho@paran.com

서울대학교 공과대학 졸업

공주대학교 대학원 졸업(사회복지학 석사)

미국 뉴욕주립대학교 대학원 졸업(사회학 석사 및 박사)

현재 대전대학교 사회복지학과 교수

저서 및 논문

사회보장론(공동체, 2009)

아동복지론(공동체, 2008)

취약 지역의 사회적 배제(도서출판 다운샘, 2006) 외 저서 및 논문 다수

■ **김준환(金俊煥)** lovenoin@ok.ac.kr

고려대학교 사회학과 졸업

고려대학교 대학원 사회학과 졸업(석사)

고려대학교 대학원 사회복지학과 박사과정수료

현재 충청대학 사회복지학부 교수

저서 및 논문

한국의 노인복지(공저, 고려대학교 한국학연구소, 2003)

케어기술(공저, 협신사, 2006)

사회적 자본과 사회적 기업에 관한 고찰(한국사회연구소, 2004) 외 저서 및 논문 다수

〈제3판〉
사회복지법제론

2006년 8월 25일 전정판 1쇄 발행
2010년 3월 5일 전정판 4쇄 발행
2011년 2월 25일 제 3 판 1쇄 발행
2013년 3월 5일 제 3 판 2쇄 발행

저 자 : 조추용 · 조석연 · 신창식
변보기 · 노병일 · 김준환
발행인 : 김 동 규
발행처 : 교 육 과 학 사

저자와의 협의하에 인지생략

경기도 파주시 교하읍 문발리
파주출판문화정보산업단지 514-5
전화(031)955-6956-8 / 팩스(031)955-6037
Home-page : www.kyoyookbook.co.kr
등록 : 1970년 5월 18일 제2-73호

낙장 · 파본은 교환해 드립니다.
Printed in Korea.

정가 22,000원
ISBN 978-89-254-0454-7